Amartya Sen

Ökonomie für den Menschen

Wege zu Gerechtigkeit und Solidarität in der Marktwirtschaft

Aus dem Englischen
von Christiana Goldmann

Carl Hanser Verlag

Titel der Originalausgabe:
Development as Freedom
New York, Alfred A. Knopf 1999

1. Auflage 2020

ISBN 978-3-446-26907-1

Umschlag: Peter-Andreas Hassiepen, München
Foto: © Vitalij Cerepok/EyeEm
Satz: Fotosatz Amann, Memmingen
Druck und Bindung: Friedrich Pustet, Regensburg
Printed in Germany

FSC
www.fsc.org
MIX
Papier aus verantwortungsvollen Quellen
FSC® C014889

Für Emma

Inhalt

Vorwort

Wir leben in einer Welt, deren beispielloser Überfluß selbst vor einhundert oder zweihundert Jahren kaum vorstellbar gewesen wäre. Doch auch jenseits des Bereichs der Wirtschaft haben sich erstaunliche Veränderungen vollzogen. Im 20. Jahrhundert hat sich die demokratische und partizipatorische Regierungsform als das herausragende Leitbild politischer Organisation durchgesetzt. Die vorherrschende Rhetorik greift zu einem großen Teil auf die Idee der Menschenrechte und der politischen Freiheit zurück. Die durchschnittliche Lebenserwartung der Menschen ist höher als je zuvor, und die verschiedenen Regionen der Erde sind einander stärker verbunden als in früheren Zeiten. Dies gilt nicht allein für Handel, Gewerbe und Kommunikation, sondern auch für den Austausch von Ideen und Idealen.

Und doch leben wir auch in einer Welt, in der Mangel, Armut und Unterdrückung herrschen. Zu den alten Problemen sind viele neue hinzugekommen – darunter anhaltende Armut und unbefriedigte Grundbedürfnisse, Hungersnöte und weitverbreitete Unterernährung, die Verletzung fundamentaler politischer Freiheiten und Grundrechte, weitverbreitete Mißachtung der Belange und Tätigkeiten von Frauen, wachsende Bedrohung für unsere Umwelt und für den Fortbestand unserer Wirtschaft und unseres sozialen Lebens. Viele dieser Mängel lassen sich in der einen oder anderen Form gleichermaßen in reichen wie in armen Ländern beobachten.

Dergleichen Probleme zu überwinden gehört ganz wesentlich zu unseren Entwicklungsanstrengungen. Wir können, so die hier vorgetragene These, nicht umhin, die Bedeutung verschiedener Formen von Freiheit bei der Bewältigung des Elends anzuerkennen. Letztlich ist das individuelle Handeln entscheidend, wenn wir die Mängel beheben wollen. Andererseits ist die Handlungsfreiheit, die wir als Individuen haben, zwangsläufig bestimmt und beschränkt durch die sozialen, politischen und wirtschaftlichen Möglichkeiten, über die wir verfügen. Individuelles Handeln und soziale Einrichtungen sind zwei Seiten einer Medaille. Es ist sehr wichtig, gleichzeitig die zentrale Bedeutung der individuellen Freiheit *und* die Macht gesellschaftlicher Einflüsse auf Ausmaß und Reichweite der individuellen Freiheit zu erkennen. Wenn wir die uns bedrängenden Probleme lösen wollen, müssen wir in der Freiheit des einzelnen ein soziales Gebot sehen. Das ist der grundlegende Ansatz, den dieses Buch ausloten und prüfen wird.

Die Erweiterung von Freiheit wird dabei sowohl als Zweck an sich wie auch als oberstes Mittel für die Entwicklung betrachtet. Entwicklung besteht darin, die verschiedenen Arten von Unfreiheit aufzuheben, die den Menschen nur wenig Entscheidungsspielraum und wenig Gelegenheit lassen, wohldurchdachten Gründen gemäß zu handeln. Meine These lautet, daß die Beseitigung gewichtiger Unfreiheiten eine *grundlegende Voraussetzung* für die Entwicklung ist. Freilich müssen wir, um die Verbindung zwischen Entwicklung und Freiheit in aller Deutlichkeit zu verstehen, über diese fundamentale, wenngleich entscheidende Erkenntnis hinausgehen. Es ist hier zu unterscheiden zwischen dem intrinsischen Wert der menschlichen Freiheit als überragendem Ziel der Entwicklung und ihrer instrumentellen Funktion, bestimmte wesentliche Freiheiten, andere Freiheiten zu befördern. Zwar sind die verschiedenen Freiheiten nicht wesensmäßig oder als Teile eines Ganzen miteinander verbunden, wohl aber gibt es empirische und kausale Verkettungen. Es sprechen beispielsweise starke empirische Belege dafür, daß ökonomische und politische Freiheiten sich wechselseitig stärken, statt – wie manchmal behauptet wurde – einander feindlich gegenüberzustehen. Ähnlich ergänzen soziale Bildungschancen und Gesundheitsfürsorge, die auf öffentliche Maßnahmen angewiesen sind, die individuellen Chancen, am wirtschaftlichen und politischen Leben teilzuhaben, so wie sie auch unsere Eigeninitiative beflügeln, den uns bedrängenden Mangel zu überwinden. Wenn der Ausgangspunkt meiner Untersuchung darin liegt, Freiheit als das Hauptziel der Entwicklung zu identifizieren, so liegt die Reichweite der sozialpolitischen Analyse darin, jene empirischen Verbindungen zu begründen, die den Standpunkt der Freiheit als Leitfaden für den Entwicklungsprozeß kohärent und plausibel erscheinen lassen.

Diese Arbeit legt die Notwendigkeit einer integralen Analyse wirtschaftlicher, sozialer und politischer Tätigkeiten dar, die eine Vielzahl von Institutionen und aufeinander einwirkende Handlungsinstanzen einschließt. Sie konzentriert sich vor allem auf die Funktionen und Verflechtungen bestimmter instrumenteller Grundrechte, etwa der *ökonomischen Chancen*, der *politischen Freiheit*, der *sozialen Einrichtungen*, der *Gewährleistung von Transparenz* und der *sozialen Sicherheit*. Gesellschaftliche Organe, darunter viele Institutionen (der Staat, der Markt, das Rechtssystem, politische Parteien, die Medien, öffentliche Interessengruppen und Diskussionsforen), werden unter dem Gesichtspunkt thematisiert, daß sie die wesentlichen Freiheiten von Individuen erweitern und garantieren. Die Individuen selbst gelten dabei nicht als passive Empfänger ausgeteilter Wohltaten, sondern als aktive, Veränderungen bewirkende Subjekte.

Das Buch basiert auf fünf Vorlesungen, die ich im Herbst 1996 als Presidential Fellow vor der Weltbank gehalten habe. Im November 1997 folgte eine weitere Vorlesung, die sich mit meinem theoretischen Ansatz und seinen Konsequenzen beschäftigte. Die mir gebotene Gelegenheit und die mit dieser Aufgabe verbundene Herausforderung habe ich sehr geschätzt. Besonders glücklich machte mich, daß die Einladung von Präsident James Wolfensohn ausging, dessen Weitblick, Fähigkeiten und Menschlichkeit ich sehr bewundere. Schon früher hatte ich das Privileg, als Beauftragter des Institute for Advanced Study in Princeton eng mit Wolfensohn zusammenzuarbeiten, und in jüngster Zeit habe ich mit großem Interesse seine konstruktive Arbeit als Präsident der Weltbank verfolgt.

Nicht immer hat die Weltbank zu den von mir besonders geschätzten Organisationen gezählt. Die Macht, Gutes zu tun, geht nahezu immer mit der Möglichkeit einher, das Gegenteil zu bewirken, und für mich als Wirtschaftswissenschaftler gab es in der Vergangenheit mehr als einen Anlaß, mich zu fragen, ob die Weltbank nicht weitaus Besseres hätte ausrichten können. Diese Zweifel und Kritiken sind in meinen Veröffentlichungen nachzulesen, so daß ich es mir ersparen kann, ein »Bekenntnis« meiner Skepsis abzulegen. Das alles machte mir die Gelegenheit, meine eigenen Gedanken über Entwicklungspolitik und sozialpolitische Maßnahmen vor der Weltbank vorzutragen, besonders willkommen.

Dieses Buch ist jedoch in erster Linie nicht für Leute geschrieben, die in oder für die Weltbank oder andere internationale Organisationen arbeiten. Auch ist es nicht für die Politiker und Planer nationaler Regierungen gedacht. Vielmehr ist es ein allgemeines Werk über

Entwicklung und die sie leitenden praktischen Gründe, das in der Hauptsache zu öffentlichen Diskussionen anregen möchte. Um der Klarheit willen und um die schriftliche Fassung einem allgemeinen Publikum zugänglicher zu machen, habe ich die sechs Vorlesungen in zwölf Kapiteln neu angeordnet. Ja, ich habe mich bemüht, die Erörterung soweit wie möglich nicht mit Technischem zu belasten. Für jene, die in diese Richtung tendieren, habe ich die Fachliteratur in den Anmerkungen angegeben. Außerdem habe ich die jüngsten wirtschaftlichen Ereignisse, die sich erst nach meiner Vorlesung (im Jahr 1996) abzeichneten, kommentiert, beispielsweise die Wirtschaftskrise in Asien, die einige der schlimmsten in den Vorlesungen geäußerten Befürchtungen bestätigt hat.

Der Bedeutung entsprechend, die meiner Ansicht nach der öffentlichen Diskussion als Motor sozialer Veränderungen und des wirtschaftlichen Fortschritts zukommt – wie aus dem Buch deutlich werden wird –, lege ich dieses Werk der öffentlichen Diskussion und kritischen Überprüfung vor. Mein Leben lang habe ich es vermieden, den »Autoritäten« Ratschläge zu erteilen. Ich habe nie irgendwelche Regierungen beraten und es statt dessen vorgezogen, meine Vorschläge und Kritiken, worin auch immer ihr Wert liegen mag, der Öffentlichkeit zu unterbreiten. Da ich das Glück hatte, in drei demokratischen Ländern mit weitgehender Pressefreiheit zu leben (in Indien, Großbritannien und den Vereinigten Staaten), kann ich mich nicht darüber beklagen, daß es mir an der Möglichkeit gebrach, die öffentliche Aufmerksamkeit zu wecken. Wenn meine Darlegung auf Interesse stößt und die öffentliche Diskussion dieser lebenswichtigen Themen belebt, wäre mir dies Belohnung genug.

Einleitung

Entwicklung als Freiheit

Entwicklung läßt sich, so meine These, als Prozeß der Erweiterung realer Freiheiten verstehen, die den Menschen zukommen. Die Konzentration auf menschliche Freiheiten kontrastiert mit engeren Auffassungen von Entwicklung, in denen Entwicklung mit dem Wachstum des Bruttosozialprodukts oder mit dem Anstieg des persönlichen Einkommens gleichgesetzt wird, bzw. mit Industrialisierung, technischem Fortschritt oder moderner Sozialtechnologie. Natürlich kann das Wachstum des Bruttosozialprodukts oder des individuellen Einkommens ein wichtiges *Mittel* zur Erweiterung der Freiheiten sein, deren sich die Mitglieder einer Gesellschaft erfreuen. Freiheiten werden jedoch auch durch andere Dinge geprägt, etwa durch soziale und ökonomische Institutionen – beispielsweise Bildungseinrichtungen und Gesundheitsfürsorge –, aber auch durch politische und bürgerliche Rechte (etwa die Freiheit, an öffentlichen Diskussionen und Untersuchungen teilzunehmen). Ähnlich kann die Industrialisierung oder der technologische Fortschritt substantiell die menschliche Freiheit ausweiten, obgleich diese auch noch von anderen Faktoren abhängt. Wenn Freiheit das ist, was die Entwicklung vorantreibt, haben wir ein entscheidendes Argument dafür, uns auf diesen umfassenden Zweck zu konzentrieren, statt bei einigen spezifischen Mitteln oder einer ausgewählten Liste von Instrumenten stehenzubleiben. Entwicklung im Sinne der Erweiterung gewichtiger Freiheiten zu begreifen lenkt den Blick auf ebendie Zwecke, die Entwicklung so wichtig machen, statt nur auf einige der Mittel, die unter anderen eine herausragende Rolle in dem Prozeß spielen.

Entwicklung fordert, die Hauptursachen von Unfreiheit zu beseitigen: Armut wie auch Despotismus, fehlende wirtschaftliche Chancen wie auch systematischen sozialen Notstand, die Vernachlässigung öffentlicher Einrichtungen wie auch die Intoleranz oder die erstikkende Kontrolle seitens autoritärer Staaten. Obwohl der Überfluß insgesamt in nie gekannter Weise zunimmt, werden einer großen Anzahl – vielleicht sogar der Mehrheit – der Menschen in der heutigen Welt elementare Freiheiten vorenthalten. Manchmal geht der Mangel an substantieller Freiheit unmittelbar mit wirtschaftlicher Armut einher, die den Menschen die Freiheit nimmt, ihren Hunger zu stillen, sich gesund zu ernähren, Medizin für heilbare Krankheiten zu bekommen, sich geeignete Kleidung und Unterkunft zu verschaffen oder über sauberes Wasser und sanitäre Anlagen zu verfügen. In anderen Fällen ist Unfreiheit eng mit dem Fehlen öffentlicher Einrichtungen und sozialer Fürsorge verknüpft, etwa mangelhafte Seuchenprävention, kein organisiertes Gesundheitswesen, fehlende Bildungsanstalten oder starke Institutionen, die Frieden und Ordnung lokal aufrechterhalten können. In wieder anderen Fällen entspringt die Verletzung der Freiheit unmittelbar der Verweigerung politischer und bürgerlicher Rechte seitens autoritärer Regime und erzwungener Beraubung der Freiheit, am sozialen, politischen und wirtschaftlichen Leben des Gemeinwesens teilzunehmen.

Effektivität und wechselseitige Verbindungen

Freiheit ist aus zwei unabhängigen Gründen für den Entwicklungsprozeß zentral.

1. *Der evaluative Grund*: Die Beurteilung des Fortschritts hat vor allem bezüglich der Frage zu erfolgen, ob die Freiheiten der Menschen zugenommen haben.

2. *Der Effektivitätsgrund*: Ob Entwicklung erreicht wurde, hängt primär von der Handlungsfreiheit der Menschen ab.

Den ersten Beweggrund habe ich bereits angedeutet: den evaluativen Grund für die Konzentration auf die Freiheit. Um dem zweiten, dem Effektivitätsgrund, nachzugehen, müssen wir uns die relevanten empirischen Verbindungen ansehen, vor allem diejenigen, die zu einer wechselseitigen Verstärkung der verschiedenen Arten von Freiheiten beitragen. Mit Hilfe dieser Verbindungen, die hier recht detailliert untersucht werden, läßt sich zeigen, daß ungehinderte und nachhaltige Handlungsfähigkeit der Hauptmotor der Entwicklung ist. Nicht nur daß eine ungehinderte Handlungsfähigkeit selbst ein »konstitutiver« Teil der Entwicklung ist, sie trägt auch dazu bei, die ungehinderte Handlungsfähigkeit einer anderen Art zu stärken. Die empirischen Verbindungen, die in dieser Studie ausgiebig untersucht werden, verknüpfen die beiden Aspekte der Idee von »Entwicklung als Freiheit«.

Die Beziehung zwischen individueller Freiheit und der Durchsetzung sozialer Entwicklung geht weit über die konstitutive Verbindung hinaus, wie wichtig diese auch ist. Was Menschen positiv erreichen können, hängt von den ökonomischen Möglichkeiten, den politischen Freiheiten, den sozialen Kräften und jenen Bedingungen ab, ohne die das alles nicht möglich wäre: gute Gesundheit, Schulbildung, Förderung und Pflege von Initiativen. Die institutionellen Rahmenbedingungen für diese Möglichkeiten werden ebenfalls dadurch beeinflußt, inwieweit die Menschen ihre Freiheiten ausüben können, das heißt durch ihre Freiheit, an jenen sozialen und öffentlichen Entscheidungen mitwirken zu können, die den Fortschritt dieser Möglichkeiten befördern. Auch solche wechselseitigen Verbindungen werden hier untersucht.

Einige Beispiele: Politische Freiheit und Lebensqualität

Die Unterscheidung, die dadurch getroffen wird, daß Freiheit als oberstes Ziel der Entwicklung gilt, läßt sich anhand einiger weniger Beispiele veranschaulichen. Obgleich sich die ganze Breite dieser Perspektive erst nach einer eingehenden – in den folgenden Kapiteln unternommenen – Analyse erschließt, veranschaulichen einige elementare Beispiele schon jetzt das radikale Potential der Idee von »Entwicklung als Freiheit«.

Erstens wird bezüglich der engeren Auffassungen der Entwicklung im Sinne eines Wachstums des Bruttosozialprodukts oder der Industrialisierung häufig die Frage aufgeworfen, ob gewisse politische oder soziale Fragen, wie etwa die Freiheit der politische Partizipation und des Protestes oder die Chance, eine elementare Schulbildung zu erhalten, »der Entwicklung förderlich« sind oder nicht. Im Lichte der grundlegenderen Auffassung der Entwicklung als Freiheit betrachtet, läuft die Frage Gefahr, die wichtige Einsicht zu verfehlen, daß diese wesentlichen Freiheiten (d. h. die Freiheit der politische Partizipation oder die Chance, in den Genuß einer elementaren Schulbildung oder Gesundheitsfürsorge zu kommen) zu den *wesenhaften Bestandteilen* der

Entwicklung gehören. Ihre Relevanz für die Entwicklung muß nicht eigens dadurch begründet werden, daß sie mittelbar zum Wachstum des Bruttosozialprodukts oder zum Aufbau der Industrialisierung beitragen. Wie die Dinge nun liegen, steuern diese Freiheiten und Rechte *auch* ein nicht unbeträchtliches Scherflein zum wirtschaftlichen Fortschritt bei. Auf diese Verbindung wird das Buch immer wieder die Aufmerksamkeit lenken. Doch wie bedeutsam diese kausale Beziehung auch ist, die Verteidigung der Freiheiten und Rechte, wie sie diese kausale Verknüpfung liefert, stützt sich überdies noch auf die unmittelbar konstitutive Funktion dieser Freiheiten für die Entwicklung.

Zweitens läßt sich die Idee durch das Mißverhältnis zwischen Pro-Kopf-Einkommen (sogar wenn unterschiedliche Preisniveaus berücksichtigt werden) und der Freiheit des Individuums, lange und gut zu leben, veranschaulichen. Beispielsweise mögen die Bürger Gabuns, Südafrikas, Namibias oder Brasiliens bezüglich der Pro-Kopf-Verteilung des Bruttosozialprodukts reicher sein als die Bürger Sri Lankas, Chinas oder des indischen Bundesstaates Kerala, aber die letztgenannten haben eine beträchtlich höhere Lebenserwartung als die ersten.

Oder um ein anderes Beispiel zu nehmen: Es wird oft darauf hingewiesen, daß die Afro-Amerikaner in den Vereinigten Staaten im Vergleich zu den weißen Amerikanern verhältnismäßig arm, doch verglichen mit den Menschen aus der Dritten Welt sehr viel reicher sind. Man muß sich jedoch klarmachen, daß Afro-Amerikaner eine *absolut* geringere Chance haben, das Erwachsenenalter zu erreichen, als die Menschen vieler Drittweltländer, etwa Chinas, Sri Lankas oder Teilen Indiens, die ganz andere Gesundheitseinrichtungen, Bildungssysteme und Sozialbeziehungen haben. Wenn die Analyse der Entwicklung sogar für die reichen Länder relevant ist – und daß dem so ist, wird hier dargelegt –, dann ist das soziale Gefälle innerhalb der reichen Länder ein wichtiger Aspekt für das Verständnis von Entwicklung und Unterentwicklung.

Tauschbeziehungen, Märkte und ökonomische Unfreiheit

Ein drittes Beispiel stellt die Bedeutung der Märkte als Teil des Entwicklungsprozesses dar. Die Fähigkeit des Marktmechanismus, zu hohem Wirtschaftswachstum und ganz allgemein zu wirtschaftlichem Fortschritt beizutragen, wurde in der zeitgenössischen Literatur zum Entwicklungsproblem oft und zu Recht anerkannt. Es wäre aber falsch, den Stellenwert des Marktmechanismus allein im Hinblick auf einen anderen positiven Effekt zu beurteilen. Wie Adam Smith bemerkte, ist die Tausch- und Handelsfreiheit ihrerseits ein unabdingbarer Teil der fundamentalen Freiheiten, die zu schätzen Menschen Grund haben. *Generell gegen* Märkte zu votieren wäre ungefähr so seltsam wie generell Gespräche zwischen Leuten abzulehnen – obschon manche Gespräche offensichtlich Schaden anrichten und anderen oder auch den Gesprächsteilnehmern selbst Probleme bereiten können. Die Freiheit, Worte, Güter oder Geschenke auszutauschen, muß nicht durch ihre günstigen, aber entfernten Wirkungen gerechtfertigt werden; sie gehört zu den Lebens- und Umgangsformen der Menschen in einer Gesellschaft – sofern sie nicht durch Regulierungen oder ein Fiat gehemmt wird. Die positive Auswirkung des Marktmechanismus auf das Wirtschaftswachstum ist ohne Frage wichtig, doch diese Erwägung ist zweitrangig und greift erst, nachdem die unmittelbare Bedeutung der Freiheit – nämlich Worte, Güter, Geschenke auszutauschen – anerkannt worden ist.

Wie die Dinge liegen, ist die Verweigerung der Freiheit, am Arbeitsmarkt teilzunehmen, ein Mittel, um Menschen in Fesseln und Abhängigkeit zu halten, und der Kampf gegen die Unfreiheit feudaler Arbeitsverhältnisse in vielen Drittweltländern ist heute aus denselben Gründen bedeutsam, wie es einst der amerikanische Bürgerkrieg war. Der freie Zugang zum Markt kann selbst ein bedeutender Beitrag zur Entwicklung sein, und das ganz unabhängig davon, ob der Marktmechanismus nun das Wirtschaftswachstum oder die Industrialisierung günstig beeinflußt oder nicht. Karl Marxens Loblied auf den Kapitalismus – und Marx war nun beileibe kein Bewunderer des Kapitalismus im allgemeinen – und seine Einschätzung des amerikanischen Bürgerkriegs im *Kapital* als des »einzigen großartigen Ereignisses der Zeitgeschichte« bezogen sich direkt auf die Bedeutung freier Arbeitsverträge im Gegensatz zur Sklaverei und dem erzwungenen Ausschluß vom Arbeitsmarkt. Wie noch zu erörtern sein wird, zählt die Notwendigkeit, die Arbeit von jenen unmittelbaren oder mittelbaren Fesseln zu befreien, die einen Zugang zum freien Arbeitsmarkt verhindern, zu den entscheidenden Herausforderungen, vor denen die Entwicklungspolitik in vielen unterentwickelten Ländern heute steht. Ähnlich leiden viele Kleinbauern und hart kämpfende Produzenten darunter, daß überkommene Strukturen und Beschränkungen ihnen den freien Zugang zu den Warenmärkten versperren. Die Freiheit, am wirtschaftlichen Austausch teilzunehmen, spielt im sozialen Leben eine fundamentale Rolle.

Diese oftmals vernachlässigte Erwägung herauszustellen bedeutet nicht, eine umfassende Beurteilung des Marktmechanismus hinsichtlich aller seiner Funktionen und Wirkungen für überflüssig zu halten, darunter auch seine Fähigkeit, Wirtschaftswachstum zu erzeugen und unter vielerlei Umständen sogar ökonomische Gleichheit. Andererseits müssen wir auch die anhaltende Notlage bestimmter Bevölkerungsschichten untersuchen, die von den Wohltaten der marktwirtschaftlich orientierten Gesellschaft ausgeschlossen bleiben, und ebensowenig dürfen wir davon absehen, das mancher den Lebensstil und die Werte, die im Gefolge des Marktes auftreten, generell beurteilt und kritisiert. Entwicklung als Freiheit zu begreifen bedeutet, die Argumente der verschiedenen Seiten angemessen zu betrachten und abzuwägen. Es ist schwer vorstellbar, daß irgendeine entscheidende Entwicklung auf eine weitreichende Nutzung der Märkte verzichten können soll. Damit ist freilich nicht ausgeschlossen, daß sozialen Absicherungen, öffentlichen Regulierungen oder politischen Eingriffen, sofern diese das menschliche Leben bereichern und nicht verarmen lassen, eine wichtige Funktion zukommt. Der hier vorgeschlagene Ansatz eröffnet eine breitere und reichere Perspektive auf den Markt als diejenige, die für gewöhnlich *entweder* von der Verteidigung *oder* der harten Kritik am Marktmechanismus geboten wird.

Ich möchte diese Liste illustrierender Beispiele mit einer persönlichen Kindheitserinnerung beschließen. Eines Nachmittags – ich muß etwa zehn Jahre alt gewesen sein – spielte ich im Garten unseres Hauses in Dhaka, der heutigen Hauptstadt von Bangladesch, als ein Mann herzzerreißende Schreie ausstoßend und heftig blutend durch unser Tor gelaufen kam. In seinem Rücken steckte ein Messer. Es waren die Tage der Volksunruhen, in denen Hindus und Moslems sich gegenseitig umbrachten, was schließlich zur Teilung Indiens und der Unabhängigkeit Pakistans führte. Der niedergestochene Mann, er hieß Kader Mia, war ein moslemischer Tagelöhner, der für ein paar Pfennige im Nachbarhaus arbeitete und auf der Straße vom Mob in unserem überwiegend von Hindus bewohnten Viertel angefallen worden war. Während ich ihm zu trinken gab, die Erwachsenen im Haus laut um Hilfe herbeirief und mein Vater ihn eilends ins Krankenhaus schaffte, erzählte Kader Mia, seine Frau habe ihn angefleht, in diesen unruhigen Zeiten ein so gefährliches Viertel zu meiden. Kader Mia blieb jedoch keine Wahl, er mußte Arbeit suchen, weil seine Familie nichts zu essen hatte. Die Strafe für seine wirtschaftliche Unfreiheit war der Tod. Er starb im Krankenhaus.

Dieses Erlebnis hatte eine niederschmetternde Wirkung auf mich. Es brachte mich später dazu, über die schreckliche Bürde einer engstirnig definierten Identität nachzudenken, die sich fest mit Gemeinschaften und Gruppen verbindet. (Ich werde in diesem Buch noch Gelegenheit finden, darauf einzugehen.) Doch unmittelbar demonstrierte mir diese Erfahrung die bemerkenswerte Tatsache, daß ökonomische Unfreiheit in Gestalt extremer Armut einen Menschen zum hilflosen Opfer auch der Verletzung anderer Arten von Freiheit macht. Kader Mia hätte in diesen schrecklichen Zeiten auf der Suche nach einem geringen Lohn nicht in ein gefährliches Viertel gehen müssen, wenn seine Familie auch so hätte überleben können. Wirtschaftliche Unfreiheit kann zur Brutstätte für soziale Unfreiheit werden, so wie soziale oder politische Unfreiheit ihrerseits wirtschaftliche Unfreiheit befördern kann.

Organisationen und Werte

Es ließen sich noch viele andere Beispiele anführen, um die wesentliche Unterscheidung zu illustrieren, die dadurch ins Spiel kommt, daß eine Vorstellung von Entwicklung entfaltet wird, in der diese als zusammenhängender Prozeß der Ausweitung substantieller, miteinander verknüpfter Freiheiten gedeutet wird. Diese Auffassung wird hier dargestellt, kritisch geprüft und nutzbar gemacht. Das geschieht in der Absicht, den Entwicklungsprozeß ganzheitlich, das heißt, unter

Einschluß wirtschaftlicher, sozialer und politischer Überlegungen zu untersuchen. Ein breiter Ansatz dieser Art ermöglicht es, die vitalen Rollen vieler verschiedener Institutionen für den Entwicklungsprozeß gleichzeitig einzuschätzen, etwa der Märkte und der mit ihnen verbundenen Organisationen, der Regierungen und der lokalen Verwaltungen, der politischen Parteien und anderer bürgerlicher Einrichtungen, des Bildungswesens und der Chancen zu offenen Dialogen und Debatten (nicht zu vergessen die Aufgabe der Medien und anderer Kommunikationsmittel).

Ein solcher Ansatz erlaubt uns auch den Stellenwert der sozialen Werte und herrschenden Sitten anzuerkennen, und ebenso den Einfluß, den sie auf die Freiheiten haben, die Menschen genießen und die zu schätzen sie Grund haben. Gemeinsame Normen können soziale Verhaltensformen bestimmen, etwa die Gleichbehandlung der Geschlechter, die Erziehung und Sorge für die Kinder, die Größe der Familien und die Fortpflanzung, den Umgang mit der Umwelt und viele andere Einrichtungen und Ergebnisse. Herrschende Werte und soziale Sitten wirken sich auch darauf aus, ob es Korruption gibt oder nicht und wie groß das Vertrauen in die wirtschaftlichen, sozialen oder politischen Verhältnisse ist. Die Verwirklichung von Freiheit wird durch Werte vermittelt, und diese sind ihrerseits Ausfluß öffentlicher Diskussionen und sozialer Interaktionen, welche wiederum durch die partizipatorische Freiheit beeinflußt sind. Alle diese Zusammenhänge verdienen eine eingehende Untersuchung.

Auch wenn viele Hemmnisse bleiben: ein freier wirtschaftlicher Austausch kurbelt das Wirtschaftswachstum kräftig an, darüber sind sich die meisten einig. Es ist wichtig, nicht nur dem Markt die ihm gebührende Anerkennung zuteil werden zu lassen, sondern auch die Bedeutung anderer wirtschaftlicher, sozialer und politischer Freiheiten für die Verbesserung und Bereicherung des menschlichen Lebens richtig einzuschätzen. Das hat deutlich sichtbare Folgen selbst für so heftig debattierte Fragen wie das sogenannte Bevölkerungsproblem. Der Stellenwert der Freiheit bei der Eindämmung exzessiv hoher Geburtenraten ist ein Thema, zu dem lange Zeit kontroverse Meinungen vertreten wurden. Während Condorcet, der große französische Rationalist des 18. Jahrhunderts, erwartete, daß die Geburtenrate mit dem »Fortschritt der Vernunft« sinken würde, so daß mehr Sicherheit, mehr Bildung und größerer Freiheitsspielraum, um durchdachte Entscheidungen zu treffen, das Bevölkerungswachstums eindämmen würden, vertrat sein Zeitgenosse Thomas Robert Malthus die entgegengesetzte Meinung. Tatsächlich argumentierte er so: »Es gibt keinen Grund anzunehmen, daß irgendein Umstand neben der Schwierigkeit, die Notdurft des Lebens hinreichend zu sichern, die große Zahl von Menschen von einer frühen Verheiratung abhalten oder es ihnen unmöglich machen sollte, so viele gesunde Kinder wie möglich aufzuziehen.« Die jeweiligen Vorzüge der beiden unterschiedlichen Auffassungen – Vertrauen in die vernunftgeleitete Freiheit und ökonomischer Zwang – werden später noch Thema sein. (Im großen und ganzen, so meine These, neigt sich die Waagschale der Beweise sicherlich zu Condorcets Gunsten.) Wichtig ist jedoch zu sehen, daß dieser spezielle Streitpunkt nur ein Beispiel für die Auseinandersetzung ist, die seit Jahrhunderten ausgetragen wurde, nämlich die Frage, ob Freiheit für die Entwicklung wesentlich ist oder nicht. Und bis heute lebt die Streitfrage in vielfacher Gestalt fort.

Institutionen und instrumentelle Freiheit

Fünf unterschiedliche Typen von Freiheit, alle aus einer »instrumentellen« Perspektive betrachtet, werden in den folgenden empirischen Untersuchungen besonders unter die Lupe genommen: (1) politische Freiheiten, (2) ökonomische Vorteile, (3) soziale Chancen, (4) Garantien für Transparenz und (5) soziale Sicherheit. Alle diese verschiedenen Typen von Rechten und Chancen tragen dazu bei, die allgemeinen Verwirklichungschancen eines einzelnen zu fördern. Sie können ihren Sinn auch darin finden, einander zu ergänzen. Politische Maßnahmen zur Förderung der Verwirklichungschancen des Menschen und der wesentlichen Freiheiten im allgemeinen können bewirken, daß sie diese verschiedenen, aber untereinander verbundenen instrumentellen Freiheiten stärken. In den folgenden Kapiteln werden die verschiedenen Typen von Freiheit – und die damit zusammenhängenden Institutionen – ausgelotet und ihre Verbindungen untereinander erörtert. Darüber hinaus wird es Gelegenheit geben, ihre jeweilige Bedeutung für die Förderung der prinzipiellen Freiheit der

Menschen zu untersuchen, ein von ihnen als sinnvoll erkanntes Leben zu führen. Im Licht einer »Entwicklung als Freiheit« sind die instrumentellen Freiheiten sowohl untereinander verbunden als auch mit den Zielen, die eine Erweiterung der menschlichen Freiheit allgemein verfolgt.

Während die Entwicklungsanalyse sich einerseits mit den Zwecken und Zielen beschäftigen muß, welche die instrumentellen Freiheiten bezogen auf ihre Konsequenzen so bedeutsam machen, hat sie auch die empirischen Kopplungen zu untersuchen, welche die unterschiedlichen Typen von Freiheit *verbinden*, um so ihre Bedeutung als Einheit zu stärken. In der Tat ist es so, daß ebendiese Verknüpfungen für ein in den Kern vorstoßendes Verständnis der instrumentellen Funktion der Freiheit ausschlaggebend sind.

Schlußbemerkung

Freiheiten sind nicht nur das primäre Ziel von Entwicklung, sie zählen auch zu den prinzipiellen Voraussetzungen ihrer Verwirklichung. Neben der grundlegenden Anerkennung der evaluativen Bedeutung von Freiheit müssen wir auch Einsicht in die bemerkenswerte empirische Verbindung gewinnen, die Freiheiten verschiedener Art miteinander verknüpfen. Politische Freiheiten – in Gestalt von Meinungsfreiheit und freien Wahlen – tragen dazu bei, ökonomische Sicherheit zu fördern. Soziale Chancen – in Gestalt von Bildungs- und Gesundheitseinrichtungen – erleichtern die Teilhabe am ökonomischen Prozeß. Wirtschaftliche Einrichtungen – in Gestalt der Chancen, am Handel und an der Produktion teilzunehmen – können sowohl persönlichen Wohlstand schaffen als auch die öffentlichen Mittel für soziale Einrichtungen reichlicher fließen lassen. Verschiedene Freiheiten können sich zusammenwirkend gegenseitig bestärken.

Die empirischen Verbindungen bestätigen den Vorrang der Bewertungsmaßstäbe. Bezogen auf die mittelalterliche Unterscheidung zwischen »patiens« und »agens«, orientiert sich das freiheitszentrierte Verständnis der Ökonomie und des Entwicklungsprozesses zuerst und vor allem am tätigen Subjekt. Räumt man ihnen angemessene soziale Chancen ein, sind Individuen in der Lage, ihr eigenes Schicksal erfolgreich zu gestalten und einander zu helfen. Nichts zwingt uns dazu, sie in erster Linie als passive Empfänger der Wohltaten ausgeklügelter Entwicklungsprogramme zu sehen. Nein, es ist wirklich ein Gebot der Vernunft, die segensreiche Rolle freien und selbständigen Handelns – ja sogar schöpferischer Ungeduld – anzuerkennen.

1
Die Perspektive der Freiheit

Daß ein Ehepaar sich darüber unterhält, wie es zu mehr Geld kommen könnte, ist keine Seltenheit, doch ein Gespräch über diese Frage aus dem 8. Jahrhundert v. Chr. ist besonders interessant. In dem im Sanskrittext *Brihadaranyaka Upanishad* geschilderten Gespräch stoßen Maitreyee und ihr Ehemann Yajnavalkya sehr schnell auf ein größeres Problem als nur auf die Frage, durch welche Mittel und Wege man zu mehr Geld gelangt: *»Wieweit würde Reichtum ihnen zur Erfüllung ihrer Wünsche verhelfen?«*[1] Maitreyee grübelt darüber nach, ob sie, sollten »alle Reichtümer der Erde« ihr gehören, dadurch Unsterblichkeit erlangen würde. »Nein«, antwortet Yajnavalkya, »dein Leben wäre wie das Leben der Reichen. Doch darfst du nicht hoffen, durch Reichtum unsterblich zu werden.« Maitreyee entgegnet: »Was sollte ich denn anfangen mit etwas, was mich nicht unsterblich macht?«

Maitreyees rhetorische Frage wurde in der religiösen Philosophie Indiens immer wieder zitiert, um damit die naturgegebene Schicksalssituation des Menschen und die Beschränktheit der materiellen Welt zu veranschaulichen. Was die mögliche Existenz einer anderen Welt betrifft, bin ich allzu skeptisch, als daß mich Maitreyees innerweltliche Frustration zum Glauben daran verführen könnte. Aber ein anderer Aspekt dieses Gedankenaustausches ist für die Ökonomie und das Verständnis der Natur der Entwicklung von direktem Belang, nämlich die Beziehung zwischen Einkommen und Leistung, Gütern und Verwirklichungschancen, ökonomischem Reichtum und unserer Fähigkeit, so zu leben, wie wir wollen. Auch wenn es eine Verbindung zwischen Überfluß und Leistung gibt, dürfte diese mehr oder weniger stark und extrem von anderen Umständen abhängig sein. Die Frage ist nicht, ob wir ein ewiges Leben erreichen können, was für Maitreyee – Friede ihrer Seele – im Mittelpunkt steht, sondern ob wir hier auf Erden lange und gut leben können, ohne in der Blüte unserer Jahre sterben oder in Elend und Unfreiheit leben zu müssen – Dinge, die nahezu jeder von uns schätzen und begehren würde. Die Kluft zwischen den beiden Perspektiven – das heißt zwischen ausschließlicher Konzentration auf ökonomischen Wohlstand und einem weiter reichenden Blick auf das Leben, das wir führen können – ist für die begriffliche Darlegung der Entwicklung von höchstem Rang. Wie Aristoteles zu Beginn der *Nikomachischen Ethik* betont – und wie auch Maitreyee und Yajnavalkya fast fünftausend Kilometer entfernt in ihrem Gespräch entdeckten –, ist »Reichtum gewiß nicht das gesuchte oberste Gut. Er ist nur ein Nutzwert: Mittel für andere Zwecke.«[2]

Wenn wir Gründe haben, uns mehr Reichtümer zu wünschen, müssen wir uns fragen: Was genau sind das für Gründe, wie wirken sie, wovon hängen sie ab, und welche Dinge können wir mit größerem Reichtum »tun«? Tatsächlich haben wir im allgemeinen hervorragende Gründe, uns mehr Einkommen und Reichtum zu wünschen. Doch nicht, weil Einkommen und Reichtum um ihrer selbst willen erstrebenswert sind, sondern weil sie in der Regel wunderbare Allzweckmittel sind, um eine größere Freiheit bei der Wahl der von uns als vernünftig eingeschätzten Lebensführung zu gewinnen.

Die Nützlichkeit des Reichtums liegt in den Dingen, die er uns zu tun ermöglicht, in der substantiellen Freiheit, die er uns erlangen läßt. Doch diese Beziehung ist weder exklusiv – denn unser Leben unterliegt noch anderen bedeutsamen Einflüssen als dem Reichtum – noch gleichförmig – denn die Wirkung des Reichtums auf unser Leben verändert sich je nach anderen noch hinzutretenden Einflüssen. Man wird den entscheidenden Stellenwert des Reichtums bei der Festlegung der Lebensbedingungen und der jeweiligen Lebensqualität erkennen müssen, um die spezifische und kontingente Natur dieser Beziehung zu verstehen. Ein angemessener Begriff von Entwicklung kann sich nicht mit der Anhäufung von Reichtum, dem Wachsen des Bruttosozialprodukts und anderen auf das Einkommen bezogenen Variablen begnügen. Ohne die Bedeutung des Wirtschaftswachstums deshalb geringzuschätzen, müssen wir unseren Blick darüber hinaus lenken.

Die Ziele und Mittel im Prozeß der Entwicklung müssen einer genaueren Untersuchung und Überprüfung unterworfen werden, um den Entwicklungsprozeß in aller Klarheit zu verstehen; es ist schlicht unangemessen, nur die Maximierung von Einkommen und Reichtum zu unserem grundlegenden Ziel zu machen, denn sie sind, wie

Aristoteles bemerkte, »nur ein Nutzwert: Mittel für andere Zwecke«. Aus demselben Grund wird man im Wirtschaftswachstum keinen Zweck an sich sehen. Entwicklung hat sich stärker damit zu beschäftigen, Freiheiten, die wir genießen, und das Leben, das wir führen, zu intensivieren. Eine Entfaltung der Freiheiten, die zu schätzen wir Grund haben, bereichert nicht allein unser Leben und befreit es von Fesseln, es ermöglicht uns darüber hinaus, intensiver am sozialen Leben teilzunehmen, unseren eigenen Willen durchzusetzen, mit der Welt, in der wir leben, in Wechselwirkungen zu treten und sie zu beeinflussen. Im 3. Kapitel wird diese generelle Perspektive detaillierter ausgeführt, geprüft und in wertender Absicht mit anderen konkurrierenden Ansätzen verglichen.[3]

Formen der Unfreiheit

Viele Menschen auf der Welt leiden unter vielfältigen Formen von Unfreiheit. In bestimmten Regionen treten immer wieder Hungersnöte auf, die viele Millionen der fundamentalen Freiheit zu überleben berauben. Selbst in Ländern, die nicht mehr sporadisch von Hungersnöten heimgesucht werden, kann Unterernährung eine riesige Anzahl hilfloser Menschen beeinträchtigen. Auch stehen sehr viele ohne Gesundheitsfürsorge, ohne sanitäre Einrichtungen oder sauberes Wasser da, sie verbringen ihr Leben im Kampf gegen vermeidbare Krankheiten und sterben oft vor der Zeit. Sogar in reichen Ländern leben stark benachteiligte Menschen, mit schlechter Gesundheitsfürsorge, fehlender Berufsausbildung, ohne einen gutbezahlten Arbeitsplatz und ohne wirtschaftliche und soziale Absicherung. Selbst in sehr wohlhabenden Ländern ist die Lebenserwartung großer Bevölkerungsgruppen nicht höher als in wirtschaftlich sehr viel schlechter gestellten Ländern der sogenannten Dritten Welt. Zudem wirkt sich die Ungleichheit zwischen Männern und Frauen negativ auf das Leben von Millionen von Frauen aus – mitunter bis hin zu vorzeitigem Tod – und beschneidet aufs unterschiedlichste ihre substantiellen Freiheiten.

Ein weiterer Mangel, unter dem sehr viele Menschen in mehreren Ländern leiden, ist die systematische Verweigerung politischer Freiheit und grundlegender Bürgerrechte. Manchmal wird behauptet, die Verweigerung solcher Rechte kurble das Wirtschaftswachstum an und sei für eine schnelle ökonomische Entwicklung »gut«. Manche haben sogar rigiden Systemen, die fundamentale bürgerliche und politische Rechte unterdrücken, das Wort geredet, weil sie angeblich das Wirtschaftswachstum begünstigen. Diese These – oft wird sie nach den Theorien des früheren Premierministers von Singapur, Lee Kuan Yew, als »Lee-These« bezeichnet – wird manchmal mit recht spärlichen empirischen Belegen verteidigt. Tatsächlich haben besser dokumentierte Vergleiche zwischen verschiedenen Ländern zu keiner Bestätigung der These geführt, und wenig spricht dafür, daß eine autoritäre Politik tatsächlich das Wirtschaftswachstum fördert. Im Gegenteil: Die empirischen Belege legen den Schluß nahe, daß Wirtschaftswachstum eher Folge eines freundlicheren Wirtschaftsklimas ist denn eines rigiden politischen Systems. Diese Frage wird im 6. Kapitel behandelt.

Überdies hat Wirtschaftswachstum noch andere Dimensionen. Ökonomische Sicherheit ist eine davon. Recht häufig geht wirtschaftliche Unsicherheit Hand in Hand mit dem Fehlen demokratischer Rechte und Freiheiten. Ja, eine funktionierende Demokratie und wirksame politische Rechte können das ihre zur Verhinderung von Hungersnöten und anderen wirtschaftlichen Katastrophen beitragen. Autoritäre Staatschefs, die selbst ja wohl höchst selten von Hungersnöten – oder anderen wirtschaftlichen Desastern – betroffen sind, fehlt es am nötigen Antrieb, um rechtzeitig präventive Maßnahmen zu ergreifen. Demokratische Regierungen müssen dagegen Wahlen gewinnen und sich der öffentlichen Kritik stellen. Daher haben sie starke Motive, Hungersnöte und andere Katastrophen rechtzeitig abzuwenden. Es überrascht nicht, daß die Weltgeschichte kein Beispiel für eine Hungersnot in einer funktionierenden Demokratie kennt, sei diese nun wirtschaftlich wohlhabend – wie das heutige Westeuropa und Nordamerika – oder vergleichsweise arm – wie Indien nach der Unabhängigkeit oder wie Botswana und Simbabwe. Hungersnöte suchten meistens Kolonialländer heim, die von Fremdherrschern regiert wurden. Man denke an Indien zur Zeit der englischen Herrschaft oder an Irland, als es von englischen, dem Land fremd gegenüberstehenden Regierungsbeamten verwaltet wurde, oder auch an Einparteienstaaten, wie die Ukraine in den 30er Jahren, China von 1958–61 oder in den 60er Jahren Kambodscha, bzw. an Militärdiktaturen vom Schlage Äthiopiens, Somalias oder in jüngster

Vergangenheit einiger Länder der Sahelzone. Wie mein Buch in aller Klarheit herausstellen wird, sind die beiden Länder, welche die »Hungerliga« anführen, hervorragende Beispiele für eine Diktatur: Nordkorea und der Sudan. Wenngleich die Prävention von Hungersnöten mit großer Deutlichkeit und Überzeugungskraft die Vorteile des demokratischen Pluralismus hinsichtlich seiner Antriebskräfte demonstriert, so ist doch damit noch lange nicht erschöpft, was zu seinen Gunsten spricht.

Von fundamentaler Bedeutung ist, daß politische Freiheit und bürgerliche Rechte unmittelbar, um ihrer selbst willen als Werte gelten und daß sie nicht mittelbar bezüglich ihrer Auswirkungen auf die Wirtschaft gerechtfertigt werden müssen. Auch wenn es Menschen, denen politische Freiheiten oder bürgerliche Rechte vorenthalten werden, nicht an hinreichender ökonomischer Sicherheit mangelt und wenn sie das Glück haben, wirtschaftlich günstige Umstände zu genießen, sind sie doch der wichtigen Freiheiten beraubt, ihr Leben nach ihrem Gutdünken einrichten und an wichtigen Entscheidungen über öffentliche Angelegenheiten teilnehmen zu können. Ein solcher Mangel beschneidet ihr soziales und politisches Leben und ist daher repressiv zu nennen, unabhängig davon, ob er noch größeres Elend und wirtschaftliche Katastrophen mit sich bringt. Da politische und bürgerliche Freiheiten wesentliche Bestandteile menschlicher Freiheit schlechthin sind, stellt ihre Beraubung eine fundamentale Behinderung dar. Wenn wir die Rolle der Menschenrechte für die Entwicklung untersuchen, müssen wir sowohl die konstitutive als auch die instrumentelle Bedeutung der bürgerlichen Rechte und politischen Freiheiten berücksichtigen. Diese Fragen werden ausführlich im 6. Kapitel behandelt.

Verfahren und Chancen

Es wird nun deutlich geworden sein, daß die hier verteidigte Idee von Freiheit zweierlei bedeutet: die *Verfahren*, die Handlungs- und Entscheidungsfreiheit ermöglichen, und die realen *Chancen*, die Menschen angesichts ihrer persönlichen und sozialen Umstände haben. Unfreiheit kann unzulänglichen Verfahren entspringen – beispielsweise der Verletzung des Wahlrechts oder anderer politischer bzw. bürgerlicher Rechte – oder den unzulänglichen Chancen, die man hat, um auch nur minimale Ziele zu erreichen – darunter das Fehlen solch grundlegender Chancen wie die Vermeidung von vorzeitigem Sterben, von Krankheiten oder Hungersnot.

Die Unterscheidung zwischen dem *Verfahrensaspekt* und dem *Chancenaspekt* der Freiheit kennzeichnet einen recht wesentlichen Gegensatz, der sich auf verschiedenen Ebenen verfolgen läßt. Ich habe anderenorts die jeweiligen Funktionen und Erfordernisse des Verfahrens- und Chancenaspekts der Freiheit diskutiert (wie auch die zwischen ihnen bestehenden Verbindungen).[4] Obwohl dies nicht der richtige Ort sein mag, um auf die komplexen und subtilen Fragen einzugehen, die diese Unterscheidung nach sich zieht, ist doch als wichtiger Punkt festzuhalten, daß Freiheit hinreichend umfassend verstanden wird. Keinesfalls darf die Aufmerksamkeit nur auf die richtigen Verfahren beschränkt bleiben – wie es die sogenannten Libertären mitunter tun, ohne sich darüber beunruhigt zu zeigen, daß einige benachteiligte Menschen systematisch unter einem Mangel an entscheidenden Chancen leiden. Doch ebenso falsch wäre es, nur die angemessenen Chancen in den Blick zu nehmen – wie es die sogenannten Konsequentialisten manchmal tun, ohne über das Wesen der Verfahren, mit deren Hilfe Chancen schaffen werden, oder über die Wahlfreiheit der Menschen nachzudenken. Beides, Verfahren und Chancen, sind in sich von Bedeutung, und jeder Aspekt bezieht sich auf das Verständnis der Entwicklung als Freiheit.

Zwei Funktionen von Freiheit

Die hier vorgeschlagene Analyse der Entwicklung betrachtet die verschiedenen Freiheiten von Individuen als Grundbausteine. Daher gilt die Aufmerksamkeit vor allem der Erweiterung der »Verwirklichungschancen« der Menschen, genau das Leben führen zu können, das sie schätzen, und zwar mit guten Gründen. Die Verwirklichungschancen lassen sich durch öffentliche Maßnahmen vergrößern, doch läßt sich die Richtung solcher Maßnahmen durch wirksamen Einsatz partizipatorischer Verwirklichungschancen seitens der Öffentlichkeit ihrerseits beeinflussen. Die *zweigleisige Beziehung* ist für die hier vorgestellte Analyse zentral.

Sowohl in bezug auf die *normative Bewertung* als auch hinsichtlich der *Effektivität* gibt es zwei verschiedene Gründe, warum die individuelle Freiheit für den Begriff der Entwicklung eine so eminente Bedeutung hat.[5] Erstens versteht der hier verwendete normative Ansatz substantielle individuelle Freiheiten als kritisches Potential. Der Erfolg einer Gesellschaft ist nach dieser Auffassung primär danach zu bewerten, wie groß die von ihren Mitgliedern genossenen substantiellen Freiheiten sind. Diese wertende Position unterscheidet sich von der Informationsbasis herkömmlicher normativer Ansätze, die andere Variablen wie Nutzen, Verfahrensfreiheit oder Realeinkommen in den Mittelpunkt stellen.

Größere Freiheit zu haben, um die Dinge zu tun, die zu schätzen man Gründe hat, ist (1) für die gesamte Freiheit eines Menschen prinzipiell bedeutsam und (2) wichtig, um die Chance zu erhöhen, gewünschte Ergebnisse zu erzielen.[6] Beides fällt bei der Bewertung der Freiheit, welche die Gesellschaftsmitglieder genießen, ins Gewicht und ist somit für die Einschätzung des Entwicklungsstands der Gesellschaft entscheidend. Die Gründe, die für eine solche normative Position sprechen, vor allem dafür, Gerechtigkeit im Hinblick auf die individuellen Freiheiten und ihre sozialen Korrelate zu verstehen, werden im 3. Kapitel ausführlicher untersucht.

Der zweite Grund, substantielle Freiheit für so entscheidend zu halten, ist, daß Freiheit nicht nur die Bewertungsgrundlage für Erfolg und Mißerfolg abgibt, sondern auch die oberste Determinante für individuelle Initiative und soziale Wirksamkeit darstellt. Mehr Freiheit stärkt die Fähigkeit der Menschen, sich selbst zu helfen und auf die Welt einzuwirken, und beides ist für den Entwicklungsprozeß zentral. Es geht hier um etwas, was wir – mit dem Risiko, allzusehr zu vereinfachen – den »Tätigkeitsaspekt« des Individuums nennen können.

Der Gebrauch des Wortes »Tätigkeit« (*agency*) bedarf einer kurzen Klärung. Der Ausdruck »agent« wird manchmal in der Wirtschaftstheorie und der Spieltheorie als Bezeichnung für eine Person verwandt, die für einen anderen tätig ist (vielleicht weil sie von einem »Vorgesetzten« Direktiven bekommt) und deren Leistungen im Lichte der Zwecke eines anderen (des Vorgesetzten) zu beurteilen sind. Ich verwende den Ausdruck »agent« nicht in diesem Sinn, sondern in seiner älteren – und »tieferen« – Bedeutung, nämlich als Bezeichnung für jemanden, der tätig ist und Veränderungen bewirkt und dessen Leistungen in bezug auf seine eigenen Werte und Ziele zu bewerten sind, unabhängig davon, ob wir sie auch noch hinsichtlich irgendwelcher äußeren Kriterien beurteilen. Diese Arbeit beschäftigt sich vor allem mit der tätigen Seite des Individuums, sofern es Teil der Öffentlichkeit ist und am wirtschaftlichen, sozialen und politischen Handeln teilhat (das von der Teilnahme am Markt bis zum unmittelbaren oder mittelbaren Beteiligtsein an individuellen oder gemeinsamen Aktivitäten im politischen Bereich oder in anderen Bereichen reichen kann).

Das wirkt sich auf zahlreiche Streitfragen der öffentlichen Politik aus, angefangen bei strategischen Problemen wie der weitverbreiteten Neigung selbstherrlicher Politiker, durch fein abgestimmten »gezielten Einsatz« eine angeblich passive Bevölkerung mit den richtigen Gütern zu bedenken, bis hin zu so fundamentalen Eingriffen wie dem Versuch, die Regierungsgeschäfte demokratischer Kontrolle und Kritik (und der aktiven Wahrnehmung von Bürgerrechten) zu entziehen.[7]

Bewertungssysteme: Einkommen und Verwirklichungschancen

Was die Bewertung betrifft, so konzentriert sich der hier verwendete Ansatz auf ein Tatsachenfundament, das ihn von eher traditionellen Analysen der praktischen Ethik und Wirtschaftspolitik abhebt: das wären etwa die »ökonomische« Ausrichtung auf den Vorrang von *Einkommen und Wohlstand* (statt auf die Bestimmungen menschlichen Lebens und substantieller Freiheiten), die »utilitaristische« Betonung von *psychischer Zufriedenheit* (statt kreativen Unmuts und schöpferischer Unzufriedenheit), die »libertäre« Beschäftigung mit den die Freiheit garantierenden *Verfahren* (die bewußt sämtliche den Verfahren entspringenden Folgen vernachlässigt) usw. Die stringenten Argumente für ein ganz anderes Tatsachenfundament, das die substantiellen, von den Menschen mit Gründen geschätzten Freiheiten in den Mittelpunkt stellt, werden im 3. Kapitel analysiert.

Damit wird keineswegs bestritten, daß ein Mangel an individuellen Verwirklichungschancen nicht eng mit niedrigem Einkommen verbunden sein kann, das sich nach beiden Seiten auswirkt: (1) Ein geringes Einkommen kann die Hauptursache für Analphabetismus, schlechte Gesundheit, Hunger und Unterernährung sein, und (2) können umgekehrt höhere Bildung und Gesundheit zu einem besseren Einkommen verhelfen. Diese Verknüpfungen muß man sich in aller Ausführlichkeit bewußtmachen. Allerdings wirken noch andere Dinge auf die grundlegenden Verwirklichungschancen und wirksamen Freiheiten ein, deren die Individuen sich erfreuen, und es gibt gute Gründe, Charakter und Reichweite dieser Verflechtungen zu untersuchen. Gerade weil der Mangel an Einkommen und der Mangel an Verwirklichungschancen miteinander korrelieren, sollte man sich keineswegs davon blenden lassen und zu dem Fehlschluß kommen, man müsse nur das erste in Rechnung stellen und würde dann schon genug über das zweite erfahren. Die Verbindungen sind nicht so strikt, und die Abweichungen sind von einer sozialpolitischen Warte aus oft wichtiger als das beschränkte gemeinsame Vorliegen der beiden Variablenmengen. Wenn unsere Aufmerksamkeit von der ausschließlichen Konzentration auf ein geringes Einkommen zu der weiter gefaßten Idee eines Mangels an Verwirklichungschancen schwenkt, werden wir die Verarmung des menschlichen Lebens und der Freiheiten besser verstehen, sobald wir eine andere Informationsbasis heranziehen (dazu zählen Statistiken, die von der Einkommensperspektive als Bezugspunkt für die Analyse sozialpolitischer Maßnahmen häufig übergangen werden). Die Funktion von Einkommen und Reichtum – so wichtig sie auch neben anderen Faktoren ist – muß in ein breiteres und vollständigeres Bild von Erfolg und Mangel integriert werden.

Armut und Ungleichheit

Was diese Informationsbasis für die Analyse von Armut und Ungleichheit bedeutet, wird im 4. Kapitel untersucht. Es gibt gute Gründe dafür, Armut als Mangel an fundamentalen Verwirklichungschancen zu betrachten und nicht bloß als zu niedriges Einkommen. Ein Mangel an Verwirklichungschancen kann sich in niedriger Lebenserwartung, schwerer Unterernährung (vor allem bei Kindern), chronischen Krankheiten, weitverbreitetem Analphabetismus und anderen Nöten niederschlagen. So muß etwa das Problem des Frauenmangels (verursacht durch eine ungewöhnlich hohe, altersspezifische Sterblichkeitsrate von Frauen in einigen Gesellschaften, insbesondere in Süd- und Westasien, Nordafrika und China) anhand demographischer, medizinischer und sozialer Informationen analysiert werden, statt in bezug auf ein niedriges Einkommen, das uns manchmal recht wenig über die Ungleichheit der Geschlechter sagt.[8]

Diese Perspektivenverschiebung ist wichtig, weil sie uns einen anderen – unmittelbar relevanten – Blick auf die Armut nicht nur in *Entwicklungs*ländern, sondern auch in *wohlhabenderen* Gesellschaften gestattet. Die massive Arbeitslosigkeit in Europa – in vielen bedeutenderen europäischen Ländern liegt sie bei ungefähr 12 Prozent – bringt Mangelerscheinungen mit sich, die aus Statistiken über die Einkommensverteilung nicht deutlich hervorgehen. Diese Mangelerscheinungen werden häufig mit der Begründung heruntergespielt, daß die europäischen Sozialversicherungssysteme – die Arbeitslosenversicherung eingeschlossen – den Einkommensverlust der Arbeitslosen ausgleichen würden. Doch Arbeitslosigkeit bedeutet nicht nur fehlendes Einkommen, das sich durch staatliche Umverteilungen kompensieren läßt – obgleich nur dank eines hohen Steueraufkommens, was seinerseits zu erheblichen Belastungen führt –; sie schmälert überdies in vielen anderen Hinsichten Freiheit, Initiative und Begabungen des Individuums. Zu den vielfältigen Auswirkungen der Arbeitslosigkeit zählt unter anderem, daß einige Gruppen vom sozialen Leben ausgeschlossen werden, daß sie ihre Selbständigkeit, ihr Selbstvertrauen, ihre seelische und körperlicher Gesundheit einbüßen. In der Tat fällt es schwer, die manifeste Ungereimtheit der heutigen Bestrebungen in Europa zu übersehen, denn einerseits setzen sie verstärkt auf ein soziales Klima der »Selbsthilfe«, lassen es aber andererseits an wirksamen politischen Maßnahmen fehlen, um das massive, nicht hinzunehmende Niveau der Arbeitslosigkeit zu bekämpfen, das eine derartige Selbsthilfe extrem behindert.

Einkommen und Lebenserwartung

Sogar was den Zusammenhang von Lebenserwartung und Einkommen betrifft (in diesem Punkt griff Maitreyee mit ihrem Wunsch nach Unsterblichkeit geradezu nach den Sternen), ist es bemerkenswert, wie stark sich der Mangel für bestimmte Gruppen in sehr reichen Län-

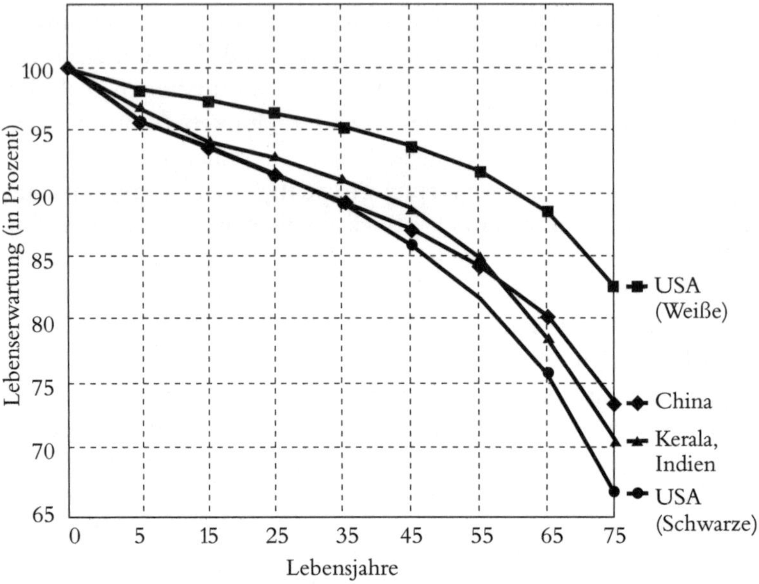

Abb. 1.1: Unterschiede in der Lebenserwartung von Männern nach Ländern

Quellen: Vereinigte Staaten 1991–1993: U.S. Department of Health and Human Services, *Health United States 1995* (Hyattsville, Md.: National Center for Health Statistics, 1996); Kerala 1991: Government of India, *Sample Registration System: Fertility and Mortality Indicators 1991* (New Delhi: Office of Registrar General 1991); China 1992: World Health Organization, *World Health Statistics Annual 1994* (Genf: World Health Organization, 1994).

dern mit dem in der sogenannten Dritten Welt vergleichen läßt. Beispielsweise haben die Afro-Amerikaner in den Vereinigten Staaten als Gruppe keine größere Chance – sie ist in der Tat niedriger –, das Erwachsenenalter zu erreichen, als Menschen, die in ökonomisch so enorm schlechter gestellten Ländern wie China oder dem indischen Bundesstaat Kerala geboren werden (oder auch in Sri Lanka, Jamaika oder Costa Rica).[9]

Dies ist in den Abbildungen 1.1 und 1.2 festgehalten. Obgleich das Pro-Kopf-Einkommen der Afro-Amerikaner in den Vereinigten Staaten beträchtlich niedriger ist als das der weißen Bevölkerung, sind sie in bezug auf ihr Einkommen sehr viel reicher als die Menschen in China oder Kerala – auch dann, wenn man die unterschiedlichen Le-

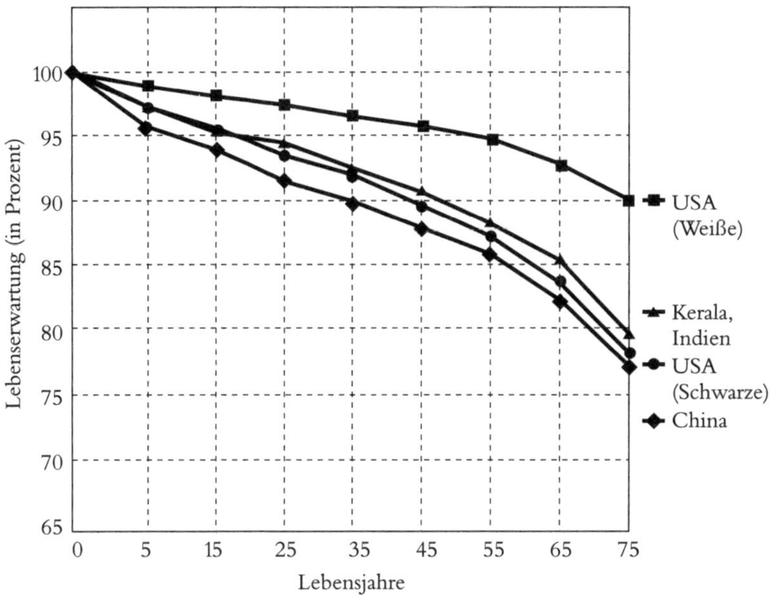

Abb. 1.2: Unterschiede der Lebenserwartung von Frauen nach Ländern

Quellen: Vereinigte Staaten 1991–1993: U.S. Department of Health and Human Services, *Health United States 1995* (Hyattsville, Md.: National Center for Health Statistics, 1996); Kerala 1991: Government of India, *Sample Registration System: Fertility and Mortality Indicators 1991* (New Delhi: Office of the Registrar General 1991); China 1992: World Health Organization: *World Health Statistics Annual 1994* (Genf: World Health Organization 1994).

benshaltungskosten berücksichtigt. In unserem Kontext ist der Vergleich der Überlebensaussichten von Afro-Amerikanern gegenüber den weitaus ärmeren Chinesen oder Indern in Kerala von besonderem Interesse. Afro-Amerikaner haben es, verglichen mit Chinesen oder Indern, besser in den ersten Lebensjahren (vor allem hinsichtlich der Säuglingssterblichkeit), doch mit wachsendem Alter verändert sich die Situation.

Tatsächlich stellt sich heraus, daß die Männer in China und Kerala die afro-amerikanischen Männer deutlich länger überleben, d.h. ein höheres Lebensalter erreichen. Selbst afro-amerikanische Frauen nähern sich mit zunehmendem Alter dem Überlebensmuster der viel ärmeren Chinesen an, und ihre Lebenserwartung ist, verglichen mit den noch ärmeren Indern in Kerala, deutlich geringer. Demnach trifft nicht nur zu, daß die schwarzen Amerikaner gegenüber den weißen Amerikanern unter einem *relativen* Mangel hinsichtlich des Pro-Kopf-Einkommens leiden, sie stehen auch, bezogen auf die Lebenserwartung, *absolut* schlechter da als die weniger verdienenden Inder aus Kerala (Männer und Frauen gleichermaßen) und die ärmeren Chinesen (was die Männer betrifft). Zu den für diesen Unterschied verantwortlichen kausalen Einflüssen, d.h. für den Gegensatz zwischen dem Lebensstandard bezogen auf das Pro-Kopf-Einkommen und der Möglichkeit, ein höheres Lebensalter zu erreichen, zählen soziale Einrichtungen und Sozialbeziehungen, also etwa Krankenversicherung, Gesundheitswesen, Schulbildung, Recht und Ordnung, alltägliche Gewalt usw.[10]

Erwähnenswert ist auch, daß Afro-Amerikaner als Gruppe eine Reihe interner Unterschiede aufweisen. Wenn wir uns die männliche schwarze Bevölkerung in einzelnen US-Städten ansehen (z.B. New York, San Francisco, St. Louis oder Washington, D.C.), werden wir feststellen, daß sie bezüglich der Lebenserwartung schon in einem früheren Alter von den Menschen in China oder Kerala überholt werden.[11] Auch recht viele Menschen aus Drittweltländern schneiden besser ab; beispielsweise hat die männliche Bevölkerung von Bangladesch nach dem vierzigsten Lebensjahr eine höhere Lebenserwartung als die männlichen Afro-Amerikaner aus Harlem, einem Stadtteil des reichen New York.[12] Und das alles trotz der Tatsache, daß Afro-Amerikaner in den Vereinigten Staaten um das Mehrfache reicher als die Menschen aus Vergleichsgruppen der Dritten Welt sind.

Freiheit, Verwirklichungschancen und Lebensqualität

Bis hierher stand eine sehr elementare Freiheit im Mittelpunkt: die Fähigkeit, zu überleben und nicht vorzeitig zu sterben. Das ist ganz offensichtlich eine signifikante Freiheit, doch gibt es noch viele andere bedeutsame Freiheiten. Tatsächlich kann das Spektrum der relevanten Freiheiten sehr breit sein. Diese große Streuung, so wird manchmal behauptet, stelle für ein freiheitszentriertes Verständnis von Entwicklung ein Problem dar, weil dieser Ansatz nicht zu »operationalisieren« sei. Ich halte diesen Pessimismus für unbegründet, werde aber die Frage bis zum 3. Kapitel aufschieben, denn dort werden die grundlegenden Bewertungsansätze gemeinsam erörtert.

Es sollte jedoch schon hier gesagt werden, daß die freiheitszentrierte Perspektive eine starke Ähnlichkeit mit der allgemein üblichen Analyse der »Lebensqualität« aufweist, die sich ebenfalls darauf konzentriert, wie die Menschen leben – möglicherweise sogar, welche Wahlfreiheit sie haben –, und nicht bloß auf die Mittel oder das Einkommen, über die jemand verfügt.[13] Die Lebensqualität und substantiellen Freiheiten zu betonen, statt bloß das Einkommen oder den Wohlstand zu berücksichtigen, mag einigen als Abkehr von der anerkannten Tradition der Wirtschaftstheorie erscheinen, und in gewissem Sinn ist sie das auch, vor allem im Vergleich zu einigen strengeren, einkommenszentrierten Analysen, die sich in der zeitgenössischen Wirtschaftstheorie finden. In Wahrheit folgen diese weiter ausgreifenden Ansätze einer Tradition, die schon auf die ersten Anfänge der Wirtschaftstheorie zurückgeht. Die aristotelischen Wurzeln sind unverkennbar, denn wie Martha Nussbaum gezeigt hat, gibt es eine Verbindung zwischen der Idee des »Gedeihens« und der »Verwirklichungschance« bei Aristoteles und der Konzeption der Lebensqualität und der substantiellen Freiheiten.[14] Auch zu Adam Smith' Analyse der »lebensnotwendigen Güter« und der Lebensbedingungen bestehen enge Verbindungen.[15]

Tatsächlich verdanken sich die Ursprünge der Wirtschaftstheorie nicht zuletzt dem Bedürfnis, die Chancen der Menschen, ein gutes Leben zu führen, sowie die entsprechenden kausalen Einflüsse darauf zu erforschen. Neben Aristoteles' klassischer Wendung dieses Gedankens waren ähnliche Vorstellungen in den frühen Schriften über volkswirtschaftliche Gesamtrechnung und wirtschaftliche Prosperität verbreitet. Bereits im 17. Jahrhundert machte sich William Petty zum Pionier dieser analytischen Richtung, und auf ihn folgten Gregory King, François Quesnay, Antoine-Laurent Lavoisier, Joseph-Louis Lagrange und andere. Während die volkswirtschaftlichen Gesamtrechnungen dieser führenden Ökonomen zur Grundlage des modernen Begriffs des Einkommens wurden, blieb ihr eigenes Forschungsinteresse nie auf diesen einen Begriff beschränkt. Auch für sie war die Bedeutung des Einkommens instrumenteller Art und von den jeweiligen Umständen abhängig.[16]

Zwar war William Petty sowohl ein Vorreiter der »Einkommensmethode« als auch der »Ausgabenmethode« für die Schätzung des Nationaleinkommens (die modernen Schätzungsmethoden folgen unmittelbar aus diesen frühen Studien), doch beschäftigte er sich ausdrücklich mit der »allgemeinen Sicherheit« und »dem persönlichen Glück jedes einzelnen«. Pettys erklärtes Ziel bezog sich unmittelbar auf die Beurteilung der Lebensbedingungen der Menschen. Es gelang ihm, die wissenschaftliche Untersuchung mit einer kräftigen Dosis Politik des 17. Jahrhunderts zu verbinden (»um zu beweisen«, daß »die Untertanen des Königs nicht unter so schlechten Bedingungen leben, wie die Unzufriedenen behaupten«). Über den Einfluß des Güterkonsums auf die verschiedenen Lebensfunktionen der Menschen wurde auch von anderen Theoretikern nachgedacht. So schlug der große Mathematiker Joseph-Louis Lagrange ganz neue Wege ein, als er Güter in ihre funktionsbezogenen Eigenschaften umwandelte: eine Menge von Weizen oder anderen Getreidearten in ihr Ernährungsäquivalent, die gesamte Menge des Fleisches in Einheiten von Rindfleisch (bezogen auf ihren Ernährungswert) und die Gesamtmenge der Getränke in Einheiten von Wein (man darf nicht vergessen, daß Lagrange Franzose war).[17] Wenn wir die Aufmerksamkeit nicht mehr allein auf die Güter, sondern verstärkt auf die daraus resultierenden Funktionen lenken, besinnen wir uns auf das alte Erbe der Wirtschaftstheorie.

Märkte und Freiheiten

Die Rolle des Marktmechanismus ist ein weiteres Thema, das nach Aneignung einer alten Tradition verlangt. Die Beziehung des Marktmechanismus zur Freiheit und damit zur wirtschaftlichen Entwicklung wirft mindestens zwei verschiedene Typen von Fragen auf, die deutlich zu unterscheiden sind. Erstens kann die durch willkürliche Eingriffe bewirkte Beschneidung der Möglichkeit, Tauschbeziehungen einzugehen, an sich eine Quelle der Unfreiheit sein. Menschen werden davon abgehalten, etwas zu tun, was man, solange keine zwingenden Gegengründe vorliegen, als ihr gutes Recht betrachten kann. Diese Behauptung betrifft nicht die Effizienz des Marktmechanismus oder eine eingehende Analyse der Folgen, die sich aus der Existenz oder Nichtexistenz einer Marktwirtschaft ergeben; sie bezieht sich einfach auf die Bedeutung der völlig unbehinderten Freiheit von Handel und Tausch.

Dieses Argument für den Markt ist von einem zweiten, gerade heute recht beliebten Argument zu unterscheiden, daß Märkte nämlich für mehr Einkommen, Wohlstand und wirtschaftliche Chancen sorgen würden. Willkürliche Einschränkungen des Marktmechanismus könnten aufgrund der Folgen, die ein Fehlen des Marktes mit sich bringe, zu einer Beschneidung der Freiheit führen. Mangelerscheinungen könnten auftreten, wenn den Menschen die wirtschaftlichen Chancen und günstigen Folgen vorenthalten werden, die von den Märkten geboten und gefördert werden.

Diese zwei Argumente zugunsten des Marktmechanismus, die beide für die Perspektive der substantiellen Freiheiten relevant sind, müssen auseinandergehalten werden. In der gegenwärtigen Wirtschaftstheorie zieht das zweite Argument, das die Effektivität und die positiven Ergebnisse des Marktes ins Feld führt, nahezu die ganze Aufmerksamkeit auf sich.[18] Im allgemeinen ist das Argument ohne Zweifel stark, und es gibt eine Fülle empirischer Belege dafür, daß die Marktwirtschaft der Motor für rasches Wirtschaftswachstum und die Steigerung des Lebensstandards sein kann. Politische Eingriffe zur Einschränkung des Marktes können im Effekt die Ausweitung substantieller Freiheiten beschneiden, die vom System des Marktes vor allem durch Erhöhung des allgemeinen wirtschaftlichen Wohlstands geschaffen worden wären. Damit wird keineswegs bestritten, daß Märkte manchmal auch kontraproduktiv sein können, was Adam Smith selbst nachwies, als er für eine Kontrolle besonders der Finanzmärkte plädierte.[19] In einigen Fällen lassen sich gewichtige Argumente für eine Regulierung anführen. Aber im großen und ganzen finden die positiven Auswirkungen der Marktwirtschaft heute breitere Anerkennung als noch vor ein paar Jahrzehnten.

Wie dem auch sei, dieses Plädoyer für den Markt stützt sich auf ganz andere Prämissen als das Argument, daß die Menschen das Recht haben, Handel und Tausch zu betreiben. Selbst wenn man der Meinung ist, daß dieses Recht nicht unantastbar und unabhängig von seinen Konsequenzen gültig ist, läßt sich noch argumentieren, daß es auf jeden Fall ein sozialer Verlust wäre, den Menschen das Recht zu verweigern, wirtschaftlich miteinander zu agieren. Sollte sich ergeben, daß die Auswirkungen des Tausches so negativ sind, daß diese Prima-facie-Annahme zugunsten des freien Tauschs vernünftigerweise einzuschränken ist, bleibt dennoch ein unmittelbarer Verlust durch die Zwangsbeschränkung zu beklagen – auch wenn dieser durch den alternativen Verlust der mittelbaren Auswirkungen des Tauschs auf *andere* aufgewogen wird.

Die Wirtschaftstheorie hat dazu tendiert, sich nicht auf den Wert der Freiheiten zu konzentrieren, sondern auf Nutzen, Einkommen und Wohlstand. Diese Verengung des Blickwinkels hat zur Folge, daß die volle Bedeutung des Marktmechanismus unterschätzt wurde, obwohl man der ökonomischen Zunft schwerlich vorwerfen kann, sie habe die Märkte nicht genug gepriesen. Die Frage ist jedoch nicht, wieviel Lob gespendet wurde, sondern aus welchen Gründen.

Betrachten wir zum Beispiel das bekannte ökonomische Argument, daß der Wettbewerb auf dem Markt einen Grad von Effizienz erreichen kann, der einem zentralistischen System versperrt ist, denn einerseits benötigt der Markt sehr viel weniger Information (jeder, der auf dem Markt agiert, kommt mit wenig Wissen aus) und andererseits sind die Anreize miteinander vereinbar (die umsichtigen Handlungen einer Person können sich reibungslos mit denen anderer Personen verbinden). Nehmen wir nun, im Gegensatz zu dem, was allgemein angenommen wird, den Fall, daß ein vollständig zentralistisches System genau den gleichen wirtschaftlichen Effekt hervorbringt, wobei sämtliche Entscheidungen über die Produktion und Verteilung von einem Diktator gefällt werden. Wäre das eine ebenso gute Sache?

Es fällt nicht schwer zu argumentieren, daß in einem solchen Szenario etwas fehlt, nämlich die Freiheit der Individuen, nach ihrem Gutdünken zu handeln und selbst zu entscheiden, wo sie arbeiten, was sie produzieren, was sie konsumieren wollen usw. Selbst wenn in beiden Szenarien – in dem einen herrscht Entscheidungsfreiheit, und das andere verlangt die Unterwerfung unter eine diktatorische Ordnung – eine Person auf die gleiche Weise dieselben Güter herstellt, über das gleiche Einkommen verfügt und dieselben Güter kauft, mag sie immer noch gute Gründe haben, das Entscheidungsfreiheit garantierende Szenario dem vorzuziehen, wo sie sich unter eine Ordnung beugen müßte. Es gibt die Unterscheidung zwischen »maximalen Ergebnissen« (d. h. den bloßen Endergebnissen ohne Berücksichtigung des dazu führenden Verfahrens, zu dem auch die Ausübung der Freiheit zählt) und »optimalen Ergebnissen« (in denen auch die Verfahren berücksichtigt werden, mit deren Hilfe die maximalen Ergebnisse zustande kamen), eine Unterscheidung, deren zentrale Bedeutung ich an anderer Stelle ausführlicher dargelegt habe.[20] Der Vorzug des Marktsystems liegt nicht allein in seiner Fähigkeit begründet, effizientere Maximierungsergebnisse hervorzubringen.

Die marktfreundliche Ökonomie mußte einen Preis dafür zahlen, daß sie zugunsten des Nutzens die Aufmerksamkeit von der Freiheit abgezogen hat: die Vernachlässigung des zentralen Werts der Freiheit selbst. John Hicks, einer der führenden Ökonomen des 20. Jahrhunderts, der sich persönlich weitaus mehr mit dem Nutzen als mit der Freiheit beschäftigte, hat die Streitfrage in einem Abschnitt zu diesem Thema mit bewundernswerter Klarheit auf den Punkt gebracht:

»Die liberalen oder Nichteinmischungsgrundsätze der klassischen Ökonomen (in der Nachfolge von Smith oder Ricardo) waren nicht in erster Linie ökonomische Grundsätze; hier wurden Prinzipien für die Ökonomie nutzbar gemacht, die für ein sehr viel weiteres Feld gedacht waren. Die These, daß wirtschaftliche Freiheit für wirtschaftliche Effizienz sorgt, war nicht mehr als eine Begründung zweiter Hand ... Ich frage mich, ob es gerechtfertigt ist, die andere Seite des Arguments so völlig zu vergessen, wie es die meisten von uns getan haben.«[21]

Im Rahmen der wirtschaftlichen Entwicklung mag dieser Punkt etwas esoterisch erscheinen, vor allem wenn man bedenkt, daß die Literatur zur Entwicklungsfrage dahin tendiert, der Schaffung höherer Einkommen, eines größeren Bündels von Konsumgütern und anderen Maximierungsergebnissen den Vorrang einzuräumen. Er ist aber alles andere als esoterisch. Zu den größten Veränderungen im Entwicklungsprozeß vieler Volkswirtschaften zählt die Ablösung feudalistischer Arbeitsverhältnisse und erzwungener Arbeit durch freie Arbeitsverträge und ungehinderte Bewegungsfreiheit. Sieht man Entwicklung aus der Perspektive der Freiheit, dann wird dieses Problem unmittelbar aufgegriffen, wie es ein Bewertungssystem, das sich allein an Maximierungsergebnissen orientiert, nicht in dieser Weise tun könnte.

Das läßt sich anhand der Debatte über das Wesen der Sklavenarbeit in den amerikanischen Südstaaten vor der Sklavenbefreiung veranschaulichen. Robert Fogels und Stanley Engermans klassische Studie zu diesem Thema (*Time on the Cross: The Economics of American Negro Slavery*) hat die erstaunliche Entdeckung gemacht, daß die Sklaven ein verhältnismäßig hohes »Einkommen in Form von Geld« hatten. (Kontroversen, die sich an einige Thesen des Buches anschlossen, haben diese Erkenntnis nicht ernstlich untergraben.) Der Güterkonsum der Sklaven schnitt verglichen mit dem Einkommen freier Landarbeiter recht gut – sicherlich nicht schlecht – ab. Selbst die Lebenserwartung der Sklaven war relativ gesehen nicht besonders niedrig – »sie kam in etwa der Lebenserwartung in so fortgeschrittenen Ländern wie Frankreich und Holland gleich« und »übertraf bei weitem die Lebenserwartung der freien städtischen Industriearbeiter sowohl in den Vereinigten Staaten als auch in Europa«.[22] Dennoch liefen Sklaven weg, und es gab ausgezeichnete Gründe für die Annahme, daß die Interessen der Sklaven im System der Sklaverei nicht sehr gut aufgehoben waren. Selbst die Versuche, die Sklaven nach der Abschaffung der Sklaverei zurück auf die Felder zu bringen, um sie, wenn auch zu hohen Löhnen, wieder wie Sklaven schuften zu lassen (vor allem in Form von »Arbeitskolonnen«), scheiterten.

»Nach der Sklavenbefreiung versuchten viele Plantagenbesitzer, ihre Arbeitskolonnen auf der Basis von Lohnzahlungen neu zu formieren. Doch im allgemeinen schlugen solche Unternehmungen fehl, trotz der Tatsache, daß die den Freien angebotenen Löhne ihr früheres Einkommen als Sklaven um mehr als 100 Prozent übertraf. Sogar mit dieser Entlohnung mißlang es den Plantagenbesitzern, am Kolonnensystem festzuhalten, nachdem sie über keinerlei Zwangsmittel mehr verfügten.«[23]

Um die damit verbundenen Bewertungen zu verstehen, muß man sich über die Bedeutung freier Arbeitsverhältnisse und freier Arbeitsbedingungen im klaren sein.[24]

In der Tat bezogen sich die positiven Bemerkungen von Karl Marx zum Kapitalismus im Gegensatz zur Unfreiheit vorkapitalistischer Arbeitsverhältnisse genau auf dieses Problem, dessen Einschätzung auch Marxens Charakterisierung des amerikanischen Bürgerkriegs als des »einzig großartig(en) Ereigni(sses) der Zeitgeschichte« erklärt.[25] Zweifellos ist das Thema der Freiheit auf dem Markt für die Analyse feudalistischer Arbeitsverhältnisse – wie sie in vielen Entwicklungsländern verbreitet sind – und für den Übergang zu freien, vertraglich festgelegten Arbeitsverhältnissen zentral. Tatsächlich ist das einer der

Punkte, bei denen die marxistische Analyse in die Nähe der liberalen Betonung der Freiheit vor dem Nutzen gerät.

Beispielsweise hat V. K. Ramachandran in seiner wichtigen Studie über die Ablösung feudalistischer Arbeitsverhältnisse durch Lohnarbeit in Indien vortrefflich veranschaulicht, welch große empirische Bedeutung dieser Frage für die heutige ländliche Situation in Südindien zukommt:

»Marx unterscheidet – um einen von Jon Elster verwendeten Begriff aufzugreifen – zwischen der *formalen Freiheit* der Arbeiter im Kapitalismus und *der realen Unfreiheit* der Arbeiter in vorkapitalistischen Produktionsweisen: ›die Freiheit des Arbeiters, den Arbeitgeber zu wechseln, macht ihn verglichen mit früheren Produktionsformen in nie gekannter Weise frei‹. Die Untersuchung der Entwicklung von Lohnarbeit in der Landwirtschaft ist auch aus einer anderen Perspektive bedeutsam. Genießt ein Arbeiter in einer Gesellschaft mehr Freiheit, seine Arbeitskraft zu verkaufen, so nimmt damit seine positive Freiheit zu, und das wiederum ist ein Maßstab dafür, wie fortgeschritten die Gesellschaft ist.«[26]

Daß feudalistische Arbeitsverhältnisse oft mit Verschuldung verbunden sind, führt in vielen vorkapitalistischen bäuerlichen Betrieben zu einer besonders hartnäckigen Form der Unfreiheit.[27] Betrachtet man Entwicklung als Freiheit, so gewinnt man einen unmittelbaren Zugang zu diesem Problem, das nicht von dem Nachweis abhängt, daß Arbeitsmärkte die landwirtschaftliche Produktivität steigern – was für sich genommen gewiß ein ernsthaftes Thema ist, aber gleichwohl von der Frage freier Vertrags- und Beschäftigungsverhältnisse ganz und gar verschieden.

Die Debatten über den entsetzlichen Tatbestand der Kinderarbeit gehören ebenfalls in den Umkreis des Problems der Wahlfreiheit. Die schlimmsten Verstöße gegen das Verbot von Kinderarbeit entspringen in der Regel der praktischen Versklavung von Kindern in benachteiligten Familien und dem Umstand, daß sie gezwungen sind, in ausbeuterischen Betrieben zu arbeiten (statt frei zu sein und sich für den Schulbesuch zu entscheiden).[28] Das unmittelbare Problem der Freiheit ist ein untrennbares Element dieser quälenden Frage.

Werte und das Bewertungsverfahren

Ich kehre nun zur *Bewertung* zurück. Da unsere Freiheiten von unterschiedlichster Art sind, gibt es Platz für eine explizite Bewertung, wenn wir die relativen Gewichtungen der verschiedenen Typen von Freiheit bestimmen, um so Aussagen über individuelle Vorteile und sozialen Fortschritt zu machen. Selbstverständlich schließen alle Ansätze dieser Art (der Utilitarismus, der radikale Liberalismus und andere, die im 3. Kapitel diskutiert werden) Bewertungen ein, obgleich sie häufig nur implizit gemacht werden. Diejenigen, die einen mechanischen Index bevorzugen, ohne sich explizit zu den verwendeten Werten äußern zu müssen, murren gerne darüber, daß eine sich an der Freiheit als Zentrum orientierende Perspektive erfordert, sämtliche implizierten Wertungen offenzulegen. Dergleichen Klagen sind häufig geäußert worden. Doch wie ich zeigen werde, kann es für das Geschäft der Bewertung nur positiv sein, die Werte explizit darzulegen, vor allem wenn die Bewertung der öffentlichen Prüfung und Kritik zugänglich sein soll. Schließlich ist eines der stärksten Argumente zugunsten der politischen Freiheit, daß so den Bürgern Gelegenheit gegeben wird, über Werte, denen Priorität eingeräumt werden soll, zu diskutieren und zu streiten und nicht zuletzt an ihrer Auswahl beteiligt zu sein. (Davon wird vom 6. bis zum 11. Kapitel die Rede sein.)

Individuelle Freiheit ist im wesentlichen eine soziale Schöpfung; es besteht eine wechselseitige Beziehung zwischen (1) sozialen Einrichtungen zur Erweiterung individueller Freiheiten und (2) der Realisierung individueller Freiheiten nicht nur zur Verbesserung des Lebens, sondern zur besseren und effektiveren Gestaltung der sozialen Einrichtungen. Überdies formen die sozialen Verbindungen, insbesondere die interaktive Bildung öffentlicher Wahrnehmungen und das gemeinsam gewonnene Verständnis der Probleme und ihrer Abhilfen, die individuellen Vorstellungen von Gerechtigkeit und Billigkeit. Eine Analyse und Einschätzung öffentlicher Maßnahmen muß sich dieser verschiedenen Verbindungen bewußt sein.

Tradition, Kultur und Demokratie

Für die Begründungsfragen, von denen sich Plausibilität und Geltungsbereich der Entwicklungstheorie bedrängt sieht, ist das Problem der Partizipation von zentraler Wichtigkeit. Beispielsweise erheben einige den Einwand, daß die uns bekannten Formen wirtschaftlicher Fortentwicklung einer Nation eher schaden könnten, da sie möglicherweise der Zerstörung ihrer Traditionen und ihres kulturellen Erbes Vorschub leisten.[29] Dergleichen Befürchtungen werden häufig mit dem Argument vom Tisch gewischt, daß es besser sei, reich und glücklich zu sein als arm und traditionsbewußt. Das mag eine überzeugende Parole sein, doch eine angemessene Antwort auf die fragliche Kritik ist es nicht. Auch zeugt sie von keiner ernsthaften Auseinandersetzung mit der schwierigen Bewertungsfrage, die der Skeptiker in Hinblick auf die Entwicklung aufgeworfen hat.

Das schwerwiegendere Problem betrifft eher die Quelle der Autorität und Legitimität. Falls sich herausstellt, daß einige Elemente der Tradition nicht zusammen mit wirtschaftlichen oder sozialen Veränderungen bestehen können, die aus anderen Gründen notwendig sind, dann muß eine Wahl getroffen werden, und diese enthält unvermeidlich Werturteile. Es ist eine Wahl, mit der sich die Betroffenen auseinandersetzen müssen und die sie einzuschätzen haben. Die Wahl ist weder schon längst getroffen, noch ist es Sache einer Elite von »Traditionshütern«, hier zu entscheiden, wie viele Skeptiker der Entwicklung nahezulegen scheinen. Wenn eine traditionelle Lebensweise geopfert werden muß, um bitterer Armut oder sehr geringer Lebenserwartung zu entkommen (wie es in vielen traditionellen Gesellschaften seit Jahrtausenden der Fall war), dann muß das unmittelbar davon betroffene Volk die Gelegenheit haben, an der Entscheidung mitzuwirken. Der wirkliche Konflikt besteht zwischen

1. dem fundamentalen Wert, daß Menschen sich frei entscheiden können müssen, welchen Traditionen sie folgen wollen und welchen nicht; und

2. dem Beharren darauf, daß tiefverwurzelte Traditionen befolgt werden (gleichgültig welche), oder alternativ darauf, daß die Menschen sich den Entscheidungen geistlicher oder weltlicher Autoritäten zu unterwerfen haben, denen die Durchsetzung der Traditionen – seien sie nun real oder nur imaginiert – anvertraut ist.

Das erste Gebot bezieht seine Überzeugungskraft aus der fundamentalen Bedeutung der menschlichen Freiheit, und sobald es anerkannt ist, ergeben sich starke Konsequenzen dafür, was im Namen einer Tradition getan werden kann und was nicht. Die methodische Struktur »Entwicklung als Freiheit« unterstreicht dieses Gebot.

In der Tat gilt nach der freiheitsorientierten Auffassung, daß die Freiheit aller, darüber mitzuentscheiden, an welchen Traditionen sie festhalten wollen, nicht durch irgendwelche nationalen oder lokalen »Wächter« außer Kraft gesetzt werden kann – weder durch Ajatollahs oder andere geistliche Autoritäten noch durch politische Machthaber (bzw. Diktatoren auf der Regierungsbank) oder durch fremde oder eigene Kultur»experten«. Der Hinweis auf einen realen Konflikt zwischen dem Bewahren der Traditionen und den Vorteilen der Moderne fordert eine partizipatorische Lösung, nicht jedoch die einseitige Ablehnung der Moderne zugunsten der Tradition seitens politischer Machthaber, geistlicher Autoritäten oder anthropologischer Bewunderer eines Erbes aus der Vergangenheit. Die Frage bleibt nicht nur unbeantwortet, sie muß allen Menschen in der Gesellschaft offen vorgelegt werden, damit sie darüber befinden und gemeinsam entscheiden. Jeglicher Versuch, die partizipatorische Freiheit um traditioneller Werte willen (etwa des religiösen Fundamentalismus, politischer Sitten oder der sogenannten asiatischen Werte) zu ersticken, verfehlt das Legitimitätsproblem und die Notwendigkeit, daß die betroffenen Menschen darüber entscheiden können müssen, was sie wollen und was sie vernünftigerweise anzuerkennen haben.

Diese elementare Erkenntnis hat eine bemerkenswerte Reichweite und bedeutsame Konsequenzen. Der Verweis auf die Tradition ist kein ausreichender Grund, um prinzipiell die Freiheit der Medien zu unterdrücken oder das Recht der Bürger, miteinander zu kommunizieren. Selbst wenn die seltsam verzerrte Auffassung über die streng autoritäre Haltung des Konfuzius sich als historisch korrekt herausstellen würde (eine Kritik dieser Deutung findet sich im 10. Kapitel), so berechtigt dies niemanden, durch Zensur und politische Unterdrückung ein autoritäres Regime zu etablieren. Denn die Berechtigung, sich heute Ansichten aus dem 6. Jahrhundert v. Chr. anzuschließen, liegt allein bei den jetzt Lebenden.

Da Partizipation Wissen und elementare Kulturfähigkeiten voraussetzt, widerspricht es unmittelbar den fundamentalen Bedingungen partizipatorischer Freiheit, wenn bestimmte gesellschaftliche Gruppen vom Schulbesuch ausgeschlossen bleiben – z. B. die Mädchen. Obgleich diese Rechte oft bestritten wurden – einer der heftigsten Angriffe erfolgte in jüngster Zeit von den Taliban in Afghanistan –, kann ein freiheitsorientierter Standpunkt diese elementare Forderung keinesfalls zurückweisen. »Entwicklung als Freiheit« hat nicht nur für die obersten Ziele der Entwicklung weitreichende Folgen, sondern auch für die zu respektierenden Prozesse und Verfahren.

Schlußbemerkung

Entwicklung im Sinne der substantiellen Freiheiten von Menschen zu begreifen beeinflußt stark unser Verständnis des Entwicklungsprozesses, aber auch der Mittel und Wege, ihn zu fördern. Für die Evaluation folgt daraus, daß wir die Beseitigung der Unfreiheiten, unter denen die Angehörigen einer Gesellschaft möglicherweise leiden, als notwendige Voraussetzung für Entwicklung erkennen müssen. Nach dieser Auffassung ist der Entwicklungsprozeß im wesentlichen identisch mit der Geschichte der Überwindung von Unfreiheiten. Zwar ist diese Geschichte keineswegs vom Prozeß des Wirtschaftswachstums und der Akkumulation natürlichen und menschlichen Kapitals loszulösen, doch schließt sie sehr viel mehr ein und geht weit über diese Variablen hinaus.

Freiheit zum obersten Bewertungsmaßstab für Entwicklung zu machen heißt nicht, zu behaupten, daß es nur ein einziges und präzises »Kriterium« für Entwicklung gäbe, auf das hin sich die verschiedenen Entwicklungserfahrungen vergleichen und hierarchisch ordnen lassen. Angesichts der Heterogenität der unterschiedlichen Komponenten von Freiheit wie auch der Notwendigkeit, die verschiedenen Freiheiten unterschiedlich charakterisierter Individuen zu berücksichtigen, werden wir nicht selten auf Argumente treffen, die entgegengesetzte Richtungen einschlagen. Der Ansatz, Entwicklung als Freiheit zu begreifen, wird nicht so sehr durch das Bedürfnis motiviert, alle Zustände – oder alle alternativen Szenarien – in eine »vollständige Rangordnung« zu bringen, vielmehr geht es darum, die Aufmerksamkeit auf wichtige Aspekte des Entwicklungsprozesses zu lenken, die allesamt verdienen, eingehend behandelt zu werden. Doch auch wenn alle Aspekte hinreichend berücksichtigt wurden, werden sich ohne Zweifel Unterschiede in den möglichen Gesamteinstufungen ergeben, was uns aber für die gegenwärtigen Zwecke nicht verwirren muß.

Fatal wäre nur die in der Literatur zum Thema Entwicklung oft zu beobachtende Vernachlässigung einschlägig relevanter Probleme, weil kein Interesse an den Freiheiten der betroffenen Menschen besteht.

Ein angemessen weitreichender Begriff von Entwicklung ist nötig, um die normativen Untersuchungskriterien für die wirklich wichtigen Probleme in den Blick zu bekommen und, vor allem, um die entscheidenden Sachverhalte nicht unter den Tisch fallenzulassen. Obwohl es ein hübscher Gedanke ist, daß die Betrachtung der relevanten Variablen die verschiedenen Leute automatisch zu denselben Schlüssen führt, ist der Ansatz nicht auf eine solche Einmütigkeit angewiesen. Tatsächlich können Debatten über dergleichen Gegenstände, die wichtige politische Streitgespräche auslösen, Teil des für die Entwicklung charakteristischen demokratischen Partizipationsprozesses sein. In späteren Kapiteln des Buches werden wir Gelegenheit finden, die wichtige Frage der Partizipation als Teil des Entwicklungsprozesses zu erörtern.

2

Zwecke und Mittel der Entwicklung

Wir wollen zunächst zwei allgemeine Interpretationen des Entwicklungsprozesses unterscheiden, die sich sowohl in den Analysen der Fachleute als auch in öffentlichen Debatten finden lassen.[1] Die eine besagt, daß Entwicklung ein »grimmiger« Prozeß ist, in dem viel »Blut, Schweiß und Tränen« fließen, denn in dieser Welt gebietet die Klugheit, hart zu sein. Vor allem aber gebietet sie, verschiedene Belange zu vernachlässigen, die als »einfältig« gelten (selbst wenn Kritiker oft zu höflich sind, sie so zu bezeichnen). Je nachdem, welches Steckenpferd der Autor bevorzugt reitet, gehört zu den *unbedingt zurückzuweisenden* Versuchungen die Einrichtung sozialer Netze zum Schutz der ganz Armen, das Bereitstellen von Sozialleistungen für die ganze Bevölkerung, ein Abweichen von robusten institutionellen Richtlinien, um die festgestellten Notlagen zu beheben, und das »übereilte« Eintreten für Bürgerrechte und den »Luxus« der Demokratie. Dergleichen Dinge, so wird vom Standpunkt dieser nüchtern-harten Haltung her argumentiert, könne man erst später einklagen, wenn der Entwicklungsprozeß genügend Früchte getragen habe: Hier und jetzt aber seien »Härte und Disziplin« gefragt. Die dieser allgemeinen Einstellung anhängenden Theorien unterscheiden sich dadurch voneinander, daß sie auf jeweils unterschiedliche Aspekte von Milde und Rücksicht verweisen, die es unbedingt zu vermeiden gilt. Dazu gehören finanzielle Nachgiebigkeit und die Lockerung der politischen Zügel, großzügige Sozialausgaben und entgegenkommende Sozialhilfe.

Diese harte Haltung steht im Gegensatz zu der alternativen Ansicht, daß Entwicklung im wesentlichen ein »freundlicher« Prozeß sei. Je nachdem, um welche Version dieser Einstellung es sich handelt, macht sich die Zuträglichkeit des Prozesses exemplarisch etwa in einem wechselseitig vorteilhaften Tausch bemerkbar (wovon Adam Smith so beredt sprach) oder im Funktionieren sozialer Netze, politischer Freiheiten oder einer sozialen Entwicklung – bzw. in der einen oder anderen Kombination dieser unterstützenden Maßnahmen.

Konstitutive und instrumentelle Funktionen der Freiheit

Der Ansatz dieses Buchs folgt eher der zweiten Sichtweise als der ersten.[2] Er ist der Versuch, Entwicklung als einen Prozeß der Erweiterung realer Freiheiten zu begreifen, deren sich die Menschen erfreuen. Die Erweiterung der Freiheit wird dabei unter zwei Gesichtspunkten betrachtet, nämlich als (1) *oberstes Ziel* und als (2) *wichtigstes Mittel* der Entwicklung. Wir können hier auch von der »konstitutiven Funktion« und der »instrumentellen Funktion« der Freiheit für die Entwicklung sprechen. Die konstitutive Funktion der Freiheit liegt in der Bedeutung der substantiellen Freiheit für die Bereicherung des menschlichen Lebens. Zu den substantiellen Freiheiten zählen die elementaren Fähigkeiten, z.B. die Möglichkeit, Hunger, Unterernährung, heilbare Krankheiten und vorzeitigen Tod zu vermeiden, wie auch jene Freiheiten, die darin bestehen, lesen und schreiben zu können, am politischen Geschehen zu partizipieren, seine Meinung unzensiert zu äußern usw. Von diesem konstitutiven Standpunkt aus bedeutet Entwicklung die Erweiterung dieser und anderer grundlegender Freiheiten. Danach ist Entwicklung ein Prozeß, in dem die menschlichen Freiheiten erweitert werden, und diese Erwägung muß in die Bewertung der Entwicklung einfließen.

Um zu zeigen, wie die Anerkennung der »konstitutiven« Rolle der Freiheit die Entwicklungsanalyse verändern kann, möchte ich auf ein in der Einleitung gestreiftes Beispiel zurückgreifen, das eine häufig in der Entwicklungstheorie aufgeworfene Frage betrifft. Der verengte Blick auf Entwicklung (bezogen auf das Wachsen des Bruttosozialprodukts oder die Industrialisierung) sieht sich häufig mit der Frage konfrontiert, ob die Freiheit der politischen Partizipation und der Kritik der »Entwicklung zuträglich« ist oder nicht. Im Lichte der hier verteidigten Theorie ist diese Frage falsch gestellt, da sie die entscheidende Einsicht vermissen läßt, daß politische Partizipation und Kritik selbst *konstitutive* Bestandteile der Entwicklung sind. Sogar einer sehr wohlhabenden Person, die daran gehindert wird, sich frei zu äußern oder an öffentlichen Debatten und Entscheidungen teilzunehmen, wird etwas *genommen*, das zu schätzen sie Grund hat. Ein an der Erweiterung menschlicher Freiheit gemessener Entwicklungsprozeß wird diesen Mangel beseitigen müssen. Selbst wenn der Betroffene kein unmittelbares Interesse an Meinungsfreiheit und Partizipation hat, würde er immer dann einiger Freiheiten beraubt, wenn er in diesen Dingen keine Wahl hat. Entwicklung, verstanden als Erweiterung von Freiheit, muß sich um solche Mangelerscheinungen kümmern. Wie wichtig das Fehlen grundlegender politischer Freiheiten oder bürgerlicher Rechte für ein richtiges Verständnis der Entwicklung ist, muß nicht erst durch ihren mittelbaren Beitrag zu *anderen* Merkmalen der Entwicklung, wie dem Wachsen des Bruttosozialprodukts oder der Förderung der Industrialisierung, bewiesen werden. Diese Freiheiten sind ein untrennbarer Bestandteil eines sich reich entfaltenden Entwicklungsprozesses.

Dieser fundamentale Aspekt ist von dem »instrumentellen« Argument zu unterscheiden, daß diese Freiheiten und Rechte *überdies* tatkräftig zum wirtschaftlichen Fortschritt beitragen können. Selbstverständlich ist die instrumentelle Verbindung wichtig – und sie wird im 5. Kapitel besonders behandelt –, doch die Bedeutung der instrumentellen Funktion politischer Freiheit als *Mittel* für die Entwicklung mindert in keiner Weise die evaluative Bedeutung der Freiheit als *Zweck* der Entwicklung.

Die intrinsische Bedeutung menschlicher Freiheit als herausragendes Ziel der Entwicklung ist zu unterscheiden von der instrumentellen Wirksamkeit verschiedener Formen von Freiheit bei der Förderung menschlicher Freiheit. Da sich das letzte Kapitel hauptsächlich mit der intrinsischen Bedeutung von Freiheit beschäftigt hat, werde ich mich hier auf die Wirksamkeit der Freiheit als *Mittel* konzentrieren und nicht bloß auf Freiheit als Zweck. Die instrumentelle Funktion der Freiheit betrifft die Art und Weise, in der verschiedene Formen von Rechten, Chancen und Berechtigungen zur Erweiterung der menschlichen Freiheit im allgemeinen beitragen und damit die Entwicklung befördern. Gemeint ist damit nicht nur der offenkundige Zusammenhang, daß die Erweiterung aller Arten von menschlicher Freiheit zwangsläufig die Entwicklung vorantreibt, da diese ja selbst als Prozeß der Erweiterung menschlicher Freiheit im allgemeinen betrachtet wird. Hinter der instrumentellen Verbindung steckt sehr viel mehr als nur diese analytische Beziehung. Die Wirksamkeit der Freiheit als Instrument liegt in der Tatsache begründet, daß verschiedene Formen der Freiheit untereinander verknüpft sind, so daß die eine Freiheit andere Arten von Freiheit beträchtlich fördern kann. Die beiden Funktionen sind daher durch empirische Verbindungen miteinander verknüpft, die eine Form von Freiheit mit anderen Formen in eine Beziehung bringen.

Instrumentelle Freiheiten

Wenn ich in diesem Buch empirische Untersuchungen vorlege, so gibt mir dies die Gelegenheit, eine Reihe von instrumentellen Freiheiten zu erörtern, die unmittelbar oder mittelbar zur Gesamtfreiheit der Menschen beitragen, das von ihnen gewünschte Leben zu führen. Die Vielfalt der betreffenden Instrumente ist recht groß. Es mag jedoch hilfreich sein, fünf unterschiedliche Arten von Freiheit zu unterscheiden, die herauszuheben in einer instrumentellen Perspektive besonders lohnenswert ist. Keinesfalls handelt es sich hierbei um eine erschöpfende Liste, doch mag sie dazu dienen, einige spezifische politische Streitpunkte zu konturieren, die in unseren Tagen besondere Aufmerksamkeit erheischen.

Vor allem werde ich die folgenden fünf Arten instrumenteller Freiheiten betrachten: (1) *politische Freiheiten*, (2) *ökonomische Einrichtungen*, (3) *soziale Chancen*, (4) *Transparenzgarantien* und (5) *soziale Sicherheit.* Diese instrumentellen Freiheiten erweitern die Verwirklichungschancen eines Individuums, in größerer Freiheit zu leben, aber sie dienen auch dazu, sich wechselseitig zu ergänzen. Zwar muß die Entwicklungsanalyse sich einerseits mit den Zielen und Zwecken beschäftigen, die die instrumentellen Freiheiten hinsichtlich ihrer Folgen so wichtig erscheinen lassen, doch hat sie auch die empirischen Verknüpfungen zu berücksichtigen, welche die verschiedenen Formen von Freiheit *zusammen*binden, um so ihre gemeinsame Bedeutung zu stärken. In der Tat sind diese Verbindungen entscheidend, um die instrumentelle Funktion der Freiheit hinreichend zu verstehen. Die These, daß Freiheit nicht nur das höchste Ziel der Entwicklung, sondern auch ihr wichtigstes Mittel ist, bezieht sich besonders auf diese Verknüpfungen.

Wir wollen die einzelnen instrumentellen Freiheiten ein wenig weiter erläutern. *Politische Freiheiten* im weiten Sinne, d.h. unter Einschluß der sogenannten bürgerlichen Rechte, betreffen die Möglichkeit, darüber mitzuentscheiden, wer und nach welchen Prinzipien er regiert. Dazu gehört ferner, die Regierenden kontrollieren und kritisieren, die eigene politische Meinung frei äußern zu können, durch eine unzensierte Presse informiert zu werden, die Wahl zwischen verschiedenen politischen Parteien zu haben usw. Dann wären die politischen Berechtigungen zu nennen, die mit Demokratien im weitesten Sinn verbunden sind (darunter die Chancen zum politischen Dialog, zu Widerspruch und Kritik, das Wahlrecht und die Teilnahme an der Auswahl der Vertreter von Legislative und Exekutive.)

Ökonomische Einrichtungen betreffen die Chancen der Individuen, sich ökonomischer Ressourcen zum Zweck des Konsums, der Produktion oder des Tausches zu bedienen. Welche ökonomischen Zugangsrechte eine Person hat, wird davon abhängen, welche Ressourcen sie besitzt oder über welche sie verfügen kann, wie auch von den Bedingungen des Tausches, etwa der relativen Preise und des Funktionierens der Märkte. Insofern der Prozeß der ökonomischen Entwicklung Einkommen und Reichtum eines Landes erhöht, spiegeln sich diese in entsprechender Erweiterung der wirtschaftlichen Zugangsrechte der Bevölkerung. Es sollte offensichtlich sein, daß für das Verhältnis von nationalem Einkommen und Wohlstand auf der einen Seite und den ökonomischen Rechtstiteln von Individuen oder Familien auf der anderen Seite Verteilungsprozesse genauso in Erwägung gezogen werden müssen wie die der Aggregation. Wie die zusätzlichen Einkommen verteilt werden, macht offenbar einen Unterschied aus.

Die Verfügbarkeit und der Zugang zu Geldmitteln kann sich entscheidend auf die ökonomischen Zugangsrechte auswirken, die sich die wirtschaftlichen Subjekte praktisch sichern können. Das gilt auf allen Ebenen, angefangen bei Großunternehmen, in denen Hunderttausende von Menschen arbeiten, bis hin zu winzigen Betrieben, die mit Kleinkrediten wirtschaften. Kreditverknappung kann beispielsweise die ökonomischen Rechtstitel, die von Krediten abhängig sind, schwer beeinträchtigen.

Soziale Chancen beziehen sich auf jene Einrichtungen, die eine Gesellschaft für die Bildung, das Gesundheitswesen usw. bereitstellt und die sich auf die substantielle Freiheit des einzelnen auswirken, ein besseres Leben führen zu können. Diese Einrichtungen sind nicht allein für die private Lebensführung wichtig, wie etwa gesund zu leben, nicht an vermeidbaren Krankheiten leiden zu müssen oder vor der Zeit zu sterben, sie sorgen auch für eine effektivere Teilnahme an ökonomischen und politischen Aktivitäten. Beispielsweise kann Analphabetismus ein schweres Hindernis darstellen, um an ökonomischen Aktivitäten teilzunehmen, die eine Produktion unter Anleitung oder eine strenge Qualitätskontrolle erfordern, wie es im zunehmend globalisierten Handel der Fall ist. Ähnlich wird, wer keine Zeitungen lesen oder keine Briefe mit anderen politischen Aktivisten austauschen kann, nur schwerlich am politischen Geschehen teilnehmen können.

Ich komme nun zur vierten Kategorie. Im sozialen Umgang miteinander stellen Menschen Vermutungen darüber auf, was ihnen angeboten wird und was sie erwarten dürfen. In diesem Sinne funktionieren Gesellschaften auf der Basis von Vertrauen. Transparenzgarantien betreffen dann die notwendige Offenheit, die Menschen erwarten können: die Freiheit, miteinander umzugehen und dabei die Gewähr zu haben, daß Offenheit und Durchsichtigkeit herrschen. Wird dieses Vertrauen ernsthaft zerstört, mag das Leben vieler Menschen – der unmittelbar Betroffenen wie Dritter – durch den Mangel an Offenheit Schaden nehmen. Transparenzgarantien, darunter auch das Recht auf Offenlegung, können deshalb eine wichtige Kategorie der instrumentellen Freiheit sein. Dergleichen Garantien sind ohne Zweifel ein geeignetes Instrument bei der Prävention von Korruption, unverantwortlichem Finanzgebaren und Schieberei.

Schließlich gibt es, unabhängig davon, wie gut ein Wirtschaftssystem funktioniert, immer einige Leute, die besonders gefährdet sind, aufgrund von materiellen, ihr Leben negativ beeinflussenden Veränderungen in große Not zu geraten. Hier ist *soziale Sicherheit* gefragt, um durch Sozialversicherungen zu verhindern, daß der betroffene Bevölkerungskreis in extremes Elend versinkt, manchmal sogar Hungersnot und Tod erleidet. In die Domäne der sozialen Sicherheit fallen *ständige* Einrichtungen wie Arbeitslosenunterstützung, ein gesetzlich garantiertes Mindesteinkommen für Bedürftige wie auch Soforthilfen bei Hungersnöten oder befristete öffentliche Beschäftigungsprogramme, um den Mittellosen ein Einkommen zu verschaffen.

Wechselseitige Verbindungen und Komplementarität

Die genannten instrumentellen Freiheiten stärken unmittelbar die Verwirklichungschancen der Menschen, aber darüber hinaus ergänzen und verstärken sie einander. Diesen wechselseitigen Verbindungen kommt vor allem bei der Beurteilung entwicklungspolitischer Maßnahmen ein großes Gewicht zu.

Die Tatsache, daß die Zugangsberechtigung zu ökonomischen Transaktionen in der Regel der große Motor des Wirtschaftswachstums ist, wurde weitgehend akzeptiert. Doch viele andere Verbindungen werden weiterhin übersehen, gerade sie sind es aber, die zu begreifen für die Analyse politischer Maßnahmen unabdingbar ist. Wirtschaftswachstum trägt nicht allein dazu bei, die privaten Einkommen zu erhöhen, es erlaubt dem Staat auch, das soziale Sicherungssystem und öffentliche Fördermaßnahmen zu finanzieren. Der Beitrag zum Wirtschaftswachstum darf daher nicht allein nach einem Anstieg privater Einkommen beurteilt werden, sondern auch mit Blick auf die Ausweitung sozialer Leistungen, die durch das Wirtschaftswachstum ermöglicht werden, darunter in vielen Fällen Sozialversicherungssysteme.[3]

Ebenso kann die Schaffung sozialer Chancen mit Hilfe des öffentlichen Bildungswesens, der Gesundheitsfürsorge und des Ausbaus einer freien und energischen Presse sowohl zu wirtschaftlicher Entwicklung als auch zu signifikanter Senkung der Sterblichkeitsrate beitragen. Eine Senkung der Sterblichkeitsrate kann ihrerseits für einen Rückgang der Geburtenrate sorgen, was dann wiederum den Einfluß der elementaren Bildung – insbesondere durch den Schulbesuch von Mädchen – auf das Fortpflanzungsverhalten verstärkt.

Japan ist natürlich das große Beispiel dafür, wie das Wirtschaftswachstum durch soziale Chancen, in erster Linie durch eine gediegene Schulbildung, anzukurbeln ist. Es wird manchmal vergessen, daß Japan selbst zur Zeit der Meiji-Restauration Mitte des 19. Jahrhunderts eine höhere Alphabetisierungsquote vorweisen konnte als Europa, und damals hatte die Industrialisierung, die in Europa schon seit mehreren Jahrzehnten im Gange war, in Japan noch nicht einmal begonnen. Japans wirtschaftliche Entwicklung erhielt ohne Zweifel einen großen Anstoß durch die Förderung des Humankapitals, was mit der Schaffung sozialer Chancen zusammenhing. Das sogenannte ostasiatische Wunder, an dem auch andere Länder Ostasiens partizipierten, beruhte weitgehend auf ähnlichen kausalen Verknüpfungen.[4]

Dieser Ansatz wendet sich gegen – ja untergräbt – die in vielen politischen Kreisen vorherrschende Meinung, daß die »menschliche Entwicklung«, wie der Ausbau des Bildungswesens, der Gesundheitsfürsorge und anderer Grundbedingungen menschlichen Lebens oft genannt wird, eigentlich ein Luxus sei, den sich nur die reicheren Länder leisten könnten. Möglicherweise ist die wichtigste Auswirkung, die das Erfolgsmodell der ostasiatischen Ökonomien hatte, die, daß dieses implizite Vorurteil nun vom Tisch ist. Diese Volkswirtschaften setzten vergleichsweise früh auf massive Intensivierung des Bildungswesens, später auch des Gesundheitswesens, und das in vielen Fällen, *bevor* die Fesseln der Massenarmut gesprengt wurden. Sie ernteten, was sie säten. Hiromitsu Ishi hat gezeigt, daß der Förderung des Humankapitals schon in den ersten Anfängen der wirtschaftlichen Entwicklung in Japan, beginnend mit der Meiji-Ära (1868–1911), energisch Vorrang eingeräumt wurde, daß diese Anstrengung aber nicht intensiviert wurde, als Japans wirtschaftlicher Überfluß unaufhaltsam zunahm.[5]

Verschiedene Aspekte des Gegensatzes China – Indien

Die zentrale Rolle, die den individuellen Freiheiten im Entwicklungsprozeß zukommt, läßt es besonders geraten erscheinen, ihre Determinanten zu untersuchen. Den sozialen Einflüssen, darunter die staatlichen Maßnahmen, die geeignet sind, Wesen und Reichweite der individuellen Freiheiten zu bestimmen, gebührt besondere Aufmerksamkeit. Soziale Einrichtungen können von ausschlaggebender Bedeutung sein, wenn es um die Sicherung und Erweiterung der individuellen Freiheit geht. Einerseits wirkt sich die soziale Absicherung von Bürgerrechten, von Toleranz und der Chance von Tausch und Transaktionen auf die individuellen Freiheiten aus, andererseits werden diese von der tatkräftigen öffentlichen Sorge für jene Einrichtungen gefördert, die wie Gesundheitsfürsorge oder solide Schulbildung wesentlich die Entwicklung und die Nutzung von Verwirklichungschancen bestimmen. Keine dieser beiden die individuellen Freiheiten determinierenden Bedingungen darf mißachtet werden.

In diesem Kontext kann der Unterschied zwischen Indien und

China das Problem sehr gut veranschaulichen. Die Regierungen beider Länder haben seit einigen Jahren (China seit 1979 und Indien seit 1991) Anstrengungen unternommen, um den Anschluß an eine offenere, international operierende marktwirtschaftliche Ökonomie zu finden. Obgleich die Bemühungen Indiens allmählich einen gewissen Erfolg zeitigten, blieben die in China erzielten beachtlichen Ergebnisse aus. Ein wichtiger Faktor ist dabei die Tatsache, daß China in sozialer Hinsicht viel besser als Indien darauf vorbereitet war, von der Marktwirtschaft Gebrauch zu machen.[6]

Obwohl China vor dem Reformkurs ein tiefes Mißtrauen gegen den freien Markt hegte, richtete sich seine Skepsis nicht auf das Bildungswesen und ein engmaschiges Gesundheitsnetz. Als China sich 1979 der Marktwirtschaft zuwandte, war die Bevölkerung weitgehend alphabetisiert, insbesondere die Jungen, denen in den meisten Regionen gute Schulen zur Verfügung standen. In dieser Hinsicht stand China nicht weit hinter dem Bildungsstand in Südkorea und Taiwan zurück, wo eine gebildete Bevölkerung ebenfalls eine große Rolle dabei spielte, die durch die Marktwirtschaft gebotenen wirtschaftlichen Chancen zu ergreifen. Im Gegensatz dazu konnte die Hälfte der indischen Bevölkerung, als Indien sich 1991 für die Marktwirtschaft entschied, weder lesen noch schreiben, und daran hat sich bis heute nicht viel geändert.

Außerdem war die Gesundheitssituation in China weitaus besser als in Indien, denn das chinesische Regime vor den Wirtschaftsreformen kümmerte sich nicht nur um das Bildungs-, sondern auch um das Gesundheitswesen. Merkwürdig genug schuf diese Sozialfürsorge, obwohl sie nicht im Hinblick auf ihre hilfreiche Funktion für marktorientiertes Wirtschaftswachstum konzipiert war, soziale Chancen, die nach der Wende zur Marktwirtschaft dynamisch genutzt werden konnten. Durch seine soziale Rückständigkeit war Indien, das vor allem auf die höhere Bildung der Eliten setzte und das allgemeine Schulwesen massiv vernachlässigte, wie es auch der medizinischen Grundversorgung kaum Beachtung schenkte, nur wenig auf eine weite Bevölkerungskreise einschließende wirtschaftliche Expansion vorbereitet. Der Gegensatz zwischen Indien und China betrifft noch eine Reihe anderer Aspekte (darunter die Unterschiede der jeweiligen politischen Systeme, die weitaus größere Variationsbreite der sozialen Chancen, wie Schulbildung und Gesundheitsfürsorge, *inner-*

halb Indiens). Darüber wird später noch zu sprechen sein. Doch schon in diesem frühen Stadium der Analyse lohnt es sich, auf die Relevanz des radikalen Niveaugefälles hinsichtlich der sozialen Vorbereitung in China und Indien für eine breitangelegte marktwirtschaftliche Entwicklung hinzuweisen.

Man muß allerdings auch sagen, daß China mit realen Hindernissen konfrontiert ist, weil es anders als Indien keine demokratischen Freiheiten kennt. Das fällt besonders ins Gewicht, wo es um flexible wirtschaftliche Maßnahmen und die Reaktionsschnelligkeit des öffentlichen Handelns im Falle sozialer Krisen und unerwarteter Katastrophen geht. Der markanteste Unterschied liegt vermutlich in der Tatsache, daß China unter der wohl mit Sicherheit längsten Hungersnot der Menschheitsgeschichte gelitten hat (nach dem Mißerfolg des Großen Sprungs nach vorn in den Jahren 1958 bis 1961 verhungerten 30 Millionen Menschen), während Indien seit seiner Unabhängigkeit im Jahr 1947 keine Hungersnot erlebte. Wenn alles reibungslos läuft, mag man den Schutz, den die Demokratie bietet, kaum vermissen, aber die Gefahren können an jeder Ecke lauern, wie die jüngsten Erfahrungen einiger ostasiatischer und südostasiatischer Ökonomien bestätigen. Dieses Problem wird später noch ausführlich erörtert werden.

Zwischen den verschiedenen instrumentellen Freiheiten gibt es viele Arten wechselseitiger Verbindungen. Ihre jeweiligen Funktionen und die spezifischen Einflüsse aufeinander sind wichtige Aspekte des Entwicklungsprozesses. In den folgenden Kapiteln wird es Gelegenheit geben, eine Reihe dieser Verbindungen und ihre große Reichweite zu thematisieren. Um zu veranschaulichen, wie diese wechselseitigen Verbindungen wirken, möchte ich etwas zu den verschiedenen Einflüssen auf die Langlebigkeit und Lebenserwartung von Neugeborenen sagen – Verwirklichungschancen, die wohl von allen Menschen auf der Welt geschätzt werden.

Wachstumsbedingte soziale Einrichtungen

Die Auswirkung sozialer Einrichtungen auf die Überlebenschancen kann sehr stark sein und von den verschiedensten instrumentellen Verbindungen abhängen. Manchmal wird die These verfochten, dieser Zusammenhang lasse sich nicht vom Wirtschaftswachstum (verstanden als Steigerung des Pro-Kopf-Einkommens) separieren, da es eine enge Beziehung zwischen dem Pro-Kopf-Einkommen und hoher Lebenserwartung gebe. Ja, es wurde sogar behauptet, es sei falsch, sich über das Mißverhältnis zwischen erzieltem Einkommen und Lebenserwartung Sorgen zu machen, da im allgemeinen eine sehr enge statistische Beziehung zwischen beiden zu beobachten sei. Als Aussage über die isoliert genommenen statistischen Verbindungen, die für ein Land gelten, ist das durchaus richtig, und dennoch muß das statistische Verhältnis näher untersucht werden, bevor es überzeugende Gründe gibt, die sozialen Einrichtungen (die über den einkommensabhängigen Wohlstand hinausgehen) als nebensächlich einzuschätzen.

In diesem Zusammenhang sind einige kürzlich von Sudhir Anand und Martin Ravallion vorgelegten statistischen Analysen von Interesse.[7] Auf der Grundlage eines Ländervergleichs kommen sie zu dem Ergebnis, daß die Lebenserwartung tatsächlich signifikant mit dem Bruttosozialprodukt pro Kopf korreliert, daß diese Beziehung aber im wesentlichen deshalb besteht, weil sich das Bruttosozialprodukt (1) besonders auf das Einkommen der Armen und (2) auf die öffentlichen Ausgaben für die Gesundheitsfürsorge auswirkt. Läßt man diese beiden Variablen für sich genommen in die statistische Erhebung einfließen, so erhält man in der Tat kaum eine *zusätzliche* Erklärung, wenn man das Bruttosozialprodukt pro Kopf als weiteren kausalen Faktor annimmt. Tatsächlich löst sich die Korrelation zwischen Bruttosozialprodukt pro Kopf und Lebenserwartung in der Analyse von Anand und Ravallion völlig auf, wenn Armut und öffentliche Aufwendungen für das Gesundheitswesen als eigenständige erklärende Variablen angesetzt werden.

Man muß hier in aller Schärfe betonen, daß dieses Ergebnis, selbst wenn es durch andere empirische Untersuchungen abgesichert ist, nicht zu dem Schluß führt, daß die Lebenserwartung durch das Wachsen des Bruttosozialprodukts pro Kopf nicht größer wird. Bewiesen wird damit vielmehr, daß die Verbindung vor allem *durch* die öffentlichen Ausgaben für das Gesundheitswesen und *durch* die erfolgreiche Bekämpfung der Armut ihre Wirkung zeigt. Der entscheidende Punkt ist, daß die Auswirkung des Wirtschaftswachstums davon abhängt, wie deren *Früchte* verwendet werden. Das trägt auch zu der Erklärung bei, warum einige Volkswirtschaften, wie etwa Südkorea und Taiwan, die Lebenserwartung durch Wirtschaftswachstum so rasant haben steigern können.

Die Errungenschaften der ostasiatischen Ökonomien sind in den letzten Jahren ins Kreuzfeuer der Kritik geraten, nicht zuletzt veranlaßt durch die Natur und Schwere der sogenannten asiatischen Wirtschaftskrise. Die Krise ist in der Tat heftig, und sie deutet auf bestimmte Schwächen in den Ökonomien hin, die früher zu Unrecht für allseitig erfolgreich gehalten wurden. Später (vor allem im 6. und 7. Kapitel) werde ich noch Gelegenheit haben, die besonderen Probleme und spezifischen Fehler zu betrachten, die die asiatische Wirtschaftskrise auslösten. Doch wäre es ein Irrtum, darüber zu vergessen, was die ostasiatischen und südostasiatischen Ökonomien über mehrere Jahrzehnte an Großartigem geleistet und wie sehr diese Leistungen das Leben und die Lebenserwartungen ihrer Bevölkerungen verändert haben. Den Problemen, vor denen diese Länder nun stehen – und die schon lange Zeit im Hintergrund lauerten –, gebührt natürlich Aufmerksamkeit (einschließlich der umfassenden Notwendigkeit, politische Freiheiten, Bürgerbeteiligung und soziale Sicherheit durchzusetzen), doch wir sollten darüber nicht die Errungenschaften dieser Länder auf jenen Gebieten übersehen, auf denen sie Bemerkenswertes geschaffen haben.

Aus einer Reihe historischer Gründe, nicht zuletzt aufgrund des höheren Bildungsniveaus, der medizinischen Grundversorgung und einer frühzeitig erfolgreich abgeschlossenen Bodenreform, fiel es vielen ostasiatischen und südostasiatischen Ökonomien leichter, große Bevölkerungsteile auf eine Weise am wirtschaftlichen Wohlstand teilnehmen zu lassen, wie es etwa in Brasilien, Indien oder Pakistan unmöglich war, da diese Länder nur sehr langsam soziale Chancen schufen und die Langsamkeit ein Hindernis für die wirtschaftliche Entwicklung darstellte.[8] Die Erweiterung der sozialen Chancen sorgte für eine Wirtschaftsentwicklung mit hoher Beschäftigungsrate und für günstige Bedingungen, um die Sterblichkeitsrate zu senken und die Lebenserwartung zu heben. Verglichen mit anderen eine hohe Wachstumsrate aufweisenden Ländern (z.B. Brasilien), deren Bruttosozialprodukt pro Kopf kaum niedriger ist, die jedoch eine lange Geschichte mit krasser sozialer Ungleichheit, Arbeitslosigkeit und mangelhafter Gesundheitsfürsorge haben, springt der Unterschied besonders grell ins Auge. Die Lebenserwartung in diesen Länder mit hohem Wirtschaftswachstum ist nur langsam gestiegen.

Hier sind zwei interessante, miteinander verbundene Gegensätze festzustellen:

1. in *Ökonomien mit hohem Wirtschaftswachstum* der Unterschied zwischen

1.1 jenen *mit* erfolgreicher Hebung der Lebenserwartung und Lebensqualität (wie beispielsweise Südkorea und Taiwan) und

1.2 jenen *ohne* entsprechende Erfolge auf diesen und anderen Gebieten (wie beispielsweise Brasilien);

2. in *Ökonomien mit erfolgreicher Hebung der Lebenserwartung und Lebensqualität* der Unterschied zwischen

2.1 jenen *mit* hohem Wirtschaftswachstum (beispielsweise Südkorea und Taiwan) und

2.2 jenen *ohne* große Erfolge bei der Steigerung des Wirtschaftswachstums (beispielsweise Sri Lanka, China vor den Reformen, der indische Bundesstaat Kerala).

Über den ersten Unterschied (den zwischen Südkorea und Brasilien etwa) habe ich bereits gesprochen, doch auch der zweite ist es wert, entwicklungspolitisch betrachtet zu werden. In dem Buch *Hunger and Public Action* haben Jean Drèze und ich zwei Typen des Erfolges in der rapiden Senkung der Sterblichkeitsrate unterschieden, die wir »wachstumsbedingte« bzw. »sozial geförderte« Prozesse nannten.[9] Der erste Prozeß wird *durch* schnelles Wirtschaftswachstum angestoßen, und sein Erfolg hängt davon ab, daß das Wachstum auf einem breiten Fundament ruht und ökonomisch weitgestreut ist (ein wichtiger Umstand ist dabei eine hohe Beschäftigungsrate), wie auch davon, daß der größere wirtschaftliche Wohlstand dazu genutzt wird, die relevanten sozialen Einrichtungen auszubauen, also etwa das Gesundheits-, Bildungs- und Sozialversicherungswesen. Im Unterschied zum wachstumsbedingten Mechanismus wirkt der sozial geförderte Prozeß nicht durch schnelles Wirtschaftswachstum, sondern durch kluge Sozialprogramme zum Ausbau des Gesundheits- und Bildungswesens sowie anderer wichtiger sozialer Einrichtungen. Musterbeispiele für diesen Prozeß sind die Volkswirtschaften von Sri Lanka, China vor dem Reformkurs, Costa Rica oder Kerala, die allesamt eine rapide Senkung der Sterblichkeitsrate und eine Verbesserung der Lebensbedingungen ohne großes Wirtschaftswachstum erreichten.

Öffentliche Leistungen, niedriges Einkommen und relative Kosten

Der geförderte Prozeß wartet nicht auf einen spürbaren Anstieg des Realeinkommens pro Kopf, er operiert damit, daß der Bereitstellung solcher sozialer Leistungen – besonders im Gesundheits- und Schulwesen – der Vorrang gegeben wird, die zur Senkung der Sterblichkeitsrate und zur Hebung der Lebensqualität beitragen. Einige Beispiele für diese Beziehung sind in Abbildung 2.1. aufgeführt, die für sechs Länder (China, Sri Lanka, Namibia, Brasilien, Südafrika und Gabun) und einen größeren Bundesstaat (Kerala) mit 30 Millionen Einwohnern innerhalb eines Landes (Indiens) das Bruttosozialprodukt pro Kopf und die Lebenserwartung bei Neugeborenen festhalten.[10] Trotz des sehr niedrigen Einkommensniveaus erfreuen sich die Bewohner Keralas, Chinas oder Sri Lankas einer beträchtlich höheren Lebenserwartung als die sehr viel reichere Bevölkerung Brasiliens, Südafrikas und Namibias, ganz zu schweigen von Gabun. Wenn wir Kerala, China und Sri Lanka auf der einen Seite mit Brasilien, Südafrika, Namibia und Gabun auf der anderen Seite vergleichen, so ist selbst die *Richtung* der Ungleichheit entgegengesetzt. Da die Lebenserwartung mit einer Reihe sozialer Chancen zusammenhängt, die für die Entwicklung zentral sind (darunter Seuchenprävention, Gesundheitsfürsorge, Bildungseinrichtungen usw.), ist eine auf das Einkommen konzentrierte Sichtweise unbedingt ergänzungsbedürftig, damit wir zu einem umfassenden Verständnis des Entwicklungsprozesses kommen.[11] Diese Unterschiede sind von erheblicher Bedeutung für politische Erwägungen, und sie stellen die Wichtigkeit des geförderten Prozesses unter Beweis.[12]

Man mag sich erstaunt fragen, wie arme Länder solche geförderten Prozesse überhaupt finanzieren können, denn ohne Zweifel müssen Mittel zur Verfügung stehen, um öffentliche Leistungen auszubauen, das Gesundheits- und Bildungswesen eingeschlossen. Tatsächlich wird die Notwendigkeit der Ressourcen oft als Argument für ein *Aufschieben* sozial wichtiger Investitionen vorgebracht, damit das Land erst einmal größeren Reichtum akkumulieren kann. Woher, so die berühmte rhetorische Frage, sollen die armen Länder das Geld nehmen, um diese Leistungen zu »fördern«. Das ist gewiß eine gute Frage, aber es gibt auch eine gute Antwort darauf, und sie liegt im wesentlichen

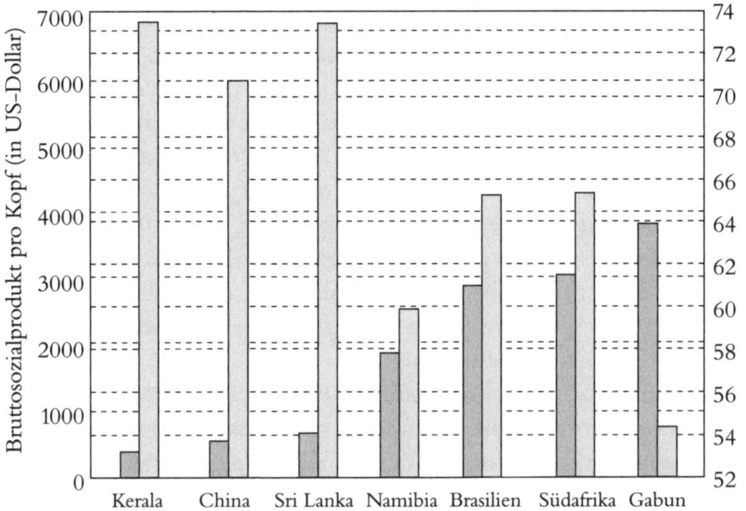

Abb. 2.1: Bruttosozialprodukt pro Kopf (in US-Dollar)
und Lebenserwartung bei der Geburt, 1994

Quellen: Daten der Länder 1994, Weltbank, *World Development Report 1996*; Daten für Kerala, Lebenserwartung 1989–1993, Sample Registration System zitiert in Government of India (1997), Department of Education, *Women in India: A Statistical Profile*; Inländische Produktionsleistung pro Kopf 1992–1993; Government of India (1997), Ministry of Finance, *Economic Survey 1996–1997*.

in der Wirtschaftstheorie der relativen Kosten. Die Lebensfähigkeit dieses geförderten Prozesses hängt von dem Umstand ab, daß die betreffenden sozialen Leistungen (wie medizinische Versorgung und elementare Bildung) sehr *beschäftigungsintensiv* sind und daher in armen Volkswirtschaften mit niedrigem Lohnniveau verhältnismäßig billig. Eine arme Wirtschaft mag für Bildung und Gesundheitsfürsorge weniger Geld *haben*, aber sie *braucht* auch weniger Geld, um dieselben Leistungen bereitzustellen, die in reicheren Ländern sehr viel mehr kosten. Relative Preise und Kosten sind wichtige Parameter, um zu bestimmen, was ein Land sich leisten kann. Ist entsprechendes soziales Engagement vorhanden, dann ist es von besonderer Bedeutung, die Variabilität der relativen Kosten auf dem Gesundheits- und Bildungssektor zu berücksichtigen.[13]

Der wachstumsbedingte Prozeß hat gegenüber seinem Gegenstück, dem geförderten Prozeß, zweifellos einen Vorteil; er kann letztlich mehr anbieten, da es mehr Mangelerscheinungen – *andere als* vorzeitiger Tod, schwere Krankheiten oder Analphabetismus – gibt, die ganz unmittelbar mit niedrigem Einkommen einhergehen (etwa unzureichende Kleidung und schlechte Wohnverhältnisse). Sicherlich ist es besser, über ein hohes Einkommen zu verfügen *und* eine lange Lebenserwartung zu haben (neben anderen gängigen Indikatoren für Lebensqualität), statt nur das letzte zu besitzen. Es lohnt sich, diesen Punkt zu betonen, weil man leicht Gefahr läuft, durch die Statistiken über die Lebenserwartung und andere grundlegende Indikatoren für Lebensqualität »allzusehr überzeugt zu werden«.

So ist die Tatsache, daß der indische Bundesstaat Kerala eine trotz seines geringen Pro-Kopf-Einkommens beeindruckend hohe Lebenserwartung, niedrige Geburtenrate und hohe Alphabetisierungsquote erreicht hat, gewiß bewunderns- und nachahmenswert. Dennoch bleibt die Frage, warum es in Kerala nicht gelungen ist, die erfolgreiche Entwicklung der menschlichen Fähigkeiten in eine Erhöhung des Einkommensniveaus umzusetzen, was seine Erfolge sicherlich gekrönt hätte. Daher kann dieses Land kaum als »Vorbild« dienen, wie einige behauptet haben. Vom entwicklungspolitischen Standpunkt aus legt dies trotz des ungewöhnlichen Erfolges bei der Hebung der Lebenserwartung und der Lebensqualität eine kritische Würdigung der wirtschaftlichen Maßnahmen Keralas in Hinblick auf Anreize und Investitionen (allgemein der »ökonomischen Einrichtungen«) nahe.[14] Insofern steht der Erfolg des sozial geförderten Prozesses hinter dem des wachstumsbedingten zurück, bei dem ökonomischer Wohlstand und die Steigerung der Lebensqualität in der Regel Hand in Hand gehen.

Andererseits beweist der Erfolg des geförderten Prozesses, daß ein Land nicht darauf warten muß, bis es dank einer möglicherweise langen Periode des Wirtschaftswachstums reich genug ist, um an einen massiven Ausbau des Schul- und Gesundheitswesens heranzugehen. Trotz niedriger Einkommen läßt sich die Lebensqualität mit Hilfe geeigneter Sozialprogramme sehr schnell heben. Die Tatsache, daß Bildung und Gesundheitsfürsorge produktive Faktoren des Wirtschaftswachstums sind, verleiht dem Argument zusätzliches Gewicht, daß arme Länder die Förderung solcher Sozialprogramme obenan stellen sollten, *ohne* darauf zu warten, *zuerst* »reicher zu werden«.[15] Der geförderte Prozeß ist ein Rezept für das schnelle Erreichen einer höheren Lebensqualität, und das ist für politische Entscheidungen von großer Bedeutung, doch spricht auch vieles dafür, weitere Leistungen anzustreben, zu denen ein Wirtschaftswachstum ebenso gehört wie das Heben der normalen Merkmale für Lebensqualität.

Das Senken der Sterblichkeitsrate in Großbritannien im 20. Jahrhundert

In diesem Zusammenhang ist es lehrreich, sich anzusehen, in welchem Zeitraum es den fortgeschrittenen Industrienationen gelang, die Sterblichkeitsrate zu senken und die Lebenserwartung zu heben. Robert Fogel, Samuel Preston und andere haben die Rolle der staatlichen Gesundheitsfürsorge und der Ernährung, so wie ganz allgemein der sozialen Einrichtungen bei der Senkung der Sterblichkeitsrate in Europa und in den Vereinigten Staaten während der letzten paar Jahrhunderte untersucht.[16] Wie im 20. Jahrhundert das zeitliche Muster bei der Anhebung der Lebenserwartung ausgesehen hat, ist für sich genommen interessant genug. Man braucht sich nur vor Augen zu halten, daß um die Jahrhundertwende sogar in Großbritannien, der damals führenden kapitalistischen Marktwirtschaft, die Lebenserwartung niedriger war als die durchschnittliche Lebenserwartung in Ländern mit niedrigem Einkommen heute. Doch im Laufe des Jahrhunderts stieg die Lebenserwartung in Großbritannien – zum Teil dank der Strategien der Sozialprogramme – rasant an, und der zeitliche Ablauf des Anstiegs ist recht bemerkenswert.

Die Ernährungs- und Gesundheitsprogramme usw. wurden in Großbritannien nicht gleichmäßig über die Jahrzehnte hinweg ausgebaut. Es gab zwei Phasen in diesem Jahrhundert, in denen Sozialprogramme von der Regierung mit besonderer Energie gefördert wurden, und zwar jeweils während der beiden Weltkriege. Beide Kriege sorgten dafür, daß die Ressourcen zum Überleben gerechter verteilt wurden, so auch die Gesundheitsfürsorge und (durch Rationierung und Subventionierung) die begrenzten Lebensmittelvorräte. Im Ersten Weltkrieg gab es erstaunliche Entwicklungen in der Einstellung der Gesellschaft zum »Teilen«, und die politischen Maßnahmen zielten darauf ab, daß wirklich geteilt wurde, wie Jay Winter in seiner

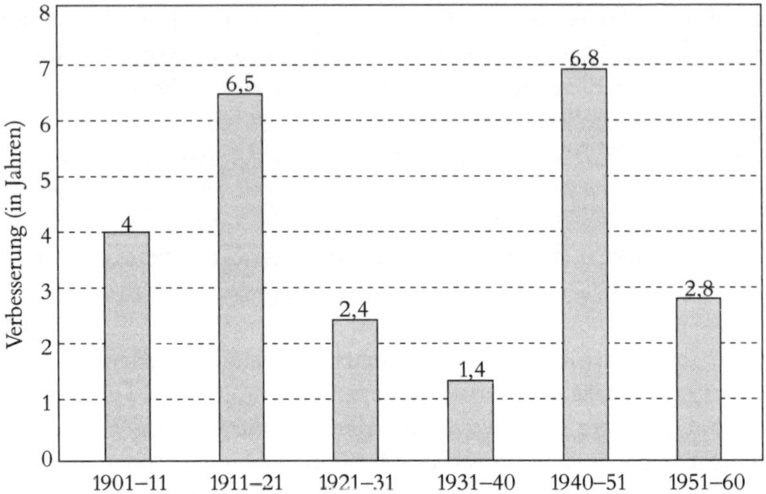

Abb. 2.2: Verbesserungen der Lebenserwartung
in England und Wales, 1901–1960

Quellen: S. Preston, N. Keyfitz und R. Schoen, *Causes of Death: Life Tables for National Population*, New York (Seminar Press 1992).

hervorragenden Studie gezeigt hat.[17] Auch im Zweiten Weltkrieg entwickelten sich ungewöhnlich solidarische Sozialeinrichtungen, was mit der psychologischen Haltung im bedrängten Großbritannien zu tun hatte, so daß die durchgreifenden öffentlichen Einrichtungen zur Verteilung von Lebensmitteln und medizinischer Versorgung akzeptabel und wirksam waren.[18] Selbst der National Health Service wurde in jenen Jahren ins Leben gerufen.

Machte dies einen wirklichen Unterschied für die Gesundheit und das Überleben? Gab es tatsächlich eine entsprechend schnellere Senkung der Sterblichkeitsrate in diesen Phasen intensiverer Sozialprogramme in Großbritannien? Detaillierte Ernährungsstudien haben in der Tat ergeben, daß während des Zweiten Weltkriegs, obwohl der Pro-Kopf-Anteil an den Nahrungsmittel in Großbritannien drastisch sank, auch Fälle von Unterernährung stark *abnahmen* und solche von schwerer Unterernährung nahezu ganz verschwanden.[19] Ebenso ging die Sterblichkeitsrate deutlich zurück, wenn man von den Kriegstoten selbst absieht. Ähnliches ereignete sich im Ersten Weltkrieg.[20]

Es ist wirklich bemerkenswert, daß ein Vergleich zwischen verschiedenen Jahrzehnten, gestützt auf Erhebungen für die einzelnen Dekaden, mit deutlichem Vorsprung eine enorme Erhöhung der Lebenserwartung für die beiden »Kriegsdekaden« zeigt (Abbildung 2.2., die den Anstieg der Lebenserwartung in Jahren für jede der ersten sechs Dekaden dieses Jahrhunderts festhält).[21] Während die Lebenserwartung in den anderen Dekaden eher bescheiden wuchs – zwischen einem Jahr und vier Jahren –, schnellte sie in den beiden Kriegsdekaden fast um sieben Jahre in die Höhe.

Wir müssen uns auch fragen, ob sich die sehr rasche Zunahme der Lebenserwartung während der Kriegsdekaden nicht anders erklären läßt, etwa durch schnelleres Wirtschaftswachstum in den betroffenen Jahrzehnten. Die Antwort scheint negativ auszufallen. Wie Abbildung 2.3 verdeutlicht, fielen die Jahrzehnte eines sprunghaften Anstiegs der Lebenserwartung mit Perioden des langsamen Anwachsens des Bruttosozialprodukts pro Kopf zusammen. Man könnte natürlich die Hypothese aufstellen, daß sich das Wachstum des Bruttosozialprodukts mit einer zeitlichen Verzögerung von zehn Jahren auf die Lebenserwartung auswirkte. Diese Annahme widerspricht zwar nicht den Daten in Abbildung 2.3, würde aber einer anderen kritischen Überprüfung, beispielsweise der Analyse möglicher kausaler Prozesse, nicht standhalten. Eine sehr viel überzeugendere Erklärung für den rapiden Anstieg der Lebenserwartung in Großbritannien liefert die veränderte Einstellung zum solidarischen Teilen während der Kriegsdekaden und die damit verbundene stärkere öffentliche Zustimmung zu sozialen Leistungen (darunter Ernährungsprogramme und Gesundheitsfürsorge). Studien zur Gesundheit und zu anderen Lebensbedingungen der Bevölkerung in den Kriegszeiten wie auch deren Zusammenhang mit sozialen Einstellungen und öffentlichen Einrichtungen werfen ein klares Licht auf diese Unterschiede.[22]

Demokratie und politische Anreize

Verknüpfungen lassen sich anhand vieler anderer Kopplungen veranschaulichen. Ich möchte noch kurz auf eine weitere zu sprechen kommen: auf die zwischen politischer Freiheit und bürgerlichen Rechten einerseits und der Freiheit, wirtschaftlichen Katastrophen zu entge-

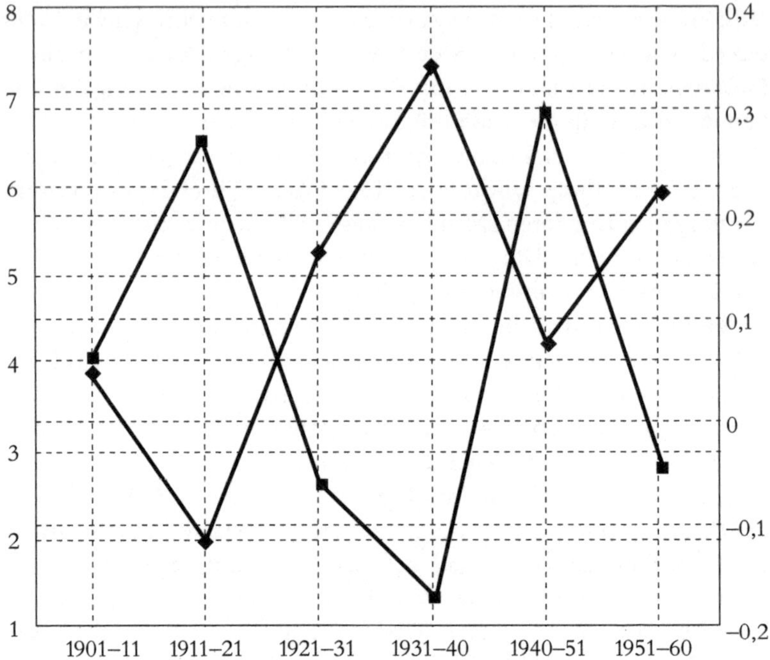

Abb. 2.3: Wachstum des Bruttosozialprodukts (Großbritannien) und Anstieg der Lebenserwartung von Neugeborenen pro Jahrzehnt (England und Wales), 1901–1960

-■- Anstieg der Lebenserwartung pro Jahrzehnt (England und Wales) (linke Skala)

-◆- Prozentuales Wachstum des Bruttosozialprodukts pro Kopf je Jahrzehnt in Großbritannien, 1901–1960 (rechte Skala)

Quellen: A. Madison, *Phases of Capitalist Development* (New York 1982); S. Preston u.a., *Causes of Death* (New York 1972).

hen, andererseits. Dieser Zusammenhang offenbart sich am elementarsten in einer Tatsache, die schon im 1. Kapitel und indirekt in dem in diesem Kapitel geschilderten Unterschied zwischen Indien und China erwähnt wurde, nämlich die Tatsache, daß Hungersnöte in Demokratien nicht vorkommen. In einem demokratischen Land, wie arm es auch sein mag, hat es noch nie eine Hungerkatastrophe gegeben.[23] Das hat seinen Grund darin, daß, sofern der politische

Wille dazu vorhanden ist, Hungersnöte leicht abzuwenden sind und die Regierungen in einer Mehrparteien-Demokratie mit freien Wahlen und unzensierten Medien starken politischen Anreizen folgen, um eine Hungersnot zu verhindern. Das demonstriert, daß politische Freiheit in Gestalt demokratischer Einrichtungen die wirtschaftliche Freiheit (besonders die Freiheit, nicht zu hungern) und die Freiheit zu überleben (kein Opfer der Hungersnot zu werden) absichert.

Die Sicherheit, die uns die Demokratie schenkt, mag man überhaupt nicht vermissen, solange das Land das Glück genießt, von schweren Katastrophen verschont zu bleiben, und alles reibungslos funktioniert. Dennoch lauert selbst in einem Staat, der dem Anschein nach gesund ist, die Gefahr der Unsicherheit, hervorgerufen durch wirtschaftliche und andere Veränderungen oder auch durch nicht korrigierte politische Fehler. Wenn dieser Zusammenhang eingehender erörtert wird (im 6. und 7. Kapitel), werden die politischen Aspekte der jüngsten »asiatischen Wirtschaftskrise« zur Sprache kommen.

Schlußbemerkung

Die in diesem Kapitel dargelegte Analyse entfaltet die grundlegende Idee, daß die Erweiterung der menschlichen Freiheit sowohl Hauptziel als auch primäres Mittel von Entwicklung ist. Das Ziel der Entwicklung bezieht sich auf die Bewertung der tatsächlich von den betroffenen Menschen genossenen Grundrechte. Individuelle Verwirklichungschancen hängen unter anderem entscheidend von den wirtschaftlichen, sozialen und politischen Einrichtungen ab. Um geeignete Institutionen zu schaffen, müssen die instrumentellen Funktionen der unterschiedlichen Formen substantieller Freiheiten betrachtet werden, was über die grundlegende Bedeutung der Gesamtfreiheit der Individuen hinausgeht.

Die instrumentellen Funktionen der Freiheit umfassen mehrere unterschiedliche, aber miteinander verbundene Komponenten – etwa wirtschaftliche Einrichtungen, politische Freiheiten, soziale Chancen, Transparenzgarantien und soziale Sicherheit. Diese instrumentellen Rechte, Chancen und Berechtigungen sind eng miteinander verzahnt, und die Verzahnungen können in verschiedene Richtungen gehen. Der Entwicklungsprozeß wird durch diese wechselseitigen Verbindungen wesentlich beeinflußt. Den vielen miteinander verknüpften Freiheiten entsprechend muß es die notwendige Autorität und Unterstützung für eine Vielzahl von Institutionen geben. Dazu zählen demokratische Systeme, Rechtsverfahren, Marktstrukturen, Bildungs- und Gesundheitssysteme, Medien und andere Kommunikationseinrichtungen usw. Zu den Institutionen können neben privaten Initiativen und öffentlichen Organen auch eher gemischte Einrichtungen wie Nichtregierungsorganisationen und Kooperativen gehören.

Die Ziele und Mittel von Entwicklung erfordern es, den Standpunkt der Freiheit in den Mittelpunkt zu rücken. In dieser Perspektive müssen wir die Menschen als aktive Subjekte ihres eigenen Schicksals behandeln und ihnen die entsprechenden Spielräume zubilligen, statt in ihnen passive Empfänger der Früchte ausgeklügelter Entwicklungsprogramme zu sehen. Staat und Gesellschaft kommt die große Verantwortung dafür zu, die menschlichen Verwirklichungschancen zu erweitern und zu schützen. Doch ihre Aufgabe ist es lediglich, die nötigen Hilfestellungen zu geben, nicht aber Fertiglösungen anzubieten. Die sich an der Freiheit orientierende Einschätzung der Zwecke und Mittel im Prozeß der Entwicklung verdient sicherlich besondere Aufmerksamkeit.

3

Freiheit und die Grundlagen von Gerechtigkeit

Beginnen wir mit einer Parabel.

Annapurna sucht jemanden, der ihren vernachlässigten und verwilderten Garten in Ordnung bringt, und drei Arbeitslose – Dinu, Bishanno und Rogini – wollen unbedingt den Job bekommen. Sie kann einen der drei einstellen, doch die Arbeit läßt sich nicht aufteilen, so daß sie nicht alle drei beschäftigen kann. Annapurna würde von jedem für ungefähr denselben Lohn die gleiche Arbeitsleistung bekommen, doch da sie eine vernünftige Frau ist, fragt sie sich, wer der Richtige für die Arbeit wäre.

Sie nimmt an, daß zwar alle drei arm sind, Dinu jedoch der Ärmste ist, und darin stimmt ihr jeder zu. Annapurna ist deshalb geneigt, ihn anzustellen (»Was«, so grübelt sie, »kann wichtiger sein, als dem Ärmsten zu helfen?«).

Sie weiß aber auch, daß Bishanno erst in letzter Zeit verarmt ist und seelisch am stärksten unter seiner Misere leidet. Dinu und Rogini sind demgegenüber an die Armut gewöhnt. Alle sind sich einig, daß Bishanno der Unglücklichste von den dreien ist und ohne Zweifel ein größeres Glück als die anderen empfinden würde. Deshalb erwägt Annapurna, Bishanno die Arbeit zu geben (»Sicherlich«, sagt sie sich, »muß es Vorrang haben, Unglück aus der Welt zu schaffen«).

Dann erfährt Annapurna, daß Rogini unter einer chronischen, stoisch ertragenen Krankheit leidet und das Geld gut gebrauchen könnte, um Heilung von ihrem schrecklichen Leiden zu finden. Niemand bestreitet, daß Rogini zwar arm, aber doch weniger arm ist als die anderen beiden. Außerdem ist sie nicht die Unglücklichste, da sie ihre Notlage mit Heiterkeit erträgt. Sie ist daran gewöhnt, Mangel zu leiden, denn sie stammt aus einer armen Familie und wurde von früh an dazu erzogen, sich die gängige Überzeugung zu eigen zu machen, es stehe ihr, einer jungen Frau, nicht an, mit dem Schicksal zu hadern oder nach Besserem zu streben. Annapurna fragt sich, ob es nicht dennoch richtig wäre, Rogini die Arbeit zu geben (»Würde es«, vermutet sie, »nicht den größten Unterschied für die Lebensqualität ausmachen, von einer Krankheit befreit zu sein«).

Annapurna grübelt darüber nach, was sie nun tun soll. Wäre ihr nur bekannt gewesen, daß Dinu der Ärmste ist, und sonst nichts, dann, das ist ihr klar, hätte sie sich eindeutig dafür entschieden, ihn einzustellen. Weiter überlegt sie, daß sie hervorragende Gründe gehabt hätte, Bishanno zu nehmen, wäre ihr allein (und sonst nichts) bekannt gewesen, daß er der Unglücklichste ist und das größte Glück aus der ihm gegebenen Chance gewinnen würde. Ebenso erkennt sie, daß, hätte sie allein darum gewußt, daß Roginis schleichendes Leiden mit dem Verdienst zu heilen ist, einen einfachen und ausschlaggebenden Grund gehabt hätte, ihr die Arbeit zu geben. Nun aber ist sie mit allen drei relevanten Umständen vertraut und muß zwischen drei Argumenten wählen, die alle etwas für sich haben.

Dieses einfache Beispiel wirft eine Reihe interessanter Fragen für die praktische Vernunft auf. Ich möchte hier jedoch betonen, daß die Unterschiede in den betreffenden Grundsätzen auf die besondere Information verweisen, die als ausschlaggebend verstanden wird. Wenn alle drei Umstände bekannt sind, hängt die Entscheidung davon ab, welcher Information das größte Gewicht verliehen wird. Die Grundsätze lassen sich daher von ihrer jeweiligen »Informationsbasis« her verstehen. Dinus die Einkommensgleichheit ins Feld führender Fall richtet die Aufmerksamkeit auf die Armut; Bishannos klassisch utilitaristische Begründung argumentiert mit dem Maß an Lust und Glück; Roginis Argument der Lebensqualität beruft sich auf die Art des Lebens, das die drei jeweils führen können. Die ersten beiden Argumente gehören zu den in der Wirtschaftstheorie und Ethik bevorzugt diskutierten. Für das dritte möchte ich einige Gründe anführen. Doch im Augenblick ist meine Absicht eher bescheiden: Sie will lediglich veranschaulichen, wie bedeutsam die Informationsbasis der konkurrierenden Grundsätze ist.

In der folgenden Diskussion werde ich zu zweierlei Stellung nehmen: (1) zu der allgemeinen Frage, welche Bedeutung der Informationsbasis für Werturteile zukommt, und (2) zu den speziellen Problemen, die sich daraus für die Angemessenheit der jeweiligen Informationsbasis einiger verbreiteter Theorien über Sozialethik und Gerechtigkeit ergeben, insbesondere für den Utilitarismus, den Liberalismus und die Rawlssche Gerechtigkeitstheorie. Obwohl aus der

Art und Weise, wie die Informationsfrage in diesen wichtigen Ansätzen der politischen Philosophie behandelt wird, manches zu lernen ist, werde ich auch argumentieren, daß jede Informationsbasis, die explizit oder implizit in den Utilitarismus, den radikalen Liberalismus und die Rawlssche Theorie eingeht, unter schwerwiegenden Mängeln leidet, sofern man die substantiellen Freiheiten des Individuums für wichtig hält. Diese Diagnose gibt Anlaß zur Erörterung eines anderen Bewertungsmaßstabes, der sich unmittelbar auf die Freiheit konzentriert, die hier als die individuellen Verwirklichungschancen eines Menschen verstanden wird, das zu tun, was er mit Gründen schätzt.

Dieser letztgenannte konstruktive Teil der Analyse wird im Rest des Buches ausgiebig angewandt werden. Der Leser, der sich nicht besonders für die Kritik anderer Theorien interessiert – und auch nicht für die jeweiligen Vor- und Nachteile des Utilitarismus, des Liberalismus oder der Rawlsschen Gerechtigkeitstheorie –, kann beruhigt die kritischen Auseinandersetzungen überschlagen und direkt zum letzten Teil dieses Kapitels übergehen.

Eingeschlossene und ausgeschlossene Information

Jede wertende Theorie läßt sich weitgehend durch ihre Informationsbasis charakterisieren: also durch die Information, mit deren Hilfe im Rahmen der Theorie ein Urteil gefällt wird, und – was nicht weniger wichtiger ist – durch die Information, die gemäß der Theorie von einer wertenden Funktion »ausgeschlossen« bleibt.[1] Der *Ausschluß* bestimmter Informationen ist ein wesentlicher Bestandteil jeder normativen Theorie. Die ausgeschlossene Information soll keinen direkten Einfluß auf die Werturteile haben, und da dies gewöhnlich stillschweigend geschieht, mag der Charakter der Theorie stark durch die Unempfänglichkeit für die ausgeschlossene Information bestimmt sein.

Der utilitaristische Grundsatz beispielsweise beruht letztlich nur auf dem Nutzen, und selbst wenn über die Frage der Anreize instrumentelle Erwägungen ins Spiel kommen, bleibt im Grunde die Nutzeninformation die einzige angemessene Grundlage für die Bewertung von Zuständen oder die Einschätzung von Handlungen oder Regeln. Im klassischen Utilitarismus, vor allem in der von Bentham vertretenen Version, wird Nutzen als Lust, Glück oder Zufriedenheit definiert, und alles wird am Erreichen dieses psychischen Zustandes gemessen.[2] Potentiell so wichtige Dinge wie individuelle Freiheit, die Einhaltung oder Verletzung anerkannter Rechte, Aspekte der Lebensqualität, die sich ja nicht adäquat in einer Statistik der Lust spiegeln, können einer normativen Wertung in dieser utilitaristischen Struktur nicht unmittelbar eine andere Wendung geben. Doch können sie mittelbar *durch* ihre Wirkungen auf die Nutzengröße eine Rolle spielen, d. h., insofern als sie sich auf die psychische Zufriedenheit, die innere Freude oder das empfundene Glück auswirken. Zudem zeigt der mit Aggregationszuständen beschäftigte Utilitarismus für die tatsächliche *Verteilung* des Nutzens weder Aufgeschlossenheit noch Interesse, da er sich ganz und gar auf den *Gesamt*nutzen aller Individuen zusammengenommen konzentriert. Das alles führt zu einer sehr engen Informationsbasis, deren durchgängige Unempfänglichkeit für andere Erwägungen die utilitaristische Ethik nachhaltig beschränkt.[3]

In neueren Versionen des Utilitarismus wird der Inhalt des »Nutzens« häufig anders bestimmt: nicht als Lust, Zufriedenheit oder Glück, sondern als Wunscherfüllung oder als eine Form des Wahlverhaltens einer Person.[4] Ich werde diese Unterschiede noch näher beleuchten, doch daß die Neudefinition von Nutzen nicht an sich schon die für den Utilitarismus im allgemeinen charakteristische Indifferenz gegenüber Freiheiten, Rechten und Ansprüchen aufhebt, ist unschwer zu erkennen.

Der Liberalismus, dem wir uns nun zuwenden, beschäftigt sich im Gegensatz zum Utilitarismus weder unmittelbar mit Glück noch mit Wunscherfüllung. Seine Informationsbasis besteht einzig und allein aus Freiheiten und Rechten verschiedenster Art. Ohne auf die genauen Formeln einzugehen, mit denen der Utilitarismus oder der Liberalismus Gerechtigkeit charakterisieren, läßt sich aus dem bloßen Gegensatz ihrer Informationsbasis ablesen, daß sie voneinander abweichende – und typischerweise miteinander unvereinbare – Theorien der Gerechtigkeit vertreten.

Tatsächlich ist die »Pointe« einer Gerechtigkeitstheorie weitgehend durch ihre Informationsbasis bestimmt: Welche Information wird und welche wird nicht als unmittelbar relevant zugelassen.[5] Zum Beispiel versucht der klassische Utilitarismus sich auf Informationen über das Glück bzw. die Lust verschiedener Individuen – innerhalb eines Vergleichsrahmens – zu stützen, während der radikale Liberalismus die Übereinstimmung mit bestimmten Regeln der Freiheit und des Richtigen fordert und eine Situation mittels der Information über deren Befolgung bewertet. Aufgrund der Information, die sie jeweils für ausschlaggebend bei der Beurteilung der Gerechtigkeit oder der Annehmbarkeit verschiedener sozialer Szenarios halten, schlagen sie weitgehend unterschiedliche Richtungen ein. Die Informationsbasis normativer Theorien im allgemeinen und von Gerechtigkeitstheorien im besonderen ist von entscheidender Bedeutung, und in vielen Debatten über praktische Sozialpolitik kann sie der Dreh- und Angelpunkt sein, wie wir in späteren Argumentationen noch sehen werden.

Auf den nächsten Seiten wird, angefangen mit dem Utilitarismus, die Informationsbasis einiger bekannter Gerechtigkeitstheorien untersucht werden. Die Vorzüge und Grenzen der einzelnen Theorie werden größtenteils erkennbar, wenn wir Reichweite und Grenzen ihrer Informationsbasis untersuchen. Auf der Grundlage der Schwierigkeiten, in die sich die verschiedenen Ansätze verwickeln, die gewöhnlich zu Rate gezogen werden, wo es um Bewertung und wohlfahrtsstaatliche Politik geht, wird kurz ein alternativer Ansatz zur Gerechtigkeit umrissen. Dieser Ansatz macht individuelle Freiheiten (keinen Nutzen) zu seiner Informationsbasis, berücksichtigt allerdings auch die Folgen, da dies meiner Ansicht nach zu den schätzenswerten Vorzügen des utilitaristischen Standpunktes gehört. Den »Ansatz der Verwirklichungschancen« in Fragen der Gerechtigkeit werde ich an späterer Stelle in diesem Kapitel und im nächsten ausführlicher erörtern.

Nutzen als Informationsbasis

Die Informationsbasis des gewöhnlichen Utilitarismus ist die Nutzensumme aller Zustände. In der klassischen, von Bentham vertretenen Form des Utilitarismus steht der »Nutzen« eines Individuums für das Maß seiner Lust oder seines Glücks. Dem liegt die Überlegung zugrunde, daß das Wohlergehen jedes einzelnen zu berücksichtigen ist, und vor allem, daß Wohlergehen wesentlich als eine psychische

Eigenschaft zu verstehen ist, d.h. als bewirkte Lust oder bewirktes Glück. Selbstverständlich ist es nicht möglich, das Glück verschiedener Menschen genau zu vergleichen, sowenig wie uns dafür wissenschaftlich Methoden zur Verfügung stehen.[6] Gleichwohl erscheint es den meisten von uns nicht widersinnig (oder »bedeutungslos«), wenn wir einige Menschen als deutlich unglücklicher oder elender als andere bezeichnen.

Mehr als ein Jahrhundert lang war der Utilitarismus die tonangebende Ethik und unter anderen die einflußreichste Theorie der Gerechtigkeit. Die klassische Wohlfahrtsökonomie und Wohlfahrtspolitik wurden lange Zeit von diesem Ansatz beherrscht, der in seiner modernen Gestalt auf Jeremy Bentham zurückgeht und von Ökonomen wie John Stuart Mill, William Stanley Jevons, Henry Sidgwick, Francis Edgeworth, Alfred Marshall und A.C. Pigou weiter verfolgt wurde.[7]

Die vom Utilitarismus geforderten Bewertungskriterien lassen sich in drei verschiedene Komponenten teilen. Die erste Komponente ist der »Konsequentialismus« (kein sehr attraktives Wort), und er bezeichnet die These, daß alle Entscheidungen (von Handlungen, Regeln, Institutionen usw.) nach ihren Konsequenzen zu beurteilen sind, d.h. nach den von ihnen erzielten Resultaten. Die Betonung des Folgezustandes richtete sich vor allem gegen die Neigung einiger normativer Theorien, gewisse Grundsätze *unabhängig* von ihren Resultaten für richtig zu halten. In der Tat geht der Utilitarismus noch einen Schritt weiter, er klagt nicht nur Sensibilität für die Folgen ein, sondern schließt aus, daß letztlich etwas anderes als die Konsequenzen ins Gewicht fallen könnte. Wie eng die Grenzen des Konsequentialismus gezogen sind, wird noch zu erörtern sein, doch schon jetzt läßt sich sagen, daß es zum Teil davon abhängt, was in die Liste der Konsequenzen aufgenommen wird und was ausgeschlossen bleibt (ob beispielsweise eine ausgeführte Handlung als eine der »Konsequenzen« dieser Handlung gelten kann, was sie in einem offensichtlichen Sinn ist).

Die zweite Komponente des Utilitarismus ist der »Wohlfahrtsgedanke«. Sie schränkt die Beurteilung von Sachverhalten auf den Nutzen der jeweiligen Zustände ein, so daß Dinge wie die Einhaltung oder Verletzung von Rechten, Pflichten usw. nicht unmittelbar berücksichtigt werden. Wird der Wohlfahrtsgedanke mit dem Konsequentialismus verbunden, ergibt sich die Forderung, daß jede Entscheidung nach dem jeweils dadurch erzeugten Nutzen zu beurteilen ist. Beispielsweise ist jede Handlung – gemäß dem Konsequentialismus – mit Blick auf den in der Folge erzeugten Zustand zu bewerten, und der in der Folge erzeugte Zustand ist – dem Wohlfahrtsgedanken gemäß – nach dem in ihm enthaltenen Nutzen zu beurteilen.

Die dritte Komponente ist die »Summierung«, das heißt die Forderung, den Nutzen verschiedener Individuen einfach zu summieren, um so die Gesamtmenge der Vorteile zu ermitteln, ohne daß darauf geachtet wird, wie die Gesamtmenge auf die Individuen verteilt ist. (Die Nutzensumme soll also ungeachtet des Ausmaßes der Ungleichheit bei der Verteilung des Nutzens maximiert werden.) Die drei Komponenten zusammengenommen ergeben die klassische utilitaristische Formel, daß jede Entscheidung anhand der Gesamtmenge des von ihr erzeugten Nutzens zu beurteilen ist.[8]

Nach dieser utilitaristischen Auffassung ist *Ungerechtigkeit* definiert durch die Abnahme des Gesamtnutzens verglichen mit dem, was man hätte erreichen können. Eine ungerechte Gesellschaft ist danach eine, in der die Menschen in ihrer Gesamtheit eindeutig weniger glücklich sind, als sie sein müßten. Moderne Versionen des Utilitarismus haben sich von der Betonung des Glücks oder der Lust distanziert und definieren Nutzen statt dessen in einer Variante als Wunscherfüllung. Danach ist die Stärke des erfüllten Wunsches und nicht die Intensität des erzeugten Glücks das Entscheidende.

Da weder Glück noch Wünsche ohne weiteres zu messen sind, definieren ökonomische Analysen den Nutzen als eine numerische Darstellung der beobachtbaren *Entscheidungen* einer Person. Die technischen, mit einer solchen Darstellung verknüpften Probleme müssen uns hier nicht weiter beschäftigen. Der Grundgedanke ist folgender: Wenn jemand eine Alternative x einer anderen, nämlich y, vorzieht, so hat er dann und nur dann einen größeren Nutzen von x als von y. Die »Skalierung« des Nutzens muß unter anderem dieser Regel folgen, so daß nach dieser Maßgabe die Aussage, eine Person ziehe mehr Nutzen aus x denn aus y, sich im wesentlichen nicht von derjenigen unterscheidet, daß sie, wenn sie die Wahl zwischen den beiden hätte, sich für x entschiede.[9]

Die Vorzüge des utilitaristischen Ansatzes

Das Verfahren, sich auf die faktische Entscheidung zu stützen, hat einige allgemeine Vorzüge, aber auch Nachteile. Beim utilitaritistischen Kalkül liegt der Hauptnachteil darin, daß es nicht unmittelbar möglich ist, den Nutzen verschiedener Personen miteinander zu vergleichen, da die Entscheidungen der Individuen je für sich betrachtet werden. Für den Utilitarismus ist das offensichtlich ungeeignet, weil auf diese Weise eine Summierung undurchführbar wird, für die interpersonelle Vergleiche unerläßlich sind. Tatsächlich wird diese Variante des Utilitarismus, die sich auf das Entscheidungsverhalten der Individuen stützt, in der Hauptsache von Theorien verwandt, die sich allein auf den Wohlfahrtsgedanken und den Konsequentialismus berufen. Es handelt sich eher um einen nutzenorientierten Ansatz, der im eigentliche Sinn nicht dem Utilitarismus zugerechnet werden kann.

Obwohl sich über die Vorzüge des utilitaristischen Ansatzes streiten läßt, verdanken wir ihm einige Einsichten, vor allem folgende:

1. die Wichtigkeit, die *Ergebnisse* sozialer Einrichtungen für ihre Beurteilung heranzuziehen – die Argumente für Sensibilität gegenüber den Konsequenzen mögen weitgehend plausibel sein, auch wenn ein vollständiger Konsequentialismus allzu extrem erscheint;

2. die Notwendigkeit, das *Wohl* der betroffenen Menschen bei der Beurteilung sozialer Einrichtungen und ihrer Ergebnisse zu berücksichtigen – die Sorge für das Wohl der Menschen ist ohne Frage attraktiv, selbst wenn wir uns der nutzenorientierten, psychische Zustände messenden Beurteilung des Wohls nicht anschließen.

Um sich die Relevanz erzielter Ergebnisse zu veranschaulichen, betrachte man die Tatsache, daß viele soziale Einrichtungen aufgrund der Attraktivität ihrer konstitutiven Merkmale befürwortet werden, ohne daß man dabei deren Folgeerscheinungen berücksichtigt. Nehmen wir etwa die Eigentumsrechte. Einige meinten, diese seien für die individuelle Unabhängigkeit wesentlich, und haben darauf die Forderung gegründet, daß der Privatbesitz sowie die Vererbung und die Nutzung des Eigentums keinerlei Einschränkungen unterliegen dürften, ja daß nicht einmal eine Besteuerung des Eigentums oder Einkommens zulässig sei. Auf der anderen Seit des politischen Grabens fühlten sich andere von der Idee der Ungleichheit des Besitzes –

einige haben so viel, während andere so wenig haben – dermaßen stark abgestoßen, daß sie die völlige Abschaffung des Privateigentums verlangten.

Man kann in der Tat geteilter Meinung über die intrinsischen Vorzüge oder die abstoßenden Eigenschaften des Privateigentums sein. Der konsequentialistische Ansatz macht geltend, daß wir uns in unserem Urteil nicht allein von diesen Eigenschaften beeinflussen lassen sollen, sondern die Konsequenzen der Existenz oder Nichtexistenz von Eigentumsrechten zu untersuchen haben. Tatsächlich rühren die einflußreicheren Rechtfertigungen des Privateigentums vom Nachweis seiner positiven Konsequenzen her. Es wird behauptet, daß das Privateigentum, was seine Folgen betrifft, erwiesenermaßen ein machtvoller Motor der wirtschaftlichen Expansion und des allgemeinen Wohlstands sei. Nach der konsequentialistischen Auffassung muß dieser Tatsache ein entscheidendes Gewicht bei der Einschätzung der Vorzüge des Privateigentums zukommen. Andererseits gibt es, auch hier unter Berücksichtigung seiner Folgen, eine Reihe von Belegen dafür, daß ungehinderte Nutzung des Privateigentums – das Fehlen von Einschränkungen und Besteuerung – zu anhaltender Armut beiträgt und es erschwert, denjenigen soziale Unterstützung zukommen zu lassen, die aus unverschuldeten Gründen (Behinderung, Alter, Krankheit, wirtschaftliches und soziales Mißgeschick) ins Abseits geraten sind. Auch kann sich das Privateigentum nachteilig auf den Umweltschutz und die Entwicklung einer sozialen Infrastruktur auswirken.[10]

Keine der puristischen Thesen geht also aus einer Analyse der Folgen ungeschoren hervor, was den Schluß nahelegt, daß Eigentumsregelungen zumindest teilweise nach ihren wahrscheinlichen Konsequenzen zu beurteilen sind. Diese Schlußfolgerung ist mit dem Geist des Utilitarismus vereinbar, auch wenn ein vollständiger Utilitarismus darauf bestehen würde, die Konsequenzen und ihre Relevanz auf eine bestimmte Weise zu beurteilen. Das allgemeine Argument, daß Folgen bei der Beurteilung von politischen Maßnahmen und Institutionen zu berücksichtigen sind, ist eine wichtige und plausible Forderung, die vieles dem Plädoyer der utilitaristischen Ethik verdankt.

Ähnliche Gründe lassen sich für die Berücksichtigung des menschlichen Wohls bei der Beurteilung der Resultate anführen, statt sich bloß mit der Betrachtung einiger abstrakter und isolierter Eigenschaften von Zuständen zu begnügen. Es läßt sich mithin einiges zugunsten einer Betrachtung der Konsequenzen und des Wohls vorbringen, und diese – wenngleich nur partielle – Bejahung der utilitaristischen Theorie der Gerechtigkeit bezieht sich unmittelbar auf ihre Informationsbasis.

Die Grenzen des utilitaristischen Standpunkts

Die Probleme des utilitaristischen Ansatzes lassen sich ebenfalls auf seine Informationsbasis zurückführen. Es ist in der Tat nicht schwer, die Mängel der utilitaristischen Gerechtigkeitsidee aufzuspüren.[11] Die folgenden Mängel, um nur ein paar zu nennen, gehören sicherlich zu denjenigen, mit denen ein vollständiger utilitaristischer Ansatz belastet ist.

1. *Indifferenz gegenüber Verteilungsfragen*: Das utilitaristische Kalkül vernachlässigt die Ungleichheiten in der Verteilung von Glück (was zählt, ist allein die Gesamtsumme – ungeachtet der Tatsache, wie ungleich sie verteilt ist). Zwar mögen wir uns allgemein für das Glück interessieren, doch werden wir uns nicht nur mit »Aggregationsmengen« beschäftigen, sondern auch mit dem Ausmaß der Ungleichheit bei der Verteilung von Glück.

2. *Vernachlässigung von Rechten, Freiheiten und anderen nicht den Nutzen betreffenden Belangen*: Der utilitaristische Ansatz legt Rechten und Freiheiten keinerlei intrinsischen Wert bei (sie werden nur mittelbar und nur insofern, als sie Einfluß auf den Nutzen haben, geschätzt). Es ist plausibel, das Glück zu berücksichtigen, aber wir wollen nicht unbedingt glückliche Sklaven oder berauschte Vasallen sein.

3. *Anpassung und psychische Konditionierung*: Nicht einmal die Auffassung des utilitaristischen Ansatzes über das individuelle Wohl ist besonders unerschütterlich, denn sie läßt sich leicht durch psychische Konditionierung und Anpassung beeinflussen.

Die ersten beiden Kritikpunkte sind direkter als der dritte, die Frage der psychischen Konditionierung und ihrer Auswirkung auf das utilitaristische Kalkül, und daher erscheint er mir erläuterungsbedürftig zu sein. Sich allein auf psychische Zustände (wie Lust, Glück oder Wunscherfüllung) zu berufen, kann sich auf interpersonelle Vergleiche von Wohl und Mangel besonders restriktiv auswirken. Unsere

Wünsche und unsere Fähigkeit, Lust zu schaffen, passen sich den jeweiligen Umständen an, vor allem wenn wir unser Leben in widrigen Situationen erträglich gestalten wollen. Der utilitaristische Kalkül kann sich auf diejenigen, die dauerhaft benachteiligt sind, äußerst unfair auswirken: Man denke nur an die unvermeidlichen Unterschichten in hierarchischen Gesellschaften, die stets unterdrückten Minderheiten in intoleranten Gemeinschaften; die traditionell ohne irgendeine Absicherung lebenden Teilpächter, die ständig überarbeiteten Angestellten in Ausbeutungsbetrieben, die hoffnungslos unterdrückten Ehefrauen in stark sexistischen Kulturen. Schon aus purem Selbsterhaltungstrieb neigen Benachteiligte dazu, sich mit ihrer Misere zu arrangieren, und daher mag es ihnen am nötigen Mut mangeln, um radikale Veränderungen zu fordern, und möglicherweise passen sie ihre Wünsche und Erwartungen anspruchslos dem an, was sie für machbar halten.[12] Der psychische Maßstab von Lust oder Wunscherfüllung ist allzu formbar, als daß er eine zuverlässige Richtlinie für Mangel und Benachteiligung abgeben könnte.

Es ist daher wichtig, nicht nur die Tatsache zur Kenntnis zu nehmen, daß in der Nutzenskala der Mangel der dauerhaft Benachteiligten nicht adäquat auftaucht. Vielmehr sollten wir auch für die Schaffung von Bedingungen eintreten, unter denen die Menschen eine echte Chance haben, die Lebensweise zu beurteilen, die ihnen zusagen würde. Soziale und wirtschaftliche Faktoren wie elementare Bildung, ausreichende Gesundheitsfürsorge und ein gesicherter Arbeitsplatz sind nicht nur in sich wertvoll, sondern auch weil sie den Menschen die Chance geben, der Welt mit Mut und im Bewußtsein ihrer Freiheit entgegenzutreten. Überlegungen dieser Art machen es erforderlich, die Informationsbasis zu erweitern, vor allem aber die Verwirklichungschancen zu berücksichtigen, die die Menschen benötigen, um das von ihnen mit Gründen geschätzte Leben zu führen.

John Rawls und der Vorrang der Freiheit

Ich wende mich nun der einflußreichsten – und in vielen Hinsichten wichtigsten – zeitgenössischen Gerechtigkeitstheorie zu: der Theorie von John Rawls.[13] Seine Theorie hat viele Facetten, doch möchte ich mit einer speziellen Forderung beginnen, die John

Rawls den »Vorrang der Freiheit« nennt. John Rawls formuliert seinen Grundsatz eher bescheiden, doch wird der Vorrang der Freiheit in der modernen »libertären« Theorie recht scharf konturiert, die in einigen Varianten – beispielsweise in der geschliffen kompromißlosen Konstruktion Robert Nozicks – eine ziemlich umfassende Klasse von Rechten, von persönlichen Freiheitsrechten bis zu Eigentumsrechten, mit nahezu vollständiger politischer Priorität gegenüber der Verfolgung sozialer Ziele ausstattet (so auch gegenüber der Bekämpfung von Mangel und Not).[14] Diese Rechte nehmen die Form von »Nebenbedingungen« an, die nicht verletzt werden dürfen. Die Verfahren zur Sicherung der Rechte, die ungeachtet ihrer Folgen gültig sind, bewegen sich, so das Argument – nicht auf derselben Ebene wie die Dinge, die wir als erstrebenswert beurteilen würden (Nutzen, Wohl, faire Verteilung der Resultate oder Chancen usw.). Nach dieser Auffassung geht es nicht um die *vergleichsweise Bedeutung* von Rechten, sondern um ihren *unbedingten Vorrang*.

In weniger strikten Ausdeutungen des »Vorrangs der Freiheit«, wie sie in liberalen Theorien – vor allem in den Arbeiten von John Rawls – vorkommen, ist die Zahl der unbedingt geltenden Rechte erheblich geringer, im wesentlichen beschränken sie sich auf persönliche Freiheitsrechte, politische und bürgerliche Rechte eingeschlossen.[15] Doch diese beschränkte Menge von Rechten soll ausnahmslos gelten, und obwohl diese Rechte nicht so weitgespannt sind wie in der libertären Theorie, dürfen sie nicht aufgrund ökonomischer Notwendigkeiten verletzt werden.

Dem Argument für einen solch unbeschränkten Vorrang läßt sich entgegentreten, wenn man die Stärke anderer Zusammenhänge, zum Beispiel wirtschaftliche Not, aufzeigt. Warum sollte bitterste ökonomische Not, die eine Frage von Leben und Tod sein kann, von geringerem Rang sein als persönliche Freiheiten? Herbert Hart hat in seinem 1973 erschienenen, berühmten Aufsatz das Problem sehr überzeugend von der prinzipiellen Seite aufgerollt. In seinem späteren Buch *Political Liberalism* hat John Rawls das Argument als richtig anerkannt und auf Möglichkeiten hingewiesen, wie es sich in die Struktur seiner Theorie der Gerechtigkeit einbauen läßt.[16]

Wenn der »Vorrang der Freiheit« auch für extrem arme Länder einsichtig gemacht werden soll, dann, so meine ich, muß er sehr viel genauer qualifiziert werden. Damit will ich selbstverständlich nicht behaupten, daß Freiheit keinen Vorrang genießen soll. Vielmehr wird angemahnt, daß diese Forderung nicht so vorzubringen ist, daß damit wirtschaftliche Bedürfnisse als Argument leicht übersehen werden. Man kann ja ohne weiteres entscheiden zwischen (1) Rawls' strikter These, daß Freiheit im Konfliktfall deutlich den *Vorrang* erhalten soll, und (2) seinem allgemeines Vorgehen, die persönliche Freiheit von anderen Arten von Vorteilen zu trennen, um sie *gesondert zu behandeln*. Die zweite, allgemeinere These betrifft das Gebot, Freiheiten als von individuellen Vorteilen anderer Art unterschieden zu beurteilen und zu bewerten.

Der eigentliche Streitpunkt, so meine These, ist nicht der unbedingte Vorrang, sondern die Frage, ob der Freiheit einer Person dasselbe (oder nicht vielmehr ein *größeres*) Gewicht beizulegen ist als anderen Formen persönlicher Vorteile wie Einkommen, Nutzen usw. Vor allem aber stellt sich die Frage, ob der Wert der Freiheit für die Gesellschaft angemessen in dem Gewicht zum Ausdruck kommt, das eine Person ihr in dem Urteil über ihren *Gesamt*vorteil beizulegen geneigt ist. Die These, daß Freiheit, grundlegende politische und bürgerliche Rechte eingeschlossen, an erster Stelle steht, bestreitet, daß Freiheit angemessen als ein Vorteil zu bewerten ist – ähnlich einer zusätzlichen Einheit im Einkommen –, den die Person aus der Freiheit zieht.

Um jeglichem Mißverständnis vorzubeugen, möchte ich betonen, daß der Zweifel sich *nicht* auf den Wert bezieht, den die Bürger mit guten Gründen der Freiheit und den Rechten in ihren *politischen* Urteilen zusprechen. Ganz im Gegenteil: Der Schutz der Freiheit muß sich letztlich auf die allgemeine politische Akzeptanz ihrer Bedeutung beziehen. Die kritische Frage richtet sich vielmehr darauf, inwiefern mehr oder weniger Freiheit oder Rechte zu haben den *persönlichen* Vorteil einer Person vergrößert, was nur ein *Teil* dessen wäre, worum es hier geht. Die These ist, daß der politische Stellenwert von Rechten weit über das Ausmaß hinausgehen kann, in dem der persönliche Vorteil des Trägers dieser Rechte dadurch vergrößert wird, daß er diese Rechte besitzt. Schließlich sind auch die Interessen anderer betroffen, denn die Freiheiten der verschiedenen Personen sind miteinander verknüpft, und die Verletzung von Freiheit ist ein Vergehen, das wir mit gutem Grund als etwas an sich Schlechtes verwerfen. Es besteht daher eine Asymmetrie zu anderen Quellen des individuellen Vorteils, beispielsweise dem Einkommen, das weitgehend danach bewertet wird, wieviel es zum jeweiligen persönlichen Vorteil beiträgt. Dem Schutz der Freiheit und der grundlegenden politischen Rechte käme das Verfahrensprimat zu, das sich aus dieser asymmetrischen Dominanz ergibt.

Das Problem ist vor allem deshalb so bedeutsam, weil Freiheit und politische und bürgerliche Rechte eine wesentliche Rolle dabei spielen, öffentliche Debatten überhaupt zu ermöglichen und damit eine Kommunikation, aus der gemeinsam akzeptierte Normen und soziale Werte hervorgehen können. Diese schwierige Frage werde ich ausführlicher im 6. und 10. Kapitel behandeln.

Robert Nozick und der radikale Liberalismus

Kehren wir nun zu dem Problem des vollständigen Vorrangs der Rechte, Eigentumsrechte eingeschlossen, zurück, wie er in den anspruchsvolleren Versionen der libertären Theorie behauptet wird. Beispielsweise können in Nozicks Theorie – dargelegt in seinem Buch *Anarchy, State and Utopia* – die »berechtigten Ansprüche«, die Menschen dank der Ausübung dieser Rechte zukommen, im allgemeinen nicht wegen ihrer Resultate eingeschränkt werden, gleichgültig, wie häßlich diese sein mögen. Eine besondere Ausnahme läßt Nozick zu, dann nämlich, wenn es, wie er sagt, um »schreckliche moralische Katastrophen« geht. Diese Ausnahme ist allerdings in das übrige System von Nozick nicht so recht integriert, und es fehlt ihr an einer guten Rechtfertigung. Letztlich bleibt es eine Ad-hoc-Klausel. Der kompromißlose Vorrang der libertären Rechte ist insofern besonders fragwürdig, als die realen Folgen einer Verwirklichung der berechtigten Ansprüche mit großer Wahrscheinlichkeit zu ziemlich entsetzlichen Resultaten führen können. Insbesondere ist es möglich, daß sie die Freiheit der Individuen verletzen, jene Dinge zu erlangen, denen sie mit Gründen hohen Rang beimessen, etwa der Vermeidung von vorzeitigem Tod, guter Ernährung und Gesundheit, der Fähigkeit, lesen, schreiben und rechnen zu können. Der Stellenwert dieser Grundrechte darf nicht wegen des »Vorrangs der Freiheit« ignoriert werden.

In meinem Buch *Power and Famines* habe ich gezeigt, daß selbst riesige Hungersnöte auftreten können, ohne daß jemandes libertäre Rechte, Eigentumsrechte eingeschlossen, verletzt werden.[17] Die Mittellosen, etwa die Arbeitslosen oder die Verarmten, können gerade deshalb verhungern, weil ihre »Zugangsrechte« – so legitim sie auch sein mögen – ihnen nicht genug zu essen verschaffen. Man mag darin einen besonderen Fall von »schrecklichen moralischen Katastrophen« sehen, aber Schrecken in *allen möglichen* Schweregraden – angefangen von riesigen Hungersnöten bis zu chronischer Unterernährung und ständigem, wenn auch nicht extremem Hunger – sind, wie sich zeigen läßt, durchaus mit einem System vereinbar, in dem niemandes libertäre Rechte verletzt werden. Ähnlich können andere Formen von Mangelerscheinungen, z.B. fehlende medizinische Behandlung heilbarer Krankheiten, auftreten, obwohl alle libertären Rechte, Eigentumsrechte eingeschlossen, in vollem Umfang gewährleistet sind.

Der Vorschlag einer die Folgen ignorierenden Theorie politischer Priorität ist mit beträchtlicher Gleichgültigkeit gegenüber den substantiellen Freiheiten behaftet, die die Menschen am Ende haben oder auch nicht haben. Wir können uns schwerlich darauf einigen, einfache Verfahrensregeln *ungeachtet* ihrer Folgen zu akzeptieren, gleichgültig, wie grauenhaft und völlig unannehmbar diese Folgen für das Leben der Betroffenen sind. Konsequentialistische Überlegungen können demgegenüber der Einhaltung oder Verletzung individueller Freiheitsrechte einen großen Wert beimessen – sie sogar bevorzugt behandeln –, ohne darüber andere Erwägungen aus dem Auge zu verlieren, auch nicht den realen Einfluß der jeweiligen Verfahren auf die substantiellen Freiheiten der Menschen.[18] Folgen im allgemeinen zu vernachlässigen, selbst die Freiheiten, die Menschen verliehen – oder auch nicht verliehen – werden, um sie wahrzunehmen, wird wohl kaum als adäquates Fundament für ein zustimmungsfähiges Bewertungssystem gelten.

Hinsichtlich seiner Informationsbasis ist der radikale Liberalismus als theoretischer Ansatz einfach zu einseitig. Er ignoriert nicht nur die Variablen, die für utilitaristische Theorien und die Wohlfahrtsökonomie von größter Bedeutung sind, er berücksichtigt nicht einmal die Grundrechte, die wir mit Gründen schätzen und einklagen. Selbst wenn wir der Freiheit einen besonderen Rang zusprechen, wäre es gänzlich unplausibel zu behaupten, daß sie den absoluten und unbedingten Vorrang besitzt, den sie für den libertären Theoretiker haben muß. Gerechtigkeit bedarf einer breiteren Informationsbasis.

Nutzen, Realeinkommen und interpersonelle Vergleiche

In der klassischen utilitaristischen Ethik wird »Nutzen« einfach als Glück, Lust oder als irgendeine Art der Wunschbefriedigung definiert. Dieser Weg, ein inneres Empfinden (des Glücks oder des Begehrens) zur Definition des Nutzens heranzuziehen, ist nicht allein von solchen Pionieren wie Jeremy Bentham eingeschlagen worden, sondern auch von utilitaristischen Ökonomen wie Francis Edgeworth, Alfred Marshall, A. C. Pigou und Dennis Robertson. Wie ich schon an früherer Stelle in diesem Kapitel erörtert habe, ist inneres Empfinden als Maßstab für Verzerrungen anfällig, da es bei anhaltender Not zu psychischen Anpassungen kommt. Die Zuverlässigkeit eines subjektiven psychischen Maßes, wie Lust oder Wunscherfüllung, ist damit höchst fragwürdig geworden. Läßt sich der Utilitarismus von dieser Fragwürdigkeit befreien?

Der moderne Begriff des »Nutzens«, wie er in der zeitgenössischen Entscheidungstheorie verwendet wird, ist weitgehend aus seiner Identifikation mit Lust oder Wunschbefriedigung herausgelöst worden und wird nur mehr als numerische Darstellung der Entscheidung einer Person betrachtet. Ich sollte hier erwähnen, daß diese Veränderung nicht in Reaktion auf das Problem der psychischen Anpassung vorgenommen wurde. Der Auslöser war vielmehr der von Lionel Robbins und anderen methodischen Positivisten erhobene Einwand, daß interpersonelle Vergleiche der inneren Zustände von Individuen vom wissenschaftlichen Standpunkt aus »sinnlos« sind. Robbins meinte, es »gibt keine Möglichkeit, solche Vergleiche durchzuführen«. Er berief sich dabei zustimmend auf die zum ersten Mal von W. S. Jevon, dem großen Utilitaristen, persönlich geäußerten Zweifel: »Jede Psyche ist für eine andere Psyche unerforschlich, so daß es keinen gemeinsamen Nenner für Gefühle geben kann.«[19] In dem Maße, wie Ökonomen sich davon überzeugten, daß interpersonelle Nutzenvergleiche in der Tat methodisch irgendwie schief sind, wurde der klassische Utilitarismus von verschiedenen theoretischen Neufassungen abgelöst. Die heute gebräuchlichste Modifikation ist die, daß der Nutzen nichts anderes als die numerische Darstellung dessen ist, was ein Individuum vorzieht. Wie schon früher erwähnt, bedeutet die Aussage, daß jemand einen größeren Nutzen aus Zustand x als aus Zustand y zieht, nach dieser Version der Nutzentheorie im wesentlichen nichts anderes, als daß er eher den Zustand x als den Zustand y wählen würde.

Dieser Ansatz hat den Vorteil, daß wir auf das schwierige Unterfangen, die psychischen Zustände verschiedener Personen (wie Lust oder Begehren) miteinander zu vergleichen, verzichten können, doch macht er zugleich *ganz und gar* die Möglichkeit zunichte, interpersonelle Nutzenvergleiche anzustellen. Denn Nutzen ist nur noch die für jedes Individuum getrennt erfolgende Rangordnung seiner Präferenzen. Da ein Individuum nicht die Möglichkeit hat, ein anderes zu werden, lassen sich interpersonelle Vergleiche eines durch Entscheidungen definierten Nutzens nicht von den aktuellen Entscheidungen »ablesen«.[20]

Wenn verschiedene Personen unterschiedliche Präferenzen haben (etwa solche, die sich in verschiedenen Nachfragefunktionen widerspiegeln), dann ist es offenbar ausgeschlossen, interpersonelle Vergleiche aus diesen verschiedenen Präferenzen zu gewinnen. Wie aber würde die Sache aussehen, wenn sie dieselbe Präferenz *teilten* und in ähnlichen Umständen die gleichen Entscheidungen treffen würden? Zugegeben, dies wäre ein ganz außergewöhnlicher Fall – hat doch schon Horaz bemerkt, »daß es so viele Vorlieben gibt wie Menschen«. Interessant bleibt indes die Frage, ob interpersonelle Vergleiche unter dieser ganz spezifischen Voraussetzung noch möglich sind. Tatsächlich macht die angewandte Wohlfahrtsökonomie häufig die Voraussetzung, daß Präferenzen und Entscheidungsverhalten geteilt werden, und dies wird oft als Rechtfertigung für die Annahme angeführt, daß alle dieselbe Nutzenfunktion haben. Dies ist ein auf die Spitze getriebener stilisierter Nutzenvergleich. Ist diese Voraussetzung überhaupt legitim, wenn Nutzen als numerische Darstellung der Präferenzen interpretiert wird?

Leider muß die Antwort negativ ausfallen. Es ist sicherlich richtig, daß die Voraussetzung einer für alle gleichen Nutzenfunktion zu denselben Präferenzen und demselben Entscheidungsverhalten für alle führen würde, aber das gilt auch für eine Reihe anderer Voraussetzungen. Wenn beispielsweise eine Person genau die *Hälfte* (oder ein Drittel bzw. ein Hundertstel oder ein Tausendstel) des Nutzens aus jedem Güterbündel bezieht, den ein anderer erhält, haben beide dasselbe Entscheidungsverhalten und eine identische Nachfragefunktion, doch – gemäß der Konstruktion – würden beide natürlich nicht dasselbe Nutzenniveau aus jedem Güterbündel beziehen. Mathematisch gesprochen ist die numerische Darstellung des Entscheidungsverhaltens nicht eindeutig; jedes Entscheidungsverhalten läßt sich durch eine große Menge möglicher Nutzenfunktionen darstellen.[21] Eine Koinzidenz des Entscheidungsverhaltens muß nicht notwendigerweise zu einer Kongruenz des Nutzens führen.[22]

Damit ist nicht nur eine »pedantische« Schwierigkeit der reinen Theorie bezeichnet; auch in der Praxis dürfte das einen erheblichen Unterschied ausmachen. Dazu ein Beispiel: *Selbst wenn* ein depressiver oder behinderter oder auch kranker Mensch dieselbe Nachfragefunktion über Güterbündel hat wie ein anderer, nicht benachteiligter Mensch, wäre es unsinnig zu behaupten, er hätte denselben Nutzen (dasselbe Wohl oder dieselbe Lebensqualität) von einem gegebenen Güterbündel wie ein anderer. Ein Armer, der unter einem Magen-Darm-Parasiten leidet, mag zwei Kilo Reis einem Kilo Reis vorziehen, doch wird man schwerlich argumentieren können, daß beide ebensogut mit einem Kilo Reis fahren würden. Die Voraussetzung desselben Entscheidungsverhaltens und derselben Nachfragefunktion (ohnehin keine sehr realistische Voraussetzung) liefert keinen Grund dafür, dieselbe Nutzenfunktion zu erwarten. Bei interpersonellen Vergleichen geht es um etwas ganz anderes als darum, eine Erklärung für das Entscheidungsverhalten zu finden. Beides gleichzusetzen ist nur eine begriffliche Konfusion.

Diese Schwierigkeiten werden oft von *Nutzenvergleichen* ignoriert, die sich auf das Entscheidungsverhalten stützen sollen, aber bestenfalls bloß auf einen Vergleich des »Realeinkommens« oder der *Güterbasis* des Nutzens hinauslaufen. Selbst Vergleiche des Realeinkommens sind mit gewissen Schwierigkeiten behaftet, wenn verschiedene Personen unterschiedliche Nachfragefunktionen haben. Das setzt dem vernünftigen Sinn solcher Vergleiche enge Grenzen, und das sogar, wenn der Vergleichspunkt des Nutzens die Güterbasis ist, vom Nutzen selbst ganz zu schweigen. Das Verfahren, Vergleiche des Realeinkommens als vermeintliche Nutzenvergleiche zu behandeln, stößt nicht zuletzt deshalb auf so enge Grenzen, weil die Voraussetzung, daß dieselben Güterbündel zum gleichen Nutzenniveau führen müssen, völlig willkürlich ist (selbst dann, wenn die Nachfragefunktionen verschiedener Personen zusammenfallen). Es kommt noch die Schwierigkeit hinzu, einen Index für die Güterbasis des Nutzens zu erstellen, falls die Nachfragefunktionen divergieren.[23]

Auf der praktischen Ebene ist die Verschiedenheit der Menschen vermutlich das größte Problem für jeden Ansatz, der das Realeinkommen als Maßstab für Wohlergehen wählt. Unterschiede hinsichtlich des Alters, des Geschlechts, der besonderen Begabungen, der Behinderung, der Kränklichkeit usw. können die Ursache dafür sein, daß zwei verschiedene Individuen divergente Chancen auf Lebensqualität haben, *sogar dann, wenn* sie über das gleiche Güterbündel verfügen. Die menschliche Verschiedenheit gehört zu den Problemen, die sich negativ auf die Nützlichkeit eines Vergleichs des Realeinkommens zum Zwecke der Beurteilung des jeweiligen Vorteiles dieser Menschen auswirken. Im nächsten Abschnitt werden die verschiedenen Schwierigkeiten kurz erörtert, und danach werde ich einen alternativen Ansatz für den interpersonellen Vergleich der Vorteile vorschlagen.

Wohlergehen: Verschiedenheiten und Eigenheiten

Wir benutzen Einkommen und Güter als materielle Grundlage für unser Wohlergehen. Welchen Gebrauch wir jedoch jeweils von einem bestimmten Güterbündel oder allgemeiner: von einem bestimmten Einkommensniveau machen können, hängt im wesentlichen von einer Reihe zufälliger Umstände ab, die sowohl persönlicher als auch sozialer Art sein können.[24] Ohne große Mühe lassen sich zumindest fünf Quellen ausmachen, die für die Unterschiede zwischen unserem Realeinkommen und den Vorteilen – Wohlergehen und Freiheit – verantwortlich sind, die wir daraus beziehen.

1. *Persönliche Eigenheiten*: Menschen haben disparate physische Eigenschaften, die mit Behinderung, Krankheit, Alter oder Geschlecht verbunden sind, was unterschiedliche Bedürfnisse hervorruft. Ein Kranker beispielsweise benötigt ein höheres Einkommen, um die

Krankheit zu bekämpfen – ein Einkommen, das ein Gesunder nicht bräuchte; und selbst mit ärztlicher Behandlung kann es geschehen, daß der Kranke nicht dieselbe Lebensqualität genießt, die ein bestimmtes Einkommensniveau einem anderen ermöglichen würde. Ein Behinderter mag eine Prothese brauchen, ein älterer Mensch mehr Unterstützung und Hilfe, eine Schwangere eine gehaltvollere Nahrung usw. Der »Ausgleich«, nach dem einige Nachteile verlangen, wird verschieden ausfallen, und einige Nachteile sind womöglich nicht einmal durch eine Umverteilung des Einkommens vollständig »korrigierbar«.

2. *Unterschiede in den Umweltbedingungen*: Unterschiedliche Umweltbedingungen (große klimatische Unterschiede, Regenfälle, Überflutungen usw.) können sich darauf auswirken, was jemand mit einem bestimmten Einkommensniveau anfangen kann. Heizung und Kleidung stellen die Armen in einem kälteren Klima vor Probleme, die nicht weniger Arme in wärmeren Gegenden nicht haben. Das Grassieren von Infektionskrankheiten in einer Region (von Malaria über Cholera bis zu Aids) verändert die Lebensqualität ihrer Bewohner. Dasselbe gilt für Umweltverschmutzung und andere Belastungen durch die Umwelt.

3. *Unterschiede im sozialen Klima:* Die Möglichkeit, persönliches Einkommen und persönliche Ressourcen in Lebensqualität umzusetzen, wird auch von sozialen Bedingungen beeinflußt, darunter öffentliche Bildungseinrichtungen, eine hohe oder niedrige Verbrechens- und Gewaltquote in der jeweiligen Umgebung. Epidemien und Umweltverschmutzung sind sowohl von Umwelt- wie von sozialen Faktoren abhängig. Neben öffentlichen Einrichtungen können auch die sozialen Beziehungen innerhalb eines Gemeinwesens eine große Rolle spielen, wie die jüngsten Untersuchungen zum »Sozialkapital« dargelegt haben.[25]

4. *Unterschiede in den relativen Aussichten*: Das von etablierten Verhaltensmustern geforderte Güterniveau kann je nach Konventionen und Sitten zwischen einzelnen Gemeinschaften variieren. Beispielsweise kann *relative* Armut in einem reichen Gemeinwesen einen Menschen daran hindern, einige grundlegende »Funktionen« wahrzunehmen, (z.B. am Gemeinschaftsleben teilzunehmen), obwohl sein Einkommen absolut betrachtet sehr viel höher sein kann als das Einkommensniveau, auf dem die Mitglieder ärmerer Gemeinwesen

problemlos und erfolgreich alle gewünschten Funktionen erfüllen können. Oder es kann sein, daß man – wie schon Adam Smith vor mehr als zwei Jahrhunderten bemerkte – in einer reicheren Gesellschaft einen höheren Aufwand an Kleidung und anderem sichtbaren Konsum als in einer ärmeren Gesellschaft treiben muß, um »sich ohne Scham in der Öffentlichkeit zu zeigen«.[26] Dieselbe Relativität des Maßstabs mag sich auch auf die persönlichen, für die Wahrung der Selbstachtung nötigen Mittel erstrecken. Hier handelt es sich vor allem um Unterschiede zwischen Gesellschaften und weniger um individuelle Unterschiede innerhalb einer bestimmten Gesellschaft, doch sind die beiden Fragen häufig miteinander verknüpft.

5. *Verteilung innerhalb der Familie*: Das von einem oder mehreren Familienmitgliedern erwirtschaftete Einkommen wird von allen geteilt – von den Verdienenden wie den Nichtverdienenden. Vom Standpunkt seiner Nutzung ist die Familie daher die Grundeinheit für die Betrachtung des Einkommens. Das Wohl oder die Freiheit der Individuen hängt davon ab, wie das Familieneinkommen für die Förderung der Interessen und Ziele der einzelnen Familienmitglieder verwendet wird. Die innerfamiliäre Verteilung des Einkommens ist eine recht wichtige Meßvariable, um die individuellen Leistungen und Chancen mit dem Gesamtniveau des Familieneinkommens zu verbinden. Verteilungsregeln innerhalb der Familie (etwa solche, die sich auf das Geschlecht, das Alter oder die für notwendig erachteten Bedürfnisse beziehen) können zu erheblichen Unterschieden bezüglich der Errungenschaften und der Lage der einzelnen Mitglieder führen.[27]

Diese verschiedenen Quellen unterschiedlicher Relationen zwischen Einkommen und Wohlergehen sorgen dafür, daß Wohlhabenheit – im Sinne eines hohen Realeinkommens – nur einen eingeschränkten Maßstab für Wohlfahrt und Lebensqualität abgibt. Ich werde auf diese Unterschiede und ihre Auswirkung weiter unten (vor allem in Kapitel 4) zurückkommen, doch zuvor müssen noch andere Anstrengungen unternommen werden, um die Frage zu klären: Wie sähe eine Alternative aus? Dieser Frage werde ich mich nun widmen.

Einkommen, Mittel und Freiheiten

In der einschlägigen Literatur findet sich immer wieder die Auffassung, Armut sei nichts anderes als zu geringes Einkommen. Diese These ist nicht einfach dumm, denn das Einkommen hat, richtig definiert, einen enormen Einfluß auf das, was uns zu tun möglich ist. Die Unzulänglichkeit des Einkommens ist eine der Hauptursachen für die Mangelerscheinungen, die wir für gewöhnlich als Armut bezeichnen, also etwa Unterernährung und Hunger. Es gibt gute Argumente dafür, eine Studie über die Armut mit allen uns zur Verfügung stehenden Informationen über die Einkommensverteilung, vor allem die niedrigen Realeinkommen, *zu beginnen.*[28]

Ebensogute Gründe gibt es jedoch auch dafür, nicht bei der Einkommensanalyse *aufzuhören.* John Rawls' klassische Theorie der »Grundgüter« entwirft ein breiteres Bild der Mittel, deren die Menschen ungeachtet ihrer Zwecke bedürfen; dazu zählen das Einkommen, aber auch andere allgemein nutzbare »Mittel«. Grundgüter sind allgemein verwendbare Mittel, die jedem behilflich sind, seine Zwecke zu erreichen. Dazu gehören »Rechte, Freiheiten und Chancen, Einkommen und Wohlstand sowie die sozialen Fundamente der Selbstachtung«.[29] Die Betonung der Grundgüter innerhalb des Rawlsschen Systems entspringt seiner Auffassung des individuellen Vorteils, den die Individuen bezüglich der Chancen haben, ihre jeweiligen Ziele zu verfolgen. Rawls definiert diese Ziele als Streben nach individuellen »Vorstellungen vom Guten«, die von Person zu Person verschieden ausfallen. Wenn eine Person, obwohl sie denselben Korb von Grundgütern wie eine andere besitzt, dennoch weniger glücklich wird als diese andere, etwa weil sie einen sehr erlesenen Geschmack hat, dann liegt in der Ungleichheit des erzielten Nutzens keine Ungerechtigkeit. Für Präferenzen ist nämlich, wie Rawls behauptet, eine Person selbst verantwortlich.[30]

Die Erweiterung der Informationsbasis vom Einkommen auf die Grundgüter reicht jedoch nicht aus, um alle relevanten Unterschiede in der Beziehung zwischen Einkommen und Ressourcen einerseits und Wohl und Freiheit andererseits hinreichend zu erfassen. Tatsächlich sind Grundgüter ihrerseits weitgehend verschiedene Typen allgemeiner Ressourcen, und ihre Verwendung zur Erzeugung der Fähigkeit, wertvolle Dinge zu tun, ist denselben Unterschieden unterworfen, die wir im letzten Abschnitt mit Blick auf die Beziehung zwischen Einkommen und Wohl behandelten: persönliche Eigenheiten, Umweltbedingungen, unterschiedliches soziales Klima, Unterschiede in den relativen Aussichten und in der Verteilung innerhalb der Familie.[31] Persönliche Gesundheit und die Möglichkeit, gesund zu bleiben, können beispielsweise von vielfältigen Einflüssen abhängen.[32]

Im Gegenzug zur Erörterung der für ein gutes Leben notwendigen Mittel könnte man sich auch auf das *tatsächlich* von den Menschen geführte Leben konzentrieren (oder darüber hinaus auf die *Freiheit*, ein mit Gründen erstrebenswertes Leben zu führen). Zumindest seit A. C. Pigou finden sich in der gegenwärtigen Wirtschaftstheorie eine Reihe von Versuchen, sich unmittelbar mit dem »Lebensstandard« und dessen Grundbestandteilen sowie mit der Befriedigung von Grundbedürfnissen zu beschäftigen.[33] Seit 1990 sind dank der bahnbrechenden Initiative des großen pakistanischen, 1998 verstorbenen Ökonomen Mahbub ul Haq vom United Nations Development Programme (UNDP) alljährlich Berichte zur »Entwicklung der Menschheit« veröffentlicht worden, die ein systematisches Licht auf den tatsächlichen Lebensstandard der Menschen, vor allem der relativ Bedürftigen, geworfen haben.[34]

Sich mit dem Leben zu beschäftigen, das die Menschen tatsächlich führen, ist in der Wirtschaftstheorie nichts Neues – wie schon im 1. Kapitel erwähnt wurde. Bereits die aristotelische Theorie des dem Menschen Zuträglichen und Guten erhob ausdrücklich die Forderung, »zunächst die Funktion des Menschen festzustellen«, um danach »Leben im Sinn von Tätigsein« als Grundbaustein der normativen Analyse zu untersuchen.[35] Das Interesse für die Lebensbedingungen hat sich (wie auch schon erwähnt wurde) deutlich in den Schriften zur volkswirtschaftlichen Gesamtrechnung und zum wirtschaftlichen Wohlstand so revolutionärer Ökonomen wie William Petty, Gregory King, François Quesnay, Antoine-Laurent Lavoisier und Joseph-Louis Lagrange niedergeschlagen.

Auch Adam Smith hatte sich für diesen Ansatz sehr engagiert. Wie bereits gesagt, beschäftigte ihn die Möglichkeit solcher Funktionen wie »die Freiheit, sich ohne Scham in der Öffentlichkeit zu zeigen«, und nicht nur das Realeinkommen oder das verfügbare Güterbündel.[36] Was in einer Gesellschaft als »lebenswichtig« gilt, ist nach der Analyse von Smith durch das Bedürfnis definiert, einige Mindestforderungen an Freiheit zu erfüllen, beispielsweise ebendie Möglichkeit, ohne Scham in der Öffentlichkeit zu erscheinen oder am Leben der Gemeinschaft teilzunehmen. Adam Smith äußerte sich folgendermaßen zu der Frage:

»Unter lebenswichtigen Gütern verstehe ich nicht nur solche, die unerläßlich zum Erhalt des Lebens sind, sondern auch Dinge, ohne die achtbaren Leuten, selbst aus der untersten Schicht, ein Auskommen nach den Gewohnheiten des Landes nicht zugemutet werden sollte. Ein Leinenhemd ist beispielsweise, genaugenommen, nicht unbedingt zum Leben notwendig. Griechen und Römer lebten, wie ich glaube, sehr bequem und behaglich, obwohl sie Leinen noch nicht kannten. Doch heutzutage würde sich weithin in Europa jeder achtbare Tagelöhner schämen, wenn er in der Öffentlichkeit ohne Leinenhemd erscheinen müßte. Denn eine solche Armut würde als schimpflich gelten, in die ja niemand ohne eigene Schuld geraten kann, wie allgemein angenommen wird. Ebenso gehören heute in England Lederschuhe aus Lebensgewohnheit unbedingt zur notwendigen Ausstattung. Selbst die ärmste Person, ob Mann oder Frau, würde sich aus Selbstachtung scheuen, sich in der Öffentlichkeit ohne Schuhe zu zeigen.«[37]

Ähnlich wird es einer Familie im heutigen Amerika oder Westeuropa schwerfallen, am Leben der Gemeinschaft teilzunehmen, wenn sie nicht über bestimmte Güter verfügt, beispielsweise Telefon, Fernseher oder ein Auto, die in ärmeren Gesellschaften nicht für eine Teilnahme am Gemeinschaftsleben notwendig sind. In der vorliegenden Untersuchung muß der Schwerpunkt auf den Freiheitsspielräumen liegen, die von den Gütern geschaffen werden, weniger auf den Gütern, sofern sie für sich betrachtet werden.

Wohl, Freiheit und Verwirklichungschancen

Ich habe jetzt ausführlich zu begründen versucht, daß für meine Bewertung der angemessene »Bereich« weder der Nutzen ist, wie Wohlfahrtstheoretiker behaupten, noch die Grundgüter, wie Rawls es fordert, sondern die Grundrechte, die freiheitlichen Möglichkeiten, ein mit Gründen schätzenswertes Leben zu wählen.[38] Wenn es das Ziel ist, sich primär mit den wirklichen Chancen zu beschäftigen, die ein Individuum hat, um die von ihm gewählten Zwecke zu verfolgen, wie Rawls ausdrücklich empfiehlt, dann wird man nicht nur die Grundgüter berücksichtigen, über die jemand verfügt, man wird auch über die relevanten persönlichen Charakteristika nachdenken müssen, die eine *Umwandlung* von Grundgütern in die Fähigkeit des Menschen ermöglichen, seine Zwecke zu verfolgen. So kann etwa ein Behinderter über einen größeren Korb von Grundgütern verfügen und dennoch eine geringere Chance haben, ein normales Leben zu führen (oder seine Zwecke zu verfolgen), als ein Nichtbehinderter mit einem kleineren Korb von Grundgütern. Ähnlich mag ein älterer oder kränklicher Mensch in einem allgemein akzeptierten Sinn benachteiligter sein, ungeachtet der Tatsache, daß er ein größeres Bündel von Grundgütern besitzt.[39]

Der Begriff »Funktionen«, der deutliche aristotelische Wurzeln hat, gibt die verschiedenen Dinge wieder, die eine Person gern tun oder die sie gern sein mag.[40] Die erstrebenswerten Funktionen mögen von elementaren Gegebenheiten wie ausreichender Ernährung oder Freiheit von vermeidbaren Krankheiten[41] bis zu sehr komplexen Tätigkeiten oder persönlichen Zuständen reichen, wie etwa am Gemeinschaftsleben teilnehmen zu können und Selbstachtung zu besitzen.

Die »Verwirklichungschancen« einer Person beziehen sich auf die möglichen Verbindungen der Funktionen, die sie auszuüben vermag. Verwirklichungschancen sind also Ausdrucksformen der Freiheit: nämlich der substantiellen Freiheit, alternative Kombinationen von Funktionen zu verwirklichen (oder, weniger formell ausgedrückt, der Freiheit, unterschiedliche Lebensstile zu realisieren). Beispielsweise kann ein wohlhabender Mensch, der fastet, in bezug auf Essen oder Nahrung dieselbe Funktionsleistung wie eine bedürftige Person haben. Diese ist jedoch gezwungen zu hungern, während jene eine andere »Menge von Verwirklichungschancen« hat. (Die erste *kann* auf eine Weise wählen, ob sie gut essen und gut genährt sein will, wie es der zweiten verwehrt ist.)

Welche Funktionen im einzelnen in die Liste der wichtigen Leistungen und der entsprechenden Verwirklichungschancen aufzunehmen sind, kann Gegenstand heftiger Debatten sein.[42] An dieser Stelle, wo es ja um Bewertungen geht, wird man nicht vermeiden können, über Werte zu streiten, und einer der größten Vorzüge dieses Ansatzes ist gerade, daß die Werturteile ausdrücklich erörtert werden müssen, statt sie in irgendeinem impliziten System zu verbergen.

Hier ist nicht der Ort, auf die technischen Probleme der Darstellung und Analyse von Funktionen und Verwirklichungschancen einzugehen. Menge oder Ausmaß der von einer Person verwirklichten Funktionen mag man numerisch darstellen können, so daß die tatsächliche Leistung einer Person dann als ein *Funktionsvektor* interpretierbar ist. Die »Menge der Verwirklichungschancen« würde dann aus den alternativen Funktionsvektoren bestehen, zwischen denen sie wählen kann.[43] Während die Kombination der Funktionen einer Person ihre tatsächlichen *Leistungen* spiegelt, repräsentiert die Menge der Verwirklichungschancen die *Freiheit*, etwas zu verwirklichen: die alternativen Funktionskombinationen, zwischen denen eine Person wählen kann.[44]

Was im »Ansatz der Verwirklichungschancen« einer Wertung unterliegt, sind entweder die *realisierten* Funktionen (das, was jemand tatsächlich zu tun fähig ist) oder die *Menge der Verwirklichungschancen* von verfügbaren Alternativen (ihre wirklichen Chancen). Die beiden liefern uns unterschiedliche Typen von Information, im ersten Fall über die Dinge, die jemand tun kann, und im zweiten Fall über die Dinge, die zu tun jemand substantiell frei ist. Beide Varianten der Theorie der Verwirklichungschancen sind in der Literatur behandelt worden, und manchmal wurden sie auch miteinander verknüpft.[45]

Nach Auffassung einer in weiten Kreisen akzeptierten Wirtschaftstheorie ist der reale Wert einer Menge von Optionen durch den besten Gebrauch bestimmt, den man von ihnen machen kann, sowie – vorausgesetzt, das Verhalten zielt auf Maximierung ab und Ungewißheit ist nicht gegeben – durch den *tatsächlich* von ihnen gemachten Gebrauch. Der Gebrauchswert der Chance ist mithin vom Wert eines ihrer Elemente abgeleitet (nämlich der besten oder der wirklich gewählten Option).[46] In diesem Fall fällt die Konzentration auf einen *gewählten Funktionsvektor* mit der Konzentration auf die *Menge der Verwirklichungschancen* zusammen, da das zweite letztlich nach Maßgabe des ersten beurteilt wird.

Die sich in der Menge der Verwirklichungschancen widerspiegelnde Freiheit läßt sich auch in anderer Weise einsetzen, da der Wert einer Menge nicht immer mit dem Wert des besten – oder des gewählten – Elements gleichgesetzt werden muß. Es ist denkbar, auch

Chancen, die *nicht* ergriffen werden, einen Wert beizulegen. Dies ist ein ganz natürlicher Schritt, wenn der *Prozeß*, durch den Resultate hervorgebracht werden, für sich genommen von Bedeutung ist.[47] Tatsächlich läßt sich das »Wählen« an sich als eine wertvolle Funktion betrachten, denn *x* zu haben, wenn keine denkbare Alternative auszumachen ist, läßt sich plausiblerweise davon unterscheiden, daß *x* gewählt wird, wenn eine deutliche Alternative besteht.[48] Zu fasten ist nicht das gleiche wie zum Hungern gezwungen sein. Die Möglichkeit, essen zu können, macht das Fasten zu dem, was es ist, nämlich zur freien Entscheidung, nicht zu essen, auch wenn man essen könnte.

Gewichtungen, Bewertungen und Sozialwahl

Individuelle Funktionen eignen sich eher zu interpersonellen Vergleichen als der Vergleich von Nutzen (bzw. Glück, Lust oder Wünschen). Viele relevante Funktionen – typischerweise die nichtpsychischen Eigenschaften – lassen sich getrennt von ihrer psychischen Einschätzung betrachten (was in der »psychischen Anpassung« nicht vorausgesetzt wird). Die Variabilität bei der Umwandlung von Mitteln in Zwecke (oder in die Freiheit, Zwecke zu verfolgen) spiegelt sich bereits in der Zahl jener Leistungen und Freiheiten wider, die in der Liste der Zwecke figurieren können. Das sind die Vorteile, die uns die Perspektive der Verwirklichungschancen in Fragen der Bewertung und Einschätzung verschafft.

Interpersonelle Vergleiche der *Gesamt*vorteile verlangen jedoch auch nach einer »Aggregation« über heterogene Komponenten. Die Perspektive der Verwirklichungschancen ist unausweichlich pluralistisch. Erstens gibt es verschiedene Funktionen, von denen einige wichtiger als andere sind. Zweitens stellt sich die Frage, welches Gewicht der substantiellen Freiheit (der Menge der Handlungsspielräume) gegenüber der tatsächlichen Leistung (dem gewählten Funktionsvektor) beizulegen ist.

Und schließlich: Da nicht behauptet wurde, daß die Perspektive der Verwirklichungschancen alle für eine Bewertung relevanten Punkte erschöpft (beispielsweise könnten wir neben Freiheiten und Ergebnissen auch Regeln und Verfahren einen Wert beimessen), bleibt noch die Frage, wieviel Gewicht den Verwirklichungschancen im Vergleich mit anderen relevanten Erwägungen zukommen sollte.[49]

Bringt nun die Pluralität den Befürworter der Perspektive der Verwirklichungschancen gegenüber zu bewertenden Zwecken in Verlegenheit? Nein, ganz im Gegenteil. Darauf zu bestehen, daß es nur eine einheitliche Größe gibt, die wir als Wert betrachten, hieße, die Reichweite unserer Bewertungen drastisch einzuschränken. Es spricht nicht gerade für den klassischen Utilitarismus, daß er nur die Lust als einen Wert betrachtet, ohne sich direkt für Freiheit, Rechte, Kreativität und reale Lebensbedingungen zu interessieren. Sich an die mechanische Bequemlichkeit zu klammern, nur ein einheitliches »Gutes« anzunehmen, liefe darauf hinaus zu leugnen, was uns als Menschen auszeichnet: schlußfolgernde Reflexion. Es wäre so, als versuchten wir, dem Küchenchef das Geschäft zu erleichtern, indem wir etwas finden, das *ausschließlich* alle mögen (Räucherlachs oder vielleicht auch Pommes frites), oder eine einzige Qualität, die wir alle maximieren sollten (etwa den salzigen Geschmack von Speisen).

Die Heterogenität der Faktoren, die den individuellen Vorteil beeinflussen, ist ein allgemeines Merkmal der realen Bewertung. Zwar können wir uns entschließen, die Augen vor dieser Streitfrage zu verschließen, in dem wir einfach *annehmen*, daß es ein einheitliches Etwas gebe (wie »Einkommen« oder »Nutzen«), bezüglich dessen wir den Gesamtvorteil jedes Menschen beurteilen und interpersonell vergleichen können (wobei die Unterschiede in den Bedürfnissen, den persönlichen Umständen usw. sich per Voraussetzung aus der Welt schaffen lassen), aber das Problem würde so nur umgangen, nicht gelöst. Die Befriedigung von Präferenzen mag ein attraktiver Ansatz sein, wenn es um die individuellen Bedürfnisse einer Person geht, doch – wie ich schon darlegte – hilft er uns für sich genommen bei der für jede soziale Bewertung zentralen Frage des interpersonellen Vergleichs wenig weiter. Selbst wenn die Präferenz jedes einzelnen zum Schiedsrichter für das Wohl dieser Person gemacht wird, selbst wenn alles andere neben dem Wohl – wie etwa Freiheit – vernachlässigt wird und selbst wenn – um einen besonderen Fall zu nehmen – jeder dieselbe Nachfragefunktion oder Präferenzskala hat, so würde der Vergleich der Marktbewertungen der Güterkörbe (oder ihrer relativen Stellung auf einem gemeinsamen Indifferenzkurvendiagramm im Güterbereich) uns immer noch wenig über interpersonelle Vergleiche mitteilen.

Einige anerkannte Werturteile implizierende Theorien, die reichhaltigere Bestimmungen enthalten, lassen eine beträchtliche Heterogenität ausdrücklich zu. In seiner Analyse der Grundgüter definiert Rawls zum Beispiel diese als ihrem Wesen nach vielfältig (»Rechte, Freiheiten und Chancen, Einkommen und Vermögen sowie die sozialen Grundlagen der Selbstachtung«) und trägt dem durch den gesamten »Index« der ihm zur Verfügung stehenden Grundgüter Rechnung.[50] Während sowohl die Rawlssche Theorie als auch die Verwendung von Funktionen es mit einer ähnlichen Bemühung zu tun hat, einen heterogenen Bereich zu bewerten, ist der Informationsgehalt der ersten, wie schon gezeigt, kleiner, und zwar aufgrund des relativen Maßstabs der Ressourcen und Grundgüter angesichts der Chance, eine hohe Lebensqualität zu erzielen.

Das Problem der Bewertung ist jedoch keine Sache von alles oder nichts. Einige Urteile mit unvollständiger Reichweite folgen unmittelbar aus der näheren Bestimmung eines Zentralbereiches. Werden einige Funktionen als signifikant ausgewählt, wird damit ein solcher Zentralbereich definiert, so daß der Vorrang dieser Funktionen von sich aus zu einer »partiellen Rangordnung« hinsichtlich der alternativen Zustände führt. Wenn die Person *i* eine signifikante Funktion in höherem Maße als die Person *j* besitzt, und mindestens ebensoviel von allen solchen Funktionen, dann verfügt *i* sicherlich über einen höher bewerteten Funktionsvektor als *j*. Die partielle Rangordnung läßt sich »erweitern«, indem mögliche Gewichtungen weiter spezifiziert werden. Eine eindeutige Menge von Gewichtungen wird natürlich *hinreichend* sein, um eine vollständige Ordnung hervorzubringen, aber das ist nicht typischerweise notwendig. Sofern es ein »Spektrum« von Gewichtungen gibt, über das Einigkeit herrscht – d.h., wenn man sich einig ist, daß die Gewichtungen aus einem definierten Spektrum auszuwählen sind, ohne Übereinstimmung bezüglich der genauen Stellung in diesem Spektrum erzielt zu haben –, wird sich eine partielle, auf den Schnittflächen der Einstufungen beruhende Rangordnung ergeben. Diese partielle Rangordnung wird systematisch erweitert werden, wenn das Spektrum mehr und mehr verengt wird. Irgendwann in diesem Prozeß der Verengung – möglicherweise lange bevor die Gewichtungen eindeutig sind – wird die partielle Rangordnung vollständig werden.[51]

Natürlich ist die Frage, wie die Gewichtungen auszuwählen sind, bei jeder Bewertung dieser Art entscheidend. Hier die richtigen Urteile zu fällen ist nur nach wohldurchdachter Bewertung möglich. Eine einzelne Person, die zu einem Urteil kommen will, wird sich bei der Auswahl der Gewichtungen eher auf die Reflexion verlassen als auf interpersonelle Übereinkunft (oder einen Konsens). Um jedoch zu einem »allgemein akzeptierten« Spektrum zum Zwecke der *sozialen Bewertung* zu gelangen (beispielsweise in sozialwissenschaftlichen Armutsstudien), muß es irgendeinen begründeten »Konsens« hinsichtlich der Gewichtungen geben oder zumindest bezüglich eines Spektrums von Gewichtungen. Gefragt ist eine »Sozialwahl«, und dazu bedarf es der öffentlichen Diskussion, eines demokratischen Verständnisses und der Akzeptanz.[52] Doch handelt es sich hier nicht um ein spezifisches Problem, das sich nur für die Anwendung des Funktionenbereichs ergibt.

Wo es um die Auswahl der Gewichtungen geht, stehen wir vor der interessanten Entscheidung zwischen »Technokratie« und »Demokratie«, die es wohl verdient, kurz erörtert zu werden. Ein Entscheidungsverfahren, das sich auf demokratische Verfahren stützt, um zu einer Übereinkunft oder einem Konsens zu gelangen, kann so extrem chaotisch sein, daß viele Technokraten sich von dem Durcheinander so heftig abgestoßen fühlen, daß sie sich nach einer Zauberformel sehnen, die uns einfach fertige Gewichtungen liefert, die »genau richtig« sind. Eine solche magische Formel kann es freilich nicht geben, denn die Frage der Gewichtung muß durch Bewertung und Urteilsvermögen beantwortet werden, nicht durch irgendeine unpersönliche Technologie.

Es ist uns keineswegs verwehrt, eine besondere Formel – statt irgendeine alternative Formel – zum Zwecke der Aggregation vorzuschlagen, doch in dieser unausweichlichen Sozialwahl wird ihr Rang davon abhängen, daß andere sie billigen. Gleichwohl gibt es die Sehnsucht nach einer »offensichtlich richtigen« Formel, die kein vernünftiges Wesen ablehnen kann. Ein gutes Beispiel ist T. N. Srinivasans starke Kritik an der Theorie der Verwirklichungschancen (und ihrer teilweisen Verwendung in den *Human Development Reports* der UNDP), in der er sich über die »unterschiedliche Wichtigkeit der verschiedenen Verwirklichungschanchen« besorgt zeigt und die Ablehnung dieses Ansatzes zugunsten der Vorteile »des Systems des Realeinkommens«, das »ein operationalisierbares Maß für die Gewichtung von Gütern einschließt – das Maß des Tauschwertes«.[53] Wie überzeugend ist diese Kritik? Ohne Zweifel enthält die Bewertung durch den Markt ein Maß. Die Frage aber ist: Was teilt es uns mit?

Wie bereits erörtert, liefert uns das »operationalisierbare Maß« des Tauschwerts keine interpersonellen Vergleiche des Nutzenniveaus, da sich solche Vergleiche nicht aus dem Entscheidungsverhalten ableiten lassen. Über diesen Gegenstand herrschte eine gewisse Verwirrung, da die klassische Konsumtheorie – die innerhalb ihres Rahmens durchaus vernünftig ist – fälschlicherweise dahingehend ausgelegt wurde, daß Nutzen lediglich die numerische Darstellung der Entscheidung einer bestimmten Person sei. Diese Definition des Nutzens ist hilfreich, wo es um die Analyse des Konsumverhaltens isoliert betrachteter Individuen geht, doch aus eigener Kraft gibt sie uns kein Verfahren an die Hand, um zu substantiellen interpersonellen Vergleichen zu kommen. Paul Samuelsons grundlegende These, daß es »nicht notwendig ist, interpersonelle Vergleiche des Nutzens bei der Beschreibung des Tausches anzustellen«[54], ist die andere Seite derselben Medaille: Das »Maß des Tauschwertes« zu beobachten lehrt uns überhaupt nichts über interpersonelle Nutzenvergleiche.

Dieselbe Schwierigkeit ergibt sich, wie schon erwähnt, auch dann, wenn jeder dieselbe Nachfragefunktion hat. Weichen die individuellen Nachfragefunktionen voneinander ab, verstärkt sie sich noch, so daß in diesem Fall sogar die Vergleiche der Gütergrundlage des Nutzens problematisch werden. Nichts in der Methode der Nachfrageanalyse, die Theorie der bekundeten Präferenz nicht ausgenommen, erlaubt uns, zu einer Deutung der interpersonellen Vergleiche des Nutzens oder Wohlergehens aus den beobachteten Entscheidungen des Güterbesitzes, und damit aus Vergleichen des Realeinkommens, zu gelangen.

Tatsächlich sagt uns der Güterbesitz allein angesichts der faktischen interpersonellen Verschiedenheit, die auf Faktoren wie Alter, Geschlecht, natürliche Gaben, Behinderungen und Krankheiten beruhen, recht wenig darüber, was für ein Leben diese Menschen führen können. Das Realeinkommen ist daher ein dürftiger Indikator der verschiedenen Komponenten des Wohlergehens und der Lebensqualität, die Menschen vernünftigerweise anstreben. Allgemeiner gesagt: *Bewertende* Urteile sind beim Vergleich des individuellen Wohlergehens oder der Lebensqualität unverzichtbar. Außerdem sollte jeder, dem an einer Überprüfung durch die Öffentlichkeit liegt, zur klaren Aussage verpflichtet werden, daß ein Urteil gefällt wird, wenn zu diesem Zweck das Realeinkommen herangezogen wird, und daß die implizit verwendeten Gewichtungen einer bewertenden Analyse zu unterwerfen sind. In diesem Zusammenhang ist die Tatsache, daß eine am Marktpreis orientierte Bewertung des Nutzens mit Hilfe von Gütermengen zumindest für einige den irreführenden Eindruck erweckt, daß ein bereits zur Verfügung stehendes »operationalisierbares Maß« zum *wertenden Gebrauch im voraus gewählt* wurde, eher ein Nachteil als ein Vorteil. Wenn eine informierte Überprüfung seitens der Öffentlichkeit für jede soziale Bewertung zentral ist – was meiner Meinung nach zutrifft –, müssen stillschweigende Werte stärker offengelegt werden, statt sie einer Überprüfung mit dem windigen Argument zu entziehen, sie seien Teil eines »schon zur Verfügung stehenden Maßes«, dessen sich die Gesellschaft ohne großen Aufhebens bedienen könne.

Da die Vorliebe für eine am Marktpreis orientierte Bewertung unter vielen Ökonomen stark verbreitet ist, muß man zudem darauf hinweisen, daß alle andere Variablen neben dem Güterbesitz (so wichtige Faktoren wie die Sterblichkeitsrate, Krankheit, Bildung, Freiheiten und anerkannte Rechte) implizit als direkte Gewichtungen bei Bewertungen entfallen, die sich ausschließlich auf das Realeinkommen stützen. Eine indirekte Bedeutung kommt ihnen nur dann und nur insoweit zu, als sie das Realeinkommen und den Besitz von Gütern anwachsen lassen. Die Vermischung von Wohlfahrtsvergleich mit einem Vergleich des Realeinkommens verlangt einen hohen Preis.

Es gibt daher ein starkes methodisches Argument für die Notwendigkeit, den verschiedenen Komponenten der Lebensqualität (oder des Wohlergehens) ausdrücklich wertende Gewichtungen beizumessen und dann die gewählten Gewichtungen der Diskussion und Überprüfung durch die Öffentlichkeit vorzulegen. Bei jeder Wahl der in die Bewertung eingehenden Kriterien würde nicht allein von Werturteilen Gebrauch gemacht, sehr oft würden auch Urteile zum Tragen kommen, über die keine völlige Einigkeit besteht. Bei der Ausübung einer Sozialwahl dieser Art ist das unvermeidlich.[55] Die wirkliche Frage ist, ob wir einige Kriterien verwenden können, die sich in wertender Hinsicht größeren öffentlichen Zuspruchs erfreuen würden als die oft aus angeblich technischen Gründen empfohlenen groben Indikatoren wie beispielsweise das Maß des Realeinkommens. Für die Bewertungsbasis wohlfahrtsstaatlicher Maßnahmen ist dies ein entscheidender Punkt.

Die Information der Verwirklichungschancen: Alternative Verwendungen

Die Perspektive der Verwirklichungschancen läßt sich auf unterschiedliche Weise zur Geltung bringen. Die Frage, welche praktische *Strategie* man bei der Bewertung der Wohlfahrtspolitik einschlagen sollte, ist von der *grundlegenden* Frage zu unterscheiden, wie individuelle Vorteile sich am besten beurteilen lassen und wie interpersonelle Vergleiche am sinnvollsten durchzuführen sind. Auf der grundlegenden Ebene hat die Perspektive der Verwirklichungschancen, kontrastiert man sie mit der Konzentration auf so instrumentelle Variablen wie Einkommen, aus den bereits genannten Gründen große Vorzüge. Das soll nicht heißen, daß der ergiebigste Fokus der *praktischen* Aufmerksamkeit stets das Maß der Verwirklichungschancen sein müßte.

Einige Verwirklichungschancen sind schwieriger zu messen als andere, und Versuche, sie auf ein »Maß« zu bringen, werden wahrscheinlich mitunter mehr verschleiern als offenlegen. Das Einkommensniveau – wenn mögliche Korrekturen aufgrund der Preisunterschiede und unterschiedlicher Lebensumstände von Individuen oder Gruppen berücksichtigt werden – kann ein sehr nützlicher Weg sein, um zu einer ersten Bewertung praktischer Probleme zu kommen. Das Bedürfnis nach Pragmatismus spielt eine starke Rolle bei dem Rückgriff auf das Motiv, das der Perspektive der Verwirklichungschancen zugrunde liegt, um die zugänglichen Daten für eine praktische Bewertung und politische Analyse zu nutzen.

Drei alternative praktische Ansätze lassen sich erörtern, um die praktische Seite der Begründungsfrage zu konturieren.[56]

1. *Der unmittelbare Ansatz*: Dieser generelle Ansatz betrifft die unmittelbare Prüfung dessen, was sich anhand der Untersuchung und des Vergleichs der Funktions- oder Verwirklichungschancenvektoren über die jeweiligen Vorteile sagen läßt. In vielen Hinsichten ist dies die unmittelbarste und konkreteste Weise, Überlegungen zu den

Verwirklichungschancen in die Bewertung einzubeziehen. Das ist jedoch in mehrfacher Weise möglich. Zu den Varianten zählen:

1.1 der »vollständige Vergleich«, das heißt die Rangordnung sämtlicher solcher Vektoren in direktem Bezug auf Armut und Ungleichheit (oder was der Gegenstand sein mag);

1.2 die »partielle Rangordnung«, das heißt die Rangordnung einiger Vektoren in Relation zueinander, ohne daß eine Vollständigkeit der wertenden Rangordnung gefordert wird;

1.3 der »ausgezeichnete Vergleich der Verwirklichungschancen«, das heißt der Vergleich einer bestimmten als zentral ausgewählten Verwirklichungschance, ohne auf die Vollständigkeit der Erfassung zu achten.

Der »vollständige Vergleich« ist offensichtlich das ehrgeizigste Unterfangen und oftmals zu ehrgeizig. Wir können diese Richtung einschlagen und dabei ein gutes Stück zurücklegen, indem wir nicht auf einer vollständigen Rangordnung aller Alternativen bestehen. Beispiele für einen »ausgezeichneten Vergleich der Verwirklichungschancen« liegen vor, wenn sich die Aufmerksamkeit auf eine besondere Verwirklichungschancenvariable richtet, also etwa auf Beschäftigung, hohe Lebenserwartung, Bildungsstand oder Ernährung.

Natürlich ist es möglich, von einer Reihe separater Vergleiche ausgezeichneter Verwirklichungschancen zu einer totalen Rangordnung der Verwirklichungschancenvektoren überzugehen. An dieser Stelle würden die Gewichtungen entscheidend ins Spiel kommen und die Lücke zwischen »ausgezeichneten Vergleichen der Verwirklichungschancen« und »partieller Rangordnung« (oder gar »vollständiger Vergleiche«) überbrücken.[57] Es ist jedoch festzuhalten, daß trotz der unvollständigen Erfassung, die uns ausgezeichnete Vergleiche der Verwirklichungschancen liefern, solche Vergleiche, auch für sich genommen, für das Bewertungsgeschäft recht erhellend sein können. Im nächsten Kapitel wird sich Gelegenheit ergeben, dieses Problem näher zu beleuchten.

2. *Der ergänzende Ansatz*: Ein zweiter Ansatz ist verhältnismäßig wenig revolutionär. Er verwendet weiterhin herkömmliche Verfahren für interpersonelle Vergleiche im Einkommensbereich, ergänzt diese jedoch, wenngleich oft in informeller Weise, durch Berücksichtigung der Verwirklichungschancen. Auf diesem Wege läßt sich die Informationsbasis zu praktischen Zwecken erweitern. Die Ergänzung kann sich

auf direkte Vergleiche von Funktionen selbst konzentrieren oder auf andere instrumentelle Variablen als das Einkommen, auf Variablen, von denen zu erwarten ist, daß sie in die Bestimmung der Verwirklichungschancen eingehen. Faktoren wie Zugang zur und Engmaschigkeit der Gesundheitsfürsorge, Indizien für Ungleichbehandlung der Geschlechter bei der Verteilung des Familienbesitzes, die Verbreitung und Ausmaß der Arbeitslosigkeit können zu den partiellen Einsichten beitragen, die sich aus den herkömmlichen Messungen im Einkommensbereich gewinnen lassen. Derartige Erweiterungen bereichern unser Gesamtverständnis von Problemen der Gleichheit und Armut, indem sie *ergänzen*, was wir aufgrund der Einkommensungleichheit und der durch das Einkommen bedingten Armut wissen. Im wesentlichen bedeutet dies, daß »ausgezeichnete Vergleiche der Verwirklichungschancen« ergänzend hinzugezogen werden.[58]

3. *Der indirekte Ansatz*: Ein dritter Ansatz ist zwar ehrgeiziger als der ergänzende Ansatz, bleibt aber weiterhin an den vertrauten Einkommensbereich gebunden, den er in geeigneter Weise *anpaßt*. Informationen über die Determinanten von Verwirklichungschancen, die *nicht das Eigentum* betreffen, lassen sich zur Berechnung eines »angepaßten Einkommens« heranziehen. Beispielsweise mag man das Niveau des Familieneinkommens aufgrund eines niedrigen Bildungsstandes nach unten und aufgrund eines hohen Bildungsstandes nach oben anpassen usw., so daß sie bezogen auf die Leistung der Verwirklichungschancen äquivalent werden. Dieses Verfahren bezieht sich auf die allgemeine Literatur über »Äquivalenzskalen«. Es steht auch in Verbindung zu Untersuchungen über die Ausgabenmuster innerhalb der Familien, die all jene mittelbaren, aber nicht unmittelbar zu beobachtenden kausalen Einflüsse festhalten wollen (etwa das Vorliegen oder das Fehlen bestimmter geschlechtsspezifischer Vorurteile innerhalb der Familie).[59]

Der Vorzug dieses Verfahrens liegt in der Tatsache, daß Einkommen ein vertrauter Begriff ist und häufig genauere Messungen ermöglicht als, sagen wir, die gesamten »Indizes« der Verwirklichungschancen. Das mag uns größere Deutlichkeit und vielleicht auch einfachere Interpretation bescheren. Das Motiv, sich für das »Maß« des Einkommens zu entscheiden, ist in diesem Fall der Entscheidung A. B. Atkinsons verwandt, der (in seiner Berechnung des »gleich verteilten äquivalenten Einkommens«) den Einkommensbereich wählte, um die Auswirkungen der Einkommensungleichheit zu messen statt den Nutzenbereich, wie Hugh Dalton ursprünglich vorgeschlagen hatte.[60] Ungleichheit ist in Daltons Theorie ein Nutzenverlust durch Disparität, während Atkinson in seiner Korrektur den Verlust veranschlagte, der auf die Ungleichheit nach Maßgabe eines »äquivalenten Einkommens« zurückgeht.

Die Frage des »Maßes« ist nicht zu vernachlässigen, und der indirekte Ansatz hat zweifellos einige Vorteile. Es ist jedoch festzuhalten, daß er in keiner Weise »einfacher« ist als eine direkte Bewertung. Erstens müssen wir, um die Werte äquivalenten Einkommens festzustellen, untersuchen, wie das Einkommen die relevanten Verwirklichungschancen beeinflußt, da die Umwandlungsraten von dem Motiv abhängen, das der Bewertung der Verwirklichungschancen zugrunde liegt. Darüber hinaus muß sich der indirekte Ansatz nicht weniger als der direkte all den Problemen des Abwägens zwischen den verschiedenen Verwirklichungschancen (wie auch denjenigen der relativen Gewichtungen) stellen, denn im wesentlichen wird nur die Bezugseinheit verändert. Betrachtet man die Urteile, die gefällt werden müssen, um zu geeigneten Messungen im Rahmen äquivalenter Einkommen zu gelangen, unterscheidet sich der indirekte Ansatz nicht grundlegend vom direkten Ansatz.

Zweitens muß man zwischen dem Einkommen als *Meßeinheit* für Ungleichheit und als *Mittel* zur Verringerung von Ungleichheit unterscheiden. Selbst wenn mit dem Maß äquivalenter Einkommen die Ungleichheit hinsichtlich der Verwirklichungschancen zu messen ist, folgt daraus nicht, daß eine Umschichtung des Einkommens die beste Möglichkeit wäre, die beobachtete Ungleichheit aufzuheben. Die sozialpolitische Frage der Kompensation oder des Ausgleichs muß sich noch mit anderen Problemen auseinandersetzen (wie effektiv Veränderungen der Ungleichheit in den Verwirklichungschancen sind, wie stark die Wirkung der Anreize ist usw.), und die einfache »Deutung« der Einkommensunterschiede darf nicht mit dem Vorschlag verwechselt werden, daß ein entsprechender Einkommensausgleich die Ungleichheiten am wirkungsvollsten beheben würde. Selbstverständlich muß man nicht dieser falschen Deutung von äquivalentem Einkommen erliegen, doch Klarheit und Unmittelbarkeit des Einkommensbereichs mag diese Versuchung nahelegen. Ihr sollte jedoch energisch widerstanden werden.

Drittens zeichnet sich der Einkommensbereich zwar durch größere Meßbarkeit und Deutlichkeit aus, doch die tatsächlichen Größen können hinsichtlich der implizierten Werte leicht in die Irre führen. Nehmen wir etwa den Fall, daß das Einkommensniveau sinkt und ein Mensch anfängt, Hunger zu leiden. An einem bestimmten Punkt kann dessen Chance zu überleben dramatisch abnehmen. Obwohl der »Abstand« im Einkommensbereich zwischen zwei alternativen Werten sehr klein sein mag (wobei ausschließlich das Einkommen gemessen wird), gilt: Wenn die Folge einer solchen Verschiebung eine dramatische Verschlechterung der Überlebenschancen ist, kann die Wirkung dieser kleinen Einkommensveränderung gemessen an dem, was wirklich von Bedeutung ist (in diesem Fall die Verwirklichungschancen zu überleben), sehr groß sein. Man mag daher einer Täuschung aufsitzen, wenn der Unterschied als sehr »klein« angesehen wird, weil der Einkommensunterschied klein ist. Da das Einkommen nur in instrumenteller Hinsicht wichtig ist, können wir nicht wissen, wie entscheidend die Einkommensdifferenzen sind, ohne daß wir ausdrücklich ihre *Folgen* in dem Bereich betrachten, der letztlich zählt. Wenn die Schlacht verloren ist, weil es an einem Nagel fehlte (wie uns das alte Lied anhand einer fatalen Kausalkette demonstriert), dann macht dieser Nagel einen *riesigen* Unterschied aus, gleichgültig, wie trivial er sich im Bereich des Einkommens oder der Ausgaben ausnimmt.

Alle diese Ansätze haben, je nachdem, worum es geht, und je nach den zur Verfügung stehenden Informationen und der Dringlichkeit der anstehenden Entscheidungen, ihre empirischen Vorzüge. Da die Perspektive der Verwirklichungschancen manchmal entsetzlich streng interpretiert wird (im unmittelbaren Ansatz vollständige Vergleiche), ist es wichtig, die Allgemeinheit des Ansatzes zu unterstreichen. Die grundlegende Bekräftigung der Wichtigkeit der Verwirklichungschancen ist mit den verschiedensten Strategien tatsächlicher Bewertung vereinbar, die auch praktische Kompromisse einschließen. Genau das verlangt die pragmatische Natur der praktischen Vernunft.

Schlußbemerkung

Euklid soll einmal zu Ptolemaios gesagt haben: »Es gibt keinen ›Königsweg‹ zur Geometrie.« Ob es einen Königsweg zur Bewertung wirtschaftlicher oder sozialer Maßnahmen gibt, bleibt dahingestellt. Vielfältige Erwägungen müssen dabei berücksichtigt werden, und die Bewertungen müssen für alle diese Belange empfänglich sein. Ein Großteil der Debatte über die alternativen Bewertungsmethoden dreht sich um die Frage: Was soll Vorrang genießen, wenn wir darüber entscheiden, was zum Kern unseres normativen Interesses gehört?

Ich habe argumentiert, daß die oft implizit angenommenen Prioritäten in den verschiedenen Theorien der Ethik, der Wohlfahrtsökonomie und der politischen Philosophie sich dadurch offenlegen und analysieren lassen, daß wir die Information klar benennen, auf der die Werturteile in den jeweiligen Ansätzen beruhen. Dieses Kapitel hatte vor allem die Aufgabe zu zeigen, wie diese »Informationsbasen« funktionieren und wie die verschiedenen ethischen und normativen Theorien sich ganz unterschiedlicher Informationen bedienen.

Ausgehend von dieser allgemeinen Frage wandte sich die Analyse in diesem Kapitel einzelnen wertenden Theorien zu, insbesondere dem Utilitarismus, dem radikalen Liberalismus und der Rawlsschen Gerechtigkeitstheorie. In Übereinstimmung mit der Auffassung, daß es keinen Königsweg zur Bewertung gibt, ergab sich, daß all diese bekannten Strategien ihre spezifischen Vorzüge haben, daß sie aber auch alle unter signifikanten Beschränkungen leiden.

Der konstruktive Teil dieses Kapitels untersuchte dann, was daraus folgt, wenn die substantiellen Freiheiten der betroffenen Individuen unmittelbar ins Zentrum gerückt werden, und unterbreitete einen allgemeinen Ansatz, der sich auf die Verwirklichungschancen der Menschen konzentrierte, bestimmte Dinge zu tun und über die Freiheit zu verfügen, ein von ihnen mit Gründen für erstrebenswert gehaltenes Leben zu führen. Diesen Ansatz habe ich bereits, und nicht als einziger, anderenorts erörtert[61], und seine Vorzüge wie Grenzen liegen recht deutlich zutage. Es scheint, als sei diese Perspektive nicht nur in der Lage, die Bedeutung der Freiheit unmittelbar zu würdigen, sie vermag auch denjenigen Motiven gebührend Aufmerksamkeit zu schenken, die die Relevanz der anderen Perspektiven ausmachen. Insbesondere gelingt es dem an Freiheit orientierten Standpunkt unter anderem, dem Interesse des Utilitarismus am menschlichen Wohlergehen, der Beschäftigung des radikalen Liberalismus mit Entscheidungs- und Handlungsfreiheit sowie der Rawlsschen Theorie mit ihrer Konzentration auf individuelle Freiheit und die zur Ausübung substantieller Freiheiten nötigen Mittel zu genügen. In diesem Sinn verfügt die Perspektive der Verwirklichungschancen über eine Breite und Sensibilität, die ihr große Reichweite verleihen und es ermöglichen, eine Reihe von wichtigen Punkten in die Bewertung einzubeziehen, die zum Teil auf die eine oder andere Weise von den alternativen Ansätzen vernachlässigt werden. Möglich wird diese Spannbreite, weil sich die Freiheiten von Menschen nach den expliziten Ergebnissen und Verfahren beurteilen lassen, die sie vernünftigerweise schätzen und zu verwirklichen suchen.[62]

Daneben wurden auch verschiedene Weisen erörtert, in denen sich die freiheitsorientierte Perspektive anwenden läßt. Vor allem wurde die Vorstellung zurückgewiesen, daß sie eine Frage von alles oder nichts ist. Bei vielen praktischen Fragen mag die Möglichkeit, sich ausdrücklich eines freiheitsorientierten Ansatzes zu bedienen, relativ beschränkt sein. Doch selbst dann läßt sich Gebrauch von den Erkenntnissen und den in diesem Ansatz enthaltenen Informationsinteressen machen, ohne dabei andere Verfahren ignorieren zu müssen, sofern sich diese innerhalb eines bestimmten Kontexts vernünftig nutzen lassen. Die nun folgende Analyse baut auf diesen Einsichten auf. Sie versucht Licht in das Problem der Unterentwicklung (grob gesprochen als eine Form von Unfreiheit) und der Entwicklung zu bringen (verstanden als Prozeß des Abbaus von Unfreiheiten und der Erweiterung von substantiellen Freiheiten unterschiedlichster Art, die Menschen vernünftigerweise anstreben). Ein genereller Ansatz läßt sich in verschiedenster Weise fruchtbar machen, je nach Beschaffenheit des Kontexts und der verfügbaren Information. Diese Verbindung von grundlegender Analyse und pragmatischer Verwendung verleiht der Perspektive der Verwirklichungschancen ihre große Reichweite.

4
Armut als Mangel an Verwirklichungschancen

Im letzten Kapitel wurde dargelegt, daß gute Gründe dafür sprechen, bei der Analyse der sozialen Gerechtigkeit den individuellen Nutzen nach den Verwirklichungschancen eines Menschen zu beurteilen, das heißt nach denjenigen substantiellen Freiheiten, die es ihm erlauben, ein mit Gründen erstrebtes Leben zu führen. So gesehen drückt sich Armut im Mangel an fundamentalen Verwirklichungschancen aus und nicht bloß in einem niedrigen Einkommen, das gemeinhin als Kriterium für Armut gilt.[1] Die These, daß Armut ein Mangel an Verwirklichungschancen ist, muß nicht die vernünftige Ansicht bestreiten, daß ein niedriges Einkommen zweifellos zu den Hauptursachen von Armut zählt, ist ein unzureichendes Einkommen doch ein wichtiger Grund für das Fehlen von Verwirklichungschancen.

In der Tat ist ein unzulängliches Einkommen eine starke weichenstellende Bedingung für ein Leben in Armut. Wenn das zugestanden wird, warum dann die ganze Aufregung darüber, Armut in Hinblick auf Verwirklichungschancen zu betrachten, statt wie üblich als einkommensbedingt? Was zugunsten der These von Armut als Mangel an Verwirklichungschancen spricht, ist meiner Ansicht nach folgendes:

1. Armut läßt sich plausibel als Mangel an Verwirklichungschancen deuten; die These konzentriert sich – im Gegensatz zum bloß *instrumentell* bedeutsamen niedrigen Einkommen – auf einen *intrinsisch* bedeutsamen Mangel.

2. Mangel an Verwirklichungschancen und damit reale Armut werden noch von *anderen Faktoren* als einem niedrigen Einkommen beeinflußt. (Das Einkommen ist nicht das einzige Instrument, um Verwirklichungschancen zu schaffen.)

3. Die instrumentelle Beziehung zwischen niedrigem Einkommen und geringen Verwirklichungschancen ist *variabel*. Je nach Gesellschaft, Familie und Individuum kann sie verschieden ausfallen (die Auswirkung des Einkommens auf Verwirklichungschancen ist kontingent und von den Umständen abhängig).[2]

Der dritte Punkt ist vor allem dann von Bedeutung, wenn sozialpolitische Maßnahmen zum Abbau von Ungleichheit und Armut erwogen und bewertet werden. In der Literatur – und auch im 3. Kapitel dieses Buches – wird eine Reihe von Gründen für die unterschiedlichen Abhängigkeitsverhältnisse erörtert, und es ist nützlich, einige von ihnen im Kontext praktischer politischer Entscheidungen eigens hervorzuheben.

Erstens wird die Beziehung zwischen Einkommen und Verwirklichungschancen vom Alter der Person beeinflußt (zum Beispiel die Bedürfnisse der Alten und der Kinder), aber auch vom Geschlecht und den sozialen Rollen (zum Beispiel der besonderen Verantwortung der Mutterschaft und der durch die Tradition festgelegten Verpflichtungen gegenüber der Familie), vom Wohnort (zum Beispiel drohender Überschwemmung und Dürre oder auch der Unsicherheit und der Gewalt in innerstädtischen Vierteln), durch Seuchenherde (zum Beispiel Krankheiten, die in einem Landstrich endemisch sind) und andere Umstände, über die keine – oder nur eine begrenzte – Kontrolle möglich ist.[3] In der Gegenüberstellung von Bevölkerungsgruppen, die sich nach Alter, Geschlecht, Wohnort usw. klassifizieren lassen, spielen diese unterschiedlichen Parameter eine herausragende Rolle.

Zweitens kann es zu einigen »Kopplungen« von Nachteilen kommen zwischen (1) Mangel an Einkommen und (2) Hindernissen bei der Umwandlung des Einkommens in Funktionen.[4] Handikaps wie Alter, Behinderung oder Krankheit verringern nicht nur die Fähigkeit, ein Einkommen zu erwerben[5]; sie erschweren auch eine Umwandlung von Einkommen in Verwirklichungschancen, da ein älterer, behinderter oder schwerkranker Mensch ein größeres Einkommen benötigt (für Pflege, Prothesen, medizinische Behandlung), um dieselben Funktionen zu erreichen (sofern dies überhaupt möglich ist).[6] Daraus folgt, daß »reale Armut«, verstanden als Mangel an Verwirklichungschancen, in einem signifikanten Sinn gravierender sein kann, als es nach Maßgabe des Einkommens den Anschein hat. Dies kann von entscheidender Bedeutung sein, wenn wir öffentliche Maßnahmen zur Unterstützung der Älteren und anderer Gruppen einzuschätzen haben, die nicht allein über ein niedriges Einkommen verfügen, sondern zusätzlich unter »Umwandlungs«problemen leiden.

Drittens werfen innerfamiliäre Verteilungen weitere Komplikationen für das Einkommen als Kriterium für Armut auf. Wird das

Familieneinkommen unverhältnismäßig zur Förderung der Interessen einiger Familienmitglieder und nicht für andere verwandt – wenn beispielsweise die Allokation der Familienressourcen systematisch nach dem Grundsatz »der Junge zuerst« erfolgt –, dann kann sich das Ausmaß des Mangels der vernachlässigten Familienmitglieder, in unserem Beispiel der Mädchen, nicht angemessen im Familieneinkommen widerspiegeln. Vielfach ist das ein großes Problem; in zahlreichen Ländern Asiens und Nordafrikas scheint die Bevorzugung des männlichen Geschlechts ein Hauptfaktor bei der innerfamiliären Verteilung zu sein. Welche Benachteiligung die Mädchen dadurch erleiden, läßt sich leichter an den fehlenden Verwirklichungschancen ablesen, an der höheren Sterblichkeitsrate, an Krankheit, Unterernährung, medizinischer Unterversorgung usw., als auf der Grundlage der Einkommensanalyse allein möglich ist.[7]

Bei Ungleichheit und Armut in Europa und Nordamerika fällt dieses Problem zweifellos nicht so ins Gewicht, doch die oft stillschweigend gemachte Annahme, daß die Frage der Ungleichbehandlung der Geschlechter die »westlichen« Länder auf einem elementaren Niveau gar nicht erst tangiert, ist in gewisser Weise falsch. Beispielsweise hat Italien eine der höchsten Quoten »nicht anerkannter« Arbeit von Frauen gegenüber der anerkannten Arbeit, die in die Standardberechnungen des Nationaleinkommens eingeht.[8] Die Berücksichtigung der aufgewendeten Mühe und Zeit und die damit einhergehende Beschneidung der Freiheit hat selbst für die Armutsanalyse in Europa und Nordamerika gewisse Folgen. Auch in anderen Hinsichten sollten die in vielen Teilen der Welt üblichen Rollenverteilungen in der Familie Diskussionsgegenstand der Sozialpolitik sein.

Viertens kann ein *relativer* Mangel hinsichtlich des Einkommens einen *absoluten* Mangel in bezug auf Verwirklichungschancen mit sich bringen. In einem reichen Land verhältnismäßig arm zu sein kann die Verwirklichungschancen selbst dann extrem einengen, wenn das absolute Einkommen gemessen am Weltstandard hoch ist. In einem allgemein wohlhabenden Land benötigt man ein höheres Einkommen, um ausreichend Güter für das Erreichen *derselben sozialen Funktionen* zu kaufen. Diese Überlegung, die Adam Smith als erster in *The Wealth of Nations* (1776) angestellt hat, ist für die soziologische Armutsanalyse absolut zentral, und W. G. Runciman, Peter Townsend und andere haben sie weiter ausgearbeitet.[9]

Zum Beispiel sind die Schwierigkeiten einiger Gruppen, »am Gemeinschaftsleben teilzunehmen«, für eine Untersuchung der »sozialen Ausgrenzung« von entscheidender Wichtigkeit. Anders als in weniger wohlhabenden Ländern kann das Bedürfnis, am Leben der Gemeinschaft zu partizipieren, zur Nachfrage nach modernen Geräten (Fernseher, Videorecorder, Autos usw.) führen, sofern diese Güter dort mehr oder weniger alltäglich sind. Ein verhältnismäßig armer Mensch in einem reichen Land steht unter einem höheren Konsumdruck, selbst wenn sein Einkommensniveau weit über dem liegt, worüber die Leute in weniger wohlhabenden Ländern verfügen.[10] Die paradoxe Erscheinung, daß es in reichen Ländern – sogar in den Vereinigten Staaten – Hunger gibt, hängt in der Tat damit zusammen, daß konkurrierende Anforderungen an das Haushaltsbudget gestellt werden: einerseits die Bedürfnisse des Leibes, andererseits das Bedürfnis, sozial mithalten zu können.[11]

Was der Gedanke der Verwirklichungschancen für die Armutsanalyse leistet, ist ein tieferes Verständnis der Natur und der Ursachen von Armut, indem er nicht die *Mittel* in das Zentrum der Aufmerksamkeit rückt – vor allem ein besonderes Mittel nicht, das normalerweise ausschließlich beachtet wird: das Einkommen –, sondern die Zwecke, die zu verfolgen Menschen Gründe haben, und damit auch die Freiheiten, die es ihnen ermöglichen, ihre Ziele zu erreichen. Die hier kurz erörterten Beispiele demonstrieren die zusätzliche Distinktion, die sich aus dieser grundlegenden Erweiterung ergibt. Der Mangel wird auf einer fundamentaleren Ebene sichtbar, auf einer Ebene, die den Informationsforderungen der sozialen Gerechtigkeit weit eher entspricht. Darin liegt die Bedeutung der These begründet, daß Armut ein Mangel an Verwirklichungschancen ist.

Arm an Einkommen und arm an Verwirklichungschancen

Obgleich es wichtig ist, die Vorstellung von Armut als Mangel an Verwirklichungschancen begrifflich von der als niedriges Einkommen definierten Armut zu unterscheiden, kann es gar nicht anders sein, als daß die beiden Perspektiven miteinander gekoppelt sind, denn das Einkommen ist schließlich ein wichtiges Mittel für Verwirklichungschancen. Da größere Verwirklichungschancen bei der Lebensführung in der Regel dazu tendieren, Menschen zu mehr produktiver Arbeit und damit zum Erwerb eines höheren Einkommens zu befähigen, würden wir erwarten, daß die Verbindung auch von der Erweiterung der Verwirklichungschancen zu einem höheren Einkommen verläuft, und nicht nur andersherum.

Die letzte Verbindung kann von besonderer Bedeutung sein, um die Einkommensarmut zu bekämpfen. Eine bessere Ausbildung und Gesundheitsfürsorge heben nicht nur die Lebensqualität unmittelbar, sie versetzen die Menschen auch in eine bessere Lage, ihren Lebensunterhalt zu verdienen, also nicht mehr unter der Einkommensarmut zu leiden. Je mehr Menschen in den Genuß einer elementaren Ausbildung und guter Gesundheitsfürsorge kommen, um so höher die Chance, daß auch potentiell Arme der Not entrinnen.

Diese Verbindung und ihre Bedeutung waren ein zentraler Punkt meiner jüngsten Studie zu den Wirtschaftsreformen in Indien, die ich zusammen mit Jean Drèze verfaßt habe.[12] In vielerlei Hinsicht haben die Wirtschaftsreformen der indischen Bevölkerung wirtschaftliche Chancen eröffnet, die ihnen zuvor durch ein Übermaß an staatlicher Kontrolle und das, was man »licence Raj« genannt hat, verwehrt waren.[13] Und dennoch ist die Chance, von den neuen Möglichkeiten Gebrauch zu machen, nicht unabhängig davon, wie gut die verschiedenen Teile der indischen Gesellschaft sozial auf die Veränderung vorbereitet sind. Zwar waren die Reformen schon lange überfällig, sie könnten jedoch durchgreifender sein, wenn es soziale Einrichtungen gäbe, die die ökonomischen Chancen für alle Bevölkerungskreise der Gesellschaft zugänglich machten. Tatsächlich haben viele asiatische Volkswirtschaften – zuerst Japan, dann Südkorea, Taiwan, Hongkong und Singapur, später China nach den Reformen sowie Thailand und andere Länder Süd- und Südostasiens – sehr viel erfolgreicher dafür gesorgt, daß sich die wirtschaftlichen Chancen dank eines günstigen sozialen Hintergrundes flächendeckend ausbreiteten. Dazu gehörte, daß große Teile der Bevölkerung die Kulturfähigkeiten beherrschten, ein gutes Bildungs- und Gesundheitswesen existierte, eine Landreform durchgeführt worden war usw. Die Lektion, daß man die Wirtschaft öffnen und den Handel stärken müsse, wurde in Indien schneller begriffen als die andere Botschaft aus Richtung der aufgehenden Sonne.[14]

Die Entwicklung des Humankapitals ist in Indien ganz unterschiedlich verlaufen, einige Regionen – allen voran Kerala – haben ein sehr viel höheres Bildungsniveau, ein besseres Gesundheitswesen und eine konsequentere Landreform als andere (vor allem Bihar, Uttar Pradesh, Rajasthan und Madhya Pradesh). Die Beschränkungen haben in den verschiedenen Bundesstaaten recht unterschiedliche Formen angenommen. Kerala, so wird man behaupten können, hat bis vor kurzem unter einer marktfeindlichen Politik gelitten, die einer nicht staatlich gelenkten marktwirtschaftlichen Expansion zutiefst mißtraute. Aus diesem Grund hat der Bundesstaat sein Humankapital nicht so erfolgreich für das Wirtschaftswachstum eingesetzt, als es ihm bei entsprechender Wirtschaftspolitik – die jedoch neuerdings eingeschlagen wird – hätte gelingen können. Andererseits waren einige nördliche Bundesstaaten in der Entwicklung sozialer Einrichtungen zwar erheblich zurückgeblieben, dafür boten sie allerdings marktwirtschaftliche Chancen an und übten eine unterschiedlich starke staatliche Kontrolle aus. Diese verschiedenen Formen der Rückständigkeit lassen sich nur dann beheben, wenn die Relevanz komplementärer Maßnahmen begriffen wird.

Interessant ist jedoch, daß es trotz des eher bescheidenen Wirtschaftswachstums in Kerala gelungen ist, die Einkommensarmut schneller zu senken als in anderen indischen Bundesstaaten.[15] Während einige Bundesstaaten die Einkommensarmut durch ein hohes Wirtschaftswachstum reduziert haben, in erster Linie wäre hier der Punjab zu nennen, hat Kerala bei der Armutsbekämpfung vor allem auf ein verbessertes Bildungs- und Gesundheitswesen sowie eine gerechte Landverteilung gesetzt.

Zwar ist es wichtig, diese Verbindung zwischen Einkommensarmut und mangelnden Verwirklichungschancen hervorzuheben, ebenso wichtig ist es aber auch, die fundamentale Tatsache nicht aus den Augen zu verlieren, daß die Senkung der Einkommensarmut nicht das oberste Motiv der Armutsbekämpfung allein sein kann. Es besteht die Gefahr, daß der Begriff der Armut auf ein niedriges Einkommen verengt wird und deshalb Ausgaben in den Bereichen Bildung, Gesundheit usw. damit gerechtfertigt werden, daß sie gute, brauchbare Instrumente zur Reduktion von Einkommensarmut sind. Das aber hieße, Mittel und Zwecke zu verwechseln. Die fundamentalen Fragen zwingen uns aus den schon erörterten Gründen,

Armut und Benachteiligung in bezug auf das Leben zu verstehen, das Menschen in der Lage sind zu führen, sowie auf die Freiheiten, die sie tatsächlich genießen. Erweiterung der menschlichen Verwirklichungschancen fügt sich diesen grundlegenden Überlegungen unmittelbar ein. Wie die Dinge liegen, tendiert die Verstärkung der Verwirklichungschancen dahin, mehr Produktivität und Erwerbsfähigkeit freizusetzen. Diese Verbindung begründet ein indirektes Zusammenspiel, so daß eine Verbesserung von Verwirklichungschancen unmittelbar wie mittelbar dazu beiträgt, das menschliche Leben zu bereichern und Mangel seltener und weniger akut auftreten zu lassen. So wichtig die instrumentellen Verbindungen auch sein mögen, sie entheben uns nicht der Notwendigkeit, zu einem fundamentalen Verständnis von Natur und Eigenschaften der Armut zu gelangen.

Ungleichheit wovon?

Die Behandlung der Ungleichheit bei ökonomischen und sozialen Bewertungen stößt auf eine Reihe von Problemen. Gravierende Ungleichheiten sind im Rahmen von Theorien der »Fairneß« oft schwer zu verteidigen. Adam Smith' Eintreten für die Belange der Armen – und seine Empörung angesichts der Vernachlässigung ihrer Interessen – ergab sich naturwüchsig aus seiner imaginativen Methode, die Dinge so zu sehen, wie sie sich einem »unparteiischen Zuschauer« präsentieren würden, eine Frageperspektive, die zu weitreichenden Einsichten in die Forderungen der Fairneß bei sozialen Urteilen kommt.[16] Ähnlich verfährt John Rawls' Idee der »Gerechtigkeit als Fairneß«: Sie fragt, was Menschen wohl in einem hypothetischen »Urzustand«, in dem sie nicht wissen, wie sie später dastehen werden, wählen würden. Auch dieses Verfahren liefert uns ein reichhaltiges Verständnis der Billigkeitsforderungen und führt zu der für Rawls' »Grundsätze der Gerechtigkeit« charakteristischen Ablehnung von Ungleichheit.[17] Offenkundige Ungleichheiten in sozialen Einrichtungen lassen sich gegenüber den existierenden Angehörigen einer Gesellschaft auch nur schwer durch den Verweis auf ihre Vernünftigkeit verteidigen (beispielsweise wenn der Grund für die Ungleichheiten von der Art ist, daß andere ihn »vernünftigerweise nicht ablehnen können«: ein Kriterium, das Thomas Scanlon vorgeschlagen und sehr überzeugend für ethische Bewertungen verwandt hat).[18] Gewiß sind krasse Ungleichheiten in sozialer Hinsicht nicht attraktiv, und gewichtige Ungleichheiten können, so würden einige argumentieren, schlichtweg barbarisch sein. Zudem kann das Bewußtsein der Ungleichheit den gesellschaftlichen Zusammenhalt aufweichen, ja einige Arten von Ungleichheit sorgen womöglich dafür, daß nicht einmal Effizienz erreicht wird.

Dennoch können Versuche, Ungleichheit zu beseitigen, unter manchen Umständen zu einem Verlust für viele, wenn nicht gar mitunter für alle führen. Diese Art von Konflikt kann in leichteren und schwereren Formen auftreten, je nach Beschaffenheit der Umstände. Gerechtigkeitstheorien, die sich entweder auf einen »unparteiischen Zuschauer«, auf den »Urzustand« oder die »nicht vernünftig begründete Zurückweisung« berufen, müssen diese unterschiedlichen Erwägungen berücksichtigen.

Es überrascht nicht, daß der Konflikt zwischen Aggregations- und Verteilungsüberlegungen die Aufmerksamkeit der ökonomischen Zunft stark auf sich gezogen hat, was angesichts der Bedeutung dieser Frage auch angemessen ist.[19] Für die Bewertung sozialer Errungenschaften sind eine Reihe von Kompromißformeln vorgeschlagen worden, die sowohl Aggregations- als auch Distributionsüberlegungen in Rechnung stellen. Ein gutes Beispiel dafür ist A.B. Atkinsons »gleichverteiltes äquivalentes Einkommen«, ein Begriff, der das Aggregationseinkommen dadurch anpaßt, daß das Ausmaß der Ungleichheit in der Einkommensverteilung berücksichtigt wird, wobei das Abwägen zwischen Aggregations- und Verteilungsinteressen durch die Wahl eines Parameters bestimmt wird, der unsere moralischen Urteile widerspiegelt.[20]

Darüber hinaus gibt es noch eine andere Klasse von Konflikten, die sich auf die Wahl des »Bereichs« oder auf die zentrale Variable beziehen, hinsichtlich deren die Ungleichheit festgestellt und geprüft wird – und das wiederum verweist auf das Thema des vorangegangenen Kapitels. Die Ungleichheit des Einkommens kann beträchtlich von der Ungleichheit in verschiedenen anderen »Bereichen« (d.h. im Hinblick auf andere relevante Variablen) abweichen, wie etwa Wohlergehen, Freiheit und Lebenserwartung. Und selbst Aggregationsleistungen mögen verschiedene Formen annehmen, je nachdem, in welchem Bereich die Zusammensetzung – oder die »Addition« – vollzogen wird (so unterscheidet sich eine Rangordnung der Gesellschaften hinsichtlich des Durchschnittseinkommens wahrscheinlich von einer Rangordnung hinsichtlich des Gesundheitszustandes).

Der Kontrast zwischen den verschiedenen Perspektiven des Einkommens und der Verwirklichungschancen wirkt sich unmittelbar auf den Bereich aus, innerhalb dessen Ungleichheit und Effizienz zu untersuchen sind. Beispielsweise werden wir jemanden, der über ein hohes Einkommen verfügt, aber nicht die Chance hat, politisch Einfluß zu nehmen, nicht als »arm« im gewöhnlichen Sinne bezeichnen. Er ist aber gewiß hinsichtlich einer wichtigen Freiheit arm. Jemand, der reicher ist als andere, aber unter einer Krankheit leidet, deren Behandlung Unsummen verschlingt, leidet in einer wichtigen Hinsicht Mangel, selbst wenn er in der üblichen Statistik der Einkommensverteilung nicht als arm klassifiziert wird. Jemand, dem die Chance verweigert wird, eine Beschäftigung zu finden, jedoch vom Staat Arbeitslosenunterstützung bezieht, mag nach Maßgabe des Einkommens weniger arm dastehen als im Hinblick auf die erstrebenswerte und erstrebte Chance, eine befriedigende Arbeit zu finden. Da das Problem der Arbeitslosigkeit in einigen Teilen der Welt (auch im heutigen Europa) besonders virulent ist, betreten wir hier ein weiteres Gebiet, auf dem die Notwendigkeit besonders stark ausgeprägt ist, zwischen der Perspektive des Einkommens und der Verwirklichungschancen bei der Feststellung von Ungleichheit zu unterscheiden.

Arbeitslosigkeit und der Mangel an Verwirklichungschancen

Daß die Urteile über Ungleichheit im Bereich des Einkommens von denen abweichen können, die sich auf wichtige Verwirklichungschancen beziehen, läßt sich leicht anhand einiger Beispiele von großer praktischer Tragweite veranschaulichen. Bezogen auf Europa ist dieser Kontrast besonders vielsagend, da im heutigen Europa weitverbreitete Arbeitslosigkeit herrscht.[21] Der durch Arbeitslosigkeit verursachte Einkommensverlust läßt sich weitgehend durch soziale Unterstützung – auch durch das Arbeitslosengeld – auffangen, wie es für Westeuropa typisch ist. Ginge es bei der Arbeitslosigkeit lediglich um den Einkommensverlust, dann ließe sich dieser für die betroffenen Individuen weitgehend durch staatliche Unterstützungsgelder ausgleichen (womit sich natürlich auch die Frage nach den sozialen Kosten für den Staatshaushalt und die in dieser Kompensation enthaltenen Auswirkungen auf die Anreize stellt). Sollte die Arbeitslosigkeit noch andere schwerwiegende Folgen für das Leben der Individuen haben, die zu anderen Formen von Mangel führen, dann würde die Verbesserung durch die Einkommensunterstützung genau in dem Maße eingeschränkt sein. Es gibt eine Reihe von Belegen dafür, daß Arbeitslosigkeit viele weitreichende, über die unmittelbare Einkommenseinbuße hinausgehende Auswirkungen hat, etwa psychische Beeinträchtigung, Verlust an Arbeitsmotivation, Können und Selbstvertrauen, Zunahme von körperlichen Leiden und Kränklichkeit (sogar eine Steigerung der Sterblichkeitsrate), Auflösung der Familienbande und des sozialen Lebens, Verschärfung von sozialer Ausgrenzung, ethnische Spannungen und ungleiche Behandlung der Geschlechter.[22]

Angesichts der massiven Arbeitslosenquote in den heutigen europäischen Volkswirtschaften kann eine Konzentration auf Einkommensungleichheit nur zu einer stark verzerrten Perspektive führen. Tatsächlich läßt sich behaupten, das hohe Niveau der Arbeitslosigkeit in Europa werfe für sich genommen zumindest ein ebenso wichtiges Problem der Ungleichheit auf wie die Einkommensverteilung selbst. Legt man den Akzent allein auf die Ungleichheit des Einkommens, so hat es den Anschein, als wäre es in Westeuropa sehr viel besser als in den Vereinigten Staaten gelungen, Ungleichheit gering zu halten und zu vermeiden, daß die Einkommensschere sich immer weiter öffnet. Im Hinblick auf das Einkommen steht Europa – sowohl was das Niveau als auch den Trend der Ungleichheit betrifft – deutlich besser da, wie eine sorgfältige Untersuchung gezeigt hat, die in einer von A. B. Atkinson, Lee Rainwater und Timothy Smeeding angefertigten Studie der OECD (Organisation für Wirtschaftliche Zusammenarbeit und Entwicklung) veröffentlicht wurde.[23] Nicht allein die üblichen Messungen der Einkommensungleichheit fallen für Amerika höher aus als im großen und ganzen auf der europäischen Seite des Atlantiks, die Einkommensschere klafft in Amerika auch derart auseinander, wie es in den meisten europäischen Ländern nicht der Fall ist.

Doch wenn wir unseren Blick vom Einkommen zur Arbeitslosigkeit hin wenden, ergibt sich ein ganz anderes Bild. Die Arbeitslosigkeit ist in vielen Ländern Europas dramatisch gestiegen, während sich in den Vereinigten Staaten kein derartiger Trend abzeichnet. So betrug die Arbeitslosenquote in den Jahren 1965 bis 1973 in den USA 4,5 Prozent, während sie in Italien bei 5,8 Prozent, in Frankreich bei 2,3 und in der Bundesrepublik Deutschland unter 1 Prozent lag. Doch heute zeigen die Statistiken für alle drei Länder – Italien, Frankreich und Deutschland – Arbeitslosenzahlen zwischen 10 bis 12 Prozent an, während sie sich in den USA immer noch zwischen 4 und 5 Prozent halten. Wenn Arbeitslosigkeit die Lebensmöglichkeiten trübt, dann muß sie in der Analyse der ökonomischen Ungleichheit irgendwie auftauchen. Die vergleichbaren Trends in der *Einkommens*ungleichheit gibt Europa einen Grund, sich zufrieden zurückzulehnen, doch diese Selbstgefälligkeit schwindet, wenn wir Ungleichheit weiter fassen.[24]

Der Unterschied zwischen Westeuropa und den Vereinigten Staaten wirft eine weitere interessante – und in gewissen Hinsichten allgemeinere – Frage auf. Für das soziale Ethos in Amerika scheint es kein Problem zu sein, den Bedürftigen und Verarmten wenig bis gar keine Unterstützung zukommen zu lassen, was ein typischer, in einem Wohlfahrtsstaat aufgewachsener Europäer nur schwer verstehen kann. Doch das gleiche amerikanische Sozialethos würde die zweistelligen Arbeitslosenzahlen, die in Europa üblich sind, empörend finden. Europa akzeptiert Arbeitslosigkeit und ihren Anstieg weiterhin mit bemerkenswertem Gleichmut. Auf die unterschiedlichen Einstellungen zur sozialen und individuellen Verantwortlichkeit, die an der Wurzel dieses Gegensatzes liegen, werde ich später noch eingehen.

Gesundheitsfürsorge und Sterblichkeit: Soziale Einstellungen in Amerika und Europa

Die Ungleichheit zwischen verschiedenen ethnischen Gruppen in den Vereinigten Staaten hat in letzter Zeit beträchtliche Aufmerksamkeit auf sich gezogen. Beispielsweise sind die Afro-Amerikaner, was das Einkommen betrifft, auffällig ärmer als die weißen Amerikaner. Oft wird darin ein Indiz für den *relativen* Mangel der Afro-Amerikaner innerhalb des Landes gesehen, während Vergleiche mit den ärmeren Völkern in der übrigen Welt unterbleiben. Vergleicht man aber die Bevölkerung der Drittweltländer mit den Afro-Amerikanern, so sind diese um das Mehrfache reicher als jene, sogar dann noch, wenn die unterschiedlichen Lebenshaltungskosten in Anschlag gebracht werden. Aus internationaler Perspektive gesehen scheint die Benachteiligung der Schwarzen in Amerika zur Bedeutungslosigkeit zu verblassen.

Doch ist das Einkommen die richtige Bezugsgröße für solche Vergleiche? Wie steht es mit der elementaren Verwirklichungschance, ein reifes Lebensalter zu erreichen und nicht eines vorzeitigen Todes zu sterben? Wie ich schon im 1. Kapitel erörterte, schneiden die männlichen Afro-Amerikaner nach diesem Kriterium schlechter ab als die unvergleichlich ärmeren männlichen Chinesen, die männliche Bevölkerung des indischen Bundesstaates Kerala, ja sogar Sri Lankas, Costa Ricas, Jamaikas und vieler anderer wirtschaftlich armer Länder. Es wird mitunter angenommen, die bemerkenswert hohe Sterblichkeitsrate der Afro-Amerikaner betreffe allein die Männer, und auch hier wieder, aufgrund des Gewaltpotentials, nur die jungen. In der Tat sterben viele junge Schwarzen eines gewaltsamen Todes, das ist jedoch keineswegs die ganze Geschichte. Wie die Abbildung 1.2 (Seite 35) zeigt, stehen schwarze Frauen in den Vereinigten Staaten nicht nur schlechter da als weiße, sie fallen auch hinter die indischen Frauen in Kerala zurück und werden beinahe noch von den Chinesinnen überholt. Es ist auch zu beachten, daß die schwarzen *Männer* in Amerika, wie aus Abbildung 1.1 (Seite 34) hervorgeht, mit den Jahren gegenüber den Chinesen und Indern weiterhin an Boden verlieren, d.h. lange nach den Jugendjahren, in denen ein gewaltsamer Tod verbreitet ist. Wir brauchen daher eine Erklärung, die nicht bei den Gewaltopfern stehenbleibt.

Selbst wenn wir eine ältere Altersgruppe betrachten (sagen wir die 35- bis 64jährigen), so häufen sich die Indizien dafür, daß schwarze Männer gegenüber weißen Männern und schwarze Frauen gegenüber weißen Frauen eine immens höhere Sterblichkeitsrate haben. Diese Unterschiede lassen sich nicht dadurch aus der Welt schaffen, daß die Einkommensunterschiede angepaßt werden. Tatsächlich beweist eine sehr sorgfältige medizinische Studie über die 80er Jahre, daß die unterschiedlichen Sterblichkeitsraten der Schwarzen und Weißen auch

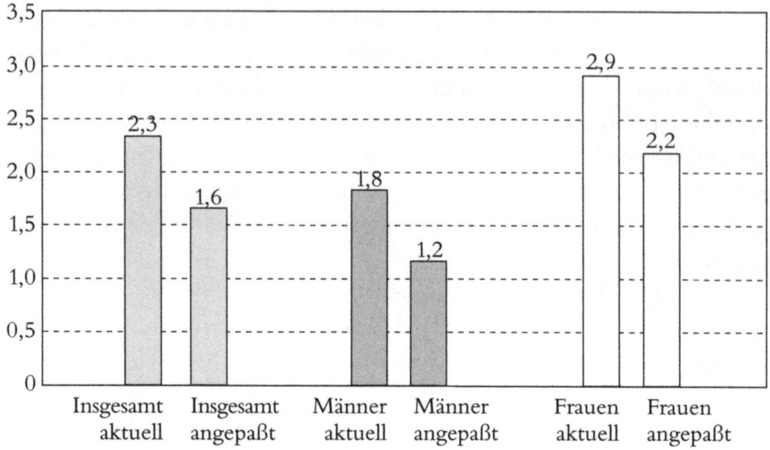

Abb. 4.1: Verhältnis der aktuellen und an das Familieneinkommen angepaßten Sterblichkeitsraten von Schwarzen und Weißen (35- bis 64jährige)

Quelle: M. W. Owen, S. M. Teutsch, D. F. Williamson und J. S. Marks, »The Effects of Known Risk Factors on the Excess Mortality of Black Adults in the United States«, *Journal of the American Medical Association* 263, Nr. 6 (9. Februar 1990).

nach einer Anpassung der Einkommensunterschiede für die Frauen erstaunlich hoch bleiben. Abbildung 4.1 stellt die Verhältnisse der Sterblichkeitsrate von Weißen und Schwarzen auf der Grundlage einer Stichprobe für das ganze Land dar.[25] Während schwarze Männer in den USA eine 1,8fach höhere Sterblichkeitsrate als weiße Männer aufweisen, beträgt das Verhältnis der Sterblichkeitsrate von schwarzen zu weißen Frauen fast das Dreifache. Nach einer Anpassung der Einkommensunterschiede ist die Sterblichkeitsrate für schwarze Männer immer noch um das 1,2fache höher und für schwarze Frauen sogar um das 2,2fache. Es scheint daher, daß, auch nach einer angemessenen Berücksichtigung des unterschiedlichen Einkommensniveaus, ein sehr viel größerer Anteil der schwarzen Frauen verglichen mit den weißen Frauen im heutigen Amerika jung stirbt.

Die Erweiterung der Informationsbasis vom Einkommen hin auf die grundlegenden Verwirklichungschancen bereichert unser Verständnis von Ungleichheit und Armut auf ziemlich radikale Weise. Wenn wir uns auf die Fähigkeit konzentrieren, eine Anstellung zu finden und die damit verbundenen Vorteile zu genießen, erscheint uns Europa eher in einem düsteren Licht, wenden wir dagegen unsere Aufmerksamkeit der Fähigkeit zu, lange zu leben, dann kommt die Ungleichheit in Amerika besonders kraß zum Vorschein. Diese Unterschiede und die darin zum Ausdruck kommenden politischen Prioritäten wurzeln möglicherweise darin, daß zu beiden Seiten des Atlantiks konträre Haltungen zur sozialen und individuellen Verantwortlichkeit bezogen werden. In der offiziellen amerikanischen Prioritätenliste nimmt das Bekenntnis zur Gesundheitsfürsorge für alle keinen bedeutenden Platz ein, und wie es scheint, haben Millionen von Menschen (tatsächlich sind es mehr als 40 Millionen) in den Vereinigten Staaten keine ausreichende Krankenversicherung. Zwar mag ein erheblicher Teil der Nichtkrankenversicherten aus freien Stücken und mit Gründen auf eine Versicherung verzichten, doch die Masse der Nichtversicherten wird durch wirtschaftliche Umstände daran gehindert, eine Krankenversicherung abzuschließen, in einigen Fällen auch, weil ihr schlechter Gesundheitszustand private Versicherungen zurückscheuen läßt. In Europa, wo eine allgemeine Krankenversicherung unabhängig von den persönlichen finanziellen Mitteln oder bestehenden Gesundheitsproblemen als Grundrecht der Bürger betrachtet wird, wäre eine vergleichbare Situation politisch untragbar. Die staatliche Unterstützung der Kranken und Armen in Amerika ist so gering bemessen, daß sie in Europa auf heftigen Widerstand stoßen würde, und das gleiche gilt für das soziale Bekenntnis zu öffentlichen Einrichtungen, sei es das Gesundheitswesen oder das Bildungswesen, die in den europäischen Wohlfahrtsstaaten für eine Selbstverständlichkeit gehalten werden.

Andererseits würden die zweistelligen Arbeitslosenzahlen, mit denen Europa sich gegenwärtig arrangiert, wie schon gesagt, in Amerika für politischen Zündstoff sorgen, denn eine derart hohe Arbeitslosenquote würde der fundamentalen Chance hohnsprechen, daß die Menschen sich selbst helfen können. Ich glaube, daß keine amerikanische Regierung auch nur eine Verdopplung der gegenwärtigen Arbeitslosenzahl unbeschadet überstehen würde, und damit läge Amerika immer noch unter dem Arbeitslosigkeitsniveau, das wir heute in Frankreich oder Deutschland erleben. Die Natur der jeweiligen politischen Bekenntnisse – oder deren Fehlen – scheint in Europa und Amerika ganz verschieden beschaffen zu sein, und diese Unterschiede hängen weitgehend damit zusammen, daß Ungleichheit in Hinblick auf einen bestimmten Mangel an elementaren Verwirklichungschancen definiert wird.

Armut und Mangel in Indien und Afrika südlich der Sahara

Extreme Armut konzentriert sich derzeitig in zwei bestimmten Weltregionen: in Südasien und in Afrika südlich der Sahara. Von allen Regionen haben sie mit das niedrigste Niveau des Pro-Kopf-Einkommens, doch diese Perspektive liefert uns keine angemessene Vorstellung von Natur und Inhalt des jeweiligen Mangels und ebensowenig von ihrer vergleichbaren Armut. Faßt man jedoch Armut als Fehlen fundamentaler Verwirklichungschancen auf, erhält man anhand der Informationen über verschiedene Lebensaspekte in diesen Teilen der Welt ein Bild, das uns mehr Einsichten verschafft.[26] Im folgenden werde ich, gestützt auf eine gemeinsam mit Jean Drèze verfaßte Studie sowie zwei spätere Arbeiten dieses Autors, eine knappe Analyse vorlegen.[27]

Um 1991 gab es 52 Länder, in denen die Lebenserwartung von Neugeborenen unter sechzig Jahren lag, und diese Länder hatten eine Gesamtbevölkerung von 1,69 Milliarden Menschen.[28] 46 dieser Länder liegen in Südasien und in Afrika südlich der Sahara – lediglich sechs Länder gehören nicht diesen Regionen an, nämlich Afghanistan, Kambodscha, Haiti, Laos, Papua-Neuguinea und der Jemen. In diesen sechs Ländern leben nur 3,5 Prozent der Gesamtbevölkerung (1,69 Milliarden) der 52 Länder mit niedriger Lebenserwartung. *Ganz* Südasien mit Ausnahme Sri Lankas (d.h. Indien, Pakistan, Bangladesch, Nepal und Bhutan) und *ganz* Afrika südlich der Sahara, ausgenommen Südafrika, Simbabwe, Botswana und eine Reihe kleiner Inseln (Mauritius und die Seychellen), gehören zur Gruppe der anderen 52 Länder mit niedriger Lebenserwartung. Selbstverständlich gibt es Unterschiede *innerhalb* jedes Landes. Gutsituierte Teile der Bevölkerung Südasiens und Afrikas südlich der Sahara erfreuen sich einer hohen Lebenserwartung – und wie schon erörtert, können auch Bevölkerungsteile in Ländern mit sehr hoher durchschnittlicher Lebenserwartung (wie etwa in den USA) Überlebenschancen haben, die denen in der Dritten Welt vergleichbar sind. (Zum Beispiel liegt die Lebenserwartung schwarzer Männer in amerikanischen Städten wie New York, San Francisco, St. Louis oder Washington weit unter unserer Marke von 60 Jahren.[29]) Doch im Länderdurchschnitt stechen Südasien und Afrika südlich der Sahara als die Regionen hervor, in denen sich in der heutigen Welt die Lebensbedingungen besonders prekär gestalten und das Leben kurz ist.

Auf Indien allein entfällt mehr als die Hälfte der Gesamtbevölkerung dieser 52 ärmsten Länder. Nicht daß Indien im Durchschnitt am schlechtesten abschnitte (tatsächlich liegt die mittlere Lebenserwartung in Indien bei etwa 60 Jahren, und nach den letzten Statistiken ist sie über diese Marke gestiegen), doch gibt es je nach Region starke Unterschiede in den Lebensbedingungen *innerhalb* Indiens. Einige Regionen Indiens mit einer Bevölkerungszahl, die derjenigen in den meisten Ländern der Welt gleichkommt oder gar höher ist, bieten ein so düsteres Bild wie nur irgendein Land in der Welt. Indien mag im Durchschnitt, was Lebenserwartung und andere Indikatoren betrifft, besser dastehen als die am schlechtesten abschneidenden Länder (wie etwa Äthiopien oder Zaire, die heutige Demokratische Republik Kongo), doch in großen Gebieten Indiens sind die Lebenserwartung und andere grundlegende Lebensbedingungen nicht sehr verschieden von denen in den ärmsten Ländern.[30]

Tabelle 4.1 (Seite 126/27) vergleicht das Niveau der *Kindersterblichkeit* und die Lese- und Schreibkenntnisse der Erwachsenen in den am stärksten unterentwickelten Regionen Afrikas südlich der Sahara und Indiens.[31] Die Tabelle enthält die Schätzungen dieser beiden Variablen nicht nur für Indien und die afrikanischen Länder im ganzen (erste und letzte Spalte), sondern auch für die drei am schlechtesten abschneidenden Länder Afrikas südlich der Sahara, die drei am schlechtesten abschneidenden indischen Bundesstaaten und die am schlechtesten abschneidenden Bezirke dieser drei Staaten. Es ist bemerkenswert, daß in keinem afrikanischen Land südlich der Sahara – sogar nicht einmal in der Welt – die geschätzte Kindersterblichkeit so hoch ist wie im Bezirk Ganjam in Orissa oder die Zahl der lese- und schreibkundigen Frauen so gering wie im Bezirk Barmer in Rajasthan. In jedem dieser beiden Bezirke leben mehr Menschen als in Botswana oder Namibia, und die Gesamtbevölkerung der beiden übertrifft zahlenmäßig die Bevölkerung von Sierra Leone, Nicaragua

	Vergleich der Kindersterblichkeitsrate		
	Region	*Bevölkerung (in Millionen)*	*Kindersterblichkei (pro 1000 Lebendgeburten)*
INDIEN	Indien	846,3	80
Die »schlimmsten« drei Bundesstaaten Indiens	Orissa	31,7	124
	Madhya Pradesh	66,2	117
	Uttar Pradesh	139,1	97
Die »schlimmsten« Bezirke der »schlimmsten« Bundesstaaten Indiens	Ganjam (Orissa)	3,2	164
	Tikamgarh (Madhya Pradesh)	0,9	152
	Hardoi (Uttar Pradesh)	2,7	129
Die »schlimmsten« Länder Afrikas südlich der Sahara	Mali	8,7	161
	Mozambik	16,1	149
	Guinea-Bissau	1,0	148
AFRIKA SÜDLICH DER SAHARA	Afrika südlich der Sahara	488,9	104

Tabelle 4.1: Indien und Afrika südlich der Sahara: Ausgewählte Vergleiche (1991)

* Die Altersmarke beträgt 15 Jahre für die afrikanischen Zahlen und 7 Jahre für die indischen Zahlen. Man beachte, daß in Indien die Quote der Lese- und Schreibkenntnisse der Altersgruppe ab 7 für gewöhnlich höher liegt als die Quote für die Altersgruppe ab 15 (z. B. betrug die Quote der Lese- und Schreibkundigen für die

oder Irland. Ja ganze Bundesstaaten wie Uttar Pradesh, dessen Bevölkerung so groß ist wie die von Brasilien oder Rußland, schneiden bezüglich dieser grundlegenden Indikatoren für die Lebensqualität nicht sehr viel besser ab als die bedürftigsten unter den Ländern südlich der Sahara.[32]

Wenn wir Indien und die afrikanischen Länder südlich der Sahara im ganzen betrachten, so ist interessant zu beobachten, daß sich die beiden Regionen, was die Lese- und Schreibkenntnisse der Erwachsenen oder die Kindersterblichkeit betrifft, nicht groß unterscheiden. Dennoch weichen sie hinsichtlich der Lebenserwartung voneinander ab. Um 1991 betrug die Lebenserwartung in Indien ungefähr 60 Jahre, in den afrikanischen Ländern war sie beträchtlich

Lese- und Schreibkenntnisse von Erwachsenen im Vergleich		
Region	*Bevölkerung (in Millionen)*	*Lese- und Schreibkenntnisse von Erwachsenen* (Frauen/Männer)*
Indien	846,3	39/64
Rajasthan	44,0	20/55
Bihar	86,4	23/52
Uttar Pradesh	139,1	25/56
Barmer (Rajasthan)	1,4	8/37
Kishanganj (Bihar)	1,0	10/33
Bahraich (Uttar Pradesh)	2,8	11/36
Burkina Faso	9,2	10/31
Sierra Leone	4,3	12/35
Benin	4,8	17/35
Afrika südlich der Sahara	488,9	40/63

Altersgruppe ab 7 für ganz Indien 43,6% verglichen mit der afrikanischen Quote von 40,8 % für die Altersgruppe ab 15).

Quelle: J. Drèze und A. Sen, *India: Economic Development and Social Opportunity*, Delhi 1995, Tabelle 3.1.

niedriger (im Durchschnitt etwa 52 Jahre).[33] Andererseits verfügen wir über vielfältige Belege dafür, daß das Ausmaß der Unterernährung in Indien das in den afrikanischen Ländern südlich der Sahara weit übertrifft.[34]

Es ergibt sich daher ein interessantes gegensätzliches Muster für Indien und Afrika, was die unterschiedlichen Kriterien der Sterblichkeitsrate zum einen und der Unterernährung zum anderen betrifft. Die Chance, in Indien länger zu leben, läßt sich nicht allein durch einen Vergleich der Lebenserwartungen belegen, sondern auch durch andere Statistiken zur Sterblichkeit beweisen. Beispielsweise lag der Halbwert des Sterbealters in Indien um das Jahr 1991 bei ungefähr 37 Jahren; im Vergleich dazu betrug der Bewertungsdurchschnitt (des

Halbwerts des Sterbealters) für die betreffenden afrikanischen Länder bloße fünf Jahre.[35] In fünf afrikanischen Ländern wurde sogar ein Halbwert des Sterbealters von drei Jahren oder weniger beobachtet. So gesehen ist das Problem, frühzeitig zu sterben, in Afrika sehr viel virulenter als in Indien.

Betrachten wir jedoch das Vorherrschen der Unterernährung in Indien im Vergleich zu Afrika, erhalten wir eine ganz andere Bilanz von Vor- und Nachteilen. Berechnungen der allgemeinen Unterernährung fallen im Durchschnitt für Indien sehr viel höher aus als für die afrikanischen Länder.[36] Und das trotz der Tatsache, daß Indien eher als die betreffenden afrikanischen Länder in der Ernährung autark ist. Indiens »Autarkie« stützt sich auf die Befriedigung der Marktnachfrage, die in normalen Jahren ohne Schwierigkeiten durch die heimischen Erzeugnisse gestillt werden kann. Doch die auf Kaufkraft beruhende Nachfrage auf dem Markt ist kein realistisches Maß für den tatsächlichen Bedarf an Lebensmitteln. Die faktische Unterernährung scheint in Indien höher zu sein als in den afrikanischen Ländern. Richtet man sich nach dem gewöhnlichen Maßstab des Untergewichts für ein bestimmtes Alter, so liegt der Anteil der unterernährten Kinder in Afrika zwischen 20 bis 40 Prozent, während er in Indien gigantische 40 bis 60 Prozent beträgt.[37] Etwa die Hälfte aller indischen Kinder sind anscheinend chronisch unterernährt. Obgleich Inder länger leben als Afrikaner südlich der Sahara und einen Halbwert des Sterbealters haben, der weit über dem der Afrikaner liegt, gibt es in Indien viel mehr unterernährte Kinder als in den afrikanischen Ländern – nicht nur absolut gesehen, sondern auch bezogen auf den Anteil aller Kinder.[38] Fügen wir dem noch die Tatsache hinzu, daß Sterben in Indien von starker Diskriminierung der Geschlechter beeinflußt ist, was auf die afrikanischen Länder südlich der Sahara nicht zutrifft, dann haben wir ein Bild vor uns, das für Indien sehr viel ungünstiger ausfällt als für Afrika.[39]

Aus der Natur und Komplexität der jeweiligen Benachteiligungsmuster in den beiden brisantesten Armutsregionen der Welt ergeben sich wichtige politische Fragen. Daß Indien den Ländern südlich der Sahara gegenüber mit einer längeren Lebenserwartung aufwartet, ist einer Reihe von Faktoren zuzurechnen, die vor allem die Afrikaner mit vorzeitigem Tod bedrohen. Seit der Unabhängigkeit ist Indien weitgehend von Hungersnöten und größeren, lang anhaltenden Kriegen verschont worden, die periodisch eine Reihe afrikanischer Länder verwüstet haben. Indiens Gesundheitswesen, so ungenügend es auch sein mag, wurde weniger von politischen und militärischen Umstürzen in Mitleidenschaft gezogen. Zudem erlebten viele afrikanischen Länder einen wirtschaftlichen *Niedergang*, der zum Teil von den Kriegen, den Unruhen und dem politischem Chaos ausgelöst wurde, was eine Verbesserung des Lebensstandards besonders schwierig gestaltete. Eine vergleichende Einschätzung der Errungenschaften und Fehlschläge in beiden Regionen müßte diese und andere Aspekte ihrer jeweiligen Entwicklungserfahrung berücksichtigen.[40]

Es ist auch zu beachten, daß Indien und die afrikanischen Länder südlich der Sahara ein Problem gemeinsam haben; nämlich ein zählebiges, weitverbreitetes Analphabetentum, ein Merkmal, das neben der niedrigen Lebenserwartung Südasien und die betreffenden afrikanischen Länder vom größten Teil der Welt unterscheidet. Wie aus Tabelle 4.1 hervorgeht, ist der Anteil der Lese- und Schreibkundigen in beiden Regionen sehr ähnlich. Sowohl in Indien als auch in Afrika südlich der Sahara ist jeder zweite Erwachsene ein Analphabet.

Die drei zentralen Benachteiligungen bezüglich grundlegender Verwirklichungschancen, auf die ich mich konzentriert habe, um den Charakter des Mangels in Indien und den Ländern südlich der Sahara zu vergleichen und zu kontrastieren (i. e. vorzeitiger Tod, Unterernährung und Analphabetismus), liefern uns selbstverständlich keinen umfassenden Eindruck von der Armut an Verwirklichungschancen in diesen Regionen. Sie stellen jedoch einige auffällige Merkmale und einige entscheidende entwicklungspolitische Probleme heraus, die unsere besondere Beachtung verdienen. Außerdem habe ich nicht versucht, ein *Aggregations*maß des Mangels zu erstellen, das sich auf die »Gewichtung« verschiedener Aspekte des Mangels an Verwirklichungschancen stützt.[41] Eine konstruierte Aggregation mag für die entwicklungspolitische Analyse weitaus weniger interessant sein als ein inhaltlich gefülltes Muster, das sich anhand diverser Variablen gewinnen läßt.

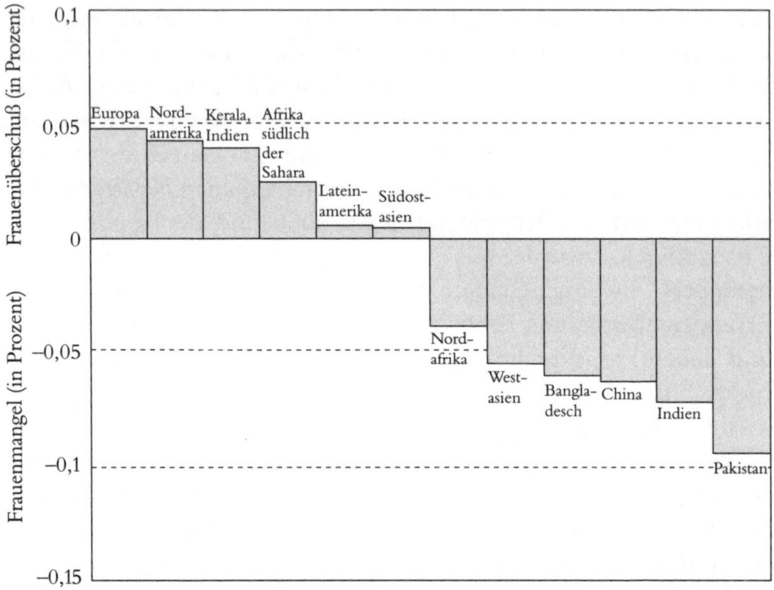

Abb. 4.2: Verhältnis von Frauen zu Männern in der Gesamtbevölkerung ausgewählter Gemeinwesen

Quelle: Berechnung anhand der Bevölkerungsstatistiken der Vereinten Nationen.

Ungleichheit der Geschlechter und Frauenmangel

Ich wende mich nun einem Aspekt allgemeiner Ungleichheit zu, der in letzter Zeit viel Aufmerksamkeit auf sich gezogen hat. Der Abschnitt stützt sich auf meinen Artikel »Missing Women«, der 1992 im *British Medical Journal* erschien.[42] Ich beziehe mich auf die entsetzliche Tatsache, daß Frauen in vielen Teilen der Welt eine unverhältnismäßig hohe Sterblichkeitsrate aufweisen und unnatürlich geringere Überlebenschancen haben. Dies ist ein besonders krasser und handgreiflicher Aspekt der Ungleichbehandlung der Geschlechter, die sich häufig in subtileren und weniger grausigen Formen äußert. Doch trotz ihrer Grobheit spiegelt die unnatürlich höhere Sterblichkeitsrate von Frauen einen sehr wichtigen Mangel an Verwirklichungschancen für Frauen.

In Europa und Amerika geht die allgemeine Tendenz dahin, daß Frauen den Männern zahlenmäßig signifikant überlegen sind. Beispielsweise ist das Verhältnis von Frauen zu Männern in Großbritannien, Frankreich und den Vereinigten Staaten größer als 1,05. In vielen Ländern der Dritten Welt, vor allem in Asien und Nordafrika, ist die Situation ganz anders. Dort kann das Verhältnis Frauen–Männer weniger als 0,95 (Ägypten), 0,94 (Bangladesch, China, Westasien), 0,93 (Indien) oder sogar 0,90 (Pakistan) betragen. Die Bedeutung dieser Unterschiede ist von Interesse, wenn die Ungleichheit zwischen Frauen und Männern in den verschiedenen Teilen der Welt untersucht werden soll.[43] Abbildung 4.2 stellt die vergleichenden Informationen bereit.

Faktisch werden überall mehr Jungen als Mädchen geboren (in der Regel mehr als 5 Prozent). Doch viele Belege sprechen dafür, daß Frauen »zäher« sind als Männer und, vorausgesetzt, sie erhalten die gleiche Fürsorge, höhere Überlebenschancen haben. (Tatsächlich scheint es, als hätten selbst weibliche Föten höhere Überlebenschancen als männliche Föten; der Anteil männlicher Föten bei der Empfängnis ist sogar noch größer als der bei der Geburt.[44]) Das »westliche« Verhältnis von Männern und Frauen verdankt sich der niedrigen Sterblichkeitsrate bei Frauen. Für den höheren Frauenanteil gibt es auch noch andere Ursachen. Zum Teil wirkt sich der hohe Blutzoll der Männer in den vergangenen Kriegen noch immer aus. Im allgemeinen war das Rauchen unter Männern verbreiteter und auch die Wahrscheinlichkeit höher, eines gewaltsamen Todes zu sterben. Es scheint aber deutlich zu sein, daß Frauen, selbst wenn wir diese anderen Auswirkungen nicht in Rechnung stellen, den Männern zahlenmäßig überlegen wären, wenn sie gleiche Fürsorge erhielten.

Das ungünstige Zahlenverhältnis von Frauen zu Männern in asiatischen und nordafrikanischen Ländern deutet auf den Einfluß sozialer Faktoren hin. Es läßt sich leicht berechnen, daß in diesen Ländern, sofern sie dasselbe Zahlenverhältnis wie in Europa und den Vereinigten Staaten aufwiesen, angesichts der Größe der männlichen Bevölkerung Millionen von Frauen mehr leben müßten.[45] Allein in China müßte die Zahl der »fehlenden Frauen« nach Berechnungen auf der Grundlage des europäischen oder amerikanischen Verhältnisses größer als 50 Millionen sein, und auf dieser Basis müßten für all diese Ländern zusammengenommen weitaus mehr als 100 Millionen Frauen als »fehlend« gelten.

Es mag jedoch nicht angemessen sein, das europäische oder amerikanische Verhältnis zugrunde zu legen, und das nicht allein aufgrund solcher Besonderheiten wie der Kriegstoten. Wegen der niedrigen Sterblichkeitsrate für Frauen in Europa und Amerika nimmt der Anteil der Frauen mit wachsendem Lebensalter zu. In Asien und Nordafrika müßte man zum Teil infolge der geringeren Lebenserwartung und der höheren Geburtenrate ein geringeres Verhältnis erwarten. Eine Möglichkeit, mit dieser Schwierigkeit umzugehen, besteht darin, als Vergleichsbasis nicht das Verhältnis von Frauen zu Männern in Europa oder Amerika zu nehmen, sondern das der Länder südlich der Sahara, wo die Frauen, bezogen auf die relativen Sterblichkeitsraten, nur wenig im Nachteil sind, aber die Lebenserwartung nicht höher und die Geburtenraten nicht niedriger ausfallen – ganz im Gegenteil. Wählen wir das Verhältnis von Männern zu Frauen in den Ländern südlich der Sahara – es beträgt 1,022 – als Meßlatte, wie ich es auch in meinen früheren Studien sowie in den mit Jean Drèze durchgeführten Untersuchungen getan habe, dann gelangen wir zu einer Schätzung von 44 Millionen fehlenden Frauen in China, 37 Millionen in Indien und einer Gesamtsumme für diese Länder, die noch immer über 100 Millionen liegt.[46]

Eine andere Möglichkeit, dem Problem Rechnung zu tragen, ist, zu berechnen, welche Anzahl von Frauen, die faktische Lebenserwartung und Geburtenrate in diesen Ländern vorausgesetzt, zu erwarten wäre, wenn sie keine geringeren Überlebenschancen hätten. Es ist nicht leicht, hierfür eine direkte Schätzung vorzulegen, doch Ansley Coale ist mit Hilfe von modellhaften Bevölkerungstabellen auf der Grundlage der historischen Erfahrung in den »westlichen Ländern« zu erhellenden Schätzungen gekommen. Nach seinem Verfahren erhält man 29 Millionen »fehlende Frauen« für China, 23 Millionen für Indien und für alle Länder zusammengenommen etwa 60 Millionen.[47] Obgleich diese Zahlen niedriger liegen, sind sie immer noch erschreckend hoch. Jüngere Schätzungen auf der Grundlage sorgfältig überprüfter historischer Daten tendieren zur Annahme höherer Zahlen, so auch die Schätzung von Stephan Klasen, der auf eine Zahl von circa 90 Millionen kommt.[48]

Warum liegen die Sterblichkeitsraten insgesamt in diesen Ländern für Frauen höher als für Männer? Nehmen wir Indien, wo die altersspezifische Sterblichkeitsrate bei Frauen stets die für Männer bis Ende der Dreißiger übertrifft. Während die hohe Sterblichkeit im gebärfähigen Alter zum Teil auf den Tod unmittelbar im Kindbett oder kurz darauf zurückzuführen ist, kann diese Erklärung aus naheliegenden Gründen nicht für die schlechteren Überlebenschancen von Frauen in frühester Kindheit und Jugend herangezogen werden. Obwohl gelegentlich erschütternde Berichte über die Tötung von Mädchen an die Öffentlichkeit dringen, liefert diese Tatsache, so sie besteht, weder eine hinreichende Erklärung für die Höhe der außergewöhnlichen Sterblichkeitsrate noch für ihre Verteilung über die Altersgruppen. Die Hauptschuld wird man wohl in der vergleichsweise großen Vernachlässigung der Gesundheit und Ernährung von Frauen suchen müssen, besonders, aber nicht ausschließlich, während der Kindheit. In der Tat verfügen wir über eine Reihe unmittelbarer Belege dafür, daß für die Gesundheit der Mädchen wenig Sorge getragen wird, daß sie im Krankheitsfall selten in eine Klinik gebracht und allgemein nicht ausreichend ernährt werden.[49]

Zwar ist der Fall Indien eingehender untersucht worden als andere, und auch heute werden in Indien mehr als in anderen Ländern Forschungen in diesem Bereich angestellt, doch läßt sich auch für andere Länder dokumentieren, daß Gesundheit und Ernährung von Mädchen relativ vernachlässigt werden. In China spricht einiges dafür, daß die Benachteiligung in den letzten Jahren drastisch gestiegen ist, vor allem seitdem 1979 neben anderen Reformen die staatliche Familienplanung eingeführt wurde, die für einige Landesteile die Ein-Kind-Familie vorschreibt. Auch stößt man in China auf neue, irritierende Anzeichen, wie beispielsweise die berichtete sprunghafte Zunahme des Anteils männlicher Säuglinge gegenüber weiblichen, ein Anstieg, der, bezogen auf den Rest der Welt, ganz aus der Reihe fällt. Möglicherweise deutet er darauf hin, daß neugeborene Mädchen »versteckt« werden, um sich den harten Verordnungen der Familienplanung zu entziehen, ebenso jedoch, und das wäre nicht weniger plausibel, könnte das Phänomen auf eine höhere Sterblichkeitsrate bei Mädchen hinweisen, ob sie nun herbeigeführt wird oder nicht, wobei weder die neuen Geburten noch die neuen Todesfälle registriert werden. In den letzten Jahren scheint sich die ganze Wucht der Vorurteile gegen Mädchen in nach Geschlecht vorgenommenen Abtreibungen zu äußern, die in China dank der neuen medizinischen Techniken rasant angestiegen sind.

Schlußbemerkung

Ökonomen sind oft dafür kritisiert worden, daß ihnen Effizienz mehr am Herzen liegt als Fairneß. Die Klage mag nicht unbegründet sein, doch ist auch festzuhalten, daß Ungleichheit seit Bestehen der Disziplin von Ökonomen immer wieder thematisiert wurde. Adam Smith, der oft als »Vater der modernen Wirtschaftstheorie« geehrt wird, zeigte sich über die Kluft zwischen Arm und Reich sehr beunruhigt – dazu mehr in den Kapiteln 5 und 11. Einige Soziologen und Philosophen, die dafür gesorgt haben, daß Ungleichheit zu einem so zentralen Gegenstand öffentlicher Aufmerksamkeit wurde – ich denke hier an Karl Marx, John Stuart Mill, B. S. Rowntree und Hugh Dalton, an Autoren, die in ganz unterschiedlichen Traditionen zu Hause waren –, waren, was immer sie sonst noch beschäftigt haben mag, leidenschaftliche, der Sache ergebene Ökonomen. In den letzten Jahren erlebte die wirtschaftstheoretische Auseinandersetzung mit der Ungleichheit eine neue Blüte, für die Autoren wie A. B. Atkinson den entscheidenden Anstoß gaben.[50] Damit wird nicht bestritten, daß die Fixierung auf Effizienz unter Ausschluß anderer Erwägungen in den Schriften einiger Ökonomen unübersehbar ist, doch wäre es ungerecht, der ganzen Zunft vorzuwerfen, sie würde Ungleichheit als ein Thema ignorieren.

Wenn es Grund zum Unmut gibt, dann wegen der relativ großen Bedeutung, die in vielen Wirtschaftstheorien der Ungleichheit auf sehr engem Terrain zugeschrieben wird, nämlich der *Einkommensungleichheit*. Diese Verengung trägt dazu bei, daß andere Sichtweisen auf Ungleichheit und Fairneß aus dem Blick geraten, was wiederum weitreichende Folgen für die Wirtschaftspolitik hat. Tatsächlich sind die politischen Debatten durch die allzu starke Betonung der Einkommensarmut und -ungleichheit verzerrt worden, so daß Mangelerscheinungen, die sich auf andere Variablen beziehen, wie etwa Arbeitslosigkeit, Krankheit, Bildungsdefizite und soziale Ausgrenzung, ignoriert worden sind. Bedauerlicherweise ist es in der Wirtschaftstheorie recht verbreitet, wirtschaftliche Ungleichheit mit Einkommensungleichheit zu identifizieren, und oft werden die beiden Dinge für synonym gehalten. Erzählen Sie jemandem, Sie würden sich mit wirtschaftlicher Ungleichheit beschäftigen, und er wird in aller Regel annehmen, daß Sie Einkommensverteilungen untersuchen.

Diese stillschweigende Gleichsetzung ist auch in der philosophischen Literatur zu finden. Beispielsweise liefert der Philosoph Harry Frankfurt in seinem interessanten und wichtigen Aufsatz »Equality as a Moral Ideal« eine stringent und überzeugend argumentierende Kritik am »ökonomischen Egalitarismus«, den er definiert als »die Theorie, daß es in der Verteilung von Geld keine Ungleichheiten geben sollte«.[51]

Doch die Unterscheidung von Einkommensungleichheit und ökonomischer Ungleichheit ist von Bedeutung.[52] Ein Großteil der Kritiken am ökonomischen Egalitarismus als Wert oder Ziel trifft eher auf den engen Begriff der Einkommensungleichheit zu als auf die weiter gefaßten Vorstellungen von ökonomischer Ungleichheit. So mag man es für einen Verstoß gegen die Grundsätze der Gleichverteilung des *Einkommens* halten, wenn einer Person, deren Bedürfnisse, etwa aufgrund einer Behinderung, größer sind, mehr Einkommen zugestanden wird, doch widerstreitet dies nicht den weiter gefaßten Vorstellungen der ökonomischen Gleichheit, denn ein größeres Bedürfnis nach ökonomischen Ressourcen infolge einer Behinderung muß ein Urteil über die Forderungen der ökonomischen Gleichheit berücksichtigen.

Empirisch kann die Beziehung zwischen Einkommensungleichheit und Ungleichheit in anderen relevanten Bereichen recht weit entfernt und kontingent sein, und zwar aufgrund verschiedener ökonomischer Einflüsse, die nichts mit dem Einkommen zu tun haben, aber die Ungleichheiten hinsichtlich der individuellen Vorteile und wesentlichen Freiheiten mitbestimmen. Beispielsweise erkennen wir in der höheren Sterblichkeitsrate der Afro-Amerikaner gegenüber den sehr viel ärmeren Chinesen oder Indern in Kerala den Einfluß von Faktoren, die der Einkommensungleichheit entgegengesetzt sind und zu sozialpolitischen Problemen führen, die starke wirtschaftliche Komponenten haben: die Finanzierung des Gesundheitswesen und der Krankenversicherung, die Sorge für ein öffentliches Bildungswesen, der Schutz der Bürger vor Gewalt usw.

Unterschiede in der Sterblichkeit können faktisch als Anzeichen für tiefgreifende Ungleichheiten gewertet werden, die, wie die verschiedenen Bespiele in diesem Kapitel verdeutlichen, Klassen, Rassen und Geschlechter spalten. So zeigen etwa die Schätzungen über die »fehlenden Frauen« die erstaunlich weitreichende Benachteiligung von Frauen in vielen Teilen der heutigen Welt in einer Weise, wie sie in anderen Statistiken nicht angemessen zum Ausdruck kommt. Da zudem das von Familienmitgliedern erworbene Einkommen auch unter die anderen Familienangehörigen verteilt wird, ist es unmöglich, die Ungleichbehandlung der Geschlechter in bezug auf Einkommensunterschiede zu analysieren. Um zu einer deutlichen Vorstellung von Ungleichheiten inmitten wirtschaftlichen Wohlstands zu kommen, benötigen wir weitaus mehr Informationen über die Verwendung der Ressourcen innerhalb der Familie, als uns normalerweise zur Verfügung stehen. Anhand von Statistiken über Sterblichkeitsraten und andere Mangelerscheinungen, wie etwa Unterernährung oder Analphabetismus, können wir jedoch unmittelbar einen Einblick in die Ungleichheit und Armut in einigen wesentlichen Bereichen gewinnen. Dank dieser Information läßt sich auch das Ausmaß der relativen Benachteiligung der Frauen auf ihre bestehenden ungleichen Chancen abbilden, ein Einkommen außerhalb der Familie zu erwerben, Schulen besuchen zu können usw. Durch den weiteren Blickwinkel auf Ungleichheit und Armut, verstanden als Mangel an Verwirklichungschancen, lassen sich sowohl empirische wie politische Probleme gezielter in Angriff nehmen.

Trotz der wichtigen Rolle des Einkommens hinsichtlich der Vorteile, in deren Genuß die Menschen kommen, ist das Verhältnis zwischen Einkommen und anderen Ressourcen einerseits und den individuellen Leistungen und substantiellen Freiheiten andererseits weder konstant noch in irgendeinem Sinne mechanisch und zwangsläufig. Unterschiedliche Umstände führen zu systematischen Unterschieden bei der »Umwandlung« von Einkommen in die jeweiligen »Funktionen«, die wir auszuüben vermögen, und wirken sich somit auf die uns möglichen Lebensstile aus. In diesem Kapitel wollte ich veranschaulichen, wie es zu systematischen Unterschieden in den Beziehungen zwischen erworbenem Einkommen und substantiellen Freiheiten kommen kann, letztere aufgefaßt als Verwirklichungschancen, die uns ein rational erstrebenswertes Leben zu führen erlauben. Die jeweiligen persönlichen Eigentümlichkeiten, unterschiedliche Umweltbedingungen, das soziale Klima, Unterschiede in den relativen Aussichten und Verteilungen innerhalb der Familie müssen die verdiente Aufmerksamkeit erhalten, wenn vernünftige politische Entscheidungen getroffen werden wollen.

Manchmal stößt man auf das Argument, daß Einkommen eine homogene Größe ist, während Verwirklichungschancen ganz unterschiedlich sind. So scharf formuliert ist der Gegensatz nicht ganz richtig, denn auch jede Einkommensbewertung verbirgt mit Hilfe einiger besonderer, oftmals geradezu heroischer Annahmen interne Unterschiede.[53] Wie wir bereits im 3. Kapitel diskutiert haben, ergeben interpersonelle Vergleiche des Realeinkommens nicht einmal eine Grundlage für interpersonelle Vergleiche des Nutzens, auch wenn die Wohlfahrtsökonomie diese Lücke durch die Einführung völlig willkürlicher Annahmen häufig ignoriert. Um von einem Vergleich der Mittel in Form von Einkommensunterschieden zu etwas in sich Wertvollem – z.B. Wohlergehen oder Freiheit – zu gelangen, müssen wir die unterschiedlichen Umstände betrachten, die sich auf die Umwandlung auswirken. Die Annahme, der Vergleich nach dem Einkommen sei »praktischer«, um interpersonelle Unterschiede in den Vorteilen festzustellen, ist kaum aufrechtzuerhalten.

Außerdem ist die Notwendigkeit, die Bewertung der verschiedenen Verwirklichungschancen hinsichtlich ihrer öffentlichen Priorität zu diskutieren, ein Gewinn, sind wir so doch genötigt, auf einem Felde, wo sich Werturteile weder vermeiden lassen noch gescheut werden sollten, diese offenzulegen. Eine öffentliche Teilnahme an Debatten über Werte, seien sie explizit oder implizit, gehört ja wesentlich zum demokratischen Verhalten und zu einer verantwortlichen Sozialwahl. Wo es um öffentliche Urteile geht, ist es unausweichlich, Werte in aller Öffentlichkeit zu erörtern. Die Anstrengung, zu öffentlichen Bewertungen zu gelangen, läßt sich nicht durch raffiniert kluge Annahme ersetzen. Einige Annahmen, die den Anschein erwecken, als würden sie sauber und glatt funktionieren, tun dies, indem sie die Wahlentscheidung für bestimmte Werte und deren Gewichtungen hinter elegantem Dunkel verbergen. Die oft implizit gemachte Annahme, daß zwei Menschen mit derselben Nachfragefunktion auch dasselbe Verhältnis zwischen Güterbündeln und Wohlergehen haben müssen, ungeachtet des Umstandes, daß der eine krank ist und der andere gesund, behindert oder nicht usw., ist, wie im 3. Kapitel gezeigt wurde, kaum etwas anderes als eine Strategie, um viele signifikante Einflüsse auf das Wohl nicht berücksichtigen zu müssen. Das Ausweichmanöver wird, wie ich illustrieren wollte, immer dann durchsichtig, wenn wir Information über das Einkommen und Güter durch andere Daten ergänzen, auch solche, die Fragen von Leben und Tod betreffen.

Die Frage der öffentlichen Diskussion und gesellschaftlichen Partizipation ist zentral für die politische Beschlußfassung in einem demokratischen System. Die Nutzung demokratischer Vorrechte – sowohl politischer Freiheiten als auch bürgerlicher Rechte – ist, neben anderen Funktionen, ein entscheidender Teil beim Zustandekommen wirtschaftspolitischer Entscheidungen. Ein Ansatz, der Freiheit zum zentralen Anliegen macht, muß die partizipatorischen Freiheiten in den Mittelpunkt der Analyse staatlicher Maßnahmen stellen.

5

Märkte, Staat und soziale Chancen

»Es ist das übliche Los neuer Wahrheiten«, meint T.H. Huxley in *Science and Culture*, »am Anfang eine Ketzerei und am Ende ein Aberglaube zu sein.« Etwas ganz in dieser Art scheint auch der Wahrheit widerfahren zu sein, daß die Märkte im Wirtschaftsleben eine wichtige Rolle spielen. Vor noch nicht allzu langer Zeit konnte einem jeder angehende Ökonom erzählen, in welcher Hinsicht die Marktwirtschaft versagt: Alle Lehrbücher wiederholten dieselbe Auflistung von »Nachteilen«. Die intellektuelle Zurückweisung des Marktmechanismus führte häufig zu radikalen Vorschlägen, wie die Welt auf ganz andere Weise zu organisieren sei – manchmal schlossen sie eine mächtige Bürokratie und unvorstellbare Steuerlasten ein –, ohne daß man ernsthaft die Möglichkeit in Betracht gezogen hätte, daß die vorgeschlagenen Alternativen womöglich noch schlimmer versagen könnten, als man dies von den Märkten erwartete. Allzu häufig verschwendete man keinen Gedanken an die neuen und zusätzlichen Probleme, die aus den alternativen Konzeptionen entspringen würden.

Das intellektuelle Klima hat sich während der letzten Jahrzehnte dramatisch verändert, und das Blatt hat sich gewendet. Von den Vorzügen des Marktmechanismus wird jetzt normalerweise vorausgesetzt, sie zeigten sich auf jedem Sektor, so daß sich Einschränkungen erübrigten. Jeder, der auf Nachteile des Marktmechanismus hinweist, wirkt in dem derzeitigen Meinungsklima eigentümlich altmodisch und unzeitgemäß: so als legte man eine Langspielplatte mit Musik aus den Zwanzigern auf. Ein Bündel von Vorurteilen hat einem anderen entgegengesetzten Bündel Platz gemacht. Der unkritisch akzeptierte Glaube von gestern ist die Ketzerei von heute, und die Ketzerei von gestern ist heute der neue Aberglaube.

Nie war es wichtiger, die üblichen Ansichten und Einstellungen in Sachen Politischer Ökonomie kritisch unter die Lupe zu nehmen.[1] Die heutigen Vorurteile zugunsten des reinen Marktmechanismus haben es bestimmt nötig, überprüft und, wie ich meine, zum Teil als falsch zurückgewiesen zu werden. Nur müssen wir uns hüten, wieder in die Narrheiten von gestern zurückzufallen, in die Weigerung, die Vorteile, ja die Notwendigkeit des Marktes anzuerkennen. Wir müssen genau hinsehen und entscheiden, was jeweils vernünftiger ist. Mein berühmter Landsmann Gautama Buddha war vielleicht allzusehr geneigt, aus dem »goldenen Mittelweg« ein allgemeines Prinzip zu machen, doch auch wenn er keine Veranlassung hatte, den Marktmechanismus im besonderen zu erörtern, kann man aus seinen vor 2500 Jahren gehaltenen Reden über das Vermeiden von Extremen etwas lernen.

Markt, Freiheit, Arbeit

Obwohl die Vorzüge des Marktmechanismus heute weithin akzeptiert sind, werden die *Gründe* dafür, daß es Märkte geben muß, nur unvollständig verstanden. Das ist ein Punkt, der in der Einleitung und im 1. Kapitel besprochen worden ist, doch muß ich darauf noch einmal kurz zurückkommen, indem ich die institutionellen Aspekte der Entwicklung untersuche. In der jüngeren Diskussion konzentriert man sich bei der Einschätzung des Marktmechanismus vornehmlich auf die von ihm hervorgebrachten *Ergebnisse*, z.B. das Einkommen oder die Nutzenwerte. Das ist alles andere als unwichtig, und ich werde gleich darauf zu sprechen kommen. Das elementarere Argument für die Freiheit der Marktwirtschaft ist indes die grundlegende Wichtigkeit dieser Freiheit selbst. Wir haben gute Gründe, zu kaufen und zu verkaufen, für den Austausch und dafür, auf kommerzieller Basis ein gedeihliches Auskommen finden zu wollen. Diese Freiheit jemanden generell vorzuenthalten wäre an und für sich ein Makel für jede Gesellschaft. Und diese grundlegende Einsicht ist *wichtiger* als jeder Lehrsatz, den wir zu beweisen imstande sein mögen oder auch nicht, indem wir zeigen, was die maximalen Ergebnisse des Marktes, bezogen auf Einkommen, Nutzenwerte usw., sind; dazu gleich mehr.[2]

Die Allgegenwart von Handelstransaktionen im modernen Leben wird häufig genau darum übersehen, weil man sie für selbstverständlich hält. Es besteht hier eine Analogie zu der unterschätzten, häufig ganz unbemerkten Rolle gewisser Verhaltensregeln in den entwickelten kapitalistischen Wirtschaften, etwa Grundregeln der Geschäftsmoral, die nur im Übertretungsfall die Aufmerksamkeit auf sich lenken. Solange solche Werte aber noch nicht durchgesetzt sind, kann es sehr viel ausmachen, ob sie allgemein vorhanden sind oder nicht. In der Analyse der Entwicklung muß die Bedeutung moralischer Selbstverständlichkeiten des Geschäftslebens aus der Unterschwelligkeit zu klarem Bewußtsein gebracht zu werden. Genauso kann in vielen Zusammenhängen das Nichtvorhandensein der Gewerbefreiheit selbst relevant werden.[3]

Das gilt selbstverständlich besonders für Fälle, in denen Gesetze, Regeln oder herrschende Sitten die Freiheit des Arbeitsmarkts beschneiden. Selbst wenn die schwarzen Sklaven in den Südstaaten der USA vor dem Bürgerkrieg ebenso hohe (oder auch höhere) Geldeinkommen wie die Lohnarbeiter anderswo und vielleicht sogar eine höhere Lebenserwartung als die Arbeiter in den Städten des Nordens gehabt haben mögen[4], bleibt dennoch die grundlegende, in der Tatsache der Sklaverei selbst liegende Freiheitsberaubung, gleichgültig, von welchem Einkommen oder Nutzen sie begleitet oder nicht begleitet gewesen sein mag. Der Verlust der Freiheit, der im Fehlen einer freien Wahl des Arbeitsplatzes und in den despotischen Arbeitsbedingungen liegt, kann selbst eine schwere Freiheitsberaubung sein.

Auf die Entwicklung des freien Markts im allgemeinen und der freien Wahl des Arbeitsplatzes im besonderen wird in der historischen Forschung großes Gewicht gelegt. Selbst Karl Marx, dieser große Kritiker des Kapitalismus, sah im Aufkommen der Lohnarbeit einen wichtigen Fortschritt (siehe 1. Kapitel). Das ist jedoch keineswegs eine vergangene Geschichte, sondern auch eine Angelegenheit der Gegenwart, da dieser Freiheit gerade heute in vielen Teilen der Welt eine entscheidende Bedeutung zukommt. Ich möchte das an vier ganz verschiedenen Beispielen erläutern.

Erstens finden sich in vielen asiatischen und afrikanischen Ländern unterschiedliche Formen der unfreien Arbeit. Nach wie vor wird Menschen dort das Grundrecht vorenthalten, Lohnarbeit zu suchen und dazu den angestammten Arbeitgeber zu verlassen. Wenn man in indischen Zeitungen liest, daß die Grundbesitzer der oberen Kasten in einem der rückständigsten Teile Indiens, in Bihar, durch Mord und Vergewaltigung die Familien der an ihre Scholle »gebundenen« Arbeiter terrorisieren, ist das natürlich kriminell, was auch der Grund für die Beachtung solcher Vorkommnisse seitens der Medien ist und letztlich auch der Grund dafür, daß selbst in diesen fürchterlichen Gegenden die Verhältnisse sich vermutlich werden ändern müssen. Doch unter der kriminellen Oberfläche liegt das eigentlich ökonomische Problem, sich die freie Wahl des Arbeitsplatzes als auch das Eigentum an dem Land zu erkämpfen, auf dem die an ihre Scholle »gebundenen« Arbeiter zu arbeiten gezwungen sind. Diese Verhältnisse dauern an, obwohl sie illegal sind, denn die entsprechenden Gesetze aus der Zeit nach der erlangten Unabhängigkeit sind nur teilweise in die Tat umgesetzt worden. Die Lage in Indien ist besser erforscht als die in anderen Ländern, wie ich im 1. Kapitel bereits erwähnte, doch gibt es hinreichend Belege, daß es anderswo ähnliche Probleme gibt.

Zweitens, um uns einem ganz anderen Beispiel zuzuwenden, läßt sich das Fiasko des bürokratischen Sozialismus in Osteuropa und der Sowjetunion nicht rein ökonomisch erklären, bezogen auf das Einkommen oder andere Indikatoren, etwa die Lebenserwartung. Gerade was die Lebenserwartung betrifft, schnitten die kommunistischen Länder relativ gut ab, wie sich aus der Bevölkerungsstatistik der Sowjetunion, Chinas vor den Reformen, Vietnams und Kubas und anderer Länder unschwer ablesen läßt. Tatsächlich steht eine Reihe postkommunistischer Länder heute bedeutend schlechter da als zur Zeit der kommunistischen Herrschaft – und das vermutlich nirgends so sehr wie in Rußland selbst, wo die Lebenserwartung der männlichen Bevölkerung bei Neugeborenen auf etwa 58 Jahre gesunken ist, was beträchtlich unter dem Vergleichswert für Indien oder Pakistan liegt.[5] Und dennoch wünscht sich die Bevölkerung, wie die Wahlergebnisse zeigen, keine Rückkehr zu den früheren Zuständen; selbst die Nachfolgeparteien des alten Regimes machen sich nicht für eine solche Rückkehr stark, sondern verlangen nur weniger radikale Reformen.

Wenn man das Geschehene verstehen will, muß die ökonomische Ineffizienz des kommunistischen Systems gewiß in Anschlag gebracht werden. Darüber hinaus und unmittelbarer stellt sich jedoch das Thema der vorenthaltenen Freiheit in einem System, wo der Markt in vielen Bereichen einfach ausgeschaltet war. Selbst wenn ein Markt existierte, konnte es den Menschen verwehrt sein, aus ihm Nutzen zu ziehen. Beispielsweise war es möglich, daß man sie daran hinderte, über ein ordentliches Auswahlverfahren zu einem Arbeitsplatz zu kommen; was besonders auf jene Unterprivilegierten zutrifft, die dorthin zur Arbeit abgeordnet wurden, wo die Funktionäre sie hinschicken wollten. In diesem Sinn war Friedrich Hayeks harsche Kritik der kommunistischen Wirtschaften als »einer Straße zur Knechtschaft« zwar hart, aber durchaus zutreffend.[6] Davon gar nicht so weit entfernt ist die Antwort, die Michal Kalecki, der große polnische Wirtschaftstheoretiker, der nach der Errichtung der kommunistischen Herrschaft voller Begeisterung nach Polen zurückgekehrt war, einst auf die Frage eines Journalisten gab, wie es um Polens Fortschritt vom Kapitalismus zum Sozialismus bestellt sei: »Doch, den Kapitalismus haben wir erfolgreich abgeschafft; abzuschaffen bleibt uns jetzt nur noch der Feudalismus.«

Drittens ist, wie schon im 1. Kapitel bemerkt, das traurige Thema Kinderarbeit (vor allem in Pakistan, Indien, Bangladesch) von dem Thema Sklaverei und feudale Abhängigkeit gar nicht zu trennen, da viele Kinder, die zu strapaziösen Arbeiten angestellt werden, dazu gezwungen sind. Die Wurzeln dieser Fron liegen wohl in der wirtschaftlichen Not der Familien, da die Eltern ihrerseits häufig genug von den Arbeitgebern feudalistisch abhängig sind. Den Gipfel dieses häßlichen Kapitels Kinderarbeit bildet die Barbarei, mit der man Kinder *zwingt*, bestimmte Dinge zu tun. Insbesondere das Recht auf Schulbesuch wird nicht nur durch das schlechte Schulwesen in diesen Gegenden verletzt, sondern bisweilen auch dadurch, daß die Kinder und häufig auch ihre Eltern überhaupt keine Wahl haben, was sie tun wollen.

Das Problem der Kinderarbeit spaltet die Ökonomen Südasiens. Einige argumentieren, daß eine bloße Abschaffung der Kinderarbeit ohne eine Verbesserung der ökonomischen Lage ihrer Familien nicht einmal den Interessen der Kinder dienen würde. Zweifellos ist das ein ernstzunehmender Punkt, doch die Tatsache, daß die Kinderarbeit häufig genug mit nackter Sklaverei einhergeht, erleichtert uns in solchen Fällen die Entscheidung. Die Roheit der Sklaverei ist ein überzeugendes Argument für eine strengere Durchsetzung von Gesetzen gegen die Sklaverei wie auch gegen die Kinderarbeit. Das System der Kinderarbeit, so bedrückend es auch ist, wird noch abscheulicher dadurch, daß es mit Zwang und praktischer Sklaverei verbunden ist.

Viertens ist die Freiheit der Frauen, eine Beschäftigung außerhalb der Familie zu suchen, in vielen Ländern der Dritten Welt alles andere als garantiert. In vielen Kulturen wird sie ihnen systematisch vorenthalten, und das ist an sich schon eine ernsthafte Verletzung der Freiheit von Frauen und der Gleichheit der Geschlechter. Das Fehlen dieser Freiheit steht einer wirtschaftlichen Stärkung der Frauen im Wege und zeitigt noch viele andere Folgen. Abgesehen davon, daß ein Arbeitsverhältnis die wirtschaftliche Unabhängigkeit der Frau fördert, sorgt eine Arbeitsstelle auch dafür, daß Frauen einen besseren »Verhandlungsstand« haben, wenn es um die innerfamiläre Verteilung der Güter geht.[7] Es erübrigt sich zu sagen, daß die Hausarbeit der Frauen harte Knochenarbeit sein kann, doch sie wird selten honoriert oder auch nur anerkannt und gewiß nicht entlohnt. Ihnen das Recht zu versagen, außerhalb des Hauses zu arbeiten, stellt eine recht schwere Verletzung der Freiheit von Frauen dar.[8]

Das Verbot für Frauen, außerhalb des Hauses einer Arbeit nachzugehen, wird manchmal brutal, unverhüllt und drastisch durchgesetzt, wie es beispielsweise heute in Afghanistan geschieht. In anderen Fällen mag das Verbot eher untergründig durch die Macht der Konvention und den Konformitätsdruck wirksam sein. Bisweilen mag die Frauenarbeit nicht einmal mit einem deutlich artikulierten Bann belegt sein, doch die mit traditionellen Werten aufgewachsenen Frauen mögen sich scheuen, gegen die Tradition zu verstoßen und andere zu schokkieren. Die herrschenden Einstellungen zu »Normalität« und »Schicklichkeit« sind für dieses Problem zentral.

Die Frauenfrage steht in einem Zusammenhang mit anderen wichtigen Thesen dieser Arbeit, vor allem mit der Notwendigkeit, öffentlich über soziale Probleme zu debattieren, und mit den Vorzügen organisierter Initiativen, um einen substantiellen sozialen Wandel einzuleiten. Frauenorganisationen spielen in vielen Ländern der Welt eine bedeutende Rolle bei dieser gesellschaftlichen Veränderung. Zum Beispiel hat die Self-employed Women's Association (SEWA) nicht nur mehr Frauen auf dem Arbeitsmarkt vermittelt, sondern auch sehr erfolgreich das Meinungsklima in einem Teil Indiens verändert. Das gleiche gilt für Kooperativen und Kreditanstalten, wie die Grameen Bank und das Bangladesh Rural Advencement Committee (BRAC). Auch wenn wir die Bedeutung der Gewerbefreiheit, das Recht auf wirtschaftliche Betätigung, das Recht, sich einen freien

Arbeitsplatz zu suchen, eingeschlossen, wie auch die unmittelbare Wichtigkeit aller mit dem Markt verbundenen Freiheiten betonen, sollten wir darüber nicht aus dem Blick verlieren, daß diese Freiheiten der Ergänzung durch jene Grundrechte bedürfen, die der Wirksamkeit anderer marktunabhängiger Institutionen entspringen.[9] Daß sich unterschiedliche Institutionen komplementär ergänzen müssen – vor allem marktunabhängige Organisationen und der Markt –, ist eines der wichtigsten Themen dieses Buches.

Märkte und Effizienz

Der Arbeitsmarkt kann in vielen verschiedenen Zusammenhängen befreiend wirken, und das grundlegende Recht auf Gewerbefreiheit ist von zentraler Bedeutung, unabhängig davon, was der Marktmechanismus an Einkommen, Nutzenwerte oder anderen Ergebnissen hervorbringt. Dennoch wird man die sich ergebenden Folgen untersuchen müssen, und dieser doch sehr andersgearteten Frage wende ich mich nun zu.

Um zu einer Bewertung des Marktmechanismus zu gelangen, muß man die Formen des Marktes in Anschlag bringen: Sind sie wettbewerbsorientiert oder monopolistisch bzw. sonstwie wettbewerbsfeindlich, fehlen einige Märkte (derart, daß dieser Mangel nicht leicht zu beheben ist) usw.? Auch die Art der faktischen Umstände, etwa das Vorliegen oder Fehlen bestimmter Informationen, das Fehlen oder Vorhandensein ökonomischer Skalenerträge, können die faktischen Möglichkeiten beeinflussen und den Leistungen der verschiedenen institutionellen Formen des Marktmechanismus handfeste Grenzen setzen.[10]

Unter Absehung solcher Mängel – die Tatsache, daß einige Güter und Dienstleistungen nicht zu vermarkten sind, eingeschlossen – wurden klassische Modelle des allgemeinen Gleichgewichts dazu verwandt, die Vorzüge des Marktes für die wirtschaftliche Effizienz nachzuweisen. Ökonomen definieren sie für gewöhnlich mit Hilfe des Pareto-Optimums: einer Situation, in welcher niemandes Nutzen (Wohlfahrt) gesteigert werden kann, ohne daß der Nutzen (oder die Wohlfahrt) einer anderen Person sinkt. Diese Effizienzleistung – das sogenannte Arrow-Debreu-Theorem (nach Kenneth Arrow und

Gerard Debreu, den ursprünglichen Verfassern der Ergebnisse[11]) – ist trotz der vereinfachenden Voraussetzungen von realer Bedeutung.[12]

Die Arrow-Debreu-Ergebnisse zeigen unter anderem, daß bei Erfüllung bestimmter Vorbedingungen die Ergebnisse des Marktmechanismus nicht so zu verbessern sind, daß der Nutzen aller gehoben würde (oder der Nutzen mindestens einiger, ohne daß der Nutzen eines anderen sinkt).[13]

Man mag sich jedoch fragen, ob die gesuchte Effizienz nicht eher durch *individuelle Freiheiten* als durch *Nutzenwerte* ausgedrückt werden sollte. Diese Frage liegt für uns natürlich besonders nahe, da die Informationsbasis dieses Buches die individuellen Freiheiten und nicht die Nutzenwerte sind. Bei einer anderen Gelegenheit habe ich nachgewiesen, daß mittels einer plausiblen Definition individueller Freiheiten ein wichtiger Teil des Effizienzergebnisses von Arrow-Debreu sich ohne Schwierigkeiten aus dem »Bereich« der Nutzenwerte in den der individuellen Freiheiten überführen läßt, sowohl bezüglich der Freiheit, *Güterkörbe* zu wählen, als auch bezogen auf die *Verwirklichungschancen, bestimmte Funktionen wahrzunehmen.*[14] Der Beweis für die Durchführbarkeit dieser Erweiterung stützt sich auf ähnliche Voraussetzungen wie die ursprünglichen Ergebnisse von Arrow-Debreu, beispielsweise darauf, daß alles über den Markt verteilt werden kann. Unter diesen Voraussetzungen ergibt sich, daß bei einer schlüssigen Definition individueller Freiheiten ein Marktgleichgewicht bei Wettbewerb garantiert, daß niemandes Freiheit vergrößert werden kann, wenn zugleich die Freiheit aller anderen ungeschmälert bleibt.

Damit diese Verbindung gilt, muß die Bedeutung substantieller Freiheit nicht allein bezüglich der *Zahl* der verfügbaren Wahlmöglichkeiten beurteilt werden, vielmehr ist auch deren *Attraktivität* in Anschlag zu bringen. Freiheit hat verschiedene Aspekte, die persönlichen Freiheiten wie auch die Gewerbefreiheit sind bereits diskutiert worden. Was jedoch die Freiheit betrifft, das zu erreichen, was man zu erreichen wünscht, so müssen wir die Vorzüge der verfügbaren Wahlmöglichkeiten berücksichtigen.[15] Ohne in die technischen Einzelheiten zu gehen, läßt sich in der Erklärung des freiheitsbezogenen Effizienzergebnisses zeigen, daß bei kluger Wahl der Individuen die Effizienz bezüglich des individuellen Nutzens weitgehend davon abhängig ist, ob ihnen angemessene Chancen geboten werden, unter denen sie wählen können. Diese Chancen sind nicht allein dafür ausschlaggebend, was die Individuen wählen, sowie für den von ihnen erlangten Nutzen, sondern auch dafür, welche nützlichen Wahlmöglichkeiten ihnen offenstehen und welche wesentlichen Freiheiten sie genießen.

Ein besonderes Problem mag eigens einer Klärung wert sein: Welche Rolle spielt die Maximierung des Eigeninteresses beim Erreichen der Effizienzergebnisse des Marktmechanismus? Im klassischen Ansatz von Arrow und Debreu ist vorausgesetzt, daß jeder ausschließlich durch die Verfolgung seines Eigeninteresses motiviert ist. Diese Annahme über das Verhalten ist notwendig, um das Ergebnis zu begründen, daß der Ertrag des Marktes »Pareto-optimal« ist – denn dies wird über die individuellen Interessen definiert, so daß sich niemandes Interessen befördern lassen, ohne den Interessen eines anderen zu schaden.[16]

Empirisch läßt sich die Voraussetzung allgegenwärtiger Selbstsucht nur schwer verteidigen. Auch gibt es Umstände, die weitaus komplexer sind als die im Modell von Arrow und Debreu vorausgesetzten, Umstände, unter denen die Interessen verschiedener Personen sehr viel unmittelbarer miteinander verwoben sind, so daß ein eigennütziges Verhalten weit davon entfernt ist, einen effizienten Ertrag hervorzubringen. Wäre es für das Arrow-Debreu-Modell unerläßlich, allgemeine Selbstsucht vorauszusetzen, um zu den Effizienzergebnissen zu kommen, könnte man darin einen schwerwiegenden Mangel des Ansatzes sehen. Diese Einschränkung läßt sich jedoch im wesentlichen umgehen, wenn wir die Effizienzforderungen in bezug auf individuelle Freiheiten statt bloß im Hinblick auf die Nutzenwerte untersuchen.

Die Restriktion, daß wir ein eigennütziges Verhalten voraussetzen müssen, ist leicht zu überwinden, wenn es uns in erster Linie um substantielle Freiheiten der Menschen geht, gleichgültig, für welche Zwecke sie diese verwenden, und nicht darum, wieweit ihre Eigeninteressen durch ihr eigennütziges Verhalten befriedigt werden. In diesem Fall bräuchten wir keine Annahmen über die Motive der individuellen Entscheidungen zu treffen, da der Punkt des Arguments nicht mehr die erlangte Befriedigung von Interessen ist, sondern das Vorliegen von Freiheit, gleichgültig, ob die Freiheit die Erfüllung des Eigeninteresses oder andere Ziele bezweckt. Die fundamentalen analytischen Ergebnisse des Arrow-Debreu-Theorems sind daher von den hinter den individuellen Präferenzen liegenden Motiven ganz unabhängig, und diese dürfen deshalb beim Nachweis der effizienten Realisierung der Präferenzen oder der Effizienz hinsichtlich der individuellen Freiheiten unbeachtet bleiben.[17]

Verknüpfung von Nachteilen und Ungleichheit von Freiheiten

Das grundlegende Resultat über die Markteffizienz läßt sich in diesem Sinn auf die Perspektive der wesentlichen Freiheiten ausdehnen. Doch diese Effizienzergebnisse teilen uns nichts über die Gerechtigkeit der Endergebnisse oder über die gerechte Verteilung von Freiheiten mit. Es ist denkbar, daß eine Situation in dem Sinn effizient ist, daß niemandes Nutzen oder substantielle Freiheit vergrößert werden kann, ohne zugleich den Nutzen oder die Freiheit eines anderen zu beschneiden, doch damit ist nicht ausgeschlossen, daß die Verteilung des Nutzens oder der Freiheit enorme Ungleichheiten aufweist.

Tatsächlich wächst das Problem der Ungleichheit, wenn wir unsere Aufmerksamkeit von der Einkommensungleichheit auf die Ungleichheit in der *Verteilung von wesentlichen Freiheiten und Verwirklichungschancen* lenken. Die Ursache dafür liegt vor allem in der Möglichkeit begründet, daß sich die Einkommensungleichheit einerseits mit den ungleichen Vorteilen bei der Umwandlung des Einkommens in Verwirklichungschancen andererseits »verbindet«. Ein behinderter, kranker, alter oder sonstwie eingeschränkter Mensch mag zum einen Schwierigkeiten haben, ein ausreichendes Einkommen zu *verdienen*, und zum anderen größere Probleme, Einkommen in Verwirklichungschancen und erfreuliche Lebensumstände *umzuwandeln*. Genau die Faktoren, die es einer Person erschweren, eine gutbezahlte Arbeit zu finden – etwa eine Behinderung –, wirken sich vermutlich auch nachteilig darauf aus, mit der gleichen Arbeit und dem gleichen Einkommen dieselbe Lebensqualität zu erreichen.[18] Die Beziehung zwischen der Fähigkeit, ein Einkommen zu *verdienen* und es zu *verwenden*, ist als empirisches Phänomen in Armutsstudien wohlbelegt.[19] Die interpersonelle Einkommensungleichheit als Ergebnis des Marktes mag die Tendenz verstärken, daß sich ein niedriges Einkommen mit Hindernissen bei der Umwandlung des Einkommens in Verwirklichungschancen »verbindet«.

Die Effizienz des Marktmechanismus hinsichtlich von Freiheit auf der einen Seite und die schwerwiegenden Probleme ungleicher Freiheit auf der anderen Seite verdienen es, *gleichzeitig* behandelt zu werden. Probleme der Fairneß dürfen nicht übergangen werden, vor allem wenn schwerwiegende Entbehrungen und Armut zu beheben sind, und in diesem Kontext dürfte sozialen Eingriffen, auch seitens des Staates, sehr wohl eine wichtige Funktion zukommen. Genau das versuchen die Sozialversicherungssysteme in Wohlfahrtsstaaten mit Hilfe einer Reihe von Sozialprogrammen zu erreichen, etwa durch Krankenversicherung, Arbeitslosenunterstützung, Sozialhilfe usw. Doch die Notwendigkeit, *gleichzeitig* beide Aspekte des Problems, nämlich Effizienz und Fairneß, im Auge zu behalten, ist damit nicht aus der Welt geschafft, denn Eingriffe in das Getriebe des Marktmechanismus um der Fairneß willen können zu Lasten der Effizienz gehen, auch wenn die Fairneß befördert wird. Es ist von größter Wichtigkeit, sich deutlich zu machen, daß die verschiedenen Aspekte der sozialen Bewertung und Gerechtigkeit gleichzeitig thematisiert werden müssen.

In mehreren anderen Zusammenhängen waren wir in diesem Buch bereits mit der Notwendigkeit konfrontiert, verschiedene Ziele synchron zu betrachten. Beispielsweise als wir im 4. Kapitel das im Vergleich zu den USA stärkere europäische Bekenntnis zu einem garantierten Mindesteinkommen und einer allgemeinen Krankenversicherung dem im Vergleich zu Europa stärkeren amerikanischen Bekenntnis zu hoher Beschäftigung gegenüberstellten. Die beiden Bekenntnisse lassen sich weitgehend miteinander verbinden, doch sie können auch, zumindest teilweise, miteinander in Konflikt geraten. Sofern es zu einem Konflikt kommt, ist es notwendig, die beiden Fragen *zusammen* und gleichzeitig zu betrachten, um so unter Berücksichtigung sowohl der Effizienz als auch der Fairneß die sozialen Prioritäten *insgesamt* zu erfassen.

Welche Aufgabe Märkte erfüllen, hängt nicht allein davon ab, was sie tun können, sondern auch davon, was sie tun dürfen. Den Interessen vieler Menschen ist durch das reibungslose Funktionieren des Marktes gedient, doch gibt es auch Gruppen, deren etablierten Interessen dadurch geschadet wird. Sind letztere politisch mächtig und einflußreich, können sie versuchen, die wirtschaftliche Reichweite der Märkte zu beschneiden. Dies kann zu einer sehr problematischen Situation führen, wenn aufgrund einer Abschottung gegen inländischen oder ausländischen Wettbewerb monopolistische Produktionszweige trotz Ineffizienz und verschiedener Formen von Unfähigkeit blühen. Die teuren Produkte oder die schlechte Produktqualität, die durch eine derart künstlich gestützte Produktion erzeugt werden, können großen Teilen der Bevölkerung ein beträchtliches Opfer abverlangen, während eine organisierte und politisch einflußreiche Gruppe von »Industriebossen« dafür sorgt, daß ihre Profite gesichert sind.

In seiner Klage über die restriktive Nutzung des Marktes im England des 18. Jahrhunderts hatte Adam Smith nicht nur die sozialen Vorteile gutfunktionierender Märkte im Auge, er wollte darüber hinaus den Einfluß althergebrachter Ansprüche anprangern, deren Vertreter ihre übermäßigen Profite durch Abkapselung gegen die bedrohlichen Auswirkungen des Wettbewerbs sichern wollten. In der Tat hielt Adam Smith es für wichtig, das Wirken der Märkte weitgehend als Gegengift zu den üblicherweise aus Sicht der altehrwürdigen Interessen angeführten Argumente gegen angemessene Zulassung des Wettbewerbs zu verstehen. Smith' intellektuelle Argumente verfolgten zum Teil den Zweck, die Macht und die Durchschlagskraft eines Standpunktes zu untergraben, der nur eingewurzelte Interessen verteidigte.

Die Marktrestriktionen, gegen die Smith vor allem wortgewandt zu Felde zog, lassen sich im weitesten Sinn als »vorkapitalistische« Fesseln verstehen. Sie unterscheiden sich von staatlichen Eingriffen, die beispielsweise Wohlfahrtsprogramme oder soziale Netze zum Zweck haben und die zu seiner Zeit erst rudimentär, etwa in Gestalt der Armenrechte, existierten.[20] Sie sind auch nicht mit der Aufgabe des Staates zu verwechseln, Dienstleistungen wie etwa ein öffentliches Bildungswesen bereitzustellen, was Smith vehement befürwortete (dazu mehr im folgenden).

Wie die Dinge liegen, sind viele Einschränkungen, die heute das Funktionieren der Wirtschaft in den Entwicklungsländern – oder auch in den angeblich sozialistischen Ländern von gestern – behindern, ebenfalls in diesem weiten Sinn »vorkapitalistischer« Art. Ob wir nun das Verbot gegen bestimmte Formen des Binnenhandels oder des internationalen Tausches, das Festhalten an veralteten Techniken und Produktionsweisen in Industrien betrachten, die von einer »Protektion genießenden Bourgeoisie« besessen und geleitet werden, immer gibt es eine generische Ähnlichkeit zwischen der schwungvollen Verteidigung von Wettbewerbsbeschränkungen und dem Blühen vorkapitalistischer Werte und geistiger Einstellungen. Die »Radikalen« von gestern, wie Adam Smith, dessen Gedanken viele Streiter für die Französische Revolution inspiriert haben, David Ricardo, der Malthus' Verteidigung des produktiven Beitrags halsstarriger Großgrundbesitzer ablehnte, oder Karl Marx, der im kapitalistischen Wettbewerb eine entscheidende Fortschrittskraft sah, hätten wenig Sympathien für die allgemeinen marktfeindlichen Argumente seitens vorkapitalistischer Meinungsführer aufgebracht.

Es ist eine Ironie der Ideengeschichte, daß mancher, der heutzutage eine radikale Politik fordert, sich oft für alte ökonomische Thesen erwärmt, die von Smith, Ricardo und Marx einhellig zurückgewiesen wurden. Michal Kaleckis schon einmal zitierte bittere Klage über ein Polen, das in Restriktionen erstickt (»den Kapitalismus haben wir erfolgreich abgeschafft; abzuschaffen bleibt uns jetzt nur noch der Feudalismus«), läßt sich in diesem Licht besehen gut würdigen. Es ist keineswegs erstaunlich, daß eine Protektion genießende Bourgeoisie häufig ihr Bestes tut, um die Illusion zu wecken und zu fördern, sie sei wer weiß wie radikal und modern, während sie doch bloß allgemeine marktfeindliche Haltungen aus der fernen Vergangenheit abstaubt.

Es ist wichtig, sich diesen Debatten durch eine vorurteilslose Kritik der Thesen zu stellen, die zugunsten einer allgemeinen Wettbewerbsbeschränkung angeführt werden. Damit wird nicht bestritten, daß auch die politische Macht der Gruppen, die aus einer Handels- und Gewerbebeschränkung beträchtliche materielle Vorteile ziehen würden, aufmerksam zu beobachten ist. Viele Autoren haben aus guten Gründen darauf hingewiesen, daß die entsprechenden Befürwortungen hinsichtlich der betroffenen Interessen zu beurteilen sind, so wie auch der Einfluß des »rent-seeking« beachtet werden muß, da dieses immer dazu neigt, den Wettbewerb auszuschließen. Wenn, wie Vilfredo Pareto in einer berühmten Passage schreibt, »eine bestimmte Maßnahme A Grund für den Verlust von einem Franc für tausend Personen und für einen Gewinn von 1000 Franc für eine Person ist, so wird diese ziemlich viel Tatkraft aufbringen, während jene nur wenig Widerstand leisten werden; und es ist wahrscheinlich, daß die Person, die sich 1000 Franc mit Hilfe von A sichern will, am Ende Erfolg hat«.[21] Politischen Einfluß um ökonomischer Gewinne willen zu suchen ist in unserer Welt eine handfeste Tatsache.[22]

Solchen Einflüssen sollte nicht nur mit Widerstand begegnet werden oder, um ein aus der Mode gekommenes Wort zu verwenden, durch »Entlarvung« derjenigen, die von eingeschränkten Märkten profitieren, auch ihre intellektuellen Argumente sollten als Untersuchungsgegenstand ernst genommen werden. Die Wirtschaftstheorie kann diesbezüglich eine lange Tradition vorweisen, die zumindest auf Adam Smith selbst zurückgeht, der zugleich mit dem Finger auf die Übeltäter gewiesen und ihre These entlarvt hat, daß ein Verbot von Wettbewerb der Gesellschaft zugute käme. Smith erklärte, die Vertreter althergebrachter Interessen würden häufig triumphieren, weil sie das »eigene Interesse sehr viel besser kennen« – und »*nicht* das öffentliche«. Smith schreibt:

»Das Interesse der Kaufleute aller Branchen in Handel und Gewerbe weicht aber in mancher Hinsicht stets vom öffentlichen ab, gelegentlich steht es ihm auch entgegen. Kaufleute sind immer daran interessiert, den Markt zu erweitern und den Wettbewerb einzuschränken. Eine Erweiterung des Marktes mag häufig genug auch im öffentlichen Interesse liegen, doch muß eine Beschränkung der Konkurrenz ihm stets schaden, da diese lediglich dazu dienen kann, daß die Geschäftsleute ihren Gewinn über die natürliche Spanne hinaus erhöhen und gleichsam den Mitbürger eine absurde Steuer zum eigenen Vorteil auferlegen. Jedem Vorschlag zu einem neuen Gesetz oder einer neuen Regelung über den Handel, der von ihnen kommt, sollte man immer mit großer Vorsicht begegnen. Man sollte ihn auch niemals übernehmen, ohne ihn vorher gründlich und sorgfältig, ja, sogar mißtrauisch und argwöhnisch geprüft zu haben ...«[23]

Falls öffentliche Debatten erlaubt und gefördert werden, gibt es keinen Grund, weshalb überkommene Interessen immer den Sieg davontragen sollen. Wie auch Paretos berühmtes Argument zeigt, mag es tausend Leute geben, deren Interessen ein wenig durch eine Politik geschädigt werden, die dem Interesse eines Geschäftsmannes wunderbar entgegenkommt, und sobald uns dafür die Augen geöffnet sind, wird es nicht an einer Mehrheit fehlen, die sich einer solchen Verteidigung des persönlichen Vorteils widersetzt. Hier haben wir ein ideales Feld für mehr öffentliche Diskussionen der Thesen und Gegenthesen verschiedener Parteien, und bei diesem Prüfstein für eine offene Demokratie mag das öffentliche Wohl exzellente Erfolgsaussichten gegenüber dem leidenschaftlichen Plädoyer des exklusiven Zirkels altehrwürdiger Interessen haben. Hier wie in vielen anderen bereits in diesem Buch besprochenen Bereichen liegt das Heil einzig und allein in mehr Freiheit, und dazu gehören öffentliche Debatten und die Teilhabe an politischen Entscheidungen. Wieder einmal zeigt sich, daß eine Freiheit, in diesem Fall die politische Freiheit, die Verwirklichung einer anderen Freiheit, nämlich der vorurteilslosen Auseinandersetzung über ökonomische Fragen, unterstützen kann.

Die Notwendigkeit einer kritischen Prüfung des Marktes

Wie man es auch dreht und wendet, eine kritische öffentliche Diskussion ist eine unerläßliche Voraussetzung für eine gute Wohlfahrtspolitik, denn auf welche Weise und wieweit Märkte zu nutzen sind, läßt sich nicht auf der Grundlage einer großartigen allgemeinen Formel oder irgendeiner generellen Einstellung entscheiden, die entweder alles dem Markt überlassen oder ihm alles entziehen will. Selbst Adam Smith, ein entschiedener Befürworter des Marktes dort, wo er Sinnvolles leisten konnte, und ein ebenso entschlossener Gegner einer *generellen* Ablehnung von Handels- und Gewerbefreiheit, zögerte nicht, die ökonomischen Umstände zu untersuchen, unter denen spezifische Restriktionen ratsam sein können, oder die ökonomischen Bereiche, in denen die Leistungen des Marktes unbedingt durch marktunabhängige Institutionen zu ergänzen sind.[24]

Es wäre falsch anzunehmen, daß Smith' Kritik des Marktmechanismus immer freundlich ausfiel oder daß er, was das betrifft, mit seinen kritischen Einwänden immer ins Schwarze traf. Nehmen wir beispielsweise seine Befürwortung einer gesetzlichen Regelung des Zinssatzes.[25] Smith sprach sich selbstverständlich gegen ein allgemeines Verbot aus, für Kredite Zinsen zu erheben, wie es einige Gegner des Marktes taten.[26] Er wünschte sich jedoch, daß der Staat per Gesetz die obere Grenze des Zinssatzes festlegte:

»In Ländern, die den Zins nicht verbieten, legt das Gesetz im allgemeinen den Höchstzins, der ohne Strafe noch zulässig ist, fest, um die Erpressung durch Wucher zu verhindern. ... Dieser legale Satz sollte indes nicht allzusehr über dem üblichen Marktzins liegen. Läge er in England zum Beispiel bei 8 oder 10 Prozent, so würde das Leihgeld größtenteils an Verschwender und Plänemacher fließen, da nur sie bereit wären, diesen hohen Zins zu zahlen. So würden also solide Kaufleute, die für den Kredit nicht mehr zahlen werden als einen Teil dessen, was sie mit seiner Hilfe wahrscheinlich erwirtschaften, nicht in Wettbewerb treten können. Beträchtliches Kapital eines Landes würde auf diese Weise jenen entzogen, die es höchstwahrscheinlich mit Gewinn und Vorteil verwenden, und jenen zur Verfügung stehen, die es fast mit Sicherheit verschwenden oder vernichten.«[27]

Die Logik des Arguments, das Smith zugunsten eines staatlichen Eingreifens anführt, ist die, daß der Markt mitunter irreführende Zeichen setzt, die in der Folge zu Kapitalverschwendung führen, entweder weil Privatunternehmer sich auf waghalsige und kurzsichtige Geschäfte einlassen oder weil soziale Ressourcen für die private Befriedigung verschwendet werden. Nun war es gerade Jeremy Bentham, der Adam Smith in einem langen, im März 1787 geschriebenen Brief heftig kritisierte und erklärte, man müsse den Markt sich selbst überlassen.[28] Dies ist eine recht bemerkenswerte Episode in der Geschichte der Wirtschaftstheorie: Der führende regulierungsfreudige Utilitarist hält dem großen Pionier der Marktwirtschaft einen Vortrag über die Tugenden einer durch den Markt geregelten Verteilung.[29]

Die Frage eines gesetzlich festgelegten Höchstzinses sorgt in den heutigen Debatten nicht mehr für Aufregung – in dieser Hinsicht hat Bentham deutlich den Sieg über Smith davongetragen –, es ist jedoch wichtig zu verstehen, warum Smith eine so negative Meinung über den Einfluß von »Verschwendern und Plänemachern« auf die Wirtschaft hegte. Er war sehr beunruhigt durch das Problem der sozialen

Vergeudung und den Verlust an produktivem Kapital. Wie es dazu kommen könne, erörterte er detailliert im 3. Kapitel des 2. Buches von *Wohlstand der Nationen*. Was die »Verschwender« betraf, so sah Smith in ihnen ein großes Potential für soziale Vergeudung, da sie sich »von der Begierde nach augenblicklichem Genuß« antreiben ließen. Deshalb scheint »jeder Verschwender ein Feind der Allgemeinheit« zu sein. Die »Plänemacher« erwecken Smith' Abneigung, weil sie gesellschaftliches Kapital verschleudern:

»Schlechte Wirtschaftsführung und Verwaltung haben oft die gleichen Folgen wie Verschwendung. Jedes Projekt in der Landwirtschaft, im Bergbau, in der Fischerei, in Handel oder Gewerbe, unüberlegt und erfolglos durchgeführt, führt in gleicher Weise zu einem Verlust an Mitteln, die zum Einsatz produktiver Arbeit bestimmt sind. Obgleich in solchen Projekten das investierte Kapital nur von produktiven Arbeitskräften verbraucht wird, muß doch gegenüber einer anderen Verwendung ein gewisser Verlust für die produktiven Fonds eines Landes eintreten ...«[30]

Smith' Argumente müssen nicht im einzelnen gewürdigt werden, wichtig ist jedoch zu sehen, über welche Probleme er sich Gedanken machte. Worin sieht er die Möglichkeit eines gesellschaftlichen Verlustes beim eigennützigen Streben nach privaten Gewinnen gegeben? Hier liegt der entgegengesetzte Fall zu einer seiner berühmtesten Bemerkungen vor: »Nicht vom Wohlwollen des Metzgers, Brauers und Bäckers erwarten wir das, was wir zum Essen brauchen, sondern davon, daß sie ihre eigenen Interessen wahrnehmen. Wir wenden uns nicht an ihre Menschen –, sondern an ihre Eigenliebe ...«[31] Wenn das Metzger-Brauer-Bäcker-Beispiel unsere Aufmerksamkeit auf die für alle vorteilhafte Wirkung des aus Eigenliebe betriebenen Gewerbes lenkt, dann verweist das Verschwender-Plänemacher-Argument auf die Möglichkeit, daß das private Profitstreben den allgemeinen Interessen zuwiderlaufen kann. Und diese allgemeine Sorge – nicht bloß das besondere Beispiel der Verschwender und Plänemacher – ist auch heute noch von Belang.[32] Das ist die zentrale Befürchtung, wenn wir beispielsweise den sozialen Verlust betrachten, der von Privatunternehmen, die natürliche Ressourcen vergeuden oder die Umwelt belasten, verursacht wird, und dies fügt sich sehr gut in Smith' Beschreibung der Möglichkeit »eines gewissen Verlusts für die produktiven Fonds eines Landes« ein.

Smith' Analyse des Marktmechanismus lehrt uns, daß eine allgemeine Pro- oder Kontraeinstellung zum Markt uns nicht zu massiven politischen Schlußfolgerungen hinreißen sollte. Wenn wir erkannt haben, welche Rolle Handel und Gewerbe im menschlichen Leben spielen, müssen wir immer noch untersuchen, welche Folgen die Transaktionen auf dem Markt tatsächlich haben. Wir müssen die realen Möglichkeiten kritisch einschätzen und die gebotene Aufmerksamkeit auch den kontingenten Umständen schenken, die in die Bewertung aller Resultate einer Ausweitung oder Beschränkung der Märkte einfließen sollten. Wenn das Beispiel des Metzgers, Brauers und Bäckers auf einen allgemeinen Umstand hinweist, bei dem unsere komplementären Interessen durch den Tausch allseits gefördert werden, dann veranschaulicht das Beispiel des Verschwenders und Plänemachers die Möglichkeit, daß dem nicht immer so sein muß. Nichts entbindet uns von der Notwendigkeit einer kritischen Prüfung.

Die Notwendigkeit eines vielseitiges Ansatzes

Der Grund, warum das Problem der Entwicklung nach einem breiten und vielseitigen Ansatz verlangt, ist in den letzten Jahren deutlicher geworden, nicht zuletzt aufgrund der Schwierigkeiten, mit denen die verschiedenen Länder in den letzten Jahrzehnten gerungen haben, und ihrer dabei erzielten Erfolge.[33] Diese Fragen stehen in einem engen Zusammenhang mit der Notwendigkeit, die Aufgabe der Regierungen so wie anderer politischer und sozialer Institutionen mit dem Mechanismus der Märkte in ein Gleichgewicht zu bringen.

Zudem machen sie die Relevanz einer »umfassenden Entwicklungstheorie« deutlich, wie James Wolfensohn, der Präsident der Weltbank, sie diskutiert hat.[34] Dieses Konzept besagt, daß jede Auffassung, die den Entwicklungsprozeß von einem einzigen Punkt aus vorantreiben möchte, abzulehnen ist, etwa die Ansicht, daß erst einmal eine »Liberalisierung« oder irgendein anderer einseitiger übergreifender Prozeß anzustoßen sei. Die Suche nach einer Allzwecklösung – etwa »die Öffnung der Märkte« oder eine »richtige Preispolitik« – hat in der Vergangenheit bei der Zunft viel Anklang gefunden, nicht zuletzt in der Weltbank selbst. Statt dessen brauchen wir einen integrativen und facettenreichen Ansatz, der es sich zum Ziel setzt, an vielen verschiedenen Fronten gleichzeitig Fortschritte zu machen, etwa durch die Errichtung verschiedener, sich gegenseitig unterstützender Institutionen.[35]

Weiter gespannte Ansätze sind oftmals schwerer zu »verkaufen« als Scheibchenreformen, die immer nur »eine Sache zu einer Zeit« zu erreichen versuchen. Daraus mag sich erklären, warum der intellektuelle Einfluß, den Manmohan Singh bei den so dringlich erforderten Wirtschaftsreformen in Indien im Jahr 1991 ausübte, vor allem in Richtung »Liberalisierung« ging und die nicht weniger dringliche Erweiterung der sozialen Chancen vernachlässigte. Es besteht eine enge Verbindung zwischen der Zurückdrängung staatlicher Aktivität in der Betreibung eines »license Raj« einerseits und der Bekämpfung staatlicher Untätigkeit andererseits, die sich in der fortgesetzten Vernachlässigung einer soliden Grundschulbildung und anderer sozialer Chancen niederschlägt. (Man darf nicht vergessen, daß nahezu die Hälfte aller Inder nicht lesen und schreiben können und daher nicht in der Lage sind, an einer zunehmend globalisierten Ökonomie teilzunehmen.)[36] Manmohan Singhs Bemühungen führten zu einigen wesentlichen Reformen, und dieser Erfolg wird zu Recht enthusiastisch anerkannt.[37] Dennoch hätte er größer sein können, wenn die Reformen mit dem Engagement verbunden gewesen wären, die in Indien so lange stiefmütterlich behandelten sozialen Chancen zu entwickeln.

Ein starker Einsatz der Märkte verbunden mit der Entwicklung sozialer Chancen sollte als Teil eines noch weiter gefaßten Ansatzes begriffen werden, der auch Freiheiten anderer Art betont, d. h. demokratische Rechte, Sicherheitsgarantien, Möglichkeiten der Zusammenarbeit usw. In diesem Buch stützt sich die Identifikation verschiedener instrumenteller Freiheiten, z. B. ökonomischer Zugangsrechte, demokratischer Freiheiten, sozialer Chancen, Gewähr von Transparenz sowie sozialer Sicherheit, auf die Erkenntnis ihrer jeweiligen Funktionen wie auch ihrer wechselseitigen Ergänzung. Je nachdem, welches Land betrachtet wird, mag sich der Schwerpunkt der Kritik angesichts der besonderen Erfahrung in diesem Land verschieben. Beispielsweise kann in Indien der größte Stein des Anstoßes das Hintanstellen sozialer Chancen sein, was auf China nicht gleichermaßen zutrifft, während umgekehrt das Fehlen demokratischer Freiheiten in China die Kritik stärker herausfordert.

Interdependenz und öffentliche Güter

Diejenigen, die im Marktmechanismus die beste Lösung für alle ökonomischen Probleme erblicken, werden gerne seine Grenzen ausloten wollen. Zu den Fragen der Fairneß und der Notwendigkeit, nicht bei den Überlegungen zur Effizienz stehenzubleiben, habe ich bereits Stellung bezogen und in diesem Zusammenhang auch erörtert, weshalb der Marktmechanismus der Ergänzung durch die Tätigkeit anderer Institutionen bedarf. Indes kann der Marktmechanismus auch unter Effizienzgesichtspunkten nicht immer Optimales leisten, vor allem im Hinblick auf die sogenannten »öffentlichen Güter«.

Zu den Annahmen, die gemeinhin gemacht werden, um die Effizienz des Marktmechanismus zu beweisen, gehört, daß jedes Gut – und allgemeiner alles, was unserer Wohlfahrt förderlich ist – auf dem Markt zu kaufen bzw. zu verkaufen ist. Alles lasse sich vermarkten – sofern wir es dem Markt überlassen wollen – und was sich »nicht vermarkten« läßt, soll für unsere Wohlfahrt kaum von Bedeutung sein. Tatsächlich aber mag einiges von dem, was wesentlich zu den menschlichen Verwirklichungschancen beiträgt, bloß sehr schwer an nur eine Person zu einem Zeitpunkt zu verkaufen sein. Dies gilt insbesondere für die sogenannten »öffentlichen Güter«, die von den Leuten *gemeinsam* konsumiert werden und nicht getrennt von jedem einzelnen.[38]

In erster Linie wäre hier der Umweltschutz zu nennen, aber auch die Seuchenprävention und das öffentliche Gesundheitswesen. Ich mag bereit sein, meinen Teil zu einem staatlichen Programm zur Ausrottung der Malaria beizusteuern, doch kann ich mir nicht meinen Teil am Malariaschutz in Gestalt eines »privaten Guts« kaufen, so wie ich mir einen Apfel oder ein Hemd kaufen könnte. Eine von Malaria freie Umgebung ist ein »öffentliches Gut«, in dessen Genuß nur alle gemeinsam kommen können. Ja, sollte es mir irgendwie gelingen, meine Umgebung von Malaria zu befreien, so wird auch mein Nachbar nicht mehr von Malaria bedroht, ohne daß er sich das irgendwo »kaufen« müßte.[39]

Die Logik des Marktmechanismus ist auf private Güter, wie Äpfel und Hemden, abgestellt, nicht auf öffentliche Güter, wie eine von Malaria freie Umgebung. Es lassen sich sicherlich gute Gründe dafür finden, für öffentliche Güter Vorsorge zu tragen, die von den privaten

Märkten nicht bereitgestellt werden.[40] Ganz ähnliche Argumente über die begrenzte Reichweite des Markmechanismus treffen auch auf verschiedene andere Bereiche zu, in denen die Versorgung die Form eines öffentlichen Gutes annehmen kann. Die Landesverteidigung, die Aufrechterhaltung von Ruhe und Ordnung und der Umweltschutz zählen zu den Bereichen, auf die diese Überlegungen zutreffen.

Daneben gibt es gemischte Fälle. Geht man davon aus, daß eine solide Schulbildung für das Gemeinwesen möglicherweise ein größerer Gewinn ist als für die gebildete Person selbst, dann wird man die Schulbildung teilweise für ein öffentliches Gut halten, gewissermaßen für ein halböffentliches Gut. Natürlich profitieren diejenigen, die eine Ausbildung erhalten haben, auch persönlich davon, doch darüber hinaus kann die allgemeine Anhebung des Bildungsstandards in einer Region den sozialen Wandel beschleunigen, ja sogar die Geburten- und Sterblichkeitsraten senken, wie ich im 8. und 9. Kapitel ausführlicher darlegen werde. Und nicht zu vergessen, sie kann den ökonomischen Fortschritt beschleunigen, dessen Nutznießer auch die anderen sind. Die tatsächliche Reichweite derartiger öffentlicher Einrichtungen mag nach kooperativen Tätigkeiten und Leistungen des Staates oder der örtlichen Behörden verlangen. In der Regel war es der Staat, der überall in der Welt für einen Ausbau der Schulbildung gesorgt hat. Der rapide Anstieg der Lese- und Schreibkenntnisse in der Vergangenheit der heute wohlhabenden Länder, sowohl im Westen als auch in Japan und dem Rest Ostasiens, wurde durch die niedrigen Kosten der öffentlichen Schulbildung, verbunden mit dem daraus erwachsenden Nutzen für die Allgemeinheit, ermöglicht.

In diesem Zusammenhang ist es bemerkenswert, daß einige leidenschaftliche Befürworter des Marktes heute den Entwicklungsländern empfehlen, sich in puncto Bildung ganz auf den freien Markt zu verlassen, wodurch sie ihnen gerade den Prozeß vorenthalten, der für die rapide Ausweitung der Bildung in Europa, Nordamerika, Japan und Ostasien in der Vergangenheit entscheidend war. Die angeblichen Schüler von Adam Smith könnten einiges aus seinen Schriften zu diesem Thema lernen, auch aus seiner Enttäuschung über die Sparpolitik der öffentlichen Hand auf dem Bildungssektor:

»Mit nur geringem Aufwand kann der Staat fast der gesamten Bevölkerung diese Schulausbildung erleichtern, sie dazu ermutigen, ja sogar dazu zwingen.«[41]

Das Argument der »öffentlichen Güter«, welches uns nötigt, über den Marktmechanismus hinauszugehen, ergänzt die Gründe dafür, daß der Staat, um der notwendigen grundlegenden Verwirklichungschancen willen, Sozialpolitik zu treiben hat, etwa indem er für ein Gesundheitswesen und elementare Bildungschancen sorgt. Also nicht nur im Namen der Fairneß, sondern auch der Effizienz wegen ist der Staat dazu aufgerufen, seinen Beitrag zu einem Bildungswesen, zu Gesundheitseinrichtungen und anderen öffentlichen oder halböffentlichen Gütern zu leisten.

Staatliche Fürsorge und Anreize

Während diese Überlegungen uns gute Gründe für öffentliche Ausgaben in jenen Bereichen liefern, die für ökonomische Entwicklung und sozialen Wandel entscheidend sind, wird man auch Gegenargumente vorbringen können, die in diesem Kontext ebenfalls der Betrachtung wert sind. Ein Problem ist, daß die Steuerlasten für öffentliche Ausgaben ziemlich groß sein können, je nachdem, wie ehrgeizig die Pläne sind. Die Furcht vor einem Haushaltsdefizit und einer Inflation (und ganz allgemein vor einer »makroökonomischen Instabilität«) ist ein Gespenst, das die gegenwärtigen wirtschaftspolitischen Debatten heimsucht. Es ist in der Tat kein auf die leichte Schulter zu nehmendes Problem. Ein anderes Problem betrifft die Anreize und die Frage, ob ein System staatlicher Fürsorge sich nicht negativ auf Eigeninitiative und persönliche Anstrengungen auswirken kann. Zunächst werde ich mich der zweiten Frage zuwenden und danach auf die Steuerbelastung und ihre Folgen zu sprechen kommen.[42]

Jede reine Transferleistung – die Umverteilung von Einkommen oder die kostenlose Bereitstellung einer öffentlichen Leistung – kann sich potentiell auf das System der wirtschaftlichen Anreize niederschlagen. Beispielsweise wurde besonders leidenschaftlich vorgebracht, daß ein großzügiges Arbeitslosengeld die Antriebskraft der Arbeitslosen, einen neue Anstellung zu finden, schwächen könne und diese Wirkung in Europa tatsächlich gehabt habe. Angesichts der Tatsache, daß Fairneß ein starkes Argument zugunsten einer Arbeitslosenversicherung liefert, werden wir, falls sich zeigen sollte, daß dieser potentielle Konflikt real ist und zahlenmäßig beträchtlich zu Buche schlägt, auf ein ernsthaftes Problem stoßen. Da jedoch eine Arbeit aus den verschiedensten Gründen gesucht wird – nicht allein um des Einkommens willen –, ist ein partieller Ersatz für den entgangenen Lohn durch die staatliche Unterstützung kein so starker Gegenanreiz für eine Arbeitsuche, wie manchmal unterstellt wird. Faktisch haben wir keine Klarheit über Umfang und Größenordnung der kontraproduktiven Anreize der Arbeitslosenversicherung. Gleichwohl ist es eine Sache der empirischen Untersuchung, herauszufinden, wie stark die kontraproduktiven Anreize nun wirklich sind, um zu einer fundierten öffentlichen Debatte über dieses wichtige Thema der Sozialpolitik zu gelangen, das auch eine Entscheidung über eine richtige Ausgewogenheit von Fairneß und Effizienz einschließt.

In den meisten Entwicklungsländern gibt es im allgemeinen kaum Vorkehrungen für eine Arbeitslosenversicherung. Doch damit ist das Problem des Anreizes nicht passé. Auch kostenlose medizinische Versorgung, Gesundheitseinrichtungen oder eine kostenlose Schulbildung werfen Fragen (1) zum Umfang der für die Empfänger unverzichtbaren Dienstleistungen und (2) zum Umfang der von den Menschen für die Leistungen selbst aufzubringenden Kosten auf, Kosten, die sie auch getragen hätten, wenn es keine unentgeltlichen öffentlichen Leistungen gegeben hätte. Wer den Anspruch auf diese elementaren staatlichen Vorkehrungen (für medizinische Versorgung, Bildung usw.) für ein unveräußerliches Menschenrecht hält, wird diese kritischen Fragen als völlig verfehlt betrachten, vielleicht sogar als bedauerliche Verneinung der normativen Prinzipien einer heutigen »Gesellschaft«. Bis zu einem bestimmten Punkt ist diese Position sicherlich zu verteidigen, doch angesichts der begrenzten ökonomischen Ressourcen stehen wir hier vor einer schwerwiegenden Entscheidung, der wir nicht einfach deshalb aus dem Weg gehen können, weil wir uns auf einen ökonomischen Erwägungen vorausgehenden »sozialen« Grundsatz berufen. Wie dem auch sei, wir müssen die Frage der Anreize behandeln, und sei es nur, weil der *Umfang* der Sozialleistungen, die eine Gesellschaft bereitstellen kann, zum Teil von den Kosten und Anreizen abhängen muß.

Anreize, Verwirklichungschancen und Funktionen

Das Grundproblem der Anreize ist kaum vollständig lösbar. Es ist im allgemeinen recht hoffnungslos, nach Indikatoren zu suchen, die auf der einen Seite aussagekräftig genug sind, um einen Mangel auszumachen, und die auf der anderen Seite, legt man sie der Wohlfahrtspolitik zugrunde, nicht kontraproduktiv als Anreiz wirken. Der Umfang, in dem etwas kontraproduktive Anreize nach sich zieht, kann jedoch nach Art und Weise der benutzten Kriterien variieren.

Die Konzentration auf die Armutsanalyse in diesem Werk ist mit einer Akzentverschiebung vom niedrigen Einkommensniveau zum Fehlen grundlegender Verwirklichungschancen verbunden. Das Hauptargument für diese Akzentverschiebung ist prinzipieller, nicht strategischer Natur. Ich habe behauptet, daß, wenn dem Menschen Verwirklichungschancen vorenthalten werden, dies ein wichtigeres Kennzeichen für Mangel ist als ein niedriges Einkommen, denn das Einkommen ist bloß Mittel zum Zweck, und sein abgeleiteter Wert hängt von vielen sozialen und ökonomischen Umständen ab. Dieses Argument läßt sich jetzt durch die Vermutung ergänzen, daß, verglichen mit dem Einkommen als Meßlatte für Umverteilung und staatliche Unterstützung, die Konzentration auf den Mangel an Verwirklichungschancen von Vorteil ist, wenn es darum geht, den kontraproduktiven Anreizen zu begegnen. Diese Nützlichkeitserwägung tritt zu dem grundsätzlichen Argument für eine Konzentration auf die Verwirklichungschancen allerdings nur komplementär hinzu.

Eine Bewertung der Verwirklichungschancen hat primär auf der Beobachtung der von einem Menschen faktisch realisierten Funktionen zu beruhen; andere Informationen wirken ergänzend. Natürlich gibt es hier methodisch einen Sprung, nämlich von den Funktionen zu den Verwirklichungschancen, doch braucht es kein großer Sprung zu sein, und wäre es auch nur, weil die Beurteilung der von ihm faktisch realisierten Funktionen einen wichtigen Hinweis darauf gibt, wie jemand die eigenen Wahlmöglichkeiten beurteilt. Wenn jemand vorzeitig stirbt oder an einer quälenden und lebensgefährlichen Krankheit leidet, dürfte in den meisten Fällen der Schluß gerechtfertigt sein, daß es ihm an Verwirklichungschancen fehlte.

In manchen Fällen wird das sicherlich nicht zutreffen. Jemand kann z.B. Selbstmord begehen. Oder er kann hungern, nicht aus Not, sondern weil er sich entschieden hat zu fasten. Aber das sind relativ seltene Vorkommnisse, die auf der Basis zusätzlicher Informationen zu interpretieren sind, und die im Falle des Fastens auf religiöse Praktiken, politische Strategien oder ähnliche Gründe verweisen. Grundsätzlich ist es vernünftig, über die faktisch wahrgenommenen Funktionen hinauszugehen, um jemandes Verwirklichungschancen zu beurteilen, doch wie weit man gehen kann, wird von den Umständen abhängen. Sozialpolitik ist, wie Politik generell, die Kunst des Möglichen, und sich das gegenwärtig zu halten ist wichtig, wenn man theoretische Einsichten mit einem gesunden Sinn für das Machbare vereinbaren will. Hervorzuheben ist jedoch, daß selbst dann, wenn wir uns auf Funktionen (hohe Lebenserwartung, Gesundheit, Lese- und Schreibkenntnisse usw.) als Informationsbasis beschränken, wir damit einen lehrreicheren Maßstab für Mangel an die Hand bekommen als allein aus der Einkommensstatistik.

Probleme bereitet allerdings die empirische Erfassung mancher Arten von erreichten Funktionen. Doch einige der fundamentaleren sind der direkten Beobachtung auch leichter zugänglich und verschaffen einer auf Abschaffung von Mängeln gerichteten Politik eine nützliche Informationsgrundlage. Die Daten, die dazu nötig sind, um den Bedarf für Alphabetisierungskampagnen, Krankenhäuser und Nahrungsmittelhilfe zu erkennen, sind nicht besonders schwierig zu erheben.[43] Es kommt hinzu, daß diese Bedürfnisse und Mangelerscheinungen weniger leicht Verzerrungen ausgesetzt sind als die Behinderung durch ein geringes Einkommen, denn das Einkommen läßt sich leicht verhehlen, zumal in den meisten Entwicklungsländern. Wenn staatliche Unterstützung den Menschen allein aufgrund ihrer Armut gewährt würde, indem man es ihnen überließe, die Kosten für die medizinische Versorgung, den Schulunterricht usw. aus ihrem eigenen Einkommen zu bestreiten, stünde eine gewaltige Schwindelei zu befürchten. Die Konzentration auf Funktionen und Verwirklichungschancen, die in diesem Buch ausführlich praktiziert wird, führt zu einer Minimalisierung möglicherweise kontraproduktiver Nebenfolgen. Wieso?

Erstens werden Menschen in der Regel aus bloß taktischen Motiven eine Schulbildung nicht zurückweisen, Krankheit und Unterernährung nicht kultivieren wollen. Die entscheidungstheoretischen Prioritäten streiten gegen eine absichtliche Verschärfung so elementarer Mangelerscheinungen. Natürlich gibt es Ausnahmen von der Regel. Zu den deprimierendsten Berichten über die Erfahrungen bei der Linderung von Hungersnot gehören solche, in denen man gelegentlich von Eltern liest, die eines ihrer Kinder im Zustand völliger Unterernährung halten, so daß die Familie sich für Nahrungsmittelhilfe qualifiziert, etwa in Gestalt von Essensrationen zum Mitnehmen. Hier wird das Kind gewissermaßen als Bon für eine Mahlzeit mißbraucht.[44] Doch im allgemeinen sind solche Anreize, um Menschen unterernährt oder medizinisch unbehandelt oder ohne Lesen und Schreiben aufwachsen zu lassen, aus leicht erfindlichen Gründen verhältnismäßig rar.

Zweitens können die Ursachen für ein Vorenthalten von Funktionen viel tiefer liegen als in einer Einkommensbenachteiligung, und sie lassen sich sehr schwer aus rein taktischen Motiven anpassen. Körperliche Behinderung, Alter, Geschlechtsattribute und dergleichen sind besonders ernste Quellen für eine Benachteiligung in den eigenen Verwirklichungschancen, weil die betreffenden Individuen darüber keine Kontrolle haben. Aus genau demselben Grund sind sie jedoch nicht ebenso manipulierbar wie veränderliche Merkmale. Das schränkt von vornherein den möglichen kontraproduktiven Effekt darauf abgestellter Sozialprogramme ein.

Drittens ist auch noch sehr zu beachten, daß die Empfänger selbst sich eher für die Funktionen und erreichten Verwirklichungschancen interessieren (und für die damit verbundene Lebensqualität) als nur dafür, mehr Geld zu verdienen. Eine Sozialpolitik, die sich an solche Variablen hält, die den Interessen der einzelnen stärker entgegenkommen, ist auf diese Weise imstande, sich der persönlichen Entscheidungen als eines Auswahlmechanismus zu bedienen. Dieses Thema hängt mit dem Einsatz der Selbstqualifikation für staatliche Hilfeleistung zusammen, da diese an eigene Arbeit und Leistung gekoppelt ist, so wie es häufig bei der Linderung von Hungersnöten praktiziert wird. Nur Menschen, die mittellos sind und Geld so dringend nötig haben, daß sie willens sind, dafür auch hart zu arbeiten, werden von sich aus und trotz häufig schlechter Bezahlung Beschäftigungschancen nutzen, die eine weithin praktizierte Form staatlicher Unterstützung sind.[45] Dieser Typ von gezieltem Programm ist sehr erfolgreich zur Verhütung von Hungerkatastrophen praktiziert worden und läßt sich noch ausbauen, um die wirtschaftlichen Chancen der armen Bevölkerung zu vergrößern, soweit sie körperlich arbeitsfähig ist.[46] Der springende Punkt bei diesem Ansatz liegt in der Tatsache, daß die Entscheidungen der möglichen Empfänger von Erwägungen geleitet sind, die über den Gedanken an ein möglichst hohes Einkommen hinausgehen. Da der betreffende Personenkreis mehr an Chancen überhaupt interessiert ist, einschließlich sowohl der Arbeit, zu der man bereit ist, als auch des Extraeinkommens, das man dadurch hat, kann der Sozialpolitiker von dieser breiteren Interessenlage intelligent Gebrauch machen.

Viertens: Indem sich die Aufmerksamkeit von den niedrigen Einkommen weg und zu den eingeschränkten Verwirklichungschancen hin verlagert, folgt daraus auch unmittelbar, wie wichtig es ist, daß der Staat unmittelbar für den Gesundheitsbereich und das Schulwesen sorgt.[47] Das sind die typischen, nicht weiter übertragbaren und veräußerbaren Sozialleistungen, die einem Menschen nicht viel nutzen, es sei denn, er ist in der Situation, daß er darauf angewiesen ist. Bei Investitionen dieser Art ist von vornherein dafür gesorgt, daß der richtige Gebrauch von ihnen gemacht wird.[48] Dieses Merkmal auf die Verwirklichungschancen ausgerichteter Investitionen erleichtert das Aufstellen von Sozialprogrammen, indem es den Spielraum für kontraproduktive Nebenfolgen verengt.

Gezielter Einsatz und Überprüfung der Mittel

Trotz dieser Vorteile entbindet uns der Entschluß, gezielt die Behinderungen der Verwirklichungschancen ins Visier zu nehmen, nicht von der Notwendigkeit, die wirtschaftliche Armut der potentiellen Empfänger zu beurteilen, denn schließlich stehen wir auch vor der Frage, *wie* die staatlichen Unterstützungen zu verteilen sind. Außerdem bleibt das Problem, je nach Zahlungsfähigkeit für öffentliche Dienstleistungen Geld zu fordern, was eine Feststellung des Einkommens potentieller Empfänger nötig macht.

Die Bereitstellung öffentlicher Dienstleistungen hat sich auf der ganzen Welt zunehmend dem gezielten Einsatz zugewandt. Warum dies so ist, liegt zumindest im Prinzip auf der Hand. Die Steuerlast wird verringert und derselbe Betrag öffentlicher Gelder läßt sich effizienter zur Deckung ökonomischer Not einsetzen, wenn die relativ Wohlhabenden für die empfangenen Leistungen zur Kasse gebeten oder veranlaßt werden können, einen erheblichen Beitrag zu den betreffenden Kosten zu leisten. Schwieriger ist es schon, sicherzustellen, daß die Mittel mit hinreichender Genauigkeit und zuverlässig überprüft werden, ohne daß dadurch negative Nebeneffekte erzielt werden.

Ohne Zweifel haben wir zwischen zwei verschiedenen Problemen der Anreize zu unterscheiden, wenn Gesundheitsfürsorge und Schulbildung auf der Grundlage einer Überprüfung der vorhandenen Mittel bereitgestellt werden, Problemen, die sich jeweils auf die Information über (1) die Behinderung der Verwirklichungschancen einer Person – etwa ihre körperliche Krankheit – und (2) ihre ökonomischen Umstände – bzw. ihre Zahlungsfähigkeit – beziehen. Was das erste Problem betrifft, können Form und Marktgängigkeit der geleisteten Unterstützung einen beträchtlichen Unterschied machen. Wie schon früher diskutiert, läßt sich eine mögliche Manipulation der erstgenannten Information weitgehend ausschließen, wenn die staatliche Hilfe erstens aufgrund der direkten Feststellung einer spezifischen Bedürftigkeit gewährt wird, z. B. nachdem attestiert wurde, daß jemand unter einer bestimmten Krankheit leidet, und wenn sie zweitens in Form bestimmter und nicht übertragbarer Dienstleistungen erteilt wird, etwa als ärztliche Behandlung des diagnostizierten Leidens. Dies steht im Gegensatz dazu, marktgängiges Geld zur Bezahlung ärztlicher Betreuung bereitzustellen, denn dazu wäre eine stärkere indirekte Überprüfung erforderlich. Was das betrifft, sind Hilfsprogramme, die auf eine unmittelbare Unterstützung abzielen, wie Gesundheitsfürsorge und Schulbildung, weniger leicht zu mißbrauchen.

Das zweite Problem ist demgegenüber von ganz anderer Art. Wenn die Absicht die ist, den Armen kostenlose Dienste anzubieten, nicht aber jenen, die sie bezahlen können, dann ergibt sich die Frage, wie die wirtschaftlichen Umstände des Empfängers zu überprüfen sind. In Ländern, in denen Informationen über Einkommen und Wohlstand schwer zu bekommen sind, ist dies ein ernsthaftes Problem. Das europäische Rezept, eine Behinderung von Verwirklichungschancen zu beheben, ohne die persönlichen Mittel zu überprüfen, hat in der Regel die Gestalt eines staatlichen Gesundheitswesens angenommen, das allen, die es brauchen, medizinische Betreuung gewährt. Die Aufgabe, die entsprechenden Informationen zu erstellen, wird damit leichter, doch die Trennung zwischen Arm und Reich bleibt davon unberührt. Das amerikanische Rezept der Medicaid zielt auf einem bescheideneren Niveau auf beides ab und muß daher beiden Informationen Rechnung tragen.

Da die potentiellen Empfänger der Zuwendungen auch handelnde Subjekte sind, ist die Kunst des »gezielten Einsatzes« weniger simpel, als einige Befürworter der Mittelüberprüfung im allgemeinen annehmen. Es ist wichtig, sich die Probleme des fein abgestimmten gezielten Einsatzes im allgemeinen und der Mittelüberprüfung im besonderen vor Augen zu führen, vor allem weil das Argument zugunsten des gezielten Einsatzes im Prinzip stringent und plausibel ist. Mögliche Verzerrungen, die einem ambitionierten Versuch entspringen können, staatliche Gelder gezielt zum Einsatz zu bringen, sind im folgenden aufgeführt[49]:

1. *Verzerrung der Information*: Jedes System sozialer Unterstützung, das versucht, die »Schwindler« aufzuspüren, die ihre wirtschaftliche Lage schlechter darstellen, als sie ist, würde von Zeit von Zeit Fehler machen und einige Bona-fide-Fälle ausschließen. Und was nicht unwichtiger ist, es würde einige, die wirklich für die betreffenden Begünstigungen in Frage kämen, davon abhalten, einen Antrag auf die ihnen zustehende Hilfe zu stellen. Angesichts der Asymmetrie der Information ist es unmöglich, die Schwindler draußen zu halten, ohne einige der ehrlichen Hilfsbedürftigen erheblich zu gefährden.[50] Bei dem Versuch, den Irrtum vom »Typ 1« auszuschließen, d.h. die Nichtbedürftigen von den Bedürftigen zu scheiden, ist es leicht möglich, den Irrtum vom »Typ 2« zu begehen, d.h. einige echt Bedürftige von der Liste der Notleidenden zu streichen.

2. *Verzerrungen der Anreize*: Manipulierte Information führt zu einer falschen Buchführung, ändert aber an sich nichts an der tatsächlichen ökonomischen Situation. Doch eine gezielte Hilfe kann *auch* das ökonomische Verhalten der Menschen in Mitleidenschaft ziehen. Beispielsweise könnte die Aussicht, die soziale Unterstützung einzubüßen, wenn man zuviel verdient, von weiteren ökonomischen Tätigkeiten abhalten. Es läge nahe zu erwarten, daß *einige* beträchtliche kontraproduktive Verschiebungen auftreten, wenn die Berechtigung, soziale Unterstützung zu erhalten, sich nach einer Variablen richtet, wie etwa Einkommen, die sich leicht durch das eigene öko-

nomische Verhalten manipulieren läßt. Zu den *gesellschaftlichen Kosten*, die sich durch Verhaltensänderungen ergeben, müssen wir sicherlich auch den entgangenen Lohn für nichtunternommene ökonomische Anstrengungen rechnen.

3. *Negativer Nutzen und Stigmatisierung*: Ein Sozialhilfesystem, daß den Nachweis der Armut verlangt und als eine besondere Wohltat für jene betrachtet wird, die nicht für sich selbst aufkommen können, wird sich unweigerlich auf die Selbstachtung und die Achtung seitens anderer auswirken. Dadurch dürfte man sich vielleicht wirksam von einem Hilfegesuch abhalten lassen. Daneben gibt es auch noch unmittelbare Kosten und Verluste, die damit zusammenhängen, daß man sich stigmatisiert fühlt und es auch ist. Da die Frage der Selbstachtung von Sozialpolitikern eher von untergeordnetem Interesse ist und mehr oder weniger für eine Sorge der »besseren Kreise« gehalten wird, nehme ich mir die Freiheit, John Rawls' Argument anzuführen, daß Selbstachtung »vielleicht das wichtigste Grundgut ist«, auf das eine Theorie der Gerechtigkeit als Fairneß sich zu konzentrieren hat.[51]

4. *Verwaltungskosten, Verletzung der Privatsphäre und Korruption*: Das Verfahren der gezielten Hilfe kann erhebliche Verwaltungskosten mit sich bringen, sowohl in Form von Ausgaben als auch in Form bürokratischer Schwerfälligkeit. Auch werden die dafür notwendige umfängliche Datenerhebung, die damit verbundene Überprüfung und eventuelle Strafverfolgung einen Eingriff in die Privatsphäre und die Autonomie darstellen. Gesellschaftliche Kosten werden sich außerdem wegen der asymmetrischen Macht ergeben, deren sich die bürokratischen Potentaten gegenüber den Bittstellern erfreuen. Und, nicht zu vergessen, die Gelegenheit zur Korruption wächst, denn in einem System gezielter Hilfeleistungen steht es in der Macht der übermächtigen Bürokraten, Begünstigungen zu gewähren, für die die Empfänger bereit sein könnten, in ihre Tasche zu greifen.

5. *Politische Durchsetzung und Qualität*: Die Nutznießer gezielter Sozialhilfe sind häufig politisch schwach, so daß es ihnen an Einfluß fehlen kann, um die Sozialprogramme in den politischen Grabenkriegen zu verteidigen oder die Qualität der angebotenen Unterstützungsleistungen aufrechtzuerhalten. Solche Überlegungen waren in den Vereinigten Staaten von Amerika der Grundstein wohlbekannter Argumente für »allgemeine« Programme, die eine breitere Zustim-

mung finden würden als jene, die einzig und allein auf die Ärmsten abgestellt sind.[52] Einige Punkte dieser Argumentation gelten zwangsläufig auch für die ärmeren Länder.

Wenn ich über diese Schwierigkeiten schreibe, dann nicht, weil ich meine, daß gezielte Hilfsprogramme witzlos sind oder stets problematisch. Ich möchte nur Erwägungen anführen, die dem einfachen Argument widersprechen, daß Sozialprogramme soweit wie möglich für spezifische Zielgruppen konzipiert werden sollten. Selbst wenn erfolgreich auf Zielgruppen zugeschnittene Ergebnisse genau richtig wären, folgt daraus nicht notwendig, daß Versuche, gezielte Programme aufzustellen, genau diese Ergebnisse hervorbringen würden. Da sich die Überprüfung der Mittel und gezielte Sozialprogramme in letzter Zeit großen Zuspruchs weiter Kreise erfreuen, die sich nebenbei gesagt auf recht elementare Überlegungen stützen, scheinen mir die chaotischen und kontraproduktiven Nebeneffekte der vorgeschlagenen Sozialpolitik ebenfalls erwähnenswert.

Handelnde Subjekte und Informationsbasis

Es wäre hoffnungslos, wollte man mit Hilfe ganz allgemeiner Argumente eine Überprüfung der Mittel entweder in Bausch und Bogen befürworten oder ablehnen. Die Bedeutung der vorangegangenen Diskussion liegt deshalb hauptsächlich in der Erwähnung der Gegenargumente, die neben den Argumenten zugunsten einer gezielten Überprüfung der Mittel bestehen. In der Praxis wird man sich auf diesem Feld, ebenso wie auf anderen schon genannten, mit Kompromissen anfreunden müssen. In einer allgemein theoretischen Schrift wie dieser wäre es verfehlt, nach einer bestimmten »Formel« für den optimalen Kompromiß zu suchen. Der richtige Ansatz müßte für die jeweiligen Umstände sensibel sein, sowohl was die Art der angebotenen öffentlichen Leistungen betrifft als auch die Besonderheiten der Gesellschaft, in der sie angeboten werden. Das zweite würde auch das Vorherrschen unterschiedlicher Verhaltensnormen berücksichtigen müssen, welche die individuellen Entscheidungen und Anreize beeinflussen.

Wie dem auch sei, die grundlegenden, hier angesprochenen Fragen sind für den Hauptansatz dieses Buches von allgemeinem Interesse und beziehen sich sowohl auf die Bedeutung der handelnden Subjekte, d. h., Menschen werden eher als aktiv denn als passiv vorgestellt, als auch auf den Mangel an Verwirklichungschancen als zentraler Information, und nicht bloß auf die Einkommensarmut. Die erste Frage hängt mit der hier durchweg betonten Notwendigkeit zusammen, daß wir Menschen – selbst die Empfänger sozialer Unterstützung – als tätige Subjekte und nicht als passiv und untätig betrachten sollten. Die Objekte »gezielter Hilfeleistungen« sind ihrerseits aktiv, und ihre Aktivitäten können es mit sich bringen, daß aus den schon genannten Gründen die tatsächlichen Leistungen gezielter Programme von den beabsichtigten Ergebnissen erheblich abweichen.

Die zweite Frage betrifft den Informationsaspekt gezielter Hilfsprogramme; dazu gehört auch die Identifizierung derjenigen Merkmale, die für das gewählte Verteilungssystem relevant sind. Die Aufgabe der Identifizierung wird hier dadurch erleichtert, daß wir die Aufmerksamkeit von der bloßen Einkommensarmut abziehen und auf den Mangel an Verwirklichungschancen hinlenken.

Während eine Überprüfung der Mittel es noch immer erforderlich macht, genaue Angaben über das Einkommen und die Zahlungsfähigkeit zu erheben, wird der andere Teil des Unterfangens durch die direkte Diagnose der eingeschränkten Verwirklichungschancen (z. B. aufgrund von Krankheit oder Analphabetismus) erleichtert. Dies ist ein Teil – und gewiß kein unwichtiger – der Aufgabe, die richtigen Informationen für die staatlichen Hilfeleistungen zu gewinnen.

Finanzielle Klugheit und die Notwendigkeit der Integration

Ich wende mich nun dem Problem der finanziellen Klugheit zu, das in den letzten Jahrzehnten überall auf der Welt zum Brennpunkt des Interesses geworden ist. Der Ruf nach einer konservativen Finanzpolitik bzw. Sparpolitik ist heute laut zu vernehmen, seit die verheerenden Auswirkung einer galoppierenden Inflation und Instabilität eingehend erforscht und diskutiert werden. Tatsächlich gehört die Finanzpolitik zu den Themen, bei denen eine konservative Haltung nicht ohne handgreifliche Meriten ist, und Klugheit auf diesem Feld kann leicht eine konservative Gestalt annehmen. Allerdings müssen wir uns Klarheit darüber verschaffen, was eine konservative Sparpolitik fordert und warum sie es tut.

Der Witz der konservativen Finanzpolitik liegt nicht so sehr in dem offensichtlichen Vorzug, »daß man nicht über seine Verhältnisse lebt«, obgleich diese Redefigur durchaus attraktiv ist. Wie Mr. Micawber so beredt in Dickens' *David Copperfield* darlegte: »Jährliches Einkommen 20 Pfund, jährliche Ausgaben 19 Pfund, 6 Shilling: Unter dem Strich Glück. Jährliches Einkommen 20 Pfund, jährliche Ausgaben 20 Pfund, 6 Shilling: Unter dem Strich Elend.« Die Analogie zur persönlichen Zahlungsfähigkeit ist von vielen konservativen Finanzpolitikern mit Überzeugungskraft vorgebracht worden, am eindringlichsten wohl von Margaret Thatcher. Dennoch liefert dieses Argument keine strikte Regel für die staatliche Finanzpolitik. Anders als Mr. Micawber *kann* ein Staat es sich leisten, mehr auszugeben, als er einnimmt, indem er Kredite aufnimmt und auf andere Mittel zurückgreift. Tatsächlich verhält nahezu jeder Staat sich nahezu immer so.

Die entscheidende Frage ist nicht, ob man es tun kann – denn dem ist sicherlich so –, vielmehr müssen wir uns fragen, welche *Auswirkungen* eine hohe Staatsverschuldung hat. Wir stehen hier vor dem grundlegenden Problem, welche folgenreiche Bedeutung der sogenannten »gesamtwirtschaftlichen Stabilität« zukommt, insbesondere dem Fehlen eines spürbaren Inflationsdrucks. Der Vorzug einer konservativen Finanzpolitik liegt weitgehend in der Erkenntnis, daß Preisstabilität wichtig und durch fiskalische Zügellosigkeit und Verantwortungslosigkeit stark gefährdet ist.

Welche Indizien haben wir für die schädlichen Auswirkungen der Inflation? In einer überzeugenden kritischen Untersuchung über internationale Erfahrungen auf diesem Gebiet schreibt Michael Bruno, daß »mehrere gutbelegte Vorkommnisse einer mäßigen Inflation (mit 20–40 Prozent [Preisanstieg pro Jahr]) und die meisten Beispiele für höhere Inflationsraten (von denen es eine beträchtliche Anzahl gegeben hat) den Schluß nahelegen, daß eine hohe Inflationsrate erheblich negative Wachstumseffekte hat«. Und »umgekehrt belegen die gesammelten Erfahrungen, daß eine radikale Inflationsbekämpfung selbst kurz- bis mittelfristig zu sehr starken positiven Wachstumseffekten führt«.[53]

Welche politischen Schlußfolgerungen daraus zu ziehen sind, ist eine recht subtile Frage. Bruno kommt auch zu dem Ergebnis, daß

»Wachstumseffekte der Inflation bei niedrigen Inflationsraten (weniger als 15–20 Prozent pro Jahr) bestenfalls undeutlich sind«. Im weiteren wirft er die Frage auf: »Warum sollte man sich um niedrige Inflationsraten sorgen, vor allem da sich die Kosten einer *vorhergesehenen* Inflation (durch Indexierung) vermeiden lassen und diejenigen einer *unvorhergesehenen* Inflation gering zu sein scheinen?«[54] Bruno weist ebenfalls darauf hin: »Obwohl die Ursache jeder hohen Inflation ein Finanzdefizit (und häufig, wenngleich nicht immer, eine Erhöhung der Geldmenge) ist, kann sich dies als vereinbar mit mehreren Gleichgewichtsniveaus der Inflationsraten herausstellen.«

Das wirkliche Problem liegt darin, daß »Inflation ihrem Wesen nach ein dauerhafter Prozeß ist, und diese zudem die Tendenz hat, mit der Inflationsrate zu wachsen«. Bruno entwirft ein deutliches Bild davon, wie eine solche Beschleunigung der Inflation aussieht, und verleiht der Erkenntnis durch eine Analogie große Anschaulichkeit: »Die chronische Inflation ähnelt dem Rauchen: hat man erst einmal ein Mindestmaß überschritten, ist es sehr schwierig, einer ständig wachsenden Suchtabhängigkeit zu entkommen.« Ja, »wenn ein Schock eintritt – z.B. eine persönliche Krise im Leben des Rauchers, eine Preiskrise in der Wirtschaft – ist die Wahrscheinlichkeit sehr hoch, daß die Gewohnheit ... ein neues, höheres Niveau erklimmt, das möglicherweise auch dann noch anhält, wenn die Krise abgeflaut ist«, und dieser Vorgang kann sich wiederholen.[55]

Dies ist im Kern ein konservatives Argument, und zudem ein sehr überzeugendes, das sich auf eine große Reihe internationaler Vergleiche berufen kann. Es widerstrebt mir nicht, sowohl die Analyse als auch die von Michael Bruno gezogenen Schlüsse zu unterschreiben. Dennoch dürfen wir keinesfalls aus dem Auge verlieren, was damit eigentlich bewiesen wurde und welche Forderungen eine konservative Finanzpolitik erhebt. Eines wird damit jedenfalls *nicht* eingeklagt: ein, wie ich es nennen würde, antiinflationärer Radikalismus, der häufig mit einer konservativen Finanzpolitik verwechselt wird. Gefordert ist keine vollständige Aufhebung der Inflation, ungeachtet dessen, was für dieses Ziel geopfert werden muß. Zu lernen ist vielmehr die Lektion, daß die vermutlichen Kosten einer Tolerierung der Inflation gegen die Kosten einer Reduktion oder gar vollständigen Aufhebung der Inflation abzuwägen sind. Das Kernproblem ist es, die »dynamische Instabilität« zu vermeiden, zu der selbst eine scheinbar stabile chronische Inflation neigt, wenn sie einen bestimmten niedrigen Wert überschritten hat. Bruno zieht daraus die politische Lehre: »Die Verbindung einer kostspieligen Stabilisierung der Inflation auf niedrigem Niveau und die Aufwärtstendenz einer lang anhaltenden Inflation liefern ein Wachstum und Kosten berücksichtigendes Argument dafür, die Inflation niedrig zu halten, selbst wenn sich hohe Wachstumskosten unmittelbar nur bei hoher Inflation beobachten lassen.«[56] Was nach diesem Argument unbedingt zu verhindern ist, ist nicht bloß eine *hohe* Inflation, sondern sogar – aufgrund der dynamischen Instabilität – eine *mäßige* Inflation.

Der radikale Versuch, die Inflation auf Null herunterzudrücken, erscheint hier nicht als ein besonders kluges Vorgehen und auch nicht als eine richtige Deutung der Forderungen einer konservativen Finanzpolitik. Die »Verdunklung« unterschiedlicher Probleme läßt sich deutlich an dem anhaltenden Bestreben, den Haushalt zu konsolidieren, ablesen, das wir aus den USA kennen, und das vor nicht allzu langer Zeit zu einer partiellen Handlungsunfähigkeit der Regierung geführt hat und zu der Drohung, noch mehr Ministerien lahmzulegen. Die Folge war ein prekärer Kompromiß zwischen dem Weißen Haus und dem Kongreß, ein Kompromiß, dessen Erfolg davon abhängt, wie die amerikanische Ökonomie sich kurzfristig entwickeln wird. Eine *radikale Sparpolitik* darf nicht mit einer echten *konservativen Finanzpolitik* verwechselt werden. Zweifellos gibt es gute Gründe, die in vielen Ländern der Erde zu beobachtenden riesigen Haushaltsdefizite zu senken, die oft durch die schweren Lasten der Staatsverschuldung und deren rasanter Zunahme verschlimmert werden. Doch das ist kein Argument zugunsten des extremen Unternehmens, das Haushaltsdefizit *vollständig* und so schnell wie möglich aufzuheben, gleichgültig, welche soziale Kosten daraus resultieren.

Europa hat sehr viel mehr Grund, sich über das Haushaltsdefizit Sorgen zu machen als die Vereinigten Staaten. Denn einerseits liegt das Haushaltsdefizit in den Vereinigten Staaten jetzt schon seit mehreren Jahren unterhalb der »Grenze«, die in den Maastrichter Verträgen für die Europäische Währungsunion festgelegt wurde (ein Haushaltsdefizit unter 3 Prozent des Bruttosozialprodukts). Im Augenblick scheint es sogar überhaupt kein Haushaltsdefizit zu geben. Im Gegensatz dazu wurden und werden die meisten europäischen Länder noch von tiefen Löchern im Staatshaushalt geplagt. Daß einige dieser

Länder zur Zeit entschlossene Schritte zu Verringerung der hohen Defizite unternehmen, ist durchaus richtig. (Italien hat in den letzten Jahren dafür ein beeindruckendes Beispiel gegeben.)

Wenn noch eine Frage offengeblieben ist, dann die, welche Prioritäten die europäische Politik insgesamt setzt – eine Frage, die schon früher im 4. Kapitel erörtert wurde. Zur Debatte steht dabei, ob es sinnvoll ist, einem Ziel allein absoluten Vorrang einzuräumen, etwa der Verhinderung einer Inflation, wie es viele europäische Zentralbanken erklärtermaßen tun, während zugleich hohe Arbeitslosenquoten toleriert werden. Wenn die hier vorgelegte Analyse zutrifft, dann muß sich die europäische Politik in erster Linie darum kümmern, die aus gravierender Arbeitslosigkeit resultierende Beschränkung der Verwirklichungschancen zu beheben.

Eine konservative Finanzpolitik vermag vieles zu ihren Gunsten ins Feld zu führen, und sie stellt strenge Forderungen auf, doch diese müssen im Licht der Gesamtziele der Sozialpolitik gedeutet werden. Man darf die Aufgabe öffentlicher Ausgaben bei der Schaffung und Gewährleistung von Verwirklichungschancen nicht geringschätzen und muß sie gemeinsam mit der instrumentellen Notwendigkeit berücksichtigen, für eine gesamtwirtschaftliche Stabilität zu sorgen. Tatsächlich muß letzteres *innerhalb* eines umfassenden Systems sozialer Ziele bewertet werden.

Je nach Kontext können verschiedene sozialpolitische Streitfragen sich als höchst bedeutsam herausstellen. In Europa mag es die Brisanz der massiven Arbeitslosigkeit sein, die in mehreren Ländern nahezu 12 Prozent beträgt. In den Vereinigten Staaten geht die größte Herausforderung vom Fehlen einer Krankenversicherung für eine große Zahl von Menschen aus. (Von allen reichen Ländern steht Amerika mit diesem Problem allein da, und die Zahl der Menschen ohne Krankenversicherung beträgt immerhin mehr als 40 Millionen.) Das größte Versagen der indischen Sozialpolitik besteht in der extremen Vernachlässigung des Analphabetismus – noch immer kann die Hälfte aller Erwachsenen und zwei Drittel aller erwachsenen Frauen nicht lesen und schreiben. In Ostasien und Südostasien verstärkt sich der Eindruck, als müsse das Finanzsystem stark reguliert werden. Auch scheinen präventive Maßnahmen erforderlich zu sein, um einem plötzlichen Vertrauensverlust in die Währung eines Landes oder in seine Investitionsmöglichkeiten entgegenzuwirken, wie die jüngsten

Erfahrungen dieser Länder gezeigt haben, die um gigantische Rettungsaktionen des Internationalen Währungsfonds nachsuchen mußten. Die Probleme sind von unterschiedlicher Art, und angesichts ihrer Komplexität verlangen sie alle nach einer eingehenden Prüfung der Ziele und Instrumente der Sozialpolitik. Der Ruf nach einer konservativen Finanzpolitik, so wichtig sie auch sein mag, fügt sich in dieses vielschichtige und umfassende Bild ein und kann nicht für sich und isoliert genommen als *das* Credo der Regierung oder der Zentralbank auftreten. Es ist daher unerläßlich, die verschiedenen Felder öffentlicher Aufgaben zu untersuchen und einer vergleichenden Bewertung zu unterwerfen.

Schlußbemerkung

Menschen leben und arbeiten in einer Welt von Institutionen. Unsere Chancen und Aussichten hängen entscheidend davon ab, welche Institutionen existieren und wie sie vorgehen. Es ist nicht nur so, daß die Institutionen einen Beitrag zu unseren Freiheiten leisten, ihre Bedeutung läßt sich auch nur im Licht ihres Beitrags zu unserer Freiheit angemessen würdigen. Entwicklung als Freiheit zu begreifen ist ein Gesichtspunkt, zu dem die Bewertung von Institutionen systematisch dazugehört.

Auch wenn die verschiedenen Theoretiker sich mehr für die eine oder die andere Institution engagiert haben, etwa den Markt, das demokratische System, die Medien, das Sozialsystem, müssen wir sie doch zusammen in den Blick nehmen, um beurteilen zu können, was sie jeweils in Verbindung mit anderen Institutionen leisten können und was nicht. Erst in dieser Integration lassen sich die unterschiedlichen Institutionen richtig gewichten und untersuchen.

Der Marktmechanismus, der Leidenschaften für und wider ihn erregt, ist eine elementare Einrichtung, mit deren Hilfe die Menschen interagieren und Dinge zum wechselseitigen Vorteil unternehmen können. So gesehen ist es allerdings kaum zu verstehen, wie ein vernünftiger Kritiker etwas gegen den Marktmechanismus als solchen haben könnte. Die Probleme, die auftreten, entspringen regelmäßig anderen Quellen, nicht der Existenz des Marktes an sich. Sie resultieren aus Vorbehalten wie einer unzureichenden Vorbereitung auf die

Anwendung des Marktmechanismus, Informationsprivilegien oder der Existenz von Praktiken, die es dem Mächtigen erlauben, einseitig zu seinem Vorteil Profit zu machen. Das sind Sachen, die nicht durch die Unterdrückung des Markts geregelt werden müssen, sondern dadurch, daß man es ihm ermöglicht, besser und fairer zu funktionieren, sowie durch adäquate begleitende Maßnahmen. Das generelle Leistungsvermögen des Markts hängt zutiefst von den politischen und sozialen Rahmenbedingungen ab.

Großen Erfolg hat der Marktmechanismus unter solchen Bedingungen, wo die dadurch gebotenen Chancen einigermaßen gleich verteilt sind. Um das zu ermöglichen sind elementarer Schulunterricht, medizinische Grundversorgung, der Zugang zu Ressourcen, die für bestimmte wirtschaftliche Aktivitäten nun einmal unerläßlich sind, z.B. Land für den Ackerbau, auf eine richtige Sozialpolitik (einschließlich Bildung, Gesundheit, Landreform usw.) angewiesen. Auch wenn die Notwendigkeit einer »Wirtschaftsreform« zugunsten eines größeren Spielraums für den Markt von überragender Wichtigkeit sein mag, erfordern diese nichtmarktwirtschaftlichen Einrichtungen ein umsichtiges und entschlossenes staatliches Handeln.

In diesem Kapitel wie auch in früheren wurden verschiedene Beispiele für solche begleitenden Maßnahmen erörtert. Die Effizienz des Marktmechanismus läßt sich kaum bezweifeln, und die volkswirtschaftliche Lehrbuchweisheit, wonach »Effizienz« sich nach Wohlstand, Reichtum oder Nutzwerten bemißt, läßt sich auf »Effizienz« im Sinn der individuellen Handlungsmöglichkeiten durchaus ausdehnen. Allein diese Wirkungen der Effizienz garantieren für sich genommen noch keine Verteilungsgerechtigkeit. Das Problem stellt sich besonders bei einer Chancenungleichheit hinsichtlich der wesentlichen Freiheiten, wenn Benachteiligungen sich verbinden, z.B. wenn die Schwierigkeit eines Behinderten oder Ungelernten, überhaupt ein Einkommen *zu erwerben*, durch die Schwierigkeit verstärkt wird, von seinem Einkommen im Hinblick auf ein gutes Leben *Gebrauch zu machen*. So groß die Reichweite des Marktmechanismus auch ist, er muß um der Gerechtigkeit willen durch die Schaffung elementarer sozialer Chancen ergänzt werden.

In den Entwicklungsländern ist der sozialpolitische Handlungsbedarf zur Schaffung sozialer Chancen im allgemeinen besonders hoch. Die heute reichen Länder haben, wie wir sahen, eine sehr bemerkenswerte Geschichte staatlichen Handelns hinter sich, das sich mit dem Schulwesen, der medizinischen Versorgung, der Landreform usw. befaßte. Der breite Anteil an diesen sozialen Einrichtungen machte es der Masse des Volkes dann möglich, direkt am wirtschaftlichen Fortschritt zu partizipieren.

Als Hindernis wirkt hier nun nicht eine konservative Finanzpolitik an sich, sondern die in der Vergangenheit meistens nicht weiter begründete Annahme gewisser politischer Kreise, die menschliche Entwicklung sei eigentlich eine Art Luxus, den nur reichere Länder sich leisten könnten. Vielleicht ist die wichtigste Wirkung des Typs von Erfolg, den die ostasiatischen Volkswirtschaften neuerdings haben (angefangen mit Japan, Jahrzehnte vorher), daß er mit diesem stillschweigenden Vorurteil aufgeräumt hat. Diese Volkswirtschaften machten sich relativ früh an einen massiven Ausbau des Schul- und nachher auch des Gesundheitssektors, und sie schafften das in vielen Fällen, *bevor* sie die Armutsgrenze durchbrachen.[57] Trotz der finanziellen Turbulenzen, die manche dieser Volkswirtschaften in jüngster Zeit durchmachten, bleibt das, was sie über die Jahrzehnte erreicht haben, in der Regel ganz außerordentlich. Was die Ressource Mensch betrifft, ernteten sie, was sie gesät hatten. Die mit Vorrang betriebene Entwicklung der Ressource Mensch ist ein Merkmal besonders des *frühen* Stadiums der modernen japanischen Wirtschaftsgeschichte, beginnend mit der Meiji-Ära um die Mitte des 19. Jahrhunderts. Diese Priorität hat sich mit Japans zunehmendem Wohlstand nicht weiter intensiviert.[58] Menschliche Entwicklung ist in erster Linie ein Verbündeter der Armen und nicht so sehr derer, die bereits im Wohlstand leben.

Was bewirkt menschliche Entwicklung? Die Schaffung sozialer Chancen leistet, wie wir sahen, direkt einen Beitrag zur Steigerung der menschlichen Verwirklichungschancen und der Lebensqualität. Die Ausweitung von Gesundheitswesen, Bildung, Sozialversicherung usw. beeinflußt die Lebensqualität unmittelbar positiv. Keinerlei Zweifel besteht daran, daß selbst bei einem relativ niedrigen Einkommensniveau ein Land, das allen medizinische Versorgung und Schulbesuch garantiert, bezogen auf die ganze Bevölkerung sehr gut bei der Lebenserwartung und der Lebensqualität abschneidet. Da Gesundheitsfürsorge und elementarer Schulunterricht ihrer Natur nach sehr arbeitsaufwendig sind, wie übrigens menschliche Entwicklung überhaupt, sind sie in den Anfangsstadien einer Wirtschaftsentwicklung, wo die Arbeitskosten noch niedrig sind, relativ billig zu haben.

Der Lohn für menschliche Entwicklung geht, wie wir sahen, über die direkte Steigerung der Lebensqualität deutlich hinaus; er schließt auch deren Wirkung auf die Arbeitsproduktivität der Menschen und insofern auf ein breite Bevölkerungsschichten erfassendes Wirtschaftswachstum ein.[59] Lesen und Rechnen sind Fertigkeiten, die es den Massen ermöglichen, am wirtschaftlichen Fortschritt teilzuhaben, wie uns die Länder von Japan bis Thailand bewiesen haben. Die Chancen des Welthandels zu nutzen, die »Qualitätsstandards« ebenso wie die »Produktion nach präzisen Kundenangaben«, kann von entscheidender Wichtigkeit sein, aber für Arbeiter, die nicht lesen und rechnen können, bestehen sie kaum. Ferner gibt es hinreichend Gründe für die Annahme, daß Verbesserungen in der Ernährung und medizinischen Versorgung die arbeitenden Schichten ebenfalls produktiver machen und zu höherer Bezahlung führen.[60]

Um ein anderes Thema zu berühren: In der Forschungsliteratur ist man sich ziemlich einig über die Wirkung des Schulbesuchs, insbesondere der Mädchen, auf die Senkung der Geburtenraten. Hohe Geburtenraten lassen sich nicht ohne Grund als abträglich für die Lebensqualität interpretieren, besonders bei jungen Frauen, denn wiederholte Schwangerschaften und die Sorge für die Kinder können sich sehr nachteilig auf das Wohlbefinden und die Freiheit der jungen Mutter auswirken. Es ist genau dieser Zusammenhang, der die (durch eine Arbeitsstelle, mehr Schulbesuch usw.) gestärkte Stellung der Frauen für eine Senkung der Geburtenraten so wirkungsvoll macht, denn damit haben die jungen Frauen selbst ein starkes Motiv, weniger Kinder zu gebären, und ihre Fähigkeit, familiäre Entscheidungen in diese Richtung zu lenken, wächst mit ihrer selbständigeren Stellung. Ich werde auf dieses Thema in Kapitel 8 und 9 zurückkommen.

Konservative, die Zurückhaltung bei den Staatsausgaben predigen, äußern sich bisweilen skeptisch zur menschlichen Entwicklung. Für den darin implizierten Zusammenhang gibt es indes kaum einen rationalen Grund. Die Vorteile menschlicher Entwicklung liegen auf der Hand und lassen sich noch höher veranschlagen, wenn man alle Folgen, die daraus erwachsen, berücksichtigt. Kostenerwägungen können einen Beitrag dazu leisten, die menschliche Entwicklung in Bahnen zu lenken, auf denen, direkt und indirekt, eine höhere Lebensqualität erreicht wird; sie bedrohen nicht deren gebieterisches Interesse.[61]

Was durch eine konservative Finanzpolitik hingegen sehr wohl bedroht sein sollte, ist die Verwendung öffentlicher Mittel zu Zwecken, deren soziale Vorteile keineswegs deutlich zutage liegen, etwa die gewaltigen Militärausgaben, für die sich zur Zeit ein armes Land nach dem anderen entscheidet. Oft übersteigen sie um ein Vielfaches die staatlichen Ausgaben für den Bildungs- und Gesundheitssektor.[62] Der konservative Finanzpolitiker sollte der Alptraum des Militaristen sein, nicht der des Lehrers oder der Krankenschwester. Es ist ein Zeichen der verkehrten Welt, in der wir leben, daß der Lehrer und die Krankenschwester sich von Sparzwängen mehr bedroht fühlen als der Armeegeneral. Um diese Verrücktheit zu korrigieren, sollte man nicht auf die konservative Finanzpolitik schimpfen, sondern nüchtern und unvoreingenommen die mit den Sozialausgaben konkurrierenden Ansprüche unter die Lupe nehmen.

6

Die Bedeutsamkeit der Demokratie

An den Golf von Bengalen grenzend, an der südlichen Spitze von Bangladesch und dem indischen Westbengalen liegt der Sundarban – was soviel wie »der schöne Dschungel« bedeutet. Er ist der natürliche Lebensraum des Bengaltigers, eines herrliches Tieres, voller Anmut, Schnelligkeit, Kraft und Wildheit. Da es nur noch wenige von ihnen gibt, stehen diese Tiger unter Jagdschutz. Der Sundarban ist auch für seinen von wilden Bienen produzierten Honig berühmt. Die Bewohner dieser Region, bettelarm, wie sie sind, gehen in den Dschungel, um den Honig zu sammeln, der ihnen auf den städtischen Märkten eine hübsche Summe einbringt – in amerikanische Dollar umgerechnet etwa 50 Cent pro Glas. Doch die Honigsammler müssen sich auch vor den Tigern hüten. In einem guten Jahr werden nur etwa fünfzig Sammler von den Tigern getötet, laufen die Dinge aber schlecht, kann die Zahl der Opfer sehr viel höher sein. Während die Tiger geschützt werden, schützt niemand die unglücklichen Menschen, die ihren Lebensunterhalt in den Wäldern suchen, die tief, voller Schönheiten, aber auch voller Gefahren sind.

Das ist nur ein Beispiel für die Macht der ökonomischen Not in vielen Ländern der Dritten Welt. Sehr schnell drängt sich hier der Eindruck auf, daß diese Macht andere Ansprüche, etwa politische Freiheiten und Bürgerrechte, hintanstellt. Wenn Armut die Menschen zwingt, für einen oder zwei Dollar, die der Honig einbringt, so schreckliche Gefahren auf sich zu nehmen und möglicherweise eines grauenvollen Todes zu sterben, mag es seltsam erscheinen, viel Aufhebens von ihrer Freiheit und ihren politischen Rechten zu machen. Die Habeas-Corpus-Akte wird vor diesem Hintergrund keine leicht zu vermittelnde Idee sein. Gewiß, so das Argument, wird die Befriedigung ökonomischer Bedürfnisse Vorrang haben, auch wenn das bedeuten sollte, weniger als die vollen politischen Rechte zu erwirken. Der Gedanke, daß Demokratie und politische Freiheit ein Luxus ist, den arme Länder sich »nicht leisten können«, ist nicht abwegig.

Ökonomische Bedürfnisse und politische Freiheiten

Dergleichen Ansichten begegnet man häufig in internationalen Diskussionen. Warum sollte man sich angesichts der überwältigenden Kraßheit immenser ökonomischer Not um die Feinheiten der politischen Freiheiten kümmern? Diese Frage und ähnliche, die Zweifel an der Dringlichkeit politischer Freiheit und der Bürgerrechte anmelden, überschatteten die Wiener Konferenz über Menschenrechte im Frühjahr 1993. Delegierte mehrerer Länder sprachen sich gegen eine universelle Billigung der Bürgerrechte rund um den Globus aus, vor allem in der Dritten Welt. Statt dessen müsse man den Schwerpunkt auf »ökonomische Rechte« legen, die mit wichtigen materiellen Bedürfnissen verbunden sind.

Diese Argumentation ist nicht neu, und die offiziellen Delegierten einer Reihe von Entwicklungsländern unter der Führung Chinas, Singapurs und anderer ostasiatischer Länder verteidigten sie in Wien mit großer Leidenschaft, während Indien, die übrigen süd- und westasiatischen Länder und afrikanische Regierungen zumindest nicht dagegen sprachen. Die Argumentation arbeitet mit einer oft wiederholten Rhetorik: Was sollte der erste Schritt sein, die Bekämpfung von Armut und Elend oder die Gewährung politischer Freiheit und Bürgerrechte, für die die Armen ohnehin wenig Verwendung haben?

Der Vorrang von politischer Freiheit und Demokratie

Ist es wirklich eine vernünftige Strategie, die Probleme ökonomischer Bedürfnisse und politischer Freiheiten so dichotomisch anzugehen, daß die Bedeutung politischer Freiheiten vor der Dringlichkeit der ökonomischen Bedürfnisse zurücktreten muß?[1] Meiner Ansicht nach ist dies eine fundamental falsche Weise, die ökonomischen Bedürfnisse zu interpretieren oder die herausragende Stellung politischer Freiheit zu begreifen. Die wirklichen Probleme liegen woanders, und dafür muß man sich Klarheit über die engen Verbindungen von politischer Freiheit und der Befriedigung ökonomischer Bedürfnisse verschaffen. Die Verbindungen sind nicht bloß instrumenteller Art – politische Freiheit kann eine eminente Rolle spielen, indem sie die

Anreize und Informationen für die Bekämpfung akuter ökonomischer Not liefert –, sie sind darüber hinaus auch konstruktiv. Wie wir ökonomische Bedürfnisse begrifflich fassen, hängt wesentlich von öffentlichen Debatten und Diskussionen ab, die jedoch nur dann gewährleistet sind, wenn wir auf elementarer politischer Freiheit und bürgerlichen Rechten bestehen.

Ich werde argumentieren, daß die Intensität ökonomischer Bedürfnisse die Dringlichkeit politischer Freiheit *erhöht*, statt sie zu mindern. Es gibt drei verschiedene Erwägungen, die uns zum allgemeinen Vorrang grundlegender Freiheitsrechte führen:

1. ihre *unmittelbare* Wichtigkeit für das menschliche Leben, da sie mit den grundlegenden Verwirklichungschancen verbunden sind, politische und soziale Partizipation eingeschlossen;

2. ihre *instrumentelle* Rolle, da sie die Möglichkeiten der Menschen vergrößern, sich Gehör zu verschaffen und ihren Anspruch auf politische Beachtung, die Ansprüche auf ökonomische Bedürfnisse eingeschlossen, zu unterstützen;

3. ihre *konstruktive* Rolle in der begrifflichen Erfassung der »Bedürfnisse« (das Verständnis »wirtschaftlicher Bedürfnisse« in ihrem jeweiligen sozialen Kontext eingeschlossen).

Diese verschiedenen Perspektiven werde ich nun erörtern, doch zunächst müssen wir die vorgebrachten Argumente derer untersuchen, die meinen, zwischen politischer Freiheit und demokratischen Rechten einerseits und elementaren ökonomischen Bedürfnissen andererseits bestünde ein realer Konflikt.

Argumente gegen politische Freiheit und Bürgerrechte

Der Widerstand gegen die Demokratie und elementare bürgerliche und politische Rechte in den Entwicklungsländern kommt aus drei verschiedenen Richtungen. Erstens wird behauptet, diese Freiheiten und Rechte seien ein Hemmschuh für das Wirtschaftswachstum und die Entwicklung. Diese Meinung, auch bekannt als Lee-These, nach Lee Kuan Yew, dem früheren Premierminister Singapurs, der sie bündig formulierte, wurde schon kurz im 1. Kapitel vorgestellt.

Zweitens wurde die These vorgebracht, daß Arme, hätten sie die

Wahl zwischen politischer Freiheit und der Befriedigung ihrer wirtschaftlichen Bedürfnisse, letzteren unweigerlich den Vorzug geben würden. Folgt man dieser Überlegung, so ergibt sich ein Widerspruch zwischen Praxis und Rechtfertigung der Demokratie: d. h., die Mehrheit würde angesichts dieser Wahl die Demokratie ablehnen. In einer anderen, aber verwandten Spielart dieses Arguments wird behauptet, es käme weniger darauf an, was die Leute tatsächlich wählen, entscheidend sei vielmehr, mit welchem *Grund* sie das eine oder andere wählen. Da Menschen gute Gründe haben, zuallererst wirtschaftlichen Mangel und Elend zu beseitigen, haben sie auch Grund, nicht nach politischer Freiheit zu rufen, die sich ihren wirklichen Prioritäten in den Weg stellen würde. Die Annahme, politische Freiheit und die Befriedigung wirtschaftlicher Bedürfnisse stünden in Widerstreit miteinander, liefert eine wichtige Prämisse für diesen Syllogismus, und in diesem Sinn ist diese Variante des zweiten Argumentes von der ersten abhängig, d. h. von der Richtigkeit der Lee-These.

Drittens begegnet man oft der Meinung, die Wertschätzung der politischen Freiheit, der Grundrechte und Demokratie sei typisch »westlich« und widerspreche besonders den »asiatischen Werten«, die sich angeblich mehr an Ordnung und Disziplin denn an Freiheit und Rechten orientierten. So sei Pressezensur, eben weil man Disziplin und Ordnung so hoch ansetze, in einer asiatischen Gesellschaft weniger anstößig als im Westen. Auf der Wiener Konferenz von 1993 warnte der Außenminister Singapurs, daß »die allgemeine Anerkennung des Ideals der Menschenrechte Schaden anrichten kann, wenn der Universalismus dazu verwandt wird, die Realität der *Verschiedenheit* zu leugnen oder zu verschleiern«. Der Sprecher des chinesischen Außenministeriums gab sogar die anscheinend auf China und andere asiatische Länder zutreffende Maxime zu Protokoll: »Die einzelnen müssen die Rechte des Staates über ihre eigenen Belange stellen.«[2]

Um dies letzte Argument beurteilen zu können, müssen wir uns auf das Feld der Kulturinterpretation begeben, deshalb spare ich es für eine spätere Gelegenheit auf: das 10. Kapitel.[3] Die beiden anderen Argumente werde ich hier und jetzt aufgreifen.

Ist es wirklich der Fall, daß autoritäre Regime so gut fahren? Sicherlich trifft es zu, daß einige autoritäre Staaten, wie Südkorea, Lees Singapur und China nach den Reformen, höhere Wachstumsraten vorweisen können als viele weniger autoritäre Länder, wie etwa Indien, Costa Rica und Jamaika. Lees These stützt sich jedoch auf sehr ausgewählte und beschränkte Informationen und entbehrt einer allgemeinen statistischen Überprüfung anhand der umfassenden, uns zur Verfügung stehenden Daten. Das hohe Wirtschaftswachstum in China und Südkorea liefert uns in keiner Weise einen schlüssigen Beweis dafür, daß autoritäre Regime eher in der Lage sind, das Wirtschaftswachstum anzukurbeln, sowenig wie wir den umgekehrten Schluß aus der Tatsache ziehen können, daß das afrikanische Land mit der rasantesten Wachstumsrate, ja eines der Länder mit der höchsten Rate überhaupt, nämlich Botswana, auf dem unruhigen afrikanischen Kontinent eine Oase der Demokratie war und ist. Vieles hängt von den genauen Umständen ab.

In der Tat fehlt es uns an allgemeinen Indizien dafür, daß autoritäre Regierungen und die Unterdrückung politischer und bürgerlicher Rechte die wirtschaftliche Entwicklung beflügeln. Das sich uns bietende statistische Bild ist sehr viel komplexer. Systematische empirische Untersuchungen sprechen nicht für die These, daß politische Freiheit und wirtschaftlicher Erfolg einander widerstreiten.[4] In welche Richtung das Zusammenspiel ausschlägt, scheint von vielen anderen Umständen bestimmt zu werden; während einige empirische Studien eine schwach negative Beziehung nahelegen, implizieren andere eine starke positive Beziehung. Im großen und ganzen läßt sich die Hypothese, daß es weder eine positive noch eine negative Verbindung zwischen den beiden gibt, kaum zurückweisen. Da aber politische Freiheit und Grundrechte an sich wertvoll sind, bleibt das Argument zu ihren Gunsten unerschüttert.

In diesem Kontext sind ein paar Worte über die grundlegende Frage der Forschungsmethode angebracht. Wir dürfen nicht allein statistische Verknüpfungen ausfindig machen, sondern müssen darüber hinaus auch die Kausalprozesse untersuchen, die in das Wirtschaftswachstum und die Entwicklung eingehen. Wie die Wirtschaftspolitik und die Rahmenbedingungen beschaffen waren, die Ostasiens ökonomische Triumphe auslösten, ist mittlerweile recht gut analysiert worden. Zwar haben die verschiedenen empirischen Studien je andere Akzente gesetzt, aber dennoch hat man sich weitgehend auf eine allgemeine Liste »hilfreicher politischer Maßnahmen« geeinigt, darunter der ungehinderte Wettbewerb, die Nutzung der internationalen Märkte, ein hohes Alphabetisierungs- und Bildungsniveau, eine erfolgreiche Landreform und die öffentliche Förderung von Investitionen, Export und Industrialisierung. Absolut nichts weist darauf hin, daß eine dieser Maßnahmen mit mehr Demokratie unvereinbar ist und nur durch die autoritären Elemente in den Regierungen Südkoreas, Singapurs oder Chinas ermöglicht wurden.[5]

Außerdem wäre es verfehlt, die ökonomische Entwicklung allein anhand des gestiegenen Bruttosozialprodukts oder eines anderen Indikators für allgemeines Wirtschaftswachstum zu beurteilen. Auch der Einfluß der Demokratie und der politischen Freiheit auf das Leben und die Verwirklichungschancen der Menschen ist zu betrachten. In diesem Zusammenhang ist es besonders wichtig, die Kopplung von Bürgerrechten einerseits und der Prävention von größeren Katastrophen, etwa Hungersnöten, andererseits zu untersuchen. Politische und bürgerliche Rechte geben den Menschen Gelegenheit, ihren generellen Bedürfnissen Gehör zu verschaffen und eine geeignete Sozialpolitik einzuklagen. Oft ergreifen Regierungen in akuten Notsituationen nur dann die nötigen Maßnahmen, wenn sie unter Druck gesetzt werden, und dabei kann die Ausübung politischer Rechte, d.h., wählen, kritisieren, protestieren usw. zu können, einen großen Unterschied ausmachen. Das gehört zur »instrumentellen« Funktion von Demokratie und politischer Freiheit. Auf diese wichtige Frage werden ich an späterer Stelle in diesem Kapitel zurückkommen.

Sorgen sich Arme um Demokratie und politische Rechte?

Ich wende mich jetzt der zweiten Frage zu. Stehen die Bürger der Drittweltländer politischen und demokratischen Rechten gleichgültig gegenüber? Auch diese oft vertretene Meinung kann sich wie die Lee-These nur auf wenige empirische Belege stützen. Verifizieren ließe sie sich nur dann, wenn sie in freien Wahlen mit Oppositions- und Redefreiheit einem demokratischen Test unterworfen würde, ebenden Dingen, die Anhänger einer autoritären Regierungsform niemals zulassen würden. Wie diese Behauptung überprüft werden soll, wenn den gewöhnlichen Bürgern wenig Gelegenheit eingeräumt wird, ihre diesbezüglichen Meinungen zu äußern, und es ihnen schon gar nicht gestattet ist, die Behauptungen der Regierungsangehörigen zu bestreiten, ist alles andere als deutlich. Das Herunterspielen der Grundrechte und Freiheiten zählt in vielen Teilen der Dritten Welt zum Wertesystem der *Machthaber*, doch daraus zu schließen, daß das Volk ihre Ansicht teilt, heißt vorauszusetzen, was gerade zu beweisen wäre.

In diesem Zusammenhang ist es interessant, sich daran zu erinnern, daß Mitte der 70er Jahre, als Indiens Regierung unter der Führung Indira Gandhis ein ähnliches Argument vorbrachte, um den grundlos erklärten »Notstand« zu rechtfertigen, der Ruf nach Wahlen laut wurde, die die Wählerschaft genau in dieser Frage spaltete. Bei dieser schicksalhaften Wahl, in der vor allem über die Zustimmung zum ausgerufenen »Notstand« gestritten wurde, wurde die Unterdrükkung der Bürgerrechte heftig abgelehnt, und die indische Wählerschaft, eine der ärmsten der Welt, bewies, daß ihr die Bürgerrechte nicht weniger am Herzen lagen als der Kampf gegen die ökonomische Armut. Soweit die These, daß arme Leute sich im allgemeinen nicht um bürgerliche und politische Rechte kümmern, überhaupt überprüft wurde, sprechen die Indizien gegen sie. Ähnliches läßt sich angesichts der Kampfes um demokratische Freiheiten in Südkorea, Thailand, Bangladesch, Pakistan, Burma (oder Myanmar) und anderen asiatischen Ländern sagen. Und ebenso wird man behaupten dürfen, daß, obwohl die politische Freiheit in vielen afrikanischen Ländern mit Füßen getreten wird, sich dagegen, wann immer die Umstände es erlauben, Proteste erheben, auch wenn die Militärdiktatoren dazu nur wenig Gelegenheit lassen.

Und wie steht es mit der anderen Variante dieses Arguments, d. h. der These, daß arme Leute *Grund* haben, auf politische und demokratische Rechte zugunsten ihrer wirtschaftlichen Bedürfnisse zu verzichten? Wie schon erwähnt, ist diese Spielart von der Lee-These abhängig, und da diese kaum empirische Belege beanspruchen kann, ist der Syllogismus unhaltbar.

Die instrumentelle Bedeutung politischer Freiheit

Ich wende mich nun von der negativen Kritik der politischen Rechte ab und ihrem positiven Wert zu. Welche Bedeutung der politischen Freiheit für die grundlegenden Verwirklichungschancen zukommt, wurde bereits in früheren Kapiteln erörtert. Wir haben gute Gründe, die Rede- und Handlungsfreiheit für erstrebenswert zu halten, und da wir soziale Lebewesen sind, ist es vernünftig, daß wir ungehinderte Teilnahme an sozialen und politischen Tätigkeiten schätzen. Auch ist das *Herausbilden* eines Wertesystems nur möglich, wenn wir frei und offen miteinander kommunizieren und debattieren, und das ist nun einmal ohne politische Freiheiten und Bürgerrechte nicht gewährleistet. Wenn wir öffentlich für unsere Werte eintreten und ihnen Gehör verschaffen wollen, brauchen wir dazu Redefreiheit und demokratische Wahlen.

Gehen wir von der unmittelbaren Bedeutung der politischen Freiheit zu ihrer instrumentellen Funktion über, so müssen wir betrachten, welche politischen Anreize auf die Regierungen, die Personen und Gruppen, die ein Amt ausüben, einwirken. Die Regierenden haben ein Motiv, den Menschen zuzuhören, wenn sie sich ihrer Kritik stellen und in Wahlen um ihre Unterstützung kämpfen müssen. In keinem unabhängigen Land mit einer demokratisch gewählten Regierung und einer relativ freien Presse hat jemals, wie ich schon erwähnte, eine größere Hungersnot gewütet.[6] Hungersnöte brachen in alten Königreichen, heutigen autoritären Gesellschaften, in primitiven Stammesgesellschaften, in modernen technokratischen Diktaturen, in Kolonialökonomien aus, die von den Imperialisten aus dem Norden geleitet wurden, und in Ländern des Südens, die erst jüngst ihre Unabhängigkeit gewonnen hatten und an deren Spitze despotische Nationalistenführer oder intolerante Einparteienregierungen standen. Doch in einem unabhängigen Land, in dem regelmäßig Wahlen stattfinden, eine Opposition offen Kritik üben darf, Zeitungen unzensierte Artikel abdrucken und die Weisheit der Regierungspolitik in Frage stellen dürfen, ist eine Hungersnot nie aufgetreten.[7] Wie unterschiedlich die Erfahrungen sein können, wird ausführlich im nächsten Kapitel erörtert, das sich eigens mit Hungersnöten und anderen Krisen beschäftigt.

Die konstruktive Rolle der politischen Freiheit

Die instrumentelle Funktion der Bürgerrechte vermag von erheblicher Bedeutung sein, dennoch hat die Verbindung von ökonomischen Bedürfnissen und politischer Freiheit wohl auch einen *konstruktiven* Aspekt. Die Ausübung elementarer politischer Rechte macht es nicht allein wahrscheinlich, daß die Politik auf wirtschaftliche Notlagen reagiert, sie mag zudem notwendig sein, um die »wirtschaftlichen Bedürfnisse« und deren Umfang begrifflich auf den Punkt zu bringen. Tatsächlich lassen sich Gründe dafür anführen, daß ein richtiges Verständnis der ökonomischen Bedürfnisse sich der Diskussion und dem Meinungsaustausch verdankt. Politische und bürgerliche Rechte, insbesondere jene, die für die Gewähr öffentlicher Diskussionen, für Streitgespräche und Nonkonformismus stehen, sind unerläßlich, um zu sachkundigen und überlegten Entscheidungen zu kommen. Dergleichen Verfahren sind für die Erzeugung von Werten und Prioritäten entscheidend, denn im allgemeinen wäre es falsch, Präferenzen unabhängig von öffentlichen Diskussionen als gegeben hinzunehmen, d.h., ungeachtet der Tatsache, ob eine offene Debatte und ein ungehinderter Meinungsaustausch erlaubt sind oder nicht.

Häufig wird unterschätzt, in welchem Umfang und mit welcher Durchschlagskraft sich der offene Dialog auf soziale und politische Probleme auswirkt. Beispielsweise spielt die öffentliche Diskussion keine geringe Rolle bei der Senkung der für viele Entwicklungsländer charakteristischen hohen Geburtenraten. Wir besitzen mehr als einen Beleg dafür, daß in den lese- und schreibkundigen Kreisen Indiens die Geburtenrate so dramatisch zurückgegangen ist, weil in aller Öffentlichkeit über die großen Nachteile hoher Geburtenraten vor allem für das Leben junger Frauen, aber auch für das Gemeinwesen im ganzen diskutiert wurde. Wenn sich etwa in Kerala oder Tamil Nadu die Auffassung durchgesetzt hat, daß eine glückliche Familie im modernen Zeitalter eine kleine Familie ist, dann geht dies auf das Konto zahlreicher Diskussionen und Debatten. Keralas Geburtenrate beträgt heute 1,7 – ist also ebenso hoch wie in England oder Frankreich und niedriger als in China, wo sie immer noch bei 1,9 liegt –, und das ist keine Folge von Zwangsmaßnahmen, sondern von neuen Werthaltungen, für die der politische und gesellschaftliche

Dialog den entscheidenden Ausschlag gab. Der hohe Anteil der Lese- und Schreibkundigen an der Bevölkerung Keralas, insbesondere unter den Frauen, übertrifft denjenigen in allen chinesischen Provinzen, und ihm es ist zu verdanken, daß solche gesellschaftlichen und politischen Dialoge möglich wurden – doch darüber mehr im nächsten Kapitel. Elend und Mangel kann viele Formen annehmen, von denen einige gesellschaftlich leichter zu beheben sind als andere. Die Gesamtheit der menschlichen Lebensbedingungen würde eine allzu grobe Grundlage für die Identifizierung unserer »Bedürfnisse« abgeben. Sicherlich haben wir gute Gründe, viele Dinge für erstrebenswert zu halten, wenn sie nur durchführbar wären – wir mögen uns sogar wie Maitreyee Unsterblichkeit wünschen. Dennoch würden wir sie nicht als »Bedürfnisse« begreifen. Unser Begriff von »Bedürfnissen« hängt mit der Vorstellung zusammen, daß einige Mangelerscheinungen ihrer Natur nach zu verhindern sind, und wir wissen auch, was wir zu ihrer Prävention beitragen können. Öffentliche Diskussionen spielen dabei die Rolle des Geburtshelfers. Politische Rechte, einschließlich der Rede- und Diskussionsfreiheit, stimulieren nicht nur gesellschaftliche Reaktionen auf ökonomische Bedürfnisse, sie helfen uns auch, begrifflich zu klären, worin diese bestehen.

Das Wirken der Demokratie

Der intrinsische Wert, die Schutzfunktion und die konstruktive Bedeutung der Demokratie vermögen in der Tat sehr weitreichend zu sein. Doch wenn wir die Argumente zugunsten der Demokratie präsentieren, laufen wir möglicherweise Gefahr, ihre Effizienz allzu marktschreierisch anzupreisen. Wie gesagt, liegen die Vorteile der Bürgerrechte darin, daß sie Spielräume schaffen, doch ihre Wirksamkeit hängt davon ab, wie sie ausgeübt werden. Die Demokratie konnte vor allem dort Erfolge verbuchen, wo die zu verhindernden Katastrophen leicht zu erkennen sind und es zu unmittelbaren Bekundungen des Mitgefühls kommt. Eine Reihe anderer Probleme ist nicht so leicht zu bewältigen. Indien kann dem Erfolg bei der Bekämpfung von Hungersnöten nichts Gleichwertiges zur Seite stellen, wenn es um die chronische Unterernährung oder, wie im 4. Kapitel schon erwähnt, um die Ungleichbehandlung der Geschlechter geht. Während sich das Elend der Hungeropfer politisch ohne Schwierigkeiten ausschlachten läßt, bedürfen diese anderen Benachteiligungen einer tiefer gehenden Analyse und eines effektiveren Einsatzes öffentlicher Kommunikation und politischer Partizipation – kurz gesagt, einer verstärkten demokratischen Praxis.

Einige der Desaster, die wir auch in reiferen Demokratien beobachten, gehen zu Lasten einer unzureichenden Praxis. Beispielsweise trägt die im 1. und 4. Kapitel erörterte außerordentliche Benachteiligung der Afro-Amerikaner bezüglich Gesundheitsfürsorge, Bildung und sozialer Umwelt in den Vereinigten Staaten dazu bei, daß ihre Sterblichkeitsrate außergewöhnlich hoch ist, und offensichtlich geht die Praxis der amerikanischen Demokratie nicht gegen diesen Schandfleck an. Demokratie heißt, eine Reihe von Chancen zu schaffen, wie diese aber zu nutzen sind, muß durch eine Analyse anderer Art untersucht werden, durch eine Analyse, welche die *Praxis* der demokratischen und politischen Rechte unter die Lupe nimmt. Die niedrige Wahlbeteiligung in Amerika, insbesondere seitens der Afro-Amerikaner, wie auch andere Anzeichen von Apathie und Entfremdung dürfen nicht ignoriert werden. Demokratie ist kein automatisch wirkendes Heilmittel gegen allerlei Leiden, wie Chinin das angezeigte Medikament bei Malaria ist. Die von ihr gebotenen Chancen müssen ergriffen werden, um die gewünschte Wirkung hervorzubringen. Selbstverständlich gilt das für alle Grundrechte, vieles hängt davon ab, wie sie wahrgenommen werden.

Die demokratische Praxis und die Aufgabe der Opposition

Die Leistungen der Demokratie werden nicht allein durch die gewählten und gesicherten Regeln und Verfahren bestimmt, wichtig ist auch, was die Bürger aus den Chancen machen. Fidel Valdez Ramos, der frühere Präsident der Philippinen, brachte in einer November 1998 gehaltenen Rede an der Australian National University das Problem mit bewundernswerter Klarheit auf den Punkt:

»In einer Diktatur brauchen die Menschen nicht zu denken, zu wählen, zu einem Entschluß zu kommen oder ihre Zustimmung zu geben. Sie müssen nur eines tun: gehorchen. Diese bittere Lehre hat uns die politische Erfahrung auf den Philippinen vor noch nicht allzu langer Zeit erteilt. Eine Demokratie hingegen vermag nicht ohne Bürgersinn zu überleben. ... Die politische Herausforderung, vor denen die Menschen heute in der Welt stehen, besteht nicht bloß darin, autoritäre Regierungen zu verjagen und demokratische einzusetzen. Sie müssen auch dafür sorgen, daß die Demokratie für den Mann auf der Straße funktioniert.«[8]

Die Demokratie schafft diese Gelegenheit, die sich sowohl auf ihre »instrumentelle« als auch auf ihre »konstruktive Funktion« bezieht. Mit welcher Macht die Chancen ergriffen werden, hängt freilich von vielfältigen Faktoren ab, von der Stärke eines Mehrparteiensystems, aber auch von der Lebendigkeit moralischer Auseinandersetzung und der Schaffung von Werten.[9] Indien war sich zum Beispiel schon zu Beginn seiner Unabhängigkeit darüber im klaren, daß in erster Linie der Hunger bekämpft werden mußte, wie ja auch Irland, das seine eigenen Erfahrungen mit Hungersnöten unter britischer Herrschaft gemacht hat. Die Leidenschaftlichkeit politischer Aktivisten, die heftige Kritik an den Regierungen übten, welche die Menschen auf der Straße verhungern ließen, sorgte erfolgreich für eine Bekämpfung von Hungersnöten. Ihre Schärfe und Entschlossenheit nötigte jede Regierung, der Verhinderung solcher Katastrophen höchste Priorität einzuräumen.

Weitaus fügsamer erwiesen sich die nachfolgenden Oppositionsparteien, wo es sich um die Verurteilung des weitverbreiteten Analphabetismus, das Vorherrschen einer zwar nicht extremen, aber schwerwiegenden Unterernährung vor allem bei Kindern oder die Unfähigkeit handelte, die von früheren Regierungen verabschiedeten Gesetze für eine Landreform umzusetzen. Die Zahmheit der Opposition erlaubte es den nachfolgenden Regierungen, mit ihrer gewissenlosen Vernachlässigung dieser lebenswichtigen sozialpolitischen Probleme durchzukommen.

Die Tatkraft der Oppositionsparteien ist sowohl in nichtdemokratischen als auch in demokratischen Gesellschaften ein entscheidender Faktor. Trotz fehlender demokratischer Garantien gelang es den oppositionellen Kräfte dank ihrer Vitalität und Beharrlichkeit, die Regierungspolitik im vordemokratischen Südkorea – ja selbst gegen alle Widrigkeiten in Pinochets Chile – lange vor der Wiedereinführung der Demokratie indirekt zu beeinflussen. Viele Sozialprogramme, die diesen Ländern zugute kamen, wurden nicht zuletzt deshalb durchgeführt, um der Opposition den Wind aus den Segeln zu nehmen. So gesehen erzielte die Opposition, noch bevor sie öffentliche Ämter errang, einige Siege.[10]

Ein anderer Punkt ist die anhaltende Ungleichbehandlung der Geschlechter, auch sie fordert ein leidenschaftliches Engagement, angefangen bei der Kritik bis hin zu Reformvorschlägen. Sobald diese vernachlässigten Themen auf die öffentliche Tagesordnung gesetzt werden, müssen die Regierenden Stellung beziehen. In einer Demokratie bekommen die Menschen in der Regel, was sie fordern, und, wichtiger noch, es wird ihnen normalerweise nichts aufgezwungen, was sie nicht wollen. Zwei der stiefmütterlich behandelten Bereiche der sozialen Chancen – die Gleichheit der Geschlechter und das Schulwesen – werden heute von den Oppositionsparteien in Indien aufgegriffen und infolgedessen auch von der Legislative und Exekutive beachtet. Zwar werden sich handfeste Ergebnisse erst in der Zukunft einstellen, doch schon jetzt sind einige positive Schritte unübersehbar. Zu nennen wären hier ein Gesetzesentwurf, der vorsieht, daß mindestens ein Drittel der Parlamentssitze von Frauen besetzt wird, und ein Bildungsprogramm, das einer wesentlich größeren Gruppe von Kindern das Recht auf elementare Schulbildung gewährt.

Man darf wirklich behaupten, daß der Beitrag zur Demokratie in Indien sich keineswegs darin erschöpft, ökonomische Katastrophen wie etwa Hungersnöte zu verhindern. Wie begrenzt ihre Praxis auch sein mag, die Demokratie hat Indien eine gewisse Stabilität und Sicherheit geschenkt, Dinge, die viele Menschen bei der Unabhängigkeitserklärung im Jahr 1947 recht pessimistisch beurteilten. Damals hatte Indien eine unerfahrene Regierung, litt unter dem Chaos der Teilung, unter undurchsichtigen politischen Allianzen und zu allem Übel unter gewalttätigen Auseinandersetzungen zwischen rivalisierenden Gruppen und sozialen Unruhen. An die Zukunft eines vereinten und demokratischen Indien zu glauben fiel schwer. Und dennoch sehen wir ein halbes Jahrhundert später eine Demokratie vor uns, die bei allem Auf und Ab ganz gut funktioniert. Politische Differenzen wurden größtenteils im Rahmen der Verfassung ausgetragen. Regierungen kamen und gingen gemäß den Spielregeln der freien Wahlen und des Parlamentarismus. Indien, dieses unschöne, unwahrscheinliche und formlose Konglomerat von Differenzen, hat innerhalb, ja dank einer funktionierenden Demokratie als politische Einheit überdauern und bemerkenswert gut arbeiten können.

Es hat sogar der ungeheuren Herausforderung standgehalten, die von den vielen unterschiedlichen Sprachen und Religionen ausging, einer außergewöhnlichen religiösen und kulturellen Vielfalt. Gewiß, religiöse und ethnische Unterschiede lassen sich leicht von sektiererischen Politikern ausschlachten, was in den letzten Jahren auch häufiger geschah und im Land Wirren hervorrief. Doch die Tatsache, daß diese Wirren leicht in sektiererische Gewaltakte abgleiten, aber von breiten Schichten der Bevölkerung verurteilt werden, ist letzten Endes die entscheidende demokratische Gewähr dafür, daß die engstirnige Ausbeutung sektiererischer Neigungen ins Leere läuft. Für den Fortbestand und den Wohlstand eines Landes, das wie Indien so viele Unterschiede in sich birgt, ist das unabdingbar, denn Indien mag zwar eine hinduistische Mehrheit haben, aber es ist auch das drittgrößte moslemische Land der Welt, und auf seinem Boden leben neben der Welt größten Gemeinschaften von Sikhs, Parsen und Jains auch Millionen von Christen.

Schlußbemerkung

Die Entwicklung und Stärkung eines demokratischen Systems ist ein wesentlicher Bestandteil des Entwicklungsprozesses. Die Bedeutsamkeit der Demokratie verdankt sich, wie schon gesagt, drei verschiedenen Vorzügen: (1) ihrer *intrinsischen Bedeutung*, (2) ihren *instrumentellen Leistungen* und (3) ihrer *konstruktiven Rolle* bei der Schaffung von Werten und Normen. Keine Bewertung der demokratischen Regierungsform ist vollständig, die nicht alle drei Komponenten berücksichtigt.

Trotz ihrer Beschränkungen sind politische und bürgerliche Rechte häufig erfolgreich eingesetzt worden. Selbst auf jenen Gebieten, auf denen durchschlagende Erfolge bislang ausblieben, sind die Chancen dafür gegeben. Daß politische und bürgerliche Rechte Spielräume schaffen, indem sie öffentliche Diskussionen und Debatten, demokratische Partizipation und eine ungehinderte Opposition zulassen und, mehr noch, sie fördern, gilt für weite Bereiche, ungeachtet des Umstands, daß sie auf einigen Gebieten mehr Erfolge als auf anderen vorweisen können. Ihre hinreichend bewiesene Nützlichkeit bei der Verhinderung wirtschaftlicher Desaster ist an sich von Bedeutung. Wenn alles glattgeht und reibungslos verläuft, mag man die Demokratie nicht sehr vermissen. Wenn die Dinge jedoch aus dem einen oder anderen Grund eine fatale Richtung einschlagen, wie jüngst bei der Finanzkrise in Ost- und Südostasien, die mehrere Volkswirtschaften ruinierte und viele Menschen ins Elend stürzte, enthüllt sich der Wert der Demokratie. Die politischen Anreize, die demokratische Regierungen schaffen, sind in solchen Zeiten von großem praktischem Wert.

Doch auch wenn wir die Bedeutung demokratischer Institutionen anerkennen müssen, dürfen wir sie nicht als mechanische Werkzeuge der Entwicklung betrachten. Ihre Verwendung steht und fällt mit unseren Werten und Prioritäten und damit, wie wir die uns gebotenen Chancen zur freien Rede und Partizipation nutzen. Der organisierten Opposition kommt in diesem Zusammenhang eine ganz besonders wichtige Aufgabe zu.

Öffentliche Debatten und Diskussionen, ermöglicht durch politische Freiheit und Bürgerrechte, spielen eine nicht geringzuschätzende Rolle bei der Schaffung von Werten. Tatsächlich wird die Identifizierung von Bedürfnissen unweigerlich vom Wesen der öffentlichen Teilnahme und des Dialogs beeinflußt. Die Macht der öffentlichen Auseinandersetzung ist nicht nur ein weitreichendes Korrelat der Demokratie, sie zu kultivieren trägt auch zum besseren Funktionieren der Demokratie selbst bei. Beispielsweise werden gutunterrichtete und nicht mehr bloß einigen Randgruppen überlassene öffentliche Diskussionen zu Umweltfragen nicht nur der Umwelt zugute kommen; auch das demokratische System könnte so erstarken und besser arbeiten.[11]

So wichtig es ist, die Notwendigkeit einer Demokratie zu betonen, so wichtig ist es auch, die Bedingungen und Umstände zu schützen, die Umfang und Reichweite des demokratisches Prozesses sichern. Als Hauptquelle sozialer Chancen, ein Plus, das für sich genommen nach einer entschlossenen Verteidigung verlangen mag, ist Demokratie an sich von Wert, aber dennoch müssen wir untersuchen, wie Demokratie noch wirkungsvoller funktionieren kann, um ihre Potentiale auszuschöpfen. Die Durchsetzung sozialer Gerechtigkeit hängt nicht allein von institutionellen Formen ab, darunter auch demokratische

Regeln und Verordnungen, sondern auch von einer wirkungsvollen Praxis. Ich habe einige Gründe dafür genannt, daß die Frage der Praxis von zentraler Bedeutung für die Beiträge ist, die wir von den Bürgerrechten und der politischen Freiheit erwarten dürfen. Vor dieser Herausforderung stehen altehrwürdige Demokratien wie die Vereinigten Staaten – insbesondere wenn wir an die unterschiedliche politische Partizipation der verschiedenen ethnischen Gruppen denken – ebenso wie junge Demokratien. Einige Probleme sind allen gemeinsam, andere stellen sich nur unter besonderen Bedingungen.

7
Hungersnöte und andere Krisen

Wir leben in einer Welt, in der Hunger und Unterernährung weit verbreitet und Hungersnöte keine Seltenheit sind. Dann wird oft – wenn auch nur implizit – behauptet, daß wir nicht viel tun können, um diese Schrecken zu lindern, und daß sie auf Dauer nur schlimmer werden können, besonders angesichts einer wachsenden Weltbevölkerung. Die internationalen Reaktionen auf herrschende Mißstände sind häufig geprägt von sprachlosem Pessimismus. Da man wenig Möglichkeiten zur Linderung des Hungers zu erkennen meint, breitet sich Fatalismus aus, und ernsthafte Versuche zur Bekämpfung des Elends unterbleiben.

Es gibt kaum faktische Grundlagen für diesen Pessimismus, und es gibt auch keine zwingenden Gründe für die Annahme, Hunger und Mangel seien unabwendbar. Angemessene politische Maßnahmen und Eingriffe könnten in der Tat das schreckliche Problem des Hungers aus der Welt schaffen. Aufgrund neuerer ökonomischer, politischer und sozialer Analysen glaube ich, daß es möglich ist, Strategien zu entwickeln, um Hungersnöte zu beenden und die chronische Unterernährung radikal zu senken. Aber es ist wichtig, diese Politik auf Erkenntnisse zu gründen, die aus analytischen Untersuchungen und empirischen Studien hervorgegangen sind.[1]

Dieses Kapitel befaßt sich besonders mit Hungersnöten und anderen temporären »Krisen«, die – sei es mit oder ohne »nackten Hunger« – einen erheblichen Teil der Bevölkerung plötzlich in akute Mangelsituationen stürzen (wie z. B. die jüngsten Wirtschaftskrisen in Ost- und Südostasien). Hungersnöte und Krisen dieser Art müssen unterschieden werden vom Problem des endemischen Hungers und der Armut, die zwar zu chronischen Mangelzuständen führen können, eine explosionsartige Ausbreitung von extremem Mangel unter einem Teil der Bevölkerung jedoch nicht notwendig einschließen. Ich werde auch bei der im weiteren Verlauf des Buches vorgenommenen Analyse endemischer Unterernährung und anhaltenden, langfristigen Mangels (besonders in Kapitel 9) mit Begriffen arbeiten, die sich aus den Hungerstudien (im vorliegenden Kapitel) ergeben.

Es ist für die Abschaffung des Hungers heute von entscheidender Bedeutung, daß man die Ursachen von Hungersnöten angemessen und vollständig versteht und sich nicht darauf beschränkt, sie im Rahmen irgendeines mechanischen Gleichgewichts von Nahrung und Bevölkerung zu betrachten. Für die Analyse des Hungers wiederum ist entscheidend die substantielle Freiheit des einzelnen und der Familie, sich ausreichend Nahrung zu verschaffen. Das kann geschehen, indem man selbst Nahrung erzeugt – wie es die Bauern tun –, oder indem man sie auf dem Markt käuflich erwirbt – wie es alle tun, die nicht selbst Nahrung erzeugen. Ein Mensch kann trotz ausreichend vorhandener Nahrung zu hungern gezwungen sein, wenn er sein Einkommen verliert, z.B. durch den Verlust seiner Arbeitsstelle oder den Zusammenbruch des Marktes, auf dem er seine Produkte verkauft und damit seinen Lebensunterhalt sichert. Auf der anderen Seite können durch bessere Verteilung der verfügbaren Nahrungsmittel alle vor Hunger bewahrt werden, z.B. durch die Schaffung zusätzlicher Arbeitsstellen und Verdienstmöglichkeiten für potentielle Hungeropfer, selbst wenn die Nahrungsmenge in einem Land oder einer Region deutlich abnimmt. Durch Einfuhr von Nahrungsmitteln aus anderen Ländern sind derlei Maßnahmen zu ergänzen und noch effektiver zu gestalten, allerdings wurden viele drohende Hungersnöte auch ganz ohne unterstützende Maßnahmen verhindert – einfach durch eine gerechtere Verteilung der reduzierten inländischen Nahrungsmenge. Das zentrale Kriterium sollte die ökonomische Stärke und die substantielle Freiheit von einzelnen und Familien sein, genug Nahrung zu kaufen, und nicht die im Land verfügbare Nahrungsmenge.

Hier sind ökonomische und politische Analysen vonnöten, außerdem ein weiter gespanntes Verständnis auch anderer Krisen und Katastrophen. Die Misere, in die einige Länder Ost- und Südostasiens in jüngster Zeit geraten sind, gibt ein gutes Beispiel dafür ab. In diesen Krisen haben, ähnlich wie in Hungersnöten, einige Bevölkerungsgruppen ihre ökonomischen Zugangsrechte unerwartet plötzlich verloren. Die Schnelligkeit, mit der dies geschah, und das schiere Ausmaß der Not in diesen Krisen sowie die Tatsache, daß sie völlig überraschend eintraten, und das ist typisch, unterscheiden sich von dem eher »regulären« Phänomen allgemeiner Armut ebenso wie Hungersnöte von endemischem Hunger.

Zugangsrecht und Wechselwirkung

Hunger hat nicht nur mit Nahrungsproduktion und landwirtschaftlicher Expansion, sondern auch mit den Mechanismen der gesamten Wirtschaft zu tun und – darüber hinaus – mit den Funktionsweisen der politischen und sozialen Strukturen, die die Möglichkeit der Menschen, sich Nahrung zu beschaffen und für ihre Gesundheit und ihre Ernährung zu sorgen, direkt oder indirekt beeinflussen. Des weiteren gilt, daß eine vernünftige Regierungspolitik zwar viel erreichen kann, es gleichwohl wichtig ist, die Rolle der Regierung in das wirksame Funktionieren anderer ökonomischer und sozialer Institutionen zu integrieren – und dazu gehören nicht nur Handel und Gewerbe und die Märkte, sondern auch die aktive Arbeit von politischen Parteien, regierungsunabhängigen Organisationen und Institutionen, die eine sachverständige öffentliche Debatte ermöglichen und in Gang halten, wie es z. B. gute Nachrichtenmedien tun.

Unterernährung, Hungertod und Hungersnöte stehen in engem Zusammenhang mit den Mechanismen der gesamten Wirtschaft und Gesellschaft – nicht nur mit Nahrungsproduktion und landwirtschaftlicher Arbeit. Es ist von entscheidender Bedeutung, daß die ökonomischen und sozialen Wechselwirkungen zur Kenntnis genommen werden, die den Hunger in unserer Welt regieren. Nahrung wird innerhalb eines Wirtschaftssystems nicht nach dem Prinzip der Wohltätigkeit oder einem anderen mechanischen Verteilungsprinzip ausgegeben. Die Fähigkeit, Nahrung zu kaufen, muß *verdient* werden. Wir sollten uns nicht auf den gesamten Nahrungsvorrat innerhalb eines Wirtschaftssystems konzentrieren, sondern auf das, was dem »Zugangsrecht« eines Menschen unterliegt: die Güter, über die er Eigentumsrecht und Verfügungsgewalt erwirken kann. Menschen leiden Hunger, wenn sie ihr Zugangsrecht auf eine angemessene Nahrungsmenge nicht wirksam machen können.[2]

Was bestimmt nun das Zugangsrecht einer Familie? Das hängt von verschiedenen Faktoren ab. Zuerst einmal ist da die *Grundausstattung*:

das Eigentum sowohl an produktiven Ressourcen als auch an Gütern, die auf dem Markt einen Preis erzielen. Die große Mehrheit der Weltbevölkerung hat an bedeutsamer Grundausstattung nicht viel mehr aufzubieten als ihre Arbeitskraft. Arbeitskraft ist für die meisten Menschen auf der Welt die einzige Ressource, die wiederum mit unterschiedlichen Fertigkeiten und Erfahrungen verbunden sein kann. Im allgemeinen jedoch besteht der Korb der Vermögenswerte aus Arbeit, Grundbesitz und anderen Ressourcen.

Einen zweiten wichtigen Einflußfaktor stellen die *Produktionsmöglichkeiten* und ihr Einsatz dar. Hier kommt die Technologie ins Spiel: Die verfügbare Technologie bestimmt die Produktionsmöglichkeiten, und diese werden wiederum beeinflußt durch das zur Verfügung stehende Wissen und die Fähigkeit der Menschen, dieses Wissen zu beherrschen und in gegebenen Situationen davon Gebrauch zu machen.

Wenn es darum geht, Zugangsrechte zu schaffen, kann die Grundausstattung in Form von Land oder Arbeit direkt eingesetzt werden, um Nahrung zu produzieren – wie das in der Landwirtschaft der Fall ist. Oder eine Familie bzw. ein Individuum erwirbt die Fähigkeit, Nahrung zu kaufen, indem sie einen Arbeitslohn bekommt. Dies hängt von den Erwerbsmöglichkeiten und Löhnen ab, die gezahlt werden. Auch diese sind abhängig von Produktionsmöglichkeiten – in Landwirtschaft, Industrie und anderen Arbeitsbereichen. Die meisten Menschen auf der Welt produzieren selbst keine Nahrung, sondern verdienen sich die Möglichkeit, Nahrung zu kaufen, indem sie eine Anstellung in der Produktion anderer Waren suchen, z.B. verkäufliche Agrarerzeugnisse, Handwerksprodukte oder Industrieerzeugnisse bis hin zu verschiedenen Dienstleistungen, ein Spektrum, das eine Vielzahl von Beschäftigungsmöglichkeiten bietet. Diese Interdependenzen sind für die Analyse von Hungersnöten unter Umständen von zentraler Bedeutung, denn eine große Zahl von Menschen kann die Fähigkeit, Nahrung zu kaufen, verlieren, wenn es in Produktionsbereichen Probleme gibt, die mit der Nahrungsproduktion selbst gar nichts zu tun haben.

Drittens spielen die *Tauschbedingungen* eine wichtige Rolle: die Fähigkeit, Nahrung zu verkaufen und zu kaufen und die Festlegung der relativen Preise für verschiedene Produkte, z.B. Handwerkserzeugnisse in Relation zu Hauptnahrungsmitteln. Angesichts der zentralen – ja einzigartigen – Bedeutung der Arbeitskraft als Grundausstattung eines großen Teils der Menschheit kommt den Mechanismen der Arbeitsmärkte besondere Bedeutung zu. Findet ein Arbeitsuchender einen Job mit entsprechendem Lohn? Können Handwerker und Dienstleistungsanbieter verkaufen, was sie zu verkaufen haben? Und zu welchen relativen Preisen (im Verhältnis zum Marktpreis für Lebensmittel)?

In einer Wirtschaftskrise können sich diese Tauschbedingungen dramatisch verändern und zu einer drohenden Hungersnot führen. Solche Veränderungen ergeben sich rasch und aufgrund vieler unterschiedlicher Einflußfaktoren. Es hat Hungersnöte gegeben, die mit plötzlichen Veränderungen des relativen Preisniveaus von Produkten (oder im Verhältnis von Einkommenshöhe und Lebensmittelpreisen) verbunden und auf deutlich erkennbare Ursachen zurückzuführen waren, z.B. auf Dürre, Überschwemmung, eine generelle Verknappung von Arbeitsplätzen, einen einseitigen wirtschaftlichen Aufschwung, der nur einem Teil der Bevölkerung zugute kam, oder sogar auf die übertriebene Angst vor Lebensmittelknappheit, die die Nahrungsmittelpreise vorübergehend in die Höhe treibt, mit verheerenden Folgen.[3]

In einer Wirtschaftskrise sind manche Produktionsbereiche zuweilen schwerer betroffen als andere. So veränderten sich z.B. in der Hungersnot in Bengalen (1943) die Tauschraten von Lebensmitteln und bestimmten Produkten radikal. Unabhängig vom Preisverhältnis zwischen Löhnen und Nahrungsmitteln fanden in den relativen Preisen von Fisch und Getreide gewaltige Verschiebungen statt. Die bengalischen Fischer gehörten zu den am schlimmsten betroffenen Berufsgruppen in der Hungersnot des Jahres 1943. Natürlich ist auch Fisch ein Nahrungsmittel, aber es gehört zu den qualitativ hochwertigen Lebensmitteln, und die armen Fischer müssen Fisch verkaufen, um billigere Kalorienspender in Form von Grundnahrungsmitteln kaufen zu können (in Bengalen ist das in der Regel Reis), damit sie genügend Nährwerte zum Überleben bekommen. Das Gleichgewicht des Überlebens beruht auf diesem Tausch, und ein plötzlicher Verfall des relativen Preises von Fisch im Verhältnis zum Reis kann dieses Gleichgewicht zerstören.[4]

Viele andere Berufe sind ebenfalls äußerst anfällig für Verschiebungen im Verhältnis von relativen Preisen und Verkaufserlös. Nehmen wir zum Beispiel den Friseur. Friseure sind in wirtschaftlichen Krisenzeiten mit zweierlei Problemen konfrontiert: (1) den meisten Menschen fällt es in schwierigen Lebenslagen nicht schwer, den Friseurbesuch aufzuschieben – was die Nachfrage für die Dienstleistung des Friseurs drastisch sinken läßt; (2) zu diesem »Quantitätsverlust« tritt außerdem noch ein Verfall des relativen Preises für das Haareschneiden: Während der Hungersnot in Bengalen 1943 sank die Tauschrate von Haarschnitten und Grundnahrungsmitteln in einigen Distrikten um 70 bis 80 Prozent. Damit standen die Friseure – die sonst schon nicht zu den Begüterten zählen – am Abgrund und mit ihnen viele andere Berufszweige. All dies geschah, ohne daß die Nahrungsproduktion und die Gesamtnahrungsmenge merklich gesunken wären. So führte die höhere Kaufkraft der Stadtbevölkerung (die vom kriegsbedingten Aufschwung profitiert hatte) in Verbindung mit dem ängstlich-spekulativen Zurückhalten von Lebensmitteln, die damit die Märkte nicht mehr erreichten, zur Hungerkrise aufgrund einer plötzlich veränderten Verteilungslage. Das Verständnis der Ursachen des Hungers setzt eine Analyse des gesamten ökonomischen Räderwerks voraus, eine Aufstellung der produzierten Nahrungsmenge und der Versorgungslage reicht dafür nicht aus.[5]

Ursachen von Hungersnot

Es gibt verschiedene Gründe für den Verlust von Zugangsrechten, der zu Hungerkrisen führen kann. Beim Versuch, Hungersnöte zu lindern, und mehr noch, wenn man versucht, sie ganz und gar zu vermeiden, muß diese kausale Vielfalt im Auge behalten werden. Hungersnöte stehen immer für eine von vielen geteilte Not, aber sie haben ganz verschiedene Ursachen. Bei all denjenigen, die nicht selbst Nahrungsmittel produzieren (z.B. Industriearbeiter oder Angestellte im Dienstleistungssektor), oder jenen, denen die Nahrungsmittel, die sie produzieren, nicht gehören (z.B. Lohnarbeiter in der Landwirtschaft), hängt die Fähigkeit, Nahrungsmittel auf dem Markt zu kaufen, von ihren Einkünften, den aktuellen Lebensmittelpreisen und den Kosten, die für andere Grundbedürfnisse anfallen, ab. Ihre Fähigkeit, Nahrung zu beschaffen, ist abhängig von ökonomischen Umständen: Arbeit und Lohnhöhe, Produktion anderer Waren und ihrer Preise für Handwerker, Dienstleister usw.

Für diejenigen, die selbst Nahrung produzieren, ist der Nahrungszugang zwar abhängig von ihrer *individuellen* Produktionsmenge, es besteht jedoch keine vergleichbare Abhängigkeit von der Höhe der *nationalen* Nahrungsmittelproduktion, die vielen Hungerstudien als Untersuchungsgrundlage dient. Außerdem sind die Menschen manchmal gezwungen, teure Nahrungsmittel, etwa Tierprodukte, zu verkaufen, um billigere Getreidekalorien zu kaufen, was arme Viehzüchter (Hirten) in der Regel tun: z.B. die viehzüchtenden Nomaden in der Sahelzone und am Horn von Afrika. Die Tauschabhängigkeit afrikanischer Viehzüchter, die Tierprodukte einschließlich Fleisch verkaufen müssen, um billigere Kalorien in Form von Grundnahrungsmitteln zu kaufen, gleicht der der oben erwähnten bengalischen Fischer, die Fisch verkaufen müssen, um billigere Kalorien in Form von Reis einkaufen zu können. Dieses fragile Tauschgleichgewicht ist anfällig für Schwankungen in den Tauschraten. Wenn der Preis von tierischen Produkten im Vergleich zu Getreide sinkt, kann das für die Hirten katastrophale Folgen haben. Bei einer Reihe von afrikanischen Hungersnöten, in denen die Viehzüchter besonders schwer betroffen waren, war dies der Fall. Eine Dürreperiode kann den relativen Preis von tierischen Produkten (sogar von Fleisch) im Verhältnis zu traditionell billigeren Nahrungsmitteln senken, da Menschen in Zeiten der Not ihr Verbraucherverhalten dahingehend verändern, daß sie sich *gegen* teure Nahrungsmittel (wie etwa Fleisch) und nicht lebensnotwendige Dinge (wie Lederwaren) entscheiden. Eine solche Verschiebung in den relativen Preisen führt unter Umständen dazu, daß die Viehzüchter nicht mehr genug Grundnahrungsmittel zum Überleben kaufen können.[6]

Hungersnöte treten allerdings auch ohne verminderte Nahrungsproduktion oder geringere Verfügbarkeit von Nahrungsmitteln auf. Ein Arbeiter kann durch Arbeitslosigkeit und ein fehlendes soziales Auffangnetz (z.B. eine Arbeitslosenversicherung) ganz schnell zum Hungern verurteilt sein. Es ist sogar möglich, daß es *trotz* einer in der Gesamtwirtschaft verfügbaren hohen und unverminderten Nahrungsmenge zu Hungerkrisen kommt – ja sogar wenn das Nahrungsangebot »Spitzenwerte« erreicht.

Die Hungersnot in Bangladesch von 1974 ist ein Beispiel dafür.[7] Damals war die verfügbare Nahrungsmenge in Bangladesch pro Kopf *größer* als in den übrigen Jahren zwischen 1971 und 1976 (vgl. Abbil-

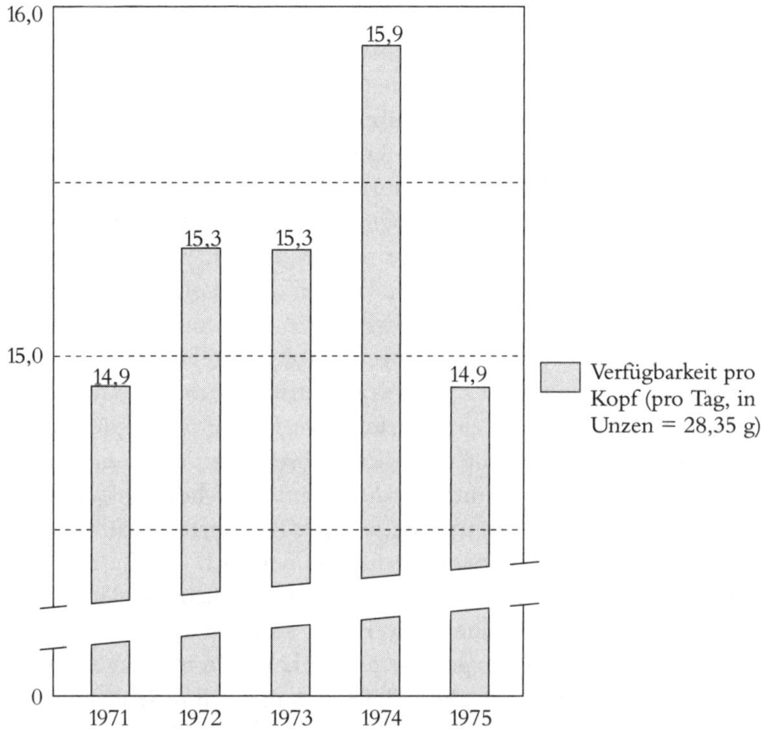

Abb. 7.1: Verfügbarkeit von Getreide in Bangladesch, 1971–1975

Quelle: Amartya Sen, *Poverty and Famines* (Oxford 1981), Abb. 9.5. Die Hungersnot trat 1974 auf.

dung 7.1). Die Hungersnot brach aus, nachdem in einer Region aufgrund von Überschwemmungen viele Arbeitsplätze verlorengingen. Diese Überschwemmungen beeinträchtigten zwar die Nahrungsproduktion, als nämlich viele Monate später die Ernte geringer ausfiel (vor allem im Dezember), die Hungersnot selbst trat jedoch früher auf und war bereits vorüber, als die betroffenen Feldfrüchte reif geworden waren. Die Naturkatastrophe führte im Sommer 1974 bei den Landarbeitern zu *unmittelbaren* Einkommensverlusten; sie verloren die Löhne, die sie beim Reispflanzen und damit verbundenen Tätigkeiten verdient hätten, und mit denen sie Nahrung hätten kaufen können. Der Hunger und die Panik vor Ort breiteten sich aus, verstärkt durch einen nervös gewordenen Markt und den steilen Anstieg der Lebensmittelpreise aufgrund übertriebener Befürchtungen über die zu erwartende Lebensmittelknappheit. Letztere war stark überschätzt und in einem gewissen Ausmaß auch manipuliert, das Preisniveau wurde später nach unten korrigiert.[8] Zu diesem Zeitpunkt hatte der Hunger jedoch seinen traurigen Tribut bereits gefordert.

Selbst wenn eine Hungerkrise *tatsächlich* mit sinkender Nahrungsmittelproduktion einhergeht (wie das deutlich in der chinesischen Hungersnot der Jahre 1958 bis 1961 oder in den irischen Hungersnöten nach 1840 der Fall war[9]), erfordert die Erklärung der Tatsache, daß ein Teil der Bevölkerung Hungers stirbt, während der Rest keine Not leidet, mehr als das Zitieren von Statistiken über Produktionsmengen. Hungersnöte regieren nach dem Prinzip »Teile und herrsche«. So können z.B. Bauern ihr Zugangsrecht zu Nahrung verlieren, wenn die Nahrungsmittelproduktion, vielleicht aufgrund einer regional begrenzten Dürreperiode, in ihrer Region sinkt, auch wenn im Land allgemein kein Nahrungsmangel herrscht. Die Betroffenen hätten keine Mittel, um anderswo Nahrung zu kaufen, da sie aufgrund ihres eigenen Produktionsverlustes kaum etwas zu verkaufen hätten. Andere, mit einem gesicherten Einkommen in anderen Berufen, können die Notlage überstehen, indem sie ihre Nahrung anderswo kaufen. Etwas Ähnliches geschah in der Wollo-Hungersnot in Äthiopien (1973), in der die armen Bewohner der Wollo-Region keine Nahrungsmittel mehr kaufen konnten, obwohl die Lebensmittelpreise in Dessie (der Hauptstadt Wollos) nicht höher waren als in Addis Abeba und Asmara. Es gibt sogar Belege dafür, daß eine gewisse Menge an Nahrungsmitteln *aus* Wollo in die reicheren Regionen Äthiopiens *ausgeführt wurde*, wo die Menschen mehr Geld für den Nahrungskauf hatten.

Oder nehmen wir einen anderen typischen Fall: Die Lebensmittelpreise steigen rapide, weil die Kaufkraft bestimmter Berufsgruppen zugenommen hat, was dazu führt, daß andere Nahrungskäufer vor dem Ruin stehen, weil die reale Kaufkraft ihres Einkommens ebenso rapide gesunken ist. Solch eine Hungerkrise kann ohne jede Verringerung des Nahrungsangebotes auftreten, da sie eher dem Konkurrenzanstieg als dem Sinken des Gesamtangebotes geschuldet ist. Auf diese Weise entstand 1943 die Hungersnot in Bengalen (die wir bereits erwähnt haben): Die Stadtbevölkerung profitierte vom kriegsbedingten Aufschwung – die japanische Armee befand sich in direkter Nähe und die britischen und indischen Verteidigungsausgaben in den Städten Bengalens, darunter auch Kalkutta, waren sehr hoch. Als sich der Reispreis steil nach oben bewegte, ließen die Panik in der Öffentlichkeit und Spekulationen die Preise in die Höhe schießen und damit außerhalb der Reichweite eines substantiellen Teils der bengalischen Landbevölkerung.[10] Die Letzten bissen die Hunde.[11]

Ein weiterer typischer Fall wäre der, in dem eine Gruppe von Arbeitern ihre Arbeit verliert, weil sich die Wirtschaftsstruktur verändert und sich Art und Ort einträglicher Tätigkeiten verlagern. So geschehen in den afrikanischen Staaten südlich der Sahara mit ihren schwankenden Klima- und Umweltbedingungen. Vormals produktive Arbeiter stehen dann plötzlich ohne Arbeit oder Einkommen da, und da es keinerlei soziale Sicherungssysteme gibt, fallen sie ins Bodenlose.

In anderen Fällen kann der Verlust der Erwerbsarbeit vorübergehend sein, aber dennoch eine Hungerkrise auslösen. Nehmen wir die Hungersnot in Bangladesch im Jahre 1974: Die ersten Anzeichen einer Krise zeigten sich unter den landlosen Landarbeitern, die ihre Erwerbsmöglichkeiten im Reisanbau durch die Überschwemmungen im Sommer verloren hatten. Diese Landarbeiter hatten schon vorher von der Hand in den Mund gelebt und waren nun – ohne Lohnarbeit – gezwungen zu hungern, und zwar lange *bevor* die betroffenen Feldfrüchte reif zur Ernte waren.[12]

Hungerkrisen haben höchst unterschiedliche Auswirkungen auf einzelne Bevölkerungsgruppen. Der Versuch, sie anhand der *durchschnittlichen* Nahrungsmenge pro Kopf zu erklären, kann zu völlig falschen Einschätzungen führen. Hungersnöte, die mehr als 5 bis 10 Prozent der Bevölkerung betreffen, sind ausgesprochen selten. Natürlich gibt es Berichte über Hungerkrisen, in denen angeblich ein ganzes Land Hunger litt. Die meisten dieser Geschichten halten einer genaueren Untersuchung freilich nicht stand. Die hochrespektable *Encyclopædia Britannica* z.B. berichtet in ihrer elften Ausgabe über eine Hungersnot in Indien in den Jahren 1344/45, in der »selbst der Mogul seinen Hof nicht mehr mit den lebensnotwendigen Dingen versorgen konnte«.[13] Allerdings stimmt an dieser Geschichte einiges nicht. Leider muß man sagen, daß das Reich der Mogule in Indien erst 1526 errichtet wurde. Und was vielleicht noch wichtiger ist, der

1344/45 regierende Tughlak-Herrscher – Mohammad Bin Tughlak – hatte nicht nur keinerlei Probleme, seinen Hof mit dem Nötigsten zu versehen, er verfügte sogar über ausreichende Mittel, eines der eindrucksvollsten Programme zur Linderung einer Hungersnot in der Geschichte der Menschheit ins Leben zu rufen.[14] Die Geschichten vom Hunger, der alle gleich trifft, decken sich nicht mit der Realität des ungleich verteilten Reichtums.

Die Prävention von Hungersnot

Da Hungerkrisen mit dem Verlust von Zugangsrechten einer oder mehrerer Berufsgruppen in bestimmten Regionen verbunden sind, können sie verhindert werden, indem man systematisch ein Mindestmaß an Einkommen und Zugangsrecht für all jene wiederherstellt, die von ökonomischen Veränderungen betroffen sind. Die Zahl der Betroffenen ist zwar häufig sehr hoch, entspricht jedoch gewöhnlich nur einem kleinen Teil der Gesamtbevölkerung, und das unterste Kaufkraftniveau für die Vermeidung des Hungers kann recht niedrig sein. So sind die Kosten einer solchen öffentlichen Maßnahme zur Prävention einer Hungersnot in der Regel eher bescheiden, das gilt auch für arme Länder, vorausgesetzt, es werden rechtzeitig systematische und wirksame Vorkehrungen getroffen.

Um eine Vorstellung von den entsprechenden Größenordnungen zu geben, gehen wir einmal davon aus, daß etwa 10 Prozent der Gesamtbevölkerung eines Landes (gewöhnlich ist der Prozentsatz der Betroffenen sehr viel kleiner) potentiell vom Hunger bedroht sind. Der Anteil am Gesamteinkommen, den diese in der Regel armen Menschen erwirtschaften, würde unter normalen Umständen nicht mehr als etwa 3 Prozent des Bruttosozialproduktes ausmachen. Ihr Anteil am Nahrungskonsum würde also typischerweise 4 bis 5 Prozent des Gesamtnahrungsverbrauchs eines Landes nicht übersteigen. Damit wären die für die Wiederherstellung ihres *gesamten* Einkommens bzw. die Sicherung ihrer Ernährung notwendigen Mittel, ausgehend vom Nullpunkt, nicht sehr umfangreich, vorausgesetzt, die Präventivmaßnahmen sind effizient organisiert. Natürlich haben die vom Hunger bedrohten Bevölkerungsgruppen in der Regel nicht alles verloren (so daß ihr Grundbedarf nur in Teilen ergänzt werden müßte), womit die

Anforderungen an die *Netto*ressourcen sogar noch geringer ausfallen könnten.

Darüber hinaus geht ein hohes Maß der Sterblichkeit in Hungerkrisen auf Krankheiten infolge körperlicher Schwächung zurück, auf den Zusammenbruch der sanitären Einrichtungen, auf die Ströme umherziehender Menschen und die infektiöse Ausbreitung von regional endemischen Krankheiten.[15]

Auch diese sind durch vernünftige öffentliche Maßnahmen, wie z. B. Epidemiekontrollen und Gesundheitseinrichtungen in den Kommunen, dramatisch einzuschränken. Relativ geringe, aber gut geplante öffentliche Ausgaben können auch in diesem Bereich ausgesprochen positive Auswirkungen haben.

Die Hungerprävention ist in hohem Maße von politischen Maßnahmen zum Schutz von Zugangsrechten abhängig. In den reicheren Ländern wird ein solcher Schutz durch Sozialhilfe und Arbeitslosenversicherung gewährleistet. Die meisten Entwicklungsländer haben keine nennenswerte allgemeine Arbeitslosenversicherung, einige jedoch stellen in Zeiten massiver Arbeitslosigkeit aufgrund von Natur- und anderen Katastrophen Arbeitsbeschaffungsprogramme bereit. Kompensatorische Ausgaben von Regierungsseite zur Schaffung von Arbeitsplätzen sind ein wirksames Instrument der Hungerprävention. In der Tat hat Indien seit Erlangen seiner Unabhängigkeit auf diese Weise potentielle Hungersnöte abzuwehren vermocht – hauptsächlich durch kompensatorische Beschäftigungsprogramme. So wurden z. B. 1973 in Maharashtra kurzfristig 5 Millionen Jobs geschaffen, um den nach einer heftigen Dürreperiode auftretenden Verlust von Arbeitsstellen auszugleichen. 5 Millionen ist eine sehr große Zahl, wenn man zudem noch die Familien der Arbeiter mit berücksichtigt. Die Ergebnisse waren außerordentlich: kein signifikanter Anstieg der Sterblichkeit, noch nicht einmal die Zahl der Menschen, die an Unterernährung litten, erhöhte sich, und das trotz der dramatischen Minderung (in manchen Regionen von bis zu 70 Prozent und mehr) der Nahrungsmittelproduktion in einem riesigen Gebiet.

Hunger und Entfremdung

An der politischen Ökonomie der Verursachung von Hunger und seiner Prävention sind Institutionen und Organisationen beteiligt, sie hat jedoch außerdem auch mit Erkenntnissen und Einstellungen zu tun, die die Ausübung von Macht und Autorität begleiten. Dies gilt in besonderer Weise für die Entfremdung der Regierenden von den Regierten. Selbst wenn die unmittelbare Ursachenkette einer Hungerkrise ganz anders aussieht, kann die soziale oder politische Distanz zwischen den Herrschenden und den Beherrschten in der Nichtprävention des Hungers eine entscheidende Rolle spielen.

In diesem Zusammenhang ist eine Betrachtung jener Hungersnöte hilfreich, die in den Jahren nach 1840, vor etwa 150 Jahren, in Irland wüteten und einem höheren Anteil der Bevölkerung das Leben kosteten als jede andere Hungersnot in der Geschichte.[16] Diese Hungersnot hat den Charakter des Landes entscheidend verändert. Sie setzte – und das angesichts schrecklichster Reisebedingungen – eine Emigrationswelle in Gang, wie man sie bis dahin kaum irgendwo erlebt hatte.[17] Bis heute leben in Irland wesentlich weniger Menschen als im Jahre 1845, als die große Hungersnot begann.

Was waren die Ursachen dieses Elends? In George Bernard Shaws *Man and Superman* (Mensch und Übermensch) weigert sich der reiche Amerikaner Mr. Malone, die irische Hungersnot um 1840 eine »Hungersnot« zu nennen. Seiner englischen Schwiegertochter Violet erklärt er, man habe seinen »Vater in jenem schwarzen Jahr 47 verhungern lassen«. Auf Violets Frage: »Während der Hungersnot?« antwortet Malone: »Nein, während des Aushungerns. Wenn ein Land Nahrung im Überfluß hat und sie exportiert wird, kann es keine Hungersnot geben!«

Mr. Malones spitze Bemerkung enthält eine Reihe von Irrtümern. Es ist wohl wahr, daß Nahrung aus dem hungernden Irland ins blühende England ausgeführt wurde, es stimmt jedoch nicht, daß Irland »Nahrung im Überfluß« hatte. (Tatsächlich ist die Gleichzeitigkeit von Hunger und Nahrungsmittelexporten ein Merkmal vieler Hungersnöte.) Und obwohl die Worte »to starve« und »starvation« natürlich in ihrem alten – heute weitgehend ungebräuchlichen – Wortsinn von »hungern *lassen*«, insbesondere »verhungern lassen, den Hungertod *herbeiführen*« verstanden werden können, läßt sich doch schwerlich leugnen, daß es in Irland damals tatsächlich eine – im üblichen Sinne des Wortes – Hungersnot *gegeben hat.*

Malone zielt auf einen anderen – recht grundsätzlichen – Sachverhalt, wenn er sich dabei auch zugegebenermaßen gewisse literarische Freiheiten herausnimmt. Sein zentrales Argument betrifft die Rolle des Menschen in der Ursachenkette von Hungersnöten und deren Fortbestand. Wären die irischen Hungersnöte gänzlich vermeidbar gewesen, insbesondere wenn die Machthaber sie hätten verhindern können, dann wäre der Vorwurf, man habe die Iren »ausgehungert«, durchaus einleuchtend. Man kommt nicht umhin, anklagend mit dem Finger auf die Rolle der Politik in der Prävention oder Nicht-Prävention des Hungers zu zeigen und die politischen, sozialen und kulturellen Faktoren zu bezeichnen, die diese Politik bestimmen. Dabei geht es vor allem um die Frage der *Unterlassung* bzw. *Anordnung*. Da Hungersnöte in verschiedenen Ländern sogar in unserer modernen Welt mit ihrem nie dagewesenen allgemeinen Wohlstand immer wieder auftreten, bleibt die Frage nach der Politik und ihrer Wirksamkeit heute so relevant, wie sie es vor 150 Jahren war.

Betrachten wir zuerst die unmittelbaren Ursachen für die Hungerkrisen in Irland, so lag in diesem Fall tatsächlich ein Rückgang der Nahrungsmittelproduktion vor, vor allen Dingen infolge der Kartoffelpest. Die Bedeutung des gesamten Nahrungsvorrates für die Entstehung dieser Hungersnot kann jedoch auf unterschiedliche Weise beurteilt werden, abhängig vom Aussagebereich unserer Nahrungsstatistiken. Das Gebiet, hinsichtlich dessen die Nahrungsmittelproduktion beurteilt wird, spielt dabei eine große Rolle. Cormac O Grada hat darauf hingewiesen, daß, bei Betrachtung der gesamten damaligen Nahrungsproduktion und -menge im Vereinigten Königreich, keine Krisen zu erkennen sind, ganz im Gegensatz zu dem, was in Irland tatsächlich vor sich ging.[18] Gewiß hätte man Nahrungsmittel aus England nach Irland bringen können, wenn die Iren sie hätten bezahlen können. Die Tatsache, daß dies nicht und dafür genau das Gegenteil geschah, hat mit der Armut Irlands und der ökonomischen Benachteiligung der irischen Hungeropfer zu tun. Terry Eagleton formuliert in seiner energischen literarischen Aufarbeitung der irischen Hungersnöte, *Heathcliff and the Great Hunger*: »So gesehen kann man sagen, daß die Iren nicht einfach an Nahrungsmangel starben, es fehlten ihnen vielmehr weitgehend die Mittel, um jene Nahrung zu kaufen, die im Königreich insgesamt im Überfluß vorhanden war, ihnen aber nicht in ausreichendem Maß zur Verfügung stand.«[19]

Es ist für die Analyse der Ursachen des Hungers wichtig, das allgemeine Armutsniveau im betreffenden Land oder in der betreffenden Region zu betrachten. Im Falle Irlands waren es die allgemeine Armut der Bevölkerung und ihre bescheidenen Vermögenswerte, die das Land für den wirtschaftlichen Niedergang, der mit der Kartoffelpest einsetzte, besonders anfällig machten.[20] Man muß hier das besondere Augenmerk nicht nur auf die endemische Armut des betroffenen Volkes richten, sondern auch die besondere Gefährdung all derer beachten, deren Zugangsrechte in Zeiten des ökonomischen Wandels besonders gefährdet sind.[21] Die allgemeine Schutzlosigkeit der ganz Armen bringt in Verbindung mit zusätzlichen, aus wirtschaftlichen Veränderungen resultierenden Notlagen die Opfer gravierender Hungersnöte hervor. Die kleinen irischen Kartoffelbauern wurden von der Kartoffelpest schwer getroffen, und das Ansteigen der Lebensmittelpreise zog andere Kreise mit hinein.

Was nun die Nahrungsmittel selbst anlangt, so gab es nicht nur keinen systematischen Nahrungsimport nach Irland, sondern eine, wie bereits erwähnt, gegenläufige Bewegung: den Export von Nahrungsmitteln von Irland nach England (insbesondere von qualitativ höherwertigen). Solch eine »gegenläufige Nahrungsbewegung« kommt in Hungersnöten eines bestimmten Typs – den sogenannten »slump famines«, Hungersnöte nach wirtschaftlichem Abschwung – nicht selten vor. Solche Hungerkrisen zeichnen sich durch einen allgemeinen wirtschaftlichen Niedergang aus, der die Kaufkraft der Verbraucher drastisch mindert; während die verfügbare Nahrungsmenge (in ihrem bereits reduzierten Umfang) anderswo bessere Preise erzielt. Eine solche gegenläufige Nahrungsbewegung gab es auch 1973 in der oben erwähnten Wollo-Hungersnot in Äthiopien. Die Bewohner dieser Provinz waren nicht mehr in der Lage, Nahrung zu kaufen, obwohl die Lebensmittelpreise dort nicht höher, sondern häufig sogar wesentlich niedriger waren als in anderen Landesteilen. Es ist erwiesen, daß Nahrungsmittel *aus* Wollo in die reicheren Regionen Äthiopiens exportiert wurden, wo die Menschen ein höheres Einkommen und damit bessere Möglichkeiten hatten, Nahrung zu kaufen.[22]

In sehr viel größerem Maßstab geschah dies nach 1840 in Irland, als Schiff um Schiff – beladen mit Weizen, Hafer, Rindern, Schweinen,

Eiern und Butter – aus dem hungernden Irland den Shannon hinab nach dem wohlgenährten England fuhr. Der Nahrungsexport von Irland nach England in den Zeiten des größten Hungers löste in Irland große Bitterkeit aus und wirkt noch heute in dem von Mißtrauen genährten Verhältnis zwischen England und Irland nach.

Hinter diesen Vorgängen verbirgt sich kein großes ökonomisches Mysterium. Die Kräfte des Marktes haben stets den Zufluß von Nahrungsmitteln an Orte gefördert, wo die Menschen höhere Preise dafür bezahlen konnten. Im Gegensatz zu den mittellosen Iren konnten die wohlhabenden Engländer das. Auf ähnliche Weise waren 1973 die Bewohner Addis Abebas in der Lage, Nahrungsmittel zu kaufen, die sich die Verhungernden in Wollo nicht leisten konnten.

Man sollte daraus freilich nicht den voreiligen Schluß ziehen, die Transaktionen des Marktes zu stoppen sei der beste Weg, eine Hungersnot zu beenden. In besonderen Fällen kann diese Maßnahme einen begrenzten Zweck erfüllen (eine Beschränkung der gegenläufigen Nahrungsbewegung nach England hätte den Iren damals durchaus geholfen), im allgemeinen jedoch bleibt das grundlegende Problem der Armut und des Elends der Hungeropfer davon unberührt. Um diesem abzuhelfen, bedarf es positiverer politischer Maßnahmen – nicht nur der rein negativen Maßnahme, bestimmte Markttransaktionen zu unterbinden. Eine positive Politik der Wiederherstellung verlorener Erwerbsmöglichkeiten für die ins Elend gestürzten Menschen, z.B. in öffentlichen Beschäftigungsprogrammen, hätte die gegenläufige Nahrungsbewegung automatisch verringert oder gar gestoppt, weil die einheimischen Käufer mehr Nahrung hätten kaufen können.

Wir wissen natürlich, daß die Regierung des Vereinigten Königreiches sehr wenig dafür getan hat, das Elend und den Hunger der Iren in jener Zeit zu lindern. Es hat in der Geschichte des Empires ähnliche Vorfälle gegeben, Irland stellt freilich insofern einen besonderen Fall dar, als es ein Teil der Britischen Inseln ist. An dieser Stelle spielt die kulturelle Entfremdung im Gegensatz zur rein politischen Asymmetrie eine gewisse Rolle – obgleich im weiteren Sinne auch kulturelle Entfremdung »politisch« ist.

Es gilt zu beachten, daß England in den Jahren nach 1840, den Jahren der irischen Hungersnöte, über ein fest etabliertes, umfassendes Programm zur Linderung der Armut verfügte, zumindest was das englische Mutterland betraf. England hatte seine eigenen Armen, und auch die in Lohn und Brot stehenden Arbeiter waren alles andere als wohlhabend (im Jahre 1845, als in Irland die Hungersnöte einsetzten, erschien Friedrich Engels' klassische Anklageschrift gegen die Armut und das wirtschaftliche Elend der englischen Arbeiter, *Die Lage der arbeitenden Klasse in England*). Aber man empfand doch eine Art politischer Verpflichtung, offenen Hunger im englischen Mutterland zu verhindern. Für den Rest des Empires galt dies offenbar nicht – nicht einmal für Irland. Selbst die englische Armengesetzgebung sah für ihre Notleidenden wesentlich mehr Rechte vor als die blutleeren in Irland geltenden Armengesetze.

Wie Joel Mokyr feststellt, »galt Irland in England als fremde, ja feindliche Nation«.[23] Diese Entfremdung hat viele Aspekte der irisch-englischen Beziehungen geprägt. Zum einen hat sie, wie Mokyr bemerkt, britische Kapitalinvestitionen in Irland nicht eben gefördert. Für unseren Kontext jedoch höchst relevant ist Londons relative Indifferenz dem Hungern und Leiden in Irland gegenüber und die mangelnde Entschlossenheit, dem irischen Elend entgegenzuwirken. Richard Ned Lebow hat darauf hingewiesen, daß man Armut in England mit ökonomischem Wandel und Schwankungen zu erklären pflegte, die Armut in Irland jedoch als Zeichen von Faulheit, Gleichgültigkeit und Unfähigkeit seitens der Betroffenen galt, weshalb Englands »Mission« nicht darin gesehen wurde, »das Elend der Iren zu lindern, sondern dieses Volk zu zivilisieren und es zu menschlichen Empfindungen und Handlungen zu führen«.[24] Dies mag ein wenig überzeichnet sein, aber es ist kaum vorstellbar, daß man den irischen vergleichbare Hungersnöte in England zugelassen hätte.

Sucht man die sozialen und kulturellen Einflüsse der öffentlichen Politik und dessen, was in diesem Fall zur Entstehung der irischen Hungersnöte beigetragen hat, darf man das Gefühl der Gleichgültigkeit und der Überlegenheit nicht übersehen, das die Haltung der Engländer den Iren gegenüber prägte. Die kulturellen Wurzeln der irischen Hungersnöte reichen bis zu Edmund Spensers *The Faery Queene* (Die Feenkönigin) aus dem Jahre 1590, ja vielleicht sogar noch weiter zurück. Die in diesem Stück vertretene Tendenz, den Opfern selbst die Schuld zu geben, hat die Hungersnöte nach 1840 überlebt. Daß die Iren so großen Geschmack an der Kartoffel gefunden hatten, war ein weiterer Punkt auf der Liste der Kalamitäten, die

die Einheimischen in den Augen der Engländer selbst zu verantworten hatten.

Die Überzeugung kultureller Überlegenheit verbindet sich problemlos mit der Asymmetrie politischer Macht.[25] Auch Winston Churchills berühmte Bemerkung, die bengalische Hungersnot von 1943, die letzte Hungersnot in Britisch-Indien (und zugleich die letzte in Indien überhaupt), sei durch die Neigung der Eingeborenen verursacht worden, sich »wie die Karnickel« zu vermehren, ist Teil dieser starken Tradition, dem kolonisierten Volk die Schuld zu geben: Sie steht in schöner Ergänzung zu Churchills Überzeugung, die Inder seien »neben den Deutschen das roheste Volk der Welt«.[26] Eigentlich kann einem Sir Winston nur leid tun, war er doch einer zweifachen Bedrohung ausgesetzt: einerseits konfrontiert mit den rohen Deutschen, die seine Regierung stürzen wollten, auf der anderen Seite bedrängt von den rohen Indern, die eine gute Regierung verlangten.

Charles Edward Trevelyan, seines Zeichens Finanzminister in der Zeit der irischen Hungersnöte, fand die britische Wirtschaftspolitik für Irland, seinen Zuständigkeitsbereich, eigentlich ganz in Ordnung. Für ihn bildeten die irischen Gepflogenheiten einen Teil der Ursachen dieser Krise. Die gravierendste aller schlechten Angewohnheiten der Iren sei ihre Neigung, sich ausschließlich von Kartoffeln zu ernähren, was sie von einer einzigen Feldfrucht abhängig mache. Seine spezielle Betrachtungsweise gab ihm sogar die Möglichkeit, die irischen Hungersnöte mit einer kritischen Würdigung der irischen Küche zu verbinden: »Es gibt kaum eine Bauersfrau in Westirland, deren Kochkünste über das Abkochen einer Kartoffel hinausgehen.«[27] Diese Bemerkung ist nicht nur interessant, weil sich einem Engländer wohl nur selten die Gelegenheit zur Kritik der internationalen Kochkunst bietet, sondern auch, weil der erhobene, auf die einseitige Ernährung der Armen in Irland verweisende Zeigefinger ein weiteres Mal den Opfern die Schuld zuweist. So gesehen hatten sich die Iren, trotz heftiger Bemühungen Londons, dies zu verhindern, eine Katastrophe aufgetischt.

Um die Untätigkeit der Briten während der irischen Hungersnöte zu verstehen, muß man das Fehlen politischer Anreize (vgl. Kapitel 6) mit der kulturellen Entfremdung zusammensehen. Tatsächlich ist es dermaßen einfach, Hungersnöte zu verhindern, daß ihre Existenz in dieser Welt an und für sich erstaunlich ist.[28] Das Gefühl der Distanz zwischen Regierenden und Regierten – zwischen »uns« und »ihnen« – ist ein wesentliches Merkmal von Hungersnöten. Diese Distanz ist in den heutigen Hungersnöten in Äthiopien, Somalia und im Sudan ebenso deutlich wie im Irland des 19. und im kolonialen Indien des 20. Jahrhunderts.

Produktion, Diversifizierung und Wachstum

Ich möchte noch einmal auf die Ökonomie der Hungerprävention zurückkommen. Eine florierende und wachsende Volkswirtschaft ist für das Vermeiden von Hungersnöten immer von Vorteil. Wirtschaftliche Expansion senkt in der Regel die Notwendigkeit, Zugangsrechte zu schützen, und vermehrt darüber hinaus die für diesen Schutz zur Verfügung stehenden Ressourcen. Diese Erkenntnis ist vor allem für die afrikanischen Länder südlich der Sahara von Bedeutung, wo die generellen Entwicklungsrückstände eine Quelle von Armut und Mangel sind. Die Anfälligkeit für Hungersnöte ist sehr viel größer, wenn die Bevölkerung allgemein unter Armut leidet und kaum öffentliche Mittel aufzubringen sind.

Hier gilt es besonders, die Notwendigkeit von Anreizen im Auge zu behalten, welche das Wachstum von Erträgen und Einkommen überhaupt erst in Gang setzen – z. B. das Wachstum der Nahrungsproduktion. Gefragt sind vernünftige Preisanreize einerseits, aber auch Maßnahmen zur Förderung von technischem Fortschritt, Ausbildung und Produktivität – nicht nur in der Landwirtschaft, sondern auch in anderen Bereichen.[29]

Die Steigerung der Nahrungsproduktion ist zwar wichtig, in der Hauptsache jedoch geht es um allgemeines wirtschaftliches Wachstum, denn Nahrung kann man auf dem Weltmarkt kaufen. Wenn ein Land über entsprechende Mittel verfügt, etwa aus seiner industriellen Produktion, kann es im Ausland Nahrungsmittel erwerben. Vergleicht man z. B. die Nahrungsmittelproduktion pro Kopf von 1993 bis 1995 mit der von 1979 bis 1981 in verschiedenen asiatischen und afrikanischen Ländern, so zeigt sich in Südkorea ein *Rückgang* von 1,7 Prozent, von 12,4 Prozent in Japan, von 33,5 Prozent in Botswana und von 58,0 Prozent in Singapur. Eine Zunahme des Hungers ist in den betreffenden Ökonomien allerdings nicht zu beobachten, denn gleichzeitig hat dort eine rasche Steigerung des Realeinkommens pro Kopf durch andere Mittel (z.B. Industrie und Bergbau) stattgefunden, und außerdem sind sie überhaupt wohlhabender. Aufgrund ihrer Teilhabe am gesteigerten Einkommen konnten sich die Bürger dieser Länder trotz sinkender Produktionsmengen mehr Nahrung sichern. Im Gegensatz dazu gab es Länder mit einem geringen, wenn nicht gar keinem Rückgang in der Nahrungsmittelproduktion pro Kopf, z.B. im Sudan (7,7 Prozent *Steigerung*) oder in Burkina Faso (29,4 Prozent *Steigerung*), die gleichwohl aufgrund ihrer allgemeinen Armut und wegen der Anfälligkeit der ökonomischen Zugangsrechte großer Bevölkerungsgruppen eine substantielle Ausbreitung des Hungers erlebten. Wir müssen hier unser Augenmerk auf die Prozesse lenken, durch welche eine Person bzw. eine Familie Zugang zu Nahrungsmitteln erhält.

Es wird häufig – und zu Recht – darauf hingewiesen, daß noch bis in die jüngste Zeit die Nahrungsmittelproduktion pro Kopf in den Ländern südlich der Sahara ständig sank. Das ist eine Tatsache, und sie gibt Anlaß zur Sorge. Außerdem hat sie Implikationen für viele Aspekte der öffentlichen Politik, angefangen von agrarwissenschaftlicher Forschung bis hin zur Geburtenkontrolle. Wie wir jedoch bereits festgestellt haben, ist in vielen Ländern und Regionen der Welt eine Abnahme der Nahrungsproduktion pro Kopf zu verzeichnen.[30] Diese Länder blieben von Hungersnöten verschont, weil sie (1) relativ hohe Wachstumsraten in anderen Produktionsbereichen erreichten und (2) die Abhängigkeit von der Nahrungsproduktion als Einkommensquelle in diesen Ländern sehr viel geringer ist als in den typischen afrikanischen Ländern südlich der Sahara.

Die Neigung, die Steigerung der Nahrungsproduktion als einzige Lösung eines Ernährungsproblems zu betrachten, ist ausgeprägt, und häufig ist sie nicht einmal gänzlich abwegig. Aber das Gesamtbild ist ein wenig komplexer und erschließt sich nur über den Blick auf alternative Wirtschaftsbereiche und die Möglichkeiten des internationalen Handels. Was das fehlende Wachstum betrifft, so liegt das Hauptproblem der afrikanischen Länder südlich der Sahara nicht in einem besonders geringen Wachstum der Nahrungsproduktion, sondern im fehlenden *allgemeinen* Wirtschaftswachstum (das Problem der Nahrungsproduktion ist lediglich ein Teil davon). Die Notwendigkeit einer stärker aufgefächerten Produktion ist in den Ländern südlich der Sahara sehr groß, einerseits angesichts der klimatischen Unsicherheiten und der Möglichkeit der Expansion in andere Produktionsbereiche andererseits. Die häufig empfohlene Strategie, sich ausschließlich auf die Expansion der Landwirtschaft zu konzentrieren – und dabei insbesondere auf Nahrungsmittelernten –, wirkt so, als würde man sämtliche Eier in einen Korb legen, und die Gefahren einer solchen Politik können in der Tat groß sein.

Es ist unwahrscheinlich, daß sich die Abhängigkeit dieser Region von der Nahrungsmittelproduktion als Einkommensquelle in kurzer Zeit einschneidend reduzieren läßt. Aber eine gewisse Diversifizierung kann schon jetzt unternommen werden, Einkommen wären schon dadurch zu sichern, daß man die übermäßige Abhängigkeit von ein paar wenigen Feldfrüchten verringert. Will die Region südlich der Sahara in den Prozeß der weltweit stattfindenden wirtschaftlichen Expansion eintreten, so müssen auf lange Sicht Einkommens- und Wachstumsquellen außerhalb der Nahrungsmittelproduktion, ja sogar außerhalb der Landwirtschaft gefunden und energischer genutzt werden.

Arbeitsbeschaffung und Selbständigkeit

Selbst wenn es keine Gelegenheiten zu internationalem Handel gibt, mag es von entscheidender Bedeutung sein, wie der gesamte Nahrungsvorrat unter den verschiedenen Bevölkerungsgruppen verteilt wird. Der Ausbruch von Hungersnöten kann vermieden werden, wenn man die verlorenen Einkommen potentieller Hungeropfer wiederherstellt (z.B. durch die kurzfristige Schaffung von Erwerbsmöglichkeiten in speziell eingerichteten öffentlichen Projekten), damit ihre Konkurrenzfähigkeit auf dem Nahrungsmittelmarkt erhalten bleibt und die verfügbare Nahrungsmenge gleichmäßiger verteilt wird. (In den meisten Hungerkrisen hätte eine gleichmäßigere Verteilung der Nahrung den Hungertod verhindert, obgleich auch eine Hebung der Nahrungsmenge die Situation entlastet hätte). Die Prävention des Hungers durch Arbeitsbeschaffungsmaßnahmen, mit oder ohne Vergrößerung der verfügbaren Nahrungsmenge, ist in vielen Ländern, darunter Indien, Botswana und Simbabwe, mit gutem Erfolg praktiziert worden.[31]

Dieser Lösungsweg wirkt sich zugleich förderlich auf Handel und Gewerbe aus und schadet weder dem ökonomischen, dem gesellschaftlichen noch dem Leben in den Familien. Die davon betroffenen Menschen könnten in der Regel in ihren Wohnungen und in der Nähe ihrer ökonomischen Tätigkeitsbereiche (wie etwa Landwirtschaft) bleiben, so daß sie ihr wirtschaftliches Standbein nicht verlieren. Auch das Familienleben kann wie gewohnt weitergeführt werden, ohne daß die Menschen in Notlagern zusammengepfercht werden müssen. Darüber hinaus bleibt eine größere soziale Kontinuität gewahrt, und die Gefahr der Ausbreitung von Infektionskrankheiten, wie sie in solchen überfüllten Lagern gewöhnlich ausbrechen, ist deutlich verringert. Ganz allgemein bleiben die potentiellen Hungeropfer in diesem Modell aktiv handelnde Personen und werden nicht zu passiven Empfängern staatlicher Almosen degradiert.[32]

Ein weiterer Punkt, den es hier (für den Gesamtansatz dieses Buches) zu beachten gilt, betrifft den kombinierten Einsatz verschiedener sozialer Institutionen für die Prävention des Hungers. Die öffentliche Politik greift dabei auf sehr verschiedene institutionelle Einrichtungen zurück:

1. *staatliche Unterstützung* durch die Schaffung von Erwerbsmöglichkeiten und Arbeitsstellen;
2. *private Märkte* für Arbeit und Nahrung;
3. Vertrauen auf die normalen *Handels- und Geschäftsstrukturen.*

Die Integration der jeweiligen Funktion verschiedener sozialer Institutionen – dazu gehören der Markt und marktunabhängige Organisationen gleichermaßen – ist für ein angemessen breites Programm zur Hungerprävention ebenso wichtig wie für die allgemeine ökonomische Entwicklung.

Demokratie und Hungerprävention

Ich habe die Rolle, welche die Demokratie in der Hungerprävention spielt, bereits oben angesprochen. Das Argument bezog sich besonders auf die politischen Anreize, die Wahlen, ein Mehrparteiensystem und ein investigativer Journalismus bieten. Fest steht, daß es in einer funktionierenden Mehrparteiendemokratie noch nie eine Hungersnot gegeben hat.

Ist diese historisch belegte Verbindung eine kausale, oder handelt es sich um ein rein zufälliges Zusammentreffen? Die Möglichkeit, daß wir es hier mit einer »Pseudokorrelation« zu tun haben, mag insofern plausibel erscheinen, als die demokratischen Länder in der Regel reiche Länder sind und damit möglicherweise aus ganz anderen Gründen von Hungerkrisen verschont bleiben. Allerdings trifft diese Verbindung auch für die ärmeren demokratischen Länder, wie z.B. Indien, Botswana oder Simbabwe, zu.

Tatsächlich ist in den armen Demokratien die Nahrungsmittelproduktion und -menge manchmal stärker gesunken, hat die Kaufkraft großer Bevölkerungsgruppen deutlicher nachgelassen als in manchen anderen, nicht demokratisch regierten Ländern. Während die Diktaturen jedoch von großen Hungersnöten heimgesucht wurden, gelang es den Demokratien, trotz angespannter Versorgungslage jede Hungersnot abzuwehren. In den Jahren 1979 bis 1981 und 1983/84 sank z.B. in Botswana die Nahrungsmittelproduktion um 17 Prozent, in Simbabwe um 38 Prozent, zur selben Zeit lagen die entsprechenden Zahlen im Sudan und in Äthiopien bei bescheidenen 11 oder 12 Prozent. Während dort jedoch massive Hungersnöte herrschten, blieben Botswana und Simbabwe aufgrund rechtzeitig eingeleiteter, umfangreicher Präventivmaßnahmen vom Hunger verschont.[33]

Hätten die Regierungen in Botswana und Simbabwe zu spät gehandelt, hätten die Oppositionsparteien sie heftiger Kritik und starkem Druck ausgesetzt, auch die Presse hätte sie unter Beschuß genommen. Die Regierungen in Äthiopien und im Sudan hatten derlei nicht zu befürchten, politische Anreize aus demokratischen Institutionen gab es dort überhaupt nicht. Die Hungerkrisen im Sudan und in Äthiopien – wie in vielen afrikanischen Ländern südlich der Sahara – wurden durch die politische Immunität der Regierenden in autoritären Ländern gefördert. Dies gilt im übrigen auch für die derzeitige Krise in Nordkorea.

Hungersnöte sind in der Tat leicht zu vermeiden, wenn man die verlorene Kaufkraft der besonders schwer betroffenen Gruppen wiederherstellt. Dafür gibt es verschiedene Programme, unter anderem die soeben diskutierte Schaffung von Arbeitsplätzen in kurzfristigen öffentlichen Projekten. Indien hatte in der Zeit nach seiner Unabhängigkeitserklärung verschiedentlich starke Einbrüche in der Nahrungsmittelproduktion und -menge zu verzeichnen, desgleichen den einen oder anderen gigantischen Verlust an Geldmitteln für große Teile der Bevölkerung. Dennoch wurden Hungersnöte vermieden, indem man den potentiellen Hungeropfern durch Erwerbstätigkeit in Arbeitsbeschaffungsmaßnahmen und durch andere Mittel das »Zugangsrecht« zu Nahrung sicherte. Es macht offensichtlich Sinn, Nahrungsmittel in eine Hungerregion zu bringen, wenn die potentiellen Hungeropfer auch über die ökonomischen Mittel verfügen, diese Nahrung zu kaufen. Aus diesem Grund sollte man für alle, die kein oder nur ein sehr geringes Einkommen haben, Erwerbsmöglichkeiten schaffen. Aber selbst wenn keine Nahrung eingeführt wird, trägt diese Maßnahme zur Linderung des Elends bei, da sie eine bessere Verteilung der verfügbaren Nahrungsmittel gewährleistet.[34]

Während der Dürre im Jahre 1973 in Maharashtra (Indien) sank die Nahrungsmittelproduktion so dramatisch, daß die Pro-Kopf-Menge nur noch die Hälfte dessen betrug, was einem Bewohner in den afrikanischen Ländern südlich der Sahara zur Verfügung stand. Dennoch herrschte in Maharashtra (wo man fünf Millionen Menschen in rasch organisierten öffentlichen Projekten mit Arbeit versorgte) keine Hungersnot, während die Region südlich der Sahara von ernsten Hungersnöten heimgesucht wurde.[35] Neben diesen gegensätzlichen Erfahrungen verschiedener Länder bei der Hungerprävention, die zugleich die prophylaktische Rolle der Demokratie eindrucksvoll deutlich machen, ergibt sich aus dem diachronen Vergleich eines Landes bezogen auf seinen *Übergang* zur Demokratie ein weiterer interessanter Sachverhalt. Indien z. B. hatte bis zu seiner Unabhängigkeit im Jahre 1947 immer mit Hungersnöten zu kämpfen. Die letzte Hungersnot – und eine der größten – brach in Bengalen im Frühjahr und Sommer des Jahres 1943 aus (ich habe sie in ihrer ganzen Härte als Neunjähriger miterlebt); man schätzt, daß damals zwei bis drei Millionen Menschen ums Leben kamen. Seit der Unabhängigkeit und der Einrichtung einer Mehrparteiendemokratie in Indien sind keine nennenswerten Hungersnöte mehr aufgetreten, obwohl schwere Mißernten und massiver Kaufkraftverlust nicht selten waren (z. B. 1968, 1973, 1979 und 1987).

Anreize, Information und Hungerprävention

Nach der kausalen Verbindung von Demokratie und dem Ausbleiben von Hungersnöten muß man nicht lange suchen. Hungersnöte kosten Millionen von Menschen in manchen Ländern der Erde das Leben, doch die politische Führungsschicht ist davon nicht betroffen. Könige und Präsidenten, Bürokraten und Bosse, Militärs und Befehlshaber waren unter den Hungeropfern noch nie zu finden. Und wenn es keine Wahlen gibt, keine Oppositionsparteien, keinen Raum für unzensierte öffentliche Kritik, müssen die Herrschenden die politischen Konsequenzen ihrer Unfähigkeit, den Hunger zu verhindern, nicht tragen. Die Demokratie wiederum würde die Folgen des Hungers auch für die herrschenden Kreise und die politischen Führer spürbar machen. Daraus ergibt sich ein politischer Anreiz, eine drohende Hungersnot zu verhindern. Und da sie ja tatsächlich ganz einfach zu verhindern sind – an diesem Punkt greifen das ökonomische und das politische Argument ineinander –, wird drohenden Hungerkrisen entschlossen entgegengewirkt.

Ein weiterer Problemkomplex betrifft die *Information*. Freie Presse und demokratische Praxis tragen wesentlich zur Verbreitung von Informationen bei, die enormen Einfluß auf eine Politik zur Prävention des Hungers haben können (z.B. Erkenntnisse über die ersten Auswirkungen von Trockenheit und Überschwemmungen und über das Wesen und die Auswirkungen von Arbeitslosigkeit). Die wichtigste Quelle für grundsätzliche, eine drohende Hungersnot betreffende Informationen aus entfernten Gegenden ist ein forscher und tatkräftiger Journalismus, besonders wenn es – wie in einem demokratischen System – Anreize gibt, Fakten zu veröffentlichen, die der Regierung unangenehm sein könnten (Fakten, die in einem autoritären Regime vermutlich der Zensur zum Opfer fielen). Ich möchte sogar behaupten, daß eine freie Presse und eine aktive politische Opposition das beste Frühwarnsystem darstellen, das ein von Hungersnöten bedrohtes Land haben kann.

Die Verbindung von politischen Rechten und ökonomischen Bedürfnissen läßt sich im speziellen Kontext der Hungerprävention aufzeigen, wenn wir die massiven chinesischen Hungersnöte in den Jahren 1958 bis 1961 näher betrachten. Selbst vor den jüngsten Wirtschaftsreformen war China hinsichtlich seiner ökonomischen Entwicklung in vielen bedeutenden Aspekten weitaus erfolgreicher als Indien. So stieg z.B. die durchschnittliche Lebenserwartung in China sehr viel deutlicher an als in Indien, und recht lange vor den Reformen des Jahres 1979 war China der heutigen hohen Lebenserwartung von 70 Jahren bei Neugeborenen schon recht nahe gekommen. Ein schweres Defizit liegt allerdings im Unvermögen Chinas, Hungersnöte zu verhindern. Die chinesischen Hungersnöte in den Jahren 1958 bis 1961 kosteten, wie man heute schätzt, fast 30 Millionen Menschen das Leben – das sind zehnmal mehr als in jener katastrophalen Hungersnot in Britisch-Indien im Jahre 1943.[36]

Die Politik des »Großen Sprungs nach vorn«, die in den späten 50er Jahren propagiert wurde, hatte sich als grandioser Fehlschlag erwiesen, was die chinesische Regierung allerdings nicht eingestehen wollte, und deshalb hielt sie weitere drei Jahre dogmatisch an ihrem katastrophalen politischen Kurs fest. In einem Land, dessen Bevölkerung regelmäßig zur Wahl geht und eine freie Presse hat, ist so etwas nur schwer vorstellbar. Während dieses schrecklichen Desasters geriet die Regierung unter keinerlei Druck, weder seitens der Zeitungen des Landes, die kontrolliert wurden, noch von seiten oppositioneller Parteien, da es gar keine gab.

Das Fehlen eines freien Systems der Nachrichtenverbreitung führte auch die Regierung irre, sie wurde von ihrer eigenen Propaganda und durch geschönte Berichte von regionalen Parteivertretern, die in Peking Punkte machen wollten, über die wahren Sachverhalte getäuscht. Es gibt Hinweise, daß just in der Zeit, als sich die Hungersnot ihrem Höhepunkt näherte, die chinesische Regierung fälschlicherweise annahm, sie verfüge über 100 Millionen mehr Tonnen Getreide, als tatsächlich da waren.[37]

Interessanterweise sprach selbst der Große Vorsitzende Mao – dessen radikale Hoffnungen und Überzeugungen so viel mit der Einführung und der offiziellen Fortführung der Politik des »Großen Sprungs nach vorn« zu tun hatten –, als die Fehler schließlich verspätet eingestanden wurden, davon, daß Demokratie ein gutes Informationsinstrument sei. Im Jahre 1962, nur kurze Zeit nachdem so viele Millionen Menschen Hungers gestorben waren, sagte Mao in einer Rede vor siebentausend Parteikadern:

»Ohne Demokratie werdet ihr nicht wissen, was unten an der Basis vor sich geht; die Situation wird nicht klar sein; ihr werdet nicht genug Meinungen von allen Seiten einholen können; Kommunikation zwischen Oben und Unten wird unmöglich sein; die Führungsorgane der Regierung werden aufgrund von einseitig gefärbtem und falschem Material Entscheidungen treffen; ihr werdet es also schwierig finden, nicht subjektivistisch zu handeln; Einheit von Verstehen und Handeln wird nicht zu erreichen sein, wahrer Zentralismus wird unmöglich.«[38]

Maos Plädoyer für die Demokratie ist ziemlich einseitig. Er konzentriert sich ausschließlich auf den Informationsaspekt – daß die Demokratie darüber hinaus Anreize schafft, daß sie ihrem Wesen nach von Bedeutung ist, läßt er völlig außer acht.[39] Es ist dennoch äußerst interessant, daß Mao selbst eingestand, in welchem Ausmaß die katastrophale Politik auf das Fehlen eines Informationssystems zurückgeht, das in demokratischeren Systemen solche Katastrophen, wie sie in China stattfanden, verhindern kann.

Die Schutzfunktion der Demokratie

Diese Fragen bleiben in unserer Welt nach wie vor akut – selbst in dem heute wirtschaftlich so erfolgreichen China. Seit den Wirtschaftsreformen des Jahres 1979 war in offiziellen Verlautbarungen viel von der Bedeutung *ökonomischer* Anreize die Rede, ohne daß eine vergleichbare Bewertung der Bedeutung *politischer* Anreize zu erkennen gewesen wäre. Wenn alles leidlich gut läuft, wird das liberale Element der Demokratie vermutlich nicht sehr vermißt, wenn die große Politik jedoch Fehler macht, kann sich ihr Fehlen als katastrophal erweisen. Die Bedeutung der Demokratiebewegung in China heute muß in diesem Lichte beurteilt werden.

Eine weitere Reihe von Beispielen finden wir in der Region südlich der Sahara, die seit den 70er Jahren immer wieder von anhaltenden Hungersnöten heimgesucht wird. Dafür gibt es viele Faktoren, von den ökologischen Problemen wie Klimaschwankungen – welche die Ernte bedrohen – bis hin zu den unzweifelhaft negativen Auswirkungen ständiger Kriege und Kämpfe. Aber auch der typisch autoritäre Charakter vieler afrikanischer Staaten hat mit den häufigen Hungerkatastrophen in dieser Region viel zu tun.[40]

Die nationalistischen Bewegungen waren alle eindeutig antikolonial, aber nicht immer standhaft prodemokratisch, so hat das Eintreten für demokratische Werte in vielen Ländern dieser Region erst in letzter Zeit eine gewisse politische Achtung errungen. Auch der Kalte Krieg hat in diesem politischen Milieu nichts Gutes bewirkt. Die Vereinigten Staaten und der Westen waren bereit, jede undemokratische Regierung zu unterstützen, solange sie sich nur ausreichend antikommunistisch gerierte, die Sowjetunion und China dagegen gewährten Regierungen ihre Hilfe, die ihrer Seite zuneigten, ungeachtet der Ungleichheit, die innenpolitisch herrschte. Wenn Oppositionsparteien und Zeitungen verboten wurden, waren die internationalen Proteste eher spärlich.

Es ist nicht zu bestreiten, daß es selbst in manchen Einparteistaaten afrikanische Regierungen gegeben hat, die sich im Kampf gegen Katastrophen und Hungerkrisen sehr energisch zeigten. Dafür gibt es Beispiele, angefangen bei dem winzigen Cap Verde bis hin zum politisch wagemutigeren Tansania. Nicht selten jedoch führten das Fehlen einer Opposition und die Unterdrückung der freien Presse dazu, daß die jeweiligen Regierungen sich gegen Kritik und politischen Druck abschotteten, was sich in einer durch und durch unsensiblen und grobschlächtigen Politik äußerte. Hungersnöte wurden häufig als Selbstverständlichkeit hingenommen, in der Regel machte man natürliche Ursachen und die Niedertracht anderer Länder für solche Katastrophen verantwortlich. Auf je eigene Weise liefern der Sudan, Somalia, Äthiopien, einige Länder der Sahel-Zone und viele andere leuchtende Beispiele dafür, wie schlimm alles werden kann, wenn Oppositionsparteien und die Nachrichtenmedien die Regierung nicht zur Ordnung rufen können.

Damit soll nicht geleugnet werden, daß Hungersnöte in diesen Ländern häufig mit Mißernten verbunden waren. Wenn eine Feldfrucht ausfällt, so hat das nicht nur Auswirkungen auf die Nahrungsmenge, es vernichtet zugleich die Erwerbsmöglichkeiten und den Lebensunterhalt vieler Menschen. Aber auch eine Mißernte ist nicht unabhängig von der Politik (z.B. der Festlegung der relativen Preise durch die Regierung oder von Bewässerungsmaßnahmen und landwirtschaftlicher Forschung). Darüber hinaus kann selbst bei einer Mißernte eine Hungersnot durch sorgfältig geplante Verteilungsmaßnahmen abgewendet werden, wozu auch die Schaffung von Arbeitsplätzen durch die Regierung gehört. Wie bereits gesagt, konnten demokratische Länder wie Botswana, Indien oder Simbabwe trotz massiver Minderung der Nahrungsmittelproduktion und der Zugangsrechte großer Teile der Bevölkerung Hungersnöte abwenden, während nichtdemokratische Staaten trotz wesentlich günstigerer Bedingungen Hungersnöten ausgeliefert waren. Man kann also mit gutem Grund den Schluß ziehen, daß die Demokratie heute einen ausgesprochen positiven Einfluß auf die Prävention von Hungersnöten ausüben kann.

Transparenz, Sicherheit und die asiatischen Wirtschaftskrisen

Die präventive Kraft der Demokratie fügt sich nahtlos der Forderung nach dem ein, was wir als »soziale Sicherheit« auf die Liste der instrumentellen Freiheiten gesetzt haben. Eine demokratische Regierung mit Mehrparteiensystem und unzensierten Medien erhöhen die Wahrscheinlichkeit, daß gewisse Einrichtungen für eine grundlegende Sicherheit institutionalisiert werden. Die Schutzfunktion der Demokratie erweist sich aber nicht nur in Hungersnöten. Die positive Wirkung, die von Bürgerrechten ausgeht, macht sich in der Abwehr ökonomischer und sozialer Katastrophen allgemein bemerkbar.

Wenn alles routinemäßig gut läuft, wird diese instrumentelle Funktion der Demokratie vermutlich nicht besonders vermißt, sie kommt jedoch zur Geltung, wenn aus irgendeinem Grund etwas schiefgeht. Dann gewinnen die politischen Anreize, die eine demokratische Regierungsform bietet, große praktische Bedeutung. Hier kann man einige wichtige ökonomische und politische Lehren ziehen. Viele Technokraten empfehlen den Einsatz ökonomischer Anreize, die eine Marktwirtschaft bietet, und lassen die politischen Anreize, wie sie demokratische Systeme garantieren könnten, außer acht. Ökonomische Anreize haben zwar durchaus ihre Bedeutung, sie sind jedoch kein Ersatz für politische Anreize, und das Fehlen eines angemessenen Systems solcher Anreize stellt eine Lücke dar, die durch die Mechanismen wirtschaftlicher Anreize nicht zu füllen ist.

Dies ist ein wichtiges Problem, denn es besteht die Gefahr, daß hinter einer scheinbar gesunden Wirtschaft Unsicherheit lauert, die aus Veränderungen der ökonomischen oder anderer Bedingungen oder auch aus nicht korrigierten politischen Fehlentscheidungen erwächst. Die jüngsten Probleme in Ost- und Südostasien sind, unter vielem anderen, die Strafe für eine undemokratische Regierungsweise. Und dies in zwei bemerkenswerten Hinsichten, die mit der Vernachlässigung zweier an anderer Stelle diskutierter instrumenteller Freiheiten zu tun haben. Es handelt sich um die »soziale Sicherheit«, die wir gerade genauer untersuchen, und die »Transparenzgarantien«, die für die Gewährleistung von Sicherheit und für Anreize für politische und ökonomische Entscheidungsträger wichtig sind.

Erstens war die Entwicklung der Finanzkrise in einigen dieser Ökonomien eng mit einem Mangel an Transparenz innerhalb der Geschäftswelt verbunden, insbesondere mit dem Mangel an öffentlicher Kontrolle finanzieller oder geschäftlicher Einrichtungen. Das Fehlen eines wirksamen demokratischen Forums war entscheidend für dieses Versagen. Die demokratischen Prozessen innewohnenden Möglichkeiten, die Macht einzelner Familien oder Gruppen in Frage zu stellen, hätten tatsächlich manches geändert.

Die Neuordnung des Finanzwesens, die der Internationale Währungsfonds (IWF) den zahlungsunfähigen Volkswirtschaften aufzuerlegen versuchte, hatte sehr viel mit einem Mangel an Offenheit und Offenbarungsbereitschaft sowie mit skrupellosen Geschäftsverbindungen zu tun, die für manche Bereiche dieser Ökonomien charakteristisch waren. Diese Eigentümlichkeiten gehen Hand in Hand mit einem System undurchsichtiger Geschäftspraktiken. Wenn ein Sparer sein Geld einer Bank überläßt, so tut er dies vermutlich in der Erwartung, daß es mit anderen Geldern zusammen auf eine Weise genutzt wird, die nicht über Gebühr riskant ist und öffentlich gemacht werden kann. Dieses Vertrauen wurde häufig mißbraucht, und das mußte sich ändern. Ich spreche hier nicht davon, ob das Krisenmanagement des IWF richtig war oder nicht oder ob es vernünftiger gewesen wäre, nicht auf sofortigen Reformen zu bestehen, sondern zu warten, bis das finanzielle Vertrauen in diese Ökonomien wiederhergestellt wäre.[41] Aber unabhängig von der Frage, was nun das beste gewesen wäre, die Bedeutung des Rechts auf Transparenz – oder besser gesagt: sein Fehlen – für die Entstehung der asiatischen Krisen ist schwerlich in Zweifel zu ziehen.

Das System von Risiken und windigen Investitionen wäre einer strengeren Überprüfung unterzogen worden, wenn demokratisch gesinnte Kritiker das z. B. in Indonesien oder Südkorea hätten einklagen können. In keinem dieser Länder gab es jedoch ein demokratisches System, das solche Forderungen von anderer als von Regierungsseite gestattet hätte. Die unangreifbare Macht der Regierung wurde problemlos umgesetzt in eine nicht anzweifelbare Billigung fehlender Rechenschaftspflicht und Transparenz, häufig verstärkt durch enge familiäre Verbindungen zwischen Regierung und den Finanzbossen. Für die Genese der Finanzkrisen war der undemokratische Charakter der Regierungen ein wichtiger Faktor.

Zweitens: Sobald die Finanzkrise zu einer allgemeinen Rezession führte, wurde das Fehlen der Schutzfunktion der Demokratie – ähnlich der, die in demokratischen Ländern Hungersnöte verhindert – schmerzhaft spürbar. Die Geschädigten fanden nicht das nötige Gehör.[42] Ein Sinken des Bruttosozialprodukts um z. B. 10 Prozent mag nicht sehr hoch erscheinen, wenn man in den vergangenen Jahrzehnten ein ökonomisches Wachstum von 5 oder 10 Prozent pro Jahr erlebt hat. Doch eine solche Senkungsrate kann Leben kosten und Millionen ins Elend stürzen, wenn die Last nicht gleichmäßig auf alle Schultern verteilt, sondern denen aufgebürdet wird, die sie am wenigsten zu tragen vermögen – den Arbeitslosen oder den neuerdings im Wirtschaftsleben entbehrlich Gewordenen. Die sozial Schwachen Indonesiens haben in der Zeit des anhaltenden Aufschwungs die Demokratie vermutlich nicht sehr vermißt, aber es war ebendiese Leerstelle, die ihre Stimme unhörbar und wirkungslos machte, als die so ungleich »verteilte« Krise begann. Die schützende Hand der Demokratie wird stark vermißt, wenn sie am meisten gebraucht wird.

Schlußbemerkung

Entwicklung verlangt sowohl die Aufhebung anhaltender endemischer Mangelzustände als auch die Prävention plötzlicher, heftiger Verelendung. Was sich aus diesen beiden Forderungen jeweils an notwendigen Folgen für Institutionen und Politik ergibt, kann ganz verschieden sein. Erfolg im einen Bereich ist keine Garantie für den Erfolg im anderen. Vergleichen wir z. B. die unterschiedlichen Entwicklungen, die China und Indien im Laufe der letzten 50 Jahre genommen haben. Es ist offensichtlich, daß China hinsichtlich der Steigerung der Lebenserwartung und der Senkung der Sterblichkeitsrate erfolgreicher war als Indien. Tatsächlich gehen diese Erfolge in die Zeit vor den Reformen von 1979 zurück (insgesamt betrachtet waren die Fortschritte, die bei der Verlängerung der Lebenserwartung erzielt wurden, nach der Reform langsamer als davor). Indien ist das vielschichtigere Land und umfaßt Regionen, wie Kerala, in denen die Lebenserwartung der Menschen sehr viel schneller gestiegen ist als in China, dennoch schneidet China insgesamt in dieser Hinsicht sehr viel besser ab. Und doch hat China, wie in diesem Kapitel bereits angesprochen, die größte Hungersnot der Geschichte erlebt, als zwischen 1958 und 1961, nach dem Scheitern der Politik des »Großen Sprungs nach vorn«, 30 Millionen Menschen Hungers starben. Im Gegensatz dazu ist Indien seit der Unabhängigkeit frei von Hungersnöten. Die Prävention von Hungersnöten und anderen katastrophalen Krisen fällt in eine andere Kategorie als die Steigerung von Lebenserwartung oder vergleichbaren Errungenschaften.

Ungleichheit spielt für die Entstehung von Hungersnöten und anderen ernsten Krisen eine bedeutende Rolle. In der Tat stellt schon die Abwesenheit von Demokratie eine Ungleichheit dar – in diesem Falle hinsichtlich der politischen Rechte und des politischen Einflusses. Darüber hinaus gedeihen Hungersnöte jedoch auf der Basis gravierender und manchmal plötzlich ansteigender Ungleichheit. Dies wird an der Tatsache deutlich, daß Hungersnöte auch ohne große – oder überhaupt eine – Verschlechterung der Nahrungsversorgung entstehen können, wenn Gruppen einen plötzlichen Verlust ihrer Kaufkraft erleiden (z.B. durch plötzliche und massive Arbeitslosigkeit) und infolge dieser neuen Ungleichheit Hunger entsteht.[43]

Ähnliche Fragen und Problemkomplexe entstehen beim Verstehen der Natur ökonomischer Krisen, etwa den jüngsten Entwicklungen in Ost- und Südostasien. Nehmen wir z. B. die Krisen in Indonesien, Thailand und – ein wenig weiter zurückliegend – in Südkorea. Man könnte sich fragen, warum die Verringerung des Bruttosozialprodukts um 5 oder 10 Prozent in einem Jahr so katastrophale Folgen zeitigen muß, wenn das betreffende Land jahrzehntelang mit einer Wachstumsrate von 5 bis 10 Prozent pro Jahr aufwartete. Das ist aufs Ganze gesehen tatsächlich keine Katastrophe. Wenn dieser Rückgang allerdings nicht gleichmäßig auf die gesamte Bevölkerung verteilt und statt dessen dem ärmsten Teil der Bevölkerung aufgebürdet wird, dann bleibt diesen Menschen womöglich nur noch ein ganz geringes Einkommen, ungeachtet der allgemeinen Wachstumsrate in der Vergangenheit. Allgemeine ökonomische Krisen, wie z. B. Hungersnöte, breiten sich am ehesten dann aus, wenn die Schwächsten die gesamte Last zu tragen haben. Auch aus diesem Grund stellt die institutionell gewährleistete »Sicherheit« in Form eines sozialen Auffangnetzes eine so wesentliche instrumentelle Freiheit dar (vgl. Kapitel 2). Desgleichen wird daran deutlich, warum politische Freiheiten in Form von Partizipation, Bürgerrechten und Freiheiten für ökonomische Rechte und das Überleben (wie im 6. und in diesem Kapitel oben dargestellt) letztlich entscheidend sind.

Ungleichheit spielt natürlich auch für den Fortbestand endemischer Armut eine große Rolle. Allerdings kann auch hier die Natur der Ungleichheit – und ihre Ursachen – sehr unterschiedlich erscheinen, wenn man zwischen anhaltendem Mangel einerseits und plötzlicher Verelendung andererseits unterscheidet. Beispielsweise ist die Tatsache, daß Südkorea ein ökonomisches Wachstum bei einer relativ egalitären Einkommensverteilung hatte, ausreichend und zu Recht gewürdigt worden.[44] Allerdings bot dieser Sachverhalt keine Garantie dafür, daß sich in einer Krise unter nichtdemokratischen Bedingungen alle Beteiligten gleichermaßen Gehör verschaffen konnten. Insbesondere fehlte ein zuverlässiges soziales Netz bzw. ein schnell reagierendes System von Ausgleichsmaßnahmen. Neue Ungleichheit und ungehinderte Verelendung können mit der Erfahrung von »Wachstum mit Gleichheit«, wie es häufig genannt wurde, durchaus zusammengehen.

Im vorliegenden Kapitel haben wir uns vor allen Dingen mit dem Problem der Abwehr von Hungersnöten und der Verhinderung von Elend und Mangel befaßt. Dies ist ein bedeutender Teil des Prozesses der Entwicklung als Freiheit, denn es geht dabei um Erweiterung der Sicherheit und des Schutzes, den Bürger genießen. Die Verbindung ist sowohl konstitutiv als auch instrumentell. Erstens stellt Schutz vor Hunger, Epidemien und schwerer plötzlicher Benachteiligung an sich schon eine Verbesserung der Möglichkeit dar, sicher und gut zu leben. Die Verhinderung katastrophaler Krisen ist in diesem Sinne wesentlicher Bestandteil jener Freiheit, die die Menschen aus guten Gründen zu schätzen wissen. Zweitens wird der Prozeß der Prävention von Hunger und anderen Krisen durch den Einsatz instrumenteller Freiheiten, wie etwa der Möglichkeit einer offenen Debatte, Kontrolle durch die Öffentlichkeit, Wählerpolitik und unzensierte Medien, entscheidend unterstützt. Die offene und oppositionelle Politik eines demokratischen Landes neigt z. B. dazu, jede Regierung zu rechtzeitigen und wirkungsvollen Präventivmaßnahmen gegen den Hunger zu zwingen, etwas, das bei Hungersnöten in nichtdemokratischen Systemen nicht zu beobachten war – weder in China, Kambodscha, Äthiopien oder Somalia (in der Vergangenheit) noch in Nordkorea und im Sudan (derzeit). Entwicklung hat viele Aspekte, und alle verlangen nach angemessen differenzierten Analysen und genauer Überprüfung.

8

Selbstbestimmung der Frauen und sozialer Wandel

Mary Wollstonecrafts 1792 veröffentlichte, mittlerweile zu den Klassikern ihres Genres gehörende Schrift *A Vindication of the Rights of Woman* (Eine Verteidigung der Rechte der Frau) stellt im Rahmen eines allgemeinen »Verteidigungsprogramms« eine Reihe von Forderungen. Die von ihr geltend gemachten Rechte schlossen nicht nur solche ein, die speziell mit dem Wohl der Frauen (und den Rechtsansprüchen, mittels deren es zu befördern war) zu tun hatten, sondern auch solche, die vor allem auf ein selbstbestimmtes Handeln der Frauen abzielten.

Die Frauenbewegungen unserer Tage haben beide Aspekte in ihr Programm aufgenommen, obwohl man meiner Meinung nach mit Recht behaupten kann, daß der Handlungsaspekt im Gegensatz zur bislang ausschließlichen Konzentration auf die Aspekte des Wohles endlich eine gewisse Aufmerksamkeit erfährt. Es ist noch nicht lange her, daß sich diese Bewegungen primär mit der Aufgabe konfrontiert sahen, für eine bessere Behandlung der Frau – einen faireren Umgang – zu streiten. Im Mittelpunkt stand das *Wohlergehen* der Frau – und da bestand in der Tat erheblicher Korrekturbedarf. Nach und nach haben sich die Zielvorstellungen weiterentwickelt, und zur Perspektive des Wohls trat das Verständnis – und die Betonung – der Bedeutung des aktiven Handelns der Frau hinzu. Frauen sind nicht mehr nur passive Empfängerinnen von Hilfeleistungen zur Verbesserung ihres Wohlergehens, sie werden – von Männern und Frauen – in wachsendem Maße als aktiv am Wandel beteiligte, als dynamische Agentinnen gesellschaftlicher Veränderungen wahrgenommen, die das Leben von Männern *und* Frauen gleichermaßen zu verändern vermögen.[1]

Diese Akzentverschiebung wird manchmal nicht erkannt, da beide Ansätze gewisse Überschneidungen aufweisen. Ein ernsthaftes Streben nach Erweiterung der Selbstbestimmung der Frau kann die dringliche Notwendigkeit einer Korrektur zahlreicher Ungleichheiten, die das Wohlergehen der Frauen schmälern und sie ungleicher Behandlung aussetzen, nicht ignorieren; daher hat die Selbstbestimmung sich auch mit dem Wohlergehen der Frau auseinanderzusetzen. Auf ähnliche Weise ist jeder praktische Versuch, ihr Wohl zu fördern, auf die aktive Mitarbeit der Frauen an solch einem Veränderungsprozeß angewiesen. Die in den Frauenbewegungen vertretenen Aspekte von *Wohlergehen* einerseits und *Selbstbestimmung* andererseits überschneiden sich also notwendig in ganz wesentlichen Gesichtspunkten. Grundsätzlich jedoch unterscheiden sie sich, da die Rolle des »Agenten« eine grundlegend andere ist als die des »Patienten« – wenn auch nicht davon unabhängig.[2] Die Tatsache, daß sich die Frau in ihrer aktiven Rolle möglicherweise auch als »Patientin« erkennen muß, hat keine Auswirkungen auf die zusätzlichen Modalitäten und Verantwortlichkeiten, die unweigerlich mit der Rolle eines aktiven Menschen einhergehen.

Individuen als Wesen zu verstehen, die Wohlergehen erfahren, trifft einen wichtigen Aspekt, würde jedoch, wollte man es dabei belassen, ein sehr eingeschränktes Bild vom Status der Frau als Person abgeben. Das Verständnis der aktiven Rolle ist für das Verständnis des Menschen als verantwortlicher Person mithin von entscheidender Bedeutung: Wir sind nicht nur Wesen, denen es gut- oder schlechtgeht, wir sind Wesen, die handeln oder sich weigern, es zu tun, und wir haben die Wahl, auf die eine oder andere Art und Weise zu handeln. Somit müssen wir – Männer *wie* Frauen – Verantwortung für das übernehmen, was wir tun oder lassen. Das hat Auswirkungen, und es gilt festzustellen, welcher Art diese Auswirkungen sind. Diese elementare Erkenntnis ist im Prinzip zwar durchaus einfach, kann jedoch in ihren Implikationen sowohl hinsichtlich der Analyse der Gesellschaft als auch in Fragen der praktischen Umsetzung erhebliche Mühen bereiten.

Die veränderte Zielrichtung innerhalb der Frauenbewegungen stellt somit eine entscheidende *Ergänzung* früherer Anliegen dar; keineswegs eine Absage an sie. Die bisherige Konzentration auf das Wohl bzw. – genauer gesagt – *Wehe* der Frauen hatte natürlich ihren

Sinn. Die relative Benachteiligung, bezogen auf das Gesamtwohl der Frau, hat ohne Zweifel bestanden – und sie besteht noch – in der Welt, in der wir leben. Und er hat offenkundig Bedeutung für die soziale Gerechtigkeit, also auch die Gerechtigkeit für die Frauen. So sprechen etwa zahlreiche Befunde dafür, daß die biologisch »konträre«, sozial generierte »übermäßige Sterblichkeit« von Frauen in Asien und Nordafrika zu einer gigantischen Zahl »fehlender Frauen« führt – fehlend im Sinne von verstorben infolge einer nach Geschlechtern diskriminierenden Verteilung von medizinischer Versorgung und anderen notwendigen Dingen (vgl. dazu meinen Aufsatz »Missing Women« im *British Medical Journal*, März 1992).[3] Dieses Problem ist für das Wohl der Frau fraglos von Bedeutung und trägt erheblich zum Verständnis der »Ungleichbehandlung« von Frauen bei. Zudem finden sich durchgehend Indizien für kulturell vernachlässigte Bedürfnisse von Frauen auf der ganzen Welt. Es gibt ausgezeichnete Gründe dafür, diese Benachteiligungen aufzudecken und ihre Beseitigung zu einem festen Bestandteil der Agenda zu machen.

Gleichzeitig trifft es allerdings auch zu, daß begrenzte weibliche Selbstbestimmung das Leben *aller* Menschen – Männer wie Frauen, Kinder wie Erwachsene gleichermaßen – ernsthaft beeinträchtigt. Obgleich es Gründe genug gibt, in der Sorge um das Wohl und Wehe der Frauen nicht nachzulassen, dem Leiden und der Bedürftigkeit von Frauen unverminderte Aufmerksamkeit zuzuwenden, so besteht doch auch – besonders derzeit – die dringende und grundsätzliche Notwendigkeit, mehr Selbstbestimmung für die Frauen einzuklagen.

Das unmittelbarste Argument für die Konzentration auf eine Erweiterung der Selbstbestimmung von Frauen mag darin bestehen, daß ohne Selbstbestimmung die Beseitigung der das *Wohl* der Frauen beeinträchtigenden Ungleichheiten nur schwer gelingen wird. Die empirischen Arbeiten der vergangenen Jahre haben deutlich gemacht, daß der relative Respekt für und die Sorge um das Wohl der Frau unter dem erheblichem Einfluß von Variablen stehen, wie etwa der Fähigkeit der Frau, ein eigenes Einkommen zu erwerben, außerhalb des Hauses Beschäftigung zu finden, Eigentumsrechte wahrzunehmen, die Kulturtechniken zu beherrschen und als informierte Person an Entscheidungsprozessen innerhalb und außerhalb der Familie mitzuwirken. Ja, sogar die im Vergleich zu Männern schlechtere Sterblichkeitsrate von Frauen in den Entwicklungsländern scheint mit der fortschreitenden Verbesserung ihrer Selbstbestimmung rapide abzunehmen – und wird möglicherweise gänzlich aufgehoben.[4]

Diese verschiedenen Aspekte (weibliche Erwerbsfähigkeit, ökonomische Rolle außerhalb der Familie, Schul- und Berufsausbildung, Eigentumsrechte usw.) mögen auf den ersten Blick vielfältig und disparat erscheinen. Was sie verbindet, ist eine positive Wirkung auf die Mitsprache und die Selbstbestimmung der Frauen, da sie deren Unabhängigkeit und Stellung stärken. So scheinen z.B. die Arbeit außer Haus und der Erwerb eines eigenen Einkommens deutliche Auswirkungen auf einen – verbesserten – sozialen Status der Frau innerhalb ihrer Familien und in der Gesellschaft zu haben. Nicht nur wird ihr Beitrag zum Wohlstand der Familie deutlicher sichtbar, aufgrund der größeren Unabhängigkeit erhält auch ihre Stimme mehr Gewicht. Darüber hinaus haben die außerhäusliche Erwerbsarbeit und die Konfrontation mit der Welt außerhalb des Haushaltes nicht selten nützliche »bildende« Nebeneffekte, die wiederum die Wirksamkeit ihres Handelns stärken. In ähnlicher Weise unterstützt eine Ausbildung die Handlungsfähigkeit der Frau, indem sie diese mit gründlicheren Kenntnissen und Fähigkeiten versieht. Auch ein eigenes Vermögen kann den Frauen in familiären Entscheidungsprozessen einen größeren Einfluß sichern.

Die verschiedenen, in der Fachliteratur genannten Variablen besitzen somit im Verbund durchaus die Funktion, das Handlungs- und Entscheidungsspektrum von Frauen zu erweitern. Diese Funktion muß mit der Einsicht verbunden werden, daß die Macht der Frauen – ihre wirtschaftliche Unabhängigkeit und ihre gesellschaftliche Emanzipation – auf die Kräfte und Organisationsprinzipien der *inner*familiären und gesamtgesellschaftlichen Spaltungen weitreichende Auswirkungen hat, insbesondere einen Einfluß darauf, was implizit als »Rechtsansprüche« von Frauen akzeptiert wird.[5]

Kooperationskonflikte

Zum Verständnis des Prozesses können wir mit der Feststellung beginnen, daß Männer und Frauen im Familienleben sowohl *übereinstimmende* als auch *gegenläufige* Interessen haben. Innerfamiliäre Entscheidungsprozesse verlaufen daher in der Regel so, daß man auf der

Basis einer – gewöhnlich *impliziten* – Versöhnung der widerstreitenden Standpunkte nach Möglichkeiten der Kooperation sucht. Dieser »Kooperationskonflikt« ist ein Merkmal vieler Gruppenbeziehungen und die Analyse solcher Konflikte durchaus geeignet, ein Verständnis der Faktoren zu ermöglichen, die den »Handel«, welcher Frauen im Rahmen der innerfamiliären Arbeitsteilung angeboten wird, bestimmen. Beide Parteien haben Vorteile zu erwarten, wenn implizit akzeptierte Verhaltensmuster befolgt werden. Allerdings sind auch zahlreiche andere Vereinbarungen möglich – einige davon für eine Partei vorteilhafter als andere. Die Entscheidung für eine bestimmte Kooperationsvereinbarung aus der Gesamtmenge der alternativen Möglichkeiten führt zu einer bestimmten Verteilung der gemeinsamen Vorteile.[6]

Konflikte zwischen den partiell widerstreitenden Interessen innerhalb der Familie werden in der Regel durch implizit akzeptierte Verhaltensmuster gelöst, die mehr oder weniger egalitär sein können. Es liegt in der Natur des Familienlebens – d. h. des gemeinsamen Heimes und der gemeinsamen Lebensführung –, daß die konfliktträchtigen Elemente nicht explizit betont werden, da die Konzentration auf Konflikte als Zeichen einer »gescheiterten« Verbindung gilt, und zuweilen ist die in ihren Rechten beschnittene Frau noch nicht einmal in der Lage, das Ausmaß ihrer relativen Benachteiligung zu ermessen. In ähnlicher Weise kann die Einschätzung der jeweiligen »Arbeitsproduktivität« oder wessen »Beitrag« zum Wohlstand der Familie größer ist, von beträchtlicher Bedeutung sein, obgleich die grundlegende »Theorie«, wie »Beiträge« und »Produktivität« zu bewerten sind, wahrscheinlich selten explizit gemacht wird.

Einschätzung berechtigter Ansprüche

Die Bewertung individueller Leistungen und berechtigter Ansprüche von Frauen und Männern spielt eine zentrale Rolle in der Verteilung der gesamten Familiengüter zwischen Mann und Frau.[7] Das führt dazu, daß die Umstände, die diese Bewertung von Leistungen und angemessenen Ansprüchen bestimmen – wie z. B. die Erwerbsfähigkeit der Frau, ihre Fähigkeit, außerhalb des Haushaltes zu arbeiten, Schulbildung und eigenes Vermögen –, erheblichen Einfluß auf die

Verteilung haben. Zu der Auswirkung eines erweiterten Einflußbereiches und mehr Selbstbestimmung der Frau gehört somit auch die Korrektur jener Ungleichheiten, die das Leben und das Wohl von Frauen im Vergleich mit Männern beeinträchtigen. Frauen, die eine größere Handlungsfähigkeit haben, werden nicht nur andere Leben, sondern sicherlich auch ihr eigenes besser schützen können.[8]

Aber das ist noch nicht alles. Es geht auch um das Leben anderer – das Leben von Männern und Kindern. Gerade innerhalb der Familie sind die Kinder oft die Hauptleidtragenden, denn vieles spricht dafür, daß eine bessere Stellung der Frauen innerhalb der Familie die Kindersterblichkeit deutlich zu senken vermag. Und weit darüber hinaus geht die Tatsache, daß eine von Bildung und bezahlter Arbeit geprägte Selbstbestimmung und Mitsprache der Frau ihrerseits Einfluß nehmen kann auf die öffentliche Diskussion vielfältiger gesellschaftlicher Fragen, wie etwa akzeptable Geburtenraten, nicht nur in der eigenen Familie, und umweltpolitische Prioritäten.

Eine weitere wichtige Frage betrifft die *innerfamiliäre* Verteilung von Nahrungsmitteln, Gesundheitsvorsorge und anderen Zuwendungen. Es hängt sehr viel davon ab, wie die ökonomischen Mittel der Familie genutzt werden, um die Interessen der verschiedenen Haushaltsmitglieder zu befriedigen: Frauen und Männer, Mädchen und Jungen, Kinder und Erwachsene, Alte und Junge.[9]

Die Muster, denen die Verteilung innerhalb der Familie folgt, sind großenteils von etablierten Konventionen vorgegeben, werden jedoch auch von anderen Faktoren beeinflußt, z.B. von der ökonomischen Stellung und Selbstbestimmung der Frau sowie den Wertesystemen der Gemeinschaft im ganzen.[10] Bildung, Beschäftigung und Eigentumsrechte der Frau können für die Entwicklung solcher Wertesysteme und Konventionen, die die innerfamiliäre Verteilung regeln, eine bedeutende Rolle spielen, und derartige »soziale« Merkmale sind unter Umständen entscheidend für den ökonomischen Wohlstand, wie auch für das Wohl und die Freiheit verschiedener Familienmitglieder.[11]

Mit Blick auf unser allgemeines Thema lohnt es sich, diese Beziehung ein wenig genauer zu betrachten. Wie bereits gesagt, ist es am sinnvollsten, Hunger als den Verlust von Zugangsrechten zu verstehen – eine harsche Einschränkung der wesentlichen Freiheit, Nahrung zu kaufen. Dies führt zu einem Rückgang der Nahrungsmenge, die eine Familie kaufen und verzehren kann. Zwar sind innerfamiliäre Verteilungsprobleme gerade in Hungersnöten für gewöhnlich sehr schwerwiegend, sie fallen jedoch auch in Situationen permanenter Armut, die für viele Gemeinschaften als »normal« anzusehen sind, extrem ins Gewicht, denn ist zu entscheiden, welche Familienmitglieder am stärksten unter Unterernährung und Hunger leiden müssen. In der fortgesetzten Ungleichbehandlung bei der Nahrungsmittelzuteilung – und, was vielleicht sogar noch schwerer wiegt, in der medizinischen Versorgung – manifestiert sich die Ungleichheit der Geschlechter in armen Gesellschaften mit stark frauenfeindlicher Grundhaltung am deutlichsten und hartnäckigsten.

Diese frauenfeindliche Grundtendenz scheint durch den sozialen Status und die ökonomische Macht der Frauen im allgemeinen beeinflußt zu sein. Die relative Dominanz der Männer ist mit einer Reihe von Faktoren verbunden, zu denen auch die Position des »Brotverdieners« gehört, dessen ökonomische Stärke gerade innerhalb der Familie Achtung gebietet.[12] Andererseits gibt es reichlich Belege dafür, daß sich die relative Position der Frauen gerade in den Verteilungsstrukturen innerhalb des Haushaltes verbessert, wenn sie ein Einkommen außerhalb des Haushaltes verdienen können und das auch tun.

Frauen arbeiten zwar viele Stunden am Tag zu Hause, da es sich jedoch nicht um Lohnarbeit handelt, wird sie bei der Bewertung der jeweiligen Beiträge von Männern und Frauen zum gemeinsamen Wohlstand der Familie häufig ignoriert.[13] Wird die Arbeit allerdings außerhalb des Haushaltes verrichtet und erhält die Frau Lohn dafür, wird ihr Beitrag zum Wohlstand der Familie augenfälliger. Aufgrund ihrer größeren Unabhängigkeit von anderen gewinnt auch ihre Stimme mehr Gewicht. Der höhere Status der Frau scheint sich sogar auf die Vorstellungen von den »Pflichten« eines Mädchens auszuwirken. So kann also die Freiheit, Arbeit außerhalb des Haushaltes zu suchen und anzunehmen, zur Verminderung der relativen – und absoluten – Benachteiligung der Frau beitragen. Freiheit in einem Bereich, in diesem Fall die Möglichkeit, einer Erwerbstätigkeit außerhalb des Hauses nachzugehen, scheint die Freiheit auch in anderen Bereichen zu fördern, indem sie die Freiheit von Hunger, Krankheit und relativem Mangel vergrößert.

Es gibt zudem deutliche Indizien dafür, daß mit der verbesserten Stellung der Frau die Geburtenrate eine sinkende Tendenz aufweist.

Angesichts der Tatsache, daß durch häufige Schwangerschaften und die anschließende Erziehung der Kinder vor allem das Leben der jungen Frauen belastet wird, kann das nicht weiter überraschen. Alles, was das Mitspracherecht der Frauen erweitert und die Aufmerksamkeit mehr auf ihre Interessen lenkt, wird in der Regel dazu führen, daß sich die Anzahl der Schwangerschaften verringert. Aus einer 300 Distrikte umfassenden vergleichenden Studie in Indien geht z. B. hervor, daß Bildungsstand und Erwerbstätigkeit der Frau die beiden wichtigsten Faktoren bei einer Reduktion der Geburtenrate darstellen.[14] Umstände, die die Emanzipation der Frau fördern, unter anderem Schulbildung und Erwerbstätigkeit, haben gravierende Auswirkungen auf die Geburtenrate. Wir werden im Zusammenhang mit einer Einschätzung des »Weltbevölkerungsproblems« noch einmal darauf zurückkommen. Allgemeine Probleme einer auch ökologisch folgenreichen Überbevölkerung, die Männer und Frauen wohl gleichermaßen betreffen, sind eng verbunden mit der Befreiung der Frau vom dauernden Gebärzwang und seinen Folgen, die das Leben junger Frauen in vielen Gesellschaften in den Entwicklungsländern erheblich beeinträchtigen.

Die Selbstbestimmung der Frau und das Überleben der Kinder

Auch der Zusammenhang zwischen weiblicher Schul- und Berufsausbildung und der Reduktion der Sterblichkeitsrate von Kindern ist belegt. Die Wirkung vollzieht sich auf verschiedenen Ebenen, am direktesten jedoch vermutlich in der Bedeutung, die Mütter dem Wohl ihrer Kinder beimessen, und in den Einflußmöglichkeiten, die sie, sofern ihre Selbstbestimmung respektiert und gestärkt wird, bei familiären Entscheidungen geltend machen können. Ähnlich stark scheint sich die Stellung der Frauen auf das häufig beobachtete Ungleichgewicht in den Überlebenschancen auszuwirken, das besonders zu ungunsten junger Mädchen ausfällt.

Länder mit fundamentaler Ungleichheit der Geschlechter – Indien, Pakistan, Bangladesch, China, Iran, die Länder Westasiens, Nordafrikas und andere – weisen nicht selten eine höhere Sterblichkeitsrate bei weiblichen Säuglingen und Kindern auf, im Gegensatz zu Europa, Amerika oder den Ländern der Sahelzone, wo Kinder weiblichen Geschlechts in der Regel einen deutlichen Überlebensvorteil haben. In Indien ist die Sterblichkeitsrate von Jungen und Mädchen der Altersgruppe von 0 bis 4 Jahren, bezogen auf den Landesdurchschnitt, heute ziemlich gleich, bezogen auf Regionen, in denen die geschlechtsspezifische Ungleichbehandlung besonders stark ausgeprägt ist, und dazu gehören die meisten Bundesstaaten im Norden Indiens, sind die Frauen jedoch deutlich im Nachteil.[15]

Eine der interessantesten Studien zu diesem Thema erschien im Rahmen einer bedeutenden statistischen Arbeit von Mamta Murthi, Anne-Catherine Guio und Jean Drèze. Sie wertet Daten aus 296 indischen Distrikten aus, die im Rahmen der Volkszählung im Jahre 1981 erhoben wurden.[16] Nachfolgestudien von Mamta Murthi und Jean Drèze, denen neuere Erhebungen – besonders die Volkszählung im Jahre 1991 – zugrunde liegen, haben die Ergebnisse der ersten Untersuchungen zur Volkszählung 1981 weitestgehend bestätigt.[17]

In diesen Studien werden verschiedene andere – für das Thema relevante – Kausalzusammenhänge untersucht. Zu den Variablen, die im Vergleich zwischen den Distrikten geklärt werden sollten, gehören Geburtenraten, Kindersterblichkeitsraten und die schlechteren Überlebenschancen von Mädchen (die das *Verhältnis* der Sterblichkeitsrate von Knaben und Mädchen in der Altersgruppe von 0 bis 4 Jahren spiegelt). Diese Variablen stehen in Relation zu einer Reihe anderer Variablen im Distriktsvergleich, die viele Zusammenhänge klären können, wie z.B. das Bildungsniveau von Frauen, ihr Anteil unter den Berufstätigen, Verbreitung von Armut und Einkommensniveau, das Ausmaß der Urbanisierung, Zugang zu medizinischen Einrichtungen und proportionaler Anteil unterprivilegierter Gruppen (bestimmte Kasten und Stämme) an der Bevölkerung.[18]

Welche Wirkung auf die Überlebenschancen bzw. Sterblichkeitsrate von Kindern erwarten wir von den Variablen, die am engsten mit der Emanzipation der Frau verbunden sind – in diesem Fall der Einbeziehung der Frau in die Arbeitswelt sowie ihrer Schul- und Berufsausbildung? Natürlich erwarten wir hinsichtlich des letzteren ganz und gar positive Auswirkungen. Und das wird auf eindrucksvolle Weise bestätigt (dazu später mehr).

Was jedoch die Integration der Frau in den Arbeitsmarkt betrifft, warten soziale und ökonomische Analysen für gewöhnlich mit Faktoren auf, die in unterschiedliche Richtungen wirksam sein können. Erstens hat die Erwerbstätigkeit der Frau viele positive Auswirkungen auf ihre Selbstbestimmung, und dazu gehört häufig auch, daß der Versorgung der Kinder größere Bedeutung beigemessen wird und die Frau in familiären Entscheidungsprozessen diesem Anliegen mehr Gewicht zu geben vermag. Zweitens: Da die Männer sich in der Regel weigern, mehr häusliche Pflichten zu übernehmen, ist der Wunsch nach einer besseren Versorgung der Kinder für die Frauen nur schwer in die Tat umzusetzen, wenn ihr die »Doppelbelastung« der Arbeit in Haushalt und Beruf aufgebürdet wird. Somit könnte der Nettoeffekt in verschiedene Richtungen gehen. In der Studie von Murthi und anderen ergibt sich aus der Analyse der distriktbezogenen Daten kein statistisch signifikantes, bestimmtes Muster für die Verbindung von Erwerbstätigkeit der Frauen und Überlebenschancen von Kindern.[19]

Im Gegensatz dazu erweist sich die Schulbildung der Frauen als eindeutiger und statistisch signifikanter Faktor für die Verringerung der Sterblichkeitsrate bei Kindern unter fünf Jahren, ganz unabhängig davon, ob die Männer lesen und schreiben können. Dieses Resultat stimmt mit einer ständig wachsenden Datensammlung zur engen Verbindung zwischen weiblicher Schulbildung und den Überlebenschancen von Kindern in zahlreichen Ländern der Welt überein, ganz besonders im Vergleich zwischen verschiedenen Ländern.[20] In diesem Fall wird die Wirkung der besseren Stellung und größeren Selbstbestimmung der Frauen nicht durch die mangelhafte Beteiligung der Männer an Kinderversorgung und Hausarbeit geschmälert.

Des weiteren stellt sich die Frage nach einem *geschlechtsspezifischen Ungleichgewicht* in der Kindersterblichkeit (im Gegensatz zur *Gesamtmortalität* von Kindern). Für diese Variable gilt, daß sich die Quote der weiblichen Erwerbstätigkeit und Schulbildung höchst positiv auf die Überlebenschancen von Mädchen auswirkt, wobei man sagen kann: je höher die weibliche Schulbildung und je größer die Zahl der erwerbstätigen Frauen, desto niedriger der Grad der relativen Benachteiligung von Mädchen hinsichtlich der Überlebenschancen. Im Gegensatz dazu zeigt sich, daß Variablen, die sich auf das *allgemeine* Entwicklungs- und Modernisierungsniveau beziehen, *entweder* keine statistisch signifikante Wirkung haben *oder* den Schluß nahelegen, daß Modernisierung, sofern sie nicht mit einer Stärkung der Position der Frau einhergeht, den geschlechtsspezifischen Unterschied in den Überlebenschancen von Kindern eher *verstärkt* als schwächt. Dies trifft unter anderem zu auf Urbanisierung, männliche Schulbildung, medizinische Versorgung und das Armutsniveau, wobei ein höheres Armutsniveau mit einem *höheren* weiblichen Anteil an der Armenpopulation verbunden ist. Da in Indien eine positive Verbindung zwischen dem Entwicklungsniveau und einem geringeren geschlechtsspezifischen Ungleichgewicht in der Sterblichkeitsrate besteht, scheint dies in erster Linie *in* Variablen begründet, die sich direkt auf die Selbstbestimmung der Frau beziehen, wie z.B. Schulbildung und Erwerbstätigkeit der Frau.

Es lohnt sich, noch auf eine weitere Begleiterscheinung hinzuweisen, die sich aus der größeren Selbstbestimmung der Frau dank einer verbesserte Schul- bzw. Berufsausbildung ergibt. Die statistische Auswertung von Murthi, Guio und Drèze zeigt, daß quantitativ gesehen die Wirkung weiblicher Schulbildung auf die Überlebenschancen von Kindern außerordentlich groß ist. Sie sorgt stärker als die anderen in dieser Richtung wirksamen Variablen für einen Rückgang der Kindersterblichkeit. Hält man z.B. die anderen Variablen konstant, dann reduziert eine Steigerung des erschreckend niedrigen Anteils von Frauen, die lesen und schreiben können, von (sagen wir) 22 Prozent (1981 in Indien der tatsächliche Prozentsatz) auf 75 Prozent die prognostizierte Sterblichkeit in der Altersgruppe bis vier Jahre (Mädchen und Jungen zusammen) von 156 pro Tausend (auch diese Zahl stammt aus dem Jahre 1981) auf 110 pro Tausend.

Die starke Auswirkung der weiblichen Schulbildung auf die Kindersterblichkeit steht in Kontrast zu der vergleichsweise geringen Rolle etwa der männlichen Schulbildung oder allgemeiner Maßnahmen zur Bekämpfung der Armut. Eine Hebung der Lese- und Schreibkenntnisse bei den Männern im gleichen Maß (von 22 auf 75 Prozent) reduziert die Sterblichkeitsrate von Kindern unter fünf Jahren lediglich von 169 auf 141 pro Tausend. Und eine Senkung der Armutsrate um 50 Prozent (des tatsächlichen Niveaus im Jahre 1981) verringert die prognostizierte Sterblichkeitsrate von Kindern unter fünf Jahren nur von 156 auf 153 pro Tausend.

Auch hier scheint alles darauf hinzuweisen, daß einige Variablen, die sich auf die Selbstbestimmung der Frauen beziehen, hier die weibliche Schulbildung, für die Förderung des sozialen Wohls, insbesondere der Überlebenschancen von Kindern, häufig eine sehr viel wichtigere Rolle spielen als solche, die auf das allgemeine Wohlstandsniveau der Gesellschaft bezogen sind. Diese Ergebnisse haben wichtige praktische Folgen.[21] Beide Variablentypen sind durch öffentliche Maßnahmen zu beeinflussen, erfordern jedoch jeweils unterschiedliche Formen staatlicher Intervention.

Selbstbestimmung, Emanzipation und Geburtenrückgang

Auch auf den Rückgang der Geburtenzahlen wirkt sich die weibliche Selbstbestimmung besonders auffallend aus. Zu den ungünstigen Folgen einer hohen Geburtenrate gehört, und zwar aufgrund häufiger Schwangerschaften und der permanenten Beschäftigung mit der Kindererziehung, daß vielen Frauen in Asien und Afrika, so als sei dies ganz selbstverständlich, substantielle Freiheiten vorenthalten werden. Daraus ergibt sich, will man eine Änderung des Reproduktionsverhaltens bewirken, eine enge Verbindung zwischen dem *Wohl* der Frauen und ihrer *Selbstbestimmung*. Es kann daher kaum überraschen, daß eine Verbesserung von Stellung und Einfluß der Frau häufig einen Rückgang der Geburtenziffern zur Folge hatte.

Vergleicht man die unterschiedlichen Geburtenraten verschiedener indischer Distrikte, so findet man diese Verknüpfungen tatsächlich dort widergespiegelt. Unter sämtlichen in der Analyse von Murthi, Guio und Drèze berücksichtigten Variablen haben *einzig* die Schulbildung und die Erwerbstätigkeit der Frauen statistisch signifikante Auswirkungen auf die Geburtenzahlen. Auch hier kommt die Bedeutung der weiblichen Selbstbestimmung eindrucksvoll zum Ausdruck, besonders wenn man sie mit den schwächeren Auswirkungen von Variablen, die auf den allgemeinen ökonomischen Entwicklungsprozeß bezogen sind, vergleicht.

Die negative Verknüpfung von weiblicher Schulbildung und Geburtenzahlen scheint im ganzen empirisch gut belegt.[22] Sie wurde vielfach auch in anderen Ländern beobachtet, und daß sie in Indien so handgreiflich zutage tritt, kann kaum überraschen. Die mangelnde Bereitschaft gebildeter Frauen, sich durch permanente Kinderaufzucht einschränken zu lassen, spielt in diesem Veränderungsprozeß offensichtlich eine Rolle. Bildung erweitert unter anderem den Vorstellungshorizont und unterstützt – auf einer praktischeren Ebene – die Verbreitung von Wissen über Familienplanung. Zudem besitzen gebildete Frauen gewöhnlich mehr Freiheit, ihre aktive Rolle in familiären Entscheidungsprozessen wahrzunehmen, was natürlich Schwangerschaft und Geburt einschließt.

Besonders bemerkenswert ist hier Kerala, der sozial fortschrittlichste Bundesstaat Indiens, der seine besonderen Erfolge in der Verringerung der Geburtenrate der aktiven Beteiligung der Frauen verdankt. Während die Geburtenrate in ganz Indien noch immer die Quote 3,0 übersteigt, ist diese in Kerala heute unter das reine »Erhaltungsniveau« (etwa 2,0, d. h. etwa 2 Kinder pro Ehepaar), auf 1,7 gefallen und liegt somit noch deutlich unter der chinesischen Geburtenrate von 1,9. Der hohe Bildungsstand der Frauen in Kerala spielt bei diesem jähen Sinken der Geburtenzahlen eine besonders wichtige Rolle. Da weibliche Selbstbestimmung und Schulbildung auch für die Verringerung der Sterblichkeitsrate von Bedeutung sind, stellt dies einen weiteren – weniger direkten – Weg dar, durch eine größere Selbstbestimmung der Frauen zur Verringerung der Geburtenrate beizutragen, zumal einiges dafür spricht, daß eine Senkung besonders der Sterblichkeitsrate von Kindern in der Regel zu fallenden Geburtenzahlen führt. In Kerala lag eine Reihe weiterer Umstände vor, die die Stärkung weiblicher Selbstbestimmung begünstigt haben, z. B. eine höhere Anerkennung weiblicher Eigentumsrechte für einen wesentlichen und einflußreichen Teil der Gemeinschaft.[23] Im nächsten Kapitel wird Gelegenheit sein, diese Verbindungen neben anderen möglichen Kausalzusammenhängen eingehender zu untersuchen.

Die politische, soziale und ökonomische Rolle der Frau

Daß Frauen, denen man üblicherweise Männern vorbehaltene Chancen einräumt, diese ebenso erfolgreich zu nutzen in der Lage sind und sich in Bereichen zu etablieren verstehen, die Männer jahrhundertelang als ihre angestammte Domäne beansprucht haben, scheint uns ausreichend belegt. Der Zugang zu höchsten politischen Ämtern ist Frauen, vor allem in den Entwicklungsländern, bisher nur unter ganz besonderen Umständen möglich gewesen, häufig in der Nachfolge eines in der Politik angesehenen Ehemanns oder Vaters. All diese Chancen wurden jedoch stets mit großer Energie wahrgenommen. Die neuere Geschichte der Rolle der Frau in politischen Spitzenpositionen in Sri Lanka, Indien, Bangladesch, Pakistan, auf den Philippinen, in Burma oder Indonesien mag gut bekannt sein, wir sollten jedoch jenen Anstrengungen mehr Aufmerksamkeit schenken, die Frauen auf ganz verschiedenen Ebenen politischer Arbeit und sozialer Initiativen zu leisten in der Lage waren, wenn man sie nur ließ.[24]

Die Auswirkungen weiblicher Aktivitäten auf das soziale Leben können ähnlich weitreichende Folgen zeitigen. Manchmal sind die Zusammenhänge schon bekannt und erwartet oder allmählich gewürdigt; die bereits diskutierten Auswirkungen weiblicher Bildung auf die Geburtenzahlen ist ein gutes Beispiel dafür. Es gibt freilich noch andere Verbindungen, die genauere Untersuchung und Analyse verlangen. Zu den interessanteren Hypothesen gehört dabei die Beziehung zwischen männlichem Einfluß und der Häufigkeit von Gewaltverbrechen. Es ist durchaus bekannt, daß die meisten Gewaltverbrechen auf der Welt von Männern begangen werden, möglicherweise bestehen jedoch Kausalzusammenhänge, die noch nicht die verdiente Aufmerksamkeit gefunden haben.

Ein interessantes Resultat statistischer Erhebungen in Indien betrifft deutliche Unterschiede zwischen den Distrikten, aus denen eine starke – und statistisch sehr signifikante – Beziehung zwischen der proportionalen Verteilung von Männern und Frauen in der Bevölkerung und der Häufigkeit von Gewaltverbrechen hervorgeht. Tatsächlich ist die umgekehrte Verbindung zwischen der Anzahl von Gewaltverbrechen und der Geschlechterverteilung in der Bevölkerung von vielen Forschern beobachtet worden, die unterschiedliche Erklärungsmodelle für die betreffenden kausal wirksamen Prozesse anbieten.[25] Manche suchen die Erklärung darin, daß eine hohe Verbrechensrate zu einer größeren Präferenz für Söhne führt, da man sie für besser geeignet hält, in einer von Gewalt geprägten Gesellschaft zu bestehen. Andere meinen, ein höherer Anteil an Frauen, die nun einmal weniger zu Gewalt neigten, führe zu einer niedrigeren Verbrechensrate.[26] Vielleicht gibt es noch einen dritten Faktor, der zu Gewaltverbrechen und einem höheren männlichen Bevölkerungsanteil gleichermaßen in Beziehung steht. Man muß dazu eine ganze Reihe von Problemkomplexen unter die Lupe nehmen, doch die Bedeutung des Geschlechts und der Einfluß weiblichen Handelns im Gegensatz zum männlichen geht aus sämtlichen alternativen Erklärungsmustern deutlich hervor.

Werfen wir nun einen Blick auf die Wirtschaft, so zeigt sich, daß auch in diesem Bereich die Beteiligung der Frauen erhebliche Veränderungen nach sich ziehen kann. Ein Grund für den relativ niedrigen Frauenanteil im alltäglichen Wirtschaftsleben vieler Länder liegt darin, daß ihnen kaum Zugang zu ökonomischen Ressourcen gewährt wird. In den Entwicklungsländern weist die Verteilung von Grund- und Kapitalbesitz traditionell eine stark zugunsten der männlichen Familienmitglieder wirkende Diskriminierungstendenz auf. Da die Frauen kaum finanzielle Sicherheiten bieten können, ist es für sie in der Regel sehr viel schwieriger, ein Unternehmen zu gründen, selbst wenn es sich nur um einen kleinen Betrieb handelt.

Und doch gibt es reichlich Belege dafür, daß die Frauen in der Lage sind, mit großem Erfolg die unternehmerische und ökonomische Initiative zu ergreifen, wenn von der traditionellen Praxis abgewichen wird, nur den Männern Eigentumsrechte zu gewähren. Darüber hinaus wird deutlich, daß das Ergebnis weiblicher Partizipation nicht allein darin besteht, ihnen ein persönliches Einkommen zu verschaffen, sondern auch in jenen sozialen Errungenschaften, die der verbesserten Stellung und der größeren Unabhängigkeit der Frauen geschuldet sind, etwa die zuvor beschriebene Senkung der Sterblichkeits- und Geburtenrate. Die Teilnahme der Frauen am Wirtschaftsleben ist somit einerseits ein Gewinn an sich, da Frauen in familiären Entscheidungsprozessen weniger diskriminiert werden, und andererseits ein wirksamer Faktor für den sozialen Wandel im allgemeinen.

Der bemerkenswerte Erfolg der Grameen Bank in Bangladesch ist ein hervorragendes Beispiel dafür. Diese visionäre Kleinkreditbewegung unter der Leitung von Muhammad Yunus hat konsequent das Ziel verfolgt, die Benachteiligung der Frauen auf dem ländlichen Kreditmarkt zu beseitigen, indem sie vor allem Kredite an weibliche Kunden vergab. Die Folge davon ist, daß ein großer Teil ihrer Kundschaft heute aus Frauen besteht. Auch die bemerkenswerte Tatsache, daß diese Bank eine hohe Rückzahlungsquote vorzuweisen hat (sie liegt angeblich bei 98 Prozent), hängt mit der Art und Weise zusammen, in der Frauen mit den ihnen gebotenen Chancen umgehen, und mit der Aussicht auf die Fortführung solcher Einrichtungen.[27] Die Organisation BRAC, ebenfalls in Bangladesch und ebenfalls unter der Leitung einer weitblickenden Führungspersönlichkeit namens Fazle Hasan Abed, hat ähnlich großen Wert auf die Integration von Frauen gelegt.[28] Diese und andere ökonomische und soziale Bewegungen haben sehr viel dazu beigetragen, nicht nur die Chancen der Frauen zu verbessern, sondern – durch größere Selbstbestimmung – auch einen weitergehenden sozialen Wandel herbeizuführen. So scheint die rapide Abnahme der Geburtenzahlen in Bangladesch in den letzten Jahren neben der Tatsache, daß selbst in den ländlichen Regionen Bangladeschs Beratungsstellen für Familienplanung eingerichtet wurden, deutlich mit der Einbindung von Frauen in soziale und wirtschaftliche Angelegenheiten in Zusammenhang zu stehen.[29]

Ein anderer Bereich, in dem die ökonomische Partizipation der Frauen verschiedene Formen annimmt, ist die Landwirtschaft, je nachdem, ob sie eigenes oder fremdes Land bewirtschaften. Auch hier können wirtschaftliche Chancen für Frauen entscheidenden Einfluß auf das Funktionieren der Wirtschaft und die damit verbundenen sozialen Einrichtungen ausüben. Tatsächlich könnte »das eigene Feld« (wie Bina Agarwal es nennt) die Initiative und Integration von Frauen entscheidend beeinflussen, was wiederum weitreichende Auswirkungen auf das Gleichgewicht von ökonomischer und sozialer Macht zwischen Männern und Frauen haben wird.[30] Ähnliche Fragen stellen sich im Zusammenhang mit dem Versuch, die Rolle der Frau in Umweltschutzprojekten zu verstehen, besonders wenn es um den Erhalt natürlicher Ressourcen (z. B. Bäume) geht, die in besonderer Verbindung zum Leben und zur Arbeit der Frauen stehen.[31]

So gehört eine größere Selbstbestimmung der Frauen heute in der Tat zu den zentralen Anliegen in den Entwicklungsprozessen vieler Länder der Welt. Die maßgeblichen Faktoren sind unter anderem Schul- und Berufsausbildung für Frauen, ihre Eigentumsrechte, ihre Möglichkeiten, einer Erwerbstätigkeit nachzugehen, und die Strukturen des Arbeitsmarktes.[32] Neben diesen eher »klassischen« Variablen jedoch gehören dazu auch die Art der Beschäftigungsverhältnisse, die Einstellung der Familie und der Gesellschaft im ganzen zur Erwerbstätigkeit der Frau sowie die ökonomischen und sozialen Bedingungen, die einen Wandel in diesen Einstellungen entweder fördern oder behindern.[33] Wie aus Naila Kabeers erhellender Studie über die Arbeit und wirtschaftliche Integration von Frauen aus Bangladesch in Dhaka und London hervorgeht, kommt den ökonomischen und sozialen Verhältnissen vor Ort ein entscheidendes Gewicht zu, wenn es darum geht, ob man an traditionellen Formen festhält oder neue sucht.[34] Die sich wandelnde Selbstbestimmung der Frau gehört zu den wichtigsten Vermittlern des ökonomischen und sozialen Wandels, ihre Entschiedenheit und ihre Konsequenzen sind aufs engste mit vielen zentralen Merkmalen des Entwicklungsprozesses verbunden.[35]

Schlußbemerkung

Die Konzentration auf die Selbstbestimmung der Frau hat direkte Folgen für ihr Wohlergehen, geht jedoch in ihrer Wirkung weit darüber hinaus. In diesem Kapitel habe ich versucht, den Unterschied – und die Zusammenhänge – zwischen Selbstbestimmung und Wohlergehen der Frau zu untersuchen, um dann zu zeigen, wie und in welchem Maße eine aktive Beteiligung der Frauen insbesondere in zwei spezifischen Bereichen positiv zu Buche schlägt: (1) in der Hebung der Überlebenschancen von Kindern und (2) in der Verringerung der Geburtenrate. Beide Fälle sind in Entwicklungsfragen von allgemeinem Interesse und gehen weit über das besondere Streben nach dem Wohl der Frauen hinaus, obgleich – wie wir gesehen haben – dieses auch direkt daran beteiligt ist und eine entscheidende Vermittlerfunktion für das Erreichen dieser allgemeinen Ziele spielt.

Dasselbe gilt für viele andere Bereiche des ökonomischen, politischen und sozialen Handelns, von landwirtschaftlichen Krediten und ökonomischen Aktivitäten bis hin zu politischer Agitation und der Diskussion sozialer Fragen.[36] Der ausgedehnte Wirkungsbereich der aktiven Partizipation der Frau gehört zu den eher vernachlässigten Gebieten in der Entwicklungsforschung, was dringend der Korrektur bedarf. Nichts ist in der politischen Ökonomie der Entwicklung heute wichtiger als eine adäquate Würdigung der politischen, ökonomischen und gesellschaftlichen Teilhabe und Führungsrolle der Frau. Sie stellt in der Tat einen entscheidenden Aspekt der »Entwicklung als Freiheit« dar.

9

Bevölkerung, Ernährung und Freiheit

Das gegenwärtige Zeitalter hat uns nicht wenige schreckliche und grausame Geschehnisse beschert, doch die Fortdauer großen Hungers in einer Welt nie zuvor gekannten Wohlstands gehört sicherlich zu den entsetzlichsten. Hungersnöte suchen viele Länder mit erstaunlicher Heftigkeit heim – »grausam wie zehn Furien, gräßlich wie die Hölle«, um John Miltons Worte zu zitieren. Zudem verursacht ein massiver, immer wieder ausbrechender Hunger in vielen Teilen der Welt großes Elend, da er Millionen von Menschen entkräftet und einen erheblichen Anteil von ihnen mit statistischer Regelmäßigkeit dahinrafft. Was den weitverbreiteten Hunger noch tragischer macht, ist, daß wir ihn als einen Teil der Welt akzeptieren und dulden, als wäre er gleichsam nach Art der griechischen Tragödien nicht zu verhindern.

Natur und Schwere von Hunger und Unterernährung dürfen jedoch nicht, wie schon gesagt, allein anhand der Nahrungsmittelproduktion beurteilt werden. Gleichwohl ist dies *eine* der Variablen, die unter anderen das Vorherrschen von Hunger beeinflussen. Auch der Preis für Nahrungsmittel, den der Konsument zahlen muß, hängt schließlich vom Umfang der produzierten Nahrungsmittel ab. Außerdem gibt es, wenn wir das Ernährungsproblem von der globalen und nicht nur von der nationalen oder lokalen Ebene aus betrachten, offensichtlich keine Möglichkeit, »jenseits« der Ökonomie an Nahrungsmittel heranzukommen. Aus diesem Grund ist die oft geäußerte Befürchtung, daß die Nahrungsmittelproduktion pro Kopf in der Welt sinkt, nicht leichthin abzutun.

Gibt es eine Welternährungskrise?

Ist die Furcht wirklich gerechtfertigt? Verliert die Nahrungsmittelproduktion auf der Welt im »Wettrennen« mit dem Bevölkerungswachstum immer mehr an Boden? Die Befürchtung, daß sich genau dies abspielt oder in Kürze abspielen wird, ist bemerkenswert beharrlich, obwohl wir wenig handfeste Indizien dafür haben. Malthus etwa behauptete schon vor 200 Jahren, daß die Nahrungsmittelproduktion den Wettlauf verliere und aus dem resultierenden Ungleichgewicht »im Verhältnis zwischen dem natürlichen Wachstum der Bevölkerung und der Nahrung« schreckliche Not entstehen würde. In seiner Welt des späten 18. Jahrhunderts war er fest davon überzeugt, daß die »Zeit, in der die Zahl der Menschen die Subsistenzmittel überstiegen hat, schon längst angebrochen ist«.[1] Doch seit den Tagen, in denen Malthus im Jahr 1798 seinen berühmten *Essay on Population* zum ersten Mal veröffentlichte, ist die Weltbevölkerung beinahe um das Sechsfache gewachsen, und dennoch sind die Nahrungsmittelproduktion und der Konsum beträchtlich höher als zu Malthus' Zeiten. Aber nicht nur das, auch der allgemeine Lebensstandard ist beispiellos gestiegen.

Gleichwohl: Aus der Tatsache, daß Malthus sich mit seiner Diagnose der Übervölkerung täuschte – und damals lebte nicht einmal eine Milliarde Menschen auf unserem Planeten –, folgt keineswegs, daß alle Befürchtungen hinsichtlich des Bevölkerungswachstums zu jeder Zeit ähnlich falsch sein müssen. Wie steht es etwa mit der Gegenwart? Fällt die Nahrungsmittelproduktion im Wettrennen mit dem Bevölkerungswachstum zurück? Tabelle 9.1 zeigt auf der Grundlage von Statistiken der Food and Agricultural Organization der Vereinten Nationen die Indizes der Nahrungsmittelproduktion pro Kopf für die ganze Welt wie auch für einige der wichtigsten Regionen, bezogen auf einen Dreijahresdurchschnitt (um nicht durch alljährliche Schwankungen irregeführt zu werden), wobei der Durchschnitt für die Jahre 1979 bis 1981 als Basis des Index (100) zählt; die Indexwerte werden bis zum Zeitraum 1996/97 angegeben. (Die Zahlen für 1998 würden das Bild nicht ändern.) Zum einen läßt sich weder ein Rückgang der Weltnahrungsmittelproduktion pro Kopf feststellen, ganz im Gegenteil, und zum anderen erfolgten die größten Wachstumsraten der Pro-Kopf-Produktion in den dichter besiedelten Regionen

Regionen	1974–1976	1979–1981	1984–1986	1994–1996	1996/97
Welt	97,4	100,0	104,4	108,4	111,0
Afrika	104,9	100,0	95,4	98,4	96,0
Asien	94,7	100,0	111,6	138,7	144,3
Indien	96,5	100,0	110,7	128,7	130,5
China	90,1	100,0	120,7	177,7	192,3
Europa	94,1	100,0	107,2	102,3	105,0
Nord- und Mittelamerika	90,1	100,0	99,1	99,4	100,0
USA	89,8	100,0	99,3	102,5	103,9
Südamerika	94,0	100,0	102,8	114,0	117,2

Tabelle 9.1: Indizes der Nahrungsmittelproduktion pro Kopf, aufgeschlüsselt nach Regionen

Man beachte: Auf der Grundlage des Dreijahresdurchschnitts von 1979 bis 1981 wurden die Durchschnitte für die Jahre 1984 bis 1986, 1994 bis 1996 und 1996/97 von den Vereinten Nationen (1995, 1998), Tabelle 4, übernommen. Die Dreijahresdurchschnitte für die früheren Jahre (1974–1976) stützen sich auf die Vereinten Nationen (1984), Tabelle 1. Zwischen den beiden Vergleichsmengen mag es leichte Unterschiede in den relativen Gewichtungen geben, so daß die Reihe hinsichtlich der beiden Seiten des Zeitraums 1979 bis 1981 nicht vollständig vergleichbar sein muß, doch der daraus resultierende Unterschied wird, so er überhaupt existiert, vermutlich sehr klein sein.
Quellen: United Nations, *FAO Quarterly Bulletin of Statistics* 1995 und 1998, sowie *FAO Monthly Bulletin of Statistics*, August 1984.

der Dritten Welt, insbesondere in China, Indien und dem restlichen Asien.

Gesunken ist allerdings, wie schon erläutert, die Nahrungsmittelproduktion in Afrika, was, zusammen mit der herrschenden Armut, zu einer brisanten Situation führt. Doch wie ich bereits sagte (siehe 7. Kapitel), spiegelt die schwierige Situation in der Sahelzone die allgemeine ökonomische Krise, eine Krise, die ebenso starke soziale und politische wie ökonomische Komponenten hat, und die nicht eigentlich eine »Ernährungskrise« ist. Die Nahrungsmittelproduktion ist Teil einer größeren Problemlage und muß auch in diesem Rahmen betrachtet werden.

Tatsächlich gibt es zur Zeit keine bedeutende Weltkrise der Nahrungsmittelproduktion. Die Zunahme der Nahrungsmittelproduktion variiert natürlich mit den Jahren – in Jahren ungünstiger Wetterbedingungen mag auch ein Rückgang zu verzeichnen sein, was den Schwarzsehern kurzfristig recht zu geben scheint, der *Trend* weist jedoch deutlich nach oben.

Ökonomische Anreize und Nahrungsmittelproduktion

Man sollte beachten, daß die Weltnahrungsmittelproduktion gestiegen ist, obwohl die Nahrungsmittelpreise in preisbereinigten Größen auf dem Weltmarkt stark gesunken sind, wie aus Tabelle 9.2 hervorgeht. Der berücksichtigte Zeitraum erstreckt sich über mehr als 45 Jahre von 1950–1952 bis 1995–1997. Damit nahm in vielen Weltgegenden, die zu den landwirtschaftlichen Großproduzenten zählen, darunter auch Nordamerika, der ökonomische Anreiz ab, mehr Nahrungsmittel zu produzieren.

Selbstverständlich gibt es Schwankungen in den Nahrungsmittelpreisen, und Panikrufe erklangen häufig in Reaktion auf einen Preisanstieg Mitte der 90er Jahre. Doch verglichen mit dem immensen Preisrückgang seit 1970 (siehe Abb. 9.1) war der Anstieg nur geringfügig. Tatsächlich weist der langfristige Trend stark nach unten, und bislang haben wir keine Anzeichen dafür, daß sich dieser langfristige Abwärtstrend umkehrt. Vorletztes Jahr, 1998, sank der Weltpreis für Weizen und andere Getreidesorten noch einmal um 20 bzw. 14 Prozent.[2]

Im Rahmen einer wirtschaftlichen Analyse der gegenwärtigen Situation dürfen wir nicht übersehen, daß die gesunkenen Weltmarktpreise für Nahrungsmittel sich auf die Erzeugung negativ auswirkten. Um so erstaunlicher ist es, daß dennoch die Produktion von Nahrungsmitteln in der Welt stetig zugenommen hat, stärker jedenfalls als die Bevölkerung. Wären noch mehr Nahrungsmittel produziert worden, ohne daß das niedrige Einkommen, unter dem die meisten Hungernden in der Welt leiden, angehoben worden wäre,

Nahrungsmittel	1950–1952	1995–1997	Preisänderung (in Prozent)
Weizen	427,6	159,3	–62,7
Reis	789,7	282,3	–64,2
Hirse	328,7	110,9	–66,2
Mais	372,0	119,1	–68,0

Tabelle 9.2: Nahrungsmittelpreise in US-Dollar von 1990

Man beachte, daß die Einheiten unter Zugrundelegung des US-Dollars (1990) pro Tonne angegeben sind, inflationsbereinigt durch den G-5 Manufacturing Unit Value (MUV) Index.
Quellen: Weltbank, *Commodity Markets and the Developing Countries*, November 1998, Tabelle A1, Washington, D.C.; Weltbank, *Price Prospects for Major Commodities*, Bd. 2, Tabellen A5, A10, A15, Washington, D.C. 1993.

hätte der Absatz von Nahrungsmitteln vor noch größeren Problemen gestanden, als die gesunkenen Preise bereits widerspiegeln. Es überrascht nicht, daß die größten Zuwächse für Regionen wie China und Indien zu verzeichnen sind, denn diese sind vom Weltmarkt relativ isoliert und damit auch vor einem Preisverfall der Nahrungsmittel geschützt.

Man muß sich vor Augen halten, daß Nahrungsmittel ein Produkt menschlicher Tätigkeit sind, d. h., wir müssen die Anreize verstehen, die auf die Entscheidungen und Handlungen der Menschen einwirken. Gleich anderen ökonomischen Unternehmungen auch wird die kommerzielle Produktion von Nahrungsmitteln durch die Märkte und Preise bestimmt. Im Augenblick stagniert die Weltproduktion aufgrund fehlender Nachfrage und fallender Preise, was die Armut einiger der bedürftigsten Völker reflektiert. Untersuchungen über die technischen Möglichkeiten, mehr Nahrung zu erzeugen, falls die Nachfrage steigen sollte, haben ergeben, daß sich die Nahrungsmittelproduktion pro Kopf noch erheblich steigern ließe. Tatsächlich nimmt der Ertrag pro Hektar in allen Teilen der Welt weiterhin zu, und bezogen auf die Welternte ist im Durchschnitt ein Plus von über 42,6 Kilogramm pro Hektar in den Jahren von 1981 bis 1993 festzustellen.[3] Was die Weltnahrungsmittelerzeugung betrifft, so gehen 94 Prozent der gesteigerten Getreideproduktion zwischen 1979 und 1990 auf höhere Ernteerträge pro Bodeneinheit zurück und lediglich 6 Prozent auf die Erschließung neuen Ackerlandes.[4] Wächst die

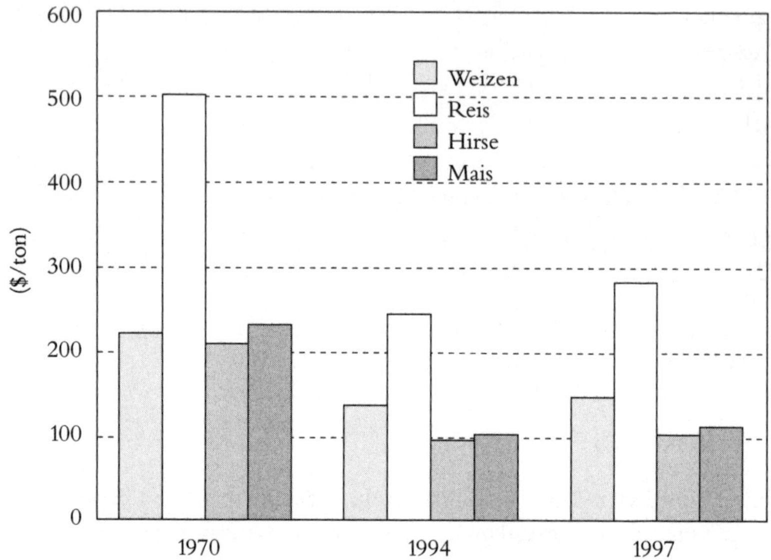

Abb. 9.1: Nahrungsmittelpreise in US-Dollar von 1990

Man beachte: Die Einheiten sind unter Zugrundelegung des US-Dollars von 1990 zu verstehen, inflationsbereinigt durch den G-5 Manufacturing Unit Value (MUV) Index.
Quelle: Weltbank, *Commodity Markets and Developing Countries*, Washington, D.C., Weltbank 1998, Tabelle A1.

Nachfrage für Nahrungsmittel, steht zu erwarten, daß auch der intensive Anbau steigt, vor allem wenn man bedenkt, daß die Hektarerträge in den verschiedenen Weltregionen immer noch stark voneinander abweichen.

Jenseits des Trends der Nahrungsmittelproduktion pro Kopf

All das ist natürlich kein Grund, in der Bemühung nachzulassen, das Bevölkerungswachstum zu verringern. Die Umweltprobleme, vor denen wir stehen, hängen schließlich nicht nur mit der Nahrungsmittelproduktion zusammen – das Bevölkerungswachstum und die Übervölkerung konfrontieren uns mit einer Reihe weiterer Schwierigkeiten. Dennoch zeigen die Statistiken, daß es wenig Grund für die pessimistische Annahme gibt, die Nahrungsmittelproduktion werde schon bald hinter das Bevölkerungswachstum zurückfallen. Die Tendenz, sich ausschließlich auf die Nahrungsmittelerzeugung zu konzentrieren und darüber die *Zugangsberechtigung* zu den Nahrungsmitteln zu vernachlässigen, kann äußerst kontraproduktiv sein. Politiker, die über die wirkliche Hungerlage, und selbst über drohende Hungersnöte, in Unkenntnis sind, könnten sich durch die günstige Situation in der Nahrungsmittelproduktion in trügerischer Sicherheit wiegen.

Zum Beispiel waren die Regierungsbeamten bei der Hungersnot 1943 in Bengalen so beeindruckt von der Tatsache, daß die Nahrungsmittelproduktion nicht ernsthaft gesunken war – und damit hatten sie ja auch recht –, daß sie die Hungersnot, die dann mit großer Heftigkeit Bengalen heimsuchte, nicht voraussehen konnten, schlimmer noch, sie monatelang leugneten.[5] Versagt der »malthusianische Pessimismus« als Prophet der Welternährungslage, so können dem »malthusianischen Optimismus« Millionen von Menschen zum Opfer fallen, wenn die zuständigen Behörden sich von der falschen Perspektive blenden lassen, daß genügend Nahrungsmittel pro Kopf vorhanden sind, und darüber frühe Anzeichen für eine Katastrophe und Hunger übersehen. Eine falsche Theorie kann tödlich sein, und die malthusianische Annahme, es käme vor allem auf das Verhältnis von Nahrungsmitteln und Bevölkerung an, hat viele Opfer zu beklagen.

Bevölkerungswachstum und die Befürwortung von Zwangsmaßnahmen

Obwohl die malthusianischen langfristigen Befürchtungen über eine Nahrungsmittelknappheit grundlos oder zumindest verfrüht sind, haben wir Gründe, uns allgemein um die Wachstumsrate der Weltbevölkerung Sorgen zu machen. Es besteht kein Zweifel daran, daß die Wachstumsrate im letzten Jahrhundert in die Höhe geschossen ist. Es dauerte Millionen von Jahren, bis die Bevölkerung die Milliardenmarke durchbrochen hatte, für die zweite Milliarde bedurfte es nur 123 Jahre, für die dritte 33 Jahre, die vierte 14 Jahre, und nach 13 weiteren Jahren war die fünfte Milliarde erreicht. Glauben wir den

Schätzungen der Vereinten Nationen, werden in elf Jahren sechs Milliarden Menschen die Erde bevölkern.[6] Die Zahl der Menschen nahm allein von 1980 bis 1990 um 923 Millionen zu, und dies entspricht in etwa der *gesamten* Weltbevölkerung zu Malthus' Zeiten. Wenn die 90er Jahre vorüber sind, werden wir auf keine geringere Expansion zurückblicken können.

Sollte es in diesem Tempo weitergehen, wird die Welt ohne Zweifel noch vor Ende des 21. Jahrhunderts enorm übervölkert sein. Allerdings spricht vieles dafür, daß sich die Wachstumsrate der Weltbevölkerung allmählich verlangsamt, so daß wir uns fragen müssen, welche Gründe dahinterstecken und auch, ob sich diese Tendenz verstärken läßt und, wenn ja, in welchem Maße. Nicht weniger wichtig ist die Frage, ob die Politik etwas dazu beitragen kann, den Prozeß weiter zu bremsen.

Das Thema ist hoch umstritten, aber eine recht zahlreiche Schule befürwortet, wenn auch nur implizit, Zwangsmaßnahmen zur Lösung des Problems. In den letzten Jahren sind einige praktische Schritte in diese Richtung unternommen worden, am entschlossensten in China, wo 1979 eine Reihe von energischen Vorkehrungen ergriffen wurden. Hier stellen sich drei Fragen:

1. Sind Zwangsmaßnahmen auf diesem Gebiet überhaupt akzeptabel?
2. Wird die Bevölkerung ohne Zwangsmaßnahmen auf eine nicht zu akzeptierende Weise weiterhin wachsen?
3. Ist es wahrscheinlich, daß Zwangsmaßnahmen erfolgreich wirken, ohne das schädliche Nebenfolgen auftreten?

Zwangsmaßnahmen und das Recht auf Reproduktion

Die Frage, ob in Sachen Familienplanung Zwangsmaßnahmen erlaubt sind, berührt sehr tiefe Probleme. Widerstand dagegen kann von zwei Seiten kommen: Die eine Seite glaubt, es sei in erster Linie eine Entscheidung der Familie, wieviel Kinder sie haben möchte, die andere Seite behauptet, in dieser Frage müsse die werdende Mutter das letzte Wort haben – vor allem wenn eine Abtreibung und andere Dinge zur Debatte stehen, die unmittelbar den Körper der Frau betreffen. Gewiß, die zweite Position wird für gewöhnlich eingenommen, wenn es um das Recht auf Abtreibung und ganz allgemein um das Praktizieren von Familienplanung geht, doch ohne Zweifel würde eine komplementäre These verlangen, daß die Frau beschließen kann, *nicht* abzutreiben, wenn sie es wünscht, gleichgültig, was der Staat will. Damit rückt die Frage nach Rang und Bedeutung des Rechts auf Reproduktion in den Mittelpunkt.[7]

Keine politische Debatte scheint in unseren Tagen auf die Rhetorik der Rechte verzichten zu können. Doch häufig ist in dergleichen Debatten nicht klar, ob von »Rechten« im Sinne gesetzlich sanktionierter Rechte die Rede ist oder ob nur an die präskriptive Kraft normativer Rechte appelliert wird, die einer juristischen Absicherung vorausliegen kann. Die Unterscheidung zwischen den beiden Verwendungsweisen ist nicht ganz scharf, doch die Streitfrage, ob Rechten eine intrinsische normative Bedeutung zukommt und nicht nur im juridischen Kontext von instrumentellem Wert sind, ist hinreichend deutlich formuliert.

Daß Rechte einen intrinsischen und möglicherweise vorjuridischen Wert haben, wird von vielen Rechts- und Sozialphilosophen bestritten, in erster Linie von den Utilitaristen. Vor allem Jeremy Bentham ist als jemand in die Annalen der Philosophiegeschichte eingegangen, für den die Idee natürlicher Rechte bloß »Unsinn« und der Gedanke »natürlicher und unveräußerlicher Rechte« sogar »Unsinn auf Stelzen« war, womit er meiner Vermutung nach sagen wollte, daß er sich um einen überhöhten Unsinn handelt, der durch künstliche Hilfsmittel willkürlich herausgehoben wird. Für Bentham hatten Rechte einen rein instrumentellen Charakter, und ihre institutionelle Funktion sollte in der Verfolgung bestimmter Zwecke bestehen, so auch in der Förderung des Gesamtnutzens.

Die beiden Auffassungen von Rechten stehen in scharfem Gegensatz zueinander. Wenn Rechte im allgemeinen, darunter auch das Recht auf Reproduktion, in Benthams Sinne verstanden würden, dann hinge die Frage, ob Zwangsmittel auf diesem Gebiet erlaubt sind oder nicht, ganz und gar von den daraus resultierenden Folgen ab, vor allem von den Folgen für die Nutzenmaximierung, ohne daß der Einhaltung oder Verletzung der vermeintlichen Rechte irgendein intrinsischer Wert zukäme. Im Gegensatz dazu müßten Rechte unbedingt gebilligt werden, wenn sie nicht allein für wichtig gehalten werden, sondern ihnen der Vorrang gegenüber möglichen Folgen eingeräumt wird. Genau das ist der Punkt der libertären Theorien, in denen behauptete Rechte als richtig gelten, unabhängig von den Folgen, die sie zeitigen. Daher sollten diese Rechte ein unabdingbarer Teil der sozialen Institutionen sein, *ungeachtet* ihrer Folgen.

Ich habe an anderer Stelle Argumente dafür vorgebracht, daß wir nicht zwangsläufig für die eine oder andere Alternative Partei ergreifen müssen, und gezeigt, daß ein Konsequentialismus denkbar ist, der neben anderen Zielen auch die Einhaltung von Rechten einschließt.[8] Er würde mit dem Utilitarismus einen konsequentialistischen Ansatz teilen, ohne indes allein die Folgen für den Nutzen zu berücksichtigen, während er gemeinsam mit der libertären Theorie die intrinsische Bedeutung von Rechten vertreten würde, ohne ihnen deshalb unter Absehung von allen Folgen das unbedingte Primat einzuräumen. Ein solches »System von Zielen und Rechten« besitzt, wie ich an anderer Stelle zu beweisen versuchte, viele attraktive Eigenschaften, aber auch Flexibilität und Reichweite.[9]

Ich werde hier nicht die Argumente für einen solchen Ansatz wiederholen, obgleich ich im nächsten Kapitel die Gelegenheit ergreifen werde, ein wenig ausführlicher darüber zu sprechen. Zieht man den Vergleich zum Utilitarismus, ist es kaum denkbar, daß unsere Bejahung verschiedenster Rechte, auch des Rechts auf Privatsphäre, Selbstbestimmung und Freiheit, allein und ausschließlich unter Berufung auf ihre Folgen für den Nutzen zu erklären ist. Die Rechte von Minderheiten müssen häufig vor den Übergriffen der Mehrheit und ihrem größeren Nutzengewinn geschützt werden. Wie John Stuart Mill, selbst ein vehementer Verfechter des Utilitarismus, meinte, gibt es mitunter »keinen Vergleich« zwischen Nutzwerten, die verschiedenen Tätigkeiten entspringen, etwa, um Mill zu zitieren, zwischen »den Gefühlen eines Menschen bezüglich seiner eigenen Ansichten und denen eines anderen, der eben dadurch beleidigt ist.«[10] Die fehlende Vergleichsmöglichkeit würde in unserem Zusammenhang die Bedeutung betreffen, die Eltern ihrer Entscheidung, wie viele Kinder sie haben möchten, beimessen, und die Bedeutung, die *andere*, darunter auch die regierenden Machthaber, dem beilegen würden. Im allgemeinen lassen sich die Gründe für den intrinsischen Wert von Autonomie und Freiheit nicht einfach beiseite schieben, und damit bricht leicht der Konflikt mit einer vernünftigen Maximierung des Nutzens aus, wenn das den Nutzen hervorbringende Verfahren vernachlässigt wird.[11]

Es ist daher wenig einleuchtend, eine Analyse der Folgen nur auf die Nutzenwerte zu beschränken und von der Einhaltung oder Verletzung von Freiheits- und Autonomierechten abzusehen. Ebensowenig einsichtig es jedoch auch, diese Rechte vollständig gegen die Folgen zu immunisieren, wie die libertäre Theorie es tut, gleichgültig, wie entsetzlich diese sein mögen. Was nun das Recht auf Reproduktion betrifft, so heißt das, aus der Tatsache, daß es sich um ein bedeutendes Recht handelt, folgt nicht, daß es um jeden Preis zu schützen ist, auch wenn Katastrophen, massives Elend und Hunger die Folgen sind. Im allgemeinen sollten die Folgen, die sich aus dem Besitz und der Ausübung eines Rechts ergeben, einen Einfluß darauf haben, ob dieses Recht insgesamt bejaht wird.

Die Folgen des Bevölkerungswachstums für das Ernährungsproblem waren bereits Thema, und bislang gibt es keinen wirklichen Grund für Unkenrufe. Sollte das Bevölkerungswachstum jedoch wie bislang fortschreiten, könnte sich die Welt vor sehr viele schwierigere Situationen gestellt sehen. Außerdem ergeben sich aus dem Bevölkerungswachstum noch andere Probleme, etwa die Übervölkerung der Städte und natürlich lokale wie globale Umweltprobleme.[12] Es ist von größter Wichtigkeit, die Auswirkungen zu untersuchen, die eine Verlangsamung des Bevölkerungswachstums hat. Das führt uns zu der zweiten der drei Fragen.

Malthusianische Analyse

Auch wenn Malthus normalerweise die Pioniertat zugesprochen wird, als erster die Möglichkeit eines zu schnellen Bevölkerungswachstums untersucht zu haben, wurde die Vermutung, eine Zunahme der Bevölkerung könne eine »stetige Verminderung des Glücks« mit sich bringen, schon früher von Condorcet, dem französischen Mathematiker und großen Denker der Aufklärung, ausgesprochen. Er hat zuerst das Kernstück jenes Szenarios vorgestellt, auf das sich die »malthusianische« Analyse des Bevölkerungsproblems stützt, nämlich die »wachsende Zahl der Menschen, die ihre Subsistenzmittel übersteigt« und »entweder zu einer stetigen Verminderung des Glücks und der Bevölkerung führt, eine wahrhaft rückschrittliche Bewegung, oder zumindest zu einem Schwanken zwischen Gut und Böse«.[13]

Malthus schätzte Condorcets Analyse sehr, ließ sich von ihr inspirieren und zitierte sie zustimmend in seinem berühmten Essay zur Bevölkerung. Einig waren sich die beiden jedoch nicht hinsichtlich des Fortpflanzungsverhaltens. Condorcet sah eine Zeit voraus, in der die Geburtenrate bewußt zurückgehen würde, und verkündete das Auftreten einer neuen Norm, die übereinstimmend mit dem »Fortschritt der Vernunft« die Kleinfamilie zum Ideal erheben würde. Er war vom Anbruch einer Zeit überzeugt, in der die Menschen »wissen werden, was sie den noch nicht Geborenen schulden, daß sie nämlich die Pflicht haben, ihnen nicht nur das Leben, sondern auch Glück zu schenken«. Diese Überlegung, gestützt durch mehr Bildung, vor allem für Frauen – Condorcet war einer der ersten und hartnäckigsten Verteidiger einer Schulbildung für Mädchen –, sollte die Menschen seiner Meinung nach zu der Ansicht bekehren, daß es besser sei, weniger Kinder zu zeugen, »statt die Welt ohne Sinn und Verstand mit überflüssigen und elenden Geschöpfen zu bevölkern«.[14] Nachdem er den Finger auf das Problem gelegt hatte, präsentierte Condorcet die vermutliche Lösung.

Malthus hielt dies für wenig wahrscheinlich. Er schätzte im allgemeinen die Möglichkeit, soziale Probleme durch vernunftbestimmte Entscheidungen der Betroffenen zu lösen, als sehr gering ein. Soweit die Auswirkungen des Bevölkerungswachstums betroffen waren, glaubte Malthus fest daran, daß die Bevölkerungszahl unvermeidlich die verfügbaren Nahrungsmittel übersteigen würde und einer Steigerung der Nahrungsmittelproduktion verhältnismäßig starre Grenzen gesetzt seien. Was aber das Thema dieses Kapitels betrifft, so zeigte sich Malthus insbesondere hinsichtlich einer freiwilligen Familienplanung skeptisch. Zwar sprach er über das »moralische Gebot«, nach anderen Wegen zu suchen, um den Druck des Bevölkerungswachstums aufzufangen, d.h. nach einer Alternative zum Elend und einer höheren Sterblichkeit, was aber die Aussicht betraf, dies könne freiwillig geschehen, sah er schwarz.

Mit den Jahren änderte Malthus seine Ansichten darüber, was unvermeidlich eintreten müßte, und sicherlich war er sich später weniger sicher, ob seine frühen Prognosen haltbar waren. Die moderne Malthus-Forschung neigt dazu, den »Wandel« in seiner Position zu unterstreichen, und ohne Zweifel kann man zwischen dem frühen und dem späten Malthus unterscheiden. Doch seine Zweifel an der Macht der Vernunft blieben davon weitgehend unberührt. Wenn überhaupt etwas, dann könne nur die Macht der ökonomischen Zwänge die Menschen dazu bewegen, für kleinere Familien zu votieren. 1830, in einem seiner letzten, vier Jahre vor seinem Tod veröffentlichten Werke wiederholt er seine These, »daß es keinerlei Grund für die Meinung gibt, irgend etwas, neben den Schwierigkeiten, in ausreichendem Maße für die lebensnotwendigen Dinge zu sorgen, könnte diese große Zahl von Menschen abhalten, früh zu heiraten oder es ihnen unmöglich machen, eine große Kinderschar gesund aufzuziehen«.[15]

Weil Malthus nicht an die Freiwilligkeit glaubte, wies er auf die Notwendigkeit eines *erzwungenen* Bevölkerungsrückgangs hin, der sich seiner Meinung nach aus den Zwängen der Natur ergeben würde. Das Sinken des Lebensstandards, eine unvermeidliche Folge des Bevölkerungswachstum, würde nicht nur die Sterblichkeitsrate dramatisch in die Höhe schnellen lassen – Malthus nannte dies eine »positive Kontrolle« –, es würde die Menschen durch die ökonomische Not auch zwingen, kleinere Familien zu haben. Das elementare Bindeglied in dieser Argumentation ist seine Überzeugung – und das ist der entscheidende Punkt –, daß nichts die Rate des Bevölkerungswachstums erfolgreich bremsen könne, es sei denn der Zwang, »in ausreichendem Maße für die notwendigen Dinge des Lebens zu sorgen«.[16] Malthus' Widerstand gegen die Armengesetze und jede Form von Armenunterstützung erklärt sich aus seiner Auffassung, daß Armut und ein niedriges Bevölkerungswachstum miteinander kausal verknüpft sind.

Seit den Tagen der Debatte zwischen Malthus und Condorcet hat die Weltgeschichte wenig dazu beigetragen, Malthus recht zu geben. Mit dem sozialen und ökonomischen Fortschritt ist die Geburtenrate rasant gefallen: zunächst in Europa und Nordamerika und seit den letzten Jahren nun auch in Asien und in erheblichem Maße in Lateinamerika. Die höchsten und relativ gleichbleibenden Geburtenraten finden wir in den ärmsten Ländern, vor allem in der Sahelzone, die noch keinen sozialen und ökonomischen Aufschwung erleben und weiterhin arm und rückständig bleiben, was die Schulbildung, die Gesundheitsfürsorge und die Lebenserwartung betrifft.[17]

Der allgemeine Rückgang der Geburtenrate läßt sich auf verschiedene Ursachen zurückführen. Die positive Koppelung zwischen Entwicklung und gesunkener Geburtenrate wird oft in dem groben Schlagwort »Entwicklung ist das beste Verhütungsmittel« auf den Punkt gebracht. Zwar mag an diesem recht undifferenzierten Gedanken etwas Wahres dran sein, doch der Entwicklungsprozeß hat viele Komponenten, und sie lagen allesamt im Westen vor, darunter der Anstieg des Pro-Kopf-Einkommens, der Ausbau des Schulwesens, größere wirtschaftliche Unabhängigkeit der Frauen, die Senkung der Sterblichkeitsrate, mehr Möglichkeiten der Familienplanung: Dinge, die wir teilweise als soziale Entwicklung bezeichnen können. Was wir daher brauchen, ist eine differenzierte Analyse.

Wirtschaftliche oder soziale Entwicklung

Es gibt eine Reihe von Theorien darüber, warum die Geburtenrate sinkt. Ein einflußreiches Beispiel ist Gary Beckers Modell der in die Reproduktion eingehenden Determinanten. Obwohl Becker seine Theorie für eine »Erweiterung« der Analyse von Malthus hält und obwohl seine eigene Untersuchung viele Merkmale mit derjenigen von Malthus teilt – z. B. die traditionelle Ansicht, daß die Familie *eine* Entscheidungseinheit ohne weitere interne Spaltungen bildet (darüber bald mehr) –, kommt er zu einem der Malthusschen Auffassung entgegengesetzten Schluß: Mehr Wohlstand fördert nicht das Bevölkerungswachstum, im Gegenteil es sorgt für einen Rückgang. Eine prominente Rolle in Beckers Analyse fällt den Auswirkungen der ökonomischen Entwicklung auf die Investitionen in ein »besseres Startkapital« für die Kinder zu, also den Investitionen in die Ausbildung.[18]

Anders als Beckers Ansatz verweisen die *Sozial*theorien über den Geburtenrückgang auf veränderte Präferenzen infolge der sozialen Entwicklung, etwa der höheren Bildung im allgemeinen und des höheren Bildungsniveaus der Frauen im besonderen.[19]

Diese Verknüpfung hatte schon Condorcet betont. Dennoch müssen wir unterscheiden zwischen (1) Veränderungen bezüglich der von den Familien gewünschten Kinderzahl, wobei die Präferenzen gleichbleiben, aber die sich verändernden Kosten und Vorteile die Entscheidung beeinflussen, und (2) einer Verschiebung der Präferenzen infolge eines sozialen Wandels, beispielsweise, weil die akzeptierten

Normen einer Gemeinschaft sich verändert haben und die Interessen der Frauen in den Gesamtzielen der Familie stärker berücksichtigt werden. Condorcet setzt auf das zweite, Becker auf das erste.

Außerdem ist da noch die simple Frage, welche Möglichkeiten der Geburtenkontrolle überhaupt zur Verfügung stehen, wieweit das nötige Wissen und die Techniken verbreitet sind. Trotz früherer Skepsis in diesem Punkt ist es heute ziemlich deutlich, daß Aufklärung und die Erschwinglichkeit der Verhütungsmittel sich auf das Fortpflanzungsverhalten von Familien in Ländern mit hohen Geburtenraten und wenig Einrichtungen für eine Geburtenkontrolle auswirken.[20] Zum Beispiel wurde der starke Geburtenrückgang in Bangladesch mit der Agitation für Familienplanung und im besonderen mit der besseren Aufklärung und den nötigen Einrichtungen dazu in Verbindung gebracht. Es ist gewiß bemerkenswert, daß Bangladesch die Geburtenrate in nur 16 Jahren – von 1980 bis 1996 – von 6,1 auf 3,4 senken konnte.[21] Diese Leistung widerlegt die Ansicht, daß die Menschen in den weniger entwickelten Ländern nicht freiwillig eine Familienplanung betreiben würden. Dennoch wird Bangladesch noch einen weiten Weg zurücklegen müssen, und auf diesem Wege muß es größere Anstrengungen unternehmen, als nur Einrichtungen für eine Geburtenkontrolle bereitzustellen, damit es selbst bei weiterhin sinkenden Geburtenzahlen das Niveau erreicht, auf dem die Bevölkerung stabil bleibt, was in etwa einer Geburtenrate von 2,0 bis 2,1 entspricht.

Bessere Chancen für junge Frauen

Eine in den letzten Jahre besonders hervorgetretene Forschungsrichtung, über die ich mich schon in früheren Kapiteln geäußert habe, geht davon aus, daß eine verbesserte Stellung der Frau eine wichtige Rolle in den Familienentscheidungen und beim Entstehen gesellschaftlicher Normen spielen wird. Doch so weit die historischen Daten reichen, ist es nicht leicht, die Auswirkungen des Wirtschaftswachstums von denen des sozialen Wandels zu trennen, denn die verschiedenen Variablen vermischen sich in der Regel – Statistiker reden hier von »mehrfacher Kollinearität«. Ich werde diese Unterscheidung im weiteren verfolgen und mich eher auf Querschnittvergleiche denn auf Längsschnittvergleiche stützen. Was jedoch hinreichend klargeworden sein sollte, ist, daß irgend etwas »neben der Schwierigkeit, in hinreichendem Maße für die notwendigen Dinge des Lebens zu sorgen« die Menschen dazu bewegt hat, sich für sehr viel kleinere Familien zu entscheiden. Es spricht nichts dagegen, warum die geburtenstarken Entwicklungsländer nicht in die Fußstapfen anderer treten sollten, denen es bereits gelungen ist, die Geburtenrate durch den kombinierten Prozeß von ökonomischer und sozialer Entwicklung zu senken, gleichgültig, welche Komponente der Entwicklung nun für was genau verantwortlich war.

Dennoch müssen wir genauere Auskunft darüber geben, was die entscheidenden Parameter für einen Wandel im Fortpflanzungsverhalten sein würden. Mittlerweile liegt uns umfassendes statistisches Material vor, das auf Vergleichen zwischen verschiedenen Ländern sowie verschiedenen Regionen beruht (d.h. auf sogenannten Querschnittstudien), und sie alle begründen einen Zusammenhang zwischen dem Bildungsniveau der Frauen, auch ihrer Lese- und Schreibkenntnisse, und dem Rückgang der Geburtenrate in verschiedenen Ländern der Welt.[22] Zu den anderen in Betracht gezogenen Faktoren gehören, daß Frauen einträglichen Tätigkeiten außerhalb des Hauses nachgehen, daß sie die Chance haben, ein eigenes Einkommen zu verdienen, daß ihnen Eigentumsrechte gewährt und ihr Status und ihre Stellung in der sozialen Kultur allgemein gehoben werden. Über diese Fragen habe ich schon an anderer Stelle in diesem Buch geschrieben, aber es ist hier nötig, an diese Erörterungen anzuknüpfen.

Diese Verbindungen wurden in Vergleichen zwischen verschiedenen Ländern beobachtet, aber auch in Vergleichen innerhalb eines großen Landes, zum Beispiel zwischen den verschiedenen Distrikten Indiens. Die jüngste und reichhaltigste Studie über diese Koppelung ist die wichtige statistische Arbeit von Mamta Murthi, Anne-Catherine Guio und Jean Drèze, von der schon in Kapitel 8 die Rede war.[23] Von allen in dieser Untersuchung enthaltenen Variablen sind die *einzigen*, die einen statistisch signifikanten Einfluß auf die Geburtenrate haben, (1) der Schulbesuch der Frauen und (2) die Integration der Frauen in den Arbeitsprozeß. Aus dieser Analyse geht überzeugend hervor, daß die Tätigkeit der Frauen von größter Bedeutung ist, vor allem im Vergleich zu den schwächeren Auswirkungen jener Variablen, die mit der ökonomischen Entwicklung verbunden sind.

Wenn wir uns an diese Untersuchung halten, müssen wir schließen, daß die wirtschaftliche Entwicklung keineswegs »das beste Verhütungsmittel ist«, wohl aber kann die soziale Entwicklung, allem voran die Schulbildung und die Beschäftigung von Frauen, große Erfolge vorweisen. Viele der wohlhabenderen Bezirke Indiens, etwa der Punjab und Haryana, haben sehr viel *höhere* Geburtenraten als die südlicheren Bezirke, deren Pro-Kopf-Einkommen zwar erheblich geringer ist, in denen jedoch bedeutend mehr Frauen lesen und schreiben können und einen besseren Zugang zum Arbeitsmarkt haben. Vergleiche zwischen nahezu dreihundert indischen Distrikten haben ergeben, daß das Realeinkommen pro Kopf fast keine Auswirkung hat, vergleicht man es mit dem deutlichen und durchschlagenden Unterschied, den die Schulbildung und die wirtschaftliche Unabhängigkeit der Frauen ausmacht. Zwar stützt sich die ursprüngliche Studie von Murthi, Guio und Drèze auf eine Volkszählung aus dem Jahr 1981, doch die wichtigen Schlußfolgerungen sind durch die von Drèze und Murthi durchgeführte Analyse der Volkszählung von 1991 bestätigt worden. (Sie wurde schon früher zitiert.)

Externalität, Werte und Kommunikation

Die überzeugenden Indizien für diese statistischen Korrelationen sind von der sozialen und kulturellen Erklärung dieser Einflüsse zu unterscheiden, auch von der früher schon erwähnten Erklärung, daß Bildung und Erwerbstätigkeit den Entscheidungen der Frauen innerhalb der Familie ein stärkeres Gewicht verleiht. In der Tat kann die Schulbildung die Entscheidungsautorität junger Frauen innerhalb der Familie auf unterschiedliche Weise stärken: durch die Wirkung ihrer sozialen Stellung, durch ihre Fähigkeit, ein unabhängiges Leben zu führen, durch ihre Kenntnisse der Außenwelt, ihr Geschick, Gruppenentscheidungen zu beeinflussen, usw.

Es ist hier anzumerken, daß sich in der Literatur auch Argumente finden, die gegen die Auffassung sprechen, daß die Selbstbestimmung der Frauen mit ihrer Schulbildung zunimmt und dadurch ein Rückgang der Geburtenrate erzielt wird. Die Gegenindizien stammen, anders als die Untersuchungen über verschiedene Landesbezirke, ausschließlich aus Vergleichsstudien über Familien.[24] Obwohl das Informationsmaterial dieser Untersuchungen verhältnismäßig klein ist, jedenfalls erheblich kleiner als die große Studie von Murthi, Guio und Drèze über ganz Indien, wäre es dennoch falsch, die Gegenindizien allzuschnell vom Tisch zu wischen. Nichtsdestotrotz macht es einen Unterschied, was wir für die geeignete Untersuchungseinheit halten. Nimmt man an, daß der Einfluß der Frauen mit dem allgemeinen Bildungsniveau in einer *Region* wächst, nämlich dank niveauvoller sozialer Diskussionen und der Schaffung von Werten, dann werden Untersuchungen über Unterschiede zwischen *Familien* diesen Einfluß nicht einfangen. Die von Murthi, Guio und Drèze angestellten Vergleiche zwischen Regionen beinhalten Beziehungen, die bezogen auf die Familie »extern«, doch bezogen auf eine Region »intern« sind, etwa der Gesprächsaustausch zwischen Familien in einer Region.[25] Die Bedeutung der öffentlichen Diskussion und des Meinungsaustausches ist ein Thema, das sich wie ein roter Faden durch dieses Buch zieht.

Wie wirkungsvoll sind Zwangsmaßnahmen?

Wie stehen diese Einflüsse im Vergleich zu den Erfolgen dar, die durch politische Zwangsmaßnahmen, wie China sie versuchte, zu erzielen sind? Seit den Reformen von 1979 ist in großen Teilen Chinas auf die Politik der »Ein-Kind-Familie« gesetzt worden. Die Behörden weigern sich, unter anderem Wohnraum und ähnliche Vergünstigungen für kinderreiche Familien bereitzustellen, womit sie die Kinder ebenso strafen wie die unbotmäßigen Erwachsenen. Die Gesamtgeburtenrate in China, ein Maß, das die durchschnittliche Anzahl der pro Frau geborenen Kinder angibt, liegt nun bei 1,9, also beträchtlich unter derjenigen Indiens von 3,1, und sehr viel niedriger als der Durchschnitt – etwa 5,0 – für andere arme Länder als China und Indien.[26]

Das chinesische Beispiel ist für viele, die bei dem Gedanken an die »Bevölkerungsexplosion« in Panik versetzt werden und eine schnelle Lösung wünschen, sehr attraktiv. Wenn wir überlegen, ob dieser Weg unsere Billigung finden kann, dann müssen wir vor allem erkennen, daß dieses Verfahren einen Preis verlangt, darunter die Verletzung von Rechten, die einen gewissen intrinsischen Wert haben. Manchmal wurde die verordnete Familienpolitik mit harten Strafmaßnahmen durchgesetzt. Ein kürzlich erschienener Artikel in der *New York Times* berichtet:

»Die Dorfbewohner von Tongmuchong mußten an dem Tag, als Frau Liao, die Beauftragte für Familienplanung, drohte, ihre Häuser in die Luft zu sprengen, nicht erst lange davon überzeugt werden, daß es keine leeren Worte waren. Letztes Jahr wurde Huang Fuqu, einem Mann aus dem Nachbardorf Xiaoxi, befohlen, zusammen mit seiner Frau und ihren drei Kindern das Haus zu verlassen. Zum Schrecken aller Anwesenden wurde es in Schutt und Asche gelegt. Auf eine benachbarte Mauer schrieben die Sprengmeister der Regierung die Warnung: ›Wer sich der Polizei für Familienplanung widersetzt, wird sein Hab und Gut verlieren‹.«[27]

Menschenrechtsgruppen und Frauenorganisationen macht besonders die Beschneidung der Freiheit Sorgen, die in diesem Vorgehen liegt.[28]

Zweitens müssen neben der fundamentalen Frage des Rechts auf Reproduktion und anderer Rechte noch weitere Folgen einer erzwungenen Familienplanung berücksichtigt werden, bevor wir das Vorgehen beurteilen können. Die sozialen Folgen dieses Zwangs, darunter die Art und Weise, wie eine unwillige Bevölkerung darauf reagiert, können häufig entsetzlich sein. Die Forderungen nach der »Ein-Kind-Familie« bringen unter Umständen eine Vernachlässigung der Kinder oder Schlimmeres mit sich, was die Kindersterblichkeit ansteigen läßt. Auch wird sich in Ländern mit einer starken Bevorzugung von Jungen – eine Eigentümlichkeit, die China mit Indien und vielen anderen Ländern in Asien und Nordafrika teilt – eine Politik, die nur ein Kind pro Familie erlaubt, besonders nachteilig auf die Mädchen auswirken, etwa dadurch, daß die Mädchen nicht die nötige Sorge und Pflege erhalten. Genau das scheint in recht großem Stil in China geschehen zu sein.

Drittens muß ein verändertes Reproduktionsverhalten, das durch Zwang herbeigeführt wurde, nicht beständig sein. Ein Sprecher der staatlichen Kommission für Familienplanung in China erzählte zu Beginn dieses Jahres einigen Journalisten:

»Zur Zeit sind die niedrigen Geburtenraten in China nicht stabil. Das liegt daran, daß sich das Fortpflanzungsverhalten der breiten Masse nicht grundlegend verändert hat.«[29]

Viertens ist nicht klar, welchen *zusätzlichen* Geburtenrückgang

China durch diese Zwangsmethoden tatsächlich erreicht hat. Es ist durchaus vernünftig anzunehmen, daß die von China seit Jahren verfolgten Wirtschafts- und Sozialprogramme das ihrige dazu getan haben, die Geburtenzahlen zu senken; man denke etwa an Bildungsprogramme für Frauen und Männer, eine allgemein verbesserte Gesundheitsfürsorge, eine Arbeitsmarktpolitik für Frauen und in letzter Zeit das staatlich stimulierte rasante Wirtschaftswachstum. Diese Faktoren hätten für sich ausgereicht, um einen Geburtenrückgang zu erzielen; um wieviel *mehr* die Geburtenrate in China durch die Zwangsmaßnahmen gesunken ist, ist keineswegs deutlich. Auch ohne die rigide Familienpolitik würden wir erwarten, daß die Geburtenrate in China niedriger als diejenige in Indien ist, da China erheblich mehr in den Bereichen Bildung, Gesundheit, Eingliederung der Frauen in den Arbeitsmarkt und auf anderen Feldern der sozialen Entwicklung geleistet hat.

Um den Einfluß dieser sozialen, von Zwangsmaßnahmen freien Variablen »herauszugreifen«, können wir uns die sehr viel größere Heterogenität Indiens verglichen mit derjenigen Chinas zunutze machen und besonders die indischen Bundesstaaten betrachten, die in diesen sozialen Bereichen verhältnismäßig weit fortgeschritten sind. Allen voran liefert der Bundesstaat Kerala eine gute Vergleichsbasis zu China, denn auch dort hat das Schul- und Gesundheitswesen usw. ein recht hohes Niveau erreicht, das sogar ein wenig über dem chinesischen Durchschnitt liegt.[30] Kerala zeichnet sich auch durch eine progressive Frauenpolitik aus, beispielsweise erkennt es, gestützt auf seine Rechtstradition, Eigentumsrechte von Frauen für einen beträchtlichen und einflußreichen Teil des Gemeinwesens an.[31]

Keralas Geburtenrate von 18 pro tausend Einwohner ist tatsächlich niedriger als in China, wo auf tausend Einwohner 19 Kinder geboren werden. Um das zu erreichen waren keine staatlichen Zwangsmaßnahmen nötig. Mitte der 90er Jahre betrug die Geburtenrate in Kerala 1,7 und in China 1,9. Genau das würden wir durch die Stärkung jener Faktoren erwarten, die zu einem freiwilligen Geburtenrückgang beitragen.[32]

Nebeneffekte und Tempo des Geburtenrückgangs

Es lohnt sich auch zu bemerken, daß, da Keralas Geburtenrückgang freiwillig erfolgte, keine Anzeichen für negative Nebeneffekte zu verzeichnen sind, wie sie in China beobachtet wurden, d.h. keine höhere Kindersterblichkeit bei Mädchen und keine überproportionale Abtreibung weiblicher Föten. Keralas Kindersterblichkeit pro tausend Lebendgeburten (16 für Mädchen, 17 für Jungen) ist sehr viel niedriger als diejenige in China (33 für Mädchen und 29 für Jungen), obwohl beide Regionen um 1979, als die »Ein-Kind-Politik« in China ausgerufen wurde, eine ähnliche Kindersterblichkeitsrate hatten.[33] Auch zeigt sich in Kerala keine Tendenz zu einer verstärkten Abtreibung weiblicher Föten, wie sie in China zu beobachten ist.

Wir müssen nun noch untersuchen, ob die These haltbar ist, daß eine staatlich erzwungene Familienplanung zu einem schnelleren Rückgang der Geburtenrate führt als Freiwilligkeit – eine These, die oft zugunsten von Zwangsmaßnahmen angeführt wird. Die Erfahrungen Keralas bestätigen auch diese Generalisierung nicht. Die Geburtenrate ist von 44 pro tausend Einwohner in den 50er Jahren auf 18 im Jahr 1991 zurückgegangen – nicht weniger schnell als in China.

Man könnte dagegenhalten, daß ein Vergleich mit diesem doch recht langen Zeitraum dem Erfolg der »Ein-Kind-Politik« und anderer Zwangsmaßnahmen nicht gerecht wird, da diese erst 1979 eingeführt wurden; man müsse daher vergleichen, was zwischen 1979 und heute geschehen sei. Also tun wir es. 1979, als China sich für die »Ein-Kind-Politik« entschied, lag die Geburtenrate in Kerala *höher* als in China, nämlich bei 3,0 verglichen mit einem Wert von 2,8 in China. 1991 ist Keralas Geburtenrate von 1,8 um ebensoviel *niedriger* als sie 1979 höher war. (Chinas Geburtenrate lag 1991 bei 2,0.) Trotz des zusätzlichen »Vorteils« der »Ein-Kind-Politik« und anderer Zwangsmaßnahmen scheint die Geburtenrate in China während des entsprechenden Zeitraums sehr viel langsamer gefallen zu sein als in Kerala.

Ein anderer indischer Bundesstaat, Tamil Nadu, hat einen nicht weniger schnellen Rückgang der Geburtenrate erlebt, von 3,5 im Jahr 1979 auf 2,2 im Jahr 1991. Tamil Nadu hat sich aktiv, aber in Zusammenarbeit mit der Bevölkerung, für eine Familienplanung eingesetzt, und zu diesem Zweck konnte es sich seine vergleichsweise gute

Position hinsichtlich der sozialen Leistungen zunutze machen: Unter den größeren indischen Bundesstaaten hat es eine der höchsten Alphabetisierungquoten, ein hoher Anteil der Frauen ist erwerbstätig und die Kindersterblichkeit verhältnismäßig niedrig. Zwangsmaßnahmen, wie wir sie aus China kennen, sind weder in Tamil Nadu noch in Kerala angewandt worden, und beide Staaten können auf ein schnelleres Sinken der Geburtenrate zurückblicken als China seit der Einführung der »Ein-Kind-Politik« und ähnlicher Verordnungen.

Innerhalb Indiens liefern uns die Daten für die verschiedenen Bundesstaaten weitere Aufschlüsse zu diesem Gegenstand. Während Kerala und Tamil Nadu ihre Geburtenzahlen radikal senken konnten, haben andere Staaten im sogenannten nördlichen Herzland (wie Uttar Pradesh, Bihar, Madhya Pradesh und Rajasthan), mit sehr viel niedrigerem Bildungsniveau, vor allem unter Frauen, und einer schlechteren Gesundheitsfürsorge, allesamt höhere Geburtenraten – nämlich zwischen 4,4 und 5,1.[34] Und das, obwohl in diesen Staaten die Tendenz zu rigiden Methoden der Familienplanung besteht. Anders als Kerala und Tamil Nadu, die auf Freiwilligkeit und Kooperation setzen, scheuen diese Staaten auch nicht vor massivem Druck zurück.[35] Die regionalen Unterschiede innerhalb Indiens sprechen stark zugunsten einer freiwilligen Familienplanung, die sich unter anderem auf eine aktive und unterrichtete Mitarbeit der Frauen stützt.

Die Versuchung, hart durchzugreifen

Obgleich Indien sehr viel zurückhaltender als China die Möglichkeit einer forcierten Geburtenkontrolle in Erwägung gezogen hat, fehlt es nicht an Anzeichen dafür, daß Zwangsmaßnahmen für viele politische Aktivisten in Indien eine große Attraktivität besitzen. Mitte der 70er Jahre versuchte die indische Regierung unter der Führung Indira Gandhis, des Problems durch drakonische Maßnahmen Herr zu werden. Sie bediente sich dabei der rechtlichen Möglichkeiten, die sich durch ihre Ausrufung des »Notstands« und der damit verbundenen Aufhebung der Garantie einiger bürgerlicher und persönlicher Rechte ergaben. Wie schon erwähnt, schrecken die nördlichen Staaten nicht vor Verordnungen und Regulierungen zurück, die eine

Geburtenkontrolle erzwingen, vor allem in der irreversiblen Form der Sterilisation größtenteils von Frauen.[36]

Auch wenn Zwangsmaßnahmen nicht Teil der offiziellen Regierungspolitik sind, veranlaßt die strikte Forderung, daß »die Ziele der Familienplanung zu erfüllen sind«, Verwaltungsbeamte und das Gesundheitspersonal auf verschiedenen Ebenen dazu, alle möglichen Formen von Druck auszuüben, die einem Zwang sehr nahe kommen.[37] Beispiele für solche in bestimmten Regionen sporadisch angewandte Taktiken sind vage, aber angsteinflößende verbale Drohungen: die Ankündigung, nur wer sich sterilisieren lasse, käme in den Genuß von Sozialhilfeprogrammen, die Weigerung, Müttern mit mehr als zwei Kindern Mutterschaftsschutz zu gewähren, das Verbot für Leute mit mehr als zwei Kindern, an den Gemeinderatswahlen (den *panchayats*) teilzunehmen.[38]

Die letzte Maßnahme – sie wurde vor ein paar Jahren von den nördlichen Bundesstaaten Rajasthan und Haryana eingeführt – stieß in einigen Kreisen auf breite Zustimmung, und das, obwohl sie ein grundlegendes demokratisches Recht verletzt. Auch wurde im indischen Parlament ein Gesetzentwurf vorgelegt – wenngleich nicht verabschiedet –, der vorsah, daß niemand ein öffentliches Amt bekleiden dürfe, wenn er oder sie mehr als zwei Kinder hat.

Mitunter hört man, daß es für ein armes Land falsch wäre, zuviel Skrupel gegenüber Zwangsmaßnahmen zu hegen – denn das sei ein Luxus, den sich nur reiche Länder »leisten« könnten – und überhaupt würden nicht einmal die Armen selbst an solchem Zwang Anstoß nehmen. Worauf sich dieses Argument stützt, bleibt im dunkeln. Schließlich gehören die Leute, die am meisten darunter zu leiden haben, die brutal zu Dingen gezwungen werden, die sie nicht wünschen, oft zu den Ärmsten und am wenigsten Privilegierten in der Gesellschaft. Die Verordnungen und wie sie durchgesetzt werden, treffen besonders hart die Frauen und ihre Reproduktionsfreiheit. Man denke etwa an so barbarische Praktiken wie den Versuch, arme Frauen durch verschiedene Formen von Druck in Sterilisationsanstalten zusammenzutreiben, wie es in mehreren ländlichen Gegenden Nordindiens geschah, um so den vorgegebenen »Sterilisationsplan« zu erfüllen.

Ob eine arme Bevölkerung sich bereitwillig mit Zwangsmaßnahmen abfindet, ist nur auf dem Wege der demokratischen Abstimmung zu überprüfen, doch genau das wird den Bürgern von autoritären Regimen verwehrt. China hat sich diesem Test nicht gestellt, wohl aber Indien, als die Regierung Indira Gandhis in der »Notstandsperiode« der 70er Jahre eine erzwungene Geburtenkontrolle neben der Aufhebung anderer legaler Rechte und bürgerlicher Freiheiten durchsetzen wollte. Wie schon gesagt, wurde diese Politik des Zwangs, auch die Einschränkung der Reproduktionsfreiheit, in den allgemeinen Wahlen von einer überwältigenden Mehrheit abgelehnt. Die von Armut geplagte Wählerschaft Indiens bewies, daß ihr nicht weniger daran lag, gegen eine Unterdrückung ihrer Bürgerrechte wie auch des Rechts auf Reproduktion zu stimmen, als gegen wirtschaftliche und soziale Ungleichheit zu protestieren. Auch die gegenwärtigen politischen Bewegungen in vielen afrikanischen und asiatischen Ländern machen deutlich, wie groß das Interesse an Freiheit und Grundrechten ist.

Tatsächlich können die Menschen noch auf eine andere Weise ihrem Unmut gegenüber Zwangsmaßnahmen Luft verschaffen: durch eine Abstimmung mit den Füßen. Wie Indiens Beauftragte für Familienplanung feststellte, erlitten die freiwilligen Programme für eine Geburtenkontrolle in der kurzen Periode der Zwangssterilisation einen heftigen Rückschlag, da das Volk nun auch der ganzen Bewegung mit großem Mißtrauen begegnete. Zu der Tatsache, daß sie sich kaum unmittelbar auf die Geburtenzahlen niederschlugen, trat noch negativ hinzu, daß auf die Zwangsmaßnahmen der Notstandsperiode eine lange Phase der *Stagnation* in der Bevölkerungspolitik eintrat, die erst um 1985 endete.[39]

Schlußbemerkung

Die Schärfe des Bevölkerungsproblems wird häufig etwas übertrieben, dennoch haben die meisten Entwicklungsländer gute Gründe, sich nach Mitteln und Wegen umzuschauen, die Geburtenrate zu senken. Ein Ansatz, der besondere Beachtung zu verdienen scheint, favorisiert eine enge Verbindung mit einer Sozialpolitik, deren Ziel es ist, die Gleichheit zwischen den Geschlechtern und die Unabhängigkeit der Frauen – durch Schulbildung, Gesundheitsfürsorge und Arbeitsangebote – zu fördern und die individuelle Verantwortlichkeit der Familien durch die Entscheidungsgewalt der zukünftigen Eltern, vor allem der Mütter, zu stärken.[40] Das Erfolgsversprechen dieser Strategie liegt in der engen Verbindung zwischen dem Wohlergehen junger Frauen und ihrer Fähigkeit, selbstbewußt zu handeln.

Dies allgemeine Bild trifft, trotz ihrer Armut, auch auf Entwicklungsländer zu. Jedenfalls gibt es keinen Grund, warum es anders sein sollte. Zwar werden häufig Argumente dafür angeführt, daß sehr arme Leute die Freiheit im allgemeinen und die Reproduktionsfreiheit im besonderen nicht sonderlich hochschätzen, doch alle Indizien, sofern wir welche haben, zeugen vom Gegenteil. Selbstverständlich finden die Menschen *auch* andere Dinge wie Wohlergehen und Sicherheit erstrebenswert – und das mit Recht –, nur bedeutet das nicht, daß sie ihren politischen und bürgerlichen Rechten wie auch ihrem Recht auf Reproduktion gleichgültig gegenüberstehen.

Kaum etwas spricht dafür, daß durch Zwang etwas schneller realisiert wird, was auch das Ergebnis eines freiwilligen sozialen Wandels und der Entwicklung sein kann. Eine staatlich erzwungene Familienplanung zieht zudem noch andere schädliche Folgen als nur die Verletzung der Reproduktionsfreiheit nach sich, insbesondere wirkt sie sich negativ auf die Kindersterblichkeit aus, und hier trifft es in Ländern, die hartnäckig an Geschlechtervorurteilen festhalten, vor allem die Mädchen. Es existiert kein bestimmter Grund, die elementare Bedeutung des Rechts auf Reproduktion um anderer begrüßenswerter Konsequenzen willen zu verletzen.

Was die Sozialpolitik betrifft, so weisen heute viele Daten, die aus Vergleichen zwischen Ländern, aber auch zwischen Regionen eines großen Landes gewonnen wurden, darauf hin, daß der Schlüssel für eine Senkung der Geburtenrate in einer verbesserten Stellung der Frauen durch eine höhere Bildung, in ihrer Integration ins Berufsleben und der Anerkennung von Eigentumsrechten wie auch in anderen sozialen Veränderungen, beispielsweise einer niedrigen Sterblichkeitsrate, liegt. Die Politik wird sich den aus diesen Entwicklungen gewonnenen Einsichten kaum verschließen können. Die Tatsache, daß derartige Entwicklungen auch aus anderen Gründen, etwa um die Ungleichheit zwischen den Geschlechtern aufzuheben, höchst erstrebenswert sind, macht sie zu einem zentralen Anliegen der Entwicklungsanalyse. Auch die sozialen Sitten, das »normale Verhalten«, sind nicht unabhängig von dem Verständnis und der Einschätzung des Problems. Öffentliche Diskussionen haben hier viel in die Waagschale zu werfen.

Eine Senkung der Geburtenzahlen ist nicht allein wegen ihrer Folgen für den wirtschaftlichen Wohlstand wünschenswert, sondern auch deshalb, weil große Familien die Freiheit der Menschen – vor allem der jungen Frauen – einschränken, die Art von Leben zu führen, das sie mit guten Gründen erstreben. Tatsächlich wird durch häufige Geburten und die Erziehung der Kinder in erster Linie das Leben junger Frauen zerstört, die heutzutage in vielen Ländern als bloße »Gebärmaschinen« betrachtet werden. Dieser Zustand reproduziert sich zum Teil nur deshalb so hartnäckig, weil jungen Frauen in der Familie keine Mitsprache und kein Entscheidungsrecht eingeräumt wird, aber auch, weil unkritisch hingenommene Traditionen ein häufiges Kindbett für etwas völlig Normales halten, das keinerlei Ungerechtigkeit impliziert – so war es ja auch noch in Europa bis zum 19. Jahrhundert. Würde den Frauen ein Schulbesuch ermöglicht, ihnen der Weg ins Berufsleben geebnet und ihnen die Teilnahme an freien, offenen und unterrichteten Diskussionen gestattet, könnte das einen radikalen Wandel in den Ansichten über Gerechtigkeit und Ungerechtigkeit auslösen.

Durch diese empirischen Verbindungen wird die Auffassung »der Entwicklung als Freiheit« bestärkt, denn wie sich herausstellt liegt die Lösung für das Bevölkerungsproblem wie auch die Lösung vieler anderer sozialer und ökonomischer Fragen darin, die Freiheit derjenigen zu erweitern, die unmittelbar von zu vielen Geburten und der Sorge für die Kinder betroffen sind, nämlich der jungen Frauen. Um das Bevölkerungsproblem in den Griff zu bekommen, brauchen wir *mehr*, nicht weniger Freiheit.

10

Kultur und Menschenrechte

Die Idee der Menschenrechte hat in den vergangenen Jahren stark an Boden gewonnen und auf internationaler Ebene so etwas wie einen offiziellen Status erlangt. Gewichtige Gremien treten regelmäßig zusammen, um über die Beachtung und Verletzung der Menschenrechte in verschiedenen Ländern dieser Erde zu reden. Jedenfalls ist die Rhetorik der Menschenrechte heute viel breiter akzeptiert, ja, sie wird viel häufiger genutzt, als dies in der Vergangenheit je der Fall war. Verglichen mit der vorherrschenden diplomatischen Dialektik vor nur wenigen Jahrzehnten, spiegelt sich, wie es scheint, zumindest in der Sprache eine deutliche Akzentverlagerung wider. Die Menschenrechte sind auch ein wichtiger Teil der Literatur zum Thema Entwicklung.

Dessenungeachtet begleiten diesen scheinbaren Triumph der Idee und der großen Rolle der Menschenrechte in einigen kritischen Kreisen ernste Zweifel, wie tiefgehend und kohärent dieser Ansatz ist. Man hat den Verdacht, daß die geistige Haltung, die dieser Menschenrechtsrhetorik zugrunde liegt, etwas einfältig ist.

Drei Kritiken

Worin besteht dann aber das Problem? Soweit ich sehe, gibt es drei voneinander unabhängige Bedenken, die man im Hinblick auf die Philosophie der Menschenrechte geltend macht. Erstens ist da die Sorge, daß die Menschenrechte das, was aus einer Legalität folgt, die den Menschen gewisse wohldefinierte Rechte zubilligt, mit Grundsätzen der Moralität verwechseln, die nicht eigentlich einklagbar sind. Die Frage lautet damit: Ist es überhaupt legitim, Menschenrechte einzuklagen? Wie sollen Rechte irgendeinen Status haben, es sei denn von Staats wegen, d. h. abhängig von der höchsten Gesetzgebungsinstanz? Von Natur aus, würde diese Position besagen, werden die

Menschen sowenig mit Menschenrechten geboren, wie sie voll bekleidet auf die Welt kommen; Rechte müßten über die Rechtsordnung erst erworben werden, genauso wie Kleider durch die Schneiderei. Weder gebe es Kleider ohne Schneider noch Rechte ohne Rechtsordnung. Ich nenne diese Argumentationslinie die *Legitimitätskritik*.

Eine zweite Argumentationslinie bezieht sich auf die *Form*, welche die Ethik und Politik der Menschenrechte annimmt. Rechte seien, heißt es, Befugnisse, denen Pflichten entsprechen müssen. Wenn A ein Recht auf x hat, dann müsse es eine Institution B geben, welche die Pflicht hat, A x zu verschaffen. Wo keine solche Pflicht anerkannt ist, könne man sich solche angeblichen Rechte an den Hut stecken. Man sieht darin ein gewaltiges Problem, um die Menschenrechte überhaupt für Rechte zu halten. Alles schön und gut, wird argumentiert, daß jeder Mensch ein Recht auf Nahrung oder medizinische Versorgung hat, aber solange sich daraus keine Definition institutioneller Pflichten ableitet, ist es mit diesen Rechten nicht weit her. Die Menschenrechte sind so gesehen hochherzige Gefühle, aber strenggenommen inkohärent. Solche Ansprüche betrachte man am besten nicht als Rechte, sondern als leeres Gerede. Ich nenne das die *Kohärenzkritik*.

Eine dritte skeptische Einstellung argumentiert nicht ganz so juridisch und institutionell, sondern ordnet die Menschenrechte der Sozialethik unter. Die moralische Autorität der Menschenrechte hänge von der Struktur einer akzeptablen Ethik ab. Aber ist eine solche Ethik wirklich universal? Was ist, wenn gewisse Kulturen, verglichen mit anderen anziehenden Tugenden oder Eigenschaften, den Rechten keinen so besonders hohen Rang zuerkennen? Die Geltungsreichweite der Menschenrechte ist häufig von dieser kulturkritischen Seite in Frage gestellt worden. Wohl am bekanntesten ist die Begründung mit der angeblich ablehnenden Haltung der asiatischen Werte den Menschenrechten gegenüber. Wenn überhaupt, so die These, implizieren die Menschenrechte Universalität: aber solche universalen Werte gebe es nicht. Ich nenne das die *Kulturkritik*.

Die Legitimitätskritik

Die Legitimitätskritik blickt auf eine lange Geschichte zurück. Sie ist in unterschiedlicher Form von vielen Kritikern der naturrechtlichen Erörterung ethischer Themen vorgebracht worden. Man findet zwischen den verschiedenen Spielarten dieser Kritik interessante Übereinstimmungen und Unterschiede. Einmal gibt es da die entschiedene Behauptung von Karl Marx, daß Rechte nichts dem Staat Vorausgehendes, sondern etwas aus ihm Abgeleitetes sind. Das wird besonders deutlich in seinem kämpferischen Pamphlet *Zur Judenfrage*. Und dann gibt es Jeremy Benthams Gründe, um »natürliche Rechte« als »Unfug« und den Begriff »natürliche und unveräußerliche Rechte« als »Unfug auf Stelzen« zu verspotten. Diesen und vielen anderen Kritikern ist dabei der Grundsatz gemeinsam, Rechte seien institutionsabhängig als Instrumente und nicht als vorausgehende moralische Ansprüche zu betrachten. Das steht im schroffen Gegensatz zur Grundvorstellung universaler Menschenrechte.

Sicherlich, nimmt man sie als Möchtegern-juristische Entitäten, werden moralische Ansprüche vor Gericht oder anderen Institutionen zur Durchsetzung von Rechten kaum justitiabel sein. Aber die Menschenrechte deswegen zurückzuweisen heißt, den Zweck der Übung zu verfehlen. Die Forderung nach rechtlicher Kodifizierung ist nicht mehr als ebendies: eine Forderung, die dadurch gerechtfertigt ist, daß es moralisch darauf ankommt, von bestimmten Rechten anzuerkennen, daß alle Menschen Träger derselben sind. In diesem Sinn stehen die Menschenrechte für Ansprüche, Befugnisse, Unverletzlichkeiten und für weitere, mit dem Begriff von »Rechten« verbundene Garantien, denen moralische Urteile zugrunde liegen, vermöge deren diesen Garantien eine intrinsische Wichtigkeit beigelegt wird.

Tatsächlich reichen die Menschenrechte über den Bereich der *potentiellen*, im Gegensatz zu den *aktuellen*, gesetzlichen Rechte hinaus. Auf ein Menschenrecht kann man sich in Situationen berufen, wo seine juristische Durchsetzung völlig unangebracht wäre. Das moralische Recht einer Ehefrau, an wichtigen Entscheidungen in Familienangelegenheiten gleichberechtigt teilzunehmen, ganz gleich, wie chauvinistisch ihr Mann auch ist, dürfte von vielen gebilligt werden, die das dennoch nicht gern gesetzlich vorgeschrieben und polizeilich exekutiert sehen würden. Das »Recht auf Respekt« ist ein anderes Beispiel, wo eine rechtliche Kodifizierung und staatliche Sanktion problematisch, ja empörend erscheinen würden.

Am besten sieht man daher in den Menschenrechten einen Katalog moralischer Forderungen, die nicht mit gesetzlich verbrieften Rechten gleichgesetzt werden dürfen. Doch diese normative Auffassung muß die Idee der Menschenrechte in der Art von Situation, in welcher man sich typischerweise auf sie beruft, nicht unbrauchbar machen. Die Freiheiten, die mit bestimmten Rechten einhergehen, können ein angemessener Gegenstand für Diskussionen sein. Wir haben die Plausibilität der Menschenrechte als ein System moralischer Argumente und als die Grundlage für politische Forderungen zu beurteilen.

Die Kohärenzkritik

Ich wende mich jetzt der zweiten Kritik zu: der Frage, ob wir kohärent von Rechten sprechen können, ohne daß wir angeben, wessen Pflicht es ist, die Durchsetzung dieser Rechte auch zu garantieren. Sehr häufig meint man in der Tat, Rechte ließen sich eigentlich nur zusammen mit den ihnen zugeordneten Pflichten formulieren. Das Recht des einen auf etwas hätte danach mit der Pflicht eines anderen verknüpft zu sein, ihm das auch zu verschaffen. Diejenigen, die sich für diesen Zusammenhang stark machen, neigen im allgemeinen dazu, die rhetorische Berufung auf »Rechte« (in »Menschenrechte«) ohne genaue Angabe der dafür verantwortlichen Instanzen, daß diese Rechte auch durchgesetzt werden, mit Mißtrauen zu betrachten. Forderungen nach Menschenrechten sieht man daher für Geschwätz an.

Diese Skepsis ist zum Teil durch die Frage motiviert, wie wir denn sicher sein können, daß Rechte realisierbar sind, es sei denn, das Gegenstück zu ihnen sind entsprechende Pflichten. Manche sehen überhaupt keinen Sinn in einem Recht, sofern das Gegengewicht durch das fehlt, was Immanuel Kant eine »vollkommene Pflicht« nannte – eine angebbare Pflicht eines bestimmten Handlungssubjekts zur Realisierung dieses Rechts.[1]

Daß jede Berufung auf Rechte ohne damit einhergehende Verpflichtungen notwendig inkonsequent sei, muß man allerdings nicht so hinnehmen. In vielen juristischen Kontexten mag das zwar stimmen, aber wo es darum geht, was sein *soll*, werden Rechte häufig als berechtigte Ansprüche oder Unverletzlichkeiten stark gemacht, die zu haben für die Menschen gut wäre. Die Menschenrechte sieht man als von allen, unabhängig von der Staatsangehörigkeit, geteilte Rechte, in deren Genuß jedermann kommen *sollte*. Auch wenn es nicht irgend jemandes angebbare Pflicht ist, die Rechte einer Person durchzusetzen, kann sich die Forderung danach allgemein an alle richten, die in der Lage sind zu helfen. Immanuel Kant selbst hatte solche allgemeinen Forderungen als »unvollkommene Pflichten« bezeichnet und dann ihre Bedeutung für das soziale Leben erörtert. Die Forderungen richten sich allgemein an jeden, der helfen kann, auch wenn keine bestimmte Person oder Institution die Pflicht haben mag, den betreffenden Anspruch auch durchzusetzen.

Es kann natürlich der Fall sein, daß so formulierte Rechte bisweilen nicht durchsetzbar bleiben. Aber es ist uns sicherlich möglich, zwischen einem Recht zu unterscheiden, das einer hat, ohne daß es durchgesetzt wäre, und einem Recht, das einer gar nicht hat. Letztlich geht die moralische Behauptung eines Rechts nur so weit über den Wert der betreffenden Freiheit hinaus, daß manche Forderungen sich in dem Sinn an andere richten, daß sie versuchen sollten zu helfen. Wenn wir auch in der Regel gut damit auskommen, von »Freiheit« zu sprechen anstatt von »Recht« (und das ist die Sprache, deren ich mich in diesem Buch auch vorwiegend bedient habe), kann es doch bisweilen geboten erscheinen, von anderen zu erwarten oder von ihnen auch zu verlangen, daß sie jemandem zu der betreffenden Freiheit verhelfen. Von »Rechten« zu sprechen ist eine mögliche Ergänzung für das Reden von »Freiheit«.

Kulturkritik und die asiatischen Werte

Die dritte Art von Kritik ist spannender und hat gewiß mehr Aufmerksamkeit gefunden. Ist die Idee der Menschenrechte tatsächlich universal gültig? Gibt es denn nicht Ethiken, etwa in der Welt der konfuzianischen Kulturen, die das Gewicht eher auf Disziplin als auf Rechte legen, auf Treue eher denn auf Ansprüche? Insofern die Menschenrechte Forderungen nach politischer Freiheit und Bürgerrechten einschließen, sind besonders von manchen asiatischen Denkern angebliche Unvereinbarkeiten ausgemacht worden.

Unter Berufung auf die Eigenart der asiatischen Werte hat man in den letzten Jahren gern autoritäre politische Strukturen in Asien ideologisch gerechtfertigt. Diese Apologie des autoritären Staates stammt in der Regel nicht von unabhängigen Historikern, sondern von Vertretern der Obrigkeit selbst, etwa hohen Staatsbeamten oder ihren Sprechern, oder solchen, die den Machthabern nahestehen. Ihre Ansichten haben offensichtliche Konsequenzen für die Regierungspolitik und auch für die internationalen Beziehungen.

Befinden sich die asiatischen Werte im Gegensatz zu den politischen Grundrechten, oder sind diese ihnen gleichgültig? Oft verallgemeinert man in dieser Richtung, aber ist das auch begründet? Zunächst muß man sagen, daß bei dieser Ausdehnung verallgemeinernde Aussagen über Asien nicht leicht sind. Asien ist der Kontinent, auf dem etwa 60 Prozent der Weltbevölkerung leben. Wovon sollten wir annehmen, daß es die Werte einer so riesigen Region mit so viel Verschiedenheit sind? Es gibt für diese immens große und heterogene Bevölkerung keinen gemeinsamen Wertehintergrund, keinen, der sie als eine Gruppe von Menschen vom Rest der Welt abhöbe.

Manchmal richten die Verfechter »asiatischer Werte« ihr Augenmerk vor allem auf Ostasien als den Raum, in dem sie besondere Geltung besitzen. Verallgemeinernde Thesen zum Gegensatz zwischen dem Westen und Asien konzentrieren sich oft auf den Raum östlich von Thailand, auch wenn eine noch kühnere These besagt, daß es um den Rest von Asien ziemlich ähnlich bestellt sei. Lee Kuan Yew beispielsweise skizziert »den grundlegenden Unterschied zwischen den westlichen und den ostasiatischen Vorstellungen über Staat und Gesellschaft«, indem er erläutert: »Wenn ich ›Ostasiaten‹ sage, meine ich damit Korea, Japan, China, Vietnam im Unterschied zu Südostasien, das eine Mischung chinesischer und indischer Einflüsse darstellt, obwohl die indische Kultur selbst wiederum ähnliche Werte hochhält.«[2]

Tatsächlich jedoch ist auch Ostasien in sich sehr unterschiedlich, und zwischen Japan und China sowie Korea und anderen Gegenden Ostasiens finden sich viele Unterschiede. Verschiedene kulturelle Einflüsse, einheimische und von außen kommende, haben im Laufe der Geschichte dieses weiträumigen Gebiets die menschliche Existenz geprägt, und diese Einflüsse dauern auf mannigfache Weise immer noch an. Mein Exemplar von Houghton Mifflins internationalem Almanach beschreibt zum Beispiel die Religion der 124 Millionen Japaner folgendermaßen: 112 Millionen sind Anhänger des Shintoismus und 93 Millionen Buddhisten.[3] In die Identität des heutigen Japaners gehen also nicht nur nach wie vor unterschiedliche kulturelle Einflüsse ein, sondern dieselbe Person kann auch *zugleich* Shintoist und Buddhist sein.

Kulturen und Traditionen überlappen einander – sowohl bezogen auf Großräume wie Ostasien als auch bezogen auf einzelne Länder wie Japan, China oder Korea. Jeder Versuch, verallgemeinernd von »asiatischen Werten« zu reden, die für Massen von Menschen in diesem Raum mit ihren unterschiedlichen Religionen, Überzeugungen und Einstellungen zum Teil geradezu brutale Konsequenzen haben, kann nur krude sein. Selbst die 2,8 Millionen Einwohner von Singapur zeigen eine große Verschiedenheit kultureller und historischer Traditionen. Davon, daß Singapur die Freundschaft zwischen diesen verschiedenen Gruppen und das friedliche Zusammenleben festigt, profitiert es auf bewunderungswürdige Weise.

Der heutige Westen und der Anspruch auf Einzigartigkeit

Autoritäre Gedankengänge in Asien und überhaupt in nichtwestlichen Gesellschaften erhalten häufig indirekt Deckung durch Denkhaltungen im Westen selbst. Ganz deutlich gibt es eine Neigung in Amerika und Europa, anzunehmen, wenn auch nur implizit, der Primat der politischen Freiheit und Demokratie sei ein grundlegender und klassischer Zug der westlichen Kultur – einer, den man in Asien kaum finden werde. Es handelt sich sozusagen um einen Kontrast zwischen dem angeblich etwa im Konfuzianismus angelegten autoritären Denken gegenüber der angeblich in der westlichen Kultur tief verwurzelten Achtung vor individueller Freiheit und Autonomie. Westliche Propagandisten der persönlichen und politischen Freiheit in der nichtwestlichen Welt sehen das häufig als einen Export okzidentaler Werte nach Asien und Afrika. Die Welt ist eingeladen, sich dem Klub der »westlichen Demokratien« anzuschließen und den traditionell »westlichen Werten« Beifall zu zollen.

In alldem liegt eine starke Tendenz, die Gegenwart *rückwärts* zu projizieren. Werte, die durch die europäische Aufklärung und andere relativ junge Entwicklungen verbreitet wurden, kann man nicht gut, als eine jahrtausendealte westliche Erfahrung, einem langfristigen westlichen Erbe zuschlagen.[4] Was uns in den Schriften einzelner klassischer Autoren des Westens entgegentritt, in denen von Aristoteles z. B., ist Unterstützung für ausgewählte *Komponenten* jenes komplexen Begriffs, der die heutige Idee politischer Freiheit ausmacht. Aber Unterstützung für solche Elemente läßt sich auch vielen Schriften der asiatischen Traditionen entnehmen.

Um das ein wenig zu erläutern, betrachten wir etwa die Vorstellung, die persönliche Freiheit für alle sei wichtig für eine gute Gesellschaft. Diese These läßt sich aus zwei Komponenten zusammengesetzt sehen, (1) *dem Wert der persönlichen Freiheit*: daß persönliche Freiheit wichtig ist und denen verbürgt sein sollte, die in einer guten Gesellschaft »zählen«; (2) *der Gleichheit der Freiheit*: jeder zählt, und die Freiheit, die einem verbürgt ist, muß allen verbürgt sein. Beides zusammen impliziert, daß die persönliche Freiheit gleichermaßen allen verbürgt sein sollte. Aristoteles schrieb zwar viel zur Unterstützung der ersten Aussage, hat aber, da er die Frauen und Sklaven ausschloß, kaum etwas zugunsten der zweiten vorgebracht. Daß man für Gleichheit in dieser Form eintritt, ist vielmehr ganz jungen Datums. Auch in einer nach Klasse und Kaste geschichteten Gesellschaft konnte der Freiheit für die privilegierte Minderheit, die Mandarine oder Brahminen, ein hoher Wert zuerkannt sein, und zwar ziemlich auf die gleiche Weise, wie sie in den entsprechenden griechischen Vorstellungen von einer guten Gesellschaft, bezogen auf die Nichtsklaven, geschätzt wurde.

Eine weitere nützliche Unterscheidung ist die zwischen (1) der *Wertschätzung der Toleranz*: daß es Toleranz im Verhältnis zu unterschiedlichen Religionen, Überzeugungen und Praktiken verschiedener Menschen geben muß; und (2) der *Gleichheit der Toleranz*: die Toleranz, die einigen erwiesen wird, muß vernünftigerweise allen erwiesen werden (es sei denn, die Toleranz gegenüber einigen führt zur Intoleranz für andere). Auch hier gilt, daß Argumente für partikuläre Toleranz sich in Hülle und Fülle in der älteren westlichen Tradition finden, ohne daß ebendiese Toleranz durch den Gleichheitsgedanken ergänzt worden wäre. Die Wurzeln der modernen demokratischen und liberalen Anschauungen lassen sich eher in bezug auf ihre Grundbestandteile ausfindig machen statt als Ganzes.

Bei einer vergleichenden Studie muß man sich fragen, ob diese Elemente ebenso in der asiatischen Literatur wie im westlichen Denken zu finden sind. Dabei darf man die Präsenz dieser Komponenten nicht mit der Abwesenheit des Gegenteils verwechseln, d.h. der Abwesenheit von Ansichten, die eindeutig *nicht* Freiheit und Toleranz betonen. In der klassischen westlichen Kultur findet sich schließlich auch die Predigt von Zucht und Ordnung. Tatsächlich leuchtet es mir überhaupt nicht ein, wieso Konfuzius in dieser Beziehung autoritärer sein soll als etwa Platon oder der hl. Augustinus. Es handelt sich nicht darum, ob es diese freiheitsfeindlichen Einstellungen im asiatischen Kulturkreis *gibt*, sondern ob die freiheitlichen Einstellungen dort *fehlen*.

An diesem Punkt wird die Verschiedenartigkeit der asiatischen Wertesysteme, die mit einer räumlichen Verteilung einhergeht, zugleich aber darüber hinausstrebt, entscheidend wichtig. Ein gutes Beispiel ist die Rolle der buddhistischen Gedankenwelt. Im Buddhismus wird auf Freiheit großes Gewicht gelegt, und der Teil des älteren indischen Denkens, dem das buddhistische Denken nahesteht, mißt dem Wollen und der freien Entscheidung großen Wert bei. Adel im Verhalten wird in Freiheit erworben, und selbst die Vorstellungen von Befreiung (wie z.B. *moksha*) haben dieses Merkmal. Die Präsenz dieser Elemente im buddhistischen Denken wischt nicht weg, wie wichtig für Asien die vom Konfuzianismus gepredigte Zucht und Ordnung ist, nur wäre es ein Fehler, den Konfuzianismus für die einzig maßgebliche Tradition in Asien oder auch nur in China zu halten. Da man sich in der heutigen Deutung der asiatischen Werte als »autoritär« so sehr auf den Konfuzianismus bezieht, ist dieser Pluralismus besonders betonenswert.

Konfuzius-Interpretationen

Man muß sogar sagen, die Interpretation des Konfuzianismus, die heutzutage unter den autoritären Vertretern der asiatischen Werte *en vogue* ist, wird der Differenziertheit der konfuzianischen Schriften selbst in keiner Weise gerecht.[5] Konfuzius predigte gar nicht den blinden Gehorsam gegenüber der Obrigkeit.[6] Als Zilu ihn fragt, »wie man einem Fürsten dienen soll«, antwortet Konfuzius: »Sag ihm die Wahrheit, auch wenn sie ihn kränkt.«[7] Die Mitglieder des Zensurkollegiums in Singapur oder Peking werden das vermutlich anders sehen. Konfuzius hat nichts gegen kluge Vorsicht und Takt, dennoch unterläßt er es nicht, gegen eine schlechte Regierung zum Widerstand zu raten. »Wenn der Staat auf dem rechten Weg ist, sprich kühn und handle kühn. Wenn der Staat vom rechten Weg abgekommen ist, handle kühn und sprich zurückhaltend.«[8]

Konfuzius gibt sogar deutliche Hinweise, daß die beiden Pfeiler des angeblichen asiatischen Wertesystems, die Treue zur Familie und der politische Gehorsam, miteinander in Widerstreit geraten können. Für viele Ideologen der »asiatischen Werte« spielt der Staat auf erweiterter Basis dieselbe Rolle wie die Familie, doch kann es, wie Konfuzius bemerkte, zwischen beiden Ordnungen zu Konflikten kommen. Der Gouverneur von She erzählt Konfuzius: »Unter meinen Leuten gibt es einen unbeugsamen Ehrenmann: Als sein Vater ein Schaf stahl, erstattete er gegen ihn Anzeige.« Darauf versetzt Konfuzius: »Unter meinen Leuten verhält der Ehrenmann sich anders: Ein Vater deckt seinen Sohn und ein Sohn seinen Vater – und darin verhalten sie sich ehrenhaft.«[9]

Ashoka und Kautilja

Konfuzius' Ansichten waren überhaupt weniger einfach und reflektierter als die Maximen, die man häufig unter Berufung auf ihn zitiert. Ferner gibt es die Neigung, andere Autoren der chinesischen Kultur zu vernachlässigen und andere asiatische Kulturen ganz zu ignorieren. Wenn wir uns den indischen Traditionen zuwenden, entdecken wir eine Fülle von Stellungnahmen zu Freiheit, Toleranz und Gleichheit. In mehrfacher Hinsicht die interessanteste Bekundung der Notwendigkeit für Toleranz auf egalitärer Basis ist in den Schriften des Kaisers Ashoka zu finden, der im dritten vorchristlichen Jahrhundert ein Kaiserreich beherrschte, das größer war als jedes andere indische Königreich (einschließlich das der Mogule und selbst der Rajas, wenn wir von den Staatsgründungen unter britischer Herrschaft einmal absehen). Erschüttert durch das Gemetzel, mit dem er selbst die Schlacht gegen das Königreich Kalinga (heute Orissa) gewann, befaßte er sich mit politischer Ethik und war in der Beziehung ein großer Aufklärer. Er trat zum Buddhismus über und verhalf diesem nicht nur dazu, eine Weltreligion zu werden, indem er Missionare mit der buddhistischen Heilsbotschaft nach West und Ost schickte, sondern er übersäte sein eigenes Land auch mit steinernen Inschriften, die von den Weisen des guten Lebens und dem Wesen guter Regierung handeln.

Die Inschriften legen großen Wert auf das Tolerieren anderer. In dem Erlaß von Erragudi, nach heutiger Zählung dem zwölften, ist die Sache so formuliert:

»... Man soll nicht ohne vernünftigen Grund seiner eigenen Sekte huldigen oder die eines anderen herabsetzen. Mißbilligung sollte nur aus bestimmten Gründen geäußert werden, denn die Sekten der anderen Menschen verdienen alle aus dem einen oder anderen Grund Respekt. Wenn man so handelt, erhöht man seine eigene Sekte und ist gleichzeitig zu den Sekten der anderen höflich. Handelt man entgegengesetzt, schadet man seiner eigenen Sekte und ist unhöflich zu den Sekten der anderen. Denn jemand, der seiner eigenen Sekte huldigt, indem er so von ihr eingenommen ist, daß er die Sekten der anderen herabsetzt und damit glaubt, den Glanz seiner eigenen Sekte zu erhöhen, tut durch ein solches Verhalten vielmehr seiner eigenen Sekte aufs gröbste Abbruch.«[10]

Die Wichtigkeit der Toleranz wird in diesen Erlassen des dritten vorchristlichen Jahrhunderts sowohl für das staatliche Handeln als auch für das Verhalten der Bürger untereinander eingeschärft.

Was den Personenkreis betrifft, der unter das Toleranzgebot fällt, war Ashoka ein Universalist. Er forderte Toleranz für alle, einschließlich derer, die er »Waldmenschen« nannte, Stämme, die noch keinen Ackerbau betrieben. Ashokas Kampf für egalitäre und universale Toleranz mag manchem unasiatisch vorkommen, dabei waren seine Anschauungen fest verwurzelt in Gedankengängen, die bereits in den vorangegangenen Jahrhunderten in Indiens intellektuellen Kreisen *en vogue* gewesen waren.

Es ist in diesem Zusammenhang auf jeden Fall interessant, noch einen anderen indischen Autor heranzuziehen, dessen Abhandlung über Regierung und Volkswirtschaft gleichfalls einen starken Einfluß gehabt hat. Ich meine Kautilja, den Verfasser von *Arthaschastra*, was sich mit »Volkswirtschaftslehre« übersetzen läßt, auch wenn es darin mindestens genausosehr um praktische Politik wie um Wirtschaft geht. Kautilja war, im vierten vorchristlichen Jahrhundert, ein Zeitgenosse des Aristoteles und Kanzler des Kaisers Tschandragupta, Ashokas Großvater, der das riesige Maurija-Kaiserreich quer über den Subkontinent errichtet hatte.

Häufig führt man Kautiljas Schriften als Beleg dafür an, daß Freiheit und Toleranz in Indiens klassischer Tradition nicht viel gegolten hätten. Es sind zwei Aspekte der eindrucksvoll konkreten Analyse von Wirtschaft und Politik in *Arthaschastra*, die diesen Gedanken nahelegen. Erstens ist Kautilja ein hartgesottener Konsequentialist. Indem das Ziel, die Wohlfahrt der Untertanen und die Ordnung im Reich zu fördern, durch detaillierte politische Handlungsanweisung scharf ins Auge gefaßt wird, denkt er sich den König als wohlwollenden Autokraten, dessen Macht, Gutes zu tun, durch gute Organisation zu maximieren sei. Daher liefert *Arthaschastra* einerseits tiefe Einsichten und Ratschläge zu so praktischen Themen wie Hungerprävention und effizienter Verwaltung, die noch heute, mehr als zweitausend Jahre später, lesenswert sind[11], und andererseits ist der Verfasser bereit, den König zu instruieren, wie er, wenn nötig auch unter Verletzung der Freiheit derer, die ihm im Weg sind, seinen Willen durchzusetzen vermag.

Zweitens legt Kautilja politisch und ökonomisch anscheinend wenig Wert auf Gleichheit, und seine Theorie der guten Gesellschaft folgt einem starren Schichtenmodell nach Klassen und Kasten. Auch wenn das Ziel der Wohlfahrtsförderung, das an die Spitze seiner Hierarchie der Werte steht, alle einschließt, sind die anderen Ziele nach Form und Inhalt eindeutig nicht egalitär. Es gibt etwa die Pflicht, den notleidenden Mitgliedern der Gemeinschaft die Unterstützung angedeihen zu lassen, die sie benötigen, um dem Elend zu entfliehen und Freude am Leben zu haben. Für Kautilja ist es die Pflicht des Königs, »für die Waisen, die Alten, die Kranken, die Bedrängten und die Hilflosen zu sorgen«, ebenso »für alleinstehende schwangere Frauen und für ihre Neugeborenen«.[12] Diese Fürsorgepflicht indessen ist sehr weit davon entfernt, diesen Menschen die Freiheit zuzubilligen, so zu leben, wie sie wollen, also von einem Tolerieren abweichender Ansichten.

Was schließen wir nun daraus? Sicherlich ist Kautilja kein Demokrat, kein Freund der Gleichheit, kein Anwalt der Freiheit für alle.

Und doch behauptet die Freiheit einen prominenten Platz, wenn es darum geht, anzugeben, was der privilegierten Oberschicht eigentlich zugestanden werden soll. Der Oberschicht, den sogenannten Ariern, die persönliche Freiheit zu versagen, gilt als unmöglich. Regelrechte Strafen, darunter schwere, sind darauf gesetzt, solche Erwachsenen oder Kinder zu versklaven, obwohl die Sklaverei derjenigen, die bereits Sklaven sind, absolut akzeptabel erscheint.[13] Gewiß, in Kautilja finden wir nicht annähernd wie bei Aristoteles die Wichtigkeit der freien Ausübung der menschlichen Verwirklichungschancen artikuliert. Dennoch steht, was die Oberschicht betrifft, die Freiheit bei Kautilja eindeutig im Mittelpunkt. Sie ist das Gegenstück zu der staatlichen Fürsorgepflicht für die niedrigeren Stände, die die paternalistische Form öffentlicher Aufmerksamkeit und staatlicher Unterstützung angesichts bitterer Verelendung annimmt. Insofern in alldem die Idee von einem guten Leben aufscheint, ist es eine, die mit einem freiheitsorientierten Moralsystem durchaus im Einklang ist. Zwar beschränkt sich das auf die oberen Stände der Gesellschaft, aber das ist nicht wesentlich von dem griechischen Denken verschieden, wo der freie Mann den Sklaven oder Frauen entgegengesetzt wird. Was die Allgemeinheit seiner moralischen Forderungen betrifft, unterscheidet sich Kautilja von dem Universalisten Ashoka, aber nicht sehr von dem Partikularisten Aristoteles.

Islamische Toleranz

Ich habe die politischen Anschauungen und die praktische Vernunft in zwei eindrucksvollen und dabei sehr unterschiedlichen indischen Darlegungen des 4. bzw. 3. vorchristlichen Jahrhunderts etwas eingehender besprochen, weil diese Gedanken ihrerseits die spätere indische Literatur beeinflußt haben. Aber wir können genausogut eine Reihe anderer Autoren betrachten. Zu den größten Theoretikern und Praktikern der Toleranz gegenüber Verschiedenheit muß man in Indien selbstverständlich den Großmogul Kaiser Akbar zählen, der zwischen 1556 und 1605 herrschte. Wieder haben wir es nicht mit einem Demokraten zu tun, sondern mit einem mächtigen Herrscher, der predigte, daß unterschiedliche Formen sozialen und religiösen Verhaltens hingenommen und respektiert werden müßten, und der auch Menschenrechte verschiedener Art vertrat, einschließlich der freien Religionsausübung, was in manchen Teilen Europas zu Akbars Zeit nicht so leicht toleriert worden wäre.

Als zum Beispiel nach dem islamischen Hedschra-Kalender 1591/92 das Jahr 1000 erreicht war, sorgte das für einige Aufregung in Delhi und Agra (nicht unähnlich dem, was sich nach dem christlichen Kalender im Jahr 2000 abspielt). Akbar erließ anläßlich dieser historischen Zäsur verschiedene Gesetze. Diese betrafen unter anderem die religiöse Toleranz:

»Kein Mensch soll wegen seiner Religion belangt werden, und jeder soll seine Religion nach Belieben wählen dürfen. Wenn ein Hindu als Kind oder sonstwie gegen seinen Willen zum Moslem gemacht worden ist, soll er das Recht haben, wenn er möchte, zur Religion seiner Väter zurückzukehren.«[14]

Auch hier gilt, daß der Bereich der Toleranz zwar religiös neutral, aber in anderen Rücksichten nicht universal war, also z.B. keine Gleichheit der Geschlechter oder keine Gleichstellung von Jung und Alt einschloß. Wie das zitierte Gesetz gleich fortfährt, ist eine junge Hindufrau auch unter Anwendung von Gewalt der Familie ihres Vaters zurückzuerstatten, wenn sie diese für ihren moslemischen Liebhaber verlassen hat. Vor die Wahl gestellt, den jungen Liebenden oder dem Hinduvater der jungen Frau seinen gesetzlichen Schutz zu geben, liegen die Sympathien des alten Akbar ganz bei dem Vater. Toleranz und Gleichheit auf einer Ebene sind mit Intoleranz und Ungleichheit auf anderer Ebene verquickt, wobei jedoch der Grad an genereller Toleranz in Sachen Religion und Religionsausübung bemerkenswert ist. In diesem Zusammenhang darf man sich ruhig daran erinnern, besonders angesichts des schwer zu verkaufenden »westlichen Liberalismus«, daß zu der Zeit, als Akbar das verkündete, in Europa die Inquisition Hochkonjunktur hatte.

Wegen der Erfahrung mit politischen Kämpfen heute, vor allem im Nahen Osten, stellt man die islamische Zivilisation häufig als fundamental intolerant und der Freiheit des einzelnen gegenüber feindlich eingestellt hin. Doch daß man innerhalb einer Tradition mit Pluralismus zu rechnen hat, gilt auch für den Islam. In Indien sind Akbar und die meisten anderen Mogule in Theorie und Praxis gute Beispiele für politische und religiöse Toleranz. Ähnliche Beispiele finden sich in anderen Teilen des islamischen Kulturraums. Die osmanischen Sultane waren häufig toleranter als ihre europäischen Zeitgenossen. Reichlich Beispiele dafür bieten auch Kairo und Bagdad. Das ging so weit, daß der große jüdische Gelehrte Maimonides im 12. Jahrhundert aus dem intoleranten Europa, wo er geboren war, sich vor der dortigen Judenverfolgung in die Sicherheit des toleranten und weltläufigen Kairo und unter den Schutz von Sultan Saladin flüchtete.

Der iranische Mathematiker Alberuni, der nicht nur indische mathematische Abhandlungen ins Arabische übersetzt hat, sondern auch im frühen 11. Jahrhundert das erste Buch überhaupt über Indien schrieb, war einer der ersten Anthropologen. Er stellte fest und beklagte, daß »die Geringschätzung der Fremden ... allen Völkern im Verhältnis zueinander gemeinsam ist«. Viel Zeit widmete er in seiner Welt des 11. Jahrhunderts der Förderung des gegenseitigen Verständnisses und der gegenseitigen Duldung.

Leicht ließen sich die Beispiele vermehren. Worauf es ankommt, ist, daß die modernen Verfechter der autoritären Sicht »asiatischer Werte« ihre Darstellung auf sehr willkürliche Auslegungen und eine äußerst enge Auswahl von Autoren und Überlieferungen stützen. Die Wertschätzung der Freiheit ist nicht auf nur einen Kulturraum beschränkt, und die westlichen Überlieferungen sind mitnichten die einzigen, die uns zu einem Gesellschaftsverständnis führen, in dessen Zentrum die Freiheit steht.

Globalisierung: Wirtschaft, Kultur und Rechte

Das Thema Demokratie hängt eng mit einer anderen kulturellen Angelegenheit zusammen, die zu Recht heute viel Aufmerksamkeit findet. Ich meine die überwältigende Kraft der westlichen Kultur und Lebensart zur Untergrabung herkömmlicher Lebensweisen und sozialer Sitten. Für jeden, dem der Wert der Tradition und einheimischer Kulturen etwas bedeutet, liegt darin in der Tat eine ernste Bedrohung.

Die heutige Welt wird vom Westen beherrscht. Obwohl es mit dem Imperialismus der ersten Weltherrscher vorbei ist, ist die westliche Dominanz so stark wie eh und je, in mancher Beziehung sogar stärker als vorher, besonders in Sachen Kultur. Im Reich von Coca-Cola oder MTV geht die Sonne nicht unter.

Die Bedrohung der einheimischen Kultur durch die Globalisierung von heute ist bis zu einem bestimmten Punkt unausweichlich. Sicher ist ein Lösungsweg nicht gangbar, nämlich die Globalisierung von Handel und Wirtschaft zurückzudrehen, denn die Kräfte des Marktes und der Arbeitsteilung sind nur schwer in einer Welt zu ignorieren, in der der Wettbewerb durch massive technologische Neuerungen angetrieben wird, was der modernen Technologie immer einen Konkurrenzvorsprung verschafft.

Das ist ein Problem, aber nicht nur ein Problem, da der Welthandel und -verkehr, wie Adam Smith es vorhergesehen hat, jedem Land mehr wirtschaftlichen Wohlstand bescheren kann. Allerdings gibt es Verlierer wie Gewinner, auch wenn, alles zusammengerechnet, unter dem Strich ein Gewinn herausspringt. Was die ökonomischen Ungleichgewichte betrifft, hätte die richtige Antwort eine kollektive Anstrengung zu beinhalten, um die Globalisierung für die Arbeitsplätze und die traditionelle Lebensführung weniger zerstörerisch zu gestalten und überhaupt einen schrittweisen Wandel zu erreichen. Um den Strukturwandel abzufedern, müßten, zusätzlich zur Schaffung sozialer Sicherheitssysteme für die zumindest kurzfristigen Globalisierungsopfer, Angebote zur Umschulung und zum Erwerb neuer Fertigkeiten für diejenigen gemacht werden, die andernfalls ihren Arbeitsplatz verlören.

Diese Lösungswege bieten sich bis zu einem gewissen Grad auch für den Kulturbereich an. Computerkenntnisse, Internetzugang und dergleichen mehr verändern nicht nur die wirtschaftlichen Möglichkeiten, sondern auch das Leben der von diesem technischen Wandel betroffenen Menschen. Auch das ist nicht notwendigerweise zu bedauern. Es bleiben indessen zwei Probleme, eines, das der Kulturbereich mit dem Wirtschaftsleben teilt, und ein anderes, davon ganz verschiedenes.[15]

Erstens verlangt die moderne Kommunikationswelt ein Mindestmaß an Schulbildung und Berufsausbildung. Während einige arme Länder auf diesem Sektor exzellente Fortschritte erzielt haben (ich denke an Länder in Ost- und Südostasien), hinken andere (solche in Südasien und Afrika) notorisch hinterher. Neben der ökonomischen kann die kulturelle Chancengleichheit in einer sich globalisierenden Welt entscheidend wichtig werden. Das ist eine Herausforderung, vor die sich Wirtschaft und Kultur gemeinsam gestellt sehen.

Der zweite Punkt ist ganz verschieden; er trennt das Kulturproblem von den wirtschaftlichen Notwendigkeiten. Bei Fortschritten in ökonomischer Beziehung wird den überholten Produktionsmethoden und Techniken kaum eine Träne nachgeweint. Vielleicht gibt es Nostalgie nach bestimmten, eleganten Dingen, einer alten Dampfmaschine z. B. oder einer antiken Standuhr, doch im allgemeinen finden ausrangierte Maschinen keinen reißenden Absatz. Im Fall der Kultur dagegen können verlorene Traditionen sehr vermißt werden. Der Abschied von alten Lebensweisen kann Schmerz bereiten und ein tiefes Verlustgefühl hinterlassen. Es ist ein wenig wie mit der Auslöschung von Tierarten. Die Eliminierung alter Arten zugunsten »anpassungsfähigerer«, die sich im Konkurrenzkampf und in der Fortpflanzung »besser« behaupten, kann eine Quelle der Bekümmernis sein, und die Tatsache, daß die neuen Arten nach Darwins Maßstäben »besser« sind, braucht einen nicht darüber hinwegzutrösten.[16]

Das ist ein Punkt, der bedacht sein will. Es obliegt jedoch der Gesellschaft, zu entscheiden, was sie, wenn überhaupt, unternehmen will, um alte Zustände, und sei es um einen gewissen Preis, zu bewahren. Lebensformen lassen sich bewahren, wenn die Gesellschaft sich dafür entscheidet, das zu tun. Abzuwägen ist zwischen den dazu nötigen Kosten und dem Wert, welchen die Gesellschaft den bewahrten Dingen und Lebensweisen beilegt. Natürlich liegt die Formel für diese Kosten-Nutzen-Berechnung nicht auf Abruf bereit. Für ein vernünftiges Abschätzen solcher Optionen kommt es entscheidend auf die Möglichkeit der Bevölkerung an, an öffentlichen Diskussionen über den Gegenstand teilzunehmen. Wir kommen auf unseren Ansatz der Verwirklichungschancen zurück: daß unterschiedliche Gesellschaftssegmente, und nicht nur die sozial Bessergestellten, in der Lage sein sollten, an Entscheidungen über das, was erhaltenswert und was obsolet ist, mitzuwirken. Jede verschwindende Lebensform auch zu hohen Kosten zu erhalten, gibt es keine Notwendigkeit; aber aus Gründen der sozialen Gerechtigkeit ist es durchaus nötig, daß die Menschen, wenn sie wollen, auch dann imstande sind, an diesen sozialen Entscheidungen mitzuwirken.[17] Das ist ein weiteres Argument, um solch elementaren Verwirklichungschancen Priorität zu geben, wie (vermöge einer Grundschulerziehung) lesen und schreiben zu können, (durch freie Medien) gut informiert zu sein und (durch Wahlen, Volksbegehren und allgemein den Gebrauch der Bürgerrechte) reale Chancen auf freie Partizipation zu haben. Auch bei dieser Angelegenheit sind die Menschenrechte im weitesten Sinn gefragt.

Kultureller Austausch und durchgängige Interdependenz

Diese Überlegungen blieben unvollständig, wenn wir nicht auch anerkennen, daß der Austausch zwischen den Kulturen und die Empfänglichkeit füreinander nicht notwendig Schimpf und Schande bedeuten. Wir besitzen die Fähigkeit, an Dingen Gefallen zu finden, die anderswo herkommen, und kultureller Nationalismus oder Chauvinismus wirken als Lebensentwürfe durchaus verkümmernd. Rabindranath Tagore, der große bengalische Dichter, hat sich darüber beredt ausgelassen:

»Was auch immer wir an menschlichen Hervorbringungen, woher diese auch immer stammen mögen, verstehen und schätzen, es wird sogleich unser eigen. Ich bin stolz auf mein Menschsein, wenn ich die Dichter und Künstler anderer Länder würdigen kann. Gewähr mir die ungetrübte Freude, mir all die Ruhmestitel des Menschen aneignen zu dürfen.«[18]

Sicherlich liegt eine gewisse Gefahr darin, die Einzigartigkeit der Kulturen zu verkennen, aber es ist genauso möglich, daß man sich durch die Vermutung allgegenwärtiger Beschränktheit in die Irre führen läßt.

Vermutlich gibt es mehr wechselseitige Abhängigkeiten und mehr interkulturelle Einflüsse in der Welt, als diejenigen sich träumen lassen, die ständig auf der Hut vor kultureller Überfremdung sind.[19] Die ängstlich um ihre Kultur Besorgten trauen ihr sehr wenig zu. Sie unterschätzen leicht unsere Fähigkeit, vom Ausland zu lernen, ohne uns von dieser Erfahrung überwältigen zu lassen. Das Gerede von »nationaler Tradition« dient häufig dazu, die Geschichte der äußeren Einflüsse auf die verschiedenen Traditionen zu verdrängen. Chili beispielsweise ist nach unserem Verständnis ein Hauptbestandteil der indischen Küche – für manche geradezu so etwas wie ihre »Erkennungsmelodie« –, dennoch bleibt es eine Tatsache, daß Chili in Indien unbekannt war, bis die Portugiesen es vor erst wenigen Jahrhunderten dort einführten (die altindische Küche benutzte Pfeffer, nicht Chili). Deswegen sind die Currygerichte im Indien von heute aber nicht weniger »indisch«.

Ebensowenig ist es besonders fragwürdig, daß bei der großen Vorliebe für indische Nahrungsmittel im heutigen Großbritannien das

British Tourist Board Curry als ein echt »britisches Genußmittel« anpreist. Vor ein paar Jahren bekam ich in London sogar eine köstliche Charakterisierung von jemandes unheilbar »englischer Art« zu hören. Die Betreffende, sagte man uns, sei »so durch und durch englisch wie *daffodils* und *chicken tikka masala*« (Narzissen und Hähnchen *tikka masala*).

Die Vorstellung regionaler Selbstgenügsamkeit in Kulturdingen ist gänzlich abwegig, und warum viel daran liegen soll, Traditionen rein und unvermischt zu erhalten, ist schwer einzusehen. Manchmal mögen intellektuelle Einflüsse aus dem Ausland einfach weitschweifiger und vielschichtiger sein. Einige indische Chauvinisten beklagen sich beispielsweise über den Gebrauch »westlicher« Begrifflichkeit im schulischen Lehrplan, z.B. für die moderne Mathematik. Allein bei den wechselseitigen Abhängigkeiten in der Welt der Mathematik kann man gar nicht so genau wissen, was »westlich« ist und was nicht. Man nehme nur den Begriff »Sinus« aus der Trigonometrie, der unmittelbar über die Briten in Indien eingeführt worden ist. Genetisch weist er dabei eine bemerkenswerte indische Komponente auf. Ariabhata, der große indische Mathematiker des 5. Jahrhunderts, hatte die Sinusfunktion schon erörtert und auf Sanskrit *jya-ardha* (»halbe Sehne«) genannt. Das war, wie Howard Eves darlegt, der Ausgangspunkt einer interessanten begriffsgeschichtlichen Wanderung:

»Ariabhata nannte den Begriff *ardha-jya* (›halbe Sehne‹) bzw. *jya-ardha* (›Sehnenhälfte‹), um in der Folge nur noch abgekürzt von *jya* (›Sehne‹) zu sprechen. Von *jya* leiteten die Araber phonetisch *jiba* ab, was entsprechend der arabischen Praxis, die Vokale auszulassen, *jb* geschrieben wurde. Nun ist *jiba* abgesehen von seiner technischen Bedeutung im Arabischen ein bedeutungsleeres Wort. Als spätere Autoren über *jb* als Abkürzung für das bedeutungsleere Wort *jiba* stolperten, substituierten sie diesem statt dessen *jaib*, welches dieselben Buchstaben enthält und ein gutes arabisches Wort ist, das soviel wie ›Busen‹ oder ›Bucht‹ bedeutet. Noch später ersetzte Gerhard von Cremona (ca. 1150) in seinen Übersetzungen aus dem Arabischen das arabische *jaib* durch das lateinische Äquivalent *sinus* und damit durch unseren heutigen Fachausdruck.«[20]

Mir geht es überhaupt nicht darum, die Singularität jeder einzelnen Kultur in Frage stellen zu wollen. Vielmehr plädiere ich für ein etwas reflektierteres Verständnis interkultureller Einflüsse und dafür, daß wir in einem elementaren Sinn dafür empfänglich sind, uns an Produkten anderer Kulturen und Länder zu freuen. Wir dürfen nicht über einen hitzigen Konservativismus und Purismus unsere Fähigkeit verlernen, einander zu verstehen und an den kulturellen Schöpfungen anderer Länder Gefallen zu finden.

Universalistische Annahmen

Bevor ich dieses Kapitel abschließe, muß ich noch einen anderen Punkt berühren. Er betrifft bei dem in diesem Buch gewählten Ansatz die Frage des Kulturisolationismus. Dem Leser wird es nicht entgangen sein, daß dieses Buch von der Überzeugung getragen ist, daß Menschen verschiedener Kulturen dennoch fähig sind, viele gemeinsame Werte zu teilen und sich auf manche Grundsätze zu verständigen. Aus dem überragenden Wert der Freiheit, dem organisierenden Prinzip dieses Buchs, sprechen eben streng universalistische Prämissen.

Die These, den »asiatischen Werten« sei Freiheit gleichgültig, oder daß es im Grunde ein »westlicher« Wert sei, Freiheit für wichtig zu halten, ist bereits widerlegt worden. Manchmal wird indessen behauptet, speziell die Duldung in Religionsdingen sei historisch ein rein »westliches« Phänomen. Als ich in einer US-amerikanischen Zeitschrift einen Aufsatz veröffentlichte, der gegen die autoritäre Interpretation der »asiatischen Werte« gerichtet war (»Human Rights and Asian Values«, *The New Republic*, 14. und 21. Juli 1997), enthielten die Leserbriefe regelmäßig zwar Zustimmung zu meiner Bestreitung dieser angeblich besonders »asiatischen Werte« (als generell autoritärer), doch dann ging es weiter: Ja, aber der Westen sei doch wirklich etwas Besonderes, nämlich unter dem Gesichtspunkt der Toleranz.

Das Tolerieren *religiöser* Skepsis und Abweichung sei, so wurde behauptet, eine spezifisch »westliche« Tugend. Ein Kritiker führte aus, die »westliche Tradition« sei absolut einzigartig darin, »daß sie die religiöse Toleranz stark genug macht, um selbst den Atheismus als die prinzipielle Zurückweisung jedes religiösen Glaubens zuzulassen«. Dieser Kritiker hat sicherlich recht, wenn er behauptet, daß die religiöse Toleranz, einschließlich der Toleranz für Skeptizismus und Atheismus, ein zentraler Aspekt der sozialen Freiheit ist. Das hat schon John Stuart Mill überzeugend dargetan.[21] Doch dann bemerkt er: »Wo in der Geschichte Asiens, fragt man sich, kann Amartya Sen irgend etwas dieser bemerkenswerten Geschichte des Skeptizismus, Atheismus und der Freidenkerei Vergleichbares finden?«[22]

Eine schöne Frage, in der Tat, aber die Antwort ist nicht schwer zu finden. Man kann hier so aus dem vollen schöpfen, daß man eher ratlos ist, bei welchem Teil von Asiens Geschichte man anfangen soll. Nehmen wir zum Beispiel Indien. Da könnte man auf die Bedeutung der atheistischen Schulen von Carvaka und Lokayata verweisen, die schon geraume Zeit vor der christlichen Zeitrechnung entstanden und im großen Stil ein keineswegs ephemeres, sondern einflußreiches atheistisches Schrifttum hervorbrachten.[23] Abgesehen von geistigen Dokumenten, die für atheistische Überzeugungen eintreten, lassen sich abweichende Ansichten auch in vielen orthodoxen Quellentexten finden. Sogar das klassische Epos *Ramayana*, das Hindu-Politiker häufig als das heilige Buch über das Leben des göttlichen Rama zitieren, enthält kraß abweichende Ansichten. Beispielsweise erzählt das *Ramayana*, wie Rama von einem weltlichen Gelehrten namens Javali die Torheit religiöser Glaubensüberzeugungen vorgehalten bekommt: »O Rama, sei weise, es gibt keine Welt außer dieser, das ist gewiß! Genieße die Gegenwart und laß das Unerfreuliche zurück.«[24]

Zu bedenken ist ferner, daß die einzige unerschütterlich agnostizistische Weltreligion, nämlich der Buddhismus, asiatischen Ursprungs ist. Er entstand in Indien im 6. Jahrhundert v. Chr., etwa um die Zeit, als die atheistische Propaganda der Schulen von Carvaka und Lokayata besonders aktiv war. Selbst die Upanischaden, ein wichtiger Text aus dem Korpus des Hinduschrifttums, der etwas früher entstand – ich habe daraus bereits Maitreyees Frage zitiert –, erörtern achtungsvoll die Ansicht, wonach Denken und Verstand aus materiellen Bedingungen des Körpers resultieren und daß, »wenn sie zerstört sind«, d.h. »nach dem Tod«, »kein Verstand mehr bleibt«.[25] In Indiens Geistesleben gab es jahrtausendelang skeptische Philosophenschulen. Noch im 14. Jahrhundert widmete Madhava Acarya, selbst ein guter Vaischnavit-Hindu, in seinem Klassiker *Sarvadarsana-samgraha* (»Florilegium aller Philosophien«) das ganze erste Kapitel einer seriösen Darlegung der Argumente der indischen atheistischen Schulen. Religiöse Skepsis und ihre Tolerierung sind wahrlich keine nur auf den Westen beschränkte Erscheinung.

Schon früher war allgemein die Rede von der Toleranz in asiatischen Kulturen, in Arabien, China, Indien, und die religiöse Toleranz ist, wie die zitierten Beispiele klarmachen, ein Teil davon. Beispiele für Verstöße gegen die Toleranz – häufig solche der gröbsten Art – finden sich leicht in jedem Kulturraum (im Westen von der Inquisition des Mittelalters bis zu den Konzentrationslagern, im Osten von den Assassinen bis zu den Taliban), dennoch haben sich in ganz verschiedenen und weit auseinanderliegenden Kulturen unablässig und vielstimmig immer auch Stimmen zugunsten der Freiheit erhoben. Wenn jemand die universalistischen Grundannahmen dieses Buchs, besonders die Hochschätzung der Freiheit, inakzeptabel finden wollte, müßte er sich schon anderswo nach Gründen dafür umsehen.

Schlußbemerkung

Das Plädoyer *zugunsten* grundlegender Freiheiten und dafür, alles, was damit zusammenhängt, in Rechte zu kleiden, beruht auf

1. ihrer *intrinsischen* Berechtigung;
2. dem praktischen *Nutzen*, den sie haben, indem sie politische Anreize für die Herstellung wirtschaftlicher Sicherheit bieten;
3. ihrer *konstruktiven* Bedeutung für das Herausbilden von Werten und das Setzen von Prioritäten.

Asien kann in dieser Beziehung keine Sonderrolle beanspruchen, und hier unter Berufung auf die besondere Wesensart der asiatischen Werte Widerspruch einzulegen, hält einer kritischen Prüfung nicht stand.[26]

Wie die Dinge liegen, stammt die Vorstellung, die asiatischen Werte seien wesentlich autoritär, in Asien nahezu ausschließlich von den Ideologen der Machthaber. Bisweilen wird sie allerdings ergänzt und verstärkt durch westliche Predigten, die Menschen sollten sich das zu eigen machen, was man für spezifisch »westlich-liberale Werte« hält. Außenminister, Regierungsbeamte oder Religionsführer verfügen jedoch bezogen auf die Werte eines Kulturraums über kein Deutungsmonopol. Es kommt darauf an, in jeder Gesellschaft den abweichenden Stimmen zu lauschen.[27] Aung San Suu Kyi ist nicht weniger, sondern offenkundig viel eher berechtigt, das Wollen der Burmesen zu deuten, als die Militärs von Myanmar, deren Kandidaten sie in freien Wahlen geschlagen hatte, bevor die unterlegene Militärjunta sie einsperrte.

Die Binnendifferenziertheit verschiedener Kulturen im Blick zu behalten ist in der heutigen Welt ungemein wichtig.[28] Unsere Bereitschaft, uns auf die Verschiedenartigkeit der Kulturen einzulassen, wird leicht dadurch entwertet, daß wir uns mit vereinfachenden Verallgemeinerungen über »westliche Zivilisation«, »asiatische Werte«, »afrikanische Kulturen« usw. bombardieren lassen. Geschichte und Zivilisation so zu interpretieren ist nicht nur ein intellektuell seichtes Unterfangen, es fördert auch in der Welt, in der wir leben, die gegenseitige Abschottung. Tatsache ist, daß in jeder Kultur Menschen offenbar gern miteinander streiten und genau das auch häufig tun – vorausgesetzt, man erlaubt es ihnen. Das Phänomen Dissidenten macht es problematisch, so eindimensional von dem »wahren Charakter« der Werte einer Region zu sprechen. Dissidenten gibt es wohl in jeder Gesellschaft, häufig sogar massiert, und immerhin nehmen sie oftmals große persönliche Risiken in Kauf. Wären die Dissidenten nicht so hartnäckig präsent gewesen, hätten die autoritären Staaten es auch gar nicht nötig gehabt, zum Zweck der Absicherung ihrer intoleranten Ideologien zu solchen Unterdrückungsmaßnahmen zu greifen. Das Phänomen Dissidenten führt die Cliquen der autoritären Machthaber in *Versuchung*, ein repressives Bild ihrer jeweiligen Regionalkultur zu entwerfen, und gleichzeitig *entzieht* dieses Phänomen selbst jeder solchen totalitären, auf Homogenität bedachten Interpretation einer regionalen Gedankenwelt intellektuell den Boden.[29]

Die westliche Beschäftigung mit nichtwestlichen Gesellschaften zeichnet sich häufig durch zu großen Respekt vor den Autoritäten aus: dem Herrscher, dem Minister, der Militärjunta, dem Religionsführer. Diese »autoritäre Neigung« wird auch dadurch unterstützt, daß die westlichen Länder ihrerseits bei internationalen Zusammenkünften durch Regierungsvertreter repräsentiert sind, die dann mit ihren jeweiligen ausländischen Ressortkollegen ins Gespräch kommen wollen. Eine richtige Entwicklungspolitik kann indessen nicht einseitig auf die Repräsentanten der Macht gestützt sein. Die Basis muß breiter sein, und die Notwendigkeit demokratischer Partizipation ist durchaus nicht nur etwas für Sonntagsreden. Vielmehr hängt die Idee der Entwicklung untrennbar davon ab.

Was die autoritären Behauptungen zu den »asiatischen Werten« betrifft, muß man einfach sehen, daß, was an Werten in der Vergangenheit der asiatischen Länder hochgehalten wurde, in Ostasien wie auch sonst in Asien, enorme Mannigfaltigkeit aufweist.[30] Unter vielen Aspekten sind sie genauso mehrdimensional wie die westliche Ideengeschichte. Die Geschichte Asiens unter der bornierten Kategorie autoritärer Werte abzuhaken, wäre in Anbetracht des intellektuellen Reichtums der asiatischen Traditionen sehr ungerecht. Geschichtsklitterung hilft einer windigen Politik auch nicht weiter.

11

Sozialwahl und individuelles Verhalten

Der Gedanke, sich der Vernunft zu bedienen, um bessere und wünschenswertere Gesellschaften zu konzipieren und zu fördern, hat die Menschen in der Vergangenheit immer wieder angespornt und tut es auch heute noch. Aristoteles stimmt Agathon zu, daß nicht einmal ein Gott die Vergangenheit ändern könnte. Er glaubt jedoch auch, daß es an uns liegt, wie die Zukunft aussieht. Dazu aber hätten wir uns in unseren Entscheidungen von der Vernunft leiten zu lassen.[1] Das setzt allerdings verschiedenes voraus: Wir brauchen zunächst ein Bewertungsraster, Institutionen, die unsere Ziele und unsere Wertsysteme fördern, und wir brauchen nicht zuletzt Verhaltensnormen und Konzepte, die uns zu verwirklichen helfen, was wir uns vornehmen.

Bevor ich diese Argumentationslinie weiterverfolge, muß ich zunächst einige skeptische Einwände gegen die Möglichkeit eines vernünftigen Fortschritts diskutieren. Sollten die Gegengründe zwingend sein, wäre es vermutlich witzlos, den in diesem Buch vorgeschlagenen Ansatz weiterzuführen. Es wäre Narretei, ein so ehrgeiziges Gebäude auf Sand zu bauen.

Drei verschiedene Richtungen der Skepsis scheinen mir besondere Aufmerksamkeit zu verdienen. Erstens wird manchmal kritisch eingewandt, daß angesichts der höchst unterschiedlichen Präferenzen und Werte, die von den Menschen selbst in einer einzigen Gesellschaft verfolgt werden, jeder Versuch, ein kohärentes System reflektierter sozialer Bewertungen aufzustellen, ins Leere geht. Nach dieser Auffassung ist eine rationale und kohärente Bewertung der Gesellschaft ein Ding der Unmöglichkeit. Um diesen Punkt zu gewinnen, wird häufig Kenneth Arrows berühmtes »Unmöglichkeitstheorem« angeführt.[2] In der Regel wird dieser bemerkenswerte Satz so ausgelegt, als beweise er die Unmöglichkeit, auf rationalem Wege aus den individuellen Präferenzen eine Sozialwahl abzuleiten, und als könne er nur unserem Pessimismus Nahrung geben. Der analytische Gehalt des

Theorems muß daher ebenso wie seine inhaltlichen Interpretationen genauer untersucht werden. Der Gedanke der »Informationsbasis«, wie er bereits im 3. Kapitel entwickelt wurde, wird sich auch hier als entscheidend erweisen.

Eine zweite Stoßrichtung der Kritik dreht sich vor allem um einen methodischen Punkt. Sie bezweifelt unsere Fähigkeit, das von uns *Beabsichtigte* herbeizuführen, da die tatsächliche Geschichte von »unbeabsichtigten Folgen« beherrscht werde. Adam Smith, Carl Menger und Friedrich Hayek haben neben anderen auf je eigene Weise die Bedeutung der unbeabsichtigten Folgen betont.[3] Wenn die meisten wichtigen Ereignisse nicht beabsichtigt sind und nicht durch bewußtes Handeln herbeigeführt werden, scheint es ziemlich sinnlos zu sein, unsere Wünsche durch rationales Handeln verwirklichen zu wollen. Wir müssen deshalb untersuchen, welche Konsequenzen sich aus den Einsichten ergeben, die wir der grundlegenden Arbeit von Adam Smith auf diesem Feld verdanken.

Ein dritte Gruppe von Zweifeln bezieht sich auf eine weitverbreitete Skepsis bezüglich der *möglichen* Reichweite menschlicher Werte und Verhaltensnormen. Können unsere Verhaltensformen überhaupt den engeren Bereich des Eigennutzes übersteigen? Fällt die Antwort negativ aus, dann, so wird behauptet, mag der Marktmechanismus zwar noch funktionieren, da er nichts anderes als menschliche Selbstsucht voraussetzt, doch soziale Einrichtungen, die nach einem Mehr an »sozialer«, »moralischer oder »engagierter« Haltung verlangen, liegen dann außerhalb unserer Reichweite. Die Möglichkeit, einen überlegten sozialen Wandel einzuleiten, erstreckt sich nach dieser Ansicht nicht weiter als der Marktmechanismus, auch wenn dieser uns Ineffizienz, Ungleichheit oder Armut beschert. Mehr zu wollen wäre demnach hoffnungslos utopisch.

Das primäre Interesse dieses Kapitels ist es, die Bedeutung von Werten und rationalen Überlegungen für die Erweiterung von Freiheit und das Erreichen von Entwicklungszielen zu untersuchen. Ich werde die drei Argumente nacheinander behandeln.

Unmöglichkeit und Informationsbasis

Tatsächlich beweist Arrows Satz nicht das, was die populären Interpretationen ihm unterstellen. Er begründet keineswegs die Unmöglichkeit einer rationalen Sozialwahl, sondern nur jene Unmöglichkeit, die sich einstellt, wenn wir die Sozialwahl auf eine beschränkte Klasse von Informationen gründen wollen. Auf die Gefahr hin, die Dinge allzu vereinfacht darzustellen, möchte ich kurz eine Weise betrachten, Arrows Theorem zu verstehen.

Nehmen wir als Beispiel das alte »Paradox der Wahl«, das schon im 18. Jahrhundert die französischen Mathematiker Condorcet und Jean-Charles de Borda beschäftigte. Wenn die erste Person die Möglichkeit *x* der Möglichkeit *y* vorzieht und die Möglichkeit *y* der Möglichkeit *z*, während die zweite Person *y* gegenüber *z* und *z* gegenüber *x* vorzieht, und eine dritte Person *z* gegenüber *x* und *x* gegenüber *y* den Vorrang gibt, dann wissen wir, daß die Mehrheitsregel zu Widersprüchen führt. Das heißt in diesem Fall, *x* hat eine Mehrheit gegenüber *y*, das eine Mehrheit gegenüber *z* hat, welches seinerseits eine Mehrheit gegenüber *x* hat. Arrows Theorem beweist nun neben anderen Einsichten, die es uns vermittelt, daß nicht allein die Mehrheitsregel, sondern *alle* Entscheidungsmechanismen, die sich auf dieselbe Informationsbasis stützen – d.h. nur auf individuelle Rangordnungen der relevanten Alternative –, eine Inkonsistenz oder einen fatalen Zustand nach sich ziehen, es sei denn, wir entschieden uns für die diktatorische Lösung und erlaubten, daß die geordneten Präferenzen einer Person den Ton angeben.

Wir haben hier ein außerordentlich eindrucksvolles und elegantes Theorem, eines der schönsten analytischen Ergebnisse auf dem Feld der Sozialwissenschaft. Nur schließt es keineswegs Entscheidungsmechanismen aus, die, im Gegensatz zu Wahlregeln, mehrere – oder verschiedene – Informationsbasen benutzen. Wenn wir eine soziale Entscheidung in wirtschaftlichen Fragen zu fällen haben, ist es naheliegend, andere Informationstypen zu betrachten.

Tatsächlich wäre die Mehrheitsregel, ob sie nun konsistent ist oder nicht, als Mechanismus für die Lösung wirtschaftlicher Streitigkeiten ein denkbar schlechter Ausgangspunkt. Stellen wir uns vor, wir müßten einen Kuchen unter drei Leute aufteilen, wir wollen sie – nicht sehr phantasievoll – Person 1, 2 und 3 nennen, und setzten dabei voraus, daß jede Person die Wahl trifft, nur ihren eigenen Anteil am Kuchen zu vergrößern. (Diese Voraussetzung macht das Beispiel einfacher, aber es hängt nichts Entscheidendes davon ab. Wir könnten ebenso andere Typen von Präferenzen wählen.) Nehmen wir irgendeine Teilung der Kuchens zwischen den dreien. Wir können immer eine »Verbesserung für die Mehrheit« erreichen, indem wir ein Stück vom Anteil einer Person – sagen wir von Person 1 – nehmen und es dann unter die anderen beiden, also Person 2 und 3, teilen. Diese Weise, das soziale Ergebnis zu »verbessern«, würde, vorausgesetzt, das soziale Urteil wird nach der Mehrheitsregel gefällt, immer funktionieren, auch wenn die Person (hier Person 1), die dabei das Nachsehen hat, zufällig die ärmste der drei ist. Ja, wir können damit fortfahren, immer mehr vom Teil der ärmsten Person wegzunehmen und die Beute unter die beiden reicheren zu verteilen – stets würden wir zu einer »Verbesserung für die Mehrheit« kommen. Dieses Verfahren der »Verbesserung« läßt sich so lange weiterbetreiben, bis die ärmste Person keinen Kuchen mehr hat, den man ihr wegnehmen könnte. Ist das nicht, *aus der Perspektive der Mehrheit*, eine herrliche Kette sozialer Verbesserungen!

Regeln dieser Art stützen sich auf eine Informationsbasis, die allein aus den geordneten Präferenzen der Personen besteht, ohne daß berücksichtigt wird, wer ärmer als der andere ist oder wer wieviel gewinnt oder verliert, wenn das Einkommen umgeschichtet wird. Auch andere Informationen fallen dabei unter den Tisch, etwa wie die jeweiligen Personen ihre einzelnen Teile erworben haben. Die Informationsbasis dieser Klasse von Regeln, für die das Verfahren der Mehrheitsentscheidungen ein hervorstechendes Beispiel ist, ist extrem beschränkt, weshalb sie ohne Zweifel für unterrichtete Urteile über Probleme der Wohlfahrtsökonomie völlig unzureichend ist. Der primäre Grund aber ist nicht, daß sie zu einer Inkonsistenz führt, wie sie in Arrows Theorem generalisiert wird; entscheidend ist vielmehr, daß wir auf der Grundlage so spärlicher Informationen nicht wirklich zu sozialen Urteilen gelangen können.

Soziale Gerechtigkeit und reichhaltige Informationen

Annehmbare soziale Regeln würden eine Vielfalt anderer relevanter Fakten in Betracht ziehen, wenn ein Kuchen zu teilen ist: Wer ist ärmer, wer gewinnt hinsichtlich der Wohlfahrt oder der grundlegenden Mittel zum Leben am meisten, wie wird der Kuchen »verdient« oder »erbeutet« usw.? Das Beharren darauf, daß weitere Informationen überflüssig sind und sie, sollten sie uns zugänglich sein, die Entscheidungen ohnehin nicht beeinflussen, macht derartige Regeln für ökonomische Entscheidungsverfahren nicht sehr reizvoll. Angesichts dieser Erkenntnis mag die Tatsache, daß wir uns mit ihnen *auch* noch eine Inkonsistenz einhandeln – wenn wir nämlich den Kuchen durch Wahlabstimmung teilen –, weniger als ein Problem erscheinen denn als eine willkommene Befreiung von der unerschütterlichen Konsistenz roher und hinsichtlich der Informationen starrköpfiger Verfahren.

Hinsichtlich des zu Beginn des 3. Kapitels betrachteten Beispiels ist zu sagen, daß keines der Argumente, die für eine Beschäftigung entweder von Dinu oder Bishanno oder Rogini sprechen, in der Informationsbasis von Arrow verwendbar wäre. Für Dinu sprach, daß er der Ärmste war, für Bishanno, daß er am unglücklichsten, und für Rogini, daß sie die Kränkeste war. All diese Informationen finden unter Arrows Voraussetzungen in der Informationsbasis für die Präferenzordnungen der drei Personen keinen Platz. Wenn wir ökonomische Urteile fällen, berufen wir uns im allgemeinen auf breitere Informationstypen, als sie die Klasse von Mechanismen erlaubt, die mit Arrows System vereinbar ist.

Überhaupt bin ich der Meinung, daß der Geist der »Unmöglichkeit« nicht die richtige Weise ist, Arrows »Unmöglichkeitstheorem« zu verstehen.[4] Arrow liefert einen allgemeinen Ansatz, um über soziale Entscheidungen, die auf individuellen Bedingungen beruhen, nachzudenken, und sein Theorem, wie auch eine Gruppe von anderen auf seiner Pionierleistung gegründeten Ergebnissen, beweist, daß das, was möglich bzw. unmöglich ist, wesentlich davon abhängen kann, welche Informationen in sozialen Entscheidungsverfahren zugelassen werden. Tatsächlich lassen sich aus einer *Erweiterung* der Informationsbasis kohärente und konsistente Kriterien für soziale und ökonomische Bewertungen gewinnen. Die Forschungsliteratur zur

»Sozialwahl«, wie dieses aus Arrows Pioniertat hervorgegangene Untersuchungsfeld genannt wird, bildet ebensosehr eine Welt der Möglichkeiten wie eine der bedingten Unmöglichkeiten.[5]

Soziale Interaktion und partielle Zustimmung

Zu beachten ist noch ein anderer Punkt, der sich aus einem verwandten Thema ergibt, nämlich daß eine auf sozialen Konsens setzende Politik nicht nur danach verlangt, auf der Grundlage vorgegebener individueller Präferenzen zu handeln, sie hat auch die Empfänglichkeit sozialer Entscheidungen für eine *Entwicklung* individueller Präferenzen und Normen in Anschlag zu bringen. Genau aus diesem Grund kommt der öffentlichen Diskussion und dem gesellschaftlichen Austausch für die Entstehung gemeinsamer Werte und Verpflichtungen ein so hoher Stellenwert zu.[6] Unsere Ideen über Gerechtigkeit und Ungerechtigkeit reagieren vermutlich auf öffentlich vorgebrachte Argumente, und manchmal reagieren wir auf unsere verschiedenen Meinungen mit einem Kompromiß oder auch einem Handel, mitunter erweisen wir uns aber auch als unbeugsam und dickschädelig. Das Herausbilden von Präferenzen durch soziale Interaktionen ist ein Hauptthema dieser Untersuchung, zu dem in diesem und im nächsten Kapitel mehr zu sagen sein wird.

Wichtig ist auch zu sehen, daß gebilligte soziale Einrichtungen und eine angemessene Sozialpolitik keine geschlossene »soziale Rangordnung« voraussetzen, in der alle alternativen sozialen Möglichkeiten vollständig geordnet sind. Auch partielle Übereinstimmungen sortieren annehmbare Möglichkeiten aus (und verwerfen unannehmbare). Für eine funktionierende Lösung reicht eine bedingte Billigung einzelner Maßnahmen aus, ohne daß darüber hinaus noch vollständige soziale Einhelligkeit erforderlich wäre.[7]

Auch verlangen Urteile über die »soziale Gerechtigkeit« nicht nach einer ungeheuer fein skalierten Genauigkeit: wie etwa die These, ein Steuersatz von 39 Prozent sei gerecht, 39,5 Prozent seien es jedoch nicht mehr, oder gar daß das erste »gerechter« sei als das zweite. Was wir brauchen, ist vielmehr eine praktikable Einigkeit über einige grundlegende Fragen benennbar grober Ungerechtigkeit oder Unfairneß.

Das Beharren auf Vollständigkeit aller Gerechtigkeitsurteile über jede mögliche Wahl ist nicht nur der Feind praktischen sozialen Handelns, sondern zeigt auch, daß das Wesen der Gerechtigkeit selbst mißverstanden wird. Nehmen wir ein extremes Beispiel: Wenn wir uns einig sind, daß das Ausbrechen einer Hungersnot, die zu verhindern gewesen wäre, sozial ungerecht ist, dann behaupten wir damit nicht zu wissen, welche *genaue* Zuteilung von Lebensmitteln an alle Bürger gerecht ist. Die Erkenntnis, daß verhütbare Mangelerscheinungen offensichtlich ungerecht sind – also etwa weitverbreiteter Hunger, vermeidbare Krankheiten, ein vorzeitiger Tod, drückende Armut, die Vernachlässigung von Mädchen, die Unterdrückung der Frauen und ähnliche Erscheinungen –, muß nicht eine vollständige Rangordnung über Entscheidungen voraussetzen, die feinere Unterschiede und unbedeutende Mißhelligkeiten einschließen. Der inflationäre Gebrauch der Gerechtigkeitsidee raubt ihr etwas von ihrer Kraft, wenn sie auf die schrecklichen Mangelerscheinungen und das himmelschreiende Unrecht angewendet wird, die die Welt, in der wir leben, kennzeichnen. Gerechtigkeit gleicht einer Kanone: Man muß sie nicht abfeuern, um einen Spatzen zu töten.

Beabsichtigte Veränderungen und unbeabsichtigte Konsequenzen

Ich wende mich nun dem zweiten genannten Grund dafür zu, daß die Idee des vernünftigen Fortschritts auf Skepsis stößt, d.h. dem angeblichen Überwiegen »unbeabsichtigter« Konsequenzen und den damit verbundenen Zweifeln an der Möglichkeit eines überlegten und absichtlichen Fortschritts. Die Vorstellung, daß unbeabsichtigte Konsequenzen menschlichen Handelns für viele der großen Veränderungen in der Welt verantwortlich sind, ist nicht schwer zu verstehen. Die Dinge laufen nicht immer so, wie wir wollen. Manchmal haben wir ausgezeichnete Gründe, dafür dankbar zu sein, etwa für die Entdeckung des Penicillins dank übriggebliebener Essensreste, die dafür nicht gedacht waren, oder für die Niederlage der Nationalsozialisten, die durch Hitlers militärischen Größenwahn verursacht wurde, aber nicht intendiert war. Man würde sehr wenig von der Geschichte verstehen, wenn man erwartete, daß die Konsequenzen in der Regel unseren Absichten entsprechen.

Doch nichts davon ist für den rationalistischen Ansatz dieses Buches verheerend. Ein derartiger Ansatz muß nicht allgemein voraussetzen, daß es keine unbeabsichtigten Wirkungen geben soll, er muß lediglich annehmen, daß überlegte Versuche, einen sozialen Wandel herbeizuführen, uns unter den relevanten Umständen helfen, zu besseren Ergebnissen zu kommen. Eine Reihe von Beispielen für erfolgreiche soziale und ökonomische Reformen infolge durchdachter Programme beweisen dies. Anstrengungen, allen Menschen das Lesen und Schreiben beizubringen, gelingen in der Regel, wie Europa, Nordamerika, Japan und auch andere Länder in Ostasien demonstriert haben. Pockenepidemien und viele andere Krankheiten sind entweder ausgerottet oder stark eingedämmt worden. Die Entwicklung staatlicher Gesundheitsdienste in den europäischen Ländern bietet den meisten Bürgern eine Gesundheitsfürsorge, die früher undenkbar war. Die Dinge verhalten sich häufig genug so, wie sie uns erscheinen, ja mehr oder weniger so, wie sie den Leuten erscheinen, die hart daran gearbeitet haben, sie zu verwirklichen. Natürlich müssen diese Erfolgsgeschichten durch die Erzählung von Mißerfolgen und Abweichungen ergänzt werden, denn aus dem, was falsch läuft, läßt sich die Lehre ziehen, was man nächstes Mal besser machen sollte. Lernen durch Praxis ist ein großer Bundesgenosse des rationalistischen Reformers.

Was sollen wir nun mit dieser angeblich von Adam Smith verfochtenen und definitiv von Carl Menger und Friedrich Hayek vertretenen These anfangen, daß viele – vielleicht sogar die meisten – guten Dinge in der Regel unbeabsichtigte Resultate menschlichen Handelns sind? Die »allgemeine Philosophie«, die dieser Lobrede auf unbeabsichtigte Konsequenzen zugrunde liegt, verdient es, näher betrachtet zu werden. Beginnen werde ich aus zwei Gründen mit Adam Smith, zum einen, weil er angeblich der Vater dieser Theorie ist, und zum anderen, weil dieses Buch einen stark »smithianischen« Zug hat.

Zunächst müssen wir festhalten, daß Smith äußerst skeptisch war, was die Moral der Reichen betraf. Kein anderer Autor, nicht einmal Karl Marx, geißelte so heftig die Motive der Wohlhabenden, wo es um die Interessen der Armen ging. Viele reiche Besitzer, schrieb Adam Smith in der *Theorie der ethischen Gefühle*, ein Buch, das 1759, sieben Jahre vor *Der Wohlstand der Nationen*, erschien, verfolgten in »ihrer natürlichen Selbstsucht und Raubgier« nur »ihre eigenen eitlen und unersättlichen Begierden«.[8] Und dennoch könnten andere unter verschiedenen Umständen aus den Handlungen der Reichen Gewinn ziehen, da das Tun verschiedener Menschen sich auf produktive Weise zu ergänzen vermag. Smith schickte sich nicht an, die Reichen zu loben, weil sie anderen Gutes tun. Die These der unbeabsichtigten Folgen schreibt Smith' skeptische Haltungen gegenüber den Reichen fort. Die Selbstsüchtigen und Habgierigen werden, so Smith, »von einer unsichtbaren Hand« geleitet, um »das Interesse der Gesellschaft zu fördern«, und das tun sie »ohne es zu beabsichtigen, ja ohne es zu wissen«. Aus diesen Worten und mit ein wenig Nachhilfe von Menger und Hayek wurde die »Theorie der unbeabsichtigten Konsequenzen« geboren.

In diesem allgemeinen Rahmen formulierte Smith auch seine bereits zitierte Erörterung der wirtschaftlichen Vorteile des Tauschs in *Der Wohlstand der Nationen*:

»Nicht vom Wohlwollen des Metzgers, Brauers und Bäckers erwarten wir das, was wir zum Essen brauchen, sondern davon, daß sie ihre eigenen Interessen wahrnehmen. Wir wenden uns nicht an ihre Menschen-, sondern an ihre Eigenliebe ...«[9]

Der Metzger verkauft den Kunden nicht deshalb Fleisch, weil er ihr Wohlergehen fördern möchte, sondern weil er daran verdienen will. Ebenso verfolgen der Bäcker und der Brauer ihr jeweiliges Eigeninteresse, doch am Ende helfen sie damit anderen. Der Kunde seinerseits ist nicht um die Interessen des Metzgers, Bäckers oder Brauers besorgt, er hat sein eigenes Interesse im Auge, wenn er Fleisch, Brot oder Bier kauft. Doch der Metzger, der Bäcker und der Brauer profitieren davon, daß der Kunde seine eigene Befriedigung sucht. Der einzelne wird, wie Smith es sieht, »von einer unsichtbaren Hand geleitet, um einen Zweck zu fördern, der nicht Teil seiner Absichten war«.[10]

Aus diesen bescheidenen Anfängen ging die Idee der »unbeabsichtigten Konsequenzen« hervor. Vor allem Carl Menger erklärte sie zu einem zentralen Satz der Wirtschaftstheorie, obgleich er meinte, Smith habe ihn nicht ganz richtig erfaßt, und später entwickelte Friedrich Hayek die Theorie weiter und bezeichnete sie als eine »tiefe Einsicht in den Gegenstand jeder Sozialtheorie«.[11]

Wie bedeutend ist nun diese Theorie? Hayek war sehr von der elementaren Tatsache beeindruckt, daß wichtige Konsequenzen häufig unbeabsichtigt sind. An sich vermag uns diese Tatsache kaum zu erstaunen. Jede Handlung hat viele Folgen, und nur einige davon können die handelnden Subjekte beabsichtigt haben. Ich verlasse morgens das Haus, um einen Brief aufzugeben. Sie sehen mich dabei. Es war nicht meine Absicht, zu veranlassen, daß Sie mich sehen – ich wollte lediglich einen Brief wegschicken –, aber es war ein Ergebnis meines Ganges zum Briefkasten. Es ist eine unbeabsichtigte Folge meines Tuns. Nehmen wir ein anderes Beispiel: Die Anwesenheit vieler Menschen in einem Raum verursacht dessen Erwärmung, und das kann in einem überhitzten Raum, in dem eine Party stattfindet, ziemlich wichtig sein. Niemand hatte die Absicht, den Raum aufzuheizen, doch alle gemeinsam können genau dies herbeiführen.

Bedarf es großer Weisheit, um all das einzusehen? Meiner Ansicht nach kommt man mit weniger aus. Ja, es ist schwer vorstellbar, worin die Tiefe des allgemeinen Schlusses liegen soll, daß viele Konsequenzen völlig unbeabsichtigt sind.[12] Sosehr ich Friedrich Hayek und seine Gedanken bewundere – er hat vielleicht mehr als jeder andere unser Verständnis der Verfassungsgrundsätze, der Relevanz von Rechten, der Bedeutung sozialer Prozesse und vieler anderer sozialer und wirtschaftlicher Vorstellungen geschärft –, doch in dieser bescheidenen Erkenntnis kann ich schwerlich einen wichtigen Gedanken erblicken. Wenn es, in Hayeks Worten, eine »tiefe Einsicht« ist, dann ist irgend etwas mit der Tiefe falsch.

Dieselbe Frage läßt sich allerdings aus einem anderen Winkel betrachten, und vielleicht wollte Hayek das betonen. Das Entscheidende ist nicht, daß einige Konsequenzen unbeabsichtigt sind, sondern daß eine Kausalanalyse diese unbeabsichtigten Wirkungen hinreichend genau *voraussagen kann.* Tatsächlich kann der Metzger voraussagen, daß ein Tausch von Fleisch gegen Geld nicht nur ihm zugute kommt, sondern auch dem Kunden, dem Käufer des Fleisches, und mithin erwartet werden kann, daß die Beziehung, weil beide Seiten davon profitieren, von Dauer ist. Ähnlich können der Brauer, der Bäcker und der Kunde annehmen, daß diese ökonomischen Beziehungen haltbar sind. Eine *unbeabsichtigte* Konsequenz muß nicht *unvorhersehbar* sein, und von diesem Umstand hängt vieles ab. Das Zutrauen der jeweiligen Parteien in den Fortbestand solcher Marktbeziehungen beruht wesentlich auf solchen getroffenen oder stillschweigend angenommenen Vorhersagen.

Wird die Idee der unbeabsichtigten Konsequenzen so verstanden, d.h. als *Antizipation* wichtiger, aber unbeabsichtigter Konsequenzen, bildet sie in keiner Weise ein Hindernis für die Möglichkeit einer vernunftgeleiteten Reform. Ganz im Gegenteil. Ökonomische und soziale Überlegungen können Konsequenzen in Betracht ziehen, die zwar nicht beabsichtigt sind, aber dennoch aus den institutionellen Einrichtungen folgen. Wenn wir die Wahrscheinlichkeit verschiedener unbeabsichtigter Konsequenzen mitreflektieren, lassen sich die Argumente für bestimmte Institutionen besser bewerten.

Einige Beispiele aus China

Manchmal waren die eintretenden Konsequenzen nicht nur unbeabsichtigt, sie wurden auch nicht vorhergesehen. Solche Beispiele sind einerseits wichtig, weil sie uns daran erinnern, daß menschliche Erwartungen fehlgeleitet sein können, andererseits versorgen sie uns mit dem Stoff, aus dem wir für zukünftige politische Entscheidungen lernen können. Einige Beispiele aus der jüngsten chinesischen Geschichte werden diese Fragen vielleicht besser illustrieren.

Seit den Wirtschaftsreformen von 1979 ist viel über die anscheinend negative Wirkung der Reform auf eine Reihe sozialer Ziele diskutiert worden, auch darüber, wie die Gesundheitsfürsorge in den ländlichen Gebieten arbeitet. Die Reformen haben diese negativen sozialen Auswirkungen nicht beabsichtigt, aber offensichtlich sind sie eingetreten. Beispielsweise wurde die Finanzierung der öffentlichen Gesundheitsfürsorge in den ländlichen Gebieten sehr viel prekärer, nachdem in den späten 70er Jahren das »System der Eigenverantwortung« in der chinesischen Landwirtschaft eingeführt wurde und das frühere auf Kooperation basierende System ablöste, was eine Periode nie dagewesener landwirtschaftlicher Expansion einleitete. Bis dahin wurde das Gesundheitssystem größtenteils durch das kooperative System finanziert, in dem es eine Pflichtversicherung gab. Tatsächlich erwies es sich als sehr schwierig, die ländliche Bevölkerung in eine freiwillige Krankenversicherung einzugliedern. Darunter litt womöglich die Güte des Gesundheitswesens in der Zeit unmittelbar nach den Reformen. Anscheinend wurden die Reformer von dieser Entwicklung überrascht, und sollte das zutreffen, wird man behaupten dürfen, daß die Folgen leichter vorherzusehen gewesen wären, wenn zuvor eine umfassende Studie über die Finanzierung des Gesundheitswesens in China und anderswo angefertigt worden wäre.

Betrachten wir nun ein andersgeartetes Beispiel: Die 1979 in China eingeführte und mit Zwangsmethoden durchgesetzte Familienplanung, darunter auch die Politik der »Ein-Kind-Familie«, scheint sich auf die Senkung der Kindersterblichkeit nachteilig ausgewirkt zu haben, besonders auf die weiblicher Säuglinge. Während die Familien versuchten, den Anordnungen des Staates über die erlaubte Kinderzahl zu gehorchen, ohne ihre Bevorzugung von Jungen aufzugeben, kam es faktisch zu einer häufigeren Vernachlässigung und höheren Sterblichkeit bei Mädchen, wenn nicht gar zur Kindstötung, und ganz sicher wurden mehr weibliche als männliche Föten abgetrieben. Die Architekten der sozialen Reform und der verordneten Familienplanung hatten nicht die Absicht, die Kindersterblichkeit im allgemeinen zu erhöhen, und gewiß auch nicht die der weiblichen Säuglinge im besonderen. Auch wollten sie nicht dazu ermuntern, weibliche Föten verstärkt abzutreiben. Sie beabsichtigten lediglich, die Geburtenrate zu senken. Dennoch traten diese unerwünschten Konsequenzen ein, die weder zu übersehen noch hinzunehmen sind.

Die zentrale Frage lautet daher, ob diese negativen Folgen vorhersagbar gewesen wären und, auch wenn sie nicht intendiert waren, hätten *vorhergesehen* werden sollen. Das Wesen der wirtschaftlichen und sozialen Reformen in China hätte von einer vorausschauenden Analyse der Ursachen und Wirkungen, die unbeabsichtigten Folgen eingeschlossen, gewiß profitiert. Die Tatsache, daß die negativen Wirkungen *nicht intendiert* waren, impliziert nicht, daß sie überhaupt nicht vorhersehbar gewesen sind. Ein geschärftes Verständnis für derlei Konsequenzen hätte zu klareren Vorstellungen davon geführt, was mit den vorgeschlagenen Veränderungen auf dem Spiel stand, und möglicherweise hätte dies präventive oder korrigierende Maßnahmen mit sich gebracht.

Diese Beispiele aus der jüngsten chinesischen Erfahrung drehen sich um unbeabsichtigte Konsequenzen, die von einem sozialen Standpunkt aus schädlich waren. Die Richtung dieser unbeabsichtigten Wirkungen ist nicht mit der Hauptgruppe unbeabsichtigter Konsequenzen zu verwechseln, die Adam Smith, Carl Menger und Friedrich Hayek beschäftigen, denn diese sind typischerweise *günstig*. Die beiden Arten von Fällen funktionieren allerdings auf eine vergleichbare Weise, auch wenn die unbeabsichtigten Konsequenzen im einen Fall attraktiv und im anderen Fall abstoßend sind.

Auch das Eintreten *günstiger* unbeabsichtigter Konsequenzen, die Sorte die Smith, Menger und Hayek interessiert, hat einige Parallelen im Bereich der Wirtschaftsplanung in China, obgleich wir uns dafür in anderen Episoden der jüngsten chinesischen Geschichte umsehen müssen. Je klarer der rasante wirtschaftliche Fortschritt der ost- und südostasiatischen Volkswirtschaften verstanden wird, um so deutlicher tritt zutage, daß nicht nur die Öffnung der Wirtschaft, das größere Vertrauen in den inländischen und internationalen Handel für den rapiden ökonomischen Wandel in diesen Volkswirtschaften verantwortlich waren. Das Fundament wurde auch durch positive soziale Veränderungen gelegt, wie etwa eine Bodenreform, höhere Bildung und bessere Gesundheitsfürsorge. Was wir hier betrachten, sind nicht so sehr die sozialen Konsequenzen der Wirtschaftsreformen, sondern die ökonomischen Konsequenzen der Sozialreformen. Die Marktwirtschaft floriert auf den Grundlagen einer solchen sozialen Entwicklung. Wie Indien in letzter Zeit erfahren mußte, kann eine fehlende soziale Entwicklung die Reichweite der wirtschaftlichen Entwicklung enorm einschränken.[13]

Wann und wie vollzogen sich die sozialen Veränderungen in China? Der größte Schub erfolgte vor der Reformperiode, also vor 1979, ja viele soziale Veränderungen fielen noch in die Tage der aktiven maoistischen Politik. *Beabsichtigte* Mao, die sozialen Grundlagen für Marktwirtschaft und kapitalistische Expansion zu schaffen – was er sicherlich erfolgreich tat? Diese Hypothese grenzt ans Absurde. Aber dennoch wirkten sich die maoistische Landreform, der Ausbau des Schul- und Gesundheitswesens usw. äußerst günstig auf das Wirtschaftswachstum Chinas nach den Reformen aus. Das Maß, in dem China *nach den Reformen* sich die Errungenschaften Chinas vor den *Reformen* zunutze machte, wartet noch darauf, richtig gewürdigt zu werden.[14] Sicherlich aber sind positive unbeabsichtigte Folgen in diesem Zusammenhang wichtig.

Da Mao nicht im Traum daran dachte, daß sich eine blühende Marktwirtschaft in China entwickeln könnte, überrascht es nicht weiter, daß er diesen besonderen Ertrag der unter seiner Führung verwirklichten sozialen Veränderungen nicht in Betracht zog. Gleichwohl liegt hier eine allgemeine Verbindung vor, die eng mit der Betonung der Verwirklichungschancen in diesem Buch zusammenhängt. Die entsprechenden sozialen Veränderungen – der Ausbau des Schul- und Gesundheitswesens sowie die Landreform – erweitern die menschlichen Verwirklichungschancen, ein gutes, weniger den Zufallsgeschicken ausgesetztes Leben zu führen. Diese Verwirklichungschancen sorgen auch dafür, daß die Produktivität und die Möglichkeit steigt, die Leute auf dem Arbeitsmarkt zu vermitteln, d. h., das sogenannte Humankapital wächst. Die wechselseitige Abhängigkeit von menschlichen Verwirklichungschancen im allgemeinen und Humankapital im besonderen wäre vernünftigerweise vorhersagbar gewesen. Zwar wird es nicht in Maos Absicht gelegen haben, den Boden für eine leichtere Ausweitung der Markwirtschaft in China zu bereiten, doch ein Sozialwissenschaftler wäre selbst damals gut beraten gewesen, eine solche Beziehung vorauszusagen. Die Vorhersage derartiger sozialer Verhältnisse und kausaler Verbindungen befähigt uns, über die soziale Organisation und einen möglichen sozialen Wandel und Fortschritt vernünftige Schlüsse zu ziehen.

Mithin ist die Antizipation unbeabsichtigter Folgen ein Teil, und nicht das Gegenteil, eines rationalistischen Ansatzes im Hinblick auf institutionelle Reformen und sozialen Wandel. Die von Smith, Menger und Hayek vermittelten Einsichten lenken unsere Aufmerksamkeit auf die Untersuchung nichtintendierter Wirkungen, der sich auch die drei Theoretiker zuwandten. Es wäre ein großer Irrtum zu meinen, die Bedeutung unbeabsichtigter Wirkungen untergrabe das Bedürfnis, alle Wirkungen rational zu beurteilen, die unbeabsichtigten ebenso wie die beabsichtigten. Wir konnten kein Argument entdecken, das gegen den Versuch spricht, *alle* wahrscheinlichen Konsequenzen verschiedener politischer Maßnahmen vorherzusehen, noch sind wir einem Grund dafür begegnet, daß politische Entscheidungen nicht auf eine rationale Bewertung alternativer Szenarios zu gründen sind.

Soziale Werte und öffentliches Interesse

Ich wende mich nun dem dritten Argument zu. Wie steht es um die These, daß Menschen unerschütterlich selbstsüchtig sind? Was sollen wir dieser tiefen Skepsis hinsichtlich der Möglichkeit höherer sozialer Werte entgegenhalten? Würde jede Freiheit, deren sich die Menschen erfreuen, unweigerlich auf egoistische Weise ausgeübt, so daß die Hoffnung, auf einen reflektierten sozialen Fortschritt und ein überlegtes staatliches Handeln durch und durch illusionär wäre?

Meiner Ansicht nach ist diese Skepsis ungerechtfertigt. Natürlich ist der Eigennutz ein äußerst wichtiger Beweggrund, und viele Arbeiten über Ökonomie und soziale Organisation leiden darunter, daß sie diesem grundlegenden Motiv nicht genug Beachtung schenken. Aber dennoch werden wir tagtäglich Zeugen von Handlungen, in denen sich Werte mit einer deutlich sozialen Komponente spiegeln, die uns über die engen Grenzen eines rein egoistischen Verhaltens hinausführen. Sowohl die kommunikative Vernunft als auch die biologische Evolution der Verhaltensformen erleichtern das Auftreten sozialer Normen. Zu diesem Thema gibt es mittlerweile eine so umfangreiche Literatur, daß ich nicht lange dabei verweilen will.[15]

Der Gebrauch einer sozial verantwortungsbewußten Vernunft und die Verwendung von Gerechtigkeitsvorstellungen sind eng mit der zentralen Bedeutung der individuellen Freiheit verbunden. Damit wird nicht behauptet, daß die Menschen stets ihre Gerechtigkeitsvorstellungen beschwören oder sich immer ihrer für soziale Belange empfänglichen Vernunft bedienen, um zu entscheiden, wie sie ihre Freiheit nutzen wollen. Doch der Gerechtigkeitssinn gehört zu den Anliegen, welche die Menschen bewegen *können*, und oft *tut* er es auch. Soziale Werte können eine wichtige Rolle beim Erfolg verschiedener Formen der gesellschaftlichen Organisation spielen und haben sie auch gespielt, man denke nur an den Marktmechanismus, die demokratische Politik, die grundlegenden Bürgerrechte, die Sorge für elementare öffentliche Güter und die Institutionen des gesellschaftlichen Handelns und öffentlichen Protests.

Verschiedene Individuen mögen moralische Ideen ganz unterschiedlich auslegen, auch die Idee der sozialen Gerechtigkeit, und sie mögen sogar im Zweifel darüber sein, welchen institutionellen Ausdruck sie ihren Ideen verleihen können. Doch die fundamentalen

Gerechtigkeitsvorstellungen sind nichts Fremdes für soziale Wesen, die sich über ihre eigenen Interessen Gedanken machen, aber auch über die ihrer Familienmitglieder, Nachbarn, Mitbürger und anderer Menschen in der Welt. Das Gedankenexperiment des »unparteiischen Zuschauers«, das Adam Smith so wunderbar durchgespielt hat – es beginnt mit der Frage: Was würde ein »unparteiischer Zuschauer« in dieser Situation tun? –, ist die Formalisierung einer ganz und gar nicht formalen, fast in jeder menschlichen Brust vorhandenen Vorstellung. Wir müssen im menschlichen Verstand nicht erst künstlich Platz schaffen für die Idee der Gerechtigkeit oder der Fairneß, indem wir ihn einem moralischen Bombardement oder leidenschaftlichen Wortergüssen aussetzen. Der Platz existiert bereits, und die Frage ist, wie wir die allgemeinen Interessen der Menschen systematisch, stringent und effektiv einsetzen können.

Die Rolle der Werte im Kapitalismus

Zwar wird der Kapitalismus häufig als eine Organisationsform betrachtet, die nur deshalb funktioniert, weil alle Menschen habsüchtig sind, doch daß die kapitalistische Wirtschaft so effizient funktioniert, wie sie es tut, hängt in Wahrheit von einem einflußreichen System von Werten und Normen ab. Im Kapitalismus nichts anderes zu sehen als ein System, das im wesentlichen auf habsüchtigem Verhalten beruht, heißt die Ethik des Kapitalismus, die kräftig zu seinen schwindelerregenden Leistungen beigetragen hat, völlig zu unterschätzen.

Die Verwendung formaler ökonomischer Modelle zum besseren Verständnis des Marktmechanismus gehört wohl zu den Standardmethoden in der Wirtschaftstheorie, ist jedoch ein zweischneidiges Schwert. Die Modelle gewähren uns einen Einblick in das Funktionieren der realen Welt.[16] Andererseits kann die Struktur des Modells einige stillschweigende Annahmen verschleiern, die ebenjene regelmäßigen Beziehungen erzeugen, auf denen das Modell aufbaut. Märkte operieren nicht einfach deshalb so durchschlagend, weil Tauschbeziehungen »erlaubt« sind, sie brauchen ebenso ein solides institutionelles Fundament, etwa funktionierende Rechtssysteme zur Durchsetzung der vertraglich zugesicherten Rechte, wie auch eine Verhaltensmoral, welche die Einhaltung der ausgehandelten Verträge garantiert, ohne daß man ständig die Gerichte anrufen muß. Vertrauen in die Worte und Versprechen des anderen kann ein wichtiger Bestandteil des erfolgreich operierenden Marktes sein.

Daß mehr als nur zügellose Habgier für die Entstehung und Entwicklung des kapitalistischen Systems verantwortlich sein mußte, war schon den frühen Apologeten des Kapitalismus deutlich. Der Manchesterliberalismus kämpfte nicht nur für den Sieg der Habsucht und des Eigennutzes. Sein Begriff von Humanität schloß einen weiten Bereich von Werten ein. Obwohl er möglicherweise allzu optimistisch war, was die Menschen, überläßt man sie sich selbst, leisten können und wollen, so erkannte er doch zu Recht, daß sie eines spontanen Mitgefühls füreinander fähig sind und durchaus zu einem aufgeklärten Verständnis der Notwendigkeit eines auf wechselseitigem Wohlwollen beruhenden Verhaltens gelangen können, ohne daß der Staat sie unaufhörlich dazu drängen muß.

Dasselbe trifft auf Adam Smith zu, der eine Vielzahl von Werten erörterte, die Teil der wirtschaftlichen, sozialen und politischen Beziehungen sind. Selbst so frühe Kommentatoren wie Montesquieu und James Stuart, die im Kapitalismus eine Art Verdrängung der »Leidenschaften« durch das »Interesse« sahen, lenkten die Aufmerksamkeit auf die Tatsache, daß die intelligente und vernünftige Verfolgung des eigenen Interesses einen großen moralischen Fortschritt darstellen kann, verglichen damit, daß wir uns von Leidenschaften, Begierden und despotischen Neigungen antreiben lassen. James Stuart hielt das »Interesse« für »die kräftigsten Zügel« gegen die »Narrheit des Despotismus«. Wie Albert O. Hirschman so wunderbar dargelegt hat, glaubten die frühen Verfechter des Kapitalismus, daß die Entstehung der kapitalistischen Moral unsere Motive veredle: »Sie sollte unsere menschenfreundlichen Veranlagungen anstacheln und andere übelwollende verdrängen.«[17]

So schlagkräftig die kapitalistische Moral auch sein mag, in einigen Hinsichten ist sie zweifellos eng begrenzt, vor allem in Fragen der wirtschaftlichen Ungleichheit, des Umweltschutzes und der Notwendigkeit von Kooperation außerhalb des Marktes. Doch innerhalb seiner Domäne wirkt der Kapitalismus effizient mit Hilfe eines moralischen Systems, das die Vision und das Vertrauen liefert, ohne das der Marktmechanismus und verwandte Institutionen nicht so erfolgreich eingesetzt werden könnten.

Geschäftsmoral, Vertrauen und Verträge

Eine Tauschwirtschaft kann ohne gegenseitiges Vertrauen und den Einsatz expliziter und impliziter Normen nicht mit Gewinn funktionieren.[18] Wenn diese Verhaltensweisen zum Alltag gehören, wird ihre Funktion leicht übersehen. Müssen sie jedoch erst kultiviert werden, kann ihr Fehlen leicht zu einem großen Hemmnis für den wirtschaftlichen Erfolg werden. Eine Vielzahl von Beispielen illustrieren die Probleme, mit denen vorkapitalistische Wirtschaftssysteme geschlagen sind, weil die kapitalistischen Tugenden noch nicht entwickelt wurden. Daß der Kapitalismus auf Handlungsmaximen angewiesen ist, die über die reine Profitmaximierung hinausgehen, ist schon seit langem von Sozialwissenschaftlern unterschiedlichster Couleur erkannt worden, unter anderem von Marx, Weber und Tawney.[19] Es ist nichts Neues, daß nicht-profitorientierte Motive zum Siegeszug des Kapitalismus beigetragen haben, auch wenn die reichhaltigen historischen Belege und theoretischen Analysen, die in diese Richtung weisen, von heutigen Ökonomen oft ignoriert werden.[20]

Der grundlegende Kodex eines guten Geschäftsgebarens ist ein wenig wie Sauerstoff: Wir interessieren uns für sein Vorhandensein nur, wenn er fehlt. Adam Smith hat diese allgemeine Tendenz in seinem Buch *History of Astronomy* kommentiert:

»... ein Gegenstand, der uns sehr vertraut ist und den wir jeden Tag sehen, hinterläßt, auch wenn er groß und wunderschön ist, bei uns nur einen kleinen Eindruck; denn unsere Bewunderung wird weder durch ein Wunder noch durch Erstaunen gehoben.«[21]

Was aber weder in Zürich noch in London oder Paris als Wunder erscheinen und Staunen auslösen mag, kann in Kairo, Bombay oder Lagos – vielleicht auch in Moskau – recht problematisch sein, weil diese Orte vor der Herausforderung stehen, die Normen und Institutionen für eine funktionierende Marktwirtschaft zu schaffen. Sogar das Problem der Korruption in der italienischen Politik und Wirtschaft, das in den letzten Jahren ein großes Thema war und schließlich zu einer radikalen Neuordnung im politischen Kräftespiel Italiens geführt hat, hängt zu einem guten Teil von dem Ungleichgewicht in der italienischen Wirtschaft ab, denn Elemente von »Unterentwicklung« in einigen Teilen der Wirtschaft mischen sich mit einem äußerst dynamischen Kapitalismus in anderen Zweigen derselben Wirtschaft.

Die ökonomischen Schwierigkeiten in der früheren Sowjetunion und den Ländern Osteuropas gehen auf das Fehlen institutioneller Strukturen und Verhaltensformen zurück, die für den erfolgreichen Kapitalismus entscheidend sind. Daher die Notwendigkeit, ein alternatives System von Institutionen und Verhaltensformen mit einer eigenen Logik und Loyalität zu schaffen, die in entwickelten kapitalistischen Wirtschaften an der Tagesordnung sind, doch als Teil eines »geplanten Kapitalismus« nur unter größten Schwierigkeiten Fuß fassen können. Bis solche Veränderungen greifen, kann viel Zeit vergehen, wie die frühere Sowjetunion und die Länder Osteuropas im Moment bitter lernen müssen. Die Erkenntnis, wie wichtig Institutionen und Verhaltensformen sind, ging im ersten Sturm der Begeisterung über die Magie eines angeblich automatischen Marktprozesses unter.

Die Notwendigkeit, entsprechende Institutionen aufzubauen, steht in deutlichem Zusammenhang mit der Funktion eines Verhaltenskodex, denn Institutionen, die auf zwischenmenschlichen Übereinkünften und gemeinsamen Einschätzungen beruhen, funktionieren auf der Grundlage gemeinsamer Verhaltensmuster, von wechselseitigem Vertrauen und Glauben an die Moral der anderen Partei. In der Regel machen wir uns nicht deutlich, wie sehr wir uns auf die Einhaltung von Verhaltensregeln verlassen, ja mitunter setzen wir sie als so selbstverständlich voraus, daß wir ihre Bedeutung leicht in Situationen verkennen, in denen Vertrauen unproblematisch ist. Doch wo immer es ein *Problem* ist, kann es katastrophale Folgen haben, diese Notwendigkeit zu übersehen. Die Entstehung mafioser Strukturen in der früheren Sowjetunion ist in letzter Zeit verstärkt ins Blickfeld gerückt. Um dieses Problem anzugehen, müssen wir seine Verhaltensprämissen untersuchen, Adam Smith' Analyse der weitreichenden Funktion »allgemein geltender Regeln des Benehmens« eingeschlossen.

Unterschiedliche Normen und Institutionen innerhalb der Marktwirtschaft

Auch in den entwickelten kapitalistischen Ökonomien gibt es unterschiedliche Verhaltensregeln, und dasselbe gilt für ihre Fähigkeit, wirtschaftliche Erfolge zu erzielen. Zwar hat der Kapitalismus, was die Erhöhung des Warenangebots und die Produktivitätssteigerung betrifft, enorme Triumphe gefeiert, doch nicht alle Länder haben dieselbe Erfahrung gemacht. Die Siegeszüge der ostasiatischen Ökonomien in den letzten Jahrzehnten, vor allem in Japan, das den anderen Ländern voranging, hat interessante Fragen darüber aufgeworfen, wie der Kapitalismus in der traditionellen Wirtschaftstheorie definiert wird. Im Kapitalismus ein System der reinen Profitmaximierung, gestützt auf den Privatbesitz an Kapital, zu sehen, läßt viele Dinge außer acht, die zu der enormen Steigerung der Warenproduktion und des Einkommens beigetragen haben.

Japan ist in den Augen vieler das hervorragendste Beispiel für den triumphierenden Kapitalismus, und trotz der langen Phase der jüngsten Rezession und Finanzkrise ist es unwahrscheinlich, daß diese Einschätzung völlig revidiert werden wird. Doch Japans Geschäftsethos enthält sehr viel gehaltvollere Motive als die reine Profitmaximierung. Michio Morishima hat die Eigentümlichkeiten des »japanischen Ethos« skizziert, die sich aus den Besonderheiten der japanischen Geschichte und Japans Hang zu einem strikt regelgeleiteten Verhalten entwickelt haben.[22] Ronald Dore und Robert Wade haben den Einfluß der »konfuzianischen Ethik« betont[23], während Masahiko Aoki die kooperative Haltung und den Verhaltenskodex als Ausdruck einer strategischen Vernunft interpretiert.[24] Kotaro Suzumura wiederum hat die Mischung von Loyalität, dem Geist des Wettbewerbs und einer klugen staatlichen Politik gerühmt[25] und Eiko Ikegami den Einfluß der Samuraikultur unterstrichen.[26] Und das sind nicht die einzigen Erklärungen, die sich auf den japanischen Verhaltenskodex beziehen.

In der scheinbar frappierenden These des *Wall Street Journals*, Japan sei »die einzig funktionierende kommunistische Nation«, steckt sicherlich ein Körnchen Wahrheit.[27] Die rätselhafte Bemerkung verweist auf die nicht-profitorientierten Motive, die im japanischen Wirtschafts- und Geschäftsleben eine prominente Rolle spielen. Wir müssen uns die bemerkenswerte Tatsache vor Augen stellen und klarmachen, daß eines der führenden kapitalistischen Länder in der Welt wirtschaftlich so hervorragend dasteht, weil es sich auf Handlungsmotive stützen kann, die in einigen wesentlichen Sphären nicht bloß das Eigeninteresse fördern wollen. Und doch – so lautet der Mythos – ist das Eigeninteresse die Mutter des Kapitalismus.

Japan ist keineswegs das einzige Beispiel dafür, daß eine besondere Geschäftsmoral den kapitalistischen Erfolg fördert. Die Vorzüge aufopferungsvoller Arbeit und der Hingabe an das Ziel der Produktivitätssteigerung wurden in vielen Ländern der Welt als Teil des wirtschaftlichen Erfolgsrezepts erkannt, und derartige Verhaltensmuster sind auch unter den fortgeschritteneren Industrienationen sehr unterschiedlich ausgeprägt.

Institutionen, Verhaltensnormen und die Mafia

Das Fazit unserer Erörterung der verschiedenen Funktionsaspekte der Werte für den Triumph des Kapitalismus kann nur lauten: Wir müssen im System der kapitalistischen Moral sehr viel mehr sehen als nur einen Kodex, der die Habsucht verherrlicht und das Gewinnstreben bewundert. Der Siegeszug des Kapitalismus, seine Fähigkeit, das allgemeine Niveau des wirtschaftlichen Wohlstands in der Welt zu erhöhen, war auf eine Moral und auf Verhaltensregeln angewiesen, welche die Transaktionen auf dem Markt wirtschaftlich und erfolgreich gestalteten. Um die Chancen, die der Marktmechanismus bietet, besser ergreifen und aus Handel und Gewerbe größeren Nutzen ziehen zu können, dürfen die Entwicklungsländer nicht nur die Tugenden des klugen Handelns kultivieren, sie sollten auch der Funktion ergänzender Werte Beachtung schenken, beispielsweise indem sie Vertrauen schaffen und festigen, der Versuchung zur Korruption im großen Stil aus dem Weg gehen und dafür sorgen, daß Zusicherungen auch ohne die Einschaltung der Gerichte eingehalten werden. Die Geschichte des Kapitalismus verzeichnet innerhalb des grundlegenden kapitalistischen Verhaltenskodex erhebliche Unterschiede, die mit je anderen Errungenschaften und Erfahrungen verbunden waren, aus denen wir sicherlich vieles lernen können.

Die große Herausforderung, vor der der Kapitalismus in der heutigen Welt steht, betrifft das Problem der Ungleichheit, der drückenden Armut in einer Welt nie gekannten Wohlstands, und der »öffentlichen Güter«, also jener Güter, in die Menschen sich teilen, wie etwa die Umwelt. Sicherlich werden wir diese Probleme nur auf dem Wege von Institutionen in den Griff bekommen, die jenseits der kapitalistischen Marktwirtschaft angesiedelt sind. Doch auch die kapitalistische Marktwirtschaft ist fraglos in vielen Hinsichten erweiterungsfähig, wenn es uns gelingt, eine für diese Probleme empfängliche Moral zu entwickeln. Mit welchen Werten der Marktmechanismus vereinbar ist, ist eine wichtige Frage, der wir uns ebenso stellen müssen wie dem Problem, wie wir die Institutionen jenseits der Grenzen des reinen Marktmechanismus stärken und ausbauen können.

Korruption in der Wirtschaft und ihre Verbindungen zum organisierten Verbrechen gehörten zu den moralischen Problemen, die in jüngster Zeit die Aufmerksamkeit auf sich zogen. In den italienischen Debatten zu diesem Thema tauchte immer wieder die Rede von der Bedeutung eines »Moralkodex« auf. Wie ein solcher Ehren- und Moralkodex zur Bekämpfung illegaler und unfairer Verfahren zur Beeinflussung politischer Entscheidungen zu nutzen ist, wurde heftig diskutiert. Man sieht darin sogar ein Mittel, den Einfluß der Mafia auf die Regierungsgeschäfte zurückzudrängen.[28]

In relativ rückständigen Wirtschaftszweigen vermag eine Organisation wie die Mafia durchaus soziale Funktionen wahrzunehmen, indem sie für alle Beteiligten vorteilhafte Transaktionen unterstützt. Welche zweckdienlichen Rollen solche Organisationen spielen, hängt wesentlich von den faktischen Verhaltensformen in der legalen Wirtschaft ab. Ein Beispiel, das Stefano Zamagni und andere erörtert haben, betrifft die Funktion solcher Organisationen für die Durchsetzung und Einhaltung von Verträgen und Handelsabschlüssen.[29] Das Marktsystem ist auf Institutionen angewiesen, die Abmachungen garantieren, so daß die eine Partei gegenüber der anderen nicht vertragsbrüchig wird. Diese Rolle kann entweder das Rechtssystem und seine Organe übernehmen oder eine Moral des gegenseitigen Vertrauens und des Pflichtgefühls.[30] Da der Arm des Gesetzes nicht immer weit genug reicht, werden viele geschäftliche Transaktionen auf der Basis von Vertrauen und Ehre abgeschlossen.

Doch wenn die Moral auf dem Markt noch nicht zur Regel geworden und die Vertrauensbasis im Geschäftsleben zu schmal ist, wird es schwierig sein, Verträge aufrechtzuerhalten. Unter solchen Umständen vermag eine parastaatliche Organisation der Gesellschaft einen geschätzten Dienst zu erweisen, wenn sie mit starker Hand Vertragsbrüche verhindert. So auch die Mafia: In vorkapitalistischen Ökonomien, die rapide in kapitalistische Transaktionen hineingezogen werden, kann sie sich sicher einer gewissen Wertschätzung erfreuen. Je nach Art der wechselseitigen Beziehungen kann sich die starke Hand für verschiedene Parteien als nützlich erweisen, die ansonsten keinerlei

Interesse an Korruption oder Verbrechen haben. Beide Vertragsparteien können einfach nur die »Versicherung« suchen, daß die jeweiligen Geschäftspartner auch redlich sind.[31]

Daß derartige Schutzorganisationen die gewünschte »Versicherung« garantieren können, liegt am Fehlen von Verhaltensnormen, die einen äußeren Zwang überflüssig machen würden. Außerhalb des Rechts stehende Organisationen würden ihre Funktion, die Einhaltungen von geschäftlichen Abmachungen zu garantieren, schnell verlieren, wenn Vertrauen und ein vertrauenschaffendes Verhalten zur Norm würden. Aus diesem Grund kann der Zusammenhang zwischen Verhaltensnormen und institutionellen Reformen sehr eng sein.[32] Das Problem, wie mafiaähnlichen Organisationen, vor allem in einigen rückständigen Ökonomien, das Wasser abgegraben werden könnte, berührt eine sehr allgemeine Frage.

Zwar ist die Mafia eine verabscheuenswerte Organisation, aber dennoch müssen wir die ökonomische Basis ihres Einflusses verstehen und erkennen, daß ihre Macht nicht nur auf Revolvern und Bomben beruht, sondern daß einige ökonomische Tätigkeiten die Mafia zu einem nützlichen Teil der Wirtschaft machen. Sie würde ihre Attraktivität gewiß einbüßen, sobald die vereinten Anstrengungen einer rechtlichen Durchsetzung von Verträgen und eines Verhaltenskodex, der wechselseitiges Vertrauen und Normenkonformität bestärkt, die Funktion der Mafia auf diesem Feld überflüssig machen würde. Eine noch labile Geschäftsmoral und das Blühen des organisierten Verbrechens in solchen Ökonomien stehen daher in einem engen Zusammenhang.

Umwelt, Verordnungen und Werte

Mit Blick auf den Umweltschutz ist in letzter Zeit viel darüber debattiert worden, daß man über die Regeln des Marktes hinausgehen müsse. Die Regierungen unternahmen zwar einige Schritte, schufen durch Steuern und Subventionen geeignete Anreize, aber vieles blieb bloßer Vorschlag. Auch auf diesem Feld begegnen wir der Frage des moralischen Verhaltens und der umweltfreundlichen Normen. Das Problem fügt sich bestens in den Typus von Überlegungen ein, den Adam Smith ausführlich in der *Theorie der ethischen Gefühle* behandelt hat, auch wenn die Umwelt in seiner Zeit weder ein brennendes Problem war noch eines, dem Smith ausdrücklich Beachtung schenkte.

Eine weitere Verbindung ergibt sich über die schon im 5. Kapitel diskutierte, tiefe Sorge von Smith, durch die Unternehmungen von »Verschwendern und Plänemachern« könnten wertvolle Ressourcen verschleudert werden. Durch eine gesetzliche Regelung des Zinssatzes für Kredite hoffte er, allzu abenteuerliche Investitionen einzudämmen, denn er fürchtete, daß unseriöse Geschäftsleute leicht imstande sein könnten, höhere Zinsen anzubieten, ohne daß daraus für das Leben auf diesem Planeten viel Gutes entstehen würde.[33] Sein Plädoyer für eine gesetzliche Regelung verband er mit der Notwendigkeit, den Wucherzins zu kontrollieren, eine Empfehlung, für die Jeremy Bentham ihn heftig tadelte.[34]

Die »Verschwender und Projektemacher« unserer Tage verpesten die Luft und verschmutzen das Wasser. Smith' allgemeine Analyse hilft uns daher, die von ihnen erzeugten Probleme und Schwierigkeiten ebenso zu verstehen wie auch die möglichen Abhilfen dagegen. Welche Aufgabe dabei den gesetzlichen Verordnungen und welche der Verhaltensänderung zukommt, ist in diesem Kontext unbedingt zu klären. Der bitter nötige Umweltschutz ist Teil eines allgemeinen Problems, das mit der Ressourcenzuteilung in bezug auf die »öffentlichen Güter« zusammenhängt, d. h. solcher Güter, die allen gemeinsam zugute kommen und nicht nur einem Konsumenten. Um für öffentliche Güter angemessen Sorge zu tragen, müssen wir nicht nur über den Handlungsbedarf des Staates und der sozialen Einrichtungen nachdenken, wir sollten zudem untersuchen, was hier die Entwicklung von sozialen Werten und Verantwortungsgefühl leisten kann, so daß staatliches Eingreifen nicht immer gefragt ist. So könnte die Verbreitung einer Umweltethik zum Teil denselben Effekt erzielen, den man sich von gesetzlichen Verordnungen verspricht.

Klugheit, Mitgefühl und Pflichtgefühl

Ein Teil der Literatur auf dem Feld der Ökonomie und Politik, allerdings weniger oft auf dem der Philosophie, verwendet den Ausdruck »rationale Entscheidung« in einem atemberaubend einfachen Sinn, nämlich als Bezeichnung für jene Theorie, die Entscheidungen allein auf den persönlichen Vorteil gründet. Wenn der persönliche Vorteil eng definiert wird, ist auf dem Boden dieses Modells von »Rationalität« kaum zu erwarten, daß moralischen Erwägungen, Gerechtigkeitsvorstellungen oder auch den Belangen künftiger Generationen in unseren Entscheidungen und Handlungen ein großes Gewicht zukommt.

Ist es sinnvoll, Rationalität so eng zu definieren? Wenn zum rationalen Verhalten das kluge Befördern unserer Ziele gehört, warum sollte dann nicht auch ein kluges Verfolgen von Mitgefühl oder eine kluge Förderung von Gerechtigkeit die Ausübung einer rationalen Entscheidung sein? Wenn wir über ein schmalspurig eigennütziges Verhalten hinausgehen, ist es vorteilhaft, zwei mögliche einzuschlagende Richtungen zu unterscheiden, nämlich »Mitgefühl« und »Pflichtgefühl«.[35] Erstens mag unser Begriff von Eigeninteresse durchaus die Sorge um andere einschließen, so daß Mitgefühl in die weiter definierte Idee, die eine Person von ihrem eigenen Wohlergehen hat, einzuschließen ist. Zweitens mögen wir bereit sein, um der Verfolgung anderer Werte willen, etwa der sozialen Gerechtigkeit, des Nationalismus und der allgemeinen Wohlfahrt, persönliche Opfer zu bringen, womit wir auch noch über unser weit definiertes Wohl oder Eigeninteresse hinausgehen würden. Diese Art der Abweichung, die *Pflichtgefühl* und nicht bloß *Mitgefühl* einschließt, beruft sich auf andere Werte als nur auf das persönliche Wohl oder Eigeninteresse, selbst wenn letzteres auch beinhaltet, die Interessen derer, die unser Mitgefühl haben, zu befördern.

Ein Beispiel wird diese Unterscheidung sinnfällig machen. Wenn Sie einem Bedürftigen helfen, weil Ihnen sein Elend das Herz beschwert, dann handeln Sie aus Mitgefühl. Wenn sichtbares Elend Sie jedoch nicht besonders unglücklich macht, sondern den Entschluß in Ihnen reifen läßt, ein System zu ändern, das Ihnen ungerecht erscheint – oder allgemeiner gesagt: wenn ihr Entschluß nicht allein darauf zurückgeht, daß der Anblick von Elend sie bekümmert –, dann handeln sie aus Pflichtgefühl.

In einem wichtigen Sinne stellen wir unser Eigeninteresse oder unser Wohl nicht zurück, wenn wir aus Mitgefühl etwas unternehmen. Wenn das Leiden eines Bedürftigen Sie traurig stimmt, dann verschaffen Sie sich Erleichterung, wenn Sie diesem Menschen helfen. Handeln aus Pflichtgefühl hingegen schließt ein Opfer ein, denn der Grund für Ihre Hilfe ist Ihr Gerechtigkeitssinn und nicht so sehr der Wunsch, sich von Ihrem eigenen Leiden aus Mitgefühl zu befreien. Dennoch steckt auch im Handeln aus Pflichtgefühl nicht nur »Selbstlosigkeit«, ist es doch immer ein persönliches. Wichtiger jedoch ist, daß, auch wenn ein Handeln aus Pflichtgefühl den eigenen Vorteil oder das eigene Wohl nicht unbedingt befördert, darin keine Selbstaufgabe des rationalen Willens einer Person liegt.[36]

Adam Smith beschäftigte sich mit beiden Formen der von ihm für unerläßlich gehaltenen Abweichungen. »Handlungen, die von höchster Menschlichkeit getragen sind, erfordern doch keine Selbstverleugnung, keine Selbstbeherrschung, keine große Anstrengung des Gefühls für sittliche Richtigkeit«, denn sie folgen nur dem, was unser »äußerst feines Sympathiegefühl uns von selbst zu tun antreiben würde«.[37] »Anders aber verhält es sich mit dem Edelmut.« Und so auch mit der Gerechtigkeit: Sie verlangt, daß man sein eigenes Interesse zurückstellt und »ganz in Übereinstimmung mit den Ansichten handelt, welche sich jedem unparteiischen Zuschauer naturgemäß aufdrängen müßten«. Gleicherweise könnte sie uns »höhere Äußerungen des Gemeinsinnes« abverlangen.[38]

Für Smith' Auffassung von der »sittlichen Richtigkeit der Menschlichkeit und Gerechtigkeit« ist die »Übereinstimmung zwischen den Neigungen des Handelnden und denen des Zuschauers« entscheidend.[39] Sein Begriff des rationalen Individuums rückt dieses nachdrücklich in eine Gemeinschaft mit anderen – genau dorthin, wo sein angestammter Platz ist, inmitten der Gesellschaft. Die Werturteile wie auch die Handlungen eines Individuums verweisen auf die Gegenwart anderer, der einzelne ist nicht isoliert vom »Gemeinwesen« zu verstehen.

Vor diesem Hintergrund scheint es notwendig, die allgemeine Darstellung Smith', des Vaters der modernen Wirtschaftstheorie, als zielstrebigen Propheten des Eigennutzes in Zweifel zu ziehen. In der Wirtschaftstheorie, aber auch in den Augen einer größeren Öffentlichkeit steht Smith traditionell in dem Rufe, in der Welt der Rationalität nur den Eigennutz am Werk zu sehen, und mit dem, was er angeblich erkannte, auch recht zufrieden gewesen zu sein. Als Beweis dafür werden einige wenige Passagen – gewöhnlich das Metzger-Bäcker-Brauer-Beispiel – aus seinem umfangreichen Werk angeführt.

Gestützt darauf wurde ein stark verzerrtes, heute aber geläufiges Bild von Smith entworfen, das George Stigler, ein ansonsten hervorragender Autor und Ökonom, auf den Punkt bringt: »Eigennutz ist das beherrschende Motiv der Mehrheit der Menschen«.[40]

Es ist zweifellos richtig, daß Smith in diesem immens häufig zitierten und manchmal aus dem Kontext gerissenen Abschnitt behauptete, daß wir uns nicht auf die »Menschenliebe« berufen müssen, um zu erklären, warum der Metzger, der Brauer und der Bäcker uns ihre Waren verkaufen *wollen* und warum wir sie zu erwerben *wünschen*.[41] Smith lag sicherlich nicht falsch damit, daß das Motiv für einen allseits zufriedenstellenden Austausch auf nichts anderem als, wie er sie nannte, »Eigenliebe« gründet, und da der Tausch in der ökonomischen Analyse einen so zentralen Platz einnimmt, ist diese Bemerkung alles andere als belanglos. Doch wenn es um andere Probleme geht, um Verteilungsgerechtigkeit, Billigkeit und die Befolgung von Regeln zum Zweck effizienter Produktion, betont Smith, daß unsere Neigungsstruktur viel komplexer ist. In diesen weiter gespannten Zusammenhängen behauptet sich zwar die Klugheit als »von allen Tugenden diejenige, die für den einzelnen am nützlichsten ist«, doch sind »Menschlichkeit, Gerechtigkeit, Edelmut und Gemeinsinn«, wie er ausführt, »diejenigen Eigenschaften, die für die anderen am nützlichsten sind«.[42] Daß wir Grund haben, eine Reihe unterschiedlicher Neigungen zuzulassen, ist für Smith' bemerkenswert reichhaltige Analyse des menschlichen Verhaltens ein zentraler Punkt. Dies hat wenig mit George Stiglers Smith zu tun, und es ist Welten entfernt von der Karikatur, die in Smith den großen Prediger des Eigennutzes sieht. In leichter Abwandlung Shakespeares könnten wir sagen, einige Menschen werden klein geboren, andere bringen im Laufe ihres Lebens nur Kleines zustande, Smith aber wurde in den Verruf gebracht, klein zu sein.[43]

Zur Debatte steht hier, was John Rawls »unsere moralischen Fähigkeiten« genannt hat: »das Vermögen, Gerechtigkeitssinn und eine Konzeption des Guten zu entwickeln«. Für Rawls ist die Annahme, daß wir alle neben den »Fähigkeiten der Vernunft, zu urteilen, zu denken und Schlüsse zu ziehen« auch die moralischen Fähigkeiten gemeinsam haben, den Kern der gesamten »Tradition des demokratischen Denkens«.[44] Tatsächlich spielen Werte im menschlichen Verhalten eine erhebliche Rolle, die zu leugnen nicht nur ein Abweichen von der Tradition demokratischen Denkens darstellen, sondern auch zu einem eindimensionalen Verständnis von Rationalität führen würde. Unser Vernunftvermögen ermöglicht es uns, unsere Pflichten und Ideale ebenso in Betracht zu ziehen wie unser Interesse und unseren Vorteil. Wer das bestreitet, schränkt den Bereich unserer Rationalität aufs schwerste ein.

Entscheidungsgründe und Evolutionsvorteile

Um die Forderungen eines rationalen Verhaltens angemessen zu beurteilen, dürfen wir nicht bei der unmittelbaren Wahl isolierter Ziele stehenbleiben, wir müssen auch solche Ziele in den Blick nehmen, die dank ihrer Wirksamkeit und ihrer Fähigkeit, sich zu behaupten, entstanden sind und fortdauern. Neuere Arbeiten über das Herausbilden von Präferenzen und den Beitrag der Evolution dazu haben den Umfang und die Reichweite der rationalen Entscheidungstheorie wesentlich erweitert.[45] Selbst wenn kein Individuum *letztlich* einen unmittelbaren Grund hat, sich mit Gerechtigkeit und Moral zu befassen, mögen dergleichen Erwägungen für den ökonomischen Erfolg instrumentell von Bedeutung sein, so daß sie sich dank dieses Vorteils gegen ihre Rivalen unter den sozialen Verhaltensregeln durchsetzen können.

Dieser Typ einer »abgeleiteten« Argumentation läßt sich Verhaltensregeln gegenüberstellen, die ein Individuum bewußt wählt, weil es die Frage, wie man handeln »soll«, einer moralischen Prüfung unterworfen hat – etwa von der Art, wie Immanuel Kant und Adam Smith sie uns so ausgezeichnet vorgeführt haben.[46] Die moralischen Gründe, sich »unmittelbar« und nicht nur abgeleitet von Gerechtigkeitsvorstellungen und Altruismus bewegen zu lassen, sind auch in der modernen Moraltheorie in unterschiedlicher Weise diskutiert worden. Die praktische Verhaltensmoral schließt neben den rein moralischen Fragestellungen verschiedene Einflüsse sozialpsychologischer Natur ein, darunter Normen und Sitten von einigem Abstraktionsniveau.[47]

Gerechtigkeitserwägungen können in unseren Überlegungen sowohl aus »unmittelbaren« wie auch aus »abgeleiteten« Gründen einen Platz finden, wobei diese nicht notwendigerweise als »Alternativen« betrachtet werden müssen. Selbst wenn Verhaltensnormen und Beweggründe auf moralischem, sozialem oder psychologischem Boden gedeihen, können sie langfristig nicht ohne eine Berücksichtigung ihrer Folgen und der Evolutionsprozesse überdauern, die dabei ins Spiel kommen mögen. Andererseits gibt es, sofern wir den Beitrag der Evolution in einem umfassenden Rahmen untersuchen, keinen Grund, uneigennütziges Verhalten *nur* auf die Evolution zurückzuführen und der rationalen Überlegung jeden unabhängigen Beitrag abzusprechen. Es ist möglich, ein vom Gefühl der Pflicht geleitetes Verhalten innerhalb einer geeigneten Theorie im Rückgriff sowohl auf Überlegungen als auch auf Evolutionsprozesse zu erklären.[48]

Die uns beeinflussenden Werte können auf unterschiedliche Weise entstehen. Sie mögen erstens das Ergebnis von *Reflexion und Analyse* sein. Die Reflexionen können unmittelbar mit unseren Beweggründen und Verantwortlichkeiten zusammenhängen, wie Kant und auch Smith betonten, oder mittelbar mit den Wirkungen eines moralisch richtigen Verhaltens, man denke etwa an die Vorteile eines guten Rufes und einer vertrauenerweckenden Persönlichkeit.

Zweitens können sie unserer Bereitschaft entspringen, der *Konvention zu folgen*, auf eine Weise zu handeln und zu denken, wie es uns die überkommenen Sitten nahelegen.[49] Dieser Typ von »konformem Verhalten« kann das Urteil über die Grenzen unserer eigenen kritischen Bewertungen hinaus ausweiten, da wir nur nachmachen müssen, was andere für begründet halten.[50]

Drittens kann die öffentliche Diskussion einen starken Einfluß auf das Herausbilden von Werten haben. Wie Frank Knight, der große Ökonom der Chicagoer Schule, erklärte, werden Werte »durch Diskussion, eine sowohl soziale, wie auch intellektuelle und kreative Tätigkeit, begründet, für gültig erklärt und anerkannt«.[51] In bezug auf die Frage öffentlicher Entscheidungen hat James Buchanan geäußert: »Die Definition der Demokratie als eine ›Regierung durch Diskussion‹ beinhaltet, daß individuelle Werte sich im Entscheidungsprozeß verändern können und auch verändern.«[52]

Viertens kann der Evolutionsprozeß eine wichtige Rolle spielen. Verhaltensmuster können überdauern und gedeihen, weil sie bestimmte Folgen fördern. Alle diese Kategorien des Entscheidungsverhaltens (Entscheidung durch Reflexion, durch konformes Verhalten, durch öffentliche Diskussion und durch Evolutionsprozesse) verdienen unsere Beachtung. Wenn wir menschliches Verhalten theoretisch erfassen wollen, gibt es Gründe, diese Kategorien sowohl gemeinsam als auch gesondert zu behandeln. Die Rolle der Werte für das soziale Verhalten fügt sich bestens in dieses umfassende System ein.

Moralische Werte und politische Entscheidungen

Ich wende mich nun von der Diskussion der menschlichen Moral und Normen im allgemeinen ab und den Werten zu, die für die politischen Entscheidungsprozesse relevant sind. Für die Politiker gibt es zwei verschiedene, wenngleich miteinander verbundene Gruppen von Gründen, sich mit den Werten der sozialen Gerechtigkeit zu beschäftigen. Der erste – mehr unmittelbare – Grund besteht darin, daß Gerechtigkeit ein Grundbegriff ist, mit dessen Hilfe sich sowohl die Ziele und Zwecke der Sozialpolitik ausmachen lassen als auch die Mittel, die für eine Realisierung der gewählten Zwecke geeignet sind. Gerechtigkeitsideen, vor allem aber die Informationsgrundlagen bestimmter Theorien der Gerechtigkeit (ich erörterte sie im 3. Kapitel) können für die Überzeugungskraft und die Reichweite der Sozialpolitik entscheidend ins Gewicht fallen.

Der zweite – eher mittelbare – Grund liegt darin, daß jede Sozialpolitik abhängig davon ist, wie Individuen und Gruppen sich in der Gesellschaft verhalten. Unter anderem wird ihr Verhalten durch das Verständnis und die Interpretation dessen bestimmt, was die Sozialethik fordert. Für die Gestaltung einer Sozialpolitik, die Bestimmung ihrer Ziele und Prioritäten, ist es unerläßlich, sich nicht nur über die Forderungen der Gerechtigkeit zu verständigen, sondern auch die Werte der großen Öffentlichkeit, einschließlich ihres Gerechtigkeitssinns, zu verstehen.

Da die eher mittelbare Rolle von Rechtsvorstellungen vermutlich komplexer ist (und sicherlich weniger ausführlich untersucht worden ist), mag es nützlich sein, zu illustrieren, welcher Stellenwert Normen und Gerechtigkeitsideen in der Bestimmung unseres Verhaltens und unseres Benehmens zukommt und inwieweit dies die Richtung der Sozialpolitik beeinflussen kann. Als ich im 8. und 9. Kapitel die Auswirkung von Normen auf das Reproduktionsverhalten diskutierte, wurde diese Verbindung schon einmal sichtbar. Nun aber möchte ich ein anderes wichtiges Beispiel betrachten: die Verbreitung von Korruption.

Korruption, Anreize und Geschäftsmoral

Verbreitete Korruption wird zu Recht als ein Haupthindernis auf dem Weg zu einer erfolgreichen wirtschaftlichen Expansion angesehen, so auch in vielen asiatischen und afrikanischen Ländern. Ein hohes Korruptionsniveau kann sozialpolitische Maßnahmen im Sande verlaufen lassen, Investitionen und ökonomische Tätigkeiten aus produktiven Unternehmungen in die Kanäle riesenhafter Gewinne aus illegalen Tätigkeiten fließen lassen, und es kann, wie schon erwähnt, gewalttätige Organisationen wie die Mafia blühen lassen.

Korruption ist allerdings kein neues Phänomen, sowenig wie die Vorschläge zu ihrer Bekämpfung neu sind. Alte Zivilisationen sind reich an Zeugnissen weitverbreiteter illegaler Machenschaften und Korruption. In einigen finden wir sogar eine ansehnliche Menge von Denkschriften zur Verhinderung von Korruption, vor allem bei Regierungsbeamten. Aus diesen alten Schriften können wir sogar heute noch etwas zu diesem Thema lernen.

Was genau *ist* ein »korruptes« Verhalten? Zur Korruption gehört die Verletzung anerkannter Regeln um des persönlichen Vorteils und Profits willen. Offensichtlich kann man Korruption nicht dadurch ausmerzen, daß man die Leute dazu bewegt, sich *mehr* für ihren Eigennutz zu interessieren. Auch würde es keinen Sinn ergeben, den Korruptionssumpf dadurch trockenzulegen, daß man die Leute bittet, doch etwas *weniger* auf ihren Eigennutz bedacht zu sein. Sie brauchen schon einen Grund, um auf persönlichen Gewinn zu verzichten.

In gewissem Maße ist es möglich, den Nettogewinn durch korruptes Verhalten mit Hilfe von Verwaltungsreformen zu verändern. Dienstaufsicht und Bestrafungen waren die beiden Maßnahmen, die in allen Zeitaltern unter den vorgeschlagenen Maßnahmen zur Korruptionsbekämpfung an oberster Stelle figurierten. Der indische Staatstheoretiker Kautilja verfaßte im 4. vorchristlichen Jahrhundert ein Werk, worin er sorgfältig vierzig verschiedene Weisen unterschied, in denen ein Beamter der Versuchung zur Bestechung erliegen kann, um danach ein System gezielter Kontrollen, gefolgt von Bestrafungen und Belohnungen, zu entwerfen, die geeignet waren, Bestechlichkeit zu verhindern.[53] Ein eindeutiges System von Regeln und Strafen kann, Hand in Hand mit einer entschlossenen Strafverfolgung, Verhaltensmuster ändern.

Zweitens können bürokratische Regime die Korruption fördern, indem sie Beamten, die Vergünstigungen zu vergeben haben, vor allem solche, die Geschäftsleuten eine Menge Geld wert sind, große Machtbefugnisse einräumen. Die überbürokratisierte Wirtschaft – der »license Raj«, wie das System in Indien genannt wird – ist, wie die Erfahrung in Südasien beweist, ein ausgezeichneter Nährboden für Korruption. Selbst wenn solche Regime nicht auch in anderen Hinsichten kontraproduktiv wären – was häufig der Fall ist –, sind allein schon die gesellschaftlichen Kosten der Korruption Grund genug, derartige Einrichtungen zu vermeiden.

Drittens ist die Versuchung, sich bestechen zu lassen, immer dann besonders groß, wenn die Beamten viel Macht haben, aber verhältnismäßig arm sind. Das gilt für die unteren Beamtenschichten in vielen überbürokratisierten Wirtschaften, und es erklärt, warum Bestechlichkeit auf allen Stufen des bürokratischen Systems anzutreffen ist, vom Subalternbeamten bis hin zum Verwaltungsdirektor. Um dagegen anzugehen, wurde vielen Beamten im alten China eine »Antikorruptionszulage«, *yang-lien* genannt, als Anreiz dafür gewährt, saubere Hände zu behalten und die Gesetze zu achten.[54]

Diese und andere Anreize sind nicht ganz wirkungslos, doch Korruption allein auf dem Wege finanzieller Belohnungen zu verhindern, scheint aussichtslos. Tatsächlich sind allen drei Strategien Grenzen gesetzt. Erstens werden Diebe nicht immer gefangen, da die Aufsichts- und Kontrollmechanismen oft nicht engmaschig genug sind. Auch fragt sich, welche Anreize muß man den Diebesfängern bieten, damit sie nicht ihrerseits gekauft werden. Zweitens kann kein Regierungssystem darauf verzichten, seinen Beamten Befugnisse einzuräumen, deren Wert für andere hoch genug ist, um einen Bestechungsversuch zu unternehmen. Gewiß läßt sich der Umfang der Befugnisse verringern, doch jede erhebliche Amtsgewalt ist potentiell für Schmiergelder anfällig. Drittens erliegen auch wohlhabende Beamte der Versuchung, noch reicher zu werden, selbst wenn es mit einem Risiko verbunden ist, vorausgesetzt natürlich, der Einsatz ist hoch genug. Verschiedene Länder lieferten uns dafür in den letzten Jahren eine Reihe von Beispielen.

Daß die Erfolge nicht durchschlagend sind, sollte uns nicht davon abhalten, die Verwaltungsreformen so effizient wie möglich zu gestalten, doch ausschließlich auf solche Anreize zu setzen, die einen persönlichen Gewinn versprechen, wird nicht zu einer Ausmerzung der Korruption führen. Deshalb sollten wir den Normen und Verhaltensformen Aufmerksamkeit schenken, die jeweils in den verschiedenen Ländern vorherrschen.

In den *Gesetzen* behauptete Platon, ein starkes Pflichtbewußtsein würde helfen, die Korruption zu verhindern. Doch klug, wie er war, meinte er auch, das sei »keine leichte Aufgabe«. Es geht ja nicht allein um ein allgemeines Pflichtgefühl, sondern auch um die spezifische Einstellung zur Gesetzestreue und den Regeln, die sich unmittelbar auf Korruption beziehen. Alles das fällt unter die allgemeine Rubrik dessen, was Adam Smith das »moralisch Richtige« nennt. Zu den Werten, die jemand respektiert, kann gewiß auch gehören, daß ehrenhaftes und aufrichtiges Verhalten Vorrang genießt. In vielen Gesellschaften ist die Hochachtung vor solchen Regeln ein Bollwerk gegen die Korruption. Tatsächlich zeigen interkulturelle Vergleiche des Regelverhaltens, daß es in der heutigen Welt erstaunliche Unterschiede gibt, ob wir nun das Geschäftsgebaren in Westeuropa mit demjenigen in Süd- oder Südostasien vergleichen oder innerhalb Europas das in der Schweiz mit demjenigen in Teilen Italiens.

Nun sind Verhaltensformen nicht unveränderlich. Wie Menschen handeln, hängt oft davon ab, wie sie das Verhalten anderer erleben und deuten. Der Deutung der herrschenden Verhaltensnormen kommt daher großes Gewicht zu. Ein Sinn für »relative Gerechtigkeit« gegenüber einer Vergleichsgruppe, vor allem solchen Gruppen, die eine ähnliche Stellung haben, kann das Verhalten entscheidend beeinflussen. Es erstaunt nicht, daß in einem parlamentarischen Untersuchungsausschuß, der 1993 die Verkettung von Korruption und Mafia in Italien aufdecken sollte, als einer der am häufigsten zitierten »Gründe« für Bestechlichkeit das Argument fiel, »die anderen tun doch das gleiche«.[55]

Wie bedeutsam Vorbilder und das Befolgen anerkannter »Sitten und Gebräuche« ist, wurde von allen Theoretikern unterstrichen, die erkannten, wie wichtig es ist, die Auswirkung der »ethischen Gefühle« auf das soziale, politische und wirtschaftliche Leben zu untersuchen. Adam Smith bemerkte:

»Viele Menschen benehmen sich sehr anständig und verstehen es, durch ihr ganzes Leben hindurch jedem stärkeren Tadel aus dem Weg zu gehen, die doch vielleicht niemals die Empfindung wirklich fühlten, auf deren Schicklichkeit wir die Billigung ihres Betragens gründen, sondern *die nur aus Achtung vor demjenigen handelten, was, wie sie sahen, die allgemein geltenden Regeln des Benehmens waren.*«[56]

Bei den »allgemein geltenden Regeln des Benehmens« mag dem Verhalten jener, die in Macht und Ansehen stehen, ein besonders großes Gewicht zukommen. Das Verhalten der höheren Chargen kann so über Erfolg oder Mißerfolg bei der Durchsetzung von Verhaltensnormen entscheiden. Die Autoren des *Hui-nan Tzu* – es wurde 122 v. Chr. in China verfaßt – formulierten das Problem folgendermaßen:

»Wenn die Meßlatte richtig ist, dann wird auch das Holz gerade sein, nicht weil man sich besondere Mühe gibt, aber das, wodurch es ›regiert‹ wird, macht es dazu. So werden auch, wenn der Herrscher ehrlich und aufrichtig ist, ehrenhafte Beamte in seiner Regierung dienen und die Schurken die Flucht ergreifen. Ist aber der Herrscher nicht ehrlich, werden Bösewichte ans Ruder kommen und die Treuen sich in die Einsamkeit zurückziehen.«[57]

In dieser alten Weisheit steckt sicherlich manches Wahre. Korruptes Verhalten in den »hohen Rängen« kann weit über die unmittelbaren Konsequenzen dieses Verhaltens hinausgehende Wirkungen haben, so daß für die Forderung, an der Spitze anzufangen, gute Gründe sprechen.

Ich versuche hier nicht, ein »Patentrezept« zur Bekämpfung der Korruption vorzulegen. Die Möglichkeit, den Nettogewinn durch eine Verwaltungsreform, wie sie schon erörtert wurde, zu verändern, sollte man nicht aus dem Auge verlieren. Doch auch das herrschende Klima von Normen und Verhaltensweisen, in dem Nachahmung und ein Sinn für »relative Gerechtigkeit« eine wichtige Rolle spielen, verdient unsere Beachtung. Gerechtigkeit unter Dieben mag anderen wie ein Zerrbild der »Gerechtigkeit« erscheinen, so wie uns auch die »Ehre unter Dieben« nicht besonders ehrenwert vorkommt, doch in den Augen der Protagonisten hat sie gewiß diesen Anschein.

Um wirklich zu verstehen, wie groß der Berg ist, den wir mit der Korruption abtragen müssen, sollten wir die Annahme fallenlassen, daß nur der persönliche Profit Menschen anstachelt, während Werte und Normen einfach nicht zählen. Eine Vielzahl von Verhaltensweisen in unterschiedlichen Gesellschaften beweisen, daß sie doch zählen. Es gibt einen Spielraum für Veränderungen, und einige können ebenso in die Höhe wie in die Breite wirken. Wie das Vorkommen von Korruption andere mit in den Strudel der Bestechungen reißen mag, so kann die Schwächung der Korruption zu einer weiteren Abnahme führen. Wenn wir versuchen, das Verhaltensklima zu ändern, wird uns der Gedanke Mut machen, daß es zu jeder Ansteckung durch das Laster auch eine Ansteckung durch die Tugend gibt, sofern wir das Ruder in die andere Richtung herumreißen.

Schlußbemerkung

Das Kapitel begann mit der Überprüfung einiger skeptischer Einwände gegen die Idee eines auf Vernunft gegründeten sozialen Fortschritts, eine Idee, die für den Ansatz dieses Buches ziemlich zentral ist. Ein Argument zweifelte an der Möglichkeit einer rationalen Sozialwahl und berief sich dabei insbesondere auf Kenneth Arrows berühmtes »Unmöglichkeitstheorem«. Wie sich jedoch herausstellte, stand nicht zur Debatte, ob eine vernünftige Sozialwahl möglich sei, es ging vielmehr um die Verwendung einer angemessenen Informationsbasis für soziale Urteile und Entscheidungen. Das ist eine wichtige Erkenntnis, aber sie muß uns keineswegs pessimistisch stimmen. Die kritische Funktion der Informationsbasis wurde ja schon in früheren Kapiteln, vor allem im 3. Kapitel diskutiert, so daß die Frage der angemessenen Informationen nur richtig in jenem Licht zu beurteilen ist.

Das zweite Argument bezweifelt, daß es sinnvoll sei, beabsichtigte Konsequenzen in den Mittelpunkt unserer Überlegungen zu stellen und nicht die überwältigende Bedeutung unbeabsichtigter Konsequenzen. Aus diesem skeptischen Einwand lassen sich einige Einsichten gewinnen. Die Hauptlehre, die wir daraus gezogen haben, betraf allerdings nicht die Zwecklosigkeit einer rationalen Beurteilung sozialer Alternativen, sondern die Notwendigkeit, die *unbeabsichtigten, aber vorhersehbaren Konsequenzen* mit einzukalkulieren. Die Schwierigkeit ist die, sich nicht vom Schwung der Absichten mitreißen zu lassen und darüber die sogenannten Nebeneffekte zu vernachlässigen. Die vorgelegten empirischen Beispiele – mehrere stammten aus den chinesischen Erfahrungen – weisen darauf hin, daß das Problem nicht in den undurchschaubaren Kausalbeziehungen liegt. Das eigentliche

Manko ist das starre Festhalten an einer eingeschränkten Perspektive. Um zu vernünftigen Schlüssen und Urteilen zu kommen, bedarf es mehr.

Im dritten Argument ging es um Beweggründe. Es besagte, daß Menschen durch und durch egoistisch und eigennützig seien und daß unter dieser Voraussetzung nur ein System effektiv funktionieren könne: die kapitalistische Marktwirtschaft. Diese Auffassung über die menschlichen Motive ist aber durch empirische Beobachtungen nicht zu erhärten. Auch ist es nicht richtig, daß der Erfolg des Kapitalismus als Wirtschaftssystem allein im eigennützigen Verhalten gründet. Zum Triumph des Kapitalismus hat auch ein komplexes und feines Wertesystem beigetragen, in das als Bollwerk gegen die Versuchung zur Unehrlichkeit noch vieles andere eingeht, etwa Zuverlässigkeit, Vertrauen und redliche Geschäftspraktiken. Jedes Wirtschaftssystem braucht eine Verhaltensmoral, und der Kapitalismus ist da keine Ausnahme. Auch sind Werte stark daran beteiligt, das Verhalten der Individuen zu steuern.

Wenn ich die mögliche Funktion von Werten und Normen für das individuelle Verhalten betone, dann liegt es mir fern, damit zu behaupten, die meisten Menschen ließen sich mehr von ihrem Gerechtigkeitssinn leiten als von ihrer Klugheit und ihren materiellen Interessen. Um das Verhalten vorauszusagen – sei es nun in der persönlichen Arbeit, im Privatgeschäft oder im Staatsdienst –, darf man keinesfalls den Fehler begehen, in den Menschen besonders tugendhafte Geschöpfe zu sehen, die darauf brennen, gerecht zu sein. Tatsächlich haben viele wohlmeinende Pläne in der Vergangenheit Schiffbruch erlitten, weil sie allzu stark auf ein selbstloses Verhalten vertrauten. Wenn wir den Stellenwert uneigennütziger Werte anerkennen, dürfen wir darüber nicht versäumen, die wesentliche Rolle des klug verfolgten Eigennutzes ebenso zu berücksichtigen wie brutale Gier und Habsucht.

Es kommt darauf an, ausgewogene Annahmen über das menschliche Verhalten zu machen. Weder sollten wir uns der »hochgesinnten Sentimentalität« überlassen und annehmen, alle Menschen seien durch und durch moralisch und von Werten erfüllt. Noch sollten wir diese unrealistische Annahme durch die gleichermaßen unrealistische Gegenannahme ersetzen, die wir die »niedriggesinnte Sentimentalität« nennen können. Diese Prämisse, die von einigen Ökonomen bevorzugt wird, setzt voraus, daß Werte keinerlei Einfluß auf unsere Lebensführung haben, da wir uns nur von rohen Erwägungen des persönlichen Vorteils bestimmen lassen.[58] Ob das Thema nun »Arbeitsethos«, »Geschäftsmoral«, »Korruption«, »Gemeinsinn«, »Umweltschutz«, »Gleichbehandlung der Geschlechter« oder Vorstellungen über »die richtige Größe der Familie« ist, immer müssen wir uns klarmachen, daß es eine Vielfalt von Normen und Prioritäten gibt, die zudem stets einem Wandel unterliegen. Wenn wir Probleme der Effizienz und der Fairneß untersuchen oder uns fragen, wie Armut und Unterdrückung zu bekämpfen sind, werden wir die Funktion der Werte keinesfalls vernachlässigen dürfen.

Der Zweck, zur Frage der Korruption und – wie früher schon – zur Frage des Reproduktionsverhaltens empirische Erhebungen heranzuziehen, erschöpft sich nicht darin, an sich wichtige Probleme zu erörtern – auf diesem Wege sollte zudem auch die Bedeutung von Normen und Werten für jene Verhaltensmuster illustriert werden, die bei sozialpolitischen Entscheidungen in die Waagschale fallen können. Ein anderer Zweck ist der, die Funktion öffentlicher Diskussionen für das Herausbilden von Werten und Gerechtigkeitsvorstellungen zu demonstrieren. Die sozialpolitischen Entscheidungen müssen der aktiven Beteiligung der »Öffentlichkeit« unter mehreren Blickwinkeln Rechnung tragen. Die empirischen Verbindungen demonstrieren nicht nur die Reichweite der Vorstellungen von Gerechtigkeit und Moral, die die Menschen vertreten, sie belegen zudem, wieweit das Herausbilden von Werten ein gesellschaftlicher Prozeß ist, der auf öffentlichen Meinungsaustausch angewiesen ist.

Es sollte deutlich sein, daß wir gute Gründe haben, uns besonders um die Entstehung solcher Bedingungen zu kümmern, die für besser unterrichtete und aufgeklärte öffentliche Diskussionen sorgen. Damit ist die Politik stark gefordert, beispielsweise was die Denk- und Handlungsfreiheit junger Frauen betrifft. Hier sind Maßnahmen zu ergreifen, damit mehr Frauen lesen und schreiben lernen, eine bessere Schulbildung erhalten, in den Arbeitsmarkt integriert werden, selbst für ihren Lebensunterhalt aufkommen können und ihre wirtschaftliche Stellung gestärkt wird, wie im 8. und 9. Kapitel erörtert wurde. Auch die Freiheit der Presse und der Medien, diese Frage aufgreifen und vertiefen zu können, ist in diesem Zusammenhang äußerst wertvoll.

Wie ausschlaggebend öffentliche Diskussionen oft sind, wird mitunter nur zum Teil erkannt. In China, wo die Presse in anderen Hinsichten der Zensur unterworfen ist, wurde die Frage, wie groß die Familien sein sollten, eingehend erörtert, und die politische Führung war aktiv bemüht, auf diesem Wege neue Normen hinsichtlich der Größe der Familie zu erzeugen. Ähnliche Überlegungen treffen auf viele andere Bereiche des wirtschaftlichen und sozialen Wandels zu, in denen öffentliche Diskussionen ebenfalls viel bewirken. Wo die Grenzen des Erlaubten, ja des Gewünschten verlaufen, zeigt, welche Prioritäten die staatliche Politik in China setzt. Tatsächlich gibt es hier einen ungelösten Konflikt, der sich in den merkwürdigen Begleitumständen der partiellen Erfolge in den ausgewählten Bereichen zeigt. So wurde der Rückgang der Geburtenrate in China von einem Ungleichgewicht in der Kindersterblichkeit und einem Anstieg nach Geschlechtern diskriminierender Abtreibungen begleitet. Sind nicht Zwangsmaßnahmen, sondern eine stärkere Bejahung von mehr Gerechtigkeit im Verhältnis der Geschlechter (einschließlich der Freiheit der Frauen, nicht durch zu viele Geburten und die Sorge für die Kinder frühzeitig erschöpft zu sein) der Grund für das Sinken der Geburtenrate, kommt es zu weniger inneren Friktionen.

Die Politik steht nicht allein vor der Aufgabe, die Prioritäten umzusetzen, die sich aus den sozialen Werten und Bestätigungen ergeben, sie muß auch flächendeckende öffentliche Diskussionen erleichtern und garantieren. Der Umfang und die Qualität öffentlicher Gespräche kann durch eine Reihe staatlicher Maßnahmen gefördert werden, beispielsweise durch die Pressefreiheit, die Unabhängigkeit der Medien, einschließlich der Abschaffung von Zensur, durch den Ausbau des Schulwesens auch für Frauen, durch die Stärkung der wirtschaftlichen Unabhängigkeit mit Hilfe einer auch Frauen berücksichtigenden Arbeitsmarktpolitik sowie durch andere soziale und wirtschaftliche Veränderungen, dank deren die Individuen sich als aktive Bürger betätigen können. Der Kern dieses Ansatzes ist der Gedanke, daß die Öffentlichkeit schöpferisch an gesellschaftlichen Veränderungen beteiligt ist und nicht bloß die Rolle eines passiven und fügsamen Adressaten von Verordnungen oder Hilfeleistungen spielt.

12

Die Freiheit des einzelnen als soziale Verpflichtung

Gefragt, was er wohl täte, wenn er sich nach seinem Tod Gott dennoch gegenübersähe, soll Bertrand Russell, ein aufrechter Atheist, zur Antwort gegeben haben: »Ich würde ihn fragen: Meine Güte, warum hast du so wenig gezeigt, daß es dich gibt?«[1] Die schreckliche Welt, in der wir leben, sieht gewiß nicht danach aus, jedenfalls nicht an der Oberfläche, als würde in ihr alles nach dem Willen allmächtiger Güte ablaufen. Es ist schwerlich einzusehen, wie eine barmherzige Weltordnung so viele Menschen umfassen kann, die leiden, hungern und im Elend vegetieren, und warum Millionen unschuldiger Kinder jedes Jahr wegen mangelhafter Ernährung und fehlender medizinischer Versorgung oder durch Verwahrlosung umkommen müssen.

Dieses Thema ist natürlich nicht neu. Unter Theologen wird seit langem darüber gestritten. Intellektuell fand das Argument beträchtliche Unterstützung, Gott habe schon seine Gründe dafür, daß wir selbst mit diesen Dingen zurechtkommen sollen. Nichtreligiös, wie ich es bin, ist es nicht meine Sache, dieses Argument theologisch zu würdigen. Doch leuchtet es mir sehr ein, daß die Menschen für die Entwicklung und die Veränderung der Welt, in der sie leben, selbst die Verantwortung tragen müssen. Man kann fromm sein oder auch nicht, diesen Zusammenhang wird man jedenfalls akzeptieren. Als Menschen, die zusammenleben, kommen wir nicht umhin, uns zu fragen, ob die fürchterlichen Zustände, von denen wir uns umgeben sehen, nicht wesentlich unser eigenes Problem sind. Sie fallen in unsere Verantwortung; ob darüber hinaus auch noch in die eines anderen, muß uns nicht kümmern.

Als gebildete Menschen können wir uns nicht vor der Aufgabe drücken, zu beurteilen, wie die Dinge stehen und was praktisch zu tun ist. Als mit Bewußtsein ausgestattete Geschöpfe sind wir imstande, uns auch über das Leben anderer Gedanken zu machen. Unser Verantwortungsgefühl braucht sich nicht nur, so wichtig das auch sein mag, auf das Elend zu beziehen, das unser eigenes Verhalten möglicherweise verursacht hat. Es kann sich auch allgemeiner auf das Leid um uns herum ausweiten, das zu lindern in unserer Macht steht. Neben dieser Verantwortung gibt es selbstverständlich noch anderes, was unsere Aufmerksamkeit erheischt, aber zu leugnen, daß uns das etwas angeht, hieße doch, etwas ganz Wesentliches an unserer sozialen Existenz zu verkennen. Es handelt sich nicht so sehr darum, unser diesbezügliches Verhalten genauen Regeln zu unterwerfen, als vielmehr darum, bei allen Entscheidungen, die wir zu treffen haben, die Bedeutung gemeinsamen Menschseins gebührend zu berücksichtigen.[2]

Wechselseitige Abhängigkeit von Freiheit und Verantwortung

Diese Frage der Verantwortung zieht eine andere nach sich. Sollte jemand für das, was ihm widerfährt, nicht auch selbst verantwortlich sein? Warum sollten andere aktive Verantwortung für sein Leben übernehmen? In der einen oder anderen Form scheint dieser Gedanke viele politische Kommentatoren zu bewegen, und die Idee, jeder solle sich selbst helfen, paßt auch zum herrschenden Zeitgeist. Manche gehen noch weiter und behaupten, die Abhängigkeit von anderen sei nicht nur ethisch bedenklich, sondern auch praktisch entmutigend, indem sie die Eigeninitiative, die eigene Anstrengung, ja die Selbstachtung schwächt. Auf wen verließe man sich, wo es um die eigenen Interessen und Belange geht, besser als auf sich selbst?

Es mögen allerdings ernste Gründe sein, die hinter diesem Gedankengang stehen. Eine Teilung der Verantwortung, die die Last, sich um die eigenen Interessen zu kümmern, einem anderen aufbürdet, kann den Verlust wichtiger Dinge nach sich ziehen, etwa Motivation, Betroffenheit und ein Wissen über sich, zu dem man nur selbst gelangen kann. Die Forderung nach sozialer Verantwortung *auf Kosten* persönlicher Verantwortung muß, in je verschiedenem Umfang, kontraproduktiv wirken. Es gibt keinen Ersatz für die persönliche Verantwortung.

Daß ausschließlicher Verlaß auf die persönliche Verantwortung nur bedingt plausibel und tragfähig ist, läßt sich erst richtig einschätzen, wenn man zugestanden hat, daß sie von zentraler Wichtigkeit ist.

Die substantiellen Freiheiten, die jeder von uns genießt, um seiner Verantwortung nachkommen zu können, hängen jedoch von persönlichen, sozialen und Umweltbedingungen ab. Ein Kind, dem man den Schulbesuch vorenthalten hat, ist nicht nur in dieser Lebensphase um etwas betrogen, sondern für sein ganzes Leben beeinträchtigt, nämlich als jemand, der unfähig ist, einfache Dinge zu verrichten, die Lesen, Schreiben und Rechnen voraussetzen. Der Erwachsene, der keine Mittel besitzt, um sein Leiden medizinisch behandeln zu lassen, fällt nicht nur einer vermeidbaren Krankheit und vielleicht sogar dem Tod zum Opfer, dem er hätte entgehen können. Ihm kann auch die Freiheit vorenthalten sein, verschiedene Dinge zu tun, die er als verantwortlicher Mensch sowohl für sich als auch für andere vielleicht gern getan hätte. Der Leibeigene, der in Halbsklaverei hineingeboren wird, das von einer repressiven Gesellschaft unterdrückte Mädchen, der landlose Bauer ohne Subsistenzmittel, ihnen allen fehlt es nicht nur an Wohlergehen, sondern auch an der Fähigkeit, ein verantwortliches Leben zu führen, das eben davon abhängt, ob man bestimmte elementare Freiheiten hat. Verantwortung *braucht* Freiheit.

Dafür einzutreten, daß die Gesellschaft den Menschen dabei hilft, ihre Freiheit zu erweitern, heißt daher, *für* die persönliche Verantwortung einzutreten, nicht gegen sie. Der Zusammenhang zwischen Freiheit und Verantwortung besteht in beiden Richtungen. Ohne substantielle Freiheit und die Verwirklichungschancen, etwas Bestimmtes zu tun, kann jemand auch nicht die Verantwortung dafür tragen, daß er es tut. Wo man jedoch wirklich die Freiheit und die Verwirklichungschancen besitzt, etwas Bestimmtes zu tun, hat man auch die Pflicht, sich zu überlegen, ob man es tun soll oder nicht, und das impliziert persönliche Verantwortung. In diesem Sinn ist Freiheit sowohl die notwendige als auch die hinreichende Bedingung für Verantwortung.

Die Alternative dazu, daß man sich ausschließlich auf die persönliche Verantwortung verläßt, ist nicht, wie man manchmal annimmt, staatliche Bevormundung. Wenn es darum geht, daß der einzelne seine Wahl trifft, besteht ein Unterschied zwischen seiner Bevormundung und der Schaffung von mehr Chancen dafür, daß die einzelnen ihre Wahl und substantielle Entscheidungen treffen, auf deren Basis sie dann verantwortlich handeln können. Daß die Gesellschaft sich der Freiheit des einzelnen verpflichtet weiß, muß selbstverständlich nicht einzig und allein über den Staat laufen. Es müssen auch andere Institutionen mit einbezogen werden: politische und soziale Organisationen, kommunale Einrichtungen, Nichtregierungsorganisationen verschiedener Art, die Medien und andere Mittel öffentlicher Kommunikation sowie die Institutionen, die das Funktionieren der Märkte und vertraglicher Beziehungen überwachen. Die willkürlich verengte Sichtweise von persönlicher Verantwortung, die sich vorstellt, der einzelne lebe wie auf einer Insel, ohne daß andere ihm helfen oder ihn behindern würden, muß erweitert werden – nicht nur, indem man die Rolle des Staates anerkennt, sondern auch, indem man den Leistungen anderer Institutionen und Faktoren Rechnung trägt.

Gerechtigkeit, Freiheit und Verantwortung

Im Mittelpunkt der Herausforderungen, denen wir uns in der gegenwärtigen Welt gegenübersehen, steht unsere Vorstellung von einer akzeptablen Gesellschaft. Warum stoßen manche sozialen Einrichtungen auf so wenig Gegenliebe? Was können wir tun, um eine Gesellschaft erträglicher zu gestalten? Solchen Vorstellungen liegen Wertungen zugrunde und, oft stillschweigend, sogar ein elementares Verständnis der sozialen Gerechtigkeit. Hier ist selbstverständlich nicht der Ort, um Gerechtigkeitstheorien detailliert zu untersuchen; das habe ich an anderer Stelle versucht.[3] Ich habe jedoch in diesem Buch einige allgemeine Wertungen benutzt (vgl. Kapitel 1–3), die von Gerechtigkeitsvorstellungen und dem dazu jeweils nötigen Maß an unabdingbaren Informationen Gebrauch machen. Es mag sinnvoll sein, den Zusammenhang dieser Wertungen mit dem zu untersuchen, was in den Kapiteln dazwischen erörtert wurde.

Erstens habe ich die vorrangige Bedeutung substantieller Freiheiten für die Beurteilung des individuellen Vorteils und für die Bewertung sozialer Errungenschaften und Versäumnisse herausgestellt. Die Freiheitsperspektive braucht nicht unter reine Verfahrensfragen subsumiert werden, auch wenn es auf die Verfahren durchaus ankommt, z.B. um einschätzen zu können, worum es jeweils geht. Der Hauptpunkt, so habe ich behauptet, sind unsere Verwirklichungschancen, die Art von Existenz zu führen, welche wir für uns vorziehen.[4] Dieser Ansatz kann zu einer Entwicklungstheorie führen, die von der üblichen Konzentration auf das Bruttosozialprodukt oder auf den technischen Fortschritt sowie den Industrialisierungsgrad erheblich abweicht. All das hat nämlich nur eine relative, bedingte Wichtigkeit, ohne für die Charakterisierung einer Entwicklung maßgeblich zu sein.[5]

Zweitens läßt die Freiheitsperspektive für beträchtliche Varianten innerhalb dieses allgemeinen Ansatzes Platz. Substantielle Freiheiten sind notwendigerweise von verschiedener Art. Insbesondere haben wir es, wie schon bemerkt, mit dem wichtigen Unterschied zwischen dem »Chancenaspekt« und dem »Verfahrensaspekt« der Freiheit zu tun (vgl. Kapitel 1). Obwohl diese verschiedenen Komponenten von Freiheit in der Regel zusammengehen, ist das mitunter nicht der Fall, und dann hängt viel von dem relativen Gewicht ab, das auf die eine und die andere gelegt wird.[6]

Der Ansatz bei substantiellen Freiheiten ist auch mit einer unterschiedlichen Gewichtung der jeweiligen Ansprüche von Effizienz und Fairneß verträglich. Es kann Konflikte geben zwischen (1) dem Ziel einer Reduzierung der Ungleichheit von Freiheiten und (2) dem Ziel, allen soviel Freiheit wie möglich zu verschaffen, ohne Rücksicht auf Ungleichheiten. Der gemeinsame Ansatz erlaubt hier, unterschiedliche Gerechtigkeitstheorien aufzustellen, deren allgemeine Orientierung trotzdem dieselbe ist. Gewiß, der Konflikt zwischen gleichheitsorientierten und effizienzorientierten Erwägungen ist keine »Eigenheit« der Freiheitsperspektive. Er bleibt nicht aus, ob wir uns nun auf substantielle Freiheiten oder auf irgendeine andere Bewertungsmethode für den individuellen Vorteil einlassen, etwa auf Glück oder »Nutzen«, »Ressourcen« oder die »Grundgüter«, die man besitzt. In den üblichen Gerechtigkeitstheorien kommt dieser Konflikt zur Sprache, indem man eine sehr spezifische Lösung parat hält, sei es im Utilitarismus das Gebot, die Gesamtsumme des Nutzens ohne Rücksicht auf die Verteilung zu maximieren, sei es Rawls' Unterschiedsprinzip, das gebietet, den Vorteil der am schlechtesten Gestellten zu maximieren, ganz gleichgültig, was das für den Vorteil aller anderen bedeutet.[7]

Demgegenüber habe ich keine bestimmte Formel zur »Lösung« dieser Frage angeboten und habe mich statt dessen darauf konzentriert, die Berechtigung sowohl von Fragen der Aggregation als auch der Distribution nachzuweisen. Zusammen mit der Notwendigkeit, jedem dieser Anliegen die gehörige Beachtung zu schenken, lenkt dieser Nachweis unsere Aufmerksamkeit nachdrücklich auf die Bedeutung gewisser elementarer und dennoch vernachlässigter Punkte in einer Politik, welche sich aus der Perspektive der Freiheit mit Armut, Ungleichheit und sozialer Leistungsfähigkeit befaßt. Die Relevanz sowohl aggregativer als auch distributiver Urteile in der Bewertung des Entwicklungsprozesses ist für ein anspruchsvolles Verständnis dessen, was »Entwicklung« bedeutet, zentral. Doch deswegen brauchen wir nicht alle Erfahrungen auf diesem Gebiet linear zu ordnen. Unerläßlich hingegen ist ein adäquates Verständnis der Informationsbasis jeder Wertung: der Art von Information, die wir zu untersuchen haben, um einschätzen zu können, worum es geht, und was darüber deutlich zu kurz kommt.

Wie im 3. Kapitel (und auch anderswo[8]) auf der Ebene der reinen Gerechtigkeitstheorie diskutiert, wäre es ein Fehler, sich voreilig auf ein bestimmtes System zur »Gewichtung« solcher konkurrierender Anliegen festzulegen. Es wäre dies ein System, das den demokratischen Entscheidungsspielraum in dieser entscheidenden Frage (und allgemeiner, einschließlich der verschiedenen Verfahren der Partizipation, in der »Sozialwahl«) empfindlich einschränken würde. Grundsätzliche Gerechtigkeitsvorstellungen können wohl einige elementare Punkte als unbedingt relevant herausgreifen, aber es wirkt nicht überzeugend, habe ich gesagt, wenn sie dazu führen, daß irgendeine hochkomplexe relative Gewichtungsformel zur einzig zulässigen Blaupause für »die gerechte Gesellschaft« gemacht wird.[9]

Eine Gesellschaft, die Hungersnöte zuläßt, obwohl sie hätten verhindert werden können, ist beispielsweise eindeutig ungerecht, doch braucht dieser Befund nicht auf der Überzeugung zu beruhen, irgendein bestimmter Verteilungsschlüssel für Nahrung, Einkommen oder berechtigte Ansprüche sei bezogen auf alle Staatsangehörigen maximal gerecht und die Folge anderer exakter Verteilungen, welche im Verhältnis zueinander allesamt wohlgeordnet sind. Gerechtigkeitsvorstellungen haben ihre größte Bedeutung darin, daß auf diese Weise *offensichtliches Unrecht* ausgemacht wird, worüber man sich rational verständigen kann, und nicht in der Ableitung irgendeiner Formel, wie genau die Welt betrieben werden sollte.

Drittens: Sogar was eine offensichtliche Ungerechtigkeit betrifft, mag sie im Licht grundsätzlicher ethischer Erwägungen auch noch so sehr als eine solche erscheinen, kann doch das Entstehen der allgemein geteilten Überzeugung, daß es sich um eine »Ungerechtigkeit« handelt, im Einzelfall von einer offenen Debatte über die Probleme und die Chancen für eine Veränderung abhängen. Extreme Ungleichheiten im Zusammenhang mit Rasse, Geschlecht und sozialer Schichtung haben häufig ein zähes Leben, weil stillschweigend unterstellt wird, daß »es keine Alternative gibt« (ich greife eine Formel auf, der Margaret Thatcher in einem anderen, aber doch verwandten Kontext zu Popularität verholfen hat). In Gesellschaften beispielsweise, in denen Frauenfeindlichkeit kultiviert und für selbstverständlich gehalten wird, kann die Einsicht, daß das nicht notwendig so sein muß, sowohl empirische Kenntnisse als auch Vernunftargumente erfordern, und in vielen Fällen bedeutet das mühsame, harte Überzeugungsarbeit.[10] Daß es darüber, was traditionell sowohl im praktischen als auch im Bereich der Werturteile für gut und richtig gehalten wird, zu einer öffentlichen Auseinandersetzung kommt, kann für die Wahrnehmung von Ungerechtigkeit schlechterdings zentral sein.

Wenn wir voraussetzen, daß die öffentliche Auseinandersetzung und Diskussion eine entscheidende Rolle in der Bildung und Anwendung unserer sozialen Wertvorstellungen spielt, da sie mit konkurrierenden Ansprüchen und unterschiedlichen Prinzipien und Kriterien befaßt ist, sind elementare Bürgerrechte und politische Freiheiten für das Herausbilden sozialer Wertvorstellungen unerläßlich. Und in der Tat, das Recht zur Mitwirkung an kritischer Bewertung und am Meinungsbildungsprozeß steht ganz im Zentrum der Rechte der sozialen Existenz. Die Auswahl sozialer Werte kann nicht ausschließlich von den staatlichen Funktionsträgern dekretiert werden. Wie schon gesagt (vgl. die Einführung und Kapitel 1), müssen wir von einer in der Literatur zur Entwicklungstheorie häufig aufgeworfenen Frage erkennen, daß sie völlig in die Irre führt: Fördern Demokratie und elementare politische und bürgerliche Rechte tatsächlich den Entwicklungsprozeß? Vielmehr gilt, daß das Herausbilden und Stärken dieser Rechte als *konstitutiv* für den Entwicklungsprozeß anzusehen ist.

Dieser Aspekt ist durchaus von der *instrumentellen* Bedeutung zu trennen, die Demokratie und politische Grundrechte als Sicherheit und Schutz der sozial Schwachen haben. Die Ausübung dieser Rechte kann allerdings helfen, Staaten empfänglicher zu machen für die Not der Schwachen. Sie kann so dazu beitragen, daß ökonomischen Katastrophen wie z.B. Hungersnöten vorgebeugt wird. Doch darüber hinaus ist die allgemeine Ausweitung der politischen und bürgerlichen Rechte für den Entwicklungsprozeß selbst zentral. Die betreffenden Rechte schließen die Freiheit ein, als Bürger zu handeln, die zählen und deren Stimme zählt, anstatt daß sie als wohlgenährte, wohlgekleidete und gut unterhaltene Knechte leben. So wichtig sie zweifellos ist, muß die instrumentelle Bedeutung von Demokratie und Menschenrechten doch von deren konstitutiver Bedeutung unterschieden werden.

Viertens: Wenn wir uns den Themen Gerechtigkeit und Entwicklung nähern, indem wir die wesentlichen Freiheiten in den Mittelpunkt stellen, liegt das Schwergewicht auf dem Handeln und dem Urteil der einzelnen. Sie lassen sich nicht lediglich als Objekte betrachten, die dank des Entwicklungsprozesses in Zukunft die Empfänger von Wohltaten sein werden. Verantwortliche Erwachsene müssen für ihr eigenes Wohlergehen sorgen; es ist an ihnen selbst, zu entscheiden, wie sie ihre Verwirklichungschancen nutzen wollen. Doch die Verwirklichungschancen, die jemand tatsächlich hat (und deren er sich nicht nur theoretisch erfreut), hängen von der Beschaffenheit der sozialen Umstände ab. Das kann für die Rechte des einzelnen schlechterdings ausschlaggebend sein. Und in diesem Punkt können Staat und Gesellschaft sich nicht ihrer Verantwortung entziehen.

Kollektiv haftet eine Gesellschaft beispielsweise dafür, daß das System unfreier Arbeit, wo es überdauert hat, verschwindet, und daß die Arbeiter frei sein sollten, anderswo Beschäftigung anzunehmen. Gleichfalls in der sozialen Verantwortung liegt es, daß die Wirtschaftspolitik darauf abgestimmt ist, weitgestreut für Beschäftigungsmöglichkeiten zu sorgen, denn davon kann die ökonomische und soziale Existenzmöglichkeit der Menschen entscheidend abhängen. Letztlich bleibt es indessen im Bereich der Verantwortung des einzelnen, zu entscheiden, welchen Gebrauch er von den Beschäftigungsmöglichkeiten machen will und zwischen welchen möglichen Arbeiten er sich entscheidet. Ebenso ist der einem Kind vorenthaltene Schulunterricht oder die einem Kranken vorenthaltene medizinische Grundversorgung ein Versagen von sozialer Verantwortung, doch wieweit man genau von Bildungsangeboten oder von den medizinischen Errungenschaften Gebrauch macht, kann ausschließlich jeder für sich bestimmen.

Ferner kann die Frauenemanzipation durch Beschäftigungsmöglichkeiten, Bildungschancen, Recht auf eigenes Vermögen usw. den Frauen mehr Freiheit geben, ihren Einfluß auf eine ganze Menge von Angelegenheiten geltend zu machen: die häusliche Teilung von Pflege, Ernährung und anderen Gütern, die Aufgabenteilung und Familienplanung. Doch die Ausübung dieser größeren Freiheit ist letztlich die Sache jeder einzelnen Frau. Die Tatsache, daß sich der Gebrauch, der von dieser Freiheit wahrscheinlich gemacht werden wird, häufig überzeugend statistisch vorhersagen läßt (z. B. daß Schulunterricht und Berufstätigkeit die Geburtenrate und die Häufigkeit von Schwangerschaften reduzieren wird), schafft nicht die Tatsache aus der Welt, daß das, was dadurch antizipiert wird, die Ausübung der erweiterten Freiheit der Frau ist.

Was macht Freiheit für einen Unterschied?

Man darf von der in dieser Studie eingenommenen Freiheitsperspektive nicht meinen, sie sei gegenüber der Riesenliteratur zum sozialen Wandel, die über die Jahrhunderte unser Verständnis dieses Prozesses gefördert hat, irgendwie negativ eingestellt. Zwar hat ein Teil der heutigen Werke zur Entwicklungstheorie die Neigung, sich stark auf einige beschränkte Entwicklungsindikatoren zu konzentrieren, z. B. das Pro-Kopf-Wachstum des Bruttosozialprodukts, aber es gibt eine ziemlich lange Tradition, die sich nicht in diese Ecke drängen ließ. Unter den Geistern, die nicht so borniert sind, befindet sich etwa Aristoteles, dessen Vorstellungen die hier vorgelegte Analyse selbstverständlich viel zu verdanken hat, heißt es doch in der *Nikomachischen Ethik* klipp und klar: »Reichtum ist gewiß nicht das gesuchte oberste Gut. Er ist nur ein Nutzwert: Mittel für andere Zwecke.«[11] Dasselbe gilt auch für die Pioniere der »modernen« Wirtschaftstheorie, etwa William Petty, den Verfasser der *Political Arithmetick* (1691), der die von ihm erfundene Berechnung des volkswirtschaftlichen Gesamteinkommens mit anregenden Erörterungen zu viel breiteren Themenkreisen unterlegte.[12]

Die Überzeugung, daß die Ausweitung von Freiheit letztlich ein entscheidender Bewertungsfaktor von wirtschaftlichem und sozialem Wandel ist, ist alles andere als neu. Adam Smith hat sich explizit mit den grundlegenden Freiheiten der Menschen befaßt.[13] Ebenso Karl Marx in vielen seiner Schriften, wenn er z. B. hervorhebt, wie wichtig es sei, »an die Stelle der Herrschaft der Verhältnisse und der Zufälligkeit über die Individuen die Herrschaft der Individuen über die Zufälligkeit und die Verhältnisse zu setzen«.[14] Der Schutz und die Vergrößerung der Freiheit bildet eine wesentliche Ergänzung zu John Stuart Mills Utilitarismus, ebenso seine Empörung darüber, daß den Frauen wesentliche Freiheiten vorenthalten werden.[15] Friedrich Hayek legt größtes Gewicht darauf, die Errungenschaften des ökonomischen Fortschritts in eine sehr allgemeine Formulierung von Freiheit und Rechten einzuordnen: »Wirtschaftliche Erwägungen sind lediglich solche, durch die wir unsere unterschiedlichen Handlungszwecke miteinander vereinbaren und sie aufeinander abstimmen, denn keiner von ihnen ist letztlich wirtschaftlicher Natur (ausgenommen solche des Geizhalses oder des Menschen, für den das Geldverdienen Selbstzweck geworden ist).«[16]

Eine Reihe von Entwicklungsökonomen hat gleichfalls auf die Bedeutung von Entscheidungsfreiheit als ein Entwicklungskriterium hingewiesen. Peter Bauer, der geradezu den Rekord an »abweichenden« Ansichten in der Entwicklungsökonomie hält (darunter ein kluges Buch mit dem Titel *Dissent on Development*), hat nachdrücklich für die folgende Charakterisierung von Entwicklung plädiert:

»Ich betrachte die Ausdehnung des Entscheidungsspielraums, d. h. eine Steigerung des Spektrums der für die Menschen wirklich bestehenden Alternativen, als den Hauptzweck und als das Kriterium ökonomischer Entwicklung; und ich beurteile eine Maßnahme hauptsächlich nach ihrer wahrscheinlichen Wirkung auf den individuellen Entscheidungsspielraum.«[17]

In seinem bekannten Werk *The Theory of Economic Growth* behauptet auch W. A. Lewis, daß der Zweck der Entwicklung darin besteht, den »menschlichen Entscheidungsspielraum« zu vergrößern. Nach diesem vielversprechenden Anfang entscheidet sich Lewis allerdings dann doch, seine Analyse letztlich einfach nur auf »das Wachstum der Pro-Kopf-Produktivität« zu konzentrieren, weil das »dem Menschen größere Kontrolle über seine Umwelt gibt und dadurch seine Freiheit erhöht«.[18] Gewiß, unter sonst gleichen Umständen würde eine Zunahme an Produktivität und Einkommen den menschlichen Entscheidungsspielraum wohl erweitern – besonders hinsichtlich der käuflich zu erwerbenden Güter. Aber wir sahen bereits: der Spielraum für eine echte Entscheidung in wichtigen Dingen hängt noch von vielen anderen Faktoren ab.

Wozu der Unterschied?

In diesem Zusammenhang ist es wichtig, Klarheit darüber zu gewinnen, ob es für Entwicklungstheorien wirklich so viel ausmacht, ob sie, wofür Lewis und viele andere eintreten, auf »das Wachstum der Pro-Kopf-Produktivität« (z.B. das Bruttosozialprodukt pro Kopf) das Hauptgewicht legen oder, grundsätzlicher, auf die Ausweitung der menschlichen Freiheit. Da beides, wie Lewis zu Recht hervorhebt, in einer Beziehung zueinander steht, wieso sollten die beiden entwicklungstheoretischen Ansätze, untrennbar verbunden, wie sie sind, nicht auch substantiell zur Deckung gelangen? Was macht die Konzentration auf Freiheit für einen Unterschied?

Die Unterschiede treten unter zwei ziemlich verschiedenen Gesichtspunkten hervor, die sich auf den »Verfahrensaspekt« und den »Chancenaspekt« von Freiheit beziehen. Erstens: Da die Freiheit sowohl die Verfahren der Entscheidungsfindung als auch die Chancen betrifft, erstrebenswerte Ergebnisse zu erzielen, können wir uns nicht mit erstrebenswerten Ergebnissen in Gestalt der Förderung einer hohen Produktivität oder des Einkommens oder der Erzeugung eines hohen Konsumniveaus oder anderer Variablen zufriedengeben, zu denen der Begriff des Wirtschaftswachstums die nächste Beziehung hat. So etwas wie die Teilhabe an politischen Entscheidungen und einer Sozialwahl läßt sich nicht, wenn es hochkommt, den *Mitteln* der Entwicklung zuschlagen (im Hinblick etwa auf ihren Beitrag zum Wirtschaftswachstum), sondern Verfahren dieser Art gehören selbst in die Reihe der an sich erstrebenswerten Entwicklungsziele.

Der zweite Gesichtspunkt, unter dem sich die »Entwicklung als Freiheit« von den herrschenden Ansichten über Entwicklung unterscheidet, bezieht sich auf einen Gegensatz innerhalb des Chancenaspekts selbst und hat nicht so sehr etwas mit dem Verfahrensaspekt zu tun. Wenn wir die freiheitliche Entwicklungskonzeption zu Ende denken, müssen wir zusätzlich zu den Rechten, die in politischen, sozialen und ökonomischen Verfahren enthalten sind, ins Auge fassen, in welchem Ausmaß Menschen die Chance haben, Ergebnisse zu erzielen, die sie zu Recht erstrebenswert finden. Das Niveau des Realeinkommens ist gewiß wichtig, um den Menschen die entsprechenden Chancen zum Erwerb von Gütern und Dienstleistungen zu geben, und damit sie sich eines Lebensstandards erfreuen, der mit diesem Erwerb einhergeht. Aber wie manche der in diesem Buch vorgestellten empirischen Studien belegen, kann für so wichtige Dinge wie das Recht auf ein langes Leben, die Möglichkeit, vermeidbaren Krankheiten zu entgehen, die Chance auf sinnvolle Beschäftigung oder für das Leben in friedlichen, gewaltfreien Gemeinschaften das Einkommensniveau sehr häufig als Indikator versagen. Diese einkommensunabhängigen Variablen deuten auf Chancen, die zu erstreben ein Mensch sehr gute Gründe hat, und die gleichwohl nicht strikt an wirtschaftliche Prosperität gebunden sind.

Beides, sowohl der Verfahrensaspekt als auch der Chancenaspekt der Freiheit, verlangt daher von uns, die traditionelle, auf das Wachstum der Pro-Kopf-Produktivität fixierte Sicht von Entwicklung zu überschreiten. Es ist auch ein grundlegender Einstellungsunterschied, ob man die Freiheit *lediglich* um des Gebrauchs willen für erstrebenswert hält, der von dieser Freiheit zu machen ist, oder ob man sie *darüber hinaus* für erstrebenswert hält. Hayek mag, wie so oft, vielleicht übertrieben haben, wenn er darauf bestand, daß »die Wichtigkeit, daß es uns frei steht, etwas Bestimmtes zu tun, nichts damit zu tun hat, ob wir oder die Mehrheit der Menschen mit einiger Wahrscheinlichkeit von dieser Möglichkeit jemals Gebrauch machen werden«.[19] Doch hatte er völlig recht, würde ich behaupten, wenn er einen Unterschied macht zwischen (1) dem *abgeleiteten* Wert der Freiheit, der von ihrem tatsächlichen Gebrauch abhängt, und (2) dem *intrinsischen* Wert der Freiheit, nämlich uns frei zu machen, uns für etwas zu entscheiden, wofür wir uns tatsächlich entscheiden können oder eben auch nicht.

Manchmal mag man sogar einen sehr guten Grund haben, eine bestimmte Handlungsmöglichkeit nur zu dem Zweck zu haben, um sie auszuschlagen. Wenn Mahatma Gandhi *fastete*, um gegen die britische Herrschaft zu demonstrieren, dann *hungerte* er eben nicht einfach nur, sondern er wies die Möglichkeit zu essen zurück; denn das heißt »fasten«. Um fasten zu können, mußte Mahatma Gandhi die Möglichkeit haben zu essen, nämlich genau, um imstande zu sein, Nahrung zurückzuweisen. Ein bloßes Hungeropfer wäre zu einer solchen politischen Demonstration gar nicht fähig gewesen.[20]

Obgleich ich mich nicht auf Hayeks Purismus einlassen möchte, dem zufolge die Freiheit völlig von ihrem tatsächlichen Gebrauch zu trennen wäre, würde ich doch betonen, daß Freiheit unterschiedliche Aspekte hat. Der Verfahrensaspekt hätte zusätzlich zu dem Chancenaspekt berücksichtigt zu werden, und der Chancenaspekt selbst müßte als *intrinsischer* wie auch als *abgeleiteter* Wert gesehen werden. Außerdem kann die Freiheit zur Teilnahme an öffentlicher Diskussion und dem sozialen Austausch *konstruktiv* an der Ausbildung ethischer Werte mitwirken. Auf die Freiheit das Hauptgewicht zu legen macht demnach in der Tat einen Unterschied.

Humankapital und menschliche Verwirklichungschancen

Kurz eingehen muß ich ferner auf ein anderes erläuterungsbedürftiges Verhältnis, das nämlich zwischen der Literatur zum »Humankapital« und der Konzentration dieses Buches auf »menschliche Verwirklichungschancen« als einen Ausdruck der Freiheit. In der zeitgenössischen Wirtschaftstheorie hat sich der Schwerpunkt davon, die Kapitalakkumulation primär materiell zu betrachten, deutlich dahin verlagert, sie als einen Prozeß zu sehen, in dem das Leistungsvermögen der Menschen eine zentrale Rolle spielt. Beispielsweise können Menschen durch Erziehung, Schule und Berufsausbildung allmählich viel produktiver werden, und das ist ein großer Beitrag zum Wirtschaftswachstum.[21] Die neuere Literatur zum Wirtschaftswachstum, häufig angeregt durch vergleichende Studien zu den Erfahrungen sowohl Japans und Ostasiens als auch Europas und Nordamerikas, legt ein viel größeres Gewicht auf das »Humankapital«, als es vor noch gar nicht langer Zeit üblich war.

Wie verhält sich diese Akzentverschiebung zu der in diesem Buch vertretenen Entwicklungstheorie, der »Entwicklung als Freiheit«? Oder genauer gesagt, was ist der Zusammenhang zwischen der Ausrichtung am »Humankapital« und der Betonung der »menschlichen Verwirklichungschancen«, um die es in der vorliegenden Studie so sehr ging? In beiden Fällen rückt doch anscheinend das Menschsein ins Zentrum der Aufmerksamkeit, aber gibt es neben der Übereinstimmung auch Differenzen? Etwas vereinfacht kann man sagen, daß die Literatur zum Humankapital dazu tendiert, den tätigen Anteil der Menschen hauptsächlich auf Produktivitätssteigerung zu beziehen. Bei den menschlichen Verwirklichungschancen anzusetzen heißt hingegen, daß die grundlegende Freiheit der Menschen ins Zentrum gestellt wird, das für sie erstrebenswerte Leben zu führen und ihre realen Entscheidungsmöglichkeiten auszuweiten. Beide Ansätze können gar nicht ohne Beziehung zueinander sein, da es beiden um die Rolle der Menschen geht, speziell um die von ihnen tatsächlich errungenen Handlungsmöglichkeiten. Doch der Bewertungsmaßstab bezieht sich auf unterschiedliche Errungenschaften.

Seinen Charakter, seinen sozialen Hintergrund, seine wirtschaftlichen Verhältnisse usw. vorausgesetzt, hat der Mensch die Möglichkeit, dieses und jenes von ihm für erstrebenswert Gehaltene zu tun oder zu sein. Der Grund, es für erstrebenswert zu halten, kann *unmittelbar* sein (die entsprechende Funktion kann direkt sein Leben bereichern, z.B. gut ernährt oder gesund zu sein) oder *mittelbar* (die betreffende Funktion kann ein Produktionsmittel sein oder auf dem Markt einen Verkehrswert haben). Der Humankapital-Ansatz läßt sich im Prinzip sehr allgemein auf beide Arten von Erstrebenswertem beziehen, kraft Übereinkunft definiert man ihn typischerweise jedoch vorwiegend in Begriffen des mittelbar Erstrebenswerten: menschliche Eigenschaften, die sich als »Kapital« für die Produktion einsetzen lassen, gerade so wie beim materiellen Kapital. In diesem Sinn ist der engere Humankapital-Ansatz in den weiter gespannten Ansatz der menschlichen Verwirklichungschancen zu integrieren, der seinerseits sowohl das abdeckt, was unmittelbar, als auch das, was mittelbar aus den menschlichen Fähigkeiten folgt.

Nehmen wir ein Beispiel. Wenn die Schulbildung jemanden in der Güterproduktion geschickter macht, bedeutet sie offenkundig eine Erhöhung des Humankapitals. Das kann das Bruttosozialprodukt und auch das Einkommen der Person, die die Schulbildung genossen hat, erhöhen. Aber selbst auf gleichbleibendem Einkommensniveau kann die Person von ihrer Schulbildung profitieren: in ihrer Lektüre, in der Kommunikation, in Auseinandersetzungen, als besser informierter Wähler, als jemand, dem mehr Respekt entgegengebracht wird, usw. Was sie durch ihre Schulbildung gewinnt, übersteigt also ihre Funktion als Humankapital in der Warenproduktion. Der weiter gespannte Ansatz der menschlichen Verwirklichungschancen würdigt auch diese zusätzlichen Vorteile. So nah sich die beiden Ansätze stehen, sind sie letztlich doch verschieden.

Der signifikante Wandel, durch den in den letzten Jahren dem Stellenwert des »Humankapitals« eine größere Beachtung zuteil geworden ist, fördert das Verständnis für die Bedeutung des Ansatzes der Verwirklichungschancen. Wenn jemand durch bessere Schulbildung, verbesserte Gesundheit usw. produktiver arbeiten kann, liegt die Vermutung nahe, daß er aus demselben Grund auch direkt in seiner Lebensführung mehr erreichen kann und die Freiheit hat, mehr zu erreichen.

Die Perspektive der Verwirklichungschancen bedeutet gewissermaßen die Rückkehr zu jener ganzheitlichen Perspektive auf die ökonomische und soziale Entwicklung, wie besonders Adam Smith sie sowohl in *Der Wohlstand der Nationen* als auch in der *Theorie der ethischen Gefühle* vertreten hat. In seiner Analyse dessen, was die Produktionsmöglichkeiten bestimmt, hob Smith die Bedeutung der Schulbildung hervor, wie auch die der Arbeitsteilung, des Lernens durch die Praxis und der Berufsausbildung. Die Entwicklung der menschlichen Verwirklichungschancen, um ein lebenswertes Leben zu führen, ist in Smith' Analyse des »Wohlstands der Nationen« jedoch ebenso wichtig wie das Streben nach höherer Produktivität.

Adam Smith' Glaube an die Macht von Bildung und Erziehung war sogar besonders ausgeprägt. Was den bis heute anhaltenden Streit um die Gewichtung von Natur und Kultur betrifft, war Smith ein kompromißloser, ja dogmatischer Verfechter der letzteren. Das paßte gut zu seinem massiven Vertrauen in die Vervollkommnung menschlicher Fähigkeiten:

»Der Unterschied in den Begabungen der einzelnen Menschen ist in Wirklichkeit weit geringer, als uns bewußt ist, und die verschiedensten Talente, welche erwachsene Menschen unterschiedlicher Berufe auszuzeichnen scheinen, sind meist mehr Folge als Ursache der Arbeitsteilung. So scheint zum Beispiel die Verschiedenheit zwischen zwei auffallend unähnlichen Berufen, einem Philosophen und einem gewöhnlichen Lastenträger, weniger aus Veranlagung als aus Lebensweise, Gewohnheit und Erziehung entstanden. Bei ihrer Geburt und in den ersten sechs oder acht Lebensjahren waren sie sich vielleicht ziemlich ähnlich, und weder Eltern noch Spielgefährten dürften einen auffallenden Unterschied bemerkt haben.«[22]

Es geht mir hier nicht darum, ob Smith mit seinem entschiedenen Plädoyer zugunsten der Kultur recht hat, doch ist es wichtig zu sehen, wie eng er sowohl *Produktivität* als auch *Lebensstil* mit Erziehung und Ausbildung verbindet, um von beidem anzunehmen, daß es verbesserungsfähig sei.[23] Das ist aus der Perspektive der Verwirklichungschancen ein ganz zentraler Zusammenhang.[24]

Tatsächlich gibt es eine erhebliche Wertungsdifferenz zwischen der Konzentration auf Humankapital und der auf die menschlichen Verwirklichungschancen, eine Differenz, welche sich weitgehend an die Unterscheidung zwischen Mitteln und Zwecken anlehnt. Anzuerkennen, daß die menschlichen Fähigkeiten für das Ingangkommen und die Aufrechterhaltung des Wirtschaftswachstums von Bedeutung sind, sagt uns nämlich nichts darüber, *warum*, so wichtig es übrigens ist, Wirtschaftswachstum überhaupt den Primat hat. Legt man den Akzent hingegen letztlich auf die Ausweitung der Freiheit des Menschen, die Art von Leben zu führen, die er erstrebenswert findet, dann ergibt sich die Funktion des Wirtschaftswachstums in der Ausweitung dieser Chancen erst aus der tieferen Sicht des Entwicklungsprozesses als Ausweitung der Möglichkeit des Menschen, ein besseres, freieres Leben zu führen.[25]

Diese Unterscheidung hat erhebliche Konsequenzen für die Sozialpolitik. Wirtschaftlicher Wohlstand verhilft den Menschen zwar zu mehr Wahlmöglichkeiten und zu einer befriedigenderen Lebensgestaltung, aber dasselbe gilt für Schulunterricht, verbesserte Hygiene, bessere medizinische Versorgung und andere Faktoren, die einen kausalen Einfluß auf die Freiheit haben und deren sich die Menschen effektiv erfreuen. Solche »sozialen Entwicklungen« dürfen entwicklungstheoretisch nicht stiefmütterlich behandelt werden, denn sie helfen uns, *zusätzlich* zu ihrem Effekt für die Steigerung der Produktion, für das Wirtschaftswachstum oder für das persönliche Einkommen, ein längeres, freieres und ertragreicheres Leben zu führen.[26] Die Einführung des Begriffs »Humankapital«, der sich nur auf die eine, wenn auch wichtige Seite der Angelegenheit bezieht, d. h. auf eine umfassendere Vorstellung der »produktiven Ressourcen«, ist gewiß eine Bereicherung. Allein, er bedarf der Ergänzung, und zwar deswegen, weil Menschen nicht bloß Produktionsmittel sind, sondern auch der Zweck der Übung.

In einer Diskussion mit David Hume hatte Adam Smith übrigens selbst Gelegenheit, zu betonen, daß es menschenverachtend ist, die Menschen nur nach ihrem produktiven Nutzen in Anschlag zu bringen:

»... es scheint vor allem unmöglich, daß die Billigung der Tugend eine Empfindung der gleichen Art sein sollte wie jene, mit welcher wir ein wohnliches und gut angelegtes Gebäude billigen; oder daß wir keinen anderen Grund haben sollten, einen Menschen zu loben, als jenen, um dessentwillen wir einen Schubladenschrank anpreisen.«[27]

So nützlich der Begriff des Humankapitals auch ist, ist es doch wichtig, die Menschen umfassender zu sehen und eben nicht in Analogie zu irgendeinem »Schubladenschrank«. Wir müssen, nachdem wir seine Relevanz und Tragweite anerkannt haben, über den Begriff des Humankapitals *hinausgehen*. Was wir vermissen, ist ein Surplus, etwas Umfassenderes, aber nichts, was in irgendeinem Sinne eine strikte *Alternative* zu der »Humankapital«-Perspektive wäre.

Wichtig ist auch, daß die Ausweitung der Verwirklichungschancen ein Instrument des *sozialen* Wandels ist, was über den *ökonomischen* Wandel deutlich hinausgeht. Auch wenn man die Menschen als Instrumente des Wandels betrachtet, erschöpft sich ihre Rolle keineswegs wirtschaftlich in der Produktionstätigkeit, auf die der Ansatz beim »Humankapital« normalerweise fixiert ist, sondern kann die soziale und politische Entwicklung einschließen. Beispielsweise kann, wie gesagt, die Ausweitung der Schulbildung für Frauen den Abbau einer Ungleichheit zwischen den Geschlechtern in der häuslichen Arbeitsteilung nach sich ziehen und auch die Geburtenrate und die Kindersterblichkeit senken helfen. Die Ausweitung des Schulunterrichts kann das Niveau politischer Diskussionen positiv beeinflussen. Diese Mittelfunktion kann sich letztlich als einigermaßen folgenreich herausstellen, indem sie uns über die Sphäre der Produktion von konventionell definierten Gütern deutlich hinausführt.

Um die Wirkung menschlicher Verwirklichungschancen zu würdigen, müssen wir folglich im Blick haben:

1. ihre *unmittelbare* Relevanz für den Wohlstand und die Freiheit der Menschen;

2. ihre *mittelbare* Wirkung durch die Beeinflussung des *sozialen* Wandels;

3. ihre *mittelbare* Wirkung durch die Beeinflussung der *wirtschaftlichen* Produktion.

Der Ansatz bei den Verwirklichungschancen schließt jeden dieser Beiträge ein. Dagegen wird in der Literatur das Humankapital üblicherweise auf die dritte der drei Wirkungen festgelegt. Daß beide theoretischen Ansätze einander überlappen, ist deutlich, und ihre Gemeinsamkeit ist auch wirklich wichtig. Gleichwohl ist es unabdingbar, diese bornierte, eng umschriebene Rolle des Humankapitals zu transzendieren und die Entwicklung als Freiheit zu begreifen.

Eine letzte Bemerkung

In diesem Buch habe ich versucht, einen bestimmten theoretischen Ansatz vorzustellen und zu verteidigen: Entwicklung als Ausweitung substantieller Freiheiten aufzufassen, die die Menschen haben. Diese Freiheitsperspektive kam sowohl in der Bewertung des zu analysierenden Wandels als auch deskriptiv und prognostisch darin zum Ausdruck, daß Freiheit als Triebkraft für rapiden Strukturwandel gesehen wird.

Ferner erörtert habe ich die Implikationen dieses Ansatzes sowohl für die Politik als auch für das Verständnis der großen wirtschaftlichen, politischen und sozialen Zusammenhänge. Eine Reihe gesellschaftlicher Institutionen – marktbezogene, Behörden, Parlamente, Parteien, Nichtregierungsorganisationen, Gerichte, die Medien und die Gesellschaft insgesamt – werden genau dadurch zu Entwicklungsfaktoren, daß sie sich auf die Erweiterung und die Aufrechterhaltung der Freiheiten des einzelnen positiv auswirken. Entwicklungstheorie verlangt ein ganzheitliches Verständnis der Rolle, die diese verschiedenen Institutionen jeweils spielen, sowie ihres Zusammenspiels. Neben der Funktionsweise der Märkte und anderer Institutionen muß insbesondere auch das Herausbilden von Werten und der Entstehung und Entwicklung einer Sozialethik Beachtung geschenkt werden. Die vorliegende Studie war ein Versuch, dieses Beziehungsgefüge zu erforschen und in diesem weitgespannten Rahmen Lehren für die Entwicklung zu ziehen.

Es ist ein Merkmal der Freiheit, daß sie unterschiedliche Aspekte hat, welche auf eine ganze Reihe von Praktiken und Institutionen Bezug haben. Sie liefert keine Entwicklungssicht, welche sich in irgendein Patentrezept pressen läßt, hieße das nun Kapitalakkumulation, Öffnung der Märkte oder effiziente Wirtschaftsplanung (sosehr auch jedes dieser Momente in das ganze Bild hineingehört). Das organisierende Prinzip, das all die unterschiedlichen Aspekte zusammenbindet, ist das fundamentale Interesse an der fortschreitenden Vergrößerung der individuellen Freiheitsspielräume und der soziale Wille, dazu beizutragen. Diese Einheit wiederum ist zwar wichtig, dennoch dürfen wir auch nicht aus dem Blick verlieren, daß »Freiheit« ein in sich mehrdimensionaler Begriff ist, der, wie wir sahen, sowohl von der Verfahrensseite her als auch von der Chancenseite her theoretisch einzuholen ist.

Diese Mehrdimensionalität ist nichts, was zu bedauern wäre. Es ist, wie William Cowper schreibt:

»Indes die Freiheit tausend Reize hat zu zeigen,
Wird sich dem Knecht, ob auch zufrieden, nicht eine davon neigen.«

Entwicklung heißt eben dies: sich auf die Möglichkeiten der Freiheit ernsthaft einzulassen.

Dank

Bei den Forschungsarbeiten zu diesem Buch wurde ich zusammen mit Angus Deaton von der John D. und Catherine T. MacArthur Foundation unterstützt. Das Forschungsprojekt war die Weiterführung einer zuvor für das in Helsinki ansässige und damals von Lal Jayawardena geleitete World Institute of Development Economics Research durchgeführten Untersuchung. Auch ist es eng mit meiner Beratertätigkeit für die *Human Development Reports* des Entwicklungsprogramms der Vereinten Nationen verknüpft, das unter der prägenden Leitung von Mahbub ul Haq aus Pakistan stand, einem engen Freund aus meinen Studententagen, dessen plötzlicher Tod 1998 ein Schlag für mich war, von dem ich mich bis heute noch nicht ganz erholt habe. Die Harvard University, an der ich seit Anfang 1998 lehre, hat meine Forschungsarbeiten seit vielen Jahren bewundernswert unterstützt. Logistische Hilfe wurde mir vom Harvard Institute of International Development, dem Harvard Center for Population and Development Studies und dem Centre for History and Economics am Kings College der Universität Cambridge zuteil.

Ich hatte das Glück, großartige Mitarbeiter zu finden. Viele Jahre lang hatte ich die wunderbare Gelegenheit, mit Jean Drèze zusammenzuarbeiten und mehrere Bücher mit ihm zu veröffentlichen, Bücher, die die vorliegende Studie beeinflußt haben (die Zusammenarbeit mit Jean zeichnet sich durch die angenehme Eigenschaft aus, daß er die meiste Arbeit leistet und gleichzeitig dafür sorgt, daß man selbst den Löwenanteil an Anerkennung einstreicht). Daß ich die Chance hatte, mit Sudhir Anand gemeinsam an Themen zu arbeiten, die eng mit diesem Buch verknüpft sind, war eine glückliche Fügung. Darüber hinaus hatte ich fruchtbare Arbeitsbeziehungen zu Angus Deaton, Meghnad Desai, James Foster und Siddiq Osmani. Meine Zusammenarbeit mit Martha Nussbaum in den Jahren 1987 bis 1989 half mir enorm, die Begriffe »Verwirklichungschance« (*capability*) und »Lebensqualität« (*quality of life*) zu klären, zwei Begriffe, die in diesem Buch eine herausragende Rolle spielen.

Während meiner Beratungstätigkeit für die *Human Development*

Reports kam es zu einem fruchtbaren Gedankenaustausch mit Mahbub ul Haq, Sakiko Fukuda-Parr, Selim Jahan, Meghnad Desai und Paul Streeten, später auch mit Richard Jolly, dem Nachfolger Mahbubs. Als weitere Mitarbeiter und Kritiker, auf deren Hilfe ich mich stützte, sind zu nennen: Tony Atkinson (dessen Gedanken ich mir oft zu eigen machte) sowie Kaushik Basu, Alok Bhargava, David Bloom, Anne Case, Lincoln Chen, Martha Chen, Stanley Fischer, Caren Grown, S. Guhan, Stephan Klasen, A. K. Shiva Kumar, Robert Nozick, Christina Paxson, Ben Polak, Jeffrey Sachs, Tim (Thomas) Scanlon, Joe Stiglitz, Kotaro Suzumura und Jong-Il You. Sudhir Anand, Amiya Bagchi, Pranab Bardhan, Ashim Dasgupta, Angus Deaton, Peter Dimock, Jean Drèze, James Foster, Siddiq Osmani, Ingrid Robeyns und Adele Simmons haben mir durch ihre Kommentare zu den grundlegenden Ideen und verschiedenen Fassungen des Manuskripts weitergeholfen.

Arun Abraham, mein langjähriger und effizienter Forschungsassistent, war mir eine große Stütze, und dasselbe kann ich für die letzten Jahre von Ingrid Robeyns und Tanni Mukhopadhyay sagen. Anna Marie Svedrofsky hat bei allen organisatorischen Dingen wunderbare Koordinationsarbeit geleistet.

Wie bereits im Vorwort erwähnt, wurden diese Vorlesungen auf Einladung von James Wolfensohn, dem Präsidenten der Weltbank, gehalten, und die Gespräche mit ihm waren stets sehr lehrreich für mich. Die Vorlesungen vor der Weltbank fanden jeweils unter dem Vorsitz von James Wolfensohn, Caio Kochweser, Ismail Serageldin, Callisto Madavo und Sven Sandstrom statt, sie alle haben zu den von mir angesprochenen Problemen Bedeutendes zu sagen gehabt. Auch waren die Fragen und Bemerkungen in den Diskussionen im Anschluß an die Vorlesung sehr anregend. Profitiert habe ich des weiteren von der Gelegenheit, mit den Mitarbeitern der Bank sprechen zu können. Die Gespräche wurden mit makelloser Effizienz von Tariq Hussain arrangiert, der allgemein für die Vorlesungen zuständig war.

Und schließlich mußte meine Frau Emma Rothschild die verschiedenen Fassungen verstreuter Argumentationen zu unterschiedlichen Zeiten lesen; ihr Rat war stets außergewöhnlich wertvoll. Ihre eigene Arbeit über Adam Smith war für mich eine gute Inspirationsquelle, da sich das vorliegende Buch zum Gutteil auf Smith' Analysen bezieht. Schon bevor ich Emma kennenlernte, war ich mit Adam Smith bestens vertraut (wie jene, die meine frühen Schriften kennen, sicherlich wissen). Doch unter ihrem Einfluß hat sich der Plot verdichtet, und das war für die Arbeit von Bedeutung.

Anmerkungen

1. Die Perspektive der Freiheit

1 *Brihadaranyaka Upanishad* 2.4, 2–3.

2 Aristoteles, *Nikomachische Ethik*, 1096a9.

3 In früheren Veröffentlichungen habe ich die verschiedenen Aspekte einer sozialen Bewertung erörtert, die Freiheit in den Mittelpunkt stellt; siehe dazu meine Schriften »Equality of What?« in *Tanner Lectures on Human Values*, Bd. 1, hrsg. von S. McMurrin, Cambridge University Press 1980; *Choice, Welfare and Measurement*, Oxford/Cambridge, Mass. 1982; wiederveröffentlicht Cambridge, Mass. 1997; *Resources, Values and Development*, Cambridge, Mass. 1984; »Well-Being, Agency and Freedom: The Dewey Lectures 1984« in *Journal of Philosophy 82* (April 1985); *Inequality Reexamined*, Oxford/Cambridge, Mass. 1992. Vgl. auch Martha Nussbaum und Amartya Sen (Hgg.), *The Quality of Life*, Oxford 1993.

4 So in meinen Kenneth Arrow Lectures, abgedruckt in *Freedom, Rationality and Social Choice: Arrow Lectures and Other Essays*, Oxford, in Vorbereitung. Eine Reihe technischer Fragen bei der Einschätzung und Bewertung von Freiheit kommen in dieser Untersuchung ebenfalls zur Sprache.

5 Die Gründe, die Probleme der Bewertung und der Verfahrensmethode betreffen, sind ausführlicher erörtert worden in meinen Arbeiten »Rights and Agency« in *Philosophy and Public Affairs 11* (1982), auch abgedruckt in *Consequentialism and Its Critics*, hrsg. von Samuel Scheffler; »Well-Being, Agency and Freedom«; *On Ethics and Economics*, Oxford 1987.

6 Die Komponenten entsprechen (1) dem Verfahrensaspekt und (2) dem Chancenaspekt der Freiheit, die ich in den Kenneth Arrow Lectures untersucht habe, enthalten in *Freedom, Rationality and Social Choice*, 1993.

7 Das Problem des »gezielten Einsatzes« (*targeting*) habe ich in »The Political Economy of Targeting«, einer programmatischen Rede vor der Annual World Bank Conference on Development Economics erörtert; veröffentlicht ist die Ansprache in *Public Spending and the Poor: Theory and Evidence*, hrsg. von Dominique van de Walle und Kimberly Nead, Baltimore 1995. Die Frage der politischen Freiheit als Teil der Entwicklung wird behandelt in »Freedom and Needs«, *New Republic*, 10. und 17. Januar 1994.

8 Dieses Problem habe ich besprochen in »Missing Women«, *British Medical Journal 304*, 1992.

9 Diese und andere Vergleiche finden sich in meinem Aufsatz »The Economics of Life and Death«, *Scientific American 266* (April 1993), sowie »Demography and Welfare Economics«, *Empirica 22* (1995).

10 Siehe dazu »Economics of Life and Death« sowie die dort zitierte medizinische Literatur. Vgl. dazu auch Jean Drèze und Amartya Sen, *Hunger and Public Action*, Oxford 1989. Zu diesem allgemeinen Problem vgl. auch M. F. Perutz, »Long Live the Queen's Subjects«, *Philosophical Transactions of the Royal Society of London 352* (1997).

11 Zu diesen Ergebnissen gelangt man durch die Auswertung der Hintergrunddaten zur Berechnung der Lebenserwartung (für 1990). Sie finden sich in C. J. L. Murray, C. M. Michaud, M. T. McKenna und J. S. Marks, *U.S. Patterns of Mortality by County and Race: 1965–1994*, Cambridge, Mass.: Harvard Center for Population and Development Studies 1998. Siehe vor allem Tabelle 6d.

12 Siehe Colin McCord und Harold P. Freeman, »Excess Mortality in Harlem«, *New England Journal of Medicine 322* (18. Januar 1990), siehe auch M. W. Owen, S. M. Teutsch, D. F. Williamson und J. S. Marks, »The Effects of Known Risk Factors on the Excess Mortality of Black Adults in the United States«, *Journal of the American Association 263*, Nr. 6 (9. Februar 1990).

13 Siehe Nussbaum und Sen (Hgg.), *The Quality of Life*, 1993.

14 Siehe Martha Nussbaum, »Nature, Function and Capability; Aristotle on Political Distribution«, *Oxford Studies in Ancient Philosophy*, 1988, Ergänzungsband; siehe auch Nussbaum und Sen (Hgg.), *The Quality of Life*, 1993.

15 Siehe Adam Smith, *Der Wohlstand der Nationen*, übersetzt von Horst Claus Recktenwald, München 1978, 5. Buch, Kapitel 2 (Abschnitt »Steuern auf Verbrauchsgüter«).

16 Diese Themen habe ich auch in den 1985 in Cambridge gehaltenen Tanner Lectures diskutiert, veröffentlicht in *The Standard of Living*, hrsg. von Geoffrey Hawthorn, Cambridge 1987.

17 Lagrange legte im späten 18. Jahrhundert die vermutlich erste Analyse dessen vor, was wir heute als »die neue Ansicht über den Verbrauch« kennen (Kevin J. Lancaster, »A New Approach to Consumer Theory«, *Journal of Political Economy 74* [1996], und W. M. Gorman, »A Possible Procedure for Analysing Quality Differentials in the Egg Market«, *Review of Economic Studies* 47 [1980]). Diese und verwandte Themen habe ich in meinem Buch *The Standard of Living*, 1987, erörtert.

18 Eine berühmte Ausnahme ist Robert Nozick, *Anarchy, State and Utopia*, New York 1974. Dt.: *Anarchie, Staat, Utopie,* München 1976.

19 Dies geschah vor allem im Zusammenhang mit Adam Smith' Befürwortung von Gesetzen gegen den »Wucher« und die Notwendigkeit, das Chaos einzudämmen, das aus der Ungezügeltheit spekulativer Kapitalanlagen seitens jener folgt, die Adam Smith »Verschwender und Projektemacher« nennt. Siehe Smith, *Der Wohlstand der Nationen*, übersetzt und herausgegeben von Horst Claus Recktenwald, München 1978, 2. Buch. 4. Kapitel, Abschnitt 14f. Das Wort »projector« (Projektemacher) verwendet Smith nicht in der neutralen Bedeutung von »einem, der Projekte entwirft«, sondern im pejorativen Sinn, der nach dem *Shorter Oxford English Dictionary* seit 1616 offenbar allgemein unter anderem in der Bedeutung »a promoter of bubble companies, a speculator, a cheat« verwendet wird. Giorgio

Basevi hat mich auf eine interessante Parallele zwischen Smith' Kritik und Jonathan Swifts wenig schmeichelhaftem Porträt der »projectors« in *Gullivers Reisen* aufmerksam gemacht, das 1726, ein halbes Jahrhundert vor *Wohlstand der Nationen*, erschienen ist.

20 Die Bedeutung der Unterscheidung zwischen »optimalen Ergebnissen« und »maximalen Ergebnissen« in den verschiedenen Kontexten habe ich untersucht in »Maximization and the Act of Choice«, *Econometrica 65* (Juli 1997). Zur Relevanz der Unterscheidung im spezifischen Kontext des Marktmechanismus und seiner Alternativen vgl. meinen Aufsatz »Markets and Freedoms«, *Oxford Economic Papers 45* (1993) sowie »Markets and the Freedom to Choose« in *The Ethical Foundations of the Market Economy*, hrsg. von Horst Siebert, Tübingen 1994. Siehe dazu auch Kapitel 4 dieses Buches.

21 J.R. Hicks, *Wealth and Welfare*, Oxford 1981, S. 138.

22 Robert W. Fogel und Stanley L. Engerman, *Time on the Cross: The Economics of American Negro Slavery*, Boston 1974, S. 125f.

23 Fogel und Engerman, *Time on the Cross*, 1974, S. 237f.

24 Verschiedene Aspekte dieses wichtigen Problems wurden untersucht von Fernando Henrique Cardoso, *Capitalismo e Escravidaõ no Brasil Meridionel: O negro na sociadade escravocrata do Rio Grande so Sul*, Rio de Janeiro 1977; Robin Blackburn, *The Overthrow of Colonial Slavery, 1776–1848*, London/New York 1988; Tom Brass und Marcel van der Linden (Hgg.), *Free and Unfree Labour*, Berne 1997; Stanley L. Engerman (Hg.), *Terms of Labor: Slavery, Serfdom and Free Labor*, Stanford, Calif. 1998.

25 Karl Marx, *Das Kapital*, MEW, Bd. 23, Berlin 1972, S. 270.

26 V. K. Ramachandran, *Wage Labour and Unfreedom in Agriculture: An Indian Case Study*, Oxford 1990, S. 1f.

27 Eine bedeutende empirische Studie zu diesem Aspekt von Leibeigenschaft und Unfreiheit findet sich bei Sudipto Mundle, *Backwardness and Bondage: Agrarian Relations in a South Bihar Destrict*, Neu-Delhi 1979.

28 Siehe dazu *Decent Work: The Report of the Director-General of the ILO*, Genf 1999. Dies ist ein besonderes Anliegen im Programm des neuen Generaldirektors Juan Somavia.

29 Dieser Standpunkt wurde besonders überzeugend in Stephen M. Marglin und Frederique Appfel Marglin (Hgg.), *Dominating Knowlegde*, Oxford 1993, entwickelt. Zu ähnlichen anthropologischen Erkenntnissen siehe auch Veena Das, *Critical Events: An Anthropological Perspective on Contemporary India*, Delhi 1995.

2. Zwecke und Mittel der Entwicklung

1 Diesen Gegensatz habe ich in einem früheren Aufsatz diskutiert: »Development Thinking at the Beginning of the 21st Century« in *Economic and Social Development into the XXI Century*, hrsg. von Louis Emmerij, Washington, D.C.; Inter-

American Development Bank, vertrieben von der Johns Hopkins University Press, 1997. Siehe auch meine Arbeit »Economic Policy and Equity: An Overview«, in *Economic Policy and Equity*, hrsg. von Vito Tanzi, Ke-young Chu und Sanjeev Gupta, Washington, D.C., International Monetary Fund 1999.

2 Dieses Kapitel diente mir als Grundlage für einen programmatischen Vortrag, den ich auf einem Symposium der Weltbank vom 1.–2. März in Tokio zum Thema globale Finanzwirtschaft und Entwicklung gehalten habe.

3 Siehe dazu Jean Drèze und Amartya Sen, *Hunger and Public Action*, Oxford 1989.

4 Siehe dazu Weltbank, *The East Asian Miracle: Economic Growth and Public Policy*, Oxford 1993. Siehe auch Vito Tanzi u. a., *Economic Policy and Equity*, 1999.

5 Siehe Hiromitsu Ishi, »Trends in the Allocation of Public Expenditure in Light of Human Resource Development – Overview in Japan«, vervielfältigt von der Asian Development Bank, Manila 1995. Siehe auch Carol Gluck, *Japan's Modern Myths: Ideology in the Late Meiji Period*, Princeton 1985.

6 Siehe dazu Jean Drèze und Amartya Sen, *India: Economic Development and Social Opportunity*, Delhi 1995, sowie Probe Team, *Public Report on Basic Education in India*, Delhi 1999.

7 Sudhir Anand und Martin Ravallion, »Human Development in Poor Countries: On the Role of Private Incomes and Public Services«, *Journal of Economics Perspectives* 7 (1993).

8 Zu dieser Frage vgl. mein gemeinsam mit Jean Drèze verfaßtes Buch *India: Economic Development and Social Opportunity*, Delhi 1995

9 Drèze und Sen, *Hunger and Public Action*, Oxford 1989; insbesondere Kapitel 10.

10 Obgleich Kerala bloß ein Bundesstaat und kein Land ist, ist es mit einer Bevölkerung von nahezu 30 Millionen bevölkerungsreicher als die meisten Länder der Welt, z. B. auch Kanada.

11 Vgl. dazu meine Arbeit »From Income Inequality to Economic Inequality«, Gastvortrag vor der Southern Economic Association, veröffentlicht in *Southern Economic Journal 64* (Oktober 1997), sowie »Mortality as an Indicator of Economic Success and Failure«, erste Innocenti Lecture vor der UNICEF, Florenz 1995, auch veröffentlicht in *Economic Journal 108* (Januar 1998).

12 Siehe auch Richard A. Easterlin; »How Beneficent Is the Market? A Look at the Modern History of Mortality«, vervielfältigt von der University of Southern California 1997.

13 Diese Frage wird auch erörtert in Drèze und Sen, *Hunger and Public Action*, 1989.

14 Auf diese Frage werde ich später zurückkommen; siehe auch Drèze und Sen, *India: Economic Development and Social Opportunity*, Delhi 1995.

15 Die Notwendigkeit, eine marktfreundliche Politik zur Förderung des Wirtschaftswachstums durch einen schnellen Ausbau der sozialen Infrastruktur (z. B. des öffentlichen Gesundheits- und Schulwesens) zu stärken und zu unterstützen, wird im Detail und vor dem Hintergrund der indischen Wirtschaft in dem von mir

und Jean Drèze verfaßten Buch, *India: Economic Development and Social Opportunity*, Delhi 1995, erörtert.

16 Siehe Robert W. Fogel, »Nutrition and the Decline in Mortality since 1700: Some Additional Preliminary Findings«, Arbeitspapier 1802, National Bureau of Economic Research 1986; Samuel H. Preston, »Changing Relations between Mortality and Level of Economic Development«, *Population Studies 29* (1975), sowie »American Longevity: Past, Present and Future«, Policy Brief Nr. 7, Maxwell School of Citizenship and Public Affairs, Syracuse University 1996. Siehe auch Lincoln C. Chen, Arthur Kleinman und Norma C. Ware (Hgg.), *Advancing Health in Development Countries*, New York 1992; Richard G. Wilkinson, *Unhealthy Societies: The Afflictions of Inequality*, New York 1996; Richard A. Easterlin, »How Beneficent Is the Market?«, 1997.

17 Siehe J. M. Winter, *The Great War and the British People*, London 1986.

18 Siehe R. M. Titmuss, *History of the Second World War: Problems of Social Policy*, London 1950.

19 Siehe dazu R. J. Hammond, History of the Second World War: FOOD, London 1951. Siehe auch Titmuss, *History of the Second World War: Problems of Social Policy*, 1950.

20 Siehe Winter, *The Great War and the British People*, 1986.

21 Die Daten beziehen sich auf England und Wales, da die Daten für ganz Großbritannien nicht aufzufinden waren. Da aber England und Wales ein überwältigend großer Teil von Großbritannien sind, dürfte durch diese eingeschränkte Erfassung nicht viel verlorengegangen sein.

22 Vgl. die oben zitierten Arbeiten von R. J. Hammond, R. M. Titmuss und J. M. Winter und die darin angegebenen Schriften wie auch die Diskussion und die Literaturhinweise in Drèze und Sen, *Hunger and Public Action*, Oxford 1989, Kapitel 10.

23 Diesen Punkt habe ich diskutiert in »Development: Which Way Now?«, *Economic Journal 92* (Dezember 1982), sowie *Resources, Values and Development*, Cambridge, Mass. 1984 und das Gemeinschaftswerk mit Drèze, *Hunger and Public Action*, Oxford 1989.

3. Freiheit und die Grundlagen von Gerechtigkeit

1 Die Rolle des Ausschlusses und Einschlusses von Information habe ich diskutiert in »On Weights and Measures: Informational Constraints in Social Welfare Analysis«, *Econometrica 45* (Oktober 1977), wiederabgedruckt in *Choice, Welfare and Measurement*, Oxford/Cambridge, Mass. 1982; wiederaufgelegt Cambridge, Mass. 1997, sowie »Informational Analysis of Moral Principles« in *Rational Action*, hrsg. von Ross Harrison, Cambridge 1979.

2 Siehe Jeremy Bentham, *An Introduction to the Principles of Morals and Legislation*, London 1789; Neudruck Oxford 1907.

3 Die Kritik des Utilitarismus bezüglich seiner Informationsbasis ist nachzulesen in meinem Artikel »Utilitarianism and Welfarism«, *Journal of Philosophy* 7 (September 1979), wie auch in »Well-Being, Agency and Freedom: The Dewey Lectures 1984«, *Journal of Philosophy 82* (April 1985).

4 Zu diesen Unterscheidungen siehe J. C. B. Gosling, *Pleasure and Desire*, Oxford 1969; John C. Harsanyi, *Essays in Ethics, Social Behaviour, and Scientific Explanation*, Dordrecht 1977.

5 Zu dem darin enthaltenen methodischen Problem vgl. meine Aufsätze »On Weights and Measure« (1977) und »Informational Analysis of Moral Principles« (1979).

6 Lionel Robbins Argument dafür, daß es keine wissenschaftliche Grundlage für mögliche interpersonelle Vergleiche von Glück geben könne, war besonders einflußreich (»Interpersonal Comparisons of Utility«, *Economic Journal 48* [1938]), und seine Kritik hatte zur Folge, daß der Utilitarismus als eine Hauptströmung in der Wohlfahrtsökonomie seinen Kredit einbüßte.

7 Bentham, *An Introduction to the Principles of Morals and Legislation*, 1789; John Stuart Mill, *Utilitarianism*, London 1861, Neudruck London 1962; Henry Sidgwick, *The Method of Ethics*, London 1974; William Stanley Jevons, *The Theory of Political Economy*, London 1871, Neudruck, 5. Auflage 1957; Francis Edgeworth, *Mathematical Psychics: An Essay on the Application of Mathematics to Moral Sciences*, London 1881; Alfred Marshall, *Principles of Economics*, London, 8. Auflage 1920; A. C. Pigou, *The Economics of Welfare*, London 1920.

8 Dies ist die einfachste Version des Utilitarismus. Komplexere und weniger direkte Versionen finden sich vor allem bei Richard M. Hare, *Moral Thinking: Its Levels, Methods and Point*, Oxford 1981; und James Griffin, *Well-Being: Its Meaning, Measurement, and Moral Importance*, Oxford 1986.

9 Die damit verbundenen technischen Probleme und einige Grenzen der Definition von Nutzen im Rahmen der Entscheidung zwischen zwei Dingen habe ich diskutiert in *Choice, Welfare and Measurement*, 1982, und weniger technisch in *On Ethics and Economics*, Oxford 1986.

10 Siehe z. B. Independent Commission on Population and Quality of Life, *Caring for the Future*, Oxford 1996; siehe unter anderen Schriften auch Mark Sagoff, *The Economy of the Earth*, Cambridge 1988, und Kjell Arne Brekke, *Economic Growth and the Environment*, Cheltenham 1997.

11 Meine kritische Haltung gegenüber dem Utilitarismus habe in unter anderem formuliert in *Collective Choice and Welfare*, San Francisco 1970, wiederaufgelegt Amsterdam 1979; *On Economic Inequality*, Oxford 1973; *Inequality Reexamined*, Oxford/Cambridge, Mass. 1992. Für überzeugende Kritiken am klassischen Utilitarismus siehe unter anderem John Rawls, *A Theory of Justice*, Cambridge, Mass. 1971; Bernard Williams, »A Critique of Utilitarianism«, in *Utilitarianism: For and Against*, hrsg. von J. J. Smart und B. Williams, Cambridge 1973; Robert Nozick, *Anarchy, State and Utopia*, New York 1974; Ronald Dworkin, *Taking Rights Seriously*, London 1978; Joseph Raz, *Ethics in the Public Domain*, Oxford 1994, veränderte Auflage 1995.

12 Siehe Sen, *Inequality Reexamined*, 1992, und Martha Nussbaum, *Sex and Social Justice*, New York 1999.

13 Rawls, *A Theory of Justice*, 1971.

14 Nozick, *Anarchy, State and Utopia*, 1974. Siehe jedoch auch Nozicks spätere, relativierte Position in *The Examined Life*, New York 1989, dt. *Vom richtigen, guten und glücklichen Leben*, München 1991.

15 Rawls, *A Theory of Justice*, 1971; siehe auch sein Buch *Political Liberalism*, New York 1993, insbesondere die 8. Vorlesung.

16 H.L.A. Hart, »Rawls on Liberty and its Priority«, *University of Chicago Law Review 40* (Frühjahr 1973), wiederabgedruckt in *Reading Rawls*, hrsg. von Norman Daniels, New York 1975; und Rawls, *Political Liberalism*, 1993, 8. Vorlesung.

17 Siehe mein Buch *Poverty and Famines: An Essay on Entitlement and Deprivation*, Oxford/New York 1981, sowie mein gemeinsam mit Jean Drèze verfaßtes Buch *Hunger and Public Action*, Oxford/New York 1989. Vgl. auch Jeffrey L. Coles und Peter J. Hammond, »Walrasian Equilibrium without Survival: Existence, Efficiency and Remedial Policy«, in *Choice, Welfare and Development: A Festschrift in Honour of Amartya K. Sen,* hrsg. von Kaushik Basu, Prasanta Pattanaik und Kotaro Suzumura, Oxford 1995.

18 Einzelne Vorschläge, wie ein konsequentialistisches System so zu erweitern ist, daß auch Rechte eingeschlossen werden können, finden sich in meinem Aufsatz »Rights and Agency«, *Philosophy and Public Affairs 11*, (1982); wiederabgedruckt in *Consequentialism and its Critics*, hrsg. von Samuel Scheffler, Oxford 1988; sowie »Well-Being, Agency and Freedom: The Dewey Lectures 1984«, *Journal of Philosophy 82* (April 1985). Siehe auch mein Buch *Freedom, Rationality and Social Choice: Arrow Lectures and Other Essays*, Oxford, in Vorbereitung.

19 Robbins, »Interpersonal Comparison of Utility«, 1938, S. 636. Zur Kritik dieser Position (vor allem der These, daß ein wissenschaftlicher interpersoneller Nutzenvergleich generell unmöglich sei) siehe I.M.D. Little, *A Critique of Welfare Economics*, Oxford 1950, 2. Auflage 1957; B.M.S. Van Praag, *Individual Welfare Functions and Consumer Behaviour*, Amsterdam 1968; Amartya Sen, *On Economic Inequality*, Oxford 1973, erweiterte Ausgabe 1997; Amartya Sen, »Interpersonal Comparisons of Welfare«, in *Economics and Human Welfare*, hrsg. von Michael Boskin, New York 1980, wiederabgedruckt in *Choice Welfare and Measurement,* 1982, sowie die Aufsätze von Donald Davidson und Allan Gibbard in *Foundations of Social Choice*, hrsg. von Jon Elster und A. Hylland, Cambridge 1986; wie auch John Roemer und Jon Elster (Hgg.), *Interpersonal Comparisons of Well-Being*, Cambridge 1991.

20 John Harsanyi dehnt die Entscheidungsdefinition des Nutzens auf interpersonelle Vergleiche aus, indem er *hypothetische* Entscheidungen betrachtet, deren Witz darin liegt, daß eine Person sich vorstellt, eine andere zu werden (»Cardinal Welfare, Individualistic Ethics, and Interpersonal Comparison of Utility«, *Journal of Political Economy 63* [1955], wiederabgedruckt in seinen Essays in *Ethics, Social Behavior, and Scientific Explanation* [Dordrecht 1976]). Harsanyis Herangehensweise an

die utilitaristische Wohlfahrtsökonomie basiert darauf, daß man eine soziale Ordnung danach beurteilt, ob alle dieselben Chancen haben, jeder in dieser Gesellschaft zu sein. Das ist ein äußerst fruchtbares Gedankenexperiment, und es verleiht auf eine elegante Weise einer allgemeinen Theorie der Fairneß Gestalt, die lange Zeit in der Ethik angewendet wurde. Doch solch hypothetische Entscheidungen lassen sich in der Praxis nicht so leicht für tatsächliche Nutzenvergleiche fruchtbar machen, und deshalb ist der größte Vorzug des Ansatzes rein begrifflicher Art.

21 Der Inhalt der Menge möglicher Nutzenfunktionen, die einem bestimmten Entscheidungsverhalten entspricht, hinge davon ab, welche Art von Meßbarkeit vorausgesetzt ist (z.B. eine ordinale, eine kardinale oder nach der Proportionsskala). Ein interpersoneller Nutzenvergleich verlangt nach »Invarianzbedingungen«, denen die Kombinationen der Nutzenfunktionen verschiedener Personen aus dem kartesischen Produkt ihrer jeweiligen Mengen möglicher Nutzenfunktionen unterliegen. Zu diesen Dingen vgl. meine Bücher *Choice, Welfare and Measurement*, 1982, sowie *Collective Choice and Social Theory*, 1970. Siehe auch K.W.S. Roberts, »Interpersonal Comparisons and Social Choice Theory«, *Review of Economic Studies* 47 (1980). Derartige »Invarianzbedingungen« lassen sich nicht aus dem beobachteten Entscheidungsverhalten gewinnen.

22 Zu diesem Thema siehe Franklin M. Fisher und Karl Shell, *The Economic Theory of Price Indices*, New York 1972. Diese Frage wird auch angesprochen in Herb Gintis' Dissertation an der Harvard University, »Alienation and Power: Toward a Radical Welfare Economics«, 1969.

23 Die grundlegenden Resultate der Literatur zu Vergleichen des Realeinkommens habe ich geprüft und zusammengefaßt in meinem Artikel »The Welfare Basis of Real-Income Comparisons: A Survey«, *Journal of Economic Literature 18* (1979), wiederabgedruckt in Sen, *Resources, Values and Development*, Cambridge, Mass. 1984; Neuauflage 1997.

24 Die vielfältigen Auswirkungen auf das persönliche Wohl sind eingehend in den »skandinavischen Forschungen« zum Lebensstandard untersucht worden; siehe z. B. Robert Erikson und R. Aberg, *Welfare in Transition*, Oxford 1987.

25 Siehe vor allem Glen Loury, »A Dynamic Theory of Racial Income Differences« in *Women, Minorities and Employment Discrimination*, hrsg. von P. A. Wallace und A. Lamond, Lexington, Mass. 1977, und »Why Should We Care about Group Inequality?«, *Social Philosophy and Policy 5* (1987); James S. Coleman, *Foundations of Social Theory*, Cambridge, Mass. 1990; Robert Putnam, R. Leonardi und R. Y. Nanetti, *Making Democracy Work: Civic Traditions in Modern Italy*, Princeton 1993, Robert Putnam, »The Prosperous Community: Social Capital and Public Life«, *American Prospect 13* (1993); sowie »Bowling Alone: America's Declining Social Capital«, *Journal of Democracies 6* (1995).

26 Adam Smith, *Der Wohlstand der Nationen*, 1978. Siehe auch W. G. Runciman, *Relative Deprivation and Social Justice: A Study of Attitudes to Social Inequality in Twentieth Century England*, London 1966, und Peter Townsend, *Poverty in the United Kingdom: A Survey of Houshold Resources and Standards of Living*, Harmondsworth 1979.

27 Siehe dazu meinen Aufsatz »Gender and Cooperative Conflict«, in *Persistent Inequalities: Women and World Development*, hrsg. von Irene Tinker, New York 1990, sowie die dort zitierte Literatur.

28 Tatsächlich mag in einigen Kontexten, z.B. bei der Erklärung von Hungersnöten (und ihrer politischen Prävention), dem fehlenden Einkommen potentieller Hungeropfer (sowie der Möglichkeit, ihr Einkommen aufzubessern) ein zentraler Stellenwert in der Erforschung zukommen. Siehe dazu Sen, *Poverty and Famines*, 1981.

29 Rawls, *A Theory of Justice*, 1971, S. 60–65. Siehe auch Rawls, *Political Liberalism*, 1993.

30 Ähnlich geht Ronald Dworkin in seiner Argumentation für eine »Gleichheit der Ressourcen« vor. Er erweitert die Rawlsschen Grundgüter um Versicherungschancen, d.h. um die Möglichkeit, sich gegen die Fährnisse des »puren Glücks« zu schützen (vgl. Dworkin, »What is Equality? Part I: Equality of Welfare« and »What is Equality? Part 2: Equality of Resources«, *Philosophy and Public Affairs 10* [1981]).

31 Siehe dazu meinen Aufsatz »Equality of What?«, in *Tanner Lectures on Human Values*, Bd. 1, hrsg. von S. McMurrin, Cambridge 1980, und »Justice: Means Versus Freedoms«, *Philosophy and Public Affairs 19* (1990). Was den genauen Inhalt der »Grundgüter« betrifft, wie Rawls sie definiert, gibt es gewisse Mehrdeutigkeiten. Einige Grundgüter (wie »Einkommen und Vermögen«) sind nicht mehr als Mittel für reale Zwecke (wie Aristoteles zu Beginn der *Nikomachischen Ethik* unterstreicht. Andere Grundgüter (wie »die soziale Grundlage der Selbstachtung«, auf die Rawls sich ausdrücklich bezieht) können Aspekte des sozialen Klimas einschließen, auch wenn es sich dabei um allgemeine Mittel handelt (im Falle der »sozialen Grundlage der Selbstachtung« um die Mittel zur Verwirklichung von Selbstachtung). Wieder andere (die »Freiheiten«) lassen sich in unterschiedlicher Weise interpretieren: entweder als Mittel (Freiheiten ermöglichen es uns, Dinge zu tun, die wir mit Gründen erstrebenswert finden) oder als die tatsächliche Freiheit, bestimmte Resultate zu erreichen (die zweite Deutung der Freiheiten fand besonders in der Sozialwahltheorie Verwendung, z.B. in Sen, *Collective Choice and Social Welfare*, 1970, Kapitel 6). Doch Rawls' programmatische Absicht, Grundgüter zur Beurteilung der individuellen Vorteile in seinem »Differenzprinzip« heranzuziehen, ist weitgehend durch sein Vorhaben motiviert, Allzweckmittel zu bestimmen, und damit muß seine Theorie sich dem Problem der interpersonellen Unterschiede stellen, die bei der Umwandlung von Mitteln in die Freiheit, bestimmte Zwecke zu verfolgen, eine Rolle spielen.

32 Siehe Alan Williams, »What is Wealth and Who Creates It?«, in *Dependency to Enterprise*, hrsg. von John Hutton u.a., London 1991; A. J. Culyer und Adam Wagstaff, »Needs, Equality and Social Justice«, Diskussionspapier 90, Centre for Health Economics, University of York 1991; Alan Williams, *Being Reasonable about the Economics of Health: Selected Essays by Alan Williams*, hrsg. von A. J. Culyer, Cheltenham 1997. Siehe auch Paul Farmer, *Infections and Inequalities: The Modern*

Plagues, Berkeley 1998; Michael Marmot, Martin Bobak und George Davey Smith, »Explorations for Social Inequalities in Health«, in *Society and Health*, hrsg. von B.C. Amick, S. Levine, A. R. Tarlov und D. Chapman Walsh, London 1995; Richard G. Wilkinson, *Unhealthy Societies: The Afflictions of Inequality*, New York 1996; James Smith, »Socioeconomic Status and Health«, *American Economic Review 88* (1998), sowie »Healthy Bodies and Thick Wallets: The Dual Relationship between Health and Socioeconomic Status«, *Journal of Economic Perspectives 13* (1999). Eine Reihe von Erkenntnissen lassen sich auch aus der Untersuchung spezifischer Gesundheitsprobleme gewinnen; vgl. z. B. Paul Farmer, Margaret Connors und Janie Simmons (Hgg.), *Women, Poverty and AIDS: Sex, Drugs and Structural Violence*, Monroe, Me. 1996; Alok Bhargava, »Modeling the Effects of Nutritional and Socioeconomic Factors on the Growth and Morbidity of Kenyan School Children«, *American Journal of Biology 11* (1999).

33 Siehe neben anderen Schriften A. C. Pigou, *The Economics of Welfare*, 4. Auflage, London 1952. Siehe weiter Pitambar Pant u.a., *Perspectives of Development: 1961–1976, Implications of Planning for a Minimal Level of Living*, New Delhi, Planning Commission of India 1962; Irma Adelman und Cynthia T. Morris, *Economic Growth and Social Equity in Developing Countries*, Stanford 1973; Amartya Sen, »On the Development of Basic Income Indicators to Supplement the GNP Measure«, *United Nations Economic Bulletin for Asia and the Far East 24* (1973); Pranab Bardhan, »On Life and Death Questions«, *Economic and Political Weekly 9* (1974); Irma Adelman, »Development Economics – A Reassessment of Goals«, *American Economic Review, Papers and Proceeedings 65* (1975); A. O. Herrera u. a., *Catastrophe or New Society? A Latin American World Model*, Ottawa, IDRC 1976; Mahbub ul Haq, *The Poverty Curtain*, New York 1976; Paul Streeten und S. Javed Burki, »Basic Needs: Some Issues«, *World Development 6* (1978); Keith Griffin, *International Inequality and National Poverty*, London 1978; Morris D. Morris, *Measuring the Conditions of the World's Poor: The Physical Quality of Life Index*, Oxford 1979; Graciela Chichilnisky, »Basic Needs and Global Models: Resources, Trade and Distribution«, *Alternatives 6* (1980); Paul Streeten, *Development Perspectives*, London 1981; S. Javed Burki, Mahbub ul Haq, N. Hicks und Frances Stewart, *First Things First, Meeting Basic Needs in Development Countries*, New York 1981; Frances Stewart, *Basic Needs in Development Countries*, Baltimore 1985; D. H. Costa und R. H. Steckel, »Long-Term Trends in Health, Welfare and Economic Growth in the United States«, Historisches Arbeitspapier 76, National Bureau of Economic Research 1995; R. C. Floud und B. Harris, »Health, Height and Welfare: Britain 1700–1980«, Historisches Arbeitspapier 87, National Bureau of Economic Research 1996; Nicholas F. R. Crafts, »Some Dimensions of the ›Quality of Life‹ during the British Industrial Revolution«, *Economic History Review 4* (1997); Santosh Mehrotra und Richard Jolly (Hgg.), *Development with a Human Face: Experience in Social Achievement and Economic Growth*, Oxford 1997; A. P. Thirwall, *Growth and Development*, 6. Auflage, London 1999.

34 United Nations Development Programme, *Human Development Report 1990*,

New York 1990, sowie die nachfolgenden Jahresberichte. Mahbub ul Haqs eigene Ansicht zu diesem innovativen Unterfangen findet sich in seinem Buch *Reflections on Human Development*, New York 1995. Siehe auch die erhellende Darstellung der Anwendungs- und Erweiterungsmöglichkeiten des Ansatzes von Nicholas F. R. Crafts, »The Human Development Index and Changes in the Standard of Living: Some Historical Comparisons«, *Review of European Economic History 1* (1997). Die Kinderhilfsorganisation der Vereinten Nationen (UNICEF) betätigt sich ebenfalls als Pionier bei der Herausgabe jährlicher Reporte über das Leben von Kindern; siehe UNICEF, *The State of the World's Children*, New York 1987, wie auch andere jährliche Erscheinungen. Erwähnt seien auch die von der Weltbank erstellten, hochinformativen *World Development Reports*, mit ihren wachsenden Bemühungen, die Lebensbedingungen immer detaillierter zu erfassen. Die Gesundheitsbedingungen wurden ausführlich behandelt im *World Development Report 1993*, New York 1993.

35 Aristoteles, *Nikomachische Ethik*, 1. Buch, 7. Abschnitt. Siehe dazu Martha Nussbaum, »Nature, Function and Capability: Aristotle on Political Distribution«, *Oxford Studies in Ancient Philosophy* (1988, Ergänzungsband).

36 Adam Smith, *Der Wohlstand der Nationen*, Bd. 2, 5. Buch, Kapitel 2.

37 Adam Smith, *Der Wohlstand der Nationen*, Bd. 2, 5. Buch, Kapitel 2, S. 747.

38 Siehe Sen, »Equality of What?«, in *Tanner Lectures on Human Values*, Bd. 1, hrsg. von S. McMurrin, Cambridge 1982; wiederabgedruckt in Sen, *Choice, Welfare and Measurement*, 1980; auch in John Rawls u.a., *Liberty, Equality and Law*, hrsg. von S. McMurrin, Cambridge/Salt Lake City 1987, und in Stephen Darwall (Hg.), *Equal Freedom: Selected Tanner Lectures on Human Values*, Ann Arbor 1995. Siehe des weiteren Sen, »Public Action and the Quality of Life in Developing Countries«, *Oxford Bulletin of Economics and Statistics 43* (1981); *Commodities and Capabilities*, Amsterdam 1985; »Well-Being, Agency and Freedom«, 1985; (in Zusammenarbeit mit Jean Drèze) *Hunger and Public Action*, Oxford 1989; und »Capability and Well-Being« in *The Quality of Life*, hrsg. von Martha Nussbaum und Amartya Sen, 1993.

39 Zum Wesen und zur Allgegenwärtigkeit solcher Unterschiede siehe Sen, »Commodities and Capabilities« (1985) sowie *Inequality Reexamined*, 1992. Zur allgemeinen Relevanz der Berücksichtigung unterschiedlicher Bedürfnisse bei der Ressourcenverteilung siehe auch Sen, *On Economic Inequality*, Kapitel 1; L. Doyal und I. Gough, *A Theory of Human Need*, New York 1991; U. Ebert, »On Comparisons of Income Distributions When Household Types Are Different«, Economics Discussion Paper V-86-92, University of Oldenberg 1992; Dan W. Brock, *Life and Death: Philosophical Essays in Biomedical Ethics*, Cambridge 1993; Alessandro Balestrino, »Poverty and Functionings: Issues in Measurement and Public Action«, *Giornale degli Economisti e Annali di Economia 53* (1994); Enrica Chiaperro Martinetti, »A New Approach to Evaluation of Well-Being and Poverty by Fuzzy Set Theory«, *Giornale degli Economisti 53* (1994); M. Fleurbaey, »On Fair Compensation«, *Theory and Decision 36* (1994); Elena Granaglia, »More or Less Equality? A

Misleading Question for Social Policy«, *Giornale degli Economisti 53* (1994); M. Fleurbaey, »Three Solutions for the Compensation Problem«, *Journal of Economic Theory 65* (1995); Ralf Eriksson und Markus Jantti, *Economic Value and Ways of Life*, Aldershot 1995; A. F. Shorrocks; »Inequality and Welfare Comparisons for Heterogeneous Populations«, vervielfältigt vom Department of Economics, University of Essex 1995; B. Nolan und C. T. Whelan, *Resources, Deprivation, and Poverty*, Oxford 1996; Alessandro Balestrino, »A Note on Functioning-Poverty in Affluent Societies«, *Notizie di Politeia* (1996, Sonderheft); Santosh Mehrotra und Richard Jolly (Hgg.), *Development With a Human Face*, Oxford 1997; Consumers International, *The Social Art of Economic Crisis: ... Our Rice Pots are Empty*, Penerz, Malopia, Consumers International 1998.

40 Vgl. Sen, »Equality of What?« (1980), *Commodities and Capabilities*, 1985, sowie *Inequality Reexamined*, 1992. Siehe außerdem Keith Griffin und John Knight, *Human Development and the International Development Strategies for the 1990s*, London 1990; David Crocker, »Functioning and Capability: The Foundations of Sen's and Nussbaum's Development Ethic«, *Political Theory 20* (1992); Nussbaum und Sen, *The Quality of Life*, 1993; Martha Nussbaum und Jonathan Glover, *Women, Culture and Development*, Oxford 1995; Meghnad Desai, *Poverty, Famine, and Economic Development*, Aldershot 1994; Kenneth Arrow, »A Note on Freedom and Flexibility«, und Anthony B. Atkinson, »Capabilities, Exclusion and the Supply of Goods«, beide in *Choice, Welfare and Development*, hrsg. von K. Basu, P. Pattanaik und K. Suzumura, Oxford 1995; Stefano Zamagni, »Amartya Sen on Social Choice, Utilitarianism and Liberty«, *Italian Economic Papers 2* (1995); Herrero, »Capabilities and Utilities« (1996); Nolan und Whelan, *Resources, Deprivation, and Poverty*, 1996; Frank Ackerman, David Kiron, Neva R. Goodwin; Jonathan Harris und Kevin Gallagher (Hgg.), *Human Well-Being and Economic Goals*, Washington 1997; J.-F. Laslier u. a. (Hgg.), *Freedom in Economics*, London 1998; Prasanta K. Pattanaik, »Cultural Indicators of Well-Being: Some Conceptual Issues«, in *World Culture Report*, Paris, UNESCO 1998); Sabina Alkire, »Operationalizing Amartya Sen's Capability Approach to Human Development«, Dissertation, Oxford University 1999.

41 Selbst die grundlegende Funktion, gesund ernährt zu werden, schließt bedeutsame begriffliche und empirische Probleme ein. Vgl. dazu neben anderen Beiträgen Nevin Scrimshaw, C. E. Taylor und J. E. Gopalan, *Interactions of Nutrition and Infection*, Genf, World Health Organization 1968; T. N. Srinivasan, »Malnutrition: Some Measurements and Policy Issues«, *Journal of Development Economics 8* (1981); K. Blaxter und J. C. Waterlow (Hgg.), *Nutritional Adaptation in Man*, London 1985; Partha Dasgupta und Debraj Ray, »Adapting to Undernutrition: Biological Evidence and its Implications«, und S. R. Osmani, »Nutrition and the Economics of Food: Implications of Some Recent Controversies«, in *The Political Economy of Hunger*, hrsg. von Jean Drèze und Amartya Sen, Oxford 1990; Partha Dasgupta, *An Inquiry into Well-Being and Destitution*, Oxford 1993; S. R. Osmani (Hg.), *Nutrition and Poverty*, Oxford 1993.

42 Diese Fragen habe ich in den Tanner-Lectures erörtert, enthalten in *Standard of Living*, hrsg. von Geoffrey Hawthorn, Cambridge 1987, vgl. darin auch die Beiträge von Geoffrey Hawthorn, John Muellbauer, Ravi Kanbur, Keith Hart und Bernard Williams sowie meine Antworten auf diese Kommentare. Siehe weiterhin Kaushik Basu, »Achievement, Capabilities, and the Concept of Well-Being«, *Social Choice and Welfare 4* (1987); G. A. Cohen, »Equality of What? On Welfare, Goods and Capabilities«, *Recherches Economiques de Louvain 56* (1990); Norman Daniels, »Equality of What: Welfare, Resources or Capabilities?«, *Philosophy of Phenomenological Research 50* (1990); Crocker, »Functioning and Capability« (1992); Brock, *Life and Death*, 1993, Mozaffar Qizilbash, »Capabilities, Well-Being and Human Development: A Survey«, *Journal of Development Studies 33* (1996), und »The Concept of Well-Being«, *Economics and Philosophy 14* (1998); Alkire, »Operationalizing Amartya Sen's Capability Approach to Human Development« (1999). Siehe auch die Symposien zum Ansatz der Verwirklichungschancen in *Giornale degli Economisti e Annali di Economia 53* (1994) und in *Notizie di Politeia* (1996, Sonderheft), darunter die Beiträge von Alessandro Balestrino, Giovanni Andrea Cornia, Enrica Chiaperro Martinetti, Elena Granaglia, Renata Targetti Lenti, Ian Carter, L. Casini und I. Bernetti, S. Razavi u. a. Siehe auch das einschlägige Symposion zur Analyse der Zugangsrechte in *Journal of International Development 9* (1997), hrsg. von Des Gasper, darin die Beiträge von Des Gasper, Charles Gore, Mozaffar Qizilbash sowie Sabina Alkire und Rufus Black.

43 Wenn es unmöglich ist, die einzelnen Funktionen numerisch darzustellen, dann muß man für die Analyse den allgemeineren Rahmen heranziehen und die Funktionsleistungen als ein »Funktionen n-tupel« betrachten und die Menge der Verwirklichungschancen als eine Menge solcher n-tupel in einem geeigneten Bereich. Es mag auch beträchtliche Gebiete der Unvollständigkeit und der Unschärfe geben. Vgl. dazu Sen, *Commodities and Capabilities*, 1985. Die neuere Literatur zur »Mengenlehre der Fuzzy-Logik« mag eine Hilfe sein, um die Bewertung von Funktionsvektoren und Mengen von Verwirklichungschancen zu analysieren. Siehe insbesondere Enrica Chiaperro Martinetti, »A New Approach to Evaluation of Well-Being and Poeverty by Fuzzy Set Theory«, *Giornale degli Economisti 53* (1994), sowie ihren Aufsatz »Standard of Living Evaluation Based on Sen's Approach: Some Methodological Suggestions«, *Notizie di Politeia* (1996, Sonderheft). Siehe neben anderen Beiträgen Kaushik Basu, »Axioms for Fuzzy Measures of Inequality« (1987); Flavio Delbono, »Povertà come incapacità: Premesse teoriche, identificazione, e misurazione«, *Rivista Internazionale di Scienze Sociali 97* (1989); A. Cerioli und S. Zani, »A Fuzzy Approach to the Measurement of Poverty«, in *Income and Wealth Distribution, Inequality and Poverty*, hrsg. von C. Dagum u. a., New York 1990; Balestrino, »Poverty and Functionings« (1994); E. Ok, »Fuzzy Measurement and Income Inequality: A Class of Fuzzy Inequality Measures«, *Social Choice and Welfare 12* (1995); L. Casini und I. Bernetti; »Environment, Sustainability, and Sen's Theory«, *Notizie di Politeia* (1996, Sonderheft).

44 Welche Bedeutung der Perspektive der Verwirklichungschancen auch auf vielen anderen Gebieten zukommt, ist unter anderem in einer Reihe von Dissertationen untersucht worden, die anzuleiten ich an der Harvard University die Ehre hatte, insbesondere A. K. Shiva Kumar, »Maternal Capabilities and Child Survival in Low-Income Regions« (1992); Jonathan R. Cohen, »On Reasoned Choice« (1993); Stephan J. Klasen, »Gender, Inequality and Survival: Excess Female Mortality – Past and Present« (1994); Felicia Marie Knaul, »Young Workers, Street Life, and Gender: The Effects of Education and Work Experience on Earnings in Colombia« (1995); Karl W. Lauterbach, »Justice and The Functions of Health Care« (1995); Remigius Henricus Oosterdorp, »Adam Smith, Social Norms and Economic Behavior« (1995); Anthony Simon Laden, »Constructing Shared Wills: Deliberative Liberalism and the Politics of Identity« (1996); Douglas Hicks, »Inequality Matters«, 1998; Jennifer Prah Ruger, »Aristotelian Justice and Health Policy: Capability and Incompletely Theorized Agreements« (1998); Sousan Abadian, »From Wasteland to Homeland: Trauma and the Renewal of Indigenous Peoples and Their Communities« (1999).

45 Vgl. die recht umfängliche Literatur zu diesem Thema, auf die ich in *On Economic Inequality*, Oxford, erweiterte Ausgabe 1997, hingewiesen habe. Siehe außerdem den gemeinsam mit James Foster erstellten ausführlichen Anhang. Siehe auch die Literaturhinweise in den Fußnoten 38–44 und neben anderen Beiträgen auch Haidar A. Khan, *Technology, Development and Democracy*, Northampton, Mass. 1998; Nancy Folbre, »A Time (Use Survey) for Every Purpose: Non-market Work and the Production of Human Capabilities«, vervielfältigt, University of Massachusetts, Amherst 1997; Frank Ackerman u. a., *Human Well-Being and Economic Goals*, 1997; Felton Earls and Maya Carlson, »Adolescents as Collaborators: In Search of Well-Being«, vervielfältigt, Harvard University 1998; David Crocker und Toby Linden (Hgg.), *Ethics of Consumption*, New York 1998.

46 Dieser Ansatz wird als »Grundbewertung« der Menge der Verwirklichungschancen bezeichnet; Wesen und Reichweite der Grundbewertung ist erörtert in Sen, *Commodities and Capabilities*, 1985. Vgl. auch G. A. Cohens Argument für die von ihm sogenannte »midfare« in »On the Currency of Egalitarian Justice«, *Ethics 99* (1989); »Equality of What? On Welfare, Goods an Capabilities« (1990) sowie *Self-Ownership, Freedom, and Equality*, Cambridge 1995. Siehe Richard Arneson, »Equality and Equality of Opportunity for Welfare«, *Philosophical Studies 56* (1989), und »Liberalism, Distributive Subjectivism, and Equal Opportunity for Welfare«, *Philosophy and Public Affairs 19* (1990).

47 Diese Probleme diskutiere ich ausführlich in *Freedom, Rationality and Social Choice*, in Vorbereitung. Siehe auch Tjalling C. Koopmans, »On Flexibility of Future Preference«, in *Human Judgements and Optimality*, hrsg. von M. W. Shelley, New York 1964; David Kreps, »A Representation Theorem for ›Preference for Flexibility‹«, *Econometrica 47* (1979); Peter Jones und Robert Sugden, »Evaluating Choice«, *International Review of Law and Economics 2* (1982); James Foster, »Notes on Effective Freedom«, vervielfältigt, Vanderbilt University, vorgetragen beim

Stanford Workshop on Economic Theories of Inequality, gefördert von der MacArthur Foundation, 11.–13. März 1993; Kenneth J. Arrow, »A Note on Freedom and Flexibility«, in *Choice, Welfare and Development*, hrsg. von Basu, Pattanaik und Suzumura, 1995; Robert Sugden, »The Metric of Opportunity«, Diskussionspapier 9610, Economics Research Centre, University of East Anglia 1996.

48 Siehe dazu Sen, *Commodities and Capabilities*, 1985, und »Welfare, Preference, and Freedom«, *Journal of Econometrics 50* (1991). Zu verschiedenen Vorschlägen, das Ausmaß der »Freiheit« festzustellen, siehe neben anderen Beiträgen auch David Kreps, »A Representation Theorem for ›Preference for Flexibility‹« (1979); Patrick Suppes, »Maximizing Freedom of Decision: An Axiomatic Analysis« in *Arrow and the Foundations of Economic Policy*, hrsg. von G. R. Feiwel, London 1987; P. K. Pattanaik und Y. Xu, »On Ranking Opportunity Sets in Terms of Freedom of Choice«, *Recherches Economiques de Louvain 56* (1990); James Foster, »Notes on Effective Freedom« (1993); Kenneth J. Arrow, »A Note on Freedom and Flexibility« in *Choice, Welfare and Development*, hrsg. von Basu, Pattanaik und Suzumura, 1995; Carmen Herrero, »Capabilities and Utilities«; Clemens Puppe, »Freedom, Choice, and Rational Decisions«, *Social Choice and Welfare 12* (1995).

49 Zu diesen Themen siehe Sen, *Commodities and Capabilities*, 1985; *Inequality Reexamined*, 1992, und »Capability and Well-Being« (1993).

50 Siehe Rawls, *A Theory of Justice*, 1971, und *Political Liberalism*, 1993. Analog zu Arrows berühmtem Theorem der Unmöglichkeit sind in der Literatur verschiedene »Unmöglichkeitstheoreme« über eine Existenz befriedigender Gesamtindizes der Rawlsschen Grundgüter formuliert worden; siehe Charles Plott, »Rawls' Theory of Justice: An Impossibility Result«, in *Decision Theory and Social Ethics*, hrsg. von H. W. Gottinger und W. Leinfellner, Dordrecht 1978; Allan Gibbard, »Disparate Goods and Rawls' Difference Principle: A Social Choice Theoretic Treatment«, *Theory and Decision 11* (1979); Douglas H. Blair, »The Primary-Goods Indexation Problem in Rawls' *Theory of Justice*«, *Theory and Decision 24* (1988). Beschränkte Informationen spielen eine entscheidende Rolle bei der Herbeiführung dieser Ergebnisse (wie im Falle von Arrows Theorem). Argumente gegen eine solche Beschränkung der Informationen habe ich erörtert in meinem Aufsatz »On Indexing Primary Goods and Capabilities« (vervielfältigt, Harvard University 1991), der den Vorwurf dieser angeblichen Unmöglichkeitsergebnisse, angewandt auf die Rawlsschen Verfahren, entkräftet.

51 Analytische Entsprechungen zwischen der systematischen Einengung des Spektrums der Gewichtungen und der monotonen Ausweitung der erzeugten partiellen Rangordnung (die auf den Schnittstellen der möglichen Rangordnungen basiert) habe ich untersucht in »Interpersonal Aggregation and Partial Comparability« (1970) und *Collective Choice and Social Welfare*, 1970, Kapitel 7 und 7*; siehe auch Charles Blackorby, »Degrees of Cardinality and Aggregate Partial Ordering«, *Econometrica 43* (1975); Kaushik Basu, *Revealed Preference of Government*, Cambridge 1980; James Foster und Amartya Sen, »*On Economic Inequality* after a Quarter Century«, in Sen, *On Economic Inequality*, erweiterte Ausgabe 1997. Der Ansatz der par-

tiellen Rangordnung über die Schnittflächen läßt sich verbinden mit der »fuzzy«-Darstellung der Bewertung und Messung von Funktionen, siehe dazu Chiaperro Martinetti, »A New Approach to Evaluation of Well-Being and Poverty by Fuzzy Set Theory« (1994), und auch ihre Arbeit »Standard of Living Evaluation Based on Sen's Approach« (1996). Siehe ebenfalls L. Casini und I. Bernetti, »Environment, Sustainability, and Sen's Theory«, *Notizie di Politeia 12* (1996), und Herrero, »Capabilities and Utilities« (1996). Doch selbst bei einer unvollständigen Ordnung lassen sich viele Entscheidungsprobleme angemessen lösen, und sogar jene, die nicht vollständig lösbar sind, lassen sich beträchtlich vereinfachen (indem die »dominierten« Alternativen zurückgewiesen werden).

52 Diese Frage und ihre Verbindung zur Sozialwahltheorie und Theorie öffentlicher Entscheidung sind in meiner Ansprache als Vorsitzender der American Economic Association behandelt worden, »Rationality and Social Choice«, *American Economic Review 85* (1995).

53 T.N. Srinivasan, »Human Development: A New Paradigm or Reinvention of the Wheel?«, *American Economic Review*, Papers and Proceedings 84 (1994), S. 239. Tatsächlich zitiert Srinivasan in seiner Argumentation aus der Arbeit Robert Sugdens (»Welfare, Resources, and Capabilities: A Review of Inequality Reexamined by Amartya Sen«, *Journal of Economic Literature 31* [1993]), dessen Skepsis hinsichtlich der Möglichkeit, verschiedene Verwirklichungschancen zu bewerten, deutlich weniger ausgeprägt ist als Srinivasans (Sugden kommt zu dem Schluß, daß es »offenbleibt, ob sich ein analoges Meßverfahren für den Ansatz der Verwirklichungschancen entwickeln läßt«, S. 1953).

54 Paul A. Samuelson, *Foundations of Economic Analysis*, Cambridge, Mass. 1947, S. 205.

55 Ich habe versucht, dieses Problem in meiner 1995 als ihr Vorsitzender vor der American Economic Association gehaltenen Rede sowie in meiner Ansprache anläßlich der Entgegennahme des Nobelpreises 1998 aufzuhellen; siehe »Rationality and Social Choice«, *American Economic Review 85* (1995) und »The Possibility of Social Choice«, *American Economic Review 89* (1999).

56 Diese Ansätze wurden bereits in dem (gemeinsam mit James Foster verfaßten) Anhang in der erweiterten Ausgabe von *On Economic Equality* erörtert.

57 Es ist verführerisch Verteilungsmaßstäbe in verschiedenen Bereichen (Verteilungen von Einkommen, Lebenserwartung, Bildung usw.) zu betrachten und sie dann zusammenzuführen. Doch dies wäre ein irreführendes Verfahren, denn vieles hinge davon ab, wie diese Variablen in interpersonellen Mustern aufeinander bezogen sind (man mag dies die Frage der »Kovarianz« nennen). Wenn beispielsweise Leute mit geringem Einkommen häufig auch ein niedriges Bildungsniveau haben, dann würden sich die beiden Mängel verstärken, was nicht geschehen würde, wenn sie nicht miteinander verbunden (oder orthogonal) wären; und wenn sie entgegengesetzt aufeinander bezogen sind, dann würde der Mangel bezüglich der einen Variablen, zumindest in gewissem Maße, durch die andere Variable verbessert werden. Wir können nicht entscheiden, welche der Möglichkei-

ten zutrifft, wenn wir allein die Verteilungsindikatoren betrachten, ohne zu überprüfen, ob Kolinearität oder Kovarianz vorliegt.

58 In einer italienischen Armutsstudie im europäischen Kontext, die von der Bank von Italien unter Leitung von Fabrizio Barca durchgeführt wurde, wurde vor allem dieser ergänzende Ansatz gebraucht und angewendet.

59 Siehe dazu Angus Deaton, *Microeconometric Analysis for Development Policy: An Approach from Household Surveys*, Baltimore 1997. Vgl. im weiteren Angus Deaton und John Muellbauer, *Economics and Consumer Behaviour*, Cambridge 1980, sowie »On measuring Child Costs: With Applications to Poor Countries«, *Journal of Political Economy 94* (1986). Siehe ebenfalls Dale W. Jorgenson; *Welfare*, Bd. 2, *Measuring Social Welfare*, Cambridge, Mass. 1997.

60 Siehe Hugh Dalton, »The Measurement of the Inequality of Incomes«, *Economic Journal 30* (1920); A. B. Atkinson, »On Measurement of Inequality«, *Journal of Economic Theory 2* (1970).

61 Inbesondere in Sen, *Commodities and Capabilities*, 1985; »Well-Being, Agency and Freedom« (1985) und *Inequality Reexamined*, 1992.

62 Einige stärker technische Fragen bei der Bewertung von Freiheit habe ich untersucht in *Freedom, Rationality and Social Choice: Arrow Lectures and Other Essays*, in Vorbereitung.

4. Armut als Mangel an Verwirklichungschancen

1 Diese Auffassung von Armut habe ich ausführlicher entwickelt in *Poverty and Famines*, Oxford 1981, sowie in *Resources, Values and Development*, Cambridge, Mass. 1984, in Jean Drèze und Amartya Sen, *Hunger and Public Action*, Oxford 1989, und in Sudhir Anand und Amartya Sen, »Concepts of Human Development and Poverty: A Multidimensional Perspective« in *Human Development Papers 1997*, New York, UNDP 1997.

2 Diese Thesen und ihre Implikationen sind detaillierter erörtert in Sen, »Poverty as Capability Deprivation«, vervielfältigt, Rom, Bank von Italien.

3 Beispielsweise sind Hunger und Unterernährung sowohl mit der aufgenommenen Nahrung als auch mit der Fähigkeit verbunden, den Nährwert der Nahrung zu nutzen. Letzteres hängt stark vom allgemeinen Gesundheitszustand ab (etwa von parasitären Erkrankungen), und der wiederum von der allgemeinen Gesundheitsfürsorge und dem staatlichen Gesundheitswesen; siehe dazu Drèze und Sen, *Hunger and Public Action*, 1989, und S. R. Osmani (Hg.), *Nutrition and Poverty*, Oxford 1993.

4 Siehe z.B. James Smith, »Healthy Bodies and Thick Wallets: The Dual Relationship between Health and Socioeconomic Status«, *Journal of Economic Perspectives 13* (1999). Es gibt noch eine andere Art der »Kopplung« zwischen (1) Unterernährung aufgrund von Einkommensarmut und (2) Einkommensarmut aufgrund von durch Unterernährung bedingter Arbeitslosigkeit. Zu diesen Verbindungen

vgl. Partha Dasgupta und Debraj Ray, »Inequality as a Determinant of Malnutrition and Unemployment: Theory«, *Economic Journal 96* (1986); »Inequality as a Determinant of Malnutrition and Unemployment: Policy«, *Economic Journal 97* 1987); und »Adapting to Unternourishment: Biological Evidence and Its Implications«, in *The Political Economy of Hunger* , hrsg. von Jean Drèze und Amartya Sen, Oxford 1990. Siehe auch Partha Dasgupta, *An Inquiry into Well-Being and Destitution*, Oxford 1993, sowie Debraj Ray, *Development Economics*, Princeton 1998.

5 Wie stark solche Handicaps zur herrschenden Einkommensarmut in Großbritannien beitragen, wurde in aller Schärfe von A. B. Atkinson in seiner empirischen Untersuchung *Poverty in Britain and the Reform of Social Security*, Cambridge 1970, herausgestellt. In seinen späteren Arbeiten hat Atkinson die Verbindung zwischen Einkommenshandicap und anderen Benachteiligungen weiter untersucht.

6 Zur Natur dieser Handicaps bezüglich der Funktionen vgl. neben anderen Beiträgen Dorothy Wedderburn, *The Aged in the Welfare State*, London 1961; Peter Townsend, *Poverty in the United Kingdom: A Survey of Household Resources and Standards of Living*, Harmondsworth 1979; J. Palmer, T. Smeeding und B. Torrey, *The Vulnerable: America's Young and Old in the Industrial World*, Washington, D.C. 1988.

7 Ich habe versucht, die Perspektive der mangelnden Verwirklichungschancen für die Untersuchung der Ungleichheit zwischen den Geschlechtern nutzbar zu machen, vgl. meine Arbeiten *Resources, Values and Development*, 1984; 1997; *Commodities and Capabilities*, Amsterdam 1985, und »Missing Women«, *British Medical Journal 304* (März 1992). Siehe neben anderen Beiträgen auch Pranab Bardhan, »On Life and Death Questions«, *Economic and Political Weekly 9* (1974); Lincoln Chen, E. Huq und S. D'Souza, »Sex Bias in the Family Allocation of Food and Health Care in Rural Bangladesh«, *Population and Development Review* 7 (1981); Jocelyn Kynch und Amartya Sen, »Indian Women: Well-Being and Survival«, *Cambridge Journal of Economics* 7 (1983); Pranab Bardhan, *Land, Labor, and Rural Poverty*, New York 1984; Drèze und Sen, *Hunger and Public Action*, 1989; Barbara Harriss, »The Intrafamily Distribution of Hunger in South Asia« in Drèze und Sen, *The Political Economy of Hunger*, Bd. 1, 1990; Ravi Kanbur und L. Haddad, »How Serious Is the Neglect of Intrahousehold Inequality?«, *Economic Journal 100* (1990).

8 Siehe dazu das Entwicklungsprogramm der Vereinten Nationen, *Human Development Report 1995*, New York 1995.

9 Vgl. W. G. Runciman, *Relative Deprivation and Social Justice: A Study of Attitudes to Social Inequality in Twentieth-Century England*, London 1966; sowie Townsend, *Poverty in the United Kingdom*, 1979.

10 Siehe dazu meinen Aufsatz »Poor, Relatively Speaking«, *Oxford Economic Papers 35*, 1983, wiederabgedruckt in *Resources, Values and Development*, 1984.

11 Dieser Zusammenhang ist analysiert in Sen, *Inequality Reexamined*, Oxford/Cambridge 1992, Kap. 7.

12 Jean Drèze und Amartya Sen, *India: Economic Development and Social Opportunity*, Delhi 1995.

13 Siehe dazu die Aufsatzsammlung in Isher Judge Ahluwalia und I. M. D. Little (Hgg.), *India's Economic Reforms and Development: Essays for Manmohan Singh.* Vgl. auch Vijay Joshi und Ian Little, *Indian Economic Reforms, 1991–2002*, Delhi 1996.

14 Ausführlicher entwickelt werden diese Argumente in Drèze und Sen, *India: Economic Development and Social Opportunity*, 1995.

15 Siehe G. Datt, *Poverty in India and Indian States: An Update*, Washington, D.C., International Food Policy Research Institute 1997. Vgl. auch Weltbank, *India: Achievements and Challenges in Reducing Poverty*, Report Nr. 16483 IN, 27. Mai 1997 (siehe besonders Tabelle 2.3).

16 Adam Smith, *The Theory of Moral Sentiments*, 1759, veränderte Neuauflage 1790; wiederaufgelegt und hrsg. von D. D. Raphael und A. L. Macfie, Oxford 1976. [Deutsch: *Theorie der ethischen Gefühle*, übersetzt und hrsg. von Walther Eckstein, Hamburg 1977.]

17 John Rawls, *A Theory of Justice*, Cambridge 1971 [deutsch: *Eine Theorie der Gerechtigkeit*, Frankfurt 1979]. Siehe auch Stephen Darwall (Hg.), *Equal Freedom: Selected Tanner Lectures on Human Values*, Ann Arbor 1995, mit Beiträgen von G.A. Cohen, Ronald Dworkin, John Rawls, T. M. Scanlon, Amartya Sen und Quentin Skinner.

18 Thomas Scanlon, »Contractualism and Utilitarianism«, in *Utilitarianism and Beyond*, hrsg. von Amartya Sen und Bernard Williams, Cambridge 1982. Vgl. auch sein *What We Owe Each Other*, Cambridge 1998.

19 Siehe neben anderen Beiträgen z. B. James Mirrlees, »An Exploration in the Theory of Optimal Income Taxation«, *Review of Economic Studies 38* (1971); E. S. Phelps (Hg.), *Economic Justice*, Harmondsworth 1973; Nicholas Stern, »On the Specification of Modes of Optimum Income Taxation«, *Journal of Public Economics*, London 1980; A. B. Atkinson und Joseph Stiglitz, *Lectures on Public Economics*, London 1980; D. A. Starrett, *Foundations of Public Economics*, Cambridge 1988.

20 A. B. Atkinson, »On the Measurement of Inequality«, *Journal of Economic Theory 2* (1970), sowie *Social Justice and Public Policy*, Brighton und Cambridge 1983. Siehe auch S. Ch. Kolm, »The Optimum Production of Social Justice«, in *Public Economics*, hrsg. von J. Margolis und H. Guitton, London 1969; Amartya Sen, *On Economic Inequality*, Oxford 1973, erweiterte Ausgabe, einschließlich eines mit James Foster verfaßten Anhangs, 1997; Charles Blackorby und David Donaldson, »A Theoretical Treatment of Indices of Absolute Inequality«, *International Economic Review 21* (1980), und »Ethically Significant Ordinal Indexes of Relative Inequality«, in *Advances in Econometrics*, Bd. 3, hrsg. von R. Basmann und G. Rhodes, Greenwich, Conn. 1984.

21 In meinem Vortrag »Inequality, Unemployment and Contemporary Europe« (gehalten anläßlich einer Konferenz der Calouste Gulbenkian Foundation in Lissabon zum Thema »Social Europe« vom 5.–7. Mai 1997, veröffentlicht in *International Labour Review*, 1997) habe ich die Bedeutung dieses Gegensatzes für die gegenwärtigen politischen Fragen in Europa erörtert. Die Wichtigkeit, die die

Arbeitslosen selbst dem Verlust an Freiheit und Verwirklichungschancen infolge der Arbeitslosigkeit beimessen, ist sehr erhellend (anhand belgischer Daten) untersucht worden von Eric Schokkaert und L. Van Ootegem, »Sen's Concept of Living Standards Applied to the Belgian Unemployed«, *Recherches Economiques de Louvain 56* (1990).

22 Vgl. die in meinem Aufsatz »Inequality, Unemployment and Contemporary Europe« (1997) zitierte Literatur. Zu den psychologischen und anderen »sozialen Beeinträchtigungen« siehe Robert Solow, »Mass Unemployment as a Social Problem« in *Choice, Welfare and Development*, hrsg. von K. Basu, P. Pattanaik und K. Suzumura, Oxford 1995, sowie A. Goldsmith, J. R. Veum und W. Darity Jr., »The Psychological Impact of Unemployment and Joblessness«, *Journal of Socio-Economics 25* (1996), und anderes mehr. Vgl. auch die thematisch verwandte Literatur über »soziale Ausgrenzung«; gute Einführungen in den Stoff finden sich bei Gerry Rodgers, Charles Gore und J. B. Figueiredo (Hgg.), *Social Exclusion: Rhetoric, Reality, Responses*, Genf 1995; Charles Gore u. a., *Social Exclusion and Anti-Poverty Policy*, Genf 1997; Arjan De Haan und Simon Maxwell, *Poverty and Social Exclusion in North and South*, Sonderheft, *Institute of Development Studies Bulletin 29* (Januar 1998).

23 A. B. Atkinson, Lee Rainwater und Timothy Smeeding, *Income Distribution in OECD Countries*, Paris, OECD 1996.

24 Die Notwendigkeit, neue politische Initiativen zu ergreifen, ist heute besonders dringlich. Siehe Jean-Paul Fitoussi und R. Rosanvallon, *Le Nouvel âge des inégalités*, Paris 1996; Edmund S. Phelps, *Rewarding Work: How to Restore Participation and Self-Support to Free Enterprise*, Cambrigde, Mass. 1997. Vgl. auch Paul Krugman, *Technology, Trade and Factor Prices*, NBER Working Paper Nr. 5355, Cambridge, Mass., National Bureau of Economic Research 1995; Stephen Nickell, »Unemployment and Labor Market Rigidities: Europe versus North America«, *Journal of Economic Perspectives 11* (1997); Richard Layard, *Tackling Unemployment*, London 1999; Jean-Paul Fitoussi, Francesco Giavezzi, Asser Lindbeck, Franco Modigliani, Beniamino Moro, Dennis J. Snower, Robert Solow und Klaus Zimmermann, »A Manifesto on Unemployment in the European Union«, vervielfältigt 1998.

25 Die Daten stammen aus M. W. Owen, S. M. Teutsch, D. F. Williamson und J. S. Marks, »The Effects of Known Risk Factors on the Excess Mortality of Black Adults in the United States«, *Journal of the American Medical Association 263*, Nr. 6 (9. Februar 1990).

26 Siehe dazu meine Arbeit *Commodities and Capabilities* (1985). Die *Human Development Reports* der UNDP haben wichtige Informationen und Bewertungen für diese Sicht der Armut geliefert, vor allem in *Human Development Report 1997*. Vgl. auch Sudhir Anand und Amartya Sen, »Concepts of Human Development and Poverty: A Multidimensional Perspective« (1997).

27 Drèze und Sen, *India: Economic Development and Social Opportunity* (1995); Amartya Sen, »Hunger in the Modern World«, Dr. Rajendra Memorial Lecture,

Neu-Delhi, Juni 1997; und »Entitlement Perspectives of Hunger«, World Food Programme 1997.

28 Zu den Quellen dieser und anderer in diesem Abschnitt verarbeiteten Informationen siehe Drèze und Sen, *India: Economic Development and Social Opportunity* (1995) Kapitel 3, sowie der statistische Anhang. Diese Zahlen beziehen sich auf das Jahr 1991, da andere nicht zur Verfügung standen. Doch in der letzten Erhebung des Indian National Sample Survey wird berichtet, daß die Lese- und Schreibkenntnisse in jüngster Zeit beträchtlich gestiegen sind. Auch haben die Regierungen einiger Bundesstaaten wie Westbengalen und Madhya Pradesh einige wichtige politische Schritte angekündigt.

29 Siehe C.J.L. Murray u.a., *U.S. Patterns of Mortality by County and Race: 1965–1994*, Cambridge, Mass. 1998, Tabelle 6d, S. 56.

30 Wie schwerwiegend Indien darin versagt hat, die Mittel und die Anstrengungen für eine soziale Entwicklung aufzubringen, wird überzeugend und bewegend von S. Guhan erörtert, »An Unfulfilled Vision«, *IASSI Quarterly 12* (1993). Siehe auch die Beiträge in der ihm gewidmeten Festschrift: Barbara Harriss-White und S. Subramanian (Hgg.), *Illfare in India: Essays on India's Social Sector in Honour of S. Guhan*, Delhi 1999.

31 Diese Zahlen stammen aus Tabelle 3.1. in Drèze und Sen, *India: Economic Development and Social Opportunity* (1995). Siehe auch Saraswati Raju, Peter J. Atkins, Naresh Kumas und Janet G. Townsend, *Atlas of Women and Men in India*, Neu-Delhi 1999.

32 Vgl. auch A. K. Shiva Kumar, »UNDP's Human Development Index: A Computation for Indian States«, *Economic and Political Weekly*, 12. Oktober 1991, sowie Rajah J. Chelliah und R. Sudarshan (Hgg.), *Indian Poverty and Beyond: Human Development in India*, Neu-Delhi 1999.

33 Siehe Weltbank, *World Development Report 1994*, Oxford 1994, Tabelle 1, S. 163.

34 Siehe dazu die umfassenden Vergleiche von Peter Svedberg, *Poverty and Undernutrition: Theory and Measurement*, Oxford 1997. Svedberg untersucht auch andere Ansätze zur Messung der Unterernährung sowie die widersprüchlichen Ergebnisse verschiedener Statistiken, kommt aber dennoch zu dem klaren Schluß, daß Indien, was die Unterernährung betrifft, schlechter abschneidet als die afrikanischen Länder südlich der Sahara.

35 Siehe Weltbank, *World Development Report 1993*, Oxford 1993, Tabelle A.3. Die Sterblichkeitsraten sind mit der Ausbreitung von Aids gestiegen.

36 Siehe Svedberg, *Poverty and Undernutrition*, 1997. Des weiteren C. Gopalan (Hg.), *Combating Undernutrition*, Neu-Delhi 1995.

37 Vgl. Nevin Scrimshaw, »The Lasting Damage of Early Malnutrition«, in R. W. Fogel u.a., *Ending the Inheritance of Hunger*, Rom, World Food Programme 1997. Siehe auch die Aufsätze von Robert W. Fogel, Cutberto Garza und Amartya Sen im selben Band.

38 Damit wird nicht bestritten, daß sämtliche Standardkriterien für Unter-

ernährung nicht Raum für Zweifel lassen, doch Indikatoren, die sich auf die Gesundheit und den körperlichen Zustand stützen, haben gegenüber Messungen, die sich nur auf die aufgenommene Nahrungsmenge beziehen, unbestreitbare Vorteile. Es ist natürlich möglich, auch die zur Verfügung stehenden medizinischen Erkenntnisse und solche über die Körperfunktionen heranzuziehen, um die anzuwendenden Kriterien zu verbessern. Dazu und zu verwandten Problemen vgl. Dasgupta; *An Inquiry into Well-Being and Destitution*, 1993; Osmani (Hg.), *Nutrition and Poverty*, 1993; Scrimshaw, »The Lasting Damage of Early Malnutrition« und Robert W. Fogel, »The Global Struggle to Escape from Chronic Malnutrition since 1700«, in Fogel u. a., *Ending the Inheritance of Hunger*, 1997.

39 Siehe Svedberg, *Poverty and Undernutrition*, sowie die dort zitierte Literatur. Siehe auch United Nations Development Programme, *Human Development Report 1995*, New York 1995.

40 Afrika leidet auch unter einer größeren internationalen Verschuldung, die mittlerweile ins Gigantische gewachsen ist. Ein weiterer Unterschied ist, daß afrikanische Länder häufiger von Militärdiktaturen heimgesucht wurden, was nicht zuletzt eine Folge des Kalten Krieges war, denn sowohl der Westen als auch die Sowjetunion waren bereit, Militärputsche und andere Staatsstreiche seitens ihrer nichtdemokratischen Verbündeten zu unterstützen. Von den Nachteilen der Diktatur, darüber, daß die Schwachen und Benachteiligten sich kein Gehör verschaffen können und es weder Transparenz noch eine Rechenschaftspflicht der Machthaber gibt, wird im 6. und 7. Kapitel die Rede sein. Auch tendieren Diktaturen dazu, große Schulden zu machen, um die Militärausgaben und andere Prioritäten bezahlen zu können.

41 Das UNDP hat seit 1990 interessante und wichtige Daten über die Natur des Mangels in den verschiedenen Erdteilen auf Anregung Dr. Mahbub ul Haqs in ihren jährlichen Human Development Programmen gesammelt. Sie haben einige Agggregationsmaße vorgeschlagen und vorgelegt, vor allem den Human Development Index (HDI) und den Human Poverty Index (HPI). Diese Aggregationsindizes haben in der Regel sehr viel mehr öffentliche Aufmerksamkeit auf sich gezogen als die detaillierten und verschiedenen statistischen Darstellungen, die sich aus den Tabellen und anderem empirischem Material ergaben. In der Öffentlichkeit Beachtung zu finden war zweifellos ein Ziel des UNDP, vor allem bei seinem Versuch, der Überbetonung des einfachen Maßstabs des Bruttosozialeinkommens pro Kopf entgegenzutreten, das oftmals der einzige Indikator ist, den die Öffentlichkeit zur Kenntnis nimmt. Um mit dem Bruttosozialprodukt konkurrieren zu können, bedarf es eines anderen – umfassenderen – Maßes, das gleichwohl dasselbe Niveau an Grobheit aufweist. Dieses Bedürfnis wird zum Teil durch die Verwendung des HDI erfüllt, so wie der HPI vom UNDP als Konkurrent des üblichen Maßstabs der Einkommensarmut eingesetzt wurde. Ich beabsichtige nicht, mich über die Vorzüge dieser konkurrierenden Verwendung auszulassen, wenn es darum geht, die Aufmerksamkeit der Öffentlichkeit zu erregen. (Tatsächlich habe ich der UNDP technische Ratschläge gegeben, wie diese beiden Indizes zu erstel-

len sind.) Dennoch bleibt die Tatsache, daß die *Human Development Reports* sehr viel mehr relevante Informationen enthalten, als sich aus der ausschließlichen Konzentration auf solche Aggregationsindikatoren wie den HDI und HPI gewinnen lassen.

42 Amartya Sen, »Missing Women« (1992).

43 Siehe auch mein Buch *Resources, Values and Development*, 1984; Barbara Harriss und E. Watson, »The Sex Ratio in South Asia«, in *Geography of Gender in the Third World*, hrsg. von J. H. Momson und J. Townsend, London 1987; Jocelyn Kinch, »How Many Women Are Enough? Sex Ratios and the Right to Life«, *Third World Affairs 1985*, London 1985; Amartya Sen, »Women's Survival as a Development Problem«, *Bulletin of the American Academy of Arts and Sciences 43*, Nr. 2 (1989), S. 14–29; Ansley Coale, »Excess Female Mortality and the Balances of the Sexes in the Population: An Estimate of the Number of ›Missing Females‹«, *Population and Development Review 17*, Nr. 3 (1991), S. 517–23; Stephan Klasen, »Missing Women Reconsidered«, *World Development 22* (1994).

44 Siehe I. Waldron, »The Role of Genetic and Biological Factors in Sex Differences in Mortality«, in *Sex Differences in Mortality*, hrsg. von A. D. Lopez und L.T. Ruzicka, Canberra 1983.

45 Siehe dazu meinen Aufsatz »Women's Survival as a Development Problem«, *Bulletin of the American Academy of Arts and Sciences* (November 1989); überarbeitete Fassung »More Than a Hundred Million Women Are Missing«, *The New York Review of Books*, Weihnachtsausgabe (20. Dezember) 1990.

46 Siehe Drèze und Sen, *Hunger and Public Action*, 1989, Tabelle 4.1, S. 52. Vgl. auch meinen Aufsatz »Missing Women« (1992).

47 Coale, »Excess Female Mortality«.

48 Stephan Klasen, »Missing Women Reconsidered«, *World Development 22* (1994).

49 Chen, Huq und D'Souza, »Sex Bias in the Family Allocation of Food and Health Care in Rural Bangladesh« (1981), S. 7; Sen, *Commodities and Capabilities*, (1985), Anhang B sowie die dort angeführte empirische Literatur (auch Coale, »Excess Female Mortality«, 1991).

50 Siehe vor allem Atkinson, *Social Justice and Public Policy*, 1983, sowie sein *Poverty and Social Security*, New York 1989.

51 Harry Frankfurt, »Equality as a Moral Ideal«, *Ethics 98* (1987), S. 21.

52 Verschiedene Aspekte dieser Unterscheidung habe ich erörtert in »From Income Inequality to Economic Inequality«, *Southern Economic Journal 64* (1997).

53 Siehe dazu meinen Aufsatz »The Welfare Basis of Real Income Comparisons«, *Journal of Economic Literature 17* (1979), wiederabgedruckt in *Resources, Values and Development* (1984).

5. Märkte, Staat und soziale Chancen

1 Meine eigenen Versuche in dieser Richtung sind: *On Ethics and Economics*, Oxford 1987; »Markets and Freedoms«, *Oxford Economic Papers 45* (1993); »Markets and Freedom to Choose« in *The Ethical Foundations of the Market Economy*, hrsg. von Horst Siebert, Tübingen 1994; »Social Justice and Economic Efficiency«, ein Beitrag zu einem Seminar zu »Philosophie und Politik« in Berlin im November 1997.

2 Zur Unterscheidung zwischen »maximalen Ergebnissen« (culmination outcomes) und »optimalen Ergebnissen« (comprehensive outcomes) vgl. mein »Maximization and the Act of Choice«, *Econometrica 65* (Juli 1997). Das optimale Ergebnis berücksichtigt nicht nur die Endzustände, sondern auch den *Weg*, wie man dahingelangt.

3 Ein Gegenstand für sich, aber wichtig, ist die Frage, welche Arten von Beziehungen überhaupt für eine Kommerzialisierung geeignet erscheinen. Vgl. dazu Margaret Jane Radin, *Contested Commodities*, Cambridge, Mass. 1996.

4 Vgl. Robert W. Fogel und Stanley L. Engerman, *Time on the Cross: The Economics of American Negro Slavery*, Boston 1974. Siehe auch oben 1. Kapitel.

5 Siehe G. A. Cornia in Zusammenarbeit mit R. Paniccià, *The Demographic Impact of Sudden Impoverishment: Eastern Europe during the 1986–1996 Transition*, Florenz: International Child Development Centre, UNICEF 1995. Vgl. auch Michael Ellman, »The Increase in Death and Disease under ›Katastroika‹, *Cambridge Journal of Economics 18* (1994).

6 Friedrich Hayek, *The Road to Serfdom*, London 1944. Vgl. auch Janos Kornai, *The Road to a Free Economy: Shifting from a Socialist System*, New York 1990, sowie *Visions and Reality, Market and State: Contradictions and Dilemmas Revisited*, New York 1990.

7 Siehe dazu meinen Aufsatz »Gender and Cooperative Conflict« in *Persistent Inequalities: Women and World Development*, hrsg. von Irene Tinker, New York 1990; vgl. auch die dort zitierten umfangreichen Verweise auf die empirische und theoretische Literatur zu diesem Gegenstand.

8 Siehe dazu Ester Boserup, *Women's Role in Economic Development*, London 1970; Martha Loutfi, *Rural Women: Unequal Partners in Development*, Genf, IAO 1980; Luisella Goldschmidt-Clermont, *Unpaid Work in the Household*, Genf, IAO 1982; Amartya Sen, »Economics and the Family«, *Asian Development Review 1* (1983); *Resources, Values and Development*, Cambridge, Mass. 1984; Irene Tinker (Hg.), *Persistent Inequalities*, 1990, Nancy Folbre, »The Unproductive Housewife: Her Evolution in the Nineteenth Century Economic Thought«, *Signs: Journal of Women in Culture and Society 16* (1991); Naila Kabeer, »Gender, Production and Well-Being«, Diskussionsvorlage 288, Institute of Development Studies, University of Sussex 1991; Lourdes Urdaneta-Ferrán, »Measuring Women's and Men's Economic Contributions«, *Proceedings of the ISI 49th Session*, Florenz, International Statistical Institute 1993; Naila Kabeer, *Reversed Realities: Gender Hierarchies in De-*

velopment Thought , London 1994; United Nations Development Programme, *Human Development Report 1995*, New York 1995, und anderes mehr.

9 Die Notwendigkeit, das Wirken des Markmechanismus in Verbindung mit anderen wirtschaftlichen, sozialen und politischen Institutionen zu sehen, ist betont worden von Douglass North, *Structure and Chance in Economic History*, New York 1993, und auch – wenngleich mit anderen Akzenten – von Judith R. Blau, *Social Contracts and Economic Markets*, New York 1993. Siehe auch die jüngste Studie von David S. Landes, *The Wealth and Poverty of Nations*, New York 1998.

10 Zu diesen und verwandten Themen existiert mittlerweile eine beträchtliche Literatur; vgl. Joseph Stiglitz und F. Mathewson (Hgg.), *New Developments in the Analysis of Market Structure*, London 1986, sowie Nicholas Stern, »The Economics of Development: A Survey«, *Economic Journal 99* (1989).

11 Siehe Kenneth J. Arrow, »An Extension of the Basic Theorems of Classical Welfare Economics« in *Proceedings of the Second Berkeley Symposium of Mathematical Statistics*, hrsg. von J. Neyman, Berkeley 1951, sowie Gerard Debreu, *A Theory of Value*, New York 1959.

12 Die Modellierung der Marktwirtschaft in der neueren Literatur zur Entwicklungstheorie hat die recht beschränkten Annahmen in der Formulierung von Arrow und Debreu beträchtlich erweitert. Vor allem hat sie die Bedeutung ökonomischer Skaleneffekte, die Rolle des Wissens, des Lernens durch Praxis, das Vorherrschen des monopolistischen Wettbewerbs, die Schwierigkeiten, verschiedene ökonomische Handlungssubjekte zu koordinieren, und die Forderungen des langfristigen Wachstums im Gegensatz zur statischen Effizienz untersucht. Zu den verschiedenen Aspekten dieser Veränderungen siehe Avinash Dixit und Joseph E. Stiglitz, »Monopolistic Competition and Optimum Product Diversity«, *American Economic Review 67* (1977); Paul R. Krugman, »Increasing Returns, Monopolistic Competition and International Trade«, *Journal of International Economics 9* (1979); Paul R. Krugman, »Scale Economies, Product Differentiation and the Pattern of Trade«, *American Economic Review 70* (1981); Paul R. Krugman, *Strategic Trade Policy and New International Economics*, Cambridge 1986; Paul M. Romer, »Increasing Returns and Long-Run Growth«, *Journal of Political Economy 94* (1986); Paul M. Romer, »Growth-Based on Increasing Returns Due to Specialization«, *American Economic Review* 77 (1987); Robert E. Lucas, »On the Mechanics of Economic Development«, *Journal of Monetary Economics 22* (1988); Kevin Murphy, A. Schleifer und R. Vishny, »Industrialization and the Big Push«, *Quarterly Journal of Economics 104* (1989); Elhanan Helpman und Paul R. Krugman, *Market Structure and Foreign Trade*, Cambridge, Mass. 1990; Gene M. Grossman und Elhanan Helpman, *Innovation and Growth in the Global Economy*, Cambridge, Mass. 1991; Elhanan Helpman und Assad Razin (Hgg.), *International Trade and Trade Policy*, Cambridge, Mass. 1991; Paul R. Krugman, »History versus Expectations«, *Quarterly Journal of Economics 106* (1991); K. Matsuyama, »Increasing Returns, Industrialization and the Indeterminacy of Equilibrium«, *Quarterly Journal of Economics 106* (1991); Robert E. Lucas, »Making a Miracle«, *Econometrica 61* (1993); und anderes mehr.

Diese theoretischen Fortschritte haben das Verständnis des Entwicklungsprozesses, insbesondere der Rolle und Funktion der Marktwirtschaft für diesen, erheblich bereichert. Auch haben sie die Einsichten älterer Ökonomen zur Entwicklung geklärt, etwa von Adam Smith – vor allem bezüglich von Großindustrien, Arbeitsteilung und Lernen aus Erfahrung –, aber auch Allyn Young, »Increasing Returns and Economic Progress«, *Economic Journal 38* (1928); Paul Rosenstein-Rodan, »Problems of Industrialization of Eastern and South-eastern Europe«, *Economic Journal 53* (1943); Albert O. Hirschman, *The Strategy of Economic Development*, New Haven, Conn. 1958; Robert Solow, »A Contribution to the Theory of Economic Growth«, *Quarterly Journal of Economics 70* (1956); Nicholas Kaldor, »A Model of Economic Growth«, *Economic Journal 67* (1957); Kenneth J. Arrow, »Economic Implications of Learning by Doing«, *Review of Economic Studies 29* (1962); sowie Nicholas Kaldor und James A. Mirrlees, »A New Model of Economic Growth«, *Review of Economic Studies 29* (1962). Gute Darstellungen der Hauptprobleme und Ergebnisse finden sich bei Robert J. Barro und X. Sala-i-Martin, *Economic Growth*, New York 1995; Kaushik Basu, *Analytical Development Economics: The Less Developed Economy Revisited*, Cambridge, Mass. 1997; Debraj Ray, *Development Economics*, Princeton 1998. Vgl. auch Luigi Pasinetti und Robert Solow (Hgg.), *Economic Growth and the Structure of Long-run Development*, London 1994.

13 Eine elementare, erklärende Diskussion der Ergebnisse findet sich in meinem Buch *On Ethics and Economics* (1985), Kapitel 2. Zu den Ergebnissen zählen der »Umkehrsatz«, der die Möglichkeit garantiert, durch den Marktmechanismus *irgendeines* der möglichen Pareto-Optima aus einer geeigneten anfänglichen Verteilung der Ressourcen (und einer entsprechenden Menge erzeugter Preise) zu gewinnen. Die Notwendigkeit, die festgesetzte anfängliche Verteilung von Ressourcen (zur Realisierung des gewünschten Ergebnisses) durchzusetzen, bedarf jedoch einer ungeheuren politischen Macht und eines anhaltenden Verwaltungsdespotismus, um die benötigte Umverteilung der Vermögen herbeizuführen, die für den Fall, daß Gleichheit in der Wahl zwischen verschiedenen Pareto-Optima eine große Rolle spielt, ausgesprochen drastisch sein können. In diesem Sinn gehört die Verwendung des »Umkehrsatzes« als Rechtfertigung für den Marktmechanismus in das »Handbuch des Revolutionärs« (vgl. *On Ethics and Economics*, S. 37f). Das unmittelbare Theorem stellt jedoch keine derartige Forderung auf; für *jede* anfängliche Verteilung gilt, daß jedes Gleichgewicht, das sich durch die Kräfte des Marktes ergibt, Pareto-optimal ist, wenn die erforderlichen Bedingungen erfüllt sind, wie das Fehlen irgendwelcher äußerer Einwirkungen.

14 Vgl. meinen Aufsatz »Markets and Freedoms«, *Oxford Economic Papers 45* (1993).

15 Es gibt auch noch andere Möglichkeiten, die effektive Freiheit zu betrachten, die ich erörtert und untersucht habe in *Freedom, Rationality and Social Choice: Arrow Lectures and Other Essays*, Oxford, in Vorbereitung.

16 Siehe dazu auch Kenneth Arrow und Frank Hahn, *General Competitive Analysis*, San Francisco 1971; wiederabgedruckt Amsterdam 1979.

17 Während die Form der Präferenzen sehr wohl den Annahmen darüber, was die Individuen erstreben, Beschränkungen auferlegen, gibt es keine weitere Beschränkung bezüglich dessen, *warum* sie erstreben, was sie erstreben. Zur Untersuchungen der genauen Forderungen und ihrer Relevanz siehe meinen Aufsatz »Markets and Freedoms« (1993). Der springende Punkt ist hier, daß das Effizienzergebnis – so gefaßt, um auf die wesentlichen Freiheiten anwendbar zu sein – sich unmittelbar auf *Präferenzen* bezieht, ungeachtet der Gründe, die für die Präferenzen geltend gemacht werden.

18 Siehe dazu meinen Aufsatz »Poverty, Relatively Speaking«, *Oxford Economic Papers 35* (1983); wiederabgedruckt in *Resources, Values Development*, 1984, sowie »Markets and Freedoms«, 1993.

19 Siehe z. B. A. B. Atkinson, *Poverty in Britain and the Reform of Social Security*, Cambridge 1970. Des weiteren Dorothy Wedderburn, *The Aged in the Welfare State*, London 1961; Peter Townsend, *Poverty in the United Kingdom: A Survey of Household Resources and Standards of Living*, Harmondsworth 1979.

20 Vgl. Emma Rothschild, »Social Security and Laissez Faire in Eighteenth-Century Political Economy«, *Population and Development Review 21* (Dezember 1991). Was die Armengesetze betraf, so erkannte Smith die Notwendigkeit, ein soziales Netz zu schaffen, er kritisierte aber, daß durch diese Gesetzgebung sowohl Bewegungsfreiheit als auch andere Freiheiten der Armen beschnitten wurden; vgl. Adam Smith, *An Inquiry into the Nature and Causes of the Wealth of Nations*, 1776, Neudruck, hrsg. von R. H. Campbell und A.S. Skinner, Oxford 1976, S. 152–54 [deutsch: *Der Wohlstand der Nationen*, München 1978, S. 118ff]. Im Gegensatz dazu stehen die heftigen Angriffe von Thomas Robert Malthus auf die Armengesetze im allgemeinen.

21 Vilfredo Pareto, *Manual of Political Economy*, New York 1927, S. 379. Vgl. auch Jagdish N. Bhagwati, *Protectionism*, Cambridge, Mass. 1990, der dieses Argument zitiert und überzeugend entwickelt. Zu verwandten Themen siehe auch Anne O. Krueger, »The Political Economy of Rent-Seeking Society«, *American Economic Review 64* (1974); Jagdish N. Bhagwati, »Lobbying and Welfare«, *Journal of Public Economics 14* (1980); Ronald Findlay und Stan Wellisz, »Protection and Rent-Seeking in Developing Countries«, in David C. Colander, *Neoclassical Political Economy: The Analysis of Rent-Seeking and DUP Activities*, New York 1984; Gene Grossman und Elhanan Helpman, *Innovation and Growth in the Global Economy*, Cambridge 1991; Debraj Ray, *Development Economics*, 1998, Kapitel 18.

22 Dani Rodrik hat auf eine wichtige Asymmetrie aufmerksam gemacht, die in gewisser Weise die Argumente für Zölle stark macht, da diese nämlich dem Staat Geld einbringen (»Political Economy of Trade Policy« in *Handbook of International Economics*, Bd. 3, hrsg. von G. M. Grossman und K. Rogoff, Amsterdam 1995). Rodrik zeigt, daß mehr als die Hälfte der Staatseinnahmen der USA in der Zeit von 1870 bis 1914 aus Zöllen stammte, und vor dem Bürgerkrieg war der Anteil sogar noch größer, nämlich über 90 Prozent. In dem Maße, wie dieser Umstand der Neigung zu Restriktionen Nahrung gibt, muß ihm Rechnung getragen werden, doch

die Ursache einer Neigung zu erkennen, ist selbst ein Beitrag dazu, ihr entgegenzuwirken. Siehe auch R. Fernandez und D. Rodrik, »Resistance to Reform: Status Quo Bias in the Presence of Individual-Specific Uncertainty«, *American Economic Review 81* (1991).

23 Adam Smith, *Wealth of Nations*, Buch 1, Kapitel 11, S. 266f [deutsch: S. 213]. Neuere Interpretationen von Adam Smith' Widerstand gegen staatliche Interventionen mögen zum Teil die Tatsache verkennen, daß seine Ablehnung solcher Interventionen eng mit seiner Auffassung zusammenhängt, daß diese sehr häufig den Interessen der Reichen dienen. Tatsächlich nahm Smith selbst sehr unzweideutig Stellung zu diesem Thema (Smith, *Wealth of Nations*, S. 157f [deutsch: S. 123 f]: »Wo auch immer der Gesetzgeber versucht, Konflikte zwischen Meister oder Dienstherrn und Arbeiter zu regeln, sind die Arbeitgeber stets sein Berater. Ist daher eine Regelung für die Arbeiter günstig, ist sie stets gerecht und billig, begünstigt sie die Meister, ist das zuweilen nicht der Fall.«

24 Siehe dazu Emma Rothschild, »Adam Smith and Conservative Economics«, *The Economic History Review 45* (Februar 1992).

25 Dazu mein »Money and Value: On the Ethics and Economics of Finance«, die erste Paolo Baffi-Vorlesung der Bank von Italien, Rom: Bank von Italien 1991; wiederabgedruckt in *Economics and Philosophy 9* (1993).

26 Adam Smith hielt nicht allein ein Verbot von Zinsen für eine fehlgeleitete Politik, er wies zudem darauf hin, daß ein solches Verbot die Kosten für einen Kredit für denjenigen, der seiner dringend bedarf, nur in die Höhe treibt. »In einigen Ländern wurde der Geldzins durch Gesetz verboten. Da man aber Geld überall nutzbringend verwerten kann, sollte man eigentlich überall für seine Nutzung etwas bezahlen. Wie die Erfahrung lehrt, hat das Zinsverbot das Übel des Wuchers noch vergrößert, statt es zu verhindern. Der Schuldner muß nicht nur für den Gebrauch des Geldes, sondern auch für das Risiko zahlen, welches ein Gläubiger eingeht, wenn er einen Ausgleich für seine Nutzung nimmt. Der Schuldner ist gleichsam verpflichtet, seinen Gläubiger gegen die Strafe zu versichern, die für Wucher droht.« (*Wealth of Nations*, S. 356 [deutsch: S. 294])

27 Adam Smith, *Wealth of Nations*, 2. Buch, 4. Kapitel, S. 356f. [deutsch: S. 294]. Der Ausdruck »Plänemacher« wird von Smith nicht in der neutralen Bedeutung von »einer, der Pläne macht« gebraucht, sondern im abwertenden Sinn.

28 Brief von Jeremy Bentham, geschrieben 1787 an »Dr. Smith«, veröffentlicht in Jeremy Bentham, *Defence of Usury*, London 1790.

29 Smith zeigt keinerlei Anzeichen dafür, daß Jeremy Benthams Gründe ihn überzeugt hätten, obgleich Bentham der Ansicht war, er verfüge über indirekte Hinweise, daß Smith auf seinen Einspruch hin seine frühere Position zurückgenommen hätte (Smith' »Einstellungen«, so Benthams Eindruck, »stimmen jetzt, was unsere Meinungsverschiedenheit betrifft, ganz mit den meinigen überein«). Tatsächlich aber enthalten auch die weiteren Auflagen von *Wohlstand der Nationen* keine Revisionen des von Bentham kritisierten Abschnitts. Zu dieser seltsamen Debatte vgl. Smith, *Wealth of Nations*, Campbell-Skinner-Ausgabe, S. 357f, Fuß-

note 19. Siehe auch H. W. Spiegel, »Usury« in *The New Palgrave: A Dictionary of Economics*, hrsg. von J. Eatwell, M. Milgate und P. Newman, Bd. 4, London 1987.

30 Adam Smith, *Wealth of Nations*, 2. Buch, 3. Kapitel, S. 340f [deutsch: S. 281f].

31 Adam Smith, *Wealth of Nations* 1. Buch, 2. Kapitel, S. 26f. [deutsch: S. 17].

32 Es gibt verschiedene Befürchtungen, was die Einschränkungen der Marktwirtschaft betrifft. Für erhellende Analyse der verschiedenen Typen von Befürchtungen vgl. Robert E. Lane, *The Market Experience*, Cambridge 1991; Joseph Stiglitz, *Whither Socialism?*, Cambridge 1994; Robert Heilbroner, *Visions of the Future: The Distant Past, Yesterday, Today and Tomorrow*, New York 1995; Will Hutton, *The State We Are In*, London 1995; Robert Kuttner, *Global Competitiveness and Human Development: Allies or Adversaries?*, New York, UNDO 1996 sowie *Everything for Sale: The Visions and the Limits of the Market*, New York 1998; Cass Sunstein, *Free Markets and Social Justice?*, New York 1997.

33 Siehe vor allem Alice H. Amsden, *Asia's Next Giant: South Korea and Late Industrialization*, New York 1989; Robert Wade, *Governing the Market: Economic Theory and the Role of Government in East Asian Industrialization*, Princeton 1990; Lance Taylor (Hg.), *The Rocky Road to Reform: Adjustment, Income Distribution and Growth in the Developing World*, Cambridge, Mass. 1993; Jong-Il You und Ha-Joon Chang, »The Myth of Free Labor Market in Korea«, *Contributions to Political Economy 12* (1993); Gerry K. Helleiner (Hg.) *Manufacturing for Export in the Developing World: Problems and Possibilities*, London 1995; Kotaro Suzumura, *Competition, Commitment and Welfare*, Oxford 1995; Dani Rodrik, »Understanding Economic Policy Reform«, *Journal of Economic Literature 24* (März 1996); Jomo K. S. in Zusammenarbeit mit Chen Yun Chung, Brian C. Folk, Irfan ul-Haque, Pasuk Phongpaichit, Batara Simatupang und Mayuri Tateishi, *Southeast Asia's Misunderstood Miracle: Industrial Policy and Economic Development in Thailand, Malaysia and Indonesia*, Boulder, Colo. 1997; Vinay Bharat-Ram, *The Theory of Global Firm*, Delhi 1997; Jeffrey Sachs und Andrew Warner, »Sources of Slow Growth in African Economies«, Harvard Institute for International Development, März 1997; Jong-Il You, »Globalization, Labor Market Flexibility and the Korean Land Reform«, *Seoul Journal of Economics 10* (1997); Jomo K. S. (Hg.), *Tigers in Trouble: Financial Governance, Liberalisation and Crises in East Asia*, London 1998; und anderes mehr. Dani Rodrik hat eine hilfreiche Gesamtdarstellung der notwendigen und geeigneten Verbindung von staatlicher Lenkung, Märkten und Welthandel geliefert; die jeweiligen Verbindungen mögen von Land zu Land variieren. Vgl. sein Buch *The New Global Economy and Developing Countries* (1999). Siehe auch Edmond Malinvaud, Jean-Claude Milleron, Mustaphak Nabli, Amartya Sen, Arjun Sengupta, Nicholas Stern, Joseph E. Stiglitz und Kotaro Suzumura, *Development Strategy and the Management of the Market Economy*, Oxford 1997.

34 James D. Wolfensohn, »A Proposal for Comprehensive Development Framework«, vervielfältigt, Weltbank 1999. Siehe auch Joseph E. Stiglitz, »An Agenda for Development in the Twenty-First Century«, in *Annual World Bank Conference*

on Development Economics 1997, hrsg. von B. Pleskovi und J. E. Stiglitz, Washington, D. C., Weltbank 1998.

35 Siehe dazu Kapitel 1–4 oben; auch Amartya Sen und James D. Wolfensohn, »Let's Respect Both Sides of the Development Coin«, *International Herald Tribune*, 5. Mai 1999.

36 Siehe dazu Jean Drèze und Amartya Sen, *India: Economic Development and Social Opportunity*, Delhi 1995. Vgl. auch meinen Artikel »How is India Doing?«, *New York Review of Books 21*, Weihnachtsausgabe 1982, wiederabgedruckt in *Social and Economic Development in India: A Reassessment*, hrsg. von D. K. Basu und R. Sissons, London 1986.

37 In diesem Zusammenhang siehe Isher Judge Ahluwalia und I. M. D. Little (Hgg.), *India's Economic and Development: Essays for Manmohan Singh*, Delhi 1998. Vgl. ebenfalls Vijay Joshi und I. M. D. Little, *India's Economic Reforms, 1991–2001*, Delhi 1996.

38 Siehe die klassische Analyse über das »Versagen des Marktes« angesichts öffentlicher Güter in Paul A. Samuelson, »The Pure Theory of Public Expenditure«, *Review of Economics and Statistics 36* (1954), sowie »Diagrammatic Exposition of a Pure Theory Public Expenditure«, *Review of Economics and Statistics 37* (1955). Siehe auch Kenneth J. Arrow, »The Organization of Economic Activity: Issues Pertinent to the Choice of Market versus Non-market Allocation«, in *Collected Papers of K. J. Arrow*, Bd. 2, Cambridge 1983.

39 Daß Fragen der Gesundheit immer mit Ungewißheit behaftet sind, ist eine weitere Ursache dafür, daß Verteilungen im Bereich ärztliche Versorgung und Gesundheitsfürsorge mit Hilfe des Marktes problematisch sind, dazu Kenneth J. Arrow, »Uncertainty and the Welfare Economics of Health Care«, *American Economic Review 53* (1963). Daß eine öffentliche Gesundheitsfürsorge vergleichsweise besser abschneidet, hängt weitgehend mit den von Arrow und Samuelson aufgewiesenen Problemen zusammen (vgl. die Anmerkung oben); dazu Jean Drèze und Amartya Sen, *Hunger and Public Action*, Oxford 1989, auch Judith Tendler, *Good Government in the Tropics*, Baltimore 1997.

40 Die Literatur zu diesem Thema ist sehr umfangreich, und während einige Beiträge sich auf die vielfältigen Institutionen konzentriert haben, die mit der Frage der öffentlichen Güter und verwandter Probleme betraut werden müssen, haben andere in erster Linie versucht, den Begriff »Effizienz« neu zu definieren, nachdem sie die Kosten für die Transaktion und geheime Absprachen in Rechnung gestellt haben. Die Notwendigkeit, die Institutionen zu stärken und sich nicht auf die herkömmlichen Märkte zu verlassen, läßt sich einfach durch eine Neudefinition vermeiden, wenn es darum geht, mehr Leistungen zu erbringen, als es die herkömmlichen Märkte vermögen. Eine erhellende Darstellung der verschiedenen in der Literatur erörterten Probleme findet sich bei Andreas Papandreou, *Externality and Institutions*, Oxford 1994.

41 Adam Smith, *Wealth of Nations*, 1. Buch, 2. Kapitel, S. 27 [deutsch: S. 19] und 5. Buch, 1. Kapitel, S. 785 [deutsch: S. 665].

42 Vgl. meinen Aufsatz »Social Commitment and Democracy: The Demands of Equity and Financial Conservatism«, in *Living as Equals*, hrsg. von Paul Barker, Oxford 1996, sowie »Human Development and Financial Conservatism«, programmatische Rede gehalten auf der International Conference on Financing Human Resource Development, veranstaltet von der Asian Development Bank, 17. November 1995, später erschienen in *World Development*, 1998. Die nachfolgende Diskussion stützt sich auf die beiden Arbeiten.

43 Unterernährung ist natürlich ein vielschichtiges Thema (dazu die Aufsätze in S.R. Osmani [Hg.], *Nutrition and Poverty*, Oxford 1992), und manche Aspekte der entsprechenden Benachteiligung sind der empirischen Beobachtung leichter zugänglich als andere.

44 Mehr dazu in Jean Drèze und Amartya Sen, *Hunger and Public Action*, Oxford 1989, Kapitel 7, besonders S. 109–13. Das empirische Material stammt von T. Nash, »Report on Activities of the Child Feeding Centre in Korem« (London, Save the Children Fund 1986), und von J. Borton und J. Shoham, »Experiences of Non-governmental Organisations in Targeting of Emergency Food Aid«, einem vervielfältigten Bericht, der einem Workshop an der London School of Hygiene and Tropical Medicine 1989 vorlag.

45 Dazu Drèze und Sen, *Hunger and Public Action* (1989). Vgl. auch Timothy Besley und Stephen Coate, »Workfare versus Welfare: Incentive Arguments for Work Requirements in Poverty-Alleviation Programs«, *American Economic Review 82* (1992); Joachim von Braun, Tesfaye Teklu und Patrick Webb, »The Targeting Aspects of Public Works Schemes: Experiences in Africa«, und Martin Ravallion und Gaurav Datt, »Is Targeting through a Work Requirement Efficient? Some Evidence from Rural India«, beides in *Public Spending and the Poor: Theory and Evidence*, hrsg. von Dominique van de Walle und Kimberly Nead, Baltimore 1995. Vgl. ferner Joachim von Braun, Tesfaye Teklu und Patrick Webb, *Famine in Africa: Causes, Responses and Prevention*, Baltimore 1998.

46 Es wird denen nichts helfen, die zu alt, zu gebrechlich oder zu krank sind, um zu arbeiten, doch diese Menschen lassen sich, wie gesagt, anhand dieser Behinderungsmerkmale auch leicht herausfinden und durch andere, ergänzende Hilfsprogramme erreichen. Die Möglichkeit solcher ergänzender Programme und die tatsächlichen Erfahrungen mit ihnen erörtern Drèze und Sen, *Hunger and Public Action* (1989).

47 Siehe dazu Sudhir Anand und Martin Ravallion, »Human Development in Poor Countries: Do Incomes Matter?«, *Journal of Economic Perspectives* 7 (1993). Vgl. ebenfalls Keith Griffin und John Knight (Hgg.), *Human Development and the International Development Strategies for the 1990s*, London 1990. Was das besondere Problem des Hungers betrifft, vgl. auch Alex de Waal, *Famines That Kill: Darfur 1984–1985*, Oxford 1989.

48 Vgl. dazu mein Buch *On Economic Inequality*, 1973, S. 78f.

49 Diese Fragen habe ich ausführlicher in meiner 1992 bei der Annual World Bank Conference on Development gehaltenen Ansprache erörtert: »The Political

Economy of Targeting«, erschienen in van de Walle und Nead, *Public Spending and the Poor*, 1995. Auch die anderen Aufsätze dieses Bandes sind sehr aufschlußreich.

50 Zur allgemeinen Problematik asymmetrischer Information vgl. George A. Akerlof, *An Economic Theorist's Book of Tales*, Cambridge 1984.

51 Vgl. John Rawls, *A Theory of Justice*, Cambridge, Mass. 1971, S. 440–446 [deutsch: 479–486]. Rawls diskutiert, wie Institutionen und öffentliche Maßnahmen die »sozialen Grundlagen der Selbstachtung« beeinflussen können.

52 Siehe vor allem William J. Wilson, *The Truly Disadvantaged*, Chicago 1987; Christopher Jencks and Paul E. Peterson (Hgg.), *The Urban Underclass*, Washington, D.C., Brookings Institution 1991; Theda Skocpol, *Protecting Soldiers and Mothers: The Politics of Social Provision in the United States, 1870–1920*, Cambridge, Mass. 1991. Zum ersten Mal ist mir dieses Argument, in einem Gespräch mit Terence (W. M.) Gorman von der London School of Economics um das Jahr 1971 begegnet, obgleich ich nicht glaube, daß er jemals etwas dazu veröffentlicht hat.

53 Michael Bruno, »Inflation, Growth and Monetary Control: Non-linear Lessons from Crisis and Recovery«, Paolo Baffi Lecture, Rom, Bank von Italien 1996. Vgl. auch sein *Crisis, Stabilization, and Economic Reform*, Oxford 1993.

54 Bruno, »Inflation, Growth and Monetary Control«, S. 7f.

55 Bruno, »Inflation, Growth and Monetary Control«, S. 8, 56.

56 Bruno, »Inflation, Growth and Monetary Control«, S. 9.

57 Obwohl die Weltbank sich schwer damit tat, die Rolle des Staates bei den ökonomischen Erfolgen Ostasiens anzuerkennen, erkannte sie schließlich, daß dem Staat die bedeutende Aufgabe zufällt, für den Ausbau des Bildungswesens und die Förderung des Humankapitals zu sorgen; vgl. Weltbank, *The East Asian Miracle: Economic Growth and Public Policy*, New York 1993. Siehe auch Asian Development Bank, *Emerging Asia: Changes and Challenges*, Manila 1997, sowie Nancy Birdsall, Carol Graham und Richard H. Sabot, *Beyond Trade-Offs: Market Reforms and Equitable Growth in Latin America*, Washington, D.C., Inter-American Development Bank 1998.

58 Vgl. Hiromitsu Ishi, »Trends in the Allocation of Public Expenditure in Light of Human Resource Development – Overview in Japan«, Asian Development Bank 1995.

59 Wie diese Verbindung beschaffen ist, wird erörtert in Drèze und Sen, *Hunger and Public Action*, 1989. Vgl. auch die der Weltbank vorgelegte Analyse *The East Asian Miracle*, 1993, sowie die dort zitierte ausführliche Liste empirischer Untersuchungen. Siehe des weiteren die auf Einladung der Asian Development Bank bei der International Conference of Financing Human Resource Development am 17. Novemver 1995 gehaltenen Vorträge; die meisten sind in *World Development*, 1998, veröffentlicht. Glänzende Analysen der verschiedenen Erfahrungen finden sich bei Nancy Birdsall und Richard H. Sabot, *Opportunity Forgone: Education, Growth and Inequality in Brazil*, Washington, D.C., Weltbank 1993; James W. McGuire, »Development Policy and Its Determinants in East Asia and Latin America«, *Journal of Public Policy* (1994).

60 Siehe Dazu Jere R. Behrman und Anil B. Deolalikar, »Health and Nutrition«, in *Handbook of Development Economics*, hrsg. von H. B. Chenery und T. N. Srinivasan, Amsterdam 1988.

61 Einigen Ländern, vor allem in Afrika, mag aufgrund der hohen Auslandsverschuldung keine große Wahl bleiben, um selbständig Akzente in der Haushaltspolitik zu setzen. Hinsichtlich dieses Problems hat Jeffrey D. Sachs überzeugend für eine »visionäre« internationale Politik als Teil der »realistischen« wirtschaftlichen Möglichkeiten plädiert in seinem Artikel »Release the Poorest Countries from Debt Bondage«, *International Herald Tribune*, 12–13. Juni 1999.

62 Siehe dazu UNDP, *Human Development Report 1994*.

6. Die Bedeutsamkeit der Demokratie

1 Der erste Teil dieses Kapitels stützt sich weitgehend auf meinen Aufsatz »Freedoms and Needs«, *New Republic*, 10. und 17. Januar 1994.

2 Zitiert in John F. Cooper, »Peking's Post-Tiananmen Foreign Policy: The Human Rights Factor«, *Issues and Studies 30* (Oktober 1994), S. 69; vgl. auch Joanne Bauer und Daniel A. Bell (Hgg.), *The East Asian Challenge for Human Rights*, Cambridge 1999.

3 Die hier vorgelegte Analyse sowie die nachfolgenden Diskussionen beziehen sich auf meine früheren Aufsätze »Freedoms and Needs« (1994); »Legal Rights and Moral Rights: Old Questions and New Problems«, *Ratio Juris 9* (Juni 1996) und »Human Rights and Asian Values«, Morgenthau Memorial Lecture, New York, Carnegie Council on Ethics and International Affairs 1997, erschienen in gekürzter Fassung in *The New Republic*, 14. und 21. Juli 1997.

4 Vgl. neben anderen Untersuchungen Adam Przeworski u. a., *Sustainable Democracy*, Cambridge 1995; Robert J. Barro, *Getting it Right: Markets and Choices in a Free Society*, Cambridge 1996. Außerdem Robert J. Barro und Jong-Wha Lee, »Losers and Winners in Economic Growth«, Arbeitspapier 4341, National Bureau of Economic Research 1993; Partha Dasgupta, *An Inquiry into Well-Being and Destitution*, Oxford 1993; John Helliwell, »Empirical Linkages between Democracy and Economic Growth«, Arbeitspapier 4066, National Bureau of Economic Research 1994; Surjit Bhalla, »Freedom and Economic Growth: A Vicious Circle«, vorgetragen auf dem Nobel-Symposium in Uppsala zum Thema »Democracy's Victory and Crisis«, August 1994; Adam Przeworski und Fernando Limongi, »Democracy and Development«, vorgetragen bei dem Nobel-Symposium in Uppsala.

5 Siehe dazu Drèze und Sen, *Hunger and Public Action*, Oxford 1989, Teil 3.

6 Dazu mein Aufsatz »Development: Which Way Now«, *Economic Journal 93*, (Dezember 1983); sowie *Resources, Values and Development*, Cambridge 1984; 1997.

7 Man könnte hier einwenden, daß Irland zur Zeit der Hungersnöte in den 40er Jahren des 19. Jahrhunderts ein Teil des Vereinigten Königreichs war und keine Kolonie. Aber es bestand nicht nur ein großer kultureller Graben zwischen

der irischen Bevölkerung und den englischen Regenten, die zudem den Iren zutiefst mißtrauten – eine Haltung, die mindestens ins 16. Jahrhundert zurückgeht, wie Edmund Spenser in seiner scharfzüngigen *The Faerie Queene* so schön zeigt –, darüber hinaus waren auch die politischen Kräfteverhältnisse sehr unausgewogen. Was den hier zur Debatte stehenden Punkt betrifft, wird man sagen können, Irland wurde auf eine Weise regiert, die der Herrschaft ausländischer Kolonialherren nicht unähnlich war. Vgl. dazu Cecil Woodham-Smith, *The Great Hunger: Ireland 1845–1849*, London 1962. Ja, wie Joel Mokyr bemerkte, »betrachteten die Engländer Irland wie eine fremde und feindliche Nation« (*Why Ireland Starved: A Quantitative and Analytical History of the Irish Economy, 1800–1850*, London 1983, S. 291).

8 Fidel Valdez Ramos, »Democracy and the East Asian Crisis«, Antrittsrede vor dem Centre for Democratic Institutions, Australian National University, Canberra, 26. November 1998, S. 2.

9 Ein wichtiger Faktor ist die Reichweite des Diskurses in der Politik und die Verwendung moralischer Argumente in öffentlichen Debatten. Zu diesen Fragen vgl. Jürgen Habermas, »Three Normative Models of Democracy«, *Constellations 1* (1994); Seyla Benhabib, »Deliberative Rationality and Models of Democratic Legitimacy«, *Constellations 1* (1994); James Bonham und William Rehg (Hgg.), *Deliberative Democracy*, Cambridge, Mass. 1997. Siehe auch James Fishkin, *Democracy and Deliberation*, New Haven 1971; Ralf Dahrendorf, *The Modern Social Contract*, New York 1988; Alan Hamlin und Phillip Pettit (Hgg.), *The Good Polity*, Oxford 1993; Amy Gutman und Dennis Thompson, *Democracy and Disagreement*, Cambridge 1996.

10 Dies wird erörtert in Drèze und Sen, *Hunger and Public Action*, 1989, S. 193–97, 229–39.

11 Es ist auch erwähnenswert, daß die Frage des Umweltschutzes, wenn sie angemessen gestellt wird, einige zentrale Probleme der Sozialwahl und des Diskurses in der Politik aufwirft; siehe dazu meinen Aufsatz »Environmental Evaluation and Social Choice: Contingent Valuation and the Market Analogy«, *Japanese Economic Review 46* (1995).

7. Hungersnöte und andere Krisen

1 Der erste Teil dieses Kapitels basiert auf meiner programmatischen Rede vor der Interparlamentarischen Union im italienischen Senat anläßlich des World Food Summit in Rom am 15. November 1996. Die Analyse gründet auf meinem Buch *Poverty and Famines: An Essay on Entitlement and Deprivation*, Oxford 1981, sowie auf meiner mit Jean Drèze zusammen verfaßten Studie *Hunger and Public Action*, Oxford 1989.

2 Eine Darstellung der »Analyse der Zugangsrechte« findet sich in meinem Buch *Poverty and Famines*, 1981; vgl. auch Drèze und Sen, *Hunger and Public Action*,

1989; Drèze und Sen (Hgg.), *The Political Economy of Hunger*, Oxford 1990, und dessen Kurzfassung: Drèze, Sen und Athar Hussain, *The Political Economy of Hunger: Selected Essays*, Oxford 1995.

3 Beispiele für Hungersnöte mit unterschiedlichen Ursachen, jedoch nur geringer oder keinerlei Reduktion der Nahrungsmittelproduktion, finden sich in meinem Buch *Poverty and Famines*, 1981, Kapitel 6–9.

4 Vgl. dazu mein Buch *Poverty and Famines*, 1981. Desgleichen Meghnad Desai, »A General Theory of Poverty«, *Indian Economic Review* 19, 1984, und »The Economics of Famine«, in *Famines*, hrsg. von G. A. Harrison, Oxford 1988. Siehe auch Lucile F. Newman (Hg.), *Hunger in History: Food Shortage, Poverty, and Deprivation*, Oxford 1990, und die historische Untersuchung von Peter Garnsey, *Famine and Food Supply in the Graeco-Roman World*, Cambridge 1988.

5 Martin Ravallion, »Famines and Economics«, *Journal of Economic Literature* 35, 1997 gibt einen kritischen Überblick über die Literatur zum Thema Hunger.

6 Vgl. dazu mein Buch *Poverty and Famines*, 1981, Kapitel 7 und 8.

7 Die Hungersnot in Bangladesch im Jahre 1974 wird in meinem Buch *Poverty and Famines*, 1981, Kapitel 9, analysiert; vgl. auch Mohiuddin Alamgir, *Famine in South Asia*, Boston 1980, und Martin Ravallion, *Markets and Famines*, 1987.

8 Vgl. dazu Ravallion, *Markets and Famines*, 1987.

9 Die Tatsache, daß Irland in den Jahren der Hungersnot Nahrungsmittel nach England ausgeführt hat, wird häufig als Beweis dafür zitiert, daß die Nahrungsproduktion in Irland nicht gesunken sei. Aber dies ist eine irrige Schlußfolgerung, sowohl weil es direkte Nachweise für das Sinken der Nahrungsmenge in Irland gibt (verbunden mit der Kartoffelpest), als auch weil die Bewegung von Nahrung durch die relativen Preise bestimmt wird und nicht nur durch die Menge der produzierten Nahrung im exportierenden Land. Tatsächlich ist die »gegenläufige Nahrungsbewegung« ein verbreitetes Phänomen bei einer Hungersnot in Zeiten einer allgemeinen Rezession, die die Nachfrage nach Nahrung tiefer sinken läßt als die Verminderung des Nahrungsangebotes (dazu und zu verwandten Themen vgl. mein Buch *Poverty and Famines*, 1981). Auch in den chinesischen Hungerkrisen wurde ein sehr viel größerer Teil der reduzierten Nahrungsmenge im ländlichen China in die Städte gebracht, wie das die offizielle Politik vorsah (vgl. dazu Carl Riskin, »Feeding China: The Experience since 1949«, in Drèze und Sen, *The Political Economy of Hunger*, 1989.

10 Es standen noch andere Faktoren hinter dem einige Schichten stärker treffenden Hungertod in der bengalischen Hungerkrise des Jahres 1943, darunter auch die Entscheidung der Regierung, die Bevölkerung Kalkuttas vermittels Nahrungsmittelrationierung, Preiskontrollen und Billigläden zu schützen, wobei sie die verarmten Landbewohner gründlich im Regen stehenließ. Vgl. dazu mein Buch *Poverty and Famines*, 1981, Kapitel 6.

11 Es ist durchaus nicht ungewöhnlich, daß die Landbevölkerung mehr unter Hungerkrisen zu leiden hat als die ökonomisch und politisch einflußreicheren Stadtbewohner. Michael Lipton hat diese »pro-städtische Tendenz« in einer klassi-

schen Studie untersucht: *Why Poor People Stay Poor: A Study of Urban Bias in World Development*, London 1977.

12 Vgl. dazu Alamgir, *Famine in South Asia*, 1980, sowie mein Buch *Poverty and Famines*, 1981, Kapitel 9. Die Analysen der Lebensmittelpreise (und anderer ursächlicher Faktoren) werden eingehend untersucht in Martin Ravallion, *Markets and Famines*, 1987. Ravallion zeigt auch, wie der Reismarkt das Ausmaß der zu erwartenden Nahrungsmittelknappheit in Bangladesch übertrieben hoch veranschlagte, was den die Entwicklung vorwegnehmenden Preisanstieg ein Gutteil steiler machte, als er hätte sein müssen.

13 *Encyclopædia Britannica*, 11. Auflage, Cambridge 1910–1911, Band 10, S. 167.

14 Vgl. A. Loveday, *The History and Economics of Indian Famines*, London 1916; desgleichen Sen, *Poverty and Famines*, 1981, Kapitel 4.

15 Vgl. dazu Alex de Waal, *Famines That Kill*, Oxford 1989. Des weiteren Sen, *Poverty and Famines*, 1981, Anhang D, über das hungerbedingte Sterblichkeitsmuster in der bengalischen Hungerkrise des Jahres 1943.

16 Die Analyse bezieht sich auf meinen Essay »Famine as Alienation«, in *State, Market and Development: Essays in Honour of Rehman Sobhan*, hrsg. von Abu Abdullah und Azizur Rahman Khan, Dhaka 1996, sowie »Nobody Need Starve«, *Granta* 52, 1995.

17 Vgl. dazu Robert James Scally, *The End of Hidden Ireland*, New York 1995.

18 Vgl. Cormac O Grada, *Ireland before and after the Famine: Explorations in Economic History, 1800–1925*, Manchester 1988, und *The Great Irish Famine*, Basingstoke 1989.

19 Terry Eagleton, *Heathcliff and the Great Hunger: Studies in Irish Culture*, London 1995, S. 25 f.

20 Analysen der irischen Hungersnöte finden sich in Joel Mokyr, *Why Ireland Starved: A Quantitative and Analytical History of the Irish Economy, 1800–1850*, London 1983; Cormac O Grada, *Ireland before and after the Famine*, 1988, und *The Great Irish Famine*, 1989; und Pat McGregor, »A Model of Crisis in a Peasant Economy«, *Oxford Economic Papers* 42, 1990. Das Problem der Landlosigkeit ist im Kontext von Hungerkrisen in Südasien und teilweise auch in den afrikanischen Ländern südlich der Sahara besonders schwerwiegend; vgl. Keith Griffin und Azizur Khan (Hgg.), *Poverty and Landlessness in Rural Asia*, Genf 1977, und Alamgir, *Famine in South Asia*, 1980.

21 Vgl. dazu Alamgir, *Famine in South Asia*, 1980, und Ravallion, *Markets and Famines*, 1987. Vgl. auch Nurul Islam, *Development Planning in Bangladesh: A Study in Political Economy*, London 1977.

22 Zur »gegenläufigen Nahrungsbewegung« siehe Sen, *Poverty and Famines*, 1981; Graciela Chichilnisky, »North-South Trade with Export Enclaves: Food Consumption and Food Exports«, vervielfältigt von der Columbia University 1983; Drèze und Sen, *Hunger and Public Action*, 1989.

23 Mokyr, *Why Ireland Starved*, 1983, S. 291. Zu den verschiedenen Aspekten dieser komplexen Beziehung vgl. R. Fitzroy Foster, *Modern Ireland 1600–1972*, London 1989.

24 Vgl. Mokyrs ausgewogene Bewertung dieser Ansicht in seinem Buch *Why Ireland Starved*, 1983, S. 291f.

25 Vgl. dazu Cecil Woodham-Smith, *The Great Hunger: Ireland 1845–1849*, London 1962; ebenfalls O Grada, *The Great Irish Famine* (1989), und Eagleton, *Heathcliff and the Great Hunger*, 1995. Auch die weitere Geschichte Irlands wurde durch die Hungersnot und Londons Umgang mit ihr stark geprägt; vgl. Scally, *The End of Hidden Ireland*, 1995.

26 Vgl. Andrew Roberts, *Eminent Churchillians*, London 1994, S. 213.

27 Zitiert in Woodham-Smith, *The Great Hunger*, 1962, S. 76.

28 Die Bedeutung moralischer Urteile bei der Prävention von Hunger und Hungersnöten wurde auf erhellende Weise untersucht von Onora O'Neil, *Faces of Hunger: An Essay on Poverty, Justice and Development*, London 1986. Vgl. auch P. Sainath, *Everybody Loves a Good Drought*, New-Delhi 1996; Helen O'Neill und John Toye (Hgg.), *A World Without Famine? New Approaches to Aid and Development*, London 1998; Joachim von Braun, Tesfaye Teklu und Patricia Webb, *Famine in Africa: Causes, Responses, Prevention*, Baltimore 1999.

29 Die umfangreiche Literatur zum Thema wird dargestellt und einer kritischen Beurteilung unterzogen in Drèze und Sen, *Hunger and Public Action*, 1989, Kap. 9. Vgl. auch C.K. Eicher, *Transforming African Agriculture*, San Francisco 1986; M.S. Swaminathan, *Sustainable National Security for Africa*, San Francisco 1986; M. Glantz (Hg.), *Drought and Hunger in Africa*, Cambridge 1987; J. Mellor, C. Delgado und C. Blackie (Hgg.), *Accelerating Food Production in Sub-Saharan Africa*, Baltimore 1987. Vgl. auch die Artikel von Judith Heyer, Francis Idachaba, Jean-Philippe Platteau, Peter Svedberg und Sam Wangwe in *The Political Economy of Hunger*, hrsg. von Drèze und Sen, 1990.

30 Vgl. Drèze und Sen, *Hunger and Public Action*, 1989, Tabelle 2.4, S. 33.

31 Siehe dazu Drèze und Sen, *Hunger and Public Action*, 1989, Kap. 8, sowie die Artikel von Drèze in Drèze und Sen, *The Political Economy of Hunger*, 1990.

32 Zur Mechanik solcher Verfahren siehe Drèze und Sen, *Hunger and Public Action*, 1989, Kap. 8, sowie die Beiträge von Jean Drèze und Sen, *The Political Economy of Hunger*, 1990.

33 Vgl. Drèze und Sen, *Hunger and Public Action*, 1989, Kap. 8.

34 Vgl. dazu Sen, *Poverty and Famines*, 1981, und Drèze und Sen, *Hunger and Public Action*, 1989.

35 Eine vergleichende Darstellung der beiden Fälle findet sich in Drèze und Sen, *Hunger and Public Action*, 1989, Kapitel 8.

36 Siehe Basil Ashton, Kenneth Hill, Alan Piazza und Robin Zeitz, »Famine in China 1958–61«, *Population and Development Review* 10, 1984.

37 Vgl. T.P. Bernstein, »Stalinism, Famine, and Chinese Peasants«, *Theory and Society* 13, 1984, S. 13. Vgl. auch Carl Riskin, *Chinas Political Economy*, Oxford 1987.

38 Zitiert nach Mao Tse-tung, *Mao Tse-tung Unrehearsed, Talks and Letters: 1956–1971*, hrsg. von Stuart R. Schram, Harmondsworth 1976, S. 277f. Vgl. auch

die Diskussion dieser Aussage in Ralph Miliband, *Marxism and Politics*, London 1977, S. 149 f.

39 Vgl. dazu Ralph Miliband, *Marxism and Politics*, 1977, S. 151.

40 Vgl. dazu Drèze und Sen, *Hunger and Public Action*, 1989.

41 Eine »interne« Darstellung der allgemeinen Strategie des IWF zur Krisenprävention und langfristigen Reform in Ost- und Südostasien findet sich in Timothy Lane, Atish R. Ghosh, Javier Hamann, Steven Phillips, Marianne Schultz-Ghattas und Tsidi Tsikata, *IMF-Supported Programs in Indonesia, Korea and Thailand: A Preliminary Assessment*, Washington, D.C. 1999.

42 Siehe James D. Wolfensohn, *The Other Crisis: Address to the Board of Governors of the World Bank*, Washington, D.C. 1998.

43 Verelendung kann nicht nur aus Naturkatastrophen oder ökonomischen Flauten resultieren, sondern auch die Folge von Kriegen und militärischen Konflikten sein; vgl. dazu Sen, »Economic Regress: Concepts and Features«, in *Proceedings of the World Bank Annual Conference on Development Economics 1993*, Washington 1994. Über den Militarismus als eine Geißel der Moderne siehe auch John Kenneth Galbraith, »The Unfinished Business of the Century«, vervielfältigt, Vortrag an der London School of Economics, 28. Juni 1999.

44 Vgl. Torsten Persson und Guido Tabellini, »Is Inequality Harmful to Growth? Theory and Evidence«, *American Economic Review 84*, 1994; Alberto Alesina und Dani Rodrik, »Distributive Politics and Economic Growth«, *Quarterly Journal of Economics* 108, 1994; Albert Fishlow, C. Gwin, S. Haggard, D. Rodrik und S. Wade, *Miracle or Design? Lessons from the East Asian Experience*, Washington, D.C. 1994. Vgl. auch den Gegensatz zu Indien (und Südasien allgemein), in Jean Drèze und Amartya Sen, *India: Economic Development and Social Opportunity*, Delhi 1995. Das niedrigere Niveau von Ungleichheit dieser Art garantiert jedoch keineswegs die Art von Gleichheit, die eine demokratische Politik in Zeiten der Krise und des akuten Mangels erreichen kann. Wie Jong-Il You bemerkt, haben in diesen Ländern (Südkorea eingeschlossen) »niedrige Ungleichheit und hohe Gewinnbeteiligung vor allen Dingen deshalb nebeneinander bestanden, weil eine ungewöhnlich gleichmäßige Verteilung des Reichtums herrschte« (»Income Distribution and Growth in East Asia«, *Journal of Development Studies* 34, 1998). In diesem Zusammenhang scheint die Geschichte Koreas, mit seinen früheren Bodenreformen, einer ausgedehnten Entwicklung des Humankapitals durch die Erweiterung des Bildungswesens usw. eine sehr positive Rolle gespielt zu haben.

8. Selbstbestimmung der Frauen und sozialer Wandel

1 Ich habe dieses Problem bereits in früheren Arbeiten diskutiert, z. B. in: »Economics and the Family«, *Asian Development Review* 1, 1983; »Women, Technology and Sexual Divisions«, *Trade and Development* 6, 1985; »Missing Women«, *British Medical Journal* 304, März 1992; »Gender and Cooperative Conflict«, in *Persistent*

Inequalities: Women and World Development, hrsg. von Irene Tinker, New York 1990; »Gender Inequality and Theories of Justice«, *Women, Culture and Development: A Study of Human Capabilities*, hrsg. von Martha Nussbaum und Jonathan Glover, Oxford 1995, (gemeinsam mit Jean Drèze) *India: Economic Development and Social Opportunity*, Delhi 1995; »Agency and Well-Being: The Development Agenda«, in *A Commitment to the Women,* hrsg. von Noeleen Heyzer, New York 1996.

2 In meiner Vorlesungsreihe »Well-Being, Agency and Freedom: The Dewey Lectures 1984«, *Journal of Philosophy* 82, April 1985, wird die philosophische Unterscheidung zwischen dem Aspekt des »Agenten« und dem Aspekt des »Wohls« einer Person untersucht und zugleich der Versuch unternommen, die weitreichenden praktischen Implikationen dieser Unterscheidung in vielen verschiedenen Bereichen aufzuzeigen.

3 Alternative statistische Schätzungen bezüglich der »außerordentlichen Sterblichkeit« von Frauen in vielen Ländern Asiens und Nordafrikas sind auch Thema meiner Bücher *Resources, Values and Development*, Cambridge, Mass. 1984; und (mit Jean Drèze) *Hunger and Public Action*, Oxford 1989. Vgl. auch Stephan Klasen, »›Missing Women‹ Reconsidered«, *World Development* 22, 1994.

4 Die Literatur zu diesem Thema ist außerordentlich umfangreich. Meine eigenen Versuche, das Problem unter Verwendung des vorliegenden Datenmaterials zu analysieren, sind in »Gender and Cooperative Conflict«, 1990, und »More Than a Hundred Million Women Are Missing«, *New York Review of Books*, Weihnachtsausgabe vom 22. Dezember 1990, nachzulesen.

5 Diese Fragen werden in meinen Arbeiten *Resources, Values and Development*, 1984, »Gender and Cooperative Conflict« (1990) und »More Than a Hundred Million Women Are Missing« (1990) behandelt. Ester Boserups klassische Studie *Women's Role in Economic Development*, London 1971, stellt eine Pionierarbeit zum Thema dar. In jüngerer Zeit sind eine Reihe interessanter und wichtiger Studien zum Thema Ungleichbehandlung der Geschlechter in den Entwicklungsländern erschienen, die verschiedene Typen von determinierenden Variablen benennen. Vgl. neben vielen anderen Veröffentlichungen dazu: Hanna Papanek, »Family Status and Production: The ›Work‹ and ›Non-Work‹ of Women«, *Signs* 4 (1979); Martha Loutfi (Hg.), *Rural Work: Unequal Partners in Development,* Genf 1980; Mark R. Rosenzweig und T. Paul Schultz, »Market Opportunities, Genetic Endowment and Intrafamily Resource Distribution«, *American Economic Review* 72 (1982); Myra Buvinic, M. Lycette und W.P. McGreevy (Hgg.), *Women and Poverty in the Third World*, Baltimore 1983; Pranab Bardhan, *Land, Labor and Rural Poverty*, New York 1984; Devaki Jain und Nirmala Banerjee (Hgg.), *Tyranny of the Household: Investigative Essays in Women's Work*, New-Delhi 1985; Gita Sen und C. Sen, »Women's Domestic Work and Economic Activity«, *Economic and Political Weekly 20* (1985); Martha Alter Chen, *A Quiet Revolution: Women in Transition in Rural Bangladesh*, Dhaka 1986; Jere Behrman und B.L. Wolfe, »How Does Mother's Schooling Affect Family Health, Nutrition, Medical Care Usage and Household Sanitation?«, *Journal of Econometrics 36* (1987); Monica Das Gupta, »Selective Dis-

crimination against Female Children in India«, *Population and Development Review 13* (1987); Gita Sen und Caren Grown, *Development, Crises and Alternative Visions: Third World Women's Perspectives*, London 1987; Alaka Basu, *Culture, the Status of Women and Demographic Behaviour*, Oxford 1992; Nancy Folbre, Barbara Bergmann, Bina Agarwal und Maria Flore (Hgg.), *Women's Work in the World Economy*, London 1992; United Nations ESCAP, *Integration of Women's Concerns into Development Planning in Asia and the Pacific*, New York 1992; Bina Agarwal, *A Field of One's Own*, Cambridge 1995; Edith Kuiper und Jolande Sap, mit Susan Feiner, Notburga Ott und Zafiris Tzannatos, *Out of the Margin: Feminist Perspectives on Economics*, New York 1995.

6 Die geschlechtsspezifische Rollenverteilung innerhalb der Familie wird in der Forschung zuweilen als »Abmachungsproblem« behandelt; diesen Ansatz verfolgen u. a. Marilyn Manser und Murray Brown, »Marriage and Household Decision Making: A Bargaining Analysis«, *International Economic Review 21* (1980); M. B. McElroy und M. J. Horney, »Nash Bargained Household Decisions: Toward a Generalization of Theory and Demand«, *International Economic Review 22* (1981); Shelley Lundberg und Robert Pollak, »Noncooperative Bargaining Models of Marriage«, *American Economic Review 84* (1994). Einen nicht am »Abmachungsmodell« orientierten Forschungsansatz vertreten u. a. Sen, »Women, Technology and Sexual Divisions« (1985); Nancy Folbre, »Hearts and Spades: Paradigms of Household Economics«, *World Development 14* (1986); J. Brannen und G. Wilson (Hgg.), *Give and Take in Families*, London 1987; Susan Moller Okin, *Justice, Gender, and the Family*, New York 1989; Sen, »Gender and Cooperative Conflict«, 1990; Marianne A. Ferber und Julie A. Nelson (Hgg.), *Beyond Economic Man: Feminist Theory and Economics*, Chicago 1993; eine brauchbare Sammlung von Aufsätzen zum Thema findet sich in Jane Humphries (Hg.), *Gender and Economics*, Cheltenham 1995, und Nancy Folbre (Hg.), *The Economics of the Family*, Cheltenham 1996.

7 Vgl. dazu Okin, *Justice, Gender and the Family*, 1989; Drèze und Sen, *Hunger and Public Action*, 1989; Sen, »Gender and Cooperative Conflict«, 1990; Nussbaum und Glover, *Woman, Culture and Development*, 1995. Vgl. auch die Beiträge von Julie Nelson, Shelley Lundberg, Robert Pollak, Diana Strassman, Myra Strober und Viviana Zelizer in den Papers and Proceedings der *American Economic Review 84* (1994).

8 In Indien wird diesem Problem inzwischen größere Aufmerksamkeit geschenkt. Vgl. Asoke Mitra, *Implications of Declining Sex Ratios in India's Population*, Bombay 1980; Jocelyn Kynch und Amartya Sen, »Indian Women: Well-Being and Survival«, *Cambridge Journal of Economics* 7 (1983); Bardhan, *Land Labor and Rural Poverty*, 1984; Jain und Banerjee (Hgg.), *Tyranny of the Household*, 1985. Das »Problem der Überlebenschancen« bezieht sich auf die allgemeinere Problematik der Vernachlässigung, vgl. dazu die Untersuchungen in Swapna Mukhopadhyay (Hg.), *Women's Health, Public Policy and Community Action*, Delhi 1998, sowie Swapna Mukhopadhyay und R. Savithri, *Poverty, Gender and Reproductive Choice*, Delhi 1998.

9 Vgl. dazu Tinker, *Persistent Inequalities*, 1990. Mein Beitrag in dieser Sammlung (»Gender and Cooperative Conflict«) untersucht die ökonomischen und sozialen Faktoren, die die Rollenverteilung innerhalb der Familie beeinflussen, und diskutiert die Gründe für deren starke regionale Unterschiede (z.B. ist eine frauenfeindliche Grundtendenz in Südasien, Westasien, Nordafrika und China sehr viel stärker ausgeprägt als in den afrikanischen Ländern der Sahelzone und in Südostasien), desgleichen in unterschiedlichen Regionen innerhalb eines Landes (so ist z.B. die Diskriminierung nach Geschlechtern auf dieser Ebene in einigen indischen Bundesstaaten, wie etwa Punjab und Uttar Pradesh, sehr stark, in Kerala dagegen gar nicht). Außerdem bestehen enge Verbindungen zwischen verschiedenen Einflüssen auf die relative Stellung der Frau, wie z.B. jene zwischen gesetzlich verankerten Rechten und Schulbildung (da die *Wahrnehmung* gesetzlicher Bestimmungen mit der Fähigkeit zu lesen und zu schreiben zusammenhängt); vgl. Salma Sobhan, *Legal Status of Women in Bangladesh*, Dhaka 1978.

10 Die Rolle der Geschlechterdifferenz bei der Verbreitung von Hunger untersucht Megan Vaughan in ihrer anschaulichen Studie *The Story of an African Famine: Hunger, Gender and Politics in Malawi*, Cambridge 1987; Barbara Harriss, »The Intrafamily Distribution of Hunger in South Asia«, in *The Political Economy of Hunger*, hrsg. von Jean Drèze und Amartya Sen, Oxford 1990 et al.

11 Einige dieser Themen werden in Drèze und Sen, *India: Economic Development and Social Opportunity*, 1995, speziell im indischen Kontext diskutiert, mit vergleichenden Darstellungen *innerhalb* und *außerhalb* des Landes; vgl. auch Alaka Basu, *Culture, the Status of Women and Demographic Behaviour*, 1992; Agarwal, *A Field of One's Own*, 1995. Die Erforschung der verschiedenen Ursachen für Benachteiligung ist besonders wichtig in der Analyse speziell schlecht gestellter Gruppen mit geringer ökonomischer Bedeutung – z.B. Witwen, besonders aus ärmeren Familien. Vgl. dazu Martha Alter Chen (Hg.), *Widows in India*, New-Delhi 1998, und ihr Buch *Perpetual Mourning: Widowhood in Rural India*, Delhi 1999, Philadelphia 1999.

12 Vgl. dazu meinen Beitrag »Gender and Cooperative Conflict«, in Tinker, *Persistent Inequalities*, 1990, und die dort zitierte Literatur.

13 Vgl. L. Beneria (Hg.), *Women and Development: The Sexual Division of Labor in Rural Societies*, New York 1982. Desgleichen Jain und Banerjee, *Tyranny of the Household*, 1985; Gita Sen und Grown, *Development, Crises and Alternative Visions*, 1987; Haleh Afshar (Hg.), *Women and Empowerment: Illustrations from the Third World*, London 1998.

14 Vgl. Mamta Murthi, Anne-Catherine Guio und Jean Drèze, »Mortality, Fertility and Gender Bias in India: A District Level Analysis«, *Population and Development Review 21*, Dezember 1995. Desgleichen Jean Drèze und Amartya Sen (Hgg.), *Indian Development: Selected Regional Perspectives*, Delhi 1996. Gewiß kann man fragen, in welche Richtung der Ursache-Wirkungs-Zusammenhang bei den genannten Relationen verläuft – ob z.B. die Schulbildung der Frauen ihren Status innerhalb der Familie verbessert, oder ob ein höherer Status der Frau dazu führt,

daß eine Familie ihre jüngeren weiblichen Mitglieder zur Schule schickt. Es könnte rein statistisch auch einen dritten Faktor geben, der mit den beiden anderen Faktoren korreliert. Dennoch legen empirische Studien den Schluß nahe, daß die meisten Familien – selbst in den sozial rückständigen Regionen Indiens – eine starke Präferenz für die Schulbildung von Kindern, auch Mädchen, zu zeigen scheinen. Eine umfassende Untersuchung zeigt, daß das Verhältnis der Eltern, die glauben, es sei »wichtig«, Mädchen zur Schule zu schicken, sogar in den Staaten mit der *geringsten* Bildungsrate der weiblichen Bevölkerung bemerkenswert hoch ist: 85 Prozent in Rajasthan, 88 Prozent in Bihar, 92 Prozent in Uttar Pradesh und 93 Prozent in Madhya Pradesh. Das größte Hindernis für die Schulbildung von Mädchen scheint der Mangel an Schulen in der Nähe des Wohnortes zu sein – ein wichtiger Unterschied zwischen Staaten mit hoher bzw. geringer Bildungsrate. Vgl. Probe Team, *Public Report on Basic Education in India*, Delhi 1999. Der Politik kommt somit eine zentrale Rolle zu. Es gibt eine Reihe wirksamer politischer Initiativen zur Verbesserung der allgemeinen Schulbildung, besonders in Himachal Pradesh, und seit kurzem in Westbengalen, Madhya Pradesh und einigen anderen Staaten.

15 Die Volkszählung in Indien im Jahre 1991 zeigt, daß die Sterblichkeitsrate pro Tausend in der Gruppe von 0–4 bei den Jungen 25,6 und bei den Mädchen 27,5 für ganz Indien betrug. Die Sterblichkeitsrate der Mädchen war in dieser Altersgruppe niedriger als die der Jungen in Andhra Pradesh, Assam, Himachal Pradesh, Kerala und Tamil Nadu, jedoch in sämtlichen anderen großen Bundesstaaten Indiens höher. Am stärksten war die Benachteiligung der Mädchen in Bihar, Haryana, Madhya Pradesh, Punjab, Rajasthan und Uttar Pradesh.

16 Murthi, Guio und Drèze, »Mortality, Fertility and Gender Bias in India«, 1995.

17 Vgl. Jean Drèze und Mamta Murthi, »Female Literacy and Fertility: Recent Census Evidence from India«, vervielfältigt vom Centre for History and Economics, Cambridge 1999.

18 Es lagen offenbar nicht genug Daten mit adäquater Variationsbreite auf der Distriktebene vor, um die Auswirkungen verschiedener Formen von Eigentumsrechten zu untersuchen, die in ganz Indien relativ gleich sind. Auf einer isolierten Basis gibt es natürlich das eindrückliche und häufig diskutierte Beispiel der Nair in Kerala, die schon lange eine matrilineare Erbfolge einhalten (eine Verbindung, die bis zu einem gewissen Grad eher dazu geeignet ist, den positiven Einfluß weiblicher Besitzrechte auf die Überlebenschancen der Kinder im allgemeinen und der weiblichen Kinder im besonderen zu bestätigen als zu widerlegen).

19 Es scheint eine positive Beziehung zwischen der Erwerbstätigkeit von Frauen und der Sterblichkeit von Kindern unter fünf Jahren zu bestehen, aber sie ist statistisch nicht signifikant.

20 Vgl. unter anderen bedeutenden Beiträgen J. C. Caldwell, »Routes to Low Mortality in Poor Countries«, *Population and Development Review 12*, 1986; und Behrman und Wolfe, »How Does Mother's Schooling Affect Family Health, Nutrition, Medical Care Usage and Household Sanitation?«, 1987.

21 Diese werden in Amartya Sen und Jean Drèze, *India: Economic Development and Social Opportunity*, 1995, eingehend diskutiert.

22 Die verschiedenen Datenquellen zu diesen Befunden wurden einer kritischen Prüfung unterzogen, und wie zu erwarten scheinen die verschiedenen empirischen Studien in diesen kritischen Untersuchungen zu sehr unterschiedlicher Gewichtung beizutragen. Vgl. besonders die »kritischen Perspektiven« zum Thema von Caroline H. Bledsoe, John B. Casterline, Jennifer A. Johnson-Kuhn und John Haaga (Hgg.), *Critical Perspectives on Schooling and Fertility in the Developing World*, Washington, D.C. 1999. Desgleichen Susan Greenhalgh, *Situating Fertility: Anthropology and Demographic Inquiry*, Cambridge 1995; Robert J. Barro und Jong-Wha Lee, »International Comparisons of Educational Attainment«, vorgelegt bei der Konferenz »How Do National Politics Affect Long-Run Growth?«, Weltbank, Washington, D.C. 1993; Robert Cassen u.a., *Population and Development: Old Debates, New Conclusions*, Washington, D.C. 1994.

23 Vgl. dazu und zu verwandten Problemen Amartya Sen, »Population: Delusion and Reality«, *New York Review of Books*, 22. September 1994; *Population Policy: Authoritarianism versus Cooperation*, Chicago 1995 und »Fertility and Coercion«, *University of Chicago Law Review 63*, Sommer 1996.

24 Vgl. United Nations, ESCAP, *Integration of Women's Concerns into Development Planning in Asia and the Pacific*; New York 1992, besonders den Beitrag von Rehman Sobhan und die darin angegebenen Quellen. Die praktischen Fragen haben sehr viel mit der Vorstellung von der Rolle der Frau in der Gesellschaft zu tun und berühren damit den zentralen Punkt feministischer Studien. Eine thematisch weitgespannte Sammlung von Beiträgen (darunter viele »Klassiker«) präsentieren Susan Moller Okin und Jane Mansbridge (Hgg.), *Feminism*, Cheltenham 1994. Vgl. auch Catherine A. Mackinnon, *Feminism Unmodified*, Cambridge 1987, und Barbara Johnson, *The Feminist Difference: Literature, Psychology, Race and Gender*, Cambridge 1998.

25 Vgl. Philip Oldenberg, »Sex Ratio, Son Preference and Violence in India: A Research Note«, *Economic and Political Weekly*, 5.–12. Dezember, 1998; Jean Drèze und Reetika Khera, »Crime, Society and Gender in India: Some Clues für Homicidal Data«, vervielfältigt vom Centre for Development Economics, Delhi 1999. Die Erklärungen für dieses interessante Forschungsergebnis bemühen unter anderem kulturelle, ökonomische und soziale Faktoren. Obgleich sich die kurze Diskussion an dieser Stelle auf letztere konzentriert, gibt es offensichtliche Verbindungen mit psychologischen und wertorientierten Fragen, wie sie von jenen angesprochen werden, die eine grundlegende Geschlechterdifferenz hinsichtlich moralischer Vorstellungen und Einstellungen sehen, am bekanntesten Carol Gilligan; vgl. *In a Different Voice*, Cambridge 1982. Man könnte es auch für wichtig erachten, daß der bemerkenswerteste Fall einer humanen Strafvollzugsreform in Indien von der Vertreterin einer sehr raren Gattung durchgeführt wurde, der Gefängnisdirektorin Kiran Bedi. Ihr Bericht über die radikalen Neuerungen und die Widerstände, die ihr auf dem Weg dorthin begegnet sind, ist in ihrem Buch *It's Always Possible:*

Transforming One of the Largest Prisons in the World, New-Delhi 1998, nachzulesen. Ich möchte das wichtige Thema der unterschiedlichen Erklärungen für den Charakter der weiblichen Führungsrolle in gesellschaftlichen Veränderungsprozessen dieser Art hier nicht weiter verfolgen, da unsere Analyse eine Lösung dieser komplexen Frage nicht erfordert.

26 Oldenberg steht für die erste Hypothese; aber vgl. auch Arup Mitra, »Sex Ratio and Violence: Spurious Results«, *Economic and Political Weekly*, 2.–9. Januar, 1993. Drèze und Khera setzen sich für eine Erklärung mit entgegengesetzter Kausalbeziehung ein. Vgl. auch die dort zitierte Literatur, darunter ältere Studien, wie etwa Baldev Raj Nayar, *Violence and Crime in India: A Quantitative Study*, Delhi 1975; S. M. Edwards, *Crime in India*, Jaipur 1988; S. Venugopal Rao (Hg.), *Perspectives in Criminology*, Delhi 1988.

27 Ein weiterer Faktor bei dem Versuch, die Rückzahlungsquote zu steigern, ist der Einsatz von Gruppenverantwortung. Vgl. dazu Muhammad Yunus mit Alan Jolis, *Banker to the Poor: Micro-Lending and the Battle Against World Poverty*, London 1998. Vgl. auch Lutfun N. Khan Osmani, »Credit and Women's Relative Well-Being: A Case Study of the Grameen Bank, Bangladesh« (Dissertation, Queen's University of Belfast) 1998. Vgl. auch Kaushik Basu, *Analytical Development Economics*, Cambridge 1997, Kap. 13 und 14; Debraj Ray, *Development Economics*, Princeton 1998, Kap. 14.

28 Vgl. Catherine H. Lovell, *Breaking the Cycle of Poverty: The BRAC Strategy*, Hartford 1992.

29 Vgl. John C. Caldwell, Barkat-e-Khuda, Bruce Caldwell, Indrani Pieries und Pat Caldwell, »The Bangladesh Fertility Decline: An Interpretation«, *Population and Development Review 25*, 1999. Vgl. auch John Cleland, James F. Phillips, Sajeda Amin und G. M. Kamal, *The Determinants of Reproductive Change in Bangladesh: Success in a Challenging Environment*, Washington, D.C. 1996, und John Bongaarts, »The Role of Family Planning Programmes in Contemporary Fertility Transition«, in *The Continuing Demographic Transition*, hrsg. von G.W. Jones et al., New York 1997.

30 Vgl. Agarwal, *A Field of One's Own*, 1995.

31 Vgl. Henrietta Moore und Megan Vaughan, *Cutting Down Trees: Gender, Nutrition and Agricultural Change in the Northern Province of Zambia, 1890–1990*, Portsmouth 1994.

32 Auch in fortschrittlichen Marktwirtschaften sind die Schwierigkeiten, die Frauen auf dem Arbeitsmarkt und in den wirtschaftlichen Beziehungen einer Gesellschaft bewältigen müssen, immer schon zahlreich gewesen. Vgl. Barbara Bergmann, *The Economic Emergence of Women*; New York 1986; Francine D. Blau und Marianne A. Ferber, *The Economics of Women, Men and Work*, Englewood Cliffs 1986; Victor R. Fuchs, *Women's Quest for Economic Equality*, Cambridge 1988; Claudia Goldin, *Understanding the Gender Gap: An Economic History of American Women*, New York 1990. Vgl. auch die Aufsatzsammlung von Marianne A. Ferber, *Women in the Labor Market*, Cheltenham 1998.

33 Es besteht die Gefahr der Vereinfachung, wenn man die Frage der »Selbstbestimmung« oder »Autonomie« der Frau in allzu formelhafte Begriffe kleidet und sich auf die schlichten statistischen Verbindungen mit Variablen wie weiblicher Schulbildung oder Erwerbstätigkeit konzentriert. Vgl. dazu die erhellende anthropologische Analyse von Alaka M. Basu, *Culture, Status of Women and Demographic Behavior*, Oxford 1992. Vgl. auch die Untersuchungen in Roger Jeffery und Alaka M. Basu (Hgg.), *Girl's Schooling, Women's Autonomy and Fertility Change in South Asia*, London 1996.

34 Vgl. Naila Kabeer, »The Power to Choose: Bangladeshi Women and Labour Market Decisions in London and Dhaka«, vervielfältigt vom Institute of Development Studies, University of Sussex 1998.

35 Die sich wandelnde Rolle der Frau (und deren weitreichenden Auswirkungen) in Indien seit Beginn der Unabhängigkeit ist Gegenstand einer interessanten Aufsatzsammlung: Bharati Ray und Aparna Basu (Hgg.), *From Independence towards Freedom*, Delhi 1999.

36 Der *Human Development Report 1995* der UNDP, New York 1995, legt einen Ländervergleich zur Geschlechterdifferenz in sozialen, politischen und ökonomischen Führungspositionen vor, dazu einen Bericht über die Ungleichbehandlung der Geschlechter in bezug auf konventionellere Indikatoren. Vgl. auch die dort zitierte Literatur.

9. Bevölkerung, Ernährung und Freiheit

1 Thomas Robert Malthus, *Essay on the Principle of Population, As Its Affects the Future Improvement of Society, with Remarks on the Speculation of Mr. Godwin, M. Condorcet, and Other Writers*, London 1798, Kapitel 3; in der Reihe Penguin Classics, *An Essay on the Principle of Population; and, A Summary View of the Principle of Population*, hrsg. von Anthony Flew, Harmondsworth 1982, S. 123. Siehe auch *The Works of Thomas Robert Malthus*, hrsg. von E. A. Wrigley und David Souden, London 1986, einschließlich der erhellenden Einführung der Herausgeber.

2 Siehe *Commodity Market Review 1998–1999*, Rom, Food and Agriculture Organization 1999, S. xii. Vgl. auch die detaillierte Analyse in diesem Bericht wie auch in *Global Commodity Markets: A Comprehensive Review and Price Forecast*, Washington, D.C.: Weltbank 1999. In einer beeindruckenden technischen Studie des International Food Policy Research Institute (IFPRI) wird die These aufgestellt, daß die effektiven Preise der Nahrungsmittel auf dem Weltmarkt zwischen 1990 und 2020 weiterhin beträchtlich fallen werden. Die Studie sieht einen weiteren *Fall* der Nahrungsmittelpreise von etwa 15% für Weizen, 22% für Reis, 23% für Mais und 25% für andere Getreidesorten voraus. Vgl. Mark W. Rosengrant, Mercedita Agcaoili-Sombilla und Nicostrato D. Perez, »Global Food Projections to 2020: Implications for Investment«, International Food Policy Research Institute, Washington, D.C. 1995.

3 Vgl. Tim Dyson, *Population and Food: Global Trends and Future Prospects*, London 1996, Tabelle 4.6.

4 Dyson, *Population and Food*, 1996, Tabelle 4.5.

5 Siehe dazu mein Buch *Poverty and Famines: An Essay on Entitlement and Deprivation*, Oxford/New York 1981, Kapitel 6.

6 Bericht des Generalsekretärs der Vereinten Nationen an den Vorbereitungsausschuß für die International Conference on Population and Development, 3. Sitzung, A/Conf.171/PC/5, 18. Februar 1994, S. 30. Vgl. auch Massimo Livi Bacci, *A Concise History of World Population*, Cambridge 1992; 2. Auflage 1997.

7 Die nachfolgenden Argumente beziehen sich auf meine früheren Aufsätze zum Bevölkerungsproblem, insbesondere auf »Fertility and Coercion«, *University of Chicago Law Review 63* (Sommer 1996).

8 Vgl. dazu meinen Aufsatz »Rights and Agency«, *Philosophy and Public Affairs 11* (1982), wiederabgedruckt in *Consequentialism and Its Critics*, hrsg. von S. Scheffler, Oxford 1988, sowie »Rights as Goals«, in *Equality and Discrimination: Essays on Freedom and Justice*, hrsg. von S. Guest and A. Milne, Stuttgart 1985.

9 Siehe meine Arbeiten »Rights and Agency« (1982), »Rights as Goals« (1985), *On Ethics and Economics*, Oxford 1987.

10 John Stuart Mill, *On Liberty*, in J. S. Mill, *Utilitarianism, On Liberty; Considerations on Representative Government; Remarks on Bentham's Philosophy*, London 1993, S. 140 [deutsch: *Über die Freiheit*, Stuttgart 1974, S. 116].

11 Ich habe an anderer Stelle gezeigt, daß dieser Konflikt so durchschlagend ist, daß selbst eine minimale Anerkennung des Primats der Freiheit mit dem minimalsten nutzenorientierten Prinzip sozialer Gerechtigkeit in Widerstreit geraten kann, z. B. des Pareto-Optimums. Vgl. dazu meinen Aufsatz »The Impossibility of a Paretian Liberal«, *Journal of Political Economy 78* (Januar/Februar 1971), wiederabgedruckt in Sen, *Choice, Welfare and Measurement*, Oxford/Cambridge, Mass. 1982, Neuauflage 1997, neben anderen Sammelbänden ebenfalls erschienen in *Philosophy and Economic Theory*, hgg. Frank Hahn und Martin Hollis, Oxford 1979. Vgl. auch Sen, *Collective Choice and Social Welfare*, San Francisco 1970; neu aufgelegt Amsterdam 1979, »Liberty and Social Choice«, *Journal of Philosophy 80* (Januar 1983), sowie »Minimal Liberty«, *Economica 57* (1992). Siehe ebenfalls das Symposium zu dieser Frage, veröffentlicht in einem Sonderheft von *Analyse & Kritik* (1996), neben vielen andere Beiträgen zu diesem Problem.

12 Vgl. Massimo Livi Bacci und Gustavo De Santis (Hgg.), *Population and Poverty in the Developing World*, Oxford 1999. Siehe auch Partha Dasgupta, *An Inquiry into Well-Being and Destitution*, Oxford 1993; Robert Cassen u. a., *Population and Development: Old Debates, New Conclusions*, Washington, D. C., Transaction Books in Overseas Development Council 1994; Kerstin Lindahl-Kiessling und Hans Landberg (Hgg.), *Population, Economic Development, and the Environment*, Oxford 1994, und anderes mehr.

13 Eine von Malthus persönlich angefertigte Übersetzung ins Englische aus seinem *Essay* über die Bevölkerung, Kapitel 8, Penguin Classics, S. 123. Malthus

stützte sich auf die Originalausgabe von 1795 von Marie-Jean-Antoine-Nicolas de Caritat, Marquis de Condorcet's *Esquisse d'un tableau historique des progrès de l'esprit humain*. Zu späteren Ausgaben dieses Bandes siehe *Œuvres de Condorcet*, Bd. 6, Paris 1847; Neudruck Stuttgart 1968. Die hier zitierte Passage findet sich auf S. 256 f. des Neudrucks von 1968.

14 Condorcet, *Esquisse*; in der Übersetzung von June Barraclough, *Sketch for a Historical Picture of the Progress of the Human Mind*, London 1955, S. 188 f.

15 Malthus, *A Summary View of the Principle of Population*, London 1830; in der Ausgabe von Penguin Classics (1982), S. 243. Obgleich Malthus, was die Rolle der Vernunft im Gegensatz zu den ökonomischen Zwängen betraf, stur an seiner Meinung festhielt, analysierte er bemerkenswert erhellend, welche Rolle die Lebensmittelmärkte bei der Festlegung des Nahrungsmittelkonsums der verschiedenen Klassen und Berufsgruppen spielen. Siehe dazu seine Arbeit *An Investigation of the Cause of the Present High Price of Provision*, London 1800, wie auch die Diskussionen der Lehren, die sich aus Malthus' Analyse ziehen lassen, in meinem Buch *Poverty and Famine*, Anhang B, sowie in E. A. Wrigley, »Corn and Crisis: Malthus on the High Price of Provisions«, *Population and Development Review 25* (1999).

16 Malthus, *A Summary View of the Principle of Population*, Ausgabe 1982, S. 243; Hervorhebung von mir. Seine Skepsis hinsichtlich der Fähigkeit der Familie, zu vernünftigen Entscheidungen zu kommen, veranlaßte Malthus, sich gegen eine staatliche Armenunterstützung zu wenden, die englische Armengesetzgebung eingeschlossen.

17 Siehe dazu J. C. Caldwell, *Theory of Fertility Decline*, New York 1982; R. A. Easterlin (Hg.), *Population and Economic Change in Developing Countries*, Chicago 1980; T. P. Schultz, *Economics of Population*, New York 1981; Cassen u. a. *Population and Development*, 1994. Siehe auch Anrudh K. Jain und Moni Nag, »The Importance of Female Primary Education in India«, *Economic and Political Weekly 21* (1986).

18 Gary S. Becker, *The Economic Approach to Human Behavior*, Chicago 1976, sowie *A Treatise on Family*, Cambridge, Mass. 1981. Siehe auch den Aufsatz von Robert Willis, »Economic Analysis of Fertility: Micro Foundations and Aggregate Implications«, in Lindahl-Kiessling und Landberg, *Population, Economic Development, and the Environment*, 1994.

19 Siehe dazu Nancy Birdsall, »Government, Population, and Poverty: A ›Win-win‹ Tale«, in Lindahl-Kiessling und Landberg, *Population, Economic Development, and the Environment*, 1994. Vgl. auch ihr »Economic Approaches to Population Growth«, in *The Handbook of Development Economics*, Bd. 1, hgg. H. B. Chenery und T.M. Srinivasan, Amsterdam 1988.

20 Siehe dazu John Bongaarts, »The Role of Family Planning Programmes in Contemporary Fertility Transitions«, in *The Continuing Demographic Transition*, hgg. Gavin J. Jones u. a., New York 1997; »Trends in Unwanted Childbearing in the Developing World«, *Studies in Family Planning 28* (Dezember 1997), wie auch die dort angeführte Literatur. Vgl. ebenfalls Geoffrey McNicoll und Mead Cain (Hgg.), *Rural Development and Population: Institutions and Policy*, New York 1990.

21 Vgl. Weltbank, *World Development Report 1998–1999*, Washington, D.C.: Weltbank 1998, Tabelle 7, S. 202. Siehe auch World Bank and Population Reference Bureau, *Success in a Challenging Environment: Fertility Decline in Bangladesh*, Washington, D. C.: Weltbank 1993.

22 Siehe z.B. R.A. Easterlin (Hg.) *Population and Economic Change in Developing Countries*, Chicago 1980; T. P. Schultz, *Economics and Population*, New York 1981; J.C. Caldwell, *Theory of Fertility Decline*, 1982; Nancy Birdsall, »Economic Approaches to Population Growth«, in *The Handbook of Development Economics*, Bd.1, hgg. H. B. Chenery und T. N. Srinivasan, Amsterdam 1988; Robert J. Barro und Jong-Wha Lee, »International Comparisons of Educational Attainment«, vorgetragen bei einer Konferenz zum Thema »How Do National Policies Affect Long-Run Growth?«, Weltbank, Washington D.C. 1993; Partha Dasgupta, *An Inquiry into Well-Being and Destitution*, 1993; Robert Cassen u.a., *Population and Development*, 1994; Gita Sen, Adrienne Germain und Lincoln Chen (Hgg.), *Population Policies Reconsidered: Health, Empowerment, and Rights*, Harvard Center for Population and Development/International Women's Health Coalition 1994. Vgl. ebenfalls die Arbeiten von Nancy Birdsall und Robert Willis, in Lindahl-Kiessling und Landberg, *Population, Economic Development, and the Environment*, 1994.

23 Mamta Murthi, Anne-Catherine Guio und Jean Drèze, »Mortality, Fertility, and Gender Bias in India: A District Level Analysis«, *Population and Development Review 21* (Dezember 1995), sowie Jean Drèze und Mamta Murthi, »Female Literacy and Fertility: Recent Census Evidence from India«, vervielfältigt vom Centre for History and Economics, King's College, Cambridge 1999.

24 Siehe insbesondere eine wichtige Aufsatzsammlung hgg. Roger Jeffery und Alaka Malwade Basu, *Girl's Schooling, Women's Autonomy and Fertility Change in South Asia*, New-Delhi 1997.

25 Die Werte einer des Lesens und Schreibens mächtigen Gemeinschaft können sich auf eine Art und Weise verändern, wie es für eine lese- und schreibkundige Familie, die von anderen (dieser Fähigkeit ermangelnden) Familien umgeben ist, unmöglich ist. Die Frage, welche »Einheit« der statistischen Analyse zugrunde gelegt wird, ist von größter Bedeutung, und in diesem speziellen Fall mögen größere Gruppen, wie Regionen oder Distrikte, gegenüber kleineren, wie Familien, vorzuziehen sein.

26 Siehe Weltbank, *World Development Report 1997* und *World Development Report 1998–1999*.

27 Patrick E. Tyler, »Birth Control in China: Coercion and Evasion«, *New York Times*, 25. Juni 1995.

28 Zum allgemeinen Thema der Freiheit der Reproduktion und ihrer Beziehung zum Bevölkerungsproblem siehe Gita Sen, Adrienne Germain und Lincoln Chen, *Population Policies Reconsidered*, 1994, vgl. auch Gita Sen und Carmen Barroso, »After Cairo: Challenges to Women's Organization«, in *A Commitment to the World's Women: Perspectives for Development for Beijing and Beyond*, hgg. von Noeleen Heyzer, New York, UNIFEM 1995.

29 *International Herald Tribune*, 15. Februar 1995, S. 4.

30 Kerala ist natürlich kein souveränes Land, sondern nur ein Bundesstaat. Doch mit seiner Bevölkerung von 29 Millionen wäre es, wie schon gesagt, eines der größeren Länder in der Welt, größer als Kanada, wenn es ein souveräner Staat wäre. Daher sind die in Kerala gemachten Erfahrungen nicht zu vernachlässigen.

31 Dazu und zu verwandten Problemen vgl. Sen, »Population: Delusion and Reality«, *New York Review of Books*, 22. September 1994. Vgl. ebenfalls Robin Jeffrey, *Politics, Women, and Well-Being: How Kerala Became a »Model«*, Cambridge 1992, sowie V. K. Ramachandran, »Kerala's Development Achievements«, in *Indian Development: Selected Regional Perspectives*, hgg. Jean Drèze und Amartya Sen, Delhi 1996.

32 Kerala hat einen höheren Prozentsatz an Frauen, die lesen und schreiben können – nämlich 86% – als China. Tatsächlich haben in Kerala mehr Frauen eine Schule besucht als in irgendeiner der chinesischen Provinzen. Auch verglichen mit der Lebenserwartung von Männern und Frauen bei der Geburt, schneidet Kerala bezogen auf die Zahlen von 1991 besser als China ab (China 68 bzw. 71 Jahre, Kerala 69 bzw. 74 Jahre). Was die kausalen Faktoren betrifft, die zu einem Rückgang der Geburtenrate in Kerala führten, siehe T. N. Krishhan, »Demographic Transition in Kerala: Facts and Factors«, *Economic and Political Weekly 11* (1976), sowie P. N. Mari Bhat und S. L. Rajan, »Demographic Transition in Kerala Revisited«, *Economic and Political Weekly 25* (1990).

33 Zu den Quellen für diese Daten und weitere Auswertungen siehe Drèze und Sen, *India: Economic Development and Social Opportunity*, 1995.

34 Ein Rückgang der Geburtenrate ist in gewissem Maße auch in diesen nördlichen Bundesstaaten zu beobachten, wenngleich er weniger schnell verläuft als in den südlichen Bundesstaaten. In ihrem Aufsatz »Intensified Gender Bias in India: A Consequence of Fertility Decline« (Arbeitspapier 95.02, Harvard Center for Population and Development 1995) haben Monica Das Gupta und P. N. Mari Bhat auf einen anderen Aspekt des Problems der sinkenden Geburtenrate aufmerksam gemacht, nämlich auf die Tendenz, daß die Geschlechterdiskriminierung sich sowohl in der gezielten Abtreibung anhand des Geschlechts als auch in der Kindersterblichkeit durch Vernachlässigung niederschlägt (beide Phänomene wurden in China oft registriert). In Indien scheint diese Erscheinung in den nördlichen Bundesstaaten ausgeprägter als in den südlichen zu sein, und es ist durchaus plausibel zu behaupten, daß ein erzwungener Geburtenrückgang dies wahrscheinlicher macht (wie wir auch schon in der Gegenüberstellung der Situationen in China und Indien erörterten).

35 Siehe dazu Drèze und Sen, *India: Economic Development and Social Opportunity*, 1995, sowie die dort zitierte Literatur.

36 Neben der entschlossenen Ablehnung von Zwangsmethoden ist es ebenso wichtig, die *Qualität* und Vielfalt der nicht auf Zwang beruhenden Formen der Familienplanung zu fördern. So wie die Dinge liegen, wird eine Familienplanung selbst in den südlichen Bundesstaaten Indiens hauptsächlich durch eine Sterilisa-

tion der Frauen erreicht. Um den Punkt zu illustrieren: während nahezu 40 % der gegenwärtig verheirateten Frauen im Alter zwischen dreizehn und neunundvierzig Jahren sterilisiert sind, haben nur 14% dieser Frauen *jemals* eine weniger endgültige, moderne Verhütungsmethode angewandt. Selbst die *Kenntnisse* über moderne Methoden der Familienplanung neben der Sterilisation sind in Indien außerordentlich beschränkt. Nur die Hälfte aller verheirateten Frauen auf dem Lande im Alter zwischen dreizehn und neunundvierzig Jahren, scheint beispielsweise zu wissen, was ein Kondom oder eine Spirale ist. Vgl. dazu Drèze und Sen, *India: Economic Development and Social Opportunity*, 1995.

37 Siehe dazu die in Drèze und Sen, *India: Economic Development and Social Opportunity*, 1995, gegebenen Literaturhinweise. Vgl. ebenfalls Gita Sen und Carmen Barroso, »After Cairo: Challenges to Women's Organizations«.

38 Vgl. dazu Drèze und Sen, *India: Economic Development and Social Opportunity*, 1995, S. 168–71.

39 Siehe dazu die demographische und soziologische Literatur, zitiert in Drèze und Sen, *India: Economic Development and Social Opportunity*, 1995.

40 Dazu meine Aufsätze »Population and Reasoned Agency: Food, Fertility and Economic Development«, in Lindahl-Kiessling und Landberg, *Population, Economic Development, and the Environment*, 1994; »Population, Delusion, and Reality«, *New York Review of Books*, 22. September 1994; sowie »Fertility and Coercion« (1996).

10. Kultur und Menschenrechte

1 Immanuel Kant, *Kritik der praktischen Vernunft*, Akademie-Ausgabe, Bd. 5.

2 »Culture Is Destiny: A Conversation with Lee Kuan Yew« von Fareed Zakaria, *Foreign Affairs 73* (März/April 1994), S. 113. Siehe auch die Ablehnung dieser Position durch den demokratischen asiatischen Staatsmann Kim Dae Jung, jetzt Präsident der Republik Korea, »Is Culture Destiny? The Myth of Asia's Anti-Democratic Values – A Response to Lee Kuan Yew«, *Foreign Affairs 73* (1994).

3 *Information Please Almanac 1993*, Boston: 1993, S. 213.

4 Vgl. dazu Isaiah Berlin, *Four Essays on Liberty*, Oxford 1969, S. xl. Dieser Befund ist von Orlando Patterson angezweifelt worden in *Freedom*, Bd. 1: *Freedom in the Making of Western Culture*, New York 1991. Seine Argumente verweisen in der Tat auf die politische Freiheit im Denken der abendländischen Klassiker, vor allem im antiken Griechenland und Rom, doch ähnliche Komponenten finden sich auch bei den asiatischen Klassikern, denen Patterson kaum Aufmerksamkeit schenkt. Vgl. dazu meine Morgenthau Memorial Lecture, »Human Rights and Asian Values«, New York, Carnegie Council on Ethics and International Affairs 1997, in gekürzter Fassung erschienen in *The New Republic*, 14. und 21. Juli 1997.

5 Siehe *The Analects of Confucius*, übersetzt von Simon Leys, New York 1997, sowie E. Bruce Brooks und A. Taeko Brooks, *The Original Analects: Sayings of Confucius and His Successors*, New York 1998.

6 Siehe die Kommentare von Brooks und Brooks, *The Original Analects*, 1998. Vgl. auch Wm. Theodore de Bary, *Asian Values and Human Rights: A Confucian Communitarian Perspective*, Cambridge 1998.

7 Leys, *The Analects of Confucius* 14.22, S. 70.

8 Leys, *The Analects of Confucius* 14.3, S. 66.

9 Leys, *The Analects of Confucius* 13.18, S. 63.

10 Übersetzung in Vincent A. Smith, *Asoka*, Delhi 1964, S. 170f.

11 Vgl. dazu Jean Drèze und Amartya Sen, *Hunger and Public Action*, Oxford 1989, S. 3f, 123.

12 *Kautilyas Arthashastra*, übersetzt von R. Shama Sastry. 8. Auflage, Mysore 1967, S. 47.

13 Siehe R. P. Kangle, *The Kautilya Arthashastra*, Bombay 1972, Teil 2, Kapitel 13, Abschnitt 65, S. 235–39.

14 Übersetzung von Vincent A. Smith, *Akbar: The Great Mogul*, Oxford 1971, S. 257.

15 In dieser Analyse beziehe ich mich auf einen Artikel, den ich für die UNESCO verfaßt habe, »Culture and Development: Global Perspectives and Constructive Scepticism«, vervielfältigt 1997.

16 Einige kritische Gedanken zum Darwinschen Begriff des Fortschritts habe ich unterbreitet in meinem Artikel »On the Darwinian View of Progress«, *London Review of Books 14*, 5. November 1992, wiederabgedruckt in *Population and Development Review* (1993).

17 Wenn die verkrustete alte Garde sich durch die Beliebtheit von MTV oder Kentucky Fried Chicken abgestoßen fühlt, auch nachdem die Menschen die Möglichkeit hatten, ihre Wahl zu treffen, dann können wir diese Unzufriedenen nicht trösten, denn die Möglichkeit, zu prüfen und zu wählen, ist ein wichtiges Recht, das jedem Bürger zukommen sollte.

18 Aus Rabindranath Tagore, *Letters to a Friend*, London 1928.

19 Siehe dazu meinen Artikel »Our Culture, Their Culture«, *New Republic*, 1. April 1996.

20 Howard Eves, *An Introduction to the History of Mathematics*, 6. Auflage, New York 1990, S. 237.

21 John Stuart Mill, *On Liberty*, 1859, Neudruck Harmondsworth 1974 [deutsch: *Über die Freiheit*, Stuttgart 1974].

22 Siehe den Brief von Edward Jayne in *The New Republic*, 8. und 15 September 1997; meine Entgegnung erschien am 13. Oktober 1997.

23 Eine schnelle Einführung in diese Literatur bietet *A Sourcebook in Indian Philosophy*, hrsg. von S. Radhakrishnan und C. A. Moore, Princeton 1973, im Abschnitt »The Heterodox Systems«, S. 227–346.

24 Englische Übersetzung von H. P. Shastri, *The Ramayana of Valmiki*, London 1952, S. 389.

25 *Brihadaranyaka Upanishad* 2.4, S. 12.

26 Siehe auch Chris Patten, *East and West*, London 1998.

27 Siehe Stephen Shute und Susan Hurley (Hgg.), *On Human Rights: The Oxford Amnesty Lectures 1993*, New York 1993; Henry Steiner und Philip Alston, *International Human Rights in Context: Law, Politics and Morals*, Oxford 1996; Peter Van Ness (Hg.) *Debating Human Rights*, London 1999.

28 Siehe Irene Bloom, J. Paul Martin und Wayne L. Proudfoot (Hgg.), *Religious Diversity and Human Rights*, New York 1996.

29 Siehe Martha Nussbaum und Amartya Sen, »Internal Criticism and Indian ›Rationalist Tradition‹«, in *Relativism: Interpretation and Confrontation*, South Bend, Ind. 1989, sowie Martha Nussbaum, *Cultivating Humanity*, Cambridge 1997.

30 Joanne R. Bauer und Daniel A. Bell (Hgg.), *The East Asian Challenge for Human Rights*, Cambridge 1999.

11. Sozialwahl und individuelles Verhalten

1 Sowohl in der *Nikomachischen Ethik* als auch in der *Politik* hat Aristoteles die Art von Urteilen untersucht, die wir vernünftigerweise verwenden können.

2 Kenneth Arrow, *Individual Values and Social Choice*, New York 1951, 2. Auflage 1963.

3 Siehe insbesondere Friedrich Hayek, *Studies in Philosophy, Politics, and Economics*, Chicago 1967, S. 96–105, wie auch die dort zitierten Literaturhinweise.

4 Diese Argumentationslinie habe ich ausführlicher verfolgt in *Collective Choice and Social Welfare*, San Francisco 1970, auch erschienen Amsterdam 1979, sowie *Choice, Welfare and Measurement*, Oxford 1982; Cambridge, Mass. 1982; Neuauflage Cambridge, Mass. 1997. Dort untersuche ich sowohl die Interpretationsfragen als auch die konstruktiven Möglichkeiten, die sich ergeben. Vgl. ebenfalls den kritischen Literaturüberblick in meinem Aufsatz »Social Choice Theory« in K. J. Arrow und M. Intriligator, *Handbook of Mathematical Economics*, Amsterdam 1986, wie auch die dort angeführte Literatur.

5 Dieses Argument habe ich in meinem Nobelpreisvortrag weiter ausgeführt: »The Possibility of Social Choice«, *American Economic Review 89* (1999).

6 Diese Verbindungen haben ich in meiner Rede als Präsident der American Economic Association untersucht, »Rationality and Social Choice«, *American Economic Review 85* (1995). Die meisten Anregungen auf diesem Forschungsfeld gingen von den Arbeiten James Buchanans aus, »Social Choice, Democracy and Free Markets«, *Journal of Political Economy 62* (1954) und »Individual Choice in Voting and the Market«, *Journal of Political Economy 62* (1954). Vgl. auch Cass Sunstein, *Legal Reasoning and Political Conflict*, Oxford 1996.

7 Technisch gesehen benötigt nicht einmal die »Maximierung« eine vollständige Rangordnung, da partielle Rangordnungen es erlauben, die »maximale« Menge der Alternativen auszusortieren, die nicht schlechter als andere zur Verfügung stehende Wahlmöglichkeiten sind. Zur Analytik der Maximierung siehe meinen Aufsatz »Maximization and the Act of Choice«, *Econometrica 65* (Juli 1997).

8 Adam Smith, *The Theory of Moral Sentiments*, 1759, revidierte Ausgabe 1790, Neudruck, hrsg. von D.D. Raphael und A.L. Macfie, Oxford 1976, S. 184 [deutsch: *Theorie der ethischen Gefühle*, Hamburg 1977, S. 316].

9 Adam Smith, *An Inquiry into the Nature and Causes of the Wealth of Nations* (1776), Neudruck, hrsg. von R. H. Campbell und A. S. Skinner, Oxford 1976, S. 27f [deutsch: S. 17].

10 Smith, *Wealth of Nations*, 1976, S. 453–71. Zur Interpretation und der Rolle der »unsichtbaren Hand« in Smith' Urteilen siehe Emma Rothschild, »Adam Smith and the Invisible Hand«, *American Economic Review 84*, Papers and Proceedings (Mai 1994).

11 Siehe Hayek, *Studies in Philosophy, Politics and Economics*, 1967, S. 96–105.

12 An anderer Stelle habe ich argumentiert, daß hinter Albert O. Hirschmans These, wichtig seien auch die *beabsichtigten* Konsequenzen, die nicht realisiert werden, vermutlich eine tiefe Einsicht steckt. Siehe mein Vorwort in der Jubiläumsausgabe zum 20jährigen Erscheinen seines Buches *The Passions and the Interests: Political Arguments for Capitalism before Its Triumph*, Princeton 1977, Jubiläumsausgabe 1997. Vgl. auch Judith Tendler, *Good Government in the Tropics*, Baltimore 1997.

13 Siehe dazu mein gemeinsam mit Jean Drèze verfaßtes Buch *India: Economic Development and Social Opportunity*, Delhi 1995.

14 Dazu Drèze und Sen, *India: Economic Development and Social Opportunity*, 1995.

15 Die betreffenden Fragen habe ich recht ausführlich erörtert in *Choice, Welfare and Measurement*, 1982; 1997; *On Ethics and Economics*, Oxford 1987, sowie in »Maximization and the Act of Choice« (1977).

16 Die klassische Charakterisierung des Marktwettbewerbs von Kenneth Arrow, Gerard Debreu und Lionel McKenzie hat trotz der sparsamen Natur ihrer strukturellen Annahmen zu vielen Einsichten geführt. Siehe Kenneth L. Arrow, »An Extension of the Basic Theorems of Classical Welfare Economics«, in *Proceedings of the Second Berkeley Symposium of Mathematical Statistics*, hrsg. von J. Neyman, Berkeley 1951; Gerard Debreu, *Theory of Value*, New York 1959; Lionel McKenzie, »On the Existence of General Equilibrium for a Competitive Market«, *Econometrica 27* (1959).

17 Siehe Hirschman, *The Passions and the Interests*, 1977, Jubiläumsausgabe 1997. Vgl. auch Samuel Brittan, *Capitalism with a Human Face*, Aldershot 1995.

18 Diese Verbindungen habe ich untersucht in meinem Aufsatz »Economic Wealth and Moral Sentiments« (Zürich, Bank Hoffman 1994). Vgl. auch Samuel Brittan und Alan Hamlin (Hgg.), *Market Capitalism and Moral Values*, Cheltenham 1995, sowie *International Business Ethics*, hrsg. von Georges Enderle, South Bend, Ind. 1998.

19 Karl Marx, *Die deutsche Ideologie*, MEW Bd. 3; Richard Henry Tawney, *Religion and the Rise of Capitalism*, London 1926; Max Weber, *Protestantische Ethik und der »Geist« des Kapitalismus*, Gütersloh 1987.

20 Eine zentrale Frage berührt das, was Bruno Frey die »innere Motivation«,

tertium datur, nannte. Vgl. sein »Tertium Datur: Pricing, Regulating and Intrinsic Motivation«, *Kyklos 45* (1992).

21 Adam Smith, »History of Astronomy«, in seinen *Essays on Philosophical Subjects*, London 1795, Neudruck, hrsg. von W. P. D. Wightman und J. C. Bryce, Oxford 1980, S. 34.

22 Michio Morishima, *Why Has Japan ›Succeeded‹? Western Technology and the Japanese Ethos*, Cambridge 1982.

23 Ronald Dore, »Goodwill and the Spirit of Market Capitalism«, *British Journal of Sociology 36* (1983), sowie *Taking Japan Seriously: A Confucian Perspective on Leading Economic Issues*, Stanford 1987. Vgl. auch Robert Wade, *Governing the Market*, Princeton 1990.

24 Masahiko Aoki, *Information, Incentives, and Bargaining in the Japanese Economy*, Cambridge 1989.

25 Kotaro Suzumura, *Competition, Commitment and Welfare*, Oxford/New York 1989.

26 Eiko Ikegami, *The Taming of the Samurai: Honorific Individualism and the Making of Modern Japan*, Cambridge 1995.

27 *Wall Street Journal*, 30. Januar 1989, S. 1.

28 Siehe die Akten der Konferenz über »Wirtschaft und Kriminalität«, abgehalten im März 1993 in Rom, organisiert von der Anti-Mafia-Kommission des italienischen Parlaments unter dem Vorsitz von Luciano Violante, *Economica e criminalità*, Roma, Camera dei deputati 1993. Mein Beitrag mit dem Titel »On Corruption and Organized Crime« untersucht mit Blick auf die spezielle italienische Situation einige der hier kurz berührten Fragen.

29 Siehe Stefano Zamagni (Hg.), *Mercati illegali e Mafie*, Bologna 1993. Vgl. ebenfalls Stefano Zamagni (Hg.), *The Economics of Altruism*, Aldershot 1995, insbesondere die Einleitung zu diesem Band; Daniel Hausman und Michael S. McPherson, *Economic Analysis and Moral Philosophy*, Cambridge 1996; Avner Ben-Ner und Louis Putterman (Hgg.), *Economics, Values and Organization*, Cambridge 1998.

30 Für eine allgemeine Analyse der Funktion des Vertrauens siehe die Aufsätze in Diego Gambetta (Hg.), *Trust and Agency*, Oxford 1987.

31 Vgl. dazu meinen Aufsatz »Isolation, Assurance and the Social Rate Discount«, *Quarterly Journal of Economics 81*, 1967, wiederabgedruckt in *Resources, Values and Development*, Cambridge, Mass. 1984; Neuauflage 1997; sowie *On Ethics and Economics*, Oxford 1987.

32 Über Natur und Bedeutung dieser wechselseitigen Verknüpfung im allgemeinen siehe Alan Hamlin, *Ethics, Economics and the State*, Brighton 1986.

33 Smith, *Wealth of Nations*, Bd. 1, Buch 2, Kapitel 4.

34 Jeremy Bentham, *Defense of Usury. To Which Is Added a Letter to Adam Smith, Esq., LL.D.*, London 1790.

35 Diese Unterscheidung habe ich ausführlicher erörtert in »Rational Fools: A Critique of the Behavioural Foundations of Economic Theory«, *Philosophy and Pu-*

blic Affairs 6 (Sommer 1977), [deutsch: »Rationale Trottel: Eine Kritik der behavioristischen Grundlagen der Wirtschaftstheorie«, in *Motive, Gründe, Zwecke*, hrsg. von Stefan Gosepath, Frankfurt 1999]; in *Choice, Welfare and Measurement*, 1982, wie auch in *Beyond Self-Interest*, hrsg. von Jane Mansbridge, Chicago 1990. Vgl. auch meinen Aufsatz »Goals Commitment and Identity«, *Journal of Law, Economics and Organization 1* (Herbst 1985), und *On Ethics and Economics*, 1987.

36 In Gary Beckers bedeutendem und einflußreichem »ökonomischem Ansatz zum menschlichen Verhalten« gibt es hinreichend Raum für Mitgefühl, nicht aber für das Pflichtgefühl (*The Economic Approach to Human Behaviour*, Chicago 1976). Zu dem, was eine rationale Person zu maximieren bestrebt ist, kann auch die Sorge für andere gehören; dies ist eine signifikante und wichtige Erweiterung gegenüber der üblichen neoklassischen Annahme, daß Individuen sich nur um ihr eigenes Wohl kümmern. (Zusätzliche Erweiterungen des Begriffsrasters der Verhaltensanalyse finden sich in Beckers späterem Buch *Accounting for Tastes* [Cambridge, Mass. 1996].) Doch in Beckers System wird das zu Maximierende auch als Widerspiegelung des Eigeninteresses einer Person gesehen, und das ist ein charakteristisches Merkmal des Mitgefühls, nicht des Pflichtgefühls. Es ist jedoch möglich, ohne den Gedanken der Maximierung fallenlassen zu müssen, ganz auf dem Boden der Maximierung auch andere Werte als das Verfolgen des Eigeninteresses einzuschließen (indem man die Zielfunktion über den Begriff des Eigeninteresses hinaus erweitert); dazu und zu verwandten Problemen vgl. meinen Aufsatz »Maximization and the Act of Choice« (1997).

37 Adam Smith, *The Theory of Moral Sentiments*, revidierte Ausgabe 1790; Neudruck 1975, S. 191 [deutsch: *Theorie der ethischen Gefühle*, Hamburg 1977, S. 327].

38 Adam Smith, *The Theory of Moral Sentiments*, S. 191 [deutsch: S. 328].

39 Adam Smith, *The Theory of Moral Sentiments* , S. 190 [deutsch: S. 326].

40 George J. Stigler, »Smith's Travel on the Ship of State«, in *Essays on Adam Smith*, hrsg. von A. S. Skinner und T. Wilson, Oxford 1975.

41 Smith, *Wealth of Nations*, 1976, S. 26 f [deutsch: S. 17].

42 Adam Smith, *The Theory of Moral Sentiments*, S. 189 [deutsch: S. 324, 326].

43 Vgl. meinen Aufsatz »Adam Smith's Prudence« in *Theory and Reality in Development*, hrsg. von Sanjay Lal und Frances Stewart, London 1986. Zur Geschichte der Fehldeutungen von Adam Smith vgl. Emma Rothschild, »Adam Smith and Conservative Economics«, *Economic History Review 45* (Februar 1992).

44 John Rawls, *Political Liberalism*, New York 1993, S. 18 f.

45 Zu Beispielen verschiedener Typen von begründeten Verbindungen siehe Drew Fudenberg und Jean Tirole, *Game Theory*, Cambridge, Mass. 1992; Ken Binmore, *Playing Fair*, Cambridge, Mass. 1994; Jörgen Weibull, *Evolutionary Game Theory*, Cambridge, Mass 1995. Außerdem Becker, *Accounting for Tastes*, 1996, sowie Avner Ben-Ner und Louis Putterman (Hgg.), *Economics, Values, and Organization*, Cambridge 1998.

46 Immanuel Kant, *Kritik der praktischen Vernunft*, Akademie-Ausgabe Bd. 5.

47 Siehe Thomas Nagel, *The Possibility of Altruism*, Oxford 1970; John Rawls, *A*

Theory of Justice, Cambridge, Mass. 1971 [deutsch: *Eine Theorie der Gerechtigkeit*, Frankfurt 1975]; John C. Harsanyi, *Essays in Ethics, Social Behaviour, and Scientific Explanation*, Dordrecht 1976; Mark Granovetter, »Economic Action and Social Structure: The Problem of Embeddedness«, *American Journal of Sociology 91* (1985); Amartya Sen, *On Ethics and Economics*, 1987; Robert Frank, *Passions within Reason*, New York 1988; Vivian Walsh, *Rationality, Allocation and Reproduction*, 1996, und anderes mehr. Vgl. auch die Aufsatzsammlung in Hahn und Hollis, *Philosophy and Economic Theory*, 1979; Jon Elster, *Rational Choice*, Oxford 1986; Mansbridge, *Beyond Self-Interest*, 1990; Mark Granovetter und Richard Swedberg (Hgg.), *The Sociology of Economic Life*, Boulder, Colo. 1992; Zamagni, *The Economics of Altruism*, 1995. Zu der reichen Geschichte der psychologischen Literatur zu diesem Thema siehe vor allem Shira Lewin, »Economics and Psychology: Lessons for Our Own Day From Early Twentieth Century«, *Journal of Economic Literature 34* (1996).

48 Siehe dazu mein Buch *On Ethics and Economics*, 1987, wie auch mein Vorwort zu Ben-Ner und Putterman (Hgg.), *Economics, Values and Organization*, 1998.

49 Siehe dazu Smith, *The Theory of Moral Sentiments*, S. 162 [deutsch: S. 243].

50 Wir können uns aber auch vom »Herdentrieb« auf Abwege führen lassen. Siehe dazu Abhijit Banerjee, »A Simple Model of Herd Behaviour«, *Quarterly Journal of Economics 107* (1992).

51 Frank H. Knight, *Freedom and Reform: Essays in Economic and Social Philosophy*, New York 1947; wiederaufgelegt Indianapolis 1982, S. 280.

52 Buchanan, »Social Choice, Democracy and Free Markets« (1954), S. 120. Siehe auch sein Buch *Liberty, Market, and the State*, Brighton 1986.

53 Kautilja, *Arthashastra*, Teil 2, Kapitel 8; englische Übersetzung von R. P. Kangle, *The Kautilya Arthashastra*, Bombay 1972, Teil 2, S. 86 ff.

54 Siehe Syed Hussein Alatas, *The Sociology of Corruption*, Singapur 1980; auch Robert Klitgaard, *Controlling Corruption*, Berkeley 1988, S. 7. Ein Entlohnungssystem dieser Art kann das Ausmaß der Korruption durch seinen »Einkommenseffekt« verringern, denn der Beamte mag es weniger dringend nötig haben, eine schnelle Mark zu machen. Es wird aber auch einen »Substitutionseffekt« geben, denn der Beamte würde wissen, daß Bestechlichkeit das hohe Risiko mit sich bringt, eine gutbezahlte Anstellung zu verlieren, wenn die Dinge »schiefgehen« (d. h. richtig laufen).

55 Siehe *Economica e criminalità*, den Bericht der Anti-Mafia-Kommission des italienischen Parlaments unter dem Vorsitz von Luciano Violante.

56 Adam Smith, *The Theory of Moral Sentiments*, S. 162 [deutsch: S. 243], Hervorhebung von mir. Der geschickte Einsatz sozialer Normen kann ein großer Verbündeter aller nicht profitorientierten Unternehmungen sein, die auf ein pflichtbewußtes Verhalten angewiesen sind. Ein gutes Beispiel dafür liefern die tatkräftigen NGOs in Bangladesch, wie etwa Muhammed Yunus' Grameen Bank, Fazle Hasan Abeds BRAC und Zafurullah Chowdburys Gonoshashthaya Kendra (Zentrum für Volksgesundheit). Siehe auch die Analyse der Effizienz von Regierungsmaßnahmen in Lateinamerika von Judith Tendler, *Good Government in the Tropics*, 1997.

57 Englische Übersetzung von Alatas, *The Sociology of Corruption*, 1980; vgl. auch Klitgaard, *Controlling Corruption*, 1988.

58 Diese verschiedenen Fragen habe ich in einer Reihe von Aufsätzen diskutiert, zusammengefaßt in meinem Sammelband *Resources, Values and Development*, 1984; 1997.

12. Die Freiheit des einzelnen als soziale Verpflichtung

1 Diese Anekdote hörte ich von Isaiah Berlin. Nachdem ich diese Vorlesungen gehalten habe, ist Berlin von uns gegangen, und ich ergreife die Gelegenheit, seinem Gedächtnis die Ehre zu erweisen und daran zu erinnern, wieviel ich über die Jahre seiner freundlichen Kritik an meinen noch unausgegorenen Gedanken über die Freiheit und ihre Folgen zu verdanken habe.

2 Zu diesem Thema vgl. auch meinen Aufsatz »The Right Not to Be Hungry«, in *Contemporary Philosophy 2*, hrsg. von G. Floistad, Den Haag 1982; »Well-Being, Agency and Freedom: The Dewey Lectures 1984«, *Journal of Philosophy 82* (April 1985); »Individual Freedom as A Social Commitment«, *New York Review of Books*, 16. Juni 1990.

3 Vgl. meinen Aufsatz »Equality of What?« in *Tanner Lectures on Human Values*, Bd. 1, hrsg. von S. McMurrin, Cambridge 1980, wiederabgedruckt in meinem Buch *Choice, Welfare and Measurement*, Oxford 1982, wiederaufgelegt Cambridge, Mass. 1997; »Well-Being, Agency and Freedom« (1985); »Justice: Means versus Freedoms«, *Philosophy and Public Affairs 19* (1990); *Inequality Reexamined*, Oxford und Cambridge, Mass. 1992.

4 Die prinzipiellen Fragen, die mit der Definition und Bewertung von Freiheit zusammenhängen, einige technische Probleme eingeschlossen, habe ich in meinen Kenneth Arrow Lectures behandelt, veröffentlicht in *Social Choice and Responsibility: Arrow Lectures and Other Essays*, Oxford in Vorbereitung.

5 Entwicklung wird hier gesehen als Beseitigung der Hindernisse, die eine vollständige Realisierung des Potentials wesentlicher Freiheiten verhindern. Obgleich damit eine allgemeine Perspektive umrissen ist – hinreichend spezifisch, um das Wesen der Entwicklung umfassend zu charakterisieren –, gibt es eine Reihe umstrittener Fragen, die zu einer Klasse leicht abweichender genauer Bestimmungen der Beurteilungskriterien führen. Vgl. dazu mein Buch *Commodities and Capabilities*, Amsterdam 1985; *Inequality Reexamined* (1992), wie auch *Freedom, Rationality and Social Choice*, in Vorbereitung. Die Akzentuierung der Beseitigung von Hindernissen in einigen speziellen Bereichen ist auch von den jährlichen *Human Development Reports* des United Nations Development Programme aufgegriffen worden, die 1990 von Mahbub ul Haq initiiert wurden. Vgl. dazu auch einige weitreichende Fragen, die Ian Hacking in seiner Rezension meines Buches *Inequality Reexamined* aufgeworfen hat: »In Pursuit of Fairness«, *New York Review of Books*, 19. September 1996. Vgl. ebenfalls Charles Tilly, *Durable Inequality*, Berkeley 1998.

6 Siehe dazu meine Arbeiten *Commodities and Capabilities*, 1985; *Inequality Reexamined*, 1992, sowie »Capability and Well-Being«, in *The Quality of Life*, hrsg. von Martha Nussbaum und Amartya Sen, Oxford 1993.

7 Vgl. John Rawls, *A Theory of Justice*, Cambridge 1971 [deutsch: *Eine Theorie der Gerechtigkeit*, Frankfurt 1975]; John Harsanyi, *Essays in Ethics, Social Behaviour and Scientific Explanation*, Dordrecht 1976; wie auch Ronald Dworkin, »What is Equality? Part 2: Equality of Resources«, *Philosophy and Public Affairs 10* (1981). Siehe ebenfalls John Roemer, *Theories of Distributive Justice*, Cambridge, Mass. 1996.

8 Dies habe ich erörtert in meinem Buch *Inequality Reexamined*, Oxford 1992, und ausführlicher in dem Aufsatz »Justice and Assertive Incompleteness«, vervielfältigt, Harvard University 1997, der Teil meiner im September 1998 an der Northwestern University Law School gehaltenen Rosenthal-Vorlesungen ist.

9 Es gibt eine ähnliche Frage, die zusammenhängt mit den konkurrierenden Weisen, individuelle Vorteile zu beurteilen, wenn unsere Präferenzen und Prioritäten voneinander abweichen, so daß sich auch hier unausweichlich ein »Problem der Sozialwahl« auftut, das nach einer gemeinsamen Lösung verlangt (erörtert in Kapitel 11).

10 Vgl. dazu meinen Artikel »Gender Inequality and Theories of Justice« in *Women, Culture and Development: A Study of Human Capabilities*, hrsg. von Martha Nussbaum und Jonathan Glover, Oxford 1995. Auch eine Reihe anderer Beiträge in diesem Band beschäftigen sich mit der Frage.

11 Aristoteles, *Nikomachische Ethik*, 1096a9.

12 Zur Bedeutung der Freiheit in den Schriften der Pioniere auf dem Feld der politischen Ökonomie vgl. mein Buch *The Standard of Living*, hrsg. von Geoffrey Hawthorn, Cambridge 1987.

13 Dies gilt ebenso für den *Wohlstand der Nationen* (1776) wie auch für die *Theorie der ethischen Gefühle* (überarbeitete Auflage von 1790).

14 Diese These stammt aus Karl Marx, *Die deutsche Ideologie*, MEW Bd. 3, S. 424, in Zusammenarbeit mit Friedrich Engels. Vgl. auch Marx, *Die ökonomisch-philosophischen Manuskripte von 1844* (1844) und *Die Kritik des Gothaer Programms*, MEW Bd. 22.

15 John Stuart Mill, *On Liberty*, 1859, Neudruck Harmondsworth 1974 [deutsch: *Über die Freiheit*, Stuttgart 1974]; *The Subjection of Women*, 1869.

16 Friedrich Hayek, *The Constitution of Liberty*, London 1960, S. 35.

17 Peter Bauer, Economic Analysis and Policy in Underdeveloped Countries, Durham, N. C. 1957, S. 113 f. Vgl. auch *Dissent on Development*, London 1971.

18 W. Arthur Lewis, *The Theory of Economic Growth*, London 1955, S. 9 f, 420 f.

19 Hayek, *The Constitution of Liberty*, 1960, S. 31.

20 Diese und verwandte Fragen zur »Bewertung der Freiheit« sind in meinen Kenneth Arrow Lectures behandelt, aufgenommen in *Freedom, Rationality and Social Choice*, in Vorbereitung. Zu den dort angesprochenen Fragen gehört das Verhältnis zwischen Freiheit einerseits und Präferenzen und Entscheidungen andererseits.

21 Dazu und zu verwandten Problemen siehe Robert J. Barro und Jong-Wha Lee, »Losers and Winners in Economic Growth«, Arbeitspapier 4341, National Bureau of Economic Research 1993; Xavier Sala-i-Martin, *Economic Growth*, New York 1995; Robert J. Barro, *Getting it Right: Markets and Choices in a Free Society*, Cambridge, Mass. 1996.

22 Adam Smith, *An Inquiry into the Nature and Causes of the Wealth of Nations* (1776), neu hrsg. von R. H. Campbell und A. S. Skinner, Oxford 1976, S. 28f [deutsch: *Wohlstand der Nationen*, S. 19].

23 Vgl. auch Emma Rothschild, »Condorcet and Adam Smith on Education and Instruction«, in *Philosophers on Education*, hrsg. von Amélie O. Rorty, London 1998.

24 Siehe z. B. Felton Earls und Maya Carlson, »Toward Sustainable Development for the American Family«, *Daedalus 122* (1993), wie auch »Promoting Human Capability as an Alternative to Early Crime«, Harvard School of Public Health and Harvard Medical School 1996.

25 Ich habe versucht, diese Frage zu klären in »Development; Which Way Now?«, *Economic Journal 93* (1983); wiederabgedruckt in *Resources, Values and Development*, Cambridge, Mass. 1984; 1997, desgleichen in *Commodities and Capabilities*, 1985.

26 Die jährlichen, seit 1990 erscheinenden *Human Development Reports* des United Nations Development Programme sind nicht zuletzt durch die Notwendigkeit motiviert worden, eine solche umfassende Perspektive einzunehmen. Mein im letzten Jahr verstorbener Freund Mahbub ul Haq war der Hauptinitiator dieses Unternehmens, was mich und all seine Freunde mit Stolz erfüllt.

27 Adam Smith, *The Theory of Moral Sentiments*, 1759; überarbeitete Auflage 1790, neu hrsg. von D. D. Raphael und A. L. Macfie, Oxford 1976, S. 188 [deutsch: *Theorie der ethischen Gefühle*, Hamburg 1977, S. 323].

Namenregister